JN442425

제6판

도시행정론

이론과 정책

박종화 · 윤대식 · 이종열

도서출판 대영문화사

Urban Administration

6th edition

Park, Jong Hwa
Yun, Dae Sic
Lee, Jong Youl

Daeyoung Moonhwa Publishing Company
Seoul, Korea
2023

제6판 머리말

『도시행정론』 초판을 펴낸 것이 1994년으로 거의 30년이 됐다. 그동안 수차례 개정판을 내면서 변화하는 도시행정 수요와 사회적 관심사를 반영하려고 노력했다. 그리고 현실적으로 도시행정을 둘러싼 정책 환경의 변화로 인해 도시행정과 관련된 제도와 법령 역시 빠르게 변화하고 있다. 이번 제6판에서는 빠르게 변화하는 도시행정 수요를 반영하고, 도시행정과 관련된 제도와 법령의 변화를 반영했다.

인류 역사를 통해 인간은 도시를 만들었고, 도시에서 인류의 번영과 풍요를 선사한 산업혁명과 기술혁신이 나타났다. 이처럼 도시가 인류 문명의 성장 엔진 역할을 해 온 것은 누구도 부정할 수 없다.

다른 한편으로 도시는 재난과 위기의 진원지이기도 했다. 중세 유럽을 휩쓴 흑사병과 산업혁명기에 창궐한 결핵, 콜레라, 장티푸스와 같은 전염병은 도시를 재앙의 진원지로 만들었다. 최근에는 코로나 팬데믹으로 세계의 많은 도시가 통제와 격리의 대상이 되기도 했다.

과거부터 현재까지 인류에게 닥친 많은 어려움에도 불구하고 과학의 발전과 기술혁신은 계속되고 있다. 인공지능(AI)과 정보통신기술(ICT)의 발전, 그리고 지식기반경제의 확대에 따른 제4차 산업혁명의 도래는 물론이고, 현재 인류가 직면한 기후 위기 역시 도시행정에 새로운 과제를 던지고 있다.

과학기술의 비약적인 발전으로 인간의 생활방식과 행동양식이 변화하면서 도시행정 수요도 변화하지 않을 수 없다. 여러 가지 이유로 인해 소득의 양극화가 심화되고 있고, 도시 공공서비스의 지역 간 편차가 확대되고 있는 현실에서 도시행정은 어떤 역량을 키우고 확장시켜 나가야 하는가에 대한 고민도 필요하다. 이러한 관점에서 제6판에서는 도시행정의 새로운 이슈들을 포함하고자 했다.

따라서 제6판에서는 다음과 같은 내용에 초점을 맞춰 개정 작업을 수행했다.

첫째, 도시행정의 새로운 수요를 반영하면서 아울러 도시행정에 대한 기본 서적으로서 보편적으로 다뤄야 할 이론과 정책을 담았다. 도시행정의 새로운 이슈들을 반영해 내용을 추가했고, 불필요한 내용은 삭제했다.

둘째, 도시행정은 기존의 법적 테두리 속에서 집행되기 때문에 제도와 법령의 변경 내용을 최대한 반영하고자 했다.

셋째, 통계자료는 불가피한 경우가 아니면 삭제하거나 최신 자료를 사용하고자 했고, 이론과 정책 중심으로 책의 내용을 기술했다.

현재의 도시공간은 과거와 현재의 인간 활동이 축적돼 만들어졌고, 아울러 미래의 인간 활동을 담을 수 있도록 진화해야 한다. 이런 이유로 인해 도시는 유기체(有機體)로 인식되고 있다. 따라서 바람직한 도시행정은 현실의 도시문제에 시의적절하게 대응하면서 동시에 미래를 내다보는 선택도 해야 한다. 변화무쌍한 현실 도시에서 나타나는 제반 문제를 기술하고 미래를 향한 대처 방안을 담아내는 것이 『도시행정론』의 과제다. 따라서 새로운 변화 흐름을 반영하고 축약해서 계속 이 책에 담아갈 것임을 독자들에게 약속드린다.

이번 제6판 편집에 수고한 여러분께 지면으로 감사를 표한다. 특히 1994년 이 책의 초판 출판 이후 긴 세월 동안 개정을 거듭해 제6판에 이르는 출판을 위해 힘써 주신 대영문화사 임춘환 사장님과 편집부 여러분께 깊은 감사의 마음을 전하고 싶다.

2023년 12월

저자 씀

초판 머리말

도시의 출현과 도시화는 인류의 역사를 통해 지속적으로 진행돼 왔고, 피할 수 없는 역사적 추세를 이루고 있다. 이제 인간은 도시를 떠나서 살 수 없을 만큼 도시가 가져다 주는 다양한 혜택을 누리면서 살고 있다. 한편 도시화로 인한 여러 가지 편리성과 혜택에도 불구하고 수많은 사람이 도시라는 한정된 공간에 몰려 살게 되면서 자연히 다양한 유형의 도시문제가 발생하고 있다. 그리고 이들 문제는 대부분 공공문제로서 정책적 대응을 요구하고 있다. 이러한 시대적 상황에서 도시정부의 활동은 그 어느 때보다도 중요해졌으며, 작은 정부를 지향하는 세계적인 흐름 속에서도 어느 나라를 막론하고 도시행정의 대상 범위만은 계속 확대되는 추세에 있다.

사회과학은 모름지기 현실의 문제를 이론적 틀을 이용해서 설명하고 문제 해결의 열쇠를 이론적 틀 속에서 찾을 때 그 진가가 발휘된다는 점을 감안한다면 복잡다기하게 얽힌 도시문제를 행정의 대상으로 하는 도시행정학 역시 문제의 단순한 나열이나 심각성을 부각시키는 데서 한 걸음 더 나아가 문제의 과학적인 규명과 처방이 절실히 요구된다. 이와 같은 점을 감안해 이 책은 단순한 자료의 나열을 통해 문제의 심각성을 부각시키기보다는 문제의 이면에 내재한 여러 가지 인과론적 논의와 도시행정에 관련된 이론의 정리에 초점을 두고 집필이 시도됐다.

이 책은 도시행정 관련 연구와 강의에 매진해 온 우리 세 사람이 『도시행정론』에서 다뤄야 할 내용의 구성에 관한 논의에서 시작해 책의 구체적 내용에 관한 논의에 이르기까지 폭넓은 토론과 의견 교환을 거쳐 완성됐다. 이 책은 『도시행정론』에서 다뤄야 한다고 생각되는 주요한 주제들을 모두 포함하려고 노력했으며, 아울러 『도시행정론』에서 구태여 다룰 필요가 없다고 판단되는 군더더기를 포함하지 않는 데도 주저하지 않았다.

집필은 각자 비교 우위가 있다고 판단되는 부분을 분담해서 진행했으며, 한 사람이 쓴 원고는 나머지 두 사람의 저자가 검토해 오류를 시정하거나 설명의 일관성을 기하고

자 노력했다. 초교지가 나온 후에도 세 사람이 각기 책 전체의 내용을 다시 검토하고 수정하는 작업을 거쳤다. 이러한 과정을 통해 공동 집필이 가져올 수 있는 장점을 극대화하고, 아울러 공동 집필이 가져올 수 있는 취약점을 극소화하고자 노력했다.

특히 이 책은 최근에 나타나기 시작한 도시 공공서비스의 민간화에 관한 논의나 정보화 사회에서의 도시행정의 방향 모색도 시도하고 있다. 또한 도시행정가에게 필수적으로 요구되는 분석적 기법도 상당히 깊이 있게 다뤘으며, 실질적인 도시문제 가운데 본격적인 지방자치의 실시와 함께 그 중요성이 더욱 부각되고 있는 도시경제 개발이나 앞으로 우리나라의 도시에서도 중요한 문제로 부각될 것으로 보이는 도시 범죄문제도 논의하고 있다.

이 책은 모두 9부로 구성돼 있다.

제1부에서는 도시와 도시문제에 대한 일반적 논의와 함께 도시행정의 대상과 범위에 대한 논의를 하고 있다.

제2부에서는 도시에 대한 이론적 접근을 다루고 있다. 도시화, 도시 체계, 도시 성장의 이론에 대해 논의한다.

제3부에서는 도시정부와 행정을 논의한다. 도시정부의 체계와 기능, 그리고 광역행정을 다뤘다.

제4부에서는 도시정책과 도시계획을 논의하고 있다.

제5부에서는 도시정책과 계획의 수립을 위해 필수적으로 요구되는 각종 도시 분석기법을 다뤘다. 도시인구 예측모형, 도시경제 분석모형, 도시 공공 투자사업의 평가를 위한 비용·편익 분석기법에 대해 살펴본다.

제6부에서는 도시재정의 이론과 실제를 다뤘다. 구체적으로는 도시정부의 예산, 세입과 세출을 논의한다.

제7부에서는 최근 활발히 논의되고 있는 도시 공공서비스의 공급과 관련된 이슈를 다루고 있다.

제8부에서는 도시행정의 실제로서, 비교적 중요한 도시문제로 인식되고 있는 주택, 토지, 교통, 환경, 경제 개발, 범죄문제를 다룬다.

제9부에서는 새로이 나타나기 시작하는 도시행정 환경의 변화를 살펴보고, 아울러

도시행정의 미래 발전 방향을 논의한다.

이 책을 한 학기 강의용으로 사용하기 위해서는 강의자의 취향에 따라 내용을 적절히 취사선택해 사용할 수 있을 것이다. 행정학과 학생들을 대상으로 할 경우 학부 저학년을 대상으로 하는 개론 수준의 강의에서는 제1부, 제2부, 제3부, 제6부를 중심으로 강의하면 좋을 것 같고, 학부 고학년이나 대학원생을 대상으로 하는 강의에서는 제4부, 제5부, 제7부, 제8부, 제9부를 중심으로 강의하면 좋을 것으로 본다. 이 책은 도시계획학과나 지역개발학과 등의 관련 학과 학생들과 도시행정 실무자들을 대상으로 하는 강의를 위해서도 유용하게 사용될 수 있을 것으로 본다. 이 경우에는 도시행정의 실제를 다루는 제8부를 중심으로 강의해도 좋을 것으로 본다.

이 책이 세상에 빛을 보기까지에는 일일이 모두 열거하기 어려우나 음으로 혹은 양으로 많은 분의 도움이 있었다. 우리 세 사람의 학문적 울타리가 돼 준 은사, 선배 교수님, 동료 교수님들의 은덕에 감사드리고 싶다. 이 밖에도 일일이 모두 열거하기 어려우나 직접 혹은 간접으로 도움을 주신 많은 분에게도 이 자리를 빌려 고마움을 전하고 싶다. 여러 가지 어려운 사정 속에서도 우리 세 사람의 미국 유학과 학문적 정진이 가능케 정신적으로나 물질적으로 지원해 주신 우리들의 부모님과 온갖 어려움을 인내로써 참아 준 가족에게도 고마움을 표현하고자 한다.

호랑이를 그리려다 고양이를 그린 꼴이 아닌지 하는 염려스러운 마음으로 이 책을 내놓으면서 독자들과 동학(同學) 여러분의 질책과 비판을 겸허하게 받아들이고자 한다. 도시행정의 대상과 강조점은 시대의 변화에 따라 끊임없이 변하는 속성을 가진다는 점을 감안해 이 책의 내용은 앞으로 계속 수정·보완할 것임을 약속드린다. 끝으로 짧은 시간 동안에 좋은 모양의 책이 되도록 힘써 주신 대영문화사의 임춘환 사장님과 편집부 여러분께 고마운 마음을 전하고자 한다.

1994년 6월
저자 씀

차례

제6판 머리말 / 3
초판 머리말 / 5

제 1 부 도시행정의 의의

제 1 장 도시의 개념과 도시문제 …… 25
제 1 절 도시의 개념 …… 25
1. 정치학적 시각 / 26
2. 경제학적 시각 / 27
3. 사회학적 시각 / 28
4. 객관적 및 행정적 정의 / 30
5. 기능적 정의 / 31
제 2 절 도시문제 …… 35
1. 도시문제의 의의 / 35
2. 도시문제의 범주 / 36
3. 도시문제의 유형 / 37

제 2 장 도시행정의 학문적 성격과 연구 범위 …… 46
제 1 절 도시행정의 대두 배경 …… 46
1. 도시의 성장과 쇠퇴 / 47
2. 지방자치와 지방분권화 / 47

제 2 절 도시행정의 학문적 성격 ······ 48
1. 종합성 / 48
2. 응용성 / 49
제 3 절 도시행정의 연구 범위 ······ 49
1. 전통적 연구 범위 / 50
2. 최근의 연구 범위 / 51
제 4 절 도시행정의 구성 요소 ······ 51
제 5 절 도시행정의 이념 ······ 53
1. 효율성 / 53
2. 합법성 / 53
3. 민주성 / 54
4. 형평성 / 54
5. 대응성 / 54
6. 자치성 / 54

제 2 부 도시에 대한 이론적 접근

제 3 장 도시화 ······ 59
제 1 절 도시화의 의의 ······ 59
1. 도시화의 개념 / 59
2. 도시화의 결정 요인 / 59
제 2 절 도시화의 추세 및 특징 ······ 61
1. 도시화의 추세 / 61
2. 도시화의 특징과 문제점 / 62
제 3 절 도시화의 새로운 전망 ······ 64

제 4 장 도시의 체계와 성장 ······ 66

제 1 절 도시의 체계와 성장의 의의 ······ 66

제 2 절 도시의 공간구조 ······ 67

제 3 절 도시의 토지 이용 ······ 68

1. 기능별 토지 용도 / 68
2. 중심지이론 / 69

제 4 절 도시의 계층 ······ 71

1. 도시의 계층 / 71
2. 도시의 규모 / 73

제 5 절 도시의 성장 ······ 75

제 3 부 도시정부와 행정

제 5 장 도시정부 ······ 81

제 1 절 도시정부의 통치구조 ······ 81

1. 시장-시의회 형태 / 81
2. 위원회 형태 / 86
3. 시의회-지배인 형태 / 88
4. 평가 / 90

제 2 절 도시정부 체계 ······ 91

1. 도시정부 체계의 의의 / 91
2. 도시정부 체계의 접근 방법 / 92

제 3 절 도시정부의 기능 ······ 104

1. 도시정부 기능의 유형 / 104
2. 정부간 기능 배분의 기준 / 107
3. 정부 기능에 대한 평가 기준 / 114

제 4 절 도시정부의 혁신 117
1. 혁신의 개념 / 117
2. 도시정부 혁신 체계의 목표와 전략 / 120
3. 도시정부의 혁신 주체 / 120
4. 외국 도시정부의 혁신전략 / 121

제 6 장 도시정책 126

제 1 절 도시정책의 의의 126
1. 도시정책의 개념 / 126
2. 도시정책의 순환 과정 / 128

제 2 절 정책 과정에 관한 일반이론 129
1. 의사결정론 / 129
2. 체제이론 / 130
3. 다원론과 엘리트론 / 131
4. 하위정부이론 / 132
5. 공공선택이론 / 132
6. 마르크스주의이론 / 133

제 3 절 도시정책 과정 134
1. 정책의제 채택 / 134
2. 정책결정 / 137
3. 정책집행 / 142
4. 정책평가 / 143
5. 정책종결 / 149

제 4 절 도시정책 과정에의 참여자 151
1. 공식적 참여자 / 151
2. 비공식적 참여자 / 152

제 7 장 도시재정 ······ 155

제 1 절 도시정부의 예산 ······ 155
1. 예산의 의의 / 155
2. 도시정부 예산의 일반 원칙 / 158
3. 도시정부의 예산 과정 / 160

제 2 절 도시정부의 세입 ······ 167
1. 도시정부 세입의 의의 / 167
2. 세입분석의 단계 모형 / 168
3. 세입의 효율성과 형평성 / 170
4. 시세 / 172
5. 세외수입 / 179
6. 도시재정 조정제도 / 185
7. 지방채 / 189

제 3 절 도시정부의 세출 ······ 194
1. 도시정부 세출의 의의 / 194
2. 경비의 분류 / 194
3. 지출분석 / 195

제 8 장 도시 공공서비스 ······ 200

제 1 절 도시 공공서비스의 의의 ······ 200
1. 공공서비스의 성격 / 200
2. 서비스의 분류 / 202
3. 공공개입의 필요성 / 206
4. 시장이 갖는 장점 / 208
5. 새로운 시각 / 210

제 2 절 도시 공공서비스의 공급 체계 ······ 211
1. 공공서비스 공급 체계의 의의 / 211
2. 공공서비스 공급 요소 간의 역할 체계 / 212

3. 정부의 직접 공급 / 214
4. 관민 파트너십 / 216
5. 민간 부문과의 계약 / 217

제 9 장 광역행정 220

제 1 절 광역행정의 의의 220
1. 광역행정의 개념 / 220
2. 광역행정의 필요성 / 221

제 2 절 광역행정의 대상 223
1. 주변 요소 의존형 / 223
2. 지역연결형 / 223
3. 기능연계형 / 223
4. 입지제한형 / 224
5. 기반 규모 의존형 / 224

제 3 절 광역행정사무의 분류 기준 224
1. 존스의 기준 / 225
2. 정부간 관계자문위원회의 기준 / 225
3. 펄로프의 기준 / 226
4. 기타 기준 / 227

제 4 절 광역행정의 방식 228
1. 구조적 개편을 수반하지 않는 방식 / 228
2. 구조적 개편을 수반하는 방식 / 230
3. 논의와 평가 / 232

제 5 절 광역행정의 장 · 단점 233
1. 광역행정의 장점 / 233
2. 광역행정의 문제점 / 234

제 6 절 우리나라의 광역행정 235
1. 행정협의회 / 236

2. 지방자치단체조합 / 236
3. 단일정부 / 237

제 4 부 도시계획과 분석 기법

제10장 도시계획 ········· 241

제 1 절 도시계획의 의의와 유형 ········· 241
1. 도시계획의 개념 / 241
2. 도시계획 과정 / 242
3. 도시계획의 유형 / 244

제 2 절 도시계획 사상의 시대적 변천 ········· 245
1. 공중위생 개선운동 / 245
2. 도시미화운동 / 247
3. 사회 · 경제적 변수 / 248
4. 토지 이용과 생태학적 배려 / 249
5. 뉴어바니즘과 스마트 성장 / 250

제 3 절 우리나라의 도시계획 제도 ········· 251
1. 도시계획 제도의 시대적 변천 / 251
2. 도시계획 체계 / 253
3. 단계별 도시계획의 비교 / 254

제11장 도시분석 기법 ········· 256

제 1 절 도시 인구의 예측 모형 ········· 256
1. 도시 인구 예측의 의의 / 256
2. 도시 인구 예측모형 / 257

제 2 절 도시경제의 분석모형 ········· 264

1. 경제기반모형 / 264
2. 변화－할당모형 / 271
3. 지역투입－산출모형 / 276

제 3 절 도시 공공 투자사업의 비용 · 편익분석 기법 ………… 282
1. 비용 · 편익분석의 의의와 절차 / 282
2. 비용 · 편익분석의 평가 기준 / 286

제 5 부 도시행정의 실제

제12장 도시개발 ………………………………………………… 297

제 1 절 도시개발의 의의 ………………………………………… 297
1. 도시개발과 관련된 환경의 변화 / 297
2. 도시개발의 개념 / 298

제 2 절 도시개발 전략 ………………………………………… 299
1. 전원도시관 / 299
2. 계획전략 / 299
3. 개선전략 / 301

제 3 절 신도시 개발 ………………………………………… 302
1. 신도시 개발의 개념 / 302
2. 신도시 개발의 목표 / 303
3. 신도시 개발의 유형 / 303
4. 신도시 개발의 주요 이슈 / 304
5. 우리나라의 신도시 개발 / 304

제 4 절 도시재개발 ………………………………………… 306
1. 도시재개발의 법적 · 제도적 변천 과정 / 306
2. 도시재개발 시행의 이유 / 307
3. 도시재개발의 유형 / 308

4. 도시재생 / 309

제 5 절 광역도시권 개발 ·········· 311

1. 광역도시권 개발의 의의 / 311
2. 광역도시권 개발의 문제점 / 312

제 6 절 지속 가능한 도시개발 ·········· 316

1. 지속 가능한 도시개발의 의의 / 316
2. 지속 가능한 개발의 대두 / 317
3. 지속 가능한 개발의 전략 / 319

제13장 도시경제 ·········· 321

제 1 절 도시경제의 의의 ·········· 321

1. 도시경제와 산업 / 321
2. 도시 산업구조의 변화와 산업도시의 유형 / 322
3. 도시경제의 성장과 산업생산 체제 / 324

제 2 절 도시경제 정책 ·········· 325

1. 테크노폴리스 / 325
2. 테크노파크 / 328
3. 비즈니스 인큐베이터 / 329
4. 산업장려지구 / 331
5. 산업 클러스터 / 332

제 3 절 주요 도시의 산업구조 변화와 도시경제 정책 ·········· 334

1. 서울 / 334
2. 피츠버그 / 335
3. 브레멘 / 336

제14장 도시토지 ·········· 338

제 1 절 토지시장의 특성과 정부 개입의 필요성 ·········· 338

1. 불완전 경쟁적 토지시장 / 338

2. 시장실패 / 340

제 2 절 도시토지 정책과 도시토지 이용계획 341

1. 도시토지 정책 / 341
2. 도시토지 이용계획과 공익 / 342

제 3 절 도시토지 정책 수단(I): 토지 이용 규제 344

1. 도시계획과 토지이용계획 / 344
2. 토지이용계획과 용도지역 · 지구제 / 345
3. 용도지역 · 지구제의 연혁 / 346
4. 용도지역 · 지구제의 내용 / 348
5. 전통적인 용도지역 · 지구제의 문제점 / 352
6. 새로운 도시토지 이용 규제 방법 / 353

제 4 절 도시토지 정책 수단(II): 토지 개발과 공급 356

1. 토지개발사업의 종류 / 356
2. 토지구획 정리사업 / 357
3. 공영개발사업 / 359
4. 도시개발사업 / 361

제 5 절 도시토지 정책 수단(III): 개발이익 환수제도 363

1. 개발이익 환수의 의의 / 363
2. 과세적 방법 / 364
3. 비과세적 방법 / 364

제15장 도시주택 366

제 1 절 도시주택의 의의 366

1. 주택의 개념 / 366
2. 주택의 특성 / 367
3. 주택의 종류 / 367

제 2 절 도시주택 문제 368

1. 주택문제의 개념 / 368

2. 주택문제의 유형 / 368

제 3 절 도시주택 정책 ······ 372

1. 주택시장에의 정부 개입에 대한 이론적 대립 / 372
2. 도시주택 정책의 유형 / 374
3. 우리나라의 도시주택 정책 / 376

제16장 도시교통 ······ 385

제 1 절 도시교통의 의의 ······ 385

1. 도시와 교통 / 385
2. 도시교통의 기능과 특성 / 386
3. 교통 체계와 토지이용 체계 / 388

제 2 절 도시교통 문제 ······ 390

1. 도로교통 혼잡 / 391
2. 주차문제 / 391
3. 대중교통 수단의 문제 / 392
4. 교통공해 / 392
5. 교통사고 / 393

제 3 절 도시교통 정책 ······ 394

1. 지하철 시대의 대중교통 체계 정비 / 395
2. 도시 공간구조의 다핵화 / 395
3. 교통시설의 확충과 정비 / 396
4. 교통 체계 관리 / 397
5. 교통수요 관리 / 397
6. 도시교통 행정 체계 / 398
7. 신교통수단 / 399
8. 지능형 교통 체계 / 400

제17장 도시환경 ······ 403

제 1 절 도시환경 보전의 의의 ······ 403

제 2 절 도시환경의 주요 변수 ······ 405

1. 대기오염 / 405
2. 수질오염 / 407
3. 폐기물 / 408

제 3 절 도시환경 정책 ······ 409

1. 도시환경 정책의 기본 방향 / 410
2. 대상 분야별 대책 / 411
3. 도시환경 정책의 문제점 / 417

제 4 절 새로운 선택과 과제 ······ 418

제18장 도시재난 ······ 421

제 1 절 재난의 개념 및 특징 ······ 421

1. 재난의 개념 / 421
2. 재난의 특징 / 422

제 2 절 재난의 유형 ······ 423

제 3 절 재난관리의 체계 ······ 423

제 4 절 재난관리의 방향 ······ 426

1. 재난관리의 체계화 / 427
2. 재난 연구의 활성화 / 427
3. 재난에 대한 의식 개혁 및 안전문화의 정착 / 428

제19장 도시빈곤 ······ 430

제 1 절 빈곤의 개념 ······ 430

1. 절대적 빈곤 / 431
2. 상대적 빈곤 / 432

3. 도시빈곤의 형성과 영향 / 432

제 2 절 빈곤의 원인 ·· 433

1. 개인적 측면 / 433
2. 사회적 측면 / 435
3. 빈곤문화 가설 / 436

제 3 절 빈곤 대책 ·· 436

1. 사회적 효용성 / 436
2. 인적 자본에의 투자 / 437
3. 소득이전 / 437
4. 재활 서비스 / 437
5. 참여 및 조직 / 438

제20장 도시범죄 ·· 440

제 1 절 도시범죄 ·· 440

1. 도시범죄의 개념 / 440
2. 범죄행위의 유형 / 443
3. 범죄의 원인 / 443
4. 범죄 예방활동의 적정 수준 / 445
5. 범죄 예방 예산의 배분 / 447

제 2 절 도시경찰 ·· 449

1. 도시범죄와 경찰 / 449
2. 경찰 업무의 속성 / 450
3. 경찰의 특성 / 452
4. 경찰 행태의 근원 / 454
5. 경찰 업무와 역할 / 456
6. 경찰정책의 이슈 / 457

제 6 부 도시행정의 미래

제21장 도시행정의 새로운 방향 모색 ······ 465

제 1 절 미래 사회와 도시 현상 ······ 465

1. 정보통신의 발달 / 465
2. 교통 체계의 발달 / 466
3. 새로운 교통수단의 출현 / 467
4. 도시산업 구조의 변화 / 468
5. 국제화와 도시 체계의 변화 / 469
6. 지방자치의 활성화 / 469
7. 인구의 고령화와 복지 수요의 증가 / 470
8. 1인 가구의 증가와 주택 수요의 변화 / 470
9. 도시 내 빈곤과 양극화 / 471

제 2 절 도시행정의 방향 ······ 472

1. 도시정부의 정책개발 기능 강화 / 472
2. 광역행정 체제의 정비 / 472
3. 민간자본의 도입과 활용 / 473
4. 도시개발의 합리화 / 474
5. 도시행정의 국제화 / 475
6. 복지행정의 강화 / 476
7. 스마트 도시 인프라의 구축 / 476
8. 포용도시 정책의 강화 / 477
9. 관민 파트너십과 협치의 강화 / 478
10. 도시경영 전문가의 육성과 훈련 / 479

참고 문헌 / 481

찾아보기 / 501

도시행정론

제 1 부

도시행정의 의의

제 1 장 도시의 개념과 도시문제
제 2 장 도시행정의 학문적 성격과 연구 범위

제 1 장

도시의 개념과 도시문제

제1절 도시의 개념

도시행정은 도시라는 지리적 장소에서 일어나는 다양한 공적 활동을 연구 대상으로 삼는다. 따라서 도시행정을 연구하기 위해서는 그 기초로서 도시 그 자체에 대한 이해가 필요하다. 도시는 보는 관점에 따라 다양하게 정의될 수 있지만[1] 흔히 인구 또는 인구밀도를 이용해 도시를 정의하고 있다. 일정한 지리적 공간상에 인구가 밀집된 정주지(定住地)가 일단 도시를 형성하는 출발점이 되고, 여기에 양적인 의미가 부가돼 규모 면에서 대취락(大聚落)을 형성해 대규모의 일체적 정주를 나타내는 것이 바로 도시가 된다. 따라서 도시사회는 종래 근린집단(neighborhood 또는 community)의 특징인 주민 상호간의 인격적 면식 관계(面識關係)를 특징으로 하는 1차적 관계가 아니라 이익을 중심으로 하는 2차적 관계가 지배적이다.

여기서는 도시에 대한 개념 정의를 먼저 정치학적 · 경제학적 · 사회학적 · 행정학적 시각에서 설명하고, 그리고 최근 새롭게 중요시되고 있는 기능적 관점에서 도시의 개념을 함께 살펴본다.

1) 도시에 관한 개념 정의는 매우 다양한데 각각 나름대로 유용성이 있다. 그러한 기준으로서 최소 인구 규모, 정치적 지위(법적 · 지리적 관할권과 통합적 통계정보의 이용 가능성), 인구밀도, 상공업 비중, 집합적 기반시설(상하수도, 도로 등), 부(富)의 상징(표지물), 생활양식(카페 스타일) 등을 들 수 있다.

1 정치학적 시각[2)]

정치학적 시각은 도시가 지니고 있는 고밀도와 대규모성이라는 요소에 초점을 맞춰 이에서 비롯되는 질서 유지를 위한 국가의 통제와 민주 체제의 구축이라는 정치적 측면을 강조했다. 여기서 분석의 출발점은 어떤 정주지에서 거주민의 수가 일정한 한계치를 넘어서게 되면 거주민의 수가 도시 성격에 영향을 미친다는 주장이다. 즉 어떤 정주지가 일정 규모 이상으로 커지게 되면 동질 사회가 지니고 있던 동향감, 귀속감, 이웃 애정, 토착적 유대감 등이 약화되고, 대신 이익사회의 특성인 주민 상호간의 경쟁성과 국가에 의한 주민의 공식적 통제 기제(control mechanism)가 발달하게 된다.

정치적 시각은 도시를 이상적 정치 질서라는 측면에서 바라보고 이를 건설하기 위해 필요한 물질적 조건으로서의 시민(인적 자원)과 지리적 장소(공간)를 중요시한다. 이들은 모두 양과 질 측면에서 고찰된다. 도시정부는 인구나 영토의 크기에 따라 그 능력이 판단되지만, 반드시 인구가 많고 영토가 넓다고 해서 그 정부가 강하다고 볼 수 없다. 인적 자원의 경우 사회적으로 전문지식이나 기술 등 능력을 갖춘 인구가 더 중요하며, 지리적 장소의 경우에도 자연자원 등 영토의 질적 측면이 더 중요하기 때문이다.

도시의 특성인 일정한 규모 이상의 인구는 필연적으로 사회 질서 유지와 시민들의 준법 습관 확립을 어렵게 만든다. 인구가 너무 많으면 통솔상의 문제가 발생한다. 물론 오늘날 과학과 통신기술이 발달해 이전보다 훨씬 많은 수의 인구를 통제하는 것이 가능해졌지만, 이는 일반적으로 주택, 교통, 환경오염 등과 같은 많은 도시문제를 가져왔다.[3)]

---

2) 도시에 대한 정치학적 시각은 주로 아리스토텔레스(Aristoteles)의 『정치학(*Politica*)』을 참조했다. 아리스토텔레스의 견해는 삼성출판사가 발행한 『세계사상전집 1』에서 나종일 외 옮김(1981). 『정치학 · 시학』을 참조함.

3) 아리스토텔레스가 강조하는 이상도시의 구성 요소는 질서를 유지하기 위한 정치적 결사체(結社體)의 형태와 자족(自足)할 정도의 인구를 필요로 하는 것이다. 그는 직접민주주의를 생각하며 인구수를 고찰했다. 국가의 활동은 부분적으로는 통치자들과 피치자들의 활동이다. 통치자의 기능은 결정을 내리고 명령을 하는 것이며, 피치자의 기능은 통치자를 선출하는 것이다. 권리에 관한 분쟁 문제에 결정을 내리며 또한 후보자들의 자질에 따라 정부의 관직을 배정하기 위해 국가의 시민들은 서로 상대방의 인품을 알아야 한다. 그렇지 못하면 관직을 배분하는 일이나 결정을 내리는 일이 어렵게 될 것이다. 이것은 둘 다 즉흥적으로 행동해서는 안 되는 문제다. 그러나 인구가 너무 많은 곳에서는 명백히 이러한 문제가 발생한다. 이와 같은 방법으로 고찰해 보면 명백히 인구의 최적 수준을 알 수 있다. 한마디로 그것은 자급자족의 생활을 이루는 데 필요하면서 동시에 주민들 상호간에 쉽게 한번에 알아볼 수 있는 최대한의 수다.

2 경제학적 시각

도시에 대한 경제학자들의 개념 정의도 인구밀도에서 출발한다. 왜냐하면 도시경제란 경제활동 주체들 간의 상호 작용이며, 이러한 상호 작용은 기업이나 가계(家計)가 비교적 작은 규모의 지역에 밀집돼 있을 때 가시적이 된다. 즉, 그들은 도시를 경제활동의 공간적 집중으로 파악하고 있다. 이러한 공간적 집중은 경제학적으로 규모의 경제(economies of scale)와 군집 효과(clustering effects) 내지 집적 효과(agglomeration effects)를 가져온다. 경제활동에서 가장 중심이 되는 요소는 시장(market)이며, 따라서 도시는 시장 정주지로서 파악된다.[4]

도시 내 주민들의 경제활동 분야는 대다수가 농업이 아니고 공업 또는 상업이다. 여기에 더해 공업 또는 상업의 다면성은 또 하나의 중요한 기준이 된다. 그러나 가장 중요한 기준은 역시 대규모 시장의 존재다. 이는 정주지에서 임시적이 아닌 정기적인 재화의 교환이 주민들의 수요를 충족시키는 본질적인 요소로 존재하는 것을 의미한다. 그러나 단순한 정기 시장의 존재를 넘어서서 그 지역에 거주하는 주민들이 그들의 일상적 수요 가운데 경제적으로 중요한 부분을 그 지역의 시장에서 충족할 뿐만 아니라 이러한 생산품의 대부분이 그 지역에 거주하고 있는 주민이나 주변지의 주민들이 그 시장에서의 판매를 위해 생산하는 것이다. 즉, 도시를 시장 취락, 시장 정주지로 보는 것이다. 그리하여 경제적 생산 분업화의 결과로 도시 이외의 주민들도 이 시장에서 공업제품과 상거래에 대한 수요를 충족하고 도시 주민 자신도 분업적 생산제품이나 소비제품을 이 시장에서 상호 교환적으로 교역하는 것이다.

경제학적 시각에서의 도시는 경제활동의 특성에 따라 소비도시, 생산도시, 상업도시 등으로 구분한다. 소비도시는 소비자의 구매력에 크게 의존하는데, 전통적으로 군주나 그 밖의 대가계(大家系)가 대구매력(大購買力)을 지녔다. 이러한 계층에는 지대(地代) 생활자, 관리, 장원(莊園) 영주나 기타 정치적 권력 보유자가 포함된다.[5] 생산도시는 그 구매력의 팽창이 도시 인구와 시역(市域) 외부의 수요를 충족시키는 대규모 공장 생산에 기인한다. 그 지역에서의 일부 소비자는 기업가와 같은 대소비자(大消費者)가 있고, 그 밖에도 대중 소비자로서 노동자나 수공업자들이 있다. 상업도시란 소비자들의 구매력에

---

4) 여기서는 베버(Max Weber)에 입각해서 설명한다.

5) 지대 취득자 도시는 농노제 폐지 이전의 모스크바를 들 수 있다. 지대는 도시의 토지가 갖는 독점적인 거래상의 지위에서 유래(도시적 지대)하는 것으로 영리업자가 건물 소유자에게 지불하는 공납금에 해당한다.

입각해서 어떤 도시 경계 밖의 생산물을 그 도시의 시장에서 이윤을 얻고 소매하든가 혹은 토산품이나 토착 생산자에 의해 획득된 상품을 외부에 판매하든가 혹은 다른 지방의 생산물을 취득해 이를 그 도시 자체에 판매하거나 다시 외부로 판매하는 일에 의존하는 도시다.

3 사회학적 시각

도시에 대한 사회학적 시각은 사회유기체관과 생활양식으로서의 도시성으로 구분해 볼 수 있다.

1) 사회유기체관

멈포드(Lewis Mumford)는 도시를 사회·경제·정치적 기능이 축약된 용기(容器)로 간주한다. 그는 도시를 다양한 활동 기능이 한 인체 내에서 모두 일어나며 이것이 질서 정연하게 조직돼 있는 유기체에 비유했다. 그는 최초의 도시 출현에 관해 논하면서 도시를 작은 집단적 단위의 하위 세포들로 파악했는데, 이는 각 부분이 상이하지 않으며 복잡하지 않고 동일한 기능들을 수행하는 것이다. 그리고 도시는 원칙에 따라 조직화되고 상이한 구성 인자들과 특수한 유기체를 지닌 복잡한 조직으로 간주했다. 그리고 한 부분, 즉 중추신경 체계가 전체를 위해 생각하고 이를 지도하는 것으로 이해했다. 이것이 도시에 관한 사회유기체관이다(Mumford, 1961: 34).

한편 쉬노어(Leo F. Schnore)는 도시를 특수한 유형의 커뮤니티(community)인 도시 커뮤니티로 간주했다. 즉, 도시는 비농업활동에 종사하는 대규모로 밀집된 커뮤니티다. 그는 도시를 사회유기체적 관점에서 파악하고 있다(Schnore, 1967: 79-150).

'사회유기체'에서 '사회'라는 의미는 첫째, 합의 즉 공유된 준거틀 안에서 일종의 의미 교환에 근거한 명시적 또는 묵시적 상호 이해다. 이는 인간 사고의 상징적 의사 전달 능력을 강조한다. 따라서 도시는 의미 있는 의사 전달을 위한 독특한 인간적 능력의 한 가지 표현이다.

둘째, 상호의존성(symbiosis)을 지닌다. 따라서 도시는 단순히 자족적이거나 전적으로 독립된 실체가 아니며 오히려 다른 지역에 의존적(식량, 목재, 이민, 노동 등)이다.[6)]

---

6) 이러한 상호의존적이며 합의적 도시관은 1920년 시카고 학파의 파크(Robert E. Park)가 제시했다. 그에 따르면, 도시는 거주민들이 전체로서의 체제에 무관심하면서 매우 효과적으로 기능하는 상호의존적 실체다.

‘사회유기체’에서 ‘유기체(organism)’의 의미에 관해 스펜서(Herbert Spencer)는 도시를 유기체와 동일한 것은 아니지만 유사한 것으로 간주했는데, 이는 19세기의 생물학적 사고, 진화적 · 유기체적 사고이며, 도시의 단위적 성격과 부분들의 상호의존성을 강조하는 주장이다.

유기체로서의 도시에 대한 두 가지 요소는 첫째, 도시를 구성하는 개별적 인간들인 부분이 대체 가능하고 상호 교환 가능한 것으로 간주한다. 이들은 마치 생물체 내 세포와 같다. 세포는 생성 · 소멸해도 유기체는 존재한다.

둘째, 도시는 성장한다. 따라서 유년기, 중년기, 노년기를 거친다. 그리고 급격한 성장, 즉 ‘붐을 타는 도시(boom towns)’ 기간이 있고, 얼마간은 존재하다가 소멸하기도 하는 ‘유령도시’ 혹은 ‘죽은 도시’가 존재할 수도 있다.

2) 도시성[7)]

워스(Louis Wirth)가 제기한 주된 질문은 대도시의 사회생활은 어떤 것이며 그 동기는 무엇인가 하는 것이다. 워스(Wirth, 1938: 7)는 도시성(都市性, urbanism)을 “도시의 독특한 생활양식을 구성하는 집합적인 속성들”로 규정했다. 그는 도시의 특정 양상들은 사회 관계, 행태, 성격에 영향을 미친다고 주장했다. 도시 활동의 빠른 템포, 엄청난 수의 사람과 그들과의 접촉은 각 개인에게 신경 자극을 증대시키며 각 개인은 즉각적이고 거침없는 자극의 폭격을 받게 된다. 인간은 본질적으로 그렇게 심한 자극을 수용할 수 없으므로 자신을 환경에 적응시켜 반응하게 한다. 그래서 도시의 개체들은 특수한 성격을 형성시킨다. 즉, 그들은 감성보다는 이성으로 반응하며 개인 간의 관계를 포함해 특정한 행위의 비용과 보상을 계산한다. 그들은 지적인 속성과 상황에 대한 예민한 의식을 발전시킨다. 도시의 개체들은 신경 계통의 과잉 자극으로부터 자신을 보호하는 향락적인 태도를 가지며, 비인간화돼 버린다.

이러한 바탕에 입각해 워스는 도시를 생태학적으로 규정했으며, 규정한 특성들은 독특한 사회조직적 · 사회심리학적 결과를 산출한다고 주장했다. 워스(Wirth, 1938: 8)에 따르면, 사회학적 목적을 위해 도시는 “사회적으로 이질적인 개체들이 비교적 많이, 조밀

---

7) 시카고 학파의 일원인 워스(Louis Wirth)의 “생활양식으로서의 도시성(Urbanism as a Way of Life)”(1938)이란 논문은 도시사회학에서 가장 영향력 있는 이론적 저술 중의 하나가 됐다. 그 논문은 몇십 년 동안 널리 인용됐고, 그 가설을 검정하기 위한 수많은 경험적 연구와 이론적 대응을 야기했다. 그 이후 경험적 연구에 의해 워스의 주장 중 일부는 반박을 받았지만, 그의 이론은 아직도 도시사회학에서 중요한 위치를 차지한다.

하게, 그리고 영속적으로 거주하는 정주지"로 정의될 수 있다. 워스의 정의에서 핵심적인 항목, 즉 큰 규모, 높은 밀도, 사회적 이질성 등은 지역사회의 인구와 관련되는 것이다. 워스의 정의는 인간생태학의 두 요소인 인구와 환경의 속성에 바탕을 두고 있기 때문에 생태학적으로 간주해야만 한다. 이러한 정의는 단순하고 명확하게 나타나지만 정치구조나 경제구조로 나타낼 경우에 도시는 매우 다양한 방식으로 정의된다. 워스는 도시와 현대 문명을 언급하면서 서구 문명의 시작은 과거 지중해 연안 유목민이 항구적인 정착을 이루는 것으로 특징지어지며, 현대 문명의 시작은 대도시의 성장으로 가장 잘 표현된다고 주장했다. 원시사회(primitive society)는 인류가 광대한 영역에 흩어져 사는 사회였지만 현대는 중심지로 모여 도시라는 거대한 공간적 집중을 형성한다.

워스는 특수한 형태의 인간 결사체로서 도시의 독특한 사회적 특징을 강조했다. 워스의 이론에서 제시된 인과관계는 명확한 것으로서 결정론적이다. 즉, 어떤 도시에 특정의 인구적 · 환경적 속성이 부여되면 그 도시는 도시성(urbanism)으로 알려진 특정 형태의 사회조직과 사회심리적 성향을 산출한다는 것이다. 다시 말하면, 인간 생태는 사회심리와 사회조직에 영향을 미친다.

4 객관적 및 행정적 정의

대부분 도시는 농촌보다 인구 규모와 기능적 전문화의 정도가 더 크다고 말하지만 두 지역을 명확히 구분한다는 것이 쉬운 일은 아니다. 일반적으로 인구 5만 명 이상의 정주지를 도시라고 규정하고 있지만 이 또한 절대적인 기준은 아니다.

도시를 객관적으로 규정할 때 주로 고려되는 요소는 다음과 같다.

① 인구 규모

② 비농업 분야 고용자의 비율

③ 물리적 특성

행정적 정의에 따르면, 도시지역은 도시로 묘사되는 행정적 지역으로서 인구 규모가 5만 명 이상 되는 지역이다. 그리고 농업 이외에 종사하는 인구 비율이 농업에 종사하는 인구 비율보다 압도적으로 많아야 하며 고층건물, 대규모 상가, 넓은 도로 등의 물리적 특성을 구비하고 있다.

5 기능적 정의

지금까지 우리는 도시를 지리적 장소의 특성에 초점을 맞춰 여러 가지 시각에서 살펴봤다. 이는 일종의 폐쇄적인 관점이라고 할 수 있다. 그러나 현대 도시의 중요한 속성 가운데 하나는 지역 간의 인구 이동, 즉 유동성이 매우 높다는 점이다. 도시에 대한 물리적 · 행정적 정의는 이러한 유동 인구의 중요성을 간과한다. 인구의 지역 간 상호의존성을 기준으로 기능에 초점을 맞춰 도시를 분류해 보는 것이 오늘날 널리 이용되는 분류 방식이다. 우리의 경우 아직은 이러한 기능적 분류가 이뤄지고 있지 못하다. 다만 이러한 경향을 반영하는 것으로서 서울과 경기도를 포함하는 수도권 개념이 있다. 여기서는 이러한 기능적 분류가 행해지고 있는 미국의 경우를 간략히 살펴본다.

1920년 미국에서 도시와 농촌의 이분법(二分法, dichotomy) 외에 제3의 지역인 농촌의 비농업지역을 포함했다. 이 지역은 농촌지역에 살면서 도시에 통근해 일하는 인구 증가를 고려한 것이다. 도시지역에 대한 이러한 기능적 정의는 1940년 SMR(Standard Metropolitan Region)로 미국 인구 센서스에 포함됐으며, 1950년에는 SMA(Standard Metropolitan Area)로 언급됐다가 1960년대에는 SMSA(Standard Metropolitan Statistical Area)로 불렸다. 여기서 중요한 것은 기능적 측면을 고려한 점이다. 도시지역은 중심지를 가지고 이 중심지는 주변의 통근 인구 지역과 연결돼 있다는 점을 강조했다. 도시중심부는 적어도 인구 5만 명 이상을 지닌 카운티(county)여야 하며, 이는 적어도 경제활동인구 중 75%가 비농업 부문에 종사하는 '대도시환(大都市環, metropolitan ring)'과 연결된다. 이들 주변지 인구 가운데 15%가 중심부에 통근하고, 적어도 1평방 마일($2.59km^2$)당 150명($58명/km^2$)의 인구밀도를 가져야 한다.

1) 대도시지역

미국의 경우 20세기 초 대도시 발전과 합치되는 통계 자료를 개발할 필요성에 직면해 기존의 도시 경계보다 확대된 단위로서 대도시지역(Metropolitan Area)이란 개념을 센서스국을 중심으로 활용하기 시작했다. 만약 센서스가 개별 소도읍에 대한 개별적인 정보만 계속 보고한다면, 이것들을 합산하지 않고서는 대도시 전체에 대한 통계적 윤곽을 파악할 수가 없기 때문이다. 1910년과 1920년에 센서스국은 단순하게 하나의 중심도시(인구가 적어도 10만 명)와 그 경계 밖의 10마일까지를 포함하는 지역을 택해 통계 단위로서의 도시지역의 설정을 시도했다. 나아가 센서스국은 인구가 20만 명 이상 되는 큰 도시에서 밀도가 평방마일당 적어도 150명 이상 되는 인접한 모든 근교지역을 포함시키는 쪽으로 대도시지역의 개념을 더욱 구체화했다(McKenzie, 1933).

2) 표준 대도시 통계지역

대도시지역은 표준 대도시 통계지역(SMSA)으로 수정돼 더 정교화됐는데, 이는 카운티를 중심으로 하는 것이다. 하나의 SMSA는 큰 인구 핵을 가진 경제적으로나 사회적으로 통합된 하나 또는 둘 이상의 카운티로 구성된다(Kaplan et al., 1980: 139-140). 중심도시에는 적어도 50,000명의 거주자가 있어야 한다. 만약 중심도시에 25,000명이 거주하고, 그 인접 지역에 적어도 50,000명 이상 거주한다면 하나의 SMSA로 지정될 수 있다. 이들 주민은 경제적 또는 사회적 목적을 위해 단일의 지역사회를 형성하며, 그래서 그 카운티는 적어도 75,000명이 사는 장소가 된다. 하나의 SMSA가 2개 주에 걸쳐 여러 개의 카운티를 가질 수 있는데, 예로서 테네시의 멤피스 SMSA는 아칸소주와 미시시피주에 있는 여러 개의 카운티를 포함한다.

정부 당국이 도시 근교의 카운티들을 SMSA의 일부분으로 포함시키는 주된 방법은 중심이 되는 카운티는 언제나 포함되며, 인접 카운티도 그 노동력의 75%가 비농업이고, 그 카운티 노동자의 상당 비율이 중심 카운티로(또는 그 반대 방향으로) 통근을 하며, 적어도 주민의 50% 이상이 상당한 밀도로 시가화된 지역에 살아야 한다는 것이다(Kaplan et al., 1980). 최근 대도시의 수는 급속하게 증가했으며, SMSA에 포함되는 카운티를 '대도시 카운티'라 일컫고, 그 밖의 카운티를 '비(非)대도시 카운티'라 부른다.

SMSA의 체계는 분석을 위한 좋은 통계적 기반을 제공하지만, 기본 단위로서 카운티를 이용하기 때문에 약간의 문제점이 있다. 특히 아주 큰 카운티에는 도시와 근교에도 포함되지 않는 주민과 상당한 농토가 포함될 수 있다(Simmons & Bourne, 1978: 31). 극단적인 경우로 캘리포니아주의 리버사이드 샌 버나디노 온타리오 SMSA는 약간의 도시지역과 사람이 살지 않는 수천 평방마일의 사막인 두 개의 카운티로 구성돼 있는데, 이것은 코네티컷주와 매사추세츠주를 합친 면적보다 더 넓다.

3) 도시화된 지역

1950년 이후 미국 센서스국은 중심도시와 교외를 같이 나타내는 도시화된 지역(urbanized area)이라는 또 다른 거대도시 단위를 정의했다. 이 단위의 특징은 SMSA에 포함되는 카운티 중 농촌지역은 제외했다. 도시지역은 인구밀도로 정의되며, 각각의 도시화된 지역은 중심도시와 바로 인접하는 도시 변두리(교외)를 포함하는데, 합친 인구가 50,000명 이상이 되는 지역이다(Kaplan et al., 1980: 138). 도시화된 지역에는 상당히 다양하고 많은 도시 활동이 일어난다. 그러나 시가화된 지역이 확장됨에 따라 그 경계는 센서스 조사 때마다 바뀐다(Simmons & Bourne, 1978: 31). 도시화된 지역이 어떤 종류의 연구를 하는 데 유용하기는 하지만 SMSA가 훨씬 널리 사용되는 통계적 단위다.

4) 표준통합 통계지역

어떤 대도시들은 서로가 인접할 정도로 확장돼 거대도시의 개념을 형성시켜 줬는데, 이를 표준통합 통계지역(Standard Consolidated Statistical Areas: SCSA)이라고 부른다(Gottman, 1961). 고도로 도시화된 보스턴 대도시에서 워싱턴 대도시에 이르는 동부 해안지역은 때로는 보스워시 회랑(Boswash Corridor)이라 일컫는 미국 최초 거대도시의 사례가 됐다. 자주 인용되는 또 다른 거대도시로 밀워키에서 시카고를 거쳐 인디애나주의 북부에 이르는 지역과 샌프란시스코에서 남쪽으로 샌디에이고에 이르는 지역이 해당된다. 또한 뉴욕 메트로폴리탄 일원으로 불리는 뉴욕-뉴어크-저지시티(NY-NJ-CT) 등도 여기에 해당된다. 이들 지역을 관통하는 주간(州間) 고속도로를 타고 가면 고도로 조밀한 지역이 연이어 연결됨을 볼 수 있다. 이들 도시회랑의 연결 선상에는 농촌지역을 거의 볼 수가 없다. 그러나 이들 SMSA 간에 상호의존성이나 통합의 정도는 아직 미지수이며, 단지 분리된 거대도시 공동체의 집합일 뿐이다.

5) 글로벌도시

오늘날 세계화 시대에 한 국가의 운명은 그 국가 내 도시의 발전에 크게 달려 있다. 도시가 국가 발전에 중심에 서 있는 것이다. 미국의 발전은 뉴욕을 비롯한 몇 개의 대도시에, 영국의 발전은 런던을 비롯한 몇 개의 대도시에, 프랑스의 발전은 파리를 비롯한 몇 개의 대도시에 크게 의존하고 있다. 세계화 현상은 정보통신의 발달과 맥을 같이하면서 세계 질서를 재편하게 됐고 지구촌이라는 신조어를 만들어 냈다.

주요 도시 순위 평가기관들이 중요하게 여기고 있는 글로벌도시(global city)의 주요 기준을 살펴보기로 한다. 먼저 일본 모리기념재단의 도시전략연구소는 글로벌경쟁력지수(Global Power City Index: GPCI)를 매년 발표하고 있는데,[8] 이는 '자력' 또는 전 세계의 사람, 자본 및 기업을 끌어들이는 포괄적인 힘에 따라 세계 주요 도시를 평가하고 순위를 매기는 것이다.[9] 세계 주요 도시의 경제, 연구개발, 문화 교류, 주거, 환경, 접근성

8) 글로벌도시라는 용어는 사회학자 사센(Saskia Sassen)이 그녀의 저서 *The Global City: New York, London, Tokyo*(1991)를 통해 대중화됐다.

9) 모리기념재단 도시전략연구소, *The Global Power City Index(GPCI) YEARBOOK* 2021. GPCI는 48개

의 여서 가지 기능을 변수로 측정해 다차원적인 순위를 제공하고 있다. 2008년 미국 저널 『포린 폴리시(*Foreign Policy*)』는 다국적 컨설팅 회사 AT Kearney 및 시카고 글로벌 의제 위원회(Chicago Council on Global Affairs)와 협력해 사센(Saskia Sassen), 라이브진스키(Witold Rybczynski) 등의 자문을 바탕으로 글로벌 도시 순위를 발표했다. 비버스톡(Jon Beaverstock), 스미스(Richard G. Smith) 및 테일러(Peter J. Taylor)의 세계화 및 세계 도시 연구 네트워크(GaWC)는 회계, 광고, 은행/금융 및 법률의 네 가지 "고급 생산자 서비스"를 통한 연결성에다 정치 및 문화적 요인을 추가해서 세계 도시 순위를 제시했다. 2016년에 실시된 브루킹스연구소(Brookings Institution)의 연구에서는 글로벌도시를 Global Giants, Asian Anchors, Emerging Gateways, Factory China, Knowledge Capitals, American Middleweights 및 International Middleweights 등 일곱 가지 범주로 분류해 글로벌도시 이니셔티브 유형을 소개했다. 글로벌 시티 랩에서 글로벌 상위 500대 도시의 브랜드 가치 분석 보고서가 2021년 뉴욕에서 발표됐다. 2015년에 플로리다(Richard Florida)가 편집한 메타 목록인 두 번째 Global Economic Power Index가 애틀랜틱(The Atlantic)에서 출판됐다. 금융 중심지로서의 강점은 세계 도시 순위를 나타내는 탁월한 지표 중 하나가 됐는데, 2022년 분석 회사 Z/Yen은 Global Financial Centers Index를 발표했다. 런던에 기반을 둔 부동산 에이전트인 Knight Frank LLP와 Citi Private Bank가 공동으로 「부 보고서(富報告書)」(우수 자산과 부에 대한 글로벌 관점)를 작성했는데, 이 보고서에는 세계 HNWI(각각 2,500만 달러 이상의 투자 가능 자산을 보유한 고액 자산가)에게 가장 중요한 도시로 간주되는 도시를 평가하는 "글로벌도시 조사"가 포함돼 있다. 이 조사를 위해 Citi Private Bank의 자산 고문과 나이트 프랭크(Knight Frank)의 고급 부동산 전문가에게 "경제활동", "정치 권력", "지식 및 영향력"과 관련해 HNWI에게 가장 중요하다고 생각하는 도시의 이름을 지정하도록 요청했다. 런던에 기반을 둔 건축 환경 커뮤니케이션 회사인 ING Media의 연구에 따르면, 2019년 소셜 미디어와 온라인 뉴스에서 세계에서 가장 많이 이야기되는 도시로서 총 250개의 글로벌도시 순위를 매겼다.

이들 다양한 평가기관이 제시하고 있는 글로벌도시는 그 기준에 따라 순위에서 다소 차이가 있기는 하지만 공통적으로 상위에 위치하는 도시는 런던, 뉴욕, 파리, 도쿄, 홍콩 등이다. 이들 대부분의 평가기관에서 가장 두드러지게 기준으로 삼고 있는 것은 다양한 국제 금융 서비스를 제공하는 것, 즉 금융본부나 증권거래소 또는 수많은 다국적 기업의 본부 등이 존재해 세계 무역과 경제의 지배력을 갖추고 있는가다. 그리고 항만 및 컨테

대상 도시를 각각 분석하고 70개 지표의 점수 및 순위를 참조해 도시의 강점과 약점을 보여 준다.

이너 시설을 갖춘 주요 제조센터, 글로벌 수준에서의 의사결정 영향력, 경제와 문화의 새로운 아이디어와 혁신의 중심지, 글로벌 네트워크를 위한 디지털 및 기타 미디어 및 커뮤니케이션 센터, 국제적으로 큰 의미를 지닌 전국 지역의 지배력, 서비스 부문 및 정보 부문에 고용된 거주자의 높은 비율, 유명 대학 및 연구시설을 포함한 고품질 교육기관(유학생 유치 등), 국내 최고의 법률, 의료, 엔터테인먼트 시설을 갖춘 다기능 인프라, 언어, 문화, 종교 및 이념의 높은 다양성 등이 주요 기준으로 사용되고 있다.

제2절 도시문제

1 도시문제의 의의

도시문제라고 할 때 주 대상은 자본주의 사회의 도시문제다. 공산주의나 사회주의 사회에서도 도시문제가 없는 것은 아니지만, 도시의 존재적 속성으로 인한 도시문제는 자본주의 사회에서 첨예하게 나타난다.

도시문제는 단순히 산업화의 불가피한 결과로서 바라보는 견해와 사회의 구조적 현시(顯示)로서 정치·경제적 체제의 산물로 바라보는 견해로 크게 나눌 수 있다. 자본주의 사회의 도시문제는 자본주의 전체 사회구조와 관련돼 있으며, 특히 자본주의 사회 전체의 생산·재생산 과정과 밀접한 관련을 맺고 있다.

도시 내의 문제라고 해서 모두 정부가 고려할 문제는 아니다. 도시문제가 정책문제로 채택되려면 그것이 사회 일반에게 해결을 필요로 하는 문제로 인지(problem identification)해야 한다. 우리들은 어느 정도의 범죄, 공해, 빈곤은 견딜 수 있다. 그러나 그와 같은 문제가 방치할 수 없는 상태에 이르렀다고 사회 일반이 인식하게 되면 대개 정책적인 노력이 수반된다. 그리고 그와 같은 과정에서 그러한 정책이 초래할 수 있는 부작용도 고려해야 한다. 예를 들면 범죄의 완전한 제거는 모든 곳에 경찰을 배치할 필요성이 생길지 모른다. 그리고 공해의 완전한 제거는 생산활동의 중지를 가져와야 하므로 우리의 삶의 수준을 급격히 저하시킬지도 모른다. 따라서 정책은 반드시 비용을 수반하게 되며, 이는 또한 다른 문제와 관련지어 평가해야만 한다. 그리고 선택은 결코 쉬운 일이 아니다. 때로는 어떤 문제를 해결하기 위한 정책이 다른 문제를 유발할 수도 있다.

2 도시문제의 범주

1) 도시 내의 문제

도시 내의 문제(problems in the city)는 그 문제가 단순히 도시지역의 존재로 인한 결과로 볼 수는 없다. 오히려 그것은 경제나 사회 전반의 어떤 실패를 나타낼지 모르고, 그것은 단지 전체 인구의 범위 내에서 도시지역에서 나타나는 것이다. 예를 들면 전국 인구의 5%가 범죄를 저질렀으며 이 범죄의 80%가 도시에서 발생했다고 가정하자. 어떤 이는 이를 보고 도시 범죄문제로 간주할지 모른다. 그러나 전국 인구의 75%가 도시에 거주한다고 한다면 인구분포의 측면에서 도시지역의 범죄는 약간 집중된 현상에 불과하다. 도시의 인구 비중을 고려한다면 범죄가 인구 규모와 거의 비례해서 발생한다고 볼 수 있다. 따라서 이러한 경우 전국적인 범죄문제가 존재할지 몰라도 도시 범죄문제는 거의 존재하지 않는 것이다.

2) 도시의 문제

도시의 문제(problems of the city)는 문제가 도시지역 외부에서는 존재하지 않는 유형의 문제다. 간단한 예로 도시지역 내 지방 기후의 변화를 들 수 있다. 도심 내 이상 기온이 높은 건축밀도, 토지의 고밀 이용, 집중적 활동 등의 결과라면 이러한 문제는 도시 자체가 산출하는 문제다.

물론 이 두 가지 범주는 연속선상에서 양 극단에 해당하며, 실제로는 대다수 문제가 양 극단 사이 어딘가에 해당될 것이다. 예를 들면 전국 범죄의 90%가 도시지역 내에서 발생했으며, 도시지역이 전체 인구의 약 50%를 차지한다고 할 경우 범죄의 도시지역 집중 현상은 어느 정도 부분적으로는 도시지역의 특수성으로 말미암아 발생했다고 말할 수 있다.

도시문제를 두 가지 범주로 구분해 보는 것은 어떤 면에서는 인위적이라고 볼 수 있으나 이는 문제의 원인에 관심을 두고 해결책을 모색하는 데 도움을 주기 위한 것이다. 이러한 구분의 주된 이유는 도시지역 내의 도시문제는 정치 · 경제 · 사회적인 맥락과 분리해서 연구될 수 없기 때문이다. 따라서 '도시문제'라고 규정짓는 것은 대부분 표면적 인식이다. 도시지역은 도시문제나 위기를 반영하거나 강조할지 몰라도 도시문제의 원인과 해결책은 도시 현상 그 자체에서만 발견할 수 있는 것은 아니다.

3 도시문제의 유형

도시문제에 관한 많은 연구 문헌이 존재하며, 이러한 문헌들은 제각기 도시문제를 지적한다. 그리고 그들이 제시하는 도시문제의 유형과 강조점이 약간 다를 수도 있다.[10] 여기서는 이들 가운데 중요하게 취급되고 있는 문제를 중심으로 살펴본다.

1) 불평등과 빈곤문제

플로리다(Richard Florida)는 현재 도시정책에서 나타나고 있는 심한 불평등과 차별의 영향을 '신도시 위기(new urban crisis)'로 정의하면서, 이것이 전 세계의 도시에서 현실화되고 있는 점을 지적했다(Florida, 2017).[11] 그는 만약 정부가 도시 성장을 장려하고자 한다면 기업이 도시에 위치하도록 인센티브를 주는 대신 창조적 인재를 유치하고 유지해야 한다는, 즉 '창조계급' 인력을 경제 성장과 혁신의 비밀 무기로 간주했다. 도시는 비즈니스 환경뿐만 아니라 '사람 환경', 즉 더 나은 공공 공간, 자전거도로, 복합용도 개발 및 거리문화에 더 관심을 기울여야 한다는 것이었다. 이러한 제안에 따르면 예술가, 음악가 및 창조적인 유형의 인력을 끌어들이면, 이들은 다시 창조계급에 의존하는 엔지니어링, 법률, 교육, 의료, 비즈니스 및 금융 서비스와 같은 지식기반 근로자를 연쇄적으로 불러들인다는 것이었다. 다른 말로 표현하면, 창조계급 정책은 교양 있는 도시 전문가들의 선호를 위한 것이었고 도시의 다른 모든 사람에게는 어떤 일이 일어나는지 제대로 고려하지 않은 일종의 '비즈니스 컨설팅' 도시로 변모시켰다. 그러나 그는 창조계급이론에 따라 더 성공적으로 여겨지는 도시들의 사회·경제적 도전이 얼마나 큰지가 분명

10) 라인베리와 샤칸스키(Lineberry & Sharkansky, 1980), 이종열, 타오와 앤더슨(Lee, Tao, & Anderson, 2012: 49-50)은 미국의 도시문제를 다음과 같이 지적했다. 즉, 범죄, 공해, 조세, 주택, 빈곤, 재정적 불균등, 경찰, 인종문제 등이다. 물론 여기에다 교육, 교통, 에너지 등의 문제를 추가할 수 있다.

11) 플로리다는 *New Urban Crisis*(2017)에서 창조(creative)계급, 서비스(service)계급 및 노동(work)계급 세 가지 계급을 구분하기 위해 초기 가설을 확장했다. 미국 대도시 전역에서 소득, 교육 및 수업에 따라 불평등과 배제를 측정하기 위한 일련의 지표를 개발해 이 세 계급의 경제 지리에 대한 철저한 연구를 수행했다. 추가 통계적 조작은 이들을 대도시 지역의 위기의 심각성을 계량화하고 순위를 매기는 데 '신도시 위기 지수(New Urban Crisis Index)'로 변환했다. 이 지수는 창조계급 인력의 규모, 밀도 및 점유율, 대도시의 소득 및 경제적 산출과 관련이 있다. 결론은 성공한 '창조계급' 도시가 성장함에 따라 도시 내 불평등과 빈부 격차를 더욱 심화시킬 수도 있음을 보여 준다. 따라서 '신도시 위기'는 1970년대 북미 도시의 쇠퇴라는 본래의 '도시 위기'의 개정을 제안하는 것이다. 즉, 이전 위기는 경제 침체와 중심도시에서의 탈출로 인한 것이었지만, 불평등과 차별이 성공의 희생양인 것처럼 보이는 새로운 위기가 발생했다.

하게 밝혀짐에 따라 그의 생각을 바꾸게 됐다.

번영하는 도시는 번영이나 혁신과 함께 숨 막히는 불평등이 상승해 가장 자유롭고 창조적인 도시가 절정에 이를 때까지 일부 집단은 성공의 희생자가 됐다는 것이다. 이는 교육받고 상향식으로 이동하는 사람들이 낡은 도시로 몰려들면 주택 부족 현상이 발생하고 이에 따라 주택 가격이 상승하고 그렇게 되면 가장 취약한 것은 일반 근로자가 된다. 플로리다는 부동산 가격이 높으면 가장 타격을 입은 사람들은 가장 적은 옵션을 가진 가난한 사람들이라고 주장했다. 대조적으로 중산층이나 노동자 계급의 사람들은 양질화(良質化) 때문에 약간의 혜택을 얻었지만 상승하는 부동산 가격으로 인해 도시나 교외의 다른 지역으로 이전해야 했다. 이는 '이득 젠트리피케이션(reap gentrification)' 논쟁으로 이어지고 있다.

도시지역 내에서 존재하는 불평등과 빈곤문제는 대개가 사회생활에서 필요한 기본적 재화 내지 서비스의 공급과 관련이 있다. 예를 들면 적절한 주택, 육체적 · 정신적 건강

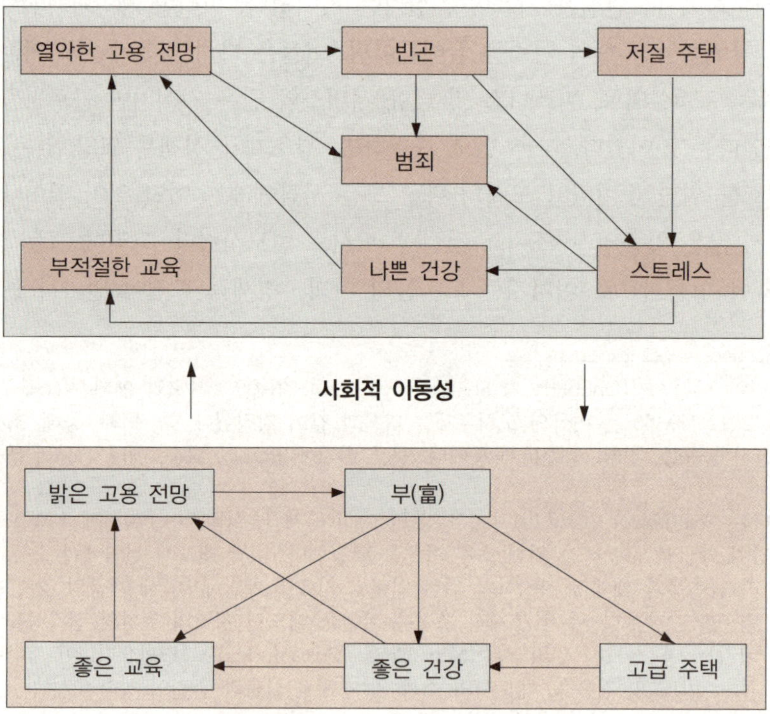

그림 1-1 빈곤과 부(富)의 순환

자료: Johnston(1982: 257).

을 위한 근린시설, 개인의 신체·프라이버시·재산에 대한 보호, 교육에의 접근 기회, 여가나 오락, 개인 만족을 위한 적절한 시설 등이 있다. 자본주의 사회 내에서 이들 중 대부분은 시장 기구를 통해 공급되며, 따라서 이를 위한 적절한 소득과 직업이 필요하다. 이들 중 어느 하나 혹은 그 이상을 결여하게 되면 이는 문제로 간주된다.

자본주의 사회 내에서 빈곤은 절대적 빈곤과 상대적 빈곤으로 구분해 볼 수 있다. 우리나라의 경우 경제 성장으로 인해 절대적 빈곤이 많이 감소한 것이 사실이지만 아직도 여전히 절대적 빈곤은 사회문제로 남아 있다. 그리고 최근에는 절대적 빈곤 못지않게 상대적 빈곤이 문제가 되는데, 이는 자본주의의 속성인 경쟁으로 인한 것이다. 사회 내 부유층은 자신의 우월적 지위를 유지하기 위해 끊임없이 노력한다. 그 과정에서 의도했든 또는 그렇지 않든 간에 빈곤층의 상대적 빈곤문제를 외면 또는 무시하는 경향이 있다. [그림 1-1]은 빈곤과 부(富)의 순환을 나타낸 것이다.

2) 정치·행정상의 문제

도시문제로서 정치·행정상의 문제는 도시정치 구조상의 문제와 행정 기능의 문제로 구분해 볼 수 있다.

도시정치 구조상의 문제는 도시정부의 자치성(自治性, autonomy) 문제가 핵심이다. 우리나라의 경우 지방자치제가 실시돼 도시정부의 위상이 상당히 높아졌지만, 아직도 도시정부는 중앙정부의 강한 통제하에 놓여 있어 그 자율성이 크게 제약받고 있는 실정이다. 그리고 도시정부 내 권력의 편중 현상도 문제점으로 지적되고 있다. 다원론에 따르면, 순수한 도시정부의 민주주의의 특징은 이익집단이 거의 완전한 경쟁을 하며 공정한 경기를 벌일 뿐만 아니라 정부의 의사결정에 평등하게 접근할 수 있어야 하는 것이다. 여기서는 다양한 비경제적 집단이 정책결정 과정에 영향을 미칠 수 있는 행위자로 간주된다. 따라서 도시정부 내의 의사결정 형태는 분산적이다.

그러나 현실적으로는 엘리트론자들의 주장처럼 의사결정 과정에 도시 주민의 참여 수준이 낮고 집단 활동이 중산층과 상공인에 의해 이뤄지고, 정책결정에 관료의 역할이 매우 중요하게 나타나고 있다. '도시관리자'가 재량과 통제권을 가지면서 정책결정 과정에 대한 접근 통로가 특정 엘리트집단을 위해 크게 왜곡돼 있기도 하다. 나아가 마르크스주의자들의 주장처럼 자본주의 사회 내 도시는 두 개의 중요한 계급, 즉 부르주아지와 프롤레타리아를 창출하는 자본주의 생산양식이 지배하는 사회로서 소수의 사람들에게 부(富)가 계속 집중되기도 한다. 도시정부는 중립적인 기관이 아니라 오히려 지배계급의 이익을 보호하기 위한 수단이 되기도 한다.

도시정부는 또한 행정 기능 면에서 많은 문제를 드러내고 있다. 이들 중 가장 심각한 것은 도시재정 문제다. 도시정부는 도시 내 많은 물리적 문제를 해결하기 위해 재원이 많이 소요되는 반면 그 수입은 제한돼 있기 때문이다. 이는 특히 대도시의 경우 더욱 심각하게 나타나는 경향이 있다. 도시정부는 필요한 재원을 자체적으로 충당하지 못하고 중앙정부에 의존하게 되는데, 이 경우 중앙정부에 대한 예속성 문제가 제기되며 재원의 지속성 문제도 발생한다.

도시정부의 행정 기능상 문제로서 또한 서비스 공급의 비효율성을 들 수 있다. 도시정부가 서비스 공급에 비효율적이 되는 이유로는 시 공무원들의 안이한 근무 자세, 법에 의한 강한 신분 보장, 관료들의 유인(誘因, incentive) 결핍으로 인한 개혁을 통한 이윤 추구 동기의 결여, 행정 서비스의 독점에서 비롯된 국민들이 서비스 선택에 개입할 수 있는 여지가 제한돼 있는 메커니즘 등이 지적될 수 있다. 또 하나의 행정 기능상 문제는 행정 서비스의 양적 부족과 질적 수준의 문제다. 이는 물론 재정적인 문제와도 관련이 있지만 행정 능력 문제와도 밀접히 관련돼 있다. 이러한 예로서 행정가의 비전문성, 계획 기능의 미비, 관료주의적 태도, 조직 간의 갈등, 시장(市場) 기능과 기업 경영 방식의 경시, 주민 참여의 제도적 미비 등을 들 수 있다. 여기서 특히 도시정부의 계획 기능의 미비는 큰 사회적 문제로 제기되고 있다. 우리가 도시 내에서 흔히 봐 왔듯이 계획 기능의 미비로 건설과 파괴의 악순환이 일어났으며, 도시의 균형적 발전이 저해됐다. 그리고 계획에의 주민 참여의 미흡으로 많은 갈등을 야기하기도 했다.

그리고 계획 기능의 미비는 일반적인 문제점으로 도시정부의 위상과 관련이 있다. 도시정부는 개발정책의 주체로서 계획을 입안해 집행하고 있지만 중앙정부의 승인 요구 및 재정 지원 미흡으로 이를 집행하는 데 상당한 어려움을 겪고 있다. 그뿐만 아니라 개발과 관련된 이익의 분배 측면에서 형평성의 문제를 안고 있다.

3) 도시경제 문제

도시정부의 경제적 기반은 도시재정에 영향을 미치는 가장 중요한 요소다. 오늘날 대부분의 도시정부는 경제적 쇠퇴 문제를 지니고 있다. 이는 특히 도시산업의 공간 이동과 관련이 있다. 산업의 입지는 여러 가지 요소에 의해 결정되는데, 그중에서도 중요하게 지적되는 요소로는 노동력 · 교통 · 환경 등이 있다. 이러한 이유로 1960년대 이후 줄곧 우리나라의 산업은 서울 및 국토의 동남권에 집중하는 현상을 보여 왔다. 도시에 입지(立地)하는 경우 일반적으로 지적되는 이점은 집적이익이 발생한다는 것이다.

한편 마르크스주의는 산업의 도시로의 집중 현상을 노동통제라는 측면에서 설명하고 있다. 즉, 정보통신기술이 발달하기 이전에는 산업이 집중함으로써 노동통제가 용이한 반면 정보통신기술이 발달한 오늘날은 오히려 집중하는 것이 노동통제에 불리하므로 분산하는 것이 유리하다고 설명한다(Tabb & Sawers, 1984: 21-53).

도시의 급속한 성장은 많은 문제를 야기하게 된다. 특히 도시 기반시설의 부족이나 서비스 질의 저하 내지 부족 등이 심각하게 나타날 수 있다. 이러한 문제를 이해하려면 도시 발전의 원동력을 이해할 필요가 있다. 자본주의 도시의 발전은 궁극적으로 노동분업과 관련돼 있는데, 노동분업은 두 종류의 계급, 즉 자본가와 노동자 계급을 초래했으며, 이는 또한 생산 수단, 즉 자본과 노동에 기초하고 있다. 도시에는 인구, 생산 수단, 자본, 쾌락, 욕구 등이 집약됐으며, 농촌은 이와 반대로 고립과 분리가 지배적 현상이 됐다. 자본주의 도시를 형성하는 원동력은 상품 생산과 교환에 투영된 이윤극대화의 추구다. 자본주의 사회의 토지시장에서 일어나는 지대 극대화의 추구는 도시 토지 이용 체계를 형성한다. 그리고 지속적인 자본 축적 과정은 도시 형태를 결정짓게 되며, 그리하여 도시문제 · 갈등 · 위기 등을 초래하게 된다. 요약하면, 도시개발 과정에서는 경제적 요소뿐만 아니라 정치적 요소도 매우 중요하다.

4) 도시토지 문제

우리나라의 경우 1960년대 이후 급격한 산업화로 농촌 인구의 도시로의 인구 이동 현상이 일어났으며, 이것은 급격한 도시화를 초래했다. 초기 도시 유입 인구는 주로 무허가촌을 형성해 정착했다(Lee, 1990: 19-23). 당시 정부는 무허가촌 형성에 대해 일종의 방관적 태도를 나타냈으며, 이는 도심지의 용도지역 · 지구제(zoning)와 함께 도시 형태를 결정짓는 하나의 중요한 요인이 됐다.

1980년대에 들어와 우리의 도시도 점차 후기 산업도시(post-industrial city)로의 성격 전환이 이뤄지면서 행정 · 금융 · 의료 · 법률 등의 소위 제4차적 사무 기능(quarternary office functions)이 주도적인 도시로 변모하고 있다. 이러한 경제구조의 변화는 도시토지 이용의 변화를 필연적으로 수반하게 되는데, 특히 도심의 기능 입지를 둘러싸고 경제 기능 간에 경쟁이 초래돼 토지 가격의 급상승을 불러왔다. 이에 따라 도시토지는 매우 집약적으로 이용돼 입지 경쟁력이 강한 사무 기능은 도심지를 차지하고 상대적으로 약한 주거 기능은 도심지 밖으로 밀려나는 현상이 벌어지고 있다. 또한 가용 토지의 부족과 토지 가격의 급상승은 도시토지가 투기의 대상이 되게 했다.

도시가 계속 팽창하면 도시토지를 집약적으로 이용할 필요성은 더욱 증가하는데, 이에 따라 '이용 가치가 낮은' 낙후된 지역이 재개발되면서 특히 저소득층의 주택문제가 심화됐다. 이 과정에서 국가와 낙후지역 주민(우리의 경우 무허가촌 세입자와 영세 가옥주가 대다수임) 간의 갈등이 첨예화됐으며, 이것은 또한 건설자본과의 갈등도 야기했다. 결국 도시토지 이용의 고밀화는 도시 구성의 성격을 변모시켰으며, 이에 따라 교통 혼잡, 주차장 부족 등의 부수적인 도시문제를 초래했다. 그리고 도심에서 밀려나는 주민들의 주거지의 교외 확산은 결과적으로 주변 지역의 토지와 주택 가격의 앙등을 초래했다.

도시토지 이용을 둘러싼 이러한 갈등 과정은 장기적으로 도시재개발정책의 합리화를 저해하게 된다. 그 이유로는 첫째, 계획에 입각한 전면 개발이 아니라 기존의 도시 하부구조를 부분적으로 땜질하는 형식의 개발과 도시 기반시설 부족 등 발생하는 문제들에 거의 반사적으로 대응하는 정부의 사회간접자본(SOC)에의 투자는 결국 미래의 거시적인 개발정책 기회를 손상하는 결과를 가져온다. 둘째, 순전히 사적인 계산에 입각한 민간자본이 개별적으로 조기에 재개발 투자를 해버리는 경우 미래에 사회적으로 더 바람직한 집단적 재개발계획의 가능성을 약화시킬 수 있다.

5) 도시주택 문제

'의식주(衣食住)'는 인간의 기본적 욕구로 간주되고 있다. 주택은 인간 생활의 필수품으로서 기본적인 욕구인데도 불구하고 이것이 심각한 도시문제가 되고 있다. 산업혁명 후 많은 공장이 도시에 입지해 산업도시를 형성했고, 이는 농촌 인구의 대량 유입을 초래했다. 농민 대다수가 이제 도시의 공장 노동자로 전락되면서 이들을 수용할 적절한 주택 공급이 이뤄지지 않아 이들은 도시 내 불량주거지를 집단적으로 형성했다. 도시 내 주택문제는 초기에 불량주택 문제로 인식됐고, 전염병 확산과 관련해 공중보건 문제로서 도시정책에서 주요 쟁점으로 제기됐다. 주택문제의 본질은 가지지 못한 자의 주택 구매 능력(affordability)의 부족에 있다. 따라서 주택문제는 저소득 빈곤층 문제와 동전의 양면을 이루고 있다. 주택문제는 크게 두 가지 차원에서 논의될 수 있다. 하나는 양적 차원이고, 다른 하나는 질적 차원이다. 전자는 주택 부족 문제이고, 후자는 불량주택 문제다.

6) 도시교통 문제

산업화 이후 교통 수단의 발달이 급격히 이뤄져 왔다. 이러한 교통수단의 발달 중에서 특기할 만한 현상은 승용차의 대량 보급이다. 승용차는 널리 보급되는 반면 이를 감당할 수 있는 도로의 건설은 충분히 이뤄지지 못했다. 따라서 자연히 교통 혼잡 문제가 발생하게 됐다. 특히 도시는 그 속성상 인구밀도가 매우 높고 토지가 고밀도로 이용되기 때문에 이러한 교통 혼잡은 피할 수 없는 문제가 됐다. 그리고 사람들의 생활 수준이 향상되고 교통 의식이 변화해 감에 따라 점차 대중교통 수단보다는 자가용을 이용하는 빈도가 높아졌다. 또한 도시토지 이용 패턴이 고밀화돼 감에 따라 토지 이용의 경쟁성이 높아져서 점차 직주(職住)가 분리되는 현상이 심화됐고, 이는 도시의 교통문제를 더욱 악화시켰다.

이러한 도시의 교통문제와 관련해 한 가지 지적해야 할 점은 문제의 원인을 규명하는 것이다. 문제는 자가용의 증가다. 자가용의 증가로 가장 큰 경제적 이익을 보는 집단은 자동차 제조 회사다. 이들은 자동차의 판매로 엄청난 규모의 이윤을 누리지만, 자동차의 증가로 발생하게 된 도시 교통문제의 해결을 위해서는 전혀 직접적인 지출을 하지 않는다. 이것은 결국 사회적 비용으로 귀착되는 결과를 낳는다.

7) 도시환경 문제

모든 인간 활동은 환경에 어느 정도 영향을 미치게 된다. 이 중에는 단기적인 것도 있고 장기적인 것도 있으며, 또한 직접적인 것도 있고 간접적인 것도 있다. 도시지역의 존재는 물리적 환경에 많은 영향을 미치는데, 특히 대기오염 · 수질오염 · 생활 폐기물 · 소음 · 교통 혼잡 등을 들 수 있다. 도시의 환경오염은 날로 심각해지고 있는데, 이는 현대 자본주의 도시가 대부분 산업도시에 기반을 뒀기 때문이다. 그리고 날로 증가하는 자동차의 보급은 교통문제의 원인일 뿐만 아니라 환경오염의 원인이기도 하다.

8) 도시재난 문제

도시생활은 다양한 장점을 도시민들에게 제공해 줬지만 또 다른 한편으로는 좁은 공간에 많은 사람이 밀집해서 살아감으로써 각종 재난이 발생했을 경우에 피해의 정도가 과거에는 상상할 수 없을 정도의 규모로 나타나고 있다. 따라서 도시행정에서 재난관리 문제가 차지하는 비중이 증대되고 있다.

재난의 유형은 발생 원인, 발생 규모, 발생 기간 등에 따라서 나눠 볼 수 있다. 그런데 대개 발생 원인(예: 지진, 화재, 홍수, 화학물질 누출, 방사능 누출 등)에 따라서 구분하고 있으며, 그중에서도 크게 자연재난(natural disasters)과 인위재난(man-made disasters or technological disasters)으로 구분해서 논의하는 경우가 대부분이다. 자연재난은 인간이 만든 재해가 아닌 경우이며, 인위재난은 인간의 고의나 실수로 초래된 재해를 말한다.

재난관리를 효율화하기 위해서는 사후관리뿐만 아니라 사전 대비 노력이 수반돼야 한다. 이 양자는 상호 단절적인 것이 아니라 상호 순환적 성격을 갖고 있는 것이기 때문에 이 모든 과정을 하나의 관리 체계 속에서 통합적으로 운용하는 것이 바람직하다.

9) 도시범죄 문제

오늘날 대부분의 도시는 심각한 범죄문제에 직면하고 있다. 도시범죄는 시민의 신체적 안전을 위협할 뿐만 아니라 금전과 재산의 손실도 가져와 결국 시민의 복지를 위협하게 된다. 시민들은 범죄가 다른 사람뿐만 아니라 자신에게도 영향을 미칠 잠재력을 가진 것으로 여기고 있다. 범죄는 심각한 도시문제로 이는 도시생활을 하는 행태에 영향을 미치고 있다. 모든 종류의 범죄가 전반적으로 증가 추세에 있는데, 여기에는 개인 범죄와 조직 범죄를 모두 포함하고 있다. 도시범죄의 증가로 인해 경찰의 역할이 그 어느 때보다도 중요시되고 있다. 대규모 경찰의 유지에는 많은 예산이 소요되기 때문에 경찰의 효율성 문제가 제기되며, 이에 따라 다양한 배치전략이 제안되고 있다. 또한 경찰 행태의 부작용도 우려된다.

10) 도시갈등 문제

최근 우리나라의 도시 정치·행정 현상 중 두드러진 특징은 기존 제도권의 권위 약화와 이에 따른 시민의 직접적 의사 표출 수단으로서 주민 저항운동의 심화다. 과거 대부분의 도시정책 결정과 집행이 관(官) 주도적으로 큰 저항 없이 이뤄져 왔지만, 이제는 많은 경우 시민 저항에 직면하면서 이것이 점차 중요한 사회적 쟁점이 되고 있다. 그동안 쓰레기 매립지, 발전소, 정신병원 등 주민 기피시설의 입지와 관련된 주민 저항에 직면한 도시정책 분야는 새로운 전환점을 맞고 있다. 이와 같은 주민저항 문제는 소위 님비(NIMBY: Not In My Backyard) 현상으로 명명되면서 사회적인 문제로 받아들여지고 있다.

이러한 도시갈등은 정부와 주민 간뿐만 아니라 정부 간에서도 발생하고 있다. 지방자치가 실시된 후 중앙정부와 지방자치단체 간의 갈등, 나아가 지방자치단체 간의 갈등이 빈번해지고 있다. 사회가 다원화되고 개인주의 가치관이 팽배함에 따라 이러한 갈등은 더욱 심화되고 있는 실정이다.

용어 해설

- **통제 기제**(control mechanism): 국가가 사회 내의 질서를 유지하기 위해 사용하는 수단으로서 법, 규칙, 군대나 경찰조직의 강제력 등이 해당한다.
- **규모의 경제**(economies of scale): 규모를 크게 함으로써 생기는 불비례적 경제적 이점을 의미한다. 수확 체증 또는 한계비용 체감 현상이 수반된다. 예컨대 규모를 2배로 하면 산출량은 2배를 초과하는 경우를 일컫는다.

연습 문제

1. 정치학적 시각에서 바라보는 도시 개념의 기본 요소들을 설명하시오.
2. 경제학적 시각에서 바라보는 도시 개념의 기본 요소들을 설명하시오.
3. 워스(Louis Wirth)의 도시성(urbanism)을 간단히 설명하시오.
4. 도시를 객관적으로 정의할 때 고려해야 할 요소들에 관해 실례를 들어 설명하시오.
5. 도시의 기능적 정의가 왜 필요하며, 그 본질은 무엇인가에 대해 설명하시오.

제 2 장

도시행정의 학문적 성격과 연구 범위

제1절 도시행정의 대두 배경

도시행정이 학문적으로나 실무적인 차원에서 관심을 끌기 시작한 시기는 역사적으로 산업혁명 후 특히 20세기 초부터라고 볼 수 있다. 그 이전에도 부분적으로 도시에 대한 관심이 없었던 것은 아니지만 본격적으로 토지·주택·교통·환경·범죄 등 도시문제가 등장하게 된 것은 산업혁명 후이며, 이와 같은 제반 도시문제를 정책적인 과제로서 해결해야 되겠다고 판단하고 학계는 물론이고 중앙정부나 도시정부 차원에서 대처 방안이 모색되기 시작한 것은 대략 20세기 초반부터라고 볼 수 있기 때문이다. 이러한 도시행정의 학문적 대두 배경은 물론 국가마다 상황에 따라 그 시기나 조건 또는 양상이 상이할 수 있을 것이다. 미국의 경우에는 1940년대부터 각 대학에 도시문제나 정책 프로그램이 개설되거나 또는 연구소 등이 설립됐다. 우리나라의 경우에는 1960년대 이후부터 도시문제가 사회적으로 점차 인식됐고, 1970년대에 들어와서는 도시행정이 하나의 학문 분야로서 자리 잡기 시작했다. 그러다가 1980년대에 와서는 거의 모든 대학에 도시행정론 과목이 개설됐고, 이에 대한 교과서 및 연구 논문이 체계적으로 발행되고 있다.

모든 사회과학이 그러하듯 도시행정도 도시문제에서 출발한다. 사회문제가 있는 곳에 사회과학이 성립되기 마련이다. 따라서 아래에서는 도시행정의 대두 배경으로서 도시성장과 쇠퇴, 그리고 지방자치와 지방분권화에 대해 각각 살펴본다.

1 도시의 성장과 쇠퇴

산업혁명 후 대부분의 국가는 국가 간 또는 국내 지역 간에 인구가 대규모로 급격하게 이동하는 현상을 경험했다. 산업혁명으로 대량생산 형태인 대규모 공장 생산 체계가 도입됐고, 이들이 주로 주요 원료 공급지나 교통의 요충지인 전통 도시지역에 자리 잡게 됨으로써 새로운 형태인 '산업도시'가 생성됐다. 이러한 산업도시는 새로운 대규모 노동 인력을 필요로 하게 됐고, 이러한 노동 수요는 외국으로부터의 이민에 의해 또는 국내의 농촌지역에서 산업도시로의 인구 이동에 의해 충당됐다.

이러한 도시지역으로의 대규모 인구 이동은 이들을 수용할 주택의 부족, 교통량의 증가에 따른 교통 혼잡과 도로 부족, 택지의 고갈, 환경오염, 상하수도 부족, 범죄의 증가 등 많은 도시문제를 야기했다. 이러한 문제를 해결하기 위해 시민들은 특정 개인이나 기업에 의존하지 않고 정부에 의존하게 된다. 이에 따라 정부는 도시문제와 관련된 많은 새로운 법규나 프로그램을 개발해 시행하게 됐으며, 바로 이것이 도시행정의 성립을 가져오게 된 직접적 배경이 됐다.

2 지방자치와 지방분권화

그동안 각국은 정부의 구조와 기능 면에서 집권화와 분권화를 반복했다. 종래 집권화가 일반적이었던 정부 형태가 점차 분권화 쪽으로 나아가게 됐으며, 이에 따라 하나의 지방정부로서 도시정부의 위상이 강화됐다.[1] 이러한 도시정부의 위상 강화는 해결해야 할 도시문제의 계속적인 생성과 더불어 도시행정의 중요성을 더욱 부각시켰다. 종래의 도시정부는 중앙정부와 공동으로 도시문제를 해결하기 위한 프로그램을 개발해 시행해 왔지만 점차 독자적인 프로그램 개발 비중이 높아지고 있다. 이러한 도시정부의 위상 강화로 도시행정이 학문적으로나 실무적으로 전면에 나서게 된 것으로 보인다.

---

1) 각국은 다양한 형태의 정부구조와 기능을 보이고 있지만 대체로 집권화에서 분권화 쪽으로 나아갔다고 말할 수 있다. 일부 국가에서는 분권화에서 다시 새로운 형태의 집권화, 즉 신중앙집권화 쪽으로 나아가기도 했다. 이 둘의 관계는 일종의 시계추 현상이라고 볼 수 있으며, 각각 장・단점이 있다(김익식, 1990: 1373-1376).

제2절 도시행정의 학문적 성격

1 종합성

도시행정은 도시문제를 해결하기 위해 정부가 주체가 돼 프로그램을 개발하고 이를 실행하기 위해 자원을 배분하는 관리 과정이라고 할 수 있다. 여기서의 주된 초점은 도시문제의 해결 과정이며, 따라서 이를 위해 다양한 학문 분야의 학제적 접근(inter-disciplinary approaches)이 필요하다(Lee, Tao, & Anderson, 2012: 14). 도시행정은 넓게는 사회과학의 한 분야로서 정치학 · 행정학 · 경제학 · 경영학 · 사회학 · 지리학 · 통계학 등을 포괄하며, 좁게는 이의 하위 분야로서 도시정치 · 도시정부 · 도시재정 · 도시계획 · 도시문제(주택 · 토지 이용 · 교통 · 범죄 · 환경 · 도시개발 등)를 포함한다.

도시행정은 지방자치단체인 도시정부가 주체이기 때문에 이의 수반인 시장(市長)에 관한 연구가 필수적이다. 시장의 정치적 역할과 기능에 관한 연구뿐 아니라 풀뿌리 민주주의로서 시민의 참여가 또한 중요하다. 따라서 이를 주로 다루는 정치학적 지식이 요구된다.

도시행정은 또한 도시정부의 정책결정과 각종 프로그램의 집행 및 이에 수반되는 예산 배분을 포함하므로 이와 밀접하게 관련 있는 행정학적 지식이 필요하다.

도시정부가 가장 중요시하는 하위 분야 중 하나는 경제다. 도시경제의 성장은 도시정부의 주요 관심사다. 따라서 도시경제 개발을 위해 경제학적 지식이 요구된다.

전통적으로 도시행정에서는 효율성이 강조됐지만 공공성 또한 이에 못지않게 중요하다. 그리고 정부의 속성상 공공서비스의 공급 과정에서 필연적으로 독점의 폐해를 내재하고 있기 때문에 이를 극복하기 위해 최근 도시행정에서 경영 기법의 도입이 활발히 논의되고 있다. 이에 따라 '도시경영'이라는 신조어가 생길 정도가 됐으며, 도시행정에 경영학적 지식의 도입이 매우 중요하게 고려되고 있다(박종화, 1996; UNFPA, 2007).

그리고 도시행정은 도시라는 지역적 특성에 바탕을 두고 있기 때문에 도시 지역사회의 형성, 시민 의식, 통합 등을 다룰 수 있는 사회학적 지식이 필요하며, 도시공간(urban space)의 분석과 계획을 위해 도시계획학적 지식도 필요하다.

2 응용성

학문은 크게 순수학문과 응용학문으로 구분해 볼 수 있다. 순수학문은 현상에 관한 인과모형에 바탕을 두고 이러한 관계의 법칙 내지 원리를 규명하려는 것을 주목적으로 하는데, 여기에는 물리학 · 생물학 · 심리학 · 경제학 등이 해당한다.

한편 응용학문은 순수학문에서 개발된 지식, 즉 인과 법칙을 기초로 삼아 이를 실제 현실에 적용해 현실 문제를 해결하는 것을 주목적으로 하는데, 여기에는 경영학 · 행정학 등이 해당한다.

이런 측면에서 보면 도시행정은 하나의 응용학문에 해당하며 실용성과 실천성을 강조한다. 도시행정은 다른 학문에서 개발된 이론을 수용하고, 이를 바탕으로 새로운 이론을 만들어 내거나 현실 문제의 해결에 응용된다. 물론 이 두 분야는 때로는 중복되기도 하므로 명확히 구분하기가 어려운 경우도 있다.

하나의 응용학문으로서 도시행정의 초점은 현실의 도시문제를 해결하는 데 있고, 이를 위해 다양한 학문적 지식이 요구된다. 도시에서 일어나는 문제는 매우 다양하며, 이를 해결하기 위해서는 어느 한 학문 분야에만 전적으로 의존할 수는 없기 때문이다. 그리고 동일한 문제라도 보는 시각에 따라 다르게 나타날 수 있는데, 이러한 다양한 시각이 종합적으로 결집돼 도시문제의 해결에 기여하게 된다. 예를 들면 도시 교통문제를 해결하기 위해서는 토목공학, 도시계획학, 경제학 등의 지식이 필요하다. 이러한 도시문제를 해결하기 위해 도시정부가 조직되며, 또한 그 운영에 재정적 뒷받침이 필요하게 된다.

제3절 도시행정의 연구 범위

도시행정의 연구 범위는 크게 전통적인 연구와 최근의 연구로 구분할 수 있다. 도시행정의 범위를 이렇게 명확하게 구분하는 것은 어떤 절대적인 기준에 의한 것은 아니다. 다만 도시행정의 강조점이 시대의 흐름을 따라 변화해 왔고, 그 변화의 흐름을 제대로 포착하기 위해 인위적으로 구분해 본 것이다. 이렇게 볼 때 전통적으로는 주로 법적 · 제도적 · 정치구조적 측면에 치우친 반면, 최근에는 도시문제에 초점을 둔 기능적 · 정책지향적 측면을 중요시하고 있다. 물론 온전한 의미로는 이 양자가 결합된 종합적인 연구가 더 바람직하다고 하겠다.

1 전통적 연구 범위

전통적으로 도시행정이 연구 대상으로 삼았던 분야는 다음과 같다.

1) 도시화

18세기 말, 그리고 19세기 초 산업화가 급속히 진행되면서 자본주의 도시가 태동했고 성장하기 시작했다. 도시화 현상은 자본주의 국가, 심지어 사회주의나 공산주의 국가에서도 유행병처럼 번지면서 전 세계적으로 확산됐다. 도시화는 20세기 인류 문명사에 가장 주목되는 역사의 전환기적 현상이 됐다. 이제 인류의 생활양식은 농촌 중심에서 도시 중심으로 바뀌게 돼 '도시생활(urban life)'이 보편적인 현상이 됐다.

도시화가 전 세계적으로 진행되면서 소위 근대적 의미의 대도시가 발전하게 됐다. 도시화에 대한 연구는 모든 도시 연구의 기초로서 가장 널리 이뤄졌다. 특히 도시화의 원인에 대한 연구가 인구생태학적 관점에서 많이 이뤄져 왔다. 그러다가 최근에는 마르크스주의의 정치경제학적 관점에서 이윤과 노동통제를 중심 개념으로 하는 연구로까지 발전하고 있다. 급속한 도시화는 많은 도시문제를 초래했으며, 이는 후기 도시행정 연구의 중심 과제로 진전되고 있다.

2) 도시정치 행위자

이는 도시정부의 다양한 정책결정을 둘러싸고 각 정치 행위자가 어떻게 작용하는가에 대한 연구다. 전통적으로 정치 행위자로서는 시장, 시의회, 이익집단, 관료, 언론 등이 중요시돼 왔다. 이러한 정치 행위자에 대한 연구는 권력 연구로 발전해 다원론, 엘리트론, 마르크스주의, 조합주의 등의 이론이 개발됐다.

3) 도시정부 구조

도시정부의 구조에 대한 연구는 대부분 수직적 차원에서 중앙집권화와 지방분권화, 수평적 차원에서 조직 내 권력 배분 관계를 다룬다. 중앙집권화와 지방분권화에 대한 연구는 중앙과 지방관계론으로 불리면서 양자 간의 권력 배분에 초점을 둬 왔다. 이는 나아가 지방자치 이론과 연계된다. 그리고 도시정부의 법적 지위와 위상에 관한 연구와 기능 배분에 관한 연구가 여기에 포함된다. 한편 도시정부 내의 권력 배분에 관한 연구도 다양하게 진행돼 왔는데, 대부분 도시정부 내 집행부와 의회의 관계를 다루고 있다.

2 최근의 연구 범위

도시행정의 최근 연구 범위는 매우 다양한 것이 특징이다. 특히 도시화가 가속화됨으로써 많은 도시문제가 심각하게 발생해 이에 대한 개별적 연구가 많이 이뤄지고 있는 실정이다. 이러한 예로서 도시교통, 도시주택, 도시환경, 도시토지 이용, 도시범죄, 도시재개발 등을 들 수 있다. 그뿐만 아니라 과학과 통신, 그리고 교통이 발달함에 따라 종래의 지리적 경계가 무너지고 기능적인 상호 관련성이 강조됨에 따라 이러한 수요에 대응하기 위한 광역행정 연구가 활발히 진행되고 있다. 또한 컴퓨터의 광범위한 보급과 신속하고 정확한 업무 처리가 무엇보다 중요한 고도 정보사회로 이행함에 따라 도시정부의 정보 시스템에 관한 연구도 최근 강조되고 있다.

또한 도시화의 급진전으로 인한 많은 도시문제가 발생했으며, 이의 해결은 민간이 아니라 정부가 떠맡게 됐다. 도시정부는 많은 도시문제를 해결하기 위해 계획을 수립하는데, 이러한 계획 수립의 과정에 대한 연구도 다각적으로 이뤄지고 있다. 그리고 도시정부는 도시문제 해결을 위해 그 어느 때보다 많은 재정적 지출이 요구됐지만 재원의 확충에는 많은 어려움이 수반됐다.

따라서 어떻게 하면 기존의 재원을 확충하고 새로운 재원을 동원할 수 있을 것인가 하는 것이 연구의 주된 관심사가 되고 있다. 그리고 기존의 재원을 어떻게 하면 효율적으로 사용하고 공공재와 공공서비스를 효율적으로 제공할 것인가에 대한 연구도 아울러 이뤄졌다. 최근에는 이와 관련해 도시 공공서비스의 공급에 민간 경영 방식의 도입이 논의되고 있으며, 민간기업과의 계약을 통한 서비스 공급과 민영화 등에 활발하게 연구가 이뤄지고 있다.

제4절 도시행정의 구성 요소

이 책에서는 도시행정을 다음과 같은 요소로 구성하고자 한다.

제1부는 도시행정의 기초로서 도시행정의 의의를 다룬다. 여기서는 도시행정의 출발점으로서 도시의 개념과 도시행정의 연구 대상으로서 도시문제, 그리고 도시행정의 학문적 성격과 연구 범위를 다룬다. 도시행정의 연구 범위는 전통적 연구 범위와 최근의 연구 범위로 구분해 검토한다. 그리고 도시행정이 지향하고 있는 가치로서의 이념은 그 강

조점이 시간과 장소에 따라 변하는 것이지만, 여기서는 효율성 · 합법성 · 민주성 · 형평성 · 대응성 · 자치성을 다룬다.

제2부에서는 도시에 대한 이론적 접근으로서 도시화, 도시 체계, 도시 성장 등을 다룬다. 지난 수십 년간 급격하게 일어난 도시화 현상을 규명하기 위해 도시화의 의의, 도시화 관련 정책의 전개 과정, 도시화의 추세, 도시화의 문제점을 주로 분석한다. 도시의 체계를 이해하기 위해 도시의 공간구조, 도시의 토지 이용, 도시의 계층, 그리고 도시의 규모 등을 검토한다. 또한 도시의 성장이론으로서 수출기반이론, 신고전이론, 불균형이론, 그리고 대도시의 성장관리 등을 다룬다.

제3부에서는 도시정부와 행정을 고찰한다. 먼저 도시정부의 체계를 살펴보기 위해 도시정부의 대표적 통치구조 형태를 검토하고, 도시정부 체계에 대한 다양한 이론적 접근 방법을 비교 분석 · 평가한다. 또한 도시정부의 기능을 파악하기 위해 도시정부 기능의 의의 및 기능 배분의 기준과 기능의 평가 기준을 살펴본다. 그리고 도시정책의 의의와 정책 과정에 대한 일반이론을 살펴보고, 각 정책 단계를 좀 더 자세하게 분석해 본다. 그리고 정책의 실효성을 보장해 주는 도시정부의 재정을 분석한다. 우선 도시정부의 예산을 과정별로 살펴보고 세입과 세출을 자세히 검토한다. 세입은 분석적 측면을 포함해 고찰하고 그 종류도 개관한다. 또한 도시정부가 제공하는 공공서비스를 고찰하는데, 여기서는 공급 체계에 대한 대안적 방법을 비교 검토하고 효율적인 공급을 위한 여러 가지 대안을 검토한다. 끝으로 지방자치단체 간 협조 방식으로서 광역행정의 개념 및 방식을 깊이 있게 다룬다.

제4부에서는 도시문제 해결을 위한 청사진의 의미가 강한 도시계획과 도시분석 기법을 고찰한다. 도시계획은 일반적 과정과 제도 등을 중점적으로 고찰한다. 그리고 도시의 분석을 위한 기초로서 분석 기법 내지 모형을 검토한다. 여기에는 가장 기본적 분석모형인 인구 예측모형과 도시경제 분석모형을 소개한다. 그리고 도시 공공사업을 평가하는 데 유용한 비용 · 편익분석 기법을 살펴본다.

제5부에서는 도시행정의 실제 분야를 다룬다. 여기서는 현대 도시문제를 중심으로 도시개발, 도시경제, 도시토지, 도시주택, 도시교통, 도시환경, 도시재난, 도시빈곤, 도시범죄 등을 이론과 정책을 중심으로 각각 고찰한다.

제6부에서는 도시행정의 미래로서 도시행정의 새로운 방향을 모색해 본다.

제5절 도시행정의 이념

도시행정이 지향하고 있는 가치 또는 원리로서 이념은 시간과 장소에 따라 그 중요성이 변화하는 것이지만, 21세기 현시점의 우리나라에서 중요한 도시행정의 이념으로는 효율성 · 합법성 · 민주성 · 형평성 · 대응성 · 자치성 등을 들 수 있다.

1 효율성

도시행정은 시민에게 필요한 재화나 서비스를 공급해 주는 것을 주된 기능으로 하고 있다. 따라서 도시 공공서비스의 효율적인 공급이 매우 중요시된다. 효율성(efficiency)은 능률성과 효과성을 통합한 개념이다. 능률성은 단순히 투입과 산출의 비(比)이며, 효과성은 공공 목표의 달성도를 의미한다.

이러한 효율성의 개념은 물론 민간 부문에서 가장 중요시되고 있지만 공공 부문에서도 예외는 아니다. 특히 도시정부는 한정된 자원을 이용해 많은 도시문제를 해결하기 위해 다양한 공공서비스를 제공해야 하는데, 이때 효율성이 강조된다.

2 합법성

도시행정도 그 운영은 합법적(legal)인 테두리 안에서 수행돼야 한다. 현대 법치국가에서는 공공행정이 법을 무시하거나 초법적(超法的)으로 이뤄질 수는 없는 것이다. 도시행정은 그 내용의 성격상 시민의 경제적 이해(利害)와 매우 밀접한 관련 사항이 많기 때문에 더욱 법적 보장이 중요시된다고 하겠다. 따라서 시민의 사유재산권 보장과 자유를 보호하는 것이 주요 과제가 된다.

그러나 현대 도시문제는 매우 다양하고 그 변화 속도도 매우 빠르게 진행되고 있기 때문에 이의 해결이 전적으로 법적인 범위 내에서만 이뤄지는 것이 적절하지 못하다는 딜레마도 있다. 도시행정을 구속하는 법은 그 변화 속도가 현실의 상황 변화를 따라가지 못하기 때문에 이에 적절히 대처하기 위해서는 합법성의 개념을 너무 좁은 의미로 해석하기보다는 관료의 광범위한 재량권을 포함하는 넓은 의미로 해석할 필요가 있다.

3 민주성

도시행정은 그 내용과 절차가 민주적이어야 한다. 특히 우리에게는 절차적 민주성(process democracy)이 중요하다. 도시행정이 아무리 능률적으로 수행된다고 하더라도 그 내용과 절차가 민주적으로 이뤄져야 한다. 이를 위해서는 계획의 수립 단계에서 민주성이 가장 강조돼야 하며, 계획 수립 후 집행 단계에서도 민주성이 보장돼야 한다. 그리고 민주성을 확보하기 위해 도시행정을 담당하는 공무원들의 통제문제도 매우 중요하게 고려해야 한다.

4 형평성

도시행정의 이념으로서 형평성(equity)은 크게 수직적 형평성과 수평적 형평성을 들 수 있다. 수직적 형평성은 도시정부가 제공하는 서비스가 계층 간에 공평하게 분배되는 것을 의미하며, 수평적 형평성은 동일 계층 내에서 공평하게 분배되는 것을 의미한다. 그런데 형평성 문제는 주로 수평적 형평성을 더 중요시한다. 즉, 도시정부가 제공하는 서비스가 도시 내 모든 지역에 골고루 영향을 미치는가, 아니면 어떤 특정 지역에만 편중돼 그 편익이 제공되는가 하는 문제다. 이는 결국 계층 간의 서비스 공급의 형평성 문제로 귀착된다.

5 대응성

도시행정이 추구하는 이념으로서 대응성(responsiveness)은 오늘날 특히 강조되는 이념이다. 도시정부가 서비스를 아무리 능률적으로, 합법적으로, 그리고 민주적으로 제공한다고 하더라도 고객인 시민이 이에 만족하지 못한다면 그만큼 의미가 경감되는 것이다. 따라서 도시정부는 서비스를 제공할 때 항상 대상 집단의 만족도를 염두에 둬야 할 것이다. 공공서비스 대상 집단의 만족도를 높이기 위해서는 여러 가지 접근이 사용되는데, 그중에서 특히 시민의 정치 제도에 대한 접근과 통제가 매우 중요한 변수가 된다.

6 자치성

지방자치 시대의 도시행정은 무엇보다도 시민들의 다양한 행정 수요에 제대로 부응하는 것이 중요하다. 이를 구현하기 위한 이념으로서 자치성(local autonomy)이 중요시되고 있다. 시민들의 공공 수요에 대한 대응성을 높여 나가기 위해서는 도시정부의 운영과 구성이 자치적으로 이뤄져야 한다. 특히 도시정부의 재정자립도를 강화해야 하고, 선거에 의한 고위직 인사의 선출이 자치적으로 이뤄져야 한다.

연습 문제

1. 도시행정이 학문적으로 성립하게 된 배경을 설명하시오.
2. 최근 도시행정의 연구 경향에 대해 설명하시오.
3. 도시행정이 추구하는 이념에 대해 설명하시오.

도시행정론

제 2 부

도시에 대한 이론적 접근

제 3 장 도시화
제 4 장 도시의 체계와 성장

제 3 장

도시화

제1절 도시화의 의의

1 도시화의 개념

도시화(urbanization)는 비도시적 생활양식에서 도시적 생활양식으로의 변화, 또는 비도시지역에서 도시지역으로 인구가 이동하는 현상이나 과정을 의미한다. 프리드만(John Friedmann)은 이를 좀 더 구체화해 도시화를 사람과 경제적 활동이 도시에 집중하는 현상과 도시적 가치, 행태, 제도의 지리적 확산으로 정의한다(Friedmann, 1973: 65-67).

이처럼 도시화라는 개념이 갖는 다양한 의미에도 불구하고, 좁은 의미에서의 도시화는 한 국가의 전체 인구 중에서 도시 인구의 비중이 증가하는 현상을 의미한다. 따라서 아래에서는 도시 인구의 비중이 증가하는 좁은 의미의 도시화를 중심으로 논의한다.

2 도시화의 결정 요인

왜 사람들은 도시에 집중하는가? 이와 같은 물음에 대한 답은 이미 100여 년 전부터 논의돼 왔다. 그 이유는 궁극적으로 도시가 비도시지역에 비해 상대적으로 주민들에게 더 높은 삶의 편익을 제공해 주기 때문일 것이다. 따라서 학자에 따라 이와 같은 결정 요인을 흡인(吸引) 요인, 압출(壓出) 요인, 그리고 장애(障碍) 요인으로 나눠 설명하는 경우도 있고, 또는 다양한 개별 요인별로 나눠 검토하기도 한다. 예컨대 하우저(Phillip M. Hauser)는 ① 인구분포와 지역 간 이동이라는 측면에서 개별 국가의 총인구 규모, ② 인간의 정주(定住) 형태를 기본적으로 결정짓는다는 측면에서 자연환경, ③ 자연환경을 극복하고 생산력을 가속화하는 원동력이라는 측면에서 기술 발전, 그리고 ④ 대규모 정주 생활을 가능하게 한 인간의 사회조직 발달 등을 도시화의 수준을 결정짓는 요인으로 지적한다(Hauser, 1966: 1-6).

개발도상국의 팽창적 도시화는 기본적으로 농촌에서 도시로 이입되는 인구와 도시 인구의 자연증가분에 기인한다. 따라서 농촌과 도시에 거주하는 사람들의 연령별 및 성별 분포 등 인구구조상의 특징은 도시화 현상을 설명하고 예측하는 데 중요하다. 또한 도시화의 정도와 1인당 소득 수준 간에 밀접한 관계가 있다는 것은 여러 연구에서 입증되고 있다. 특히 우리나라의 경우 도시화가 급속하게 진전된 원인으로 밀스(Edwin S. Mills)와 송병락(1979)은 대외 교역 관계를 지적하고 있다.

> 한국의 도시화가 예상보다 커진 원인은 주로 도시의 생산 부문이 계획했던 것보다 커졌기 때문이라고 볼 수는 없다. …… 한국이 예상보다 높은 도시화를 이룩한 데 대한 해답은 국제 부문에서 찾아야 할 것이다. …… 1974년도에 한국의 수출액은 계획했던 것보다 훨씬 많았다. 또 계획 기간 전체를 통해 예상했던 계획치를 2년이나 앞당겨 달성했다. …… 그리하여 한국이 예상보다 더욱 도시화가 이뤄진 원인은 국제 부문 특히 제조업 부문의 수출이 체너리-쉬르킨(Chenery-Syrquin) 모델에 의한 예상보다 훨씬 높았기 때문이라고 볼 수 있다(노융희 옮김, 1986: 42-43).

우리나라의 도시화는 다른 개발도상국들의 경우처럼 비교적 최근의 현상이다. 1930년까지 총인구의 95% 정도가 농촌지역에 거주하고 있었고, 총인구의 약 90%가 농업에 종사하고 있었다. 그러나 1960년대 초반부터 상대적으로 급속한 경제 성장 및 빠른 속도의 도시화를 경험했다. 인구 규모 5만 명 이상을 도시로 간주할 때,[1] 전국 인구 대비 도시화율은 1960년에 28%였던 것이 2000년에는 89%로 증가함으로써 전체 인구 중 약 90%가 도시로 분류된 지역에 거주하고 있다. 이에 더해 급속한 경제 성장 과정에서 '선성장

---

1) 도시란 비농업적 경제활동을 하는 사람들이 밀집된 형태로 모여 사는 곳을 말하지만 실정법상 도시라고 하는 것은 나라마다 다른 것이 상례다. 우리나라에서는 인구 5만 명 이상이고 그 대부분이 도시적 구조와 형태를 가지고 있는 지역으로서 시(市)로 지정된 행정구역을 말한다. 그런데 실제 정책집행의 대상으로 인구 2만 명 이상의 읍(邑)까지를 포함하기도 한다.

후배분(先成長後配分)'의 기치하에 제약된 자원의 집중 투자를 강조하는 하향식 개발전략의 채택으로 총량적 성장 및 자원의 부문 간 재배분에만 치중함으로써 경제 개발의 공간적인 영향이 제대로 고려되지 못했다. 결국 전체 인구의 절대 다수가 도시에 거주하고 있고, 공간적인 측면에서 인구분포가 서울 · 부산 · 인천 · 대구 등 몇몇 대도시에 지나치게 편중돼 있는 실정이다.

제2절 도시화의 추세 및 특징

현재까지의 도시화의 두드러진 특징은 거대도시의 출현과 대도시권의 확대 등을 들 수 있다. 선진 산업사회나 개발도상국을 막론하고 도시문제 전문가들은 이미 일부 대도시의 더 이상의 성장은 사회적 비용이 사회적 편익을 초과한다는 의미에서 우려를 보이고 있다(Hansen, 1978: 2).

도시 인구 팽창의 영향은 다양한 지역에서 여러 가지 모습으로 나타나게 된다. 도시 인구의 팽창이 문제가 되는 점은 그 증가분이 대부분 거대도시에 귀착되고 국가 전체적으로 사회적 비용이 급격하게 증가하기 때문이다(Barcelona Declaration, 1986: 2).

최근의 교통 및 통신의 발달, 소득 수준의 향상, 그리고 다양하고 세련된 서비스로 대변되는 대도시의 흡인력(吸引力) 등은 상승적으로 작용해 대도시 주변 지역을 중심 도시에 경제적, 문화적, 그리고 사회적으로 예속화 내지 일체화해 가고 있다.

1 도시화의 추세

도시화라는 개념이 단순히 도시지역의 인구 증가만을 의미하는 것은 아니다. 도시화는 주민의 의식구조, 생활 양태와 아울러 지역의 경제사회 구조 등 여러 측면에 걸친 복합적이고도 다양한 변화 현상을 포괄적으로 의미하는 것이다. 하지만 실제로는 비교적 관찰이 용이하고 계량적으로 분석이 간편할 뿐만 아니라 기타 변화 현상을 비교적 잘 나타내고 있는 도시 인구에 초점을 두고 도시 인구의 비중이 커져 가는 현상을 도시화로 본다. 산업화와 도시 인구 성장이 밀접한 관련이 있다는 것이 여러 사례연구에서 밝혀졌으므로 비교적 정확한 통계가 존재하는 1915년부터 현재까지의 도시화를 산업화가 본격적으로 추진됐다고 볼 수 있는 1960년대 초를 기준으로 크게 두 단계로 구분해 볼 수 있다.

1) 제1기 도시화(1915~1960년대 초)

조선총독부 통계에 따르면, 1930년까지 총인구의 약 90%가 농업에 종사하고 있었다. 그 당시의 도시는 주로 구한말부터 행정관청의 소재지이거나 대외 무역항이었다. 당시는 식민지 지배하의 사실상 통제사회였으므로 1945년까지 도시화 수준은 14.5%라는 비교적 낮은 수준에 머물렀다. 해방 후 1960년까지의 정치사회적 격동기 동안 가장 급격한 인구 분포의 재편이 이뤄졌던 것으로 보인다. 해외 귀환 동포와 6·25전쟁 기간 동안의 월남 피난민, 그리고 타 지역 이주민 등이 대도시지역에 주로 정착하게 됐다. 1949년에 인구 규모 5만 명 이상의 도시가 14개였는데, 1960년에는 27개로 거의 2배로 증가하고 도시화율은 28.3%로 늘어나게 된다. 하지만 전 국민의 2/3 이상이 농촌지역에 거주하고 있는 것을 볼 때 식민지 지배, 정부 수립, 3년간의 전쟁 등으로 산업화에 따른 도시 인구의 성장은 아직 미약했던 것으로 보인다. 즉, 제1기 도시화는 목적지의 끌어당기는 요인(pulling factors)에 의한 인구 이동이라기보다, 출발지의 밀어내는 요인(pushing factors)에 의해 인구 이동이 결정된 도시화의 태동기로 볼 수 있다.

2) 제2기 도시화(1960년대 초~현재)

농업 위주에서 비농업적인 상품이나 서비스의 생산에 기초한 시장경제로의 전환은 경제활동 및 인구의 공간적 분포의 변화를 수반한다. 결국 경제 개발과 도시화는 상호 밀접하게 연결돼 있다. 1960년대 초반부터 제약된 자원의 집중 투자를 강조하는 급속한 산업화를 추진함으로써 도시 내 제조업 및 서비스 산업이 급격히 팽창하고 취업 기회가 확대됨에 따라 도시화는 더욱 빠른 속도로 진행되기 시작했다. 인구 규모 5만 명 이상을 도시로 간주할 때, 도시화율이 1960년에 28%에서 2000년에는 89%로 급격히 증가했다. 따라서 제2기 도시화는 출발지의 밀어내는 요인과 더불어 목적지의 끌어당기는 요인이 강력하게 가세하는 도시화의 성장기로 볼 수 있다.

2 도시화의 특징과 문제점

1) 대도시권의 외연적 확산

산업화 과정에서 나타나는 도시화의 두드러진 특징은 대도시권의 외연적 확산이다. 교통 및 통신의 발달, 소득 수준의 향상, 거주환경에 대한 인식 변화, 그리고 대도시 주변 지역에 대한 비농업적인 경제활동의 증대 등으로 일종의 개방 체제(open system)인 지역경제에서 대도시로 성장한 기존의 도시가 사람·물자·정보의 흐름을 통해 주변부에 계속적으로 영향을 미치게 된다. 궁극적으로 중심지와 주변부라는 이질적인 두 가지 성격이 존재하던 지역이 기능적으로 상호 연결된 통합 공간을 형성하게 된다.

2) 종주도시화

개발 도상에 있는 많은 나라가 경제 발전과 더불어 하나 또는 수개의 대도시에 산업 및 인구가 집중하는 종주도시화(宗主都市化, primate city) 현상을 경험하는데 우리나라도 예외는 아니다. 이러한 성극화(成極化, polarization)된 공간구조가 다음 단계의 경제 발전을 여러모로 제약하기 때문에 대도시 인구의 이상적 비대화를 막고 안정된 도시 체계의 형성을 유도하기 위한 도시화 정책이 필요하다. 물론 안정된 도시 체계가 어떤 상태인가에 대한 명확한 연구 결과는 없다. 일반적으로 대도시의 규모가 어느 수준을 넘어서면 집적의 불이익이 이익보다 크고 전체 공간구조의 극심한 불균형을 가져오기 때문에 경제 성장(경제적 능률성), 지역 간 균형(사회적 형평성), 또는 환경이나 안보 등의 이유로 특정 대도시의 지나친 팽창은 억제해야 한다.

현실적으로 어느 규모에서 특정 대도시의 팽창이 억제돼야 하는가는 나라마다 다를 것이고, 또한 능률성과 형평성의 교량(較量) 등 여러 가지 요소에 따라 결정될 것이다. 여기서 비교적 계량화가 용이한 비용과 편익을 분석의 수단으로 이용할 때 우선 비용과 편익의 분포가 그 절대적인 양보다 훨씬 중요하다. 왜냐하면 도시생산성의 순편익은 모든 집단 사이에 똑같이 향유할 수 있는 것이 아닐 수 있고, 심지어 널리 확산돼 있지 않을 수 있기 때문이다.

3) 가도시화

도시화는 산업화와 밀접하게 연관된 것으로 알려져 있다. 일반적으로 양자는 서로 상승적인 관계에 있는 것으로 알려져 있다. 그런데 특히 개발도상 국가에서 도시산업의 성장 속도에 비해 도시 인구의 증가 속도가 훨씬 빠르게 나타나서 상당수의 도시 인구가 비공식 경제 부문(informal sector)에 종사하면서 불법 불량주거지역(squatter areas)을 형성하는 경우가 있다. 이것이 바로 가도시화(假都市化, pseudo-urbanization)로 불리는 현상으로서 다양한 도시문제의 원인이 되고 있다. 가도시화는 농촌의 생활 조건이 아주 어려운 상태에서 비롯되는 경우가 대부분이기 때문에 경제 발전의 정도가 낮고 농촌의 인구가 많은 개발도상 국가들에서는 여전히 구조적인 문제로 남게 될 것이다.

제3절 도시화의 새로운 전망

20세기와 21세기에 걸쳐 세계의 도시들은 엄청난 속도로 변하고 있다. 도시의 구성원들도 과거와는 달라지고 있으며 도시민의 행태 역시 크게 변화하고 있다. 지속적인 소득 수준의 향상, 자가용 승용차의 대량 보급, 첨단 통신기술의 급속한 발달 및 확산 등은 도시의 구조는 물론이고 도시민의 분화를 가속화시키고 있다. 기존의 주민(inhabitants)과 직주(職住) 통근자(commuters) 외에 새로운 제3의 집단이라 부를 수 있는 도시 이용자(city users)들이 그 실체를 드러내고 있다. 도시 이용자란 도시의 각종 서비스를 특정 기간에 불규칙적으로 이용하고 떠나는 실체를 말한다.

교통의 요충지이자 각종 공공서비스가 집약돼 있는 수도나 대표적인 관광지 등에서 우리는 흔히 다수의 도시 이용자를 직면할 수 있다. 서울, 파리, 뉴욕, 하와이 등은 다수의 도시 이용자가 존재하는 전형적인 예들이다. 이와 같은 움직임이 우리나라에서는 아직 초보 단계일지 모르지만 향후 도시행정의 주요 고려 대상 중의 하나가 될 것임은 분명하다. 도시 이용자들이 향유하는 사적 서비스에 대해서는 자신이 가격을 지불하고 있으므로 별 문제가 없지만, 시장가격보다 현저하게 싼 가격으로 공급하는 공공서비스의 경우에는 비용 부담을 어떤 식으로 해 나가야 할 것인지의 문제가 있다(이태일, 1994: 30-31). 게다가 각종 도시정책이 현재까지는 기존의 상주 인구를 대상으로 입안되는 경우가 많기 때문에 불규칙적인 소비자들인 도시 이용자들의 규모는 도시의 공공서비스 공급 과정에서 고려 대상이 되지 않았던 경우가 대부분이다. 결과적으로 도시 이용자들이 집중적으로 발생하는 시기에 그 도시 주민의 입장에서는 서비스의 공급을 제대로 받지 못하는 경우가 발생하게 된다.

최근 도시화 과정에서 주목해야 할 또 다른 변수로서 여성 노동력의 노동참여율이 급격하게 신장되고 있는 점을 들 수 있다. 산업이 고도화되고 각종 서비스 산업이 발전함에 따라 양질의 여성 인력에 대한 수요가 급격하게 확대되고 있다. 이와 같은 현상이 발생하는 이유로는 우선 전반적인 노동 인력의 공급 부족 현상과 여성 노동 인력의 질적 향상, 그리고 노동시장 자체의 구조적 변화 등을 고려할 수 있다. 선진 산업사회 국가들의 경우 두 자녀 이하의 가정의 수가 급격하게 증가하고 있고, 교육의 보편화에 따라 여성들의 전반적인 교육 수준이 높아졌을 뿐만 아니라 '남성들만의 일'이라는 것은 점차 사라지고 있는 추세다.

젊은 여성 노동력이 농촌으로부터 대도시로 집중하고 있는 현상은 어제 오늘의 이야기가 아니다. 다만 젊은 여성 노동력의 대도시 이입은 대도시의 여성 노동력의 확대뿐만 아니라 농촌 황폐화의 뿌리가 된다는 측면에서 논의가 필요하다. 농촌에서 젊은 노동력을 찾아보기 힘들다고 해서 그 문제를 소득 수준의 향상에서 해결해 보고자 시도했던 과거의 제반 노력이 거의 대부분 실패로 귀착된 점이 지적돼야 한다. 즉, 농촌의 소득 수준이 어느 정도 향상된다고 해서 젊은 노동력이 농촌에 남거나 또는 유치될 수 없다는 점이다. 도시생활의 역동성을 어느 농촌도 현실적으로 제공할 수 없는 현실에서 젊은 여성 인력이 대도시로 집중하고 '젊은 여성이 없는 곳에 젊은 남성도 없는 자연 현상'은 당연한 귀결이다. 따라서 농촌의 문제를 해결하기 위해서는 적어도 소도읍지 이상을 주거지 내지 생활의 터전으로 개발해 최소한도의 생활의 활력 내지 역동성이 기본적으로 확보돼 있어야 한다. 농업 그 자체는 기업농이나 통근노동의 형태로 해결해 가야 할 것이다.

21세기의 도시에서 우리가 간과할 수 없는 부분 중의 또 다른 하나는 도시를 구성하고 있는 인구의 고령화와 복지 수요의 확대다. 농촌으로부터 도시로 젊은 노동력이 이입하는 현상은 우리나라는 물론이고 서구 산업사회에서는 거의 한계에 다다랐다고 볼 수 있다. 앞으로는 도시 간의 인구 이동이 주류를 이루게 될 텐데, 이때 젊은 층의 전입 인구 비중이 높은 몇몇 대도시를 제외하고는 인구의 고령화가 급격하게 진행될 것이고, 복지 수요 역시 함께 팽창하게 될 것이다. 핵가족화 현상과 과학기술의 발달에 따른 인간의 평균 수명 연장은 불가피하게 노인 인구를 부양하는 부담을 지방자치단체에 떠넘기게 될 것이다.

연습 문제

1. 우리나라의 도시화 과정에서 1960년대 이전의 도시화와 1960년대 이후 도시화의 특징을 비교해 설명하시오.
2. 다음 사항을 간략히 설명하시오.
   1) 대도시권의 외연적 확산
   2) 종주도시화
   3) 가도시화

제 4 장

도시의 체계와 성장

제1절 도시의 체계와 성장의 의의

도시의 체계란 사람들과 경제활동이 도시 공간상에 규칙성을 가지고 일정한 목적 달성을 위해 상호 작용하고 있는 것을 말한다. 도시라는 것이 진공 속에 존재하는 것이 아니라면 우리는 대도시, 중소도시, 소도읍, 그리고 마을의 분포에 대한 규칙성이 어떤 원인에서 비롯되며, 어떻게 관련성을 맺고 있는지를 살펴볼 필요가 있다. 이와 같은 논의를 통해 우리는 도시행정의 주요 목표인 도시 성장이라는 과제를 공간 체계 속에서 조명해 볼 수 있다. 거의 대부분의 공간정책에서 논의의 초점이 바로 도시의 체계와 성장에 관한 것이다. 도시 체계에 명시적이든 묵시적이든 영향을 미치지 않는 국토개발계획, 지역개발계획, 또는 도시개발계획은 없다고 봐야 할 것이다.

인위적인 계획 또는 개발정책이 도시의 체계와 성장에 영향을 미친다는 점에는 이론(異論)이 없다. 하지만 인위적인 계획 또는 개발정책이 없다고 하더라도 사람들과 경제활동의 분포 및 조직이 아무런 목적 없이 무질서하게 존재하는 현상은 아니다. 이론지리학자인 모릴(Richard L. Morrill)은 이와 같은 목적을 다음의 두 가지로 요약해 제시하고 있다(Morrill, 1970). ① 토지의 모든 부분을 최대한의 이익과 효용을 가져올 수 있도록 이용한다. ② 가능한 한 가장 적은 비용으로 경제활동 주체 간에 최대한의 상호 작용을 달성한다(Gore, 1984: 7 재인용).

아래에서는 우리의 주된 관심 사항인 도시가 어떤 공간 질서를 가지고 있고, 그 배경에는 무엇이 있으며, 그리고 도시의 성장 문제는 도시 체계 속에서 어떻게 파악해야 하는지를 밝혀보기 위해 도시의 공간구조, 토지 이용, 그리고 도시의 성장 순으로 살펴본다. 이와 같은 논의를 통해 도시의 공간 질서와 그 속에 내재하는 법칙이나 논리를 명료하게 함으로써 복잡한 도시 현상에 대한 정확한 이해가 가능하고, 따라서 좀 더 효율적이고 실천성 있는 도시행정을 구현해 나갈 수 있다.

제2절 도시의 공간구조

도시의 공간구조란 용어는 오랫동안 사용돼 왔지만 그것이 구체적으로 무엇을 의미하는가는 명확하지 않다. 우선 간선도로망을 기초로 도시의 공간구조를 선형(線型, linear pattern), 방사형(放射型, radiocentric pattern), 격자형(格子型, grid pattern), 성형(星型, star pattern), 반지형(ring pattern) 등으로 나눌 수도 있고, 린치(Kevin Lynch)와 같이 도시의 공간구조를 시각적 공간 인지의 측면에서 파악할 수도 있다. 린치는 『도시의 이미지(*The Image of the City*)』(1960)란 저서에서 도시의 공간구조와 그 이미지는 도로(path), 지구(地區, district), 모서리(edge), 표지물(landmark), 결절점(node) 등 다섯 가지 요소에 따라 결정된다는 점을 밝히고 있다.

도시의 공간구조를 파악할 때 형태와 이미지가 중요한 역할을 하는 것은 사실이지만, 더 중요한 것은 왜 우리가 도시의 공간구조를 파악하고자 하는가 하는 점에 있다. 다시 말하면, 도시의 공간 질서를 이루고 있는 배경에 어떤 논리가 작용하고 있는가 하는 점이다. 이와 같은 측면의 분석으로 일본의 도시지리학자인 石水照雄(1974)과 영국의 버언(Larry S. Bourne)의 연구(Bourne, 1982)가 포괄적이다(대한국토・도시계획학회 편, 1991: 83-85).

石水照雄(1974: 9-14)은 공간 질서는 공간적 규칙성, 공간구조, 공간적 과정의 세 가지 측면에서 파악될 수 있다고 본다. 공간적 규칙성이란 지표상에 형성돼 있는 면적, 밀도, 거리, 방향, 형상 등의 공간 구성 요소와 지표 자체와의 사이에 어떤 질서 있는 관계가 있다고 판단될 때 공간적 규칙성이 있다고 판단될 수 있다. 공간구조는 지표상의 공간적 규칙성이 2차원 또는 3차원의 형태로 인식되는 것을 말한다. 예를 들어 버제스(Ernest W. Burgess)의 동심원형(同心圓型), 호이트(Homer Hoyt)의 부채꼴형, 매켄지(Roderick D. McKenzie)의 다핵형(多核型) 등 도시의 토지 이용 현황은 공간구조에 해당한다. 그리고 공간적 과정이란 공간구조에 시간이라는 변수를 포함시킨 개념이다. 다시 말하면, 공간구조가 형성된 메커니즘을 밝혀 나가는 것을 말한다.

버언(Bourne, 1982: 28-45)은 도시를 하나의 체계로 파악해 도시 공간구조를 밝혀 나간다. 도시 체계의 하위 구성 요소로 공간적인 면과 비공간적인 면이 있다고 규정하고, 공간적인 측면으로 주거지역, 상업활동지역, 산업활동지역 등이 있고, 비공간적인 측면으로 시·구·동 등 행정조직상의 계층과 산업 및 상업 활동상의 조직 및 계층 등을 들고 있다. 이와 같은 기초 개념을 토대로 버언은 도시 공간구조를 형태, 상호 작용, 조직 메커니즘 등으로 설명한다.

도시 형태(urban form)란 건물, 토지 이용, 각종 경제활동, 공공기관 등 개별 요소들이 한 도시 내에서 구성하는 공간적 유형이나 배열 상태를 말한다. 상호 작용이란 도시 내의 각종 활동이 기능적인 통합의 방향으로 상호 연계를 맺어 가는 것을 말한다. 공간의 조직 메커니즘은 도시 내 여러 하위 시스템이 전체 도시 체계 속으로 연계되는 일련의 공간 구성 원리를 말한다. 예를 들면 다른 조건이 동일할 때 수송비용을 최소로 한다든지, 이익을 최대로 한다든지 하는 것들이다.

제3절 도시의 토지 이용

도시의 공간구조 및 상호 작용 관계를 제대로 파악하기 위해서는 도시의 토지 이용 형태와 원리에 대한 이해가 필요하다. 여기서는 도시의 토지 이용 형태를 파악하기 위해 기능별 구분을 이용하고, 토지 이용 원리를 밝히기 위해 중심지이론을 검토한다.

1 기능별 토지 용도

도시의 토지는 농촌과는 달리 다양한 용도로 사용되고 있다. 그러나 구분의 편의상 기능적인 측면에서 가장 두드러지는 용도 위주로 흔히 구분한다. 예컨대 주거용지, 교통용지, 상업 및 공업용지, 공공용지 등의 기능별 구분이 가능하다. 주거용지는 도시의 토지 중 가장 큰 몫을 차지하는 경우가 대부분이다. 대체로 도시 전체 면적의 30~40%, 개발 면적의 40~50%를 점하고 있다. 교통용지는 도로·철도·주차장 등의 용도로 이용되는 토지를 말하며, 대체로 도시 전체 면적의 20%를 초과하는 경우가 많고, 주거용지에 이어 도시토지 이용에서 두 번째로 점유 비율이 높다. 상업 및 공업용지는 대략 각각 5~10%의 도시토지를 점유하고 있다. 그러나 상업 및 공업용지는 다른 토지 이용의 질을 결정하는 아주 중요한 기능을 수행하는 것이 일반적이다. 경제적 파급 효과도 높고, 교통 유발 효과도 강하며, 지가도 가장 높은 경우가 대부분이다. 공공용지는 공원·유원지·학교 등의 토지 이용을 말하며, 공공용지의 도시토지 점유 비율은 도시생활의 질을 결정하는 데 결정적인 역할을 하고 있다(대한국토·도시계획학회 편, 1991: 88-89).

2 중심지이론

왜 사람들은 주어진 토지 위에 고루 흩어져 살지 않고 어떤 곳에는 많이 모여 살고 어떤 곳에는 적게 살게 되는 것일까? 여러 가지 원인 중 우선 자연 조건이나 부존자원에서의 차이가 그 의문에 대한 해답을 상당 부분 제공해 줄 수 있다. 강이 있고 기름진 넓은 평야가 있으며 값비싼 광물이 많이 매장돼 있는 곳에 사람들이 많이 모여 사는 것은 하등 이상할 것이 없다.

그러나 1930년에 크리스탈러(Walter Christaller), 그 이후의 뢰시(August Lösch)가 전개한 중심지이론(central place theory)은 자연 조건이나 부존자원의 차이가 없는 동질적인 공간(unbounded homogeneous plain)에서도 규모의 경제나 수송비 등에 의해 공간상에 인구밀도 차이가 나게 된다는 것을 이론적으로 밝혀 준다(황명찬, 1989: 48-51).

중심지이론은 이론의 전개를 위해 다음의 세 가지 가정을 하고 있다.

① 평탄한 공간상에 자연자원의 부존 상태가 동일하다.

② 인구분포가 균일하고 농가의 규모도 동일하다.

③ 수송 비용은 거리에 비례하고 방향과는 무관하다.

이와 같은 가정하에 중심지이론은 첫째, 이들 농가 간에 거래가 발생하게 될 것인가 또는 거래 조건은 어떠한가? 둘째, 만일 거래를 한다면 시장의 공간적 범역은 어디까지인가? 셋째, 그 시장의 중심에 중심지인 도시가 형성되는 과정이 어떠한가 등을 밝혀 준다.

어떤 농부가 버터를 많이 생산해 규모의 경제가 발생하면, 그는 다른 농부에 비해 훨씬 싼 비용으로 버터를 생산할 수 있다. 그런데 버터를 대량으로 생산했기 때문에 단위당 가격은 낮아졌지만 그 버터를 자기 가족만이 소비하기에는 양이 과다하게 된다. 따라서 자신의 가족들이 소비하고 남는 버터는 다른 사람에게 팔아야 하는데, 이때 그 버터를 사는 사람이 있으면 그 사이에는 거래가 형성된다. 그런데 거래가 형성되기 위해서

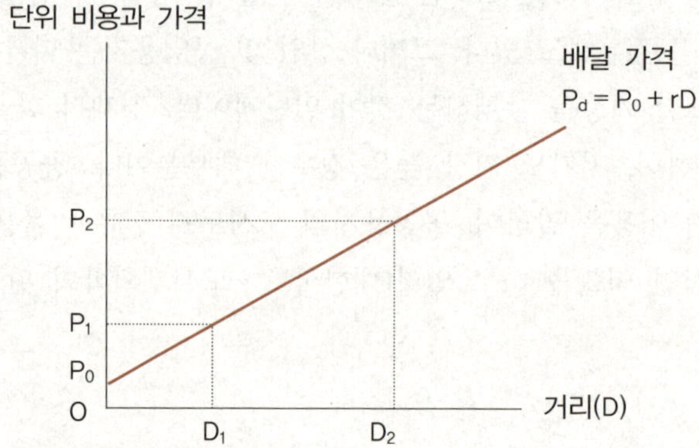

그림 4-1 버터의 배달 가격과 거래의 공간적 범역

자료: Heilbrun(1981: 89).

는 무엇보다도 그 버터의 배달 가격(delivered price)이 소비자가 있는 곳에서의 농부가 생산한 버터의 원가보다 값이 싸거나 적어도 동일해야 한다. 버터의 배달 가격이 상대적으로 저렴한지 하는 것은 규모의 경제에 비례하고 수송비에 반비례하게 될 것이다. 따라서 거래의 공간적 범역은 생산자의 적정 이윤을 포함한 생산 원가에 수송비를 합한 배달 가격이 소비지의 생산 원가와 같은 지점 이내가 된다.

[그림 4-1]에서 O 지점에 입지하고 있는 농부가 버터를 대량으로 생산해 다른 지점에서 버터를 생산하는 다른 농부보다 싼 생산 원가인 P_0로 생산이 가능하다면 거래가 성립 가능한 필요 조건이 충족된다. 시장권의 범역은 배달 가격과 대량 생산하지 않는 농가의 버터 생산 원가와 일치하는 지점 이내가 될 것이다. 만일 대량 생산하지 않는 다른 농가의 버터 생산 원가가 P_2라면 O 지점에 입지한 농부의 시장권은 OD_2를 반경으로 하는 원이 될 것이다.

그런데 버터를 대량 생산해서 갑(甲)이라는 농부가 돈을 벌고 있다는 소문이 퍼지면 조만간 또 다른 농부인 을(乙)도 버터를 대량 생산해서 돈을 벌고자 할 것이다. 갑과 을이 버터를 대량 생산해서 돈을 벌고 있다는 소문이 퍼지면 이제는 병(丙)과 정(丁)이라는 농부들도 그 시장에 진입해서 돈을 벌고자 할 것이다. 결국 시장에의 자유스러운 진입이 가능하다고 볼 때 버터를 대량 생산하는 농부들이 한푼의 초과 이윤도 벌지 못한다는 인식이 확대될 때까지 버터 생산을 희망하는 농부들이 나타날 것이다. 더 이상의 버터 생산 희망 농가가 없는 경우란 바로 버터를 생산하는 농가가 각자 최소 자립 규모(minimum threshold size)를 이루고 있는 상태를 말한다.

각 농부들이 [그림 4-1]에서의 논리대로 원형의 시장권을 각자 최소 자립 규모로 가지고 있다고 할 때 원형의 속성상 서비스를 공급받지 못하는 영역이 원과 원이 접하는 중간 부분에 생기게 된다. 그런데 현실적으로 공간상에서 서비스를 받지 못하는 영역이 장기적으로 형성될 수 없다고 볼 때 가장 경쟁이 치열하면서 수요 미충족지가 없는 상태는 원형과 가장 가까우면서 여러 개가 동시에 접할 때에도 빈 공간이 발생하지 않는 경우여야 하는데, 이는 개별 시장권이 정육각형의 형태로 존재하는 경우다.

사람이 살아가는 데 버터만 필요한 것은 아니다. 옷, 주택, 학교, 은행, 방송, 신문 등 셀 수도 없을 만큼 많은 재화와 서비스를 필요로 하고 있다. 다른 재화와 서비스는 각각 다른 규모의 시장권을 가지게 될 것이고, 우리가 중심지이론의 기본 가정을 버리게 되면 시장권의 모양도 천차만별이 될 수 있다. 그런데 현실적으로 다양한 종류의 수많은 시장권의 중심이 어느 한 곳에 겹칠 수가 있고, 한 곳에 여러 종류의 시장권의 중심이 겹치게 되면 바로 그곳이 중심지(central place)가 된다. 얼마나 많은 시장권, 또 얼마나 큰 시장권의 중심을 가지고 있는가에 따라 그 중심지의 규모나 영향력이 결정될 것이다.

제4절 도시의 계층

1 도시의 계층

중심지에서 재화와 서비스를 생산하는 사람들은 가능한 한 집적의 이익을 얻고자 하나의 중심지에 모이게 되고, 그 결과 마을, 소도읍, 중소도시, 대도시 등이 형성된다. 중심지이론에서 논의했듯이 재화와 서비스별로 시장권의 규모가 다르다. 방송 같은 서비스는 한 개나 두 개의 공급 주체만 있어도 한 나라 전체, 경우에 따라서는 수개의 국가가 동시에 혜택을 받을 수가 있다. 앞에서 논의했던 빵 같은 상품은 시장의 규모가 상대적으로 작아서 소도읍에도 여러 공급 주체가 있을 수 있다. 그런데 우리의 생활 주변을 살펴보면 소도읍은 작은 시장권을 갖는 기업만이 있는데, 대도시는 작은 시장권을 갖는 기업뿐만 아니라 큰 시장권을 갖는 기업도 동시에 가지고 있다는 것을 알 수 있다. 결국 시장권의 규모와 수에 따라 도시 간의 계층을 나눠 볼 수 있다는 것을 알 수 있다.

필브릭(Allen K. Philbrick)은 동일한 논리로 중심지의 수행 기능에 따라 하위 계층도시와 상위 계층도시를 다음 〈표 4-1〉과 같이 구분하고 있다(Heilbrun, 1981: 93-96).

표 4-1 중심지의 기능과 계층

기능과 계층	기능별 서비스의 내역
하위 기능	가계 소비
(하위 계층)	가계 소비+소매
↓	가계 소비+소매+도매
	가계 소비+소매+도매+수송
	가계 소비+소매+도매+수송+환전
상위 기능	가계 소비+소매+도매+수송+환전+통제
(상위 계층)	가계 소비+소매+도매+수송+환전+통제+리더십

상위 기능을 수행하는 상위 계층의 큰 도시는 여러 종류의 다양한 중심 서비스를 공급하고, 하위 기능을 수행하는 하위 계층의 작은 도시는 단순한 종류의 중심 서비스를 공급하고 있다는 것을 알 수 있다. 예를 들어 마을(V), 소도읍(T), 그리고 도시(C)의 세 계층만이 존재하고 있다고 할 때, 그 계층구조와 서비스의 수준은 [그림 4-2]와 같다.

[그림 4-2]에서 명료하게 나타나듯이 1차 중심지인 마을(V)은 하나의 중심지만 있고 배후지가 없다. 소도읍(T)은 한 개의 중심지와 두 개의 배후지를 포괄하고 있으므로 2차 중심지가 된다. 도시는 1차 중심지와 2차 중심지를 동시에 포괄하고 있으므로 고차 또는 상위 중심지가 된다. 상위 계층일수록 시장의 범역이 확대되고, 중심 기능의 수가 늘어나는 것이 특징이다. 여기에 우리는 '도시'라는 단일 실체를 가정했지만, 실제로는 인구가 수백만 명이 넘는 초거대도시가 있고, 그 이하의 규모이지만 약 50만 명을 초과하

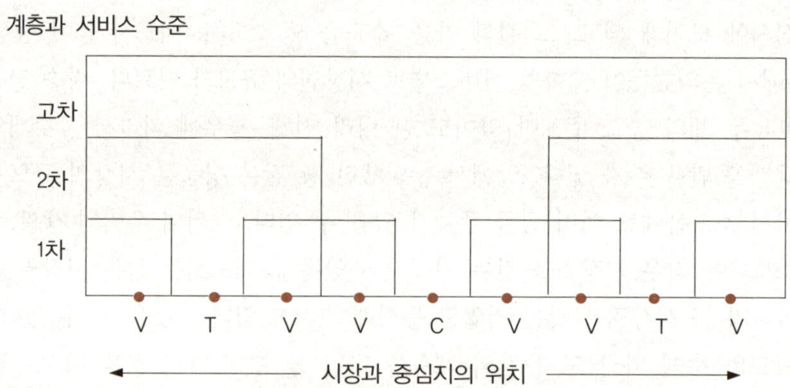

그림 4-2 도시 계층

자료: Heilbrun(1981: 94).

는 정도의 대도시가 있고, 또 그 이하의 중간 규모의 도시와 소도시가 있다. 이렇게 여러 단계로 세분하면 중심지의 계층의 수가 더욱 확대될 것이고 그 관련성 또한 아주 복잡해질 것이다.

도시의 계층이 왜 생기는가 하는 문제는 중심지이론을 원용해서 어느 정도 해답을 제시할 수 있다. 그런데 현실적으로 한 도시의 성장 및 쇠퇴를 이해하기 위해서는 전체 도시의 계층 또는 체계 속에서 관련성에 대한 이해가 긴요하다. 왜냐하면 각 도시는 각자 시장의 확보를 위해 경쟁한다고 볼 수 있으므로 도시 체계 속에서의 다른 관련 도시들의 수, 규모, 성격, 거리 등을 파악할 필요가 있기 때문이다. 그리고 도시 체계는 한 번 순위나 규모가 형성되면 불변인 채로 남아 있는 것이 아니다. 동태적인 측면에서 인구가 증가한다거나, 경제가 발전해서 소득 수준이 변화한다거나, 교통과 정보통신 등 제반 기술 수준의 발달은 도시 체계 자체를 시간의 흐름에 따라 변화시키기 때문이다(Heilbrun, 1981: 102-103).

도시 체계를 변화시키는 여러 가지 동태적 요인 중에서 기술혁신과 정보통신의 발달은 특히 미래의 도시 체계에 대해 큰 영향을 미칠 것으로 보인다. 기술혁신은 기본적으로 생산 과정에서 규모의 경제를 더욱 확대시킬 가능성이 높고 수송비를 절감해 사람들의 통행 패턴을 크게 변화시킬 것으로 전망되기 때문이다. 소득 수준이 높아지면 사람들은 높은 생활의 질을 추구하게 될 것이고, 생활 서비스 중 양질의 주거 서비스는 아주 중요한 위치를 차지하고 있는데, 도심의 지가 폭등은 앞으로 회사 인근에서 실질적으로 양질의 주거 서비스를 받기가 불가능해져 간다는 것을 의미한다.

2 도시의 규모

도시의 계층 또는 체계 속에서 도시 규모가 어떻게 분포돼 있으며, 어느 정도의 규모가 적정한 것인가 하는 점은 오랫동안 도시행정을 연구하는 사람들의 가장 큰 관심거리 중의 하나였다. 한정된 자원으로 최대한의 효과를 얻기 위해서는 바람직한 도시분포 체계와 적정 규모가 선행돼 있어야 자원 배분의 효율을 기할 수 있기 때문이다.

1) 순위규모분포

순위규모분포(rank-size distribution)란 도시의 규모는 그 도시의 계층 순위에 역비례의 형태로 분포한다는 것이다. 기술적으로는 다음 함수 형태로 나타낼 수 있다(Gore, 1984: 60-61).

$$P_i = P_1 / i^q$$

여기서 P_i는 한 나라의 도시를 인구 규모에 따라 하향적으로 배열할 때, i번째 도시의 인구다. P_1은 가장 큰 도시의 인구다. 지수 q는 경험적으로 결정해야 할 사항이나 대개 1의 값에 가까운 것으로 알려져 있다. 만약에 지수 q의 값이 1이면, 두 번째 큰 도시는 제일 큰 도시 규모의 1/2이고, 세 번째 큰 도시는 제일 큰 도시 규모의 1/3이 된다. 이와 같은 관계성이 유지되면 그때의 도시 규모 분포는 순위 규모 법칙(rank-size rule)에 일치하게 된다. 그리고 순위규모분포를 따른다고 할 때 q의 값이 1보다 크면 대도시의 비중이 상대적으로 큰 대도시 지배형 분포이고, q의 값이 1보다 작으면 중간 규모 이하의 도시가 지배적인 형태의 분포다.

그런데 왜 우리는 순위규모분포를 도시 체계를 판단하는 하나의 기준으로 생각하고 있는가? 그리고 순위 규모 법칙에 일치하면 그것이 우리가 바라는 이상적인 도시분포인가? 그와 같은 분포가 능률성과 형평성을 증진시키는가 등의 의문점은 계속 논쟁이 되고 있는 주제다. 도시의 적정 규모에 관한 논의는 이와 같은 의문점을 밝히는 데 기여할 수 있을 것이다.

2) 도시의 적정 규모

개발도상국의 거대도시가 너무 크다는 생각은 지역경제적 편차를 감소시키는 것이 형평성을 증진시킬 수 있다는 생각만큼이나 보편화된 것이다. 급속한 도시화와 이로 인한 초거대도시의 출현은 판자촌 등 불량주거지역의 급속한 확대, 부적절한 상하수도 시설, 높은 실업률, 범죄, 교통 혼잡, 그리고 비공식 노동의 만연 등 수많은 사회경제적 문제의 근원이 되고 있다. 따라서 도시의 적정 규모(optimal city size)에 관한 논의가 중요하다(Gore, 1984: 55-57).

교통시설, 상하수도 시설 등 도시의 운영 비용은 도시의 규모에 따라 증가하지만, 그와 동시에 도시의 생산성도 도시의 규모에 따라 증가하는 것으로 알려져 있다. 따라서 [그림 4-3]에 알 수 있듯이 사회 전체적인 측면에서 도시 주민들의 순수한 1인당 소득이 최대가 되는 유일한 점인 P가 바로 도시의 적정 규모가 된다.[1]

1) 도시의 적정 규모에 대한 논의를 복잡하게 만드는 것 중의 하나가 바로 외부 효과의 존재다. 외부 효과의 존재는 편익 간에 괴리를 발생시킨다. 비용과 편익을 이용해 도시의 적정 규모를 판별하기 위해서는 당연히 사회적 비용과 사회적 편익을 기준으로 해야 하지만, 실제 행위 주체자들인 시민과 기업들은 대개 개인적 비용과 편익에 기초해 행위 수준을 결정한다. 결과적으로 외부 효과를 반영하지 못하는 시장 메커니즘하의 의사결정은 개인적 비용과 편익에 기초해서 행위 수준이 결정됨

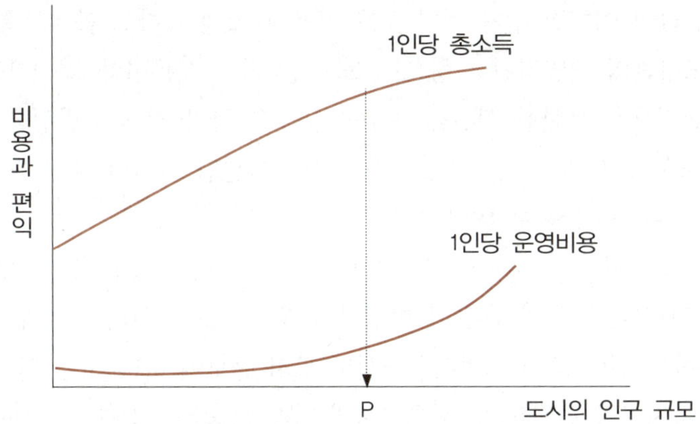

그림 4-3 **도시의 적정 규모**

자료: Gore(1984: 56).

도시 체계 속의 도시 규모 분포는 기능 수행의 능률성과 안정성, 그리고 전체로서의 통합성 등이 중요한 평가 기준이다. 따라서 도시 체계의 측면에서 보면, 도시의 적정 규모라는 것은 이론적 의의 자체가 상당히 약화된다. 미시경제학의 이론적 접근을 원용해 정부의 1인당 공공서비스 비용이 최소가 되는 인구 규모를 적정 규모로 간주하는 최소비용 접근과 [그림 4-3]에서 논의했듯이 좀 더 포괄적인 비용·편익 접근이 가능하다. 도시의 적정 규모란 도시의 관리 능력 등에 크게 영향을 받을 수 있기 때문에 이론적으로는 적정 규모에 대한 연구보다는 최소 자립 규모에 대한 연구나 능률적인 도시 규모의 범위 등에 관한 것이 더 의의가 있을 것으로 보인다(Richardson, 1972: 29-48).

제5절 도시의 성장

도시행정에서 도시 성장은 중요한 목표 중의 하나다. 여기서는 도시 체계와의 연계 속에서 도시의 성장 문제를 살펴본다.

개별 도시의 입장에서는 대부분 도시의 성장을 강조하고 있지만 이를 국가 전체적인 차원에서 보면 초점이 크게 다를 수 있다. 한 도시의 성장이 개방 체계하에서 다른 지역

으로써 사회적 순편익을 최대로 하는 적정 규모에서 균형 상태에 도달하지 못하고 과잉 규모 또는 과소 규모로 귀착되는 것이다.

과 아무런 관계 없이 이뤄질 수가 없고 상호 작용 관계에 있다고 볼 때, 특정 도시의 성장 문제를 그 도시만의 개별적인 사항으로 볼 수는 없기 때문이다. 하나 또는 여러 개의 중심도시가 개별적으로 무한한 성장을 추구하는 것은 국가 전체의 발전을 저해할 수 있고, 또한 일부 도시들의 계속적인 침체는 해당 도시들뿐만 아니라 주변 도시들에도 적지 않은 부정적인 영향을 미칠 수 있다.

도시의 성장으로 규모의 경제가 작용하면 생산성을 더욱 높일 수 있지만, 반대로 규모가 지나쳐서 과밀(過密)이나 혼잡이 발생하면 생산성을 오히려 낮추게 된다. 각종 도시 수요를 충족하기 위한 도시 기반시설에서도 도시 규모에 따라 사용 인구 단위당 비용이 처음에는 낮아지다가 일정 규모를 초과하면 다시 상승하는 U자형의 비용곡선을 나타내는 것으로 알려져 있다.

따라서 적정 규모를 초과하고 있는 대도시는 성장을 억제 내지 관리할 필요성이 있고, 이와 반대로 적정 규모에 미달하는 중소도시는 성장의 유도 내지 촉진이 필요하게 된다. 예컨대 개발도상 국가의 종주도시들은 대부분 적정 규모를 초과하고 있는 것으로 알려져 있고 또한 중소도시들은 대부분 적정 규모에 미치지 못하고 있는 것으로 알려져 있기 때문에 대도시의 성장 억제 내지 관리와 함께 중소도시의 성장 유도 및 촉진이 동시에 추구되고 있는 것이다. 우리 나라의 경우 국토종합개발계획에서 지방분산형 정주체계를 형성하고 산업의 균형 배치를 기하는 것을 목표로 삼고 있는 것도 기본적으로 동일한 맥락에서 파악할 수 있다.

대도시의 성장 억제와 중소도시의 성장 유도는 사실상 동전의 양면과 같은 관계에 있다. 따라서 여기서는 왜 대도시의 지나친 팽창 문제가 제대로 관리되고 있지 못한지에 대해서만 살펴본다. 대도시 성장의 억제 내지 관리에서 어려운 점은 어느 정도 이상의 집중이 바람직하지 못하고 억제해야 할 수준인가 하는 점과 만약 억제해야 한다면 어떤 방법으로 억제할 것인가 하는 점들이다.

대도시의 성장 억제를 시작해야 할 시점은 이론적으로는 집적의 불이익이 이익보다 클 때를 의미한다고 간단히 말할 수 있다. 그러나 현실적으로는 집적의 이익과 불이익의 관련 항목이 너무나 다양하고 복잡하기 때문에 이를 명시적으로 밝히는 데는 큰 어려움이 따른다. 우선 외부 효과 때문에 개인과 사회가 받는 이익과 비용의 액수가 동일 항목에 대해 서로 차이가 난다. 그리고 개인 간에도 삶의 질을 나타내는 주요 지표들, 예컨대 교육 · 환경 · 교통 등에 대해 서로 이익 또는 비용을 부과할 때 각각의 평가치에 차이가 나는 것이 보통이다. 이와 같이 적정 규모를 제대로 판단하는 것이 어렵지만, 현실적으로 서울과 같이 집중도가 지나치게 높아서 움직임이 둔한 공룡과 같이 되면 성장 억제책이 고려되지 않을 수 없을 것으로 보인다.

서울과 수도권에 왜 집중도가 높은가에 대해 토다로(Michael P. Todaro)가 강조한 기대소득은 물론이고, 그 밖에 교육 기회·생활의 편리성 등 여러 가지가 지적되고 있다. 무엇보다도 인구 및 산업의 집중 등으로 정치적인 영향력이 다른 지역에 비해 높고, 따라서 자원의 배분 과정에서 편중이 일어났던 것으로 보인다. 서울 및 수도권에 인구가 집중되고, 생활편의시설이 더 많이 설치되며, 사회간접자본이 확충되면 주로 시장 메커니즘에 의해 결정되는 민간 부문의 투자는 자동적으로 서울 및 수도권에 집중될 가능성이 높다. 결국 집중도가 누적적으로 높아질 가능성이 있다. 서울 및 수도권이 과밀화됨에 따라 경제적 효율성이 떨어지고, 환경오염, 교통 체증, 주택난 등이 더욱 악화되고 있는 것이다.

연습 문제

1. 도시의 계층에 대해 논하시오.
2. 다음 사항을 간략히 설명하시오.
   1) 중심지이론
   2) 순위규모분포
   3) 도시의 적정 규모

도시행정론

제 3 부

도시정부와 행정

제 5 장 도시정부

제 6 장 도시정책

제 7 장 도시재정

제 8 장 도시 공공서비스

제 9 장 광역행정

제 5 장

도시정부

제1절 도시정부의 통치구조

우리가 어떤 구조를 논의할 때 먼저 생각할 점은 구조를 운영하는 주체는 사람이라는 사실이다. 따라서 아무리 좋은 구조적 장치를 마련했다고 하더라도 그것을 운영하는 사람이 운영의 묘를 살리지 못한다면 그 구조는 원래의 기능을 충분히 발휘하지 못하게 된다. 그런데 우리가 여기서 통치구조를 논의하는 이유는 거꾸로 아무리 훌륭한 운영 주체가 있다고 하더라도 통치구조의 형태가 제대로 돼 있지 못하면 그 결과 역시 바람직하지 못할 것이기 때문이다.

우리의 경우 지방자치단체가 채택할 수 있는 통치구조는 미국처럼 몇 가지 대안이 있을 수 있다(Bingham et al., 1991: 40-44; Jones, 1983: 244-255). 그런데 어느 것이 최선의 대안이라고 단정하기는 어렵고 각각 상황에 따라 장·단점이 있다.[1)]

1 시장-시의회 형태

시장(市長)-시의회 형태는 미국의 도시정부가 채택한 정부 형태 중 가장 오래됐으며, 또한 가장 보편적인 형태다. 미국 건국 초기의 도시에서는 '의회정부' 형태가 지배적

---

1) 이 내용은 이종열, 타오와 앤더슨(Lee, Tao, & Anderson, 2012: 78-114), 이종열(1990)을 수정·보완한 것임.

이었는데, 이는 영국 식민 지배 시대에 경험했던 강력한 행정가에 대한 두려움과 반발에서 기인한 것이었다. 초기 의회정부 형태에서는 복수의 시의회 구성원에게 대부분의 권력이 집중됐지만 시간이 경과함에 따라 이들의 권한은 감소해 갔으며, 19세기에 접어들어서는 대부분의 권한이 시장에게로 옮아갔다. 오늘날 미국에서는 세 가지 다른 형태의 시장-시의회 정부 형태가 존재한다.

1) 약시장-시의회 형태

약시장(弱市長)-시의회 정부 형태는 미국의 건국 이념 중 잭슨적 이념(약한 행정부)을 반영하는 것이다. 이는 시정부 기능이 단순했으며 또한 강한 행정통제에 대한 시민의 두려움이 만연했던 영국 식민 지배의 경험에서 생겨난 것이다. 이러한 정부 형태의 주된 이념은 선출될 통치자 수는 많아야 하는 반면 그들 각자가 지니는 권력은 적어야 하며, 그들 상호간에 견제와 균형을 유지해야 한다는 것이다. 이 형태는 미국의 남북전쟁 전 소도시나 읍에서 보편적으로 적용됐으며, 아직도 일부 도시정부에서 사용하고 있다.

이 정부 형태의 특징을 살펴보면 다음과 같다.

① 시의회가 입법과 행정의 양 권력을 행사한다. 즉, 시의회는 정책결정 기능뿐만 아니라 고위직 공무원에 대한 인사권과 행정 활동에 대한 감독권도 아울러 가진다.

② 시의회 의원 수는 다양할 수 있으며(5명에서 50명까지), 대개 선거구 단위로 선출된다.

③ 시장은 시민에 의해 선출되지만 인사권, 거부권, 행정권에서 상당한 제약을 받는다.

④ 시장 외에 경찰국장, 심계원, 교육위원회, 검사 등과 주요 행정위원회 구성원이 시민에 의해 직접 선출되기 때문에 그만큼 상대적으로 시장의 권한이 축소된다.

⑤ 입후보자는 정당성(政黨性)을 나타내며 대개 많은 후보자가 등록하므로 그 명단은 길다.

⑥ 여러 부처와 위원회는 원칙상 독립적이며 상호 조정이 어렵다.

이러한 약시장-시의회 정부 형태를 간단히 요약하면 [그림 5-1]과 같다. 그림에서 보여 주는 이 정부 형태의 몇 가지 약점을 지적해 보면 다음과 같다.

① 시장은 행정통제 능력을 갖추고 있지 못하다. 시장은 여러 기관의 활동을 조정할 능력이 없으며, 심지어 기관장을 임명할 권한도 제약받고 있다.

② 이러한 약시장의 정부 형태에서 만일 리더십이 정부 부처 외부의 지방세력가에

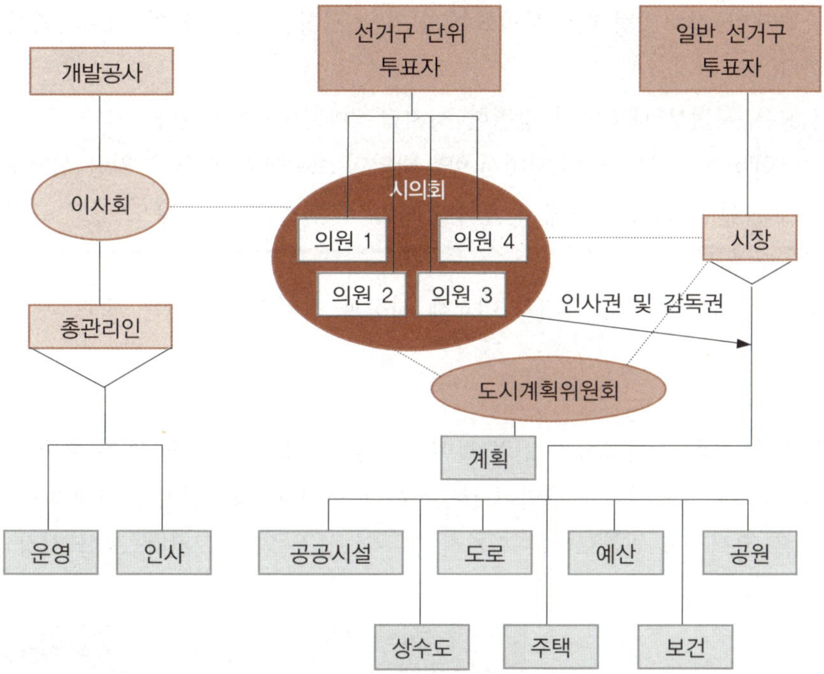

그림 5-1 약시장-시의회 정부 형태

자료: Bingham et al.(1991: 40).

의해 발휘된다면 이들에 의한 정치적 조작과 통제가 지배적일 수 있다.

③ 선출해야 할 후보자가 많기 때문에 후보자 명단이 길어지며, 이는 투표자에게 짐이 될 수 있고 혼란만 가중시킬 수 있다.

2) 강시장-시의회 형태

미국의 시정부에서 시장의 권한 강화는 연방정부와 주정부에 대통령과 주지사의 권한 강화와 보조를 같이하고 있다. 19세기에 접어들자 미국의 대도시는 해결해야 할 여러 가지 어려운 문제에 직면하게 됐고, 이에 따라 강한 리더십이 요구되면서 시장의 권한은 점차 강화되는 추세에 있다.

강시장(强市長)–시의회 형태의 주요 특징은 다음과 같다.

① 민선의 시장에게 행정 책임과 통제권이 전적으로 주어진다. 즉, 시장은 대부분의 기관장(경찰국장, 소방국장 등 포함)에 대한 인사권과 예산안 제출권, 그리고 거부권 등을 행사한다.

② 궁극적인 정책결정권은 시의회에 있지만 시장은 이러한 기능을 시의회와 공유한다.

③ 시장은 시정부 내외에서 강력한 정치적 리더십을 발휘한다.

④ 시의회 의원 수는 대개 7명에서 9명 내외의 소수이며, 이들은 일반 선거구 선거나 선거구 단위 선거에 의해 선출되며, 정당 추천을 받는 경우도 있고 그렇지 않은 경우도 있다.

⑤ 약시장-시의회 정부 형태와 비교해 시장과 시의원의 임기는 보통 4년으로서 더 길다.

이러한 정부 형태는 [그림 5-2]와 같이 나타낼 수 있다. 이러한 정부 형태의 가장 큰 장점은 시장의 행정적 권위와 책임이 분명하다는 점이다. 심계원이나 회계원 등 다른 민선 관리들은 정책결정 권한보다는 서기적 임무의 성격을 띠게 된다. 또한 시장 외의 민

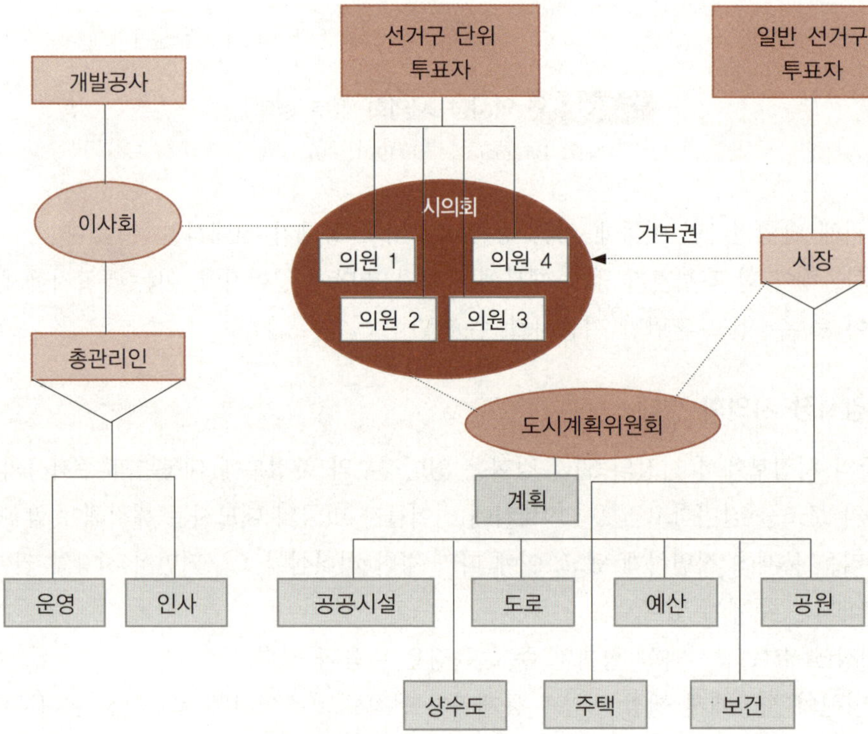

그림 5-2 강시장-시의회 정부 형태

자료: Bingham et al.(1991: 40).

선 공무원 수가 제한됨으로써 선거후보자명단이 짧아 실제 채택에서도 현실성이 매우 높다. 그리고 시장은 행정적 리더십과 아울러 정치적 리더십의 초점이 된다.

그러나 이러한 장점에도 불구하고 강시장-시의회 정부 형태는 다음과 같은 몇 가지 문제점을 지니고 있다.

① 시장이 정책결정 기능을 시의회와 공유하고 있기 때문에 양자 간에 마찰이 발생할 가능성이 존재한다.

② 시장은 행정적 리더십뿐만 아니라 정치적 리더십도 동시에 발휘해야 하기 때문에 양자를 모두 보유한 지도자가 돼야 한다. 그러나 대개 한쪽의 능력을 보유하면 다른 쪽의 능력은 결여되기 쉽다.

③ 만일 시의회 의원이 시장과 경쟁적인 관계를 발전시킨다면 양자 간의 관계는 교착 상태에 직면할 수도 있다.

3) 시정관리관 제도를 운영하는 강시장-시의회 형태

시정관리관(市政管理官, Chief Administrative Officer) 제도는 강시장-시의회 정부 형태에서 시장이 행정적·정치적 리더십을 동시에 보유하게 됨으로써 초래되는 약점을 상쇄하고자 개발됐다. 즉, 시정관리관은 시장이 정치적 리더십을 충분히 발휘하도록 돕기 위해 시장의 행정적 임무를 대신 수행한다. 이 정부 형태는 1931년 샌프란시스코에서 최초로 시도됐으며, 그 후 주목을 끌지 못하다가 최근 미국의 여러 대도시에서 수정 채택됐다. 시정관리관 제도를 채택하고 있는 시정부는 시정관리관이란 용어 대신 다양한 칭호를 사용하고 있다. 루이빌시는 시자문행정관, 필라델피아시는 관리장, 보스턴시는 행정서비스장, 뉴어크시는 사업행정관, 뉴욕시는 시행정관 등의 칭호를 사용한다. 로스앤젤레스시와 뉴올리언즈시도 시정관리관 제도를 채택했으며, 많은 중소도시에서도 이 제도를 채택하고 있다. 시정관리관의 임명과 해임에 관해서는 어떤 도시에서는 전적으로 시장의 권한하에, 어떤 도시에서는 임명은 시장의 권한하에 있지만 해임은 시의회의 동의를 얻어야 한다고 규정하기도 한다.

시정관리관의 실제 권한은 시에 따라 약간 차이가 있지만 일반적으로 다음 세 가지로 요약할 수 있다.

① 어떤 기관의 장을 임명하거나 해임할 권한으로서 일반적으로 이 권한의 행사에는 시장의 승인을 받게 돼 있다.

② 행정기관의 활동과 운영을 감독할 권한으로서 일반적으로는 임명권을 가진 기관의 활동과 운영만을 감독할 수 있지만 어떤 도시에서는 모든 기관에 대한 일반적

감독권을 지닌다.

③ 시장의 보고서 준비나 정책대안 선택 등을 돕기 위해 일반적인 자문을 구한다.

강시장-시의회 정부 형태에서 시정관리관 제도를 채택하는 주된 목적은 시장의 행정적인 업무 부담을 덜어 줌으로써 시장이 정치적 또는 정책적 리더십을 충분히 발휘할 수 있도록 하는 것이다.

이 제도의 약점으로는 시장과 시정관리관 간의 잠재적 갈등 관계가 지적되고 있다. 시장이 비협조적이거나 시정관리관이 비타협적일 경우 이러한 갈등 현상이 일어날 수 있다. 그리고 또 다른 약점으로는 모든 정부 형태가 공통적으로 지니는 것이지만 시장과 시의회 간의 정책결정과 정책적 리더십을 둘러싸고 교착 상태가 발생할 가능성이 있다는 것이다.

2 위원회 형태

1900년 폭풍이 텍사스주의 갤버스턴을 강타하면서 약 6천 명의 생명을 앗아간 다음해에 이 도시는 위원회 정부 형태를 최초로 채택했다. 재난복구 기간에 텍사스 주의회는 당시의 강시장-시의회 정부 형태를 중단하고 5명의 지역사업가로 구성된 한 위원회 형태로 대치했다. 5명의 갤버스턴 위원들은 유능한 인사로서 도시의 여러 힘든 사업을 열정적으로 잘 처리하자 도시행정에 기업적 원칙을 도입하는 이러한 위원회 형태의 계획이 곧 널리 알려졌다.

하지만 현재 이 정부 형태는 미국 도시정부에서 아주 부분적으로 채택하고 있는데, 이 형태의 주요 특징을 살펴보면 다음과 같다.

① 권력 분립의 결여다. 즉, 위원회의 위원이 입법적 · 행정적 기능 모두를 수행한다. 위원회의 각 위원은 하나 혹은 그 이상의 부처장으로서 활동한다.

② 주로 4년 임기로 선출되는 5명의 위원으로 구성되는 소규모의 위원회다.

③ 위원회는 행정권과 아울러 임명 내지 해임권을 일반적 특권으로 누린다.

④ 유권자는 위원회의 위원 이외에는 다른 기관장을 선거로 선출하지 않기 때문에 짧은 선거후보자명단을 가진다.

위원회 정부 형태를 간단히 나타내면 [그림 5-3]과 같다. 위원회 정부 형태의 장점으로 지적할 수 있는 것은 다음과 같다.

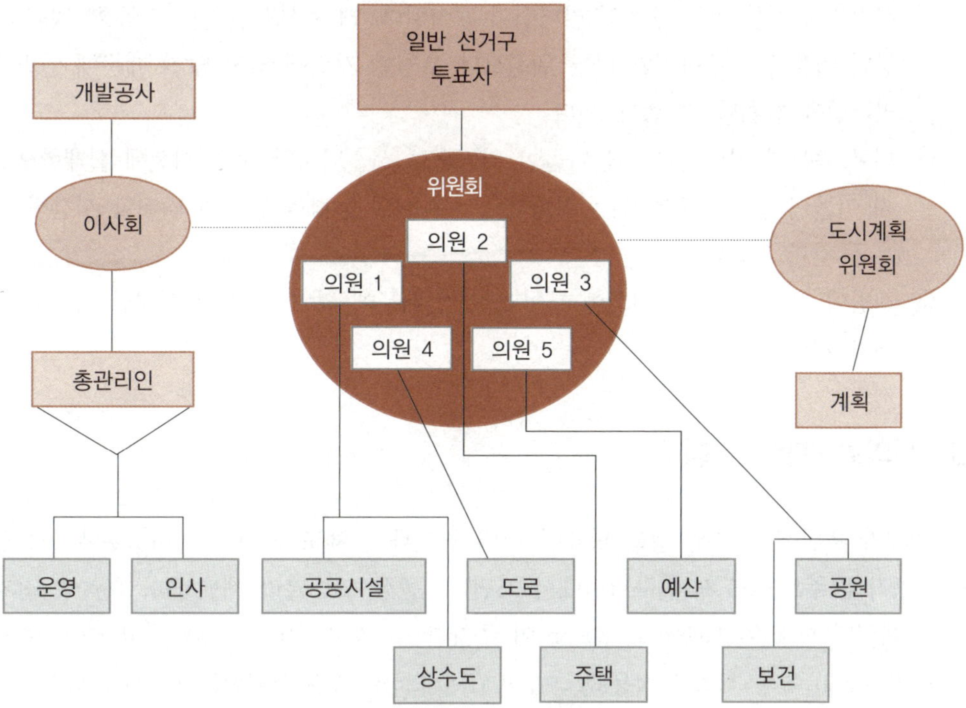

그림 5-3 위원회 정부 형태

자료: Bingham et al.(1991: 42).

① 이 정부 형태의 활동 내용은 시민들이 쉽게 이해할 수 있다.

② 모든 책임이 위원회에 집중돼 있으므로 책임성의 확보가 비교적 용이하다.

③ 기업조직 방식을 행정 운영에 도입함으로써 효율적인 정부 운영이 가능하다.

④ 대개 유능한 지도자급 시민들이 위원회 위원으로 봉사하려 하기 때문에 위원들에 대한 기대 수준과 함께 자질도 높아지게 될 것이다.

⑤ 시민의 정부통제가 강화될 것이다. 왜냐하면 후보자명단이 짧을 뿐만 아니라 주민발의, 소환 등의 직접 민주정치의 장치가 아울러 사용되기 때문이다.

이러한 장점을 지닌 위원회 정부 형태가 환영을 받지 못하는 이유는 다음과 같다.

① 정책결정과 집행 기능 사이에 조직적 구분이 없기 때문에 조직 운영이 통일성보다는 복잡성을 띠게 된다.

② 각 위원은 입법가로서 또는 행정가로서 이중적 자격을 구비할 것이 요구된다.

③ 시정부 전체를 위한 행정적 리더십이 결여된다. 왜냐하면 위원들 중의 한 명이 시장의 역할을 수행하지만 다른 위원보다 우월한 지위에 있지 않기 때문에 일반적 리더십을 발휘할 수 없게 된다.

④ 비록 유능한 기업가나 전문가들이 위원으로 선출되지만 종종 재선에 실패함으로써 이들이 입법가로서 또는 집행가로서 자신의 능력을 충분히 발휘할 시간적 여유를 갖지 못한다.

⑤ 책임이 전체로서의 위원회에 부여돼 있기 때문에 위원 각 개인에 대한 시민의 통제가 제한된다.

3 시의회-지배인 형태

20세기 초반에 새로운 정부 형태인 시의회-지배인 제도가 미국 도시정부에서 등장하기 시작해 주로 소도시(인구 1만에서 25만)를 중심으로 널리 채택됐다. 1899년 잡지 편집인이었던 메이슨(Haven A. Mason)이 주창한 이 정부 형태는 1908년 버지니아주의 스탠턴(Stanton)에서 최초로 적용됐으며, 1941년 오하이오주 데이턴(Dayton)에서의 적용을 시작으로 전국적 관심을 불러일으켰다. 시의회-지배인 정부 형태의 주요 특징은 다음과 같다.

① 일반선거에 의해 선출된 정당성(政黨性)을 띠지 않는 소규모 시의회다.

② 입법과 정책결정 기능을 시의회로 통합한다.

③ 유능한 행정가를 시지배인으로 고용한다.

④ 행정 책임을 시지배인에게 부여한다.

⑤ 일반선거에 의해 선출될 시의회 구성원만 포함함으로써 후보자명단이 짧다.

⑥ 공식적인 권력 분립이나 견제와 균형 체계가 확립돼 있지 않다.

이와 같은 시의회-지배인 정부 형태의 특징은 [그림 5-4]에서 보는 바와 같다. 이러한 시의회-지배인 정부 형태는 위원회 정부 형태가 지니는 많은 약점을 보완해 준다. 시지배인직에 의해 행정 책임의 분열성이 제거되고 책임성이 확보된다. 위원회 정부 형태에서 보이는 입법적·행정적 권한의 결합이 분리돼 입법 기능은 시의회에 집중되고, 행정 기능은 시지배인에게 집중된다. 이러한 두 가지 기본적 장점 외에도 이 형태가 지니는 구조적 단순성으로 인해 시민들이 정부를 이해하기 쉽고, 따라서 선출된 대표자들의 통제를 촉진시킨다. 전문인을 지배인으로 임명함으로써 유능한 행정적 리더십이 보장

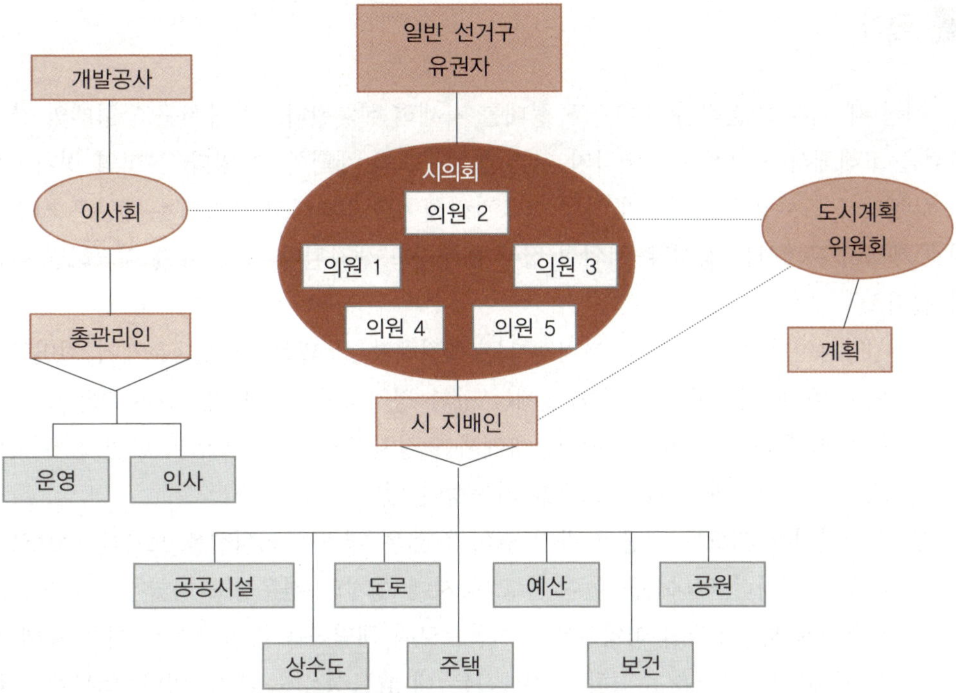

그림 5-4 시의회-지배인 정부 형태

자료: Bingham et al.(1991: 43).

된다. 전문가인 지배인을 정치로부터 분리시켜 준다. 지배인은 상근 고용인으로서 시나 시민이 직면하고 있는 문제와 필요에 주의를 집중시킬 수 있다.

이러한 장점을 지닌 시의회-지배인 정부 형태의 단점은 다음과 같다.

① 현실적인 문제로서 정책결정 기능을 행정 기능과 명백히 구분하는 것은 용이하지 않다.

② 시의회 의원들이 동등한 권한을 지님으로써 비록 그중 한 명이 시장의 기능을 담당하지만 리더십을 충분히 발휘할 수 없다.

③ 공공정책이 정당성(政黨性)을 배제하고 있기 때문에 그 구성원이 이질적인 지역보다는 동질적인 지역에 더 잘 어울린다.

④ 시의원 중 시장직을 담당하는 의원이 야심 찬 리더십을 발휘할 때 지배인과 갈등을 노출시킬 수 있다. 이러한 갈등은 특히 시장이 민선에 의해 선출될 때 더욱 그러하다. 실제 시의회-지배인 정부 형태를 취한 대부분의 도시정부에서 이러한 갈등 현상이 일어나고 있다.

4 평가

이상 세 가지 기본적인 통치구조 형태를 자세히 살펴봤다. 각 통치구조 형태의 장·단점을 고려해서 도시정부는 제각기 다른 통치구조를 채택할 수 있다. 우리의 정치·행정 상황에서 도시정부의 행정의 안정성과 관련해 바람직하다고 생각되는 대안은 시정관리관 제도를 운영하는 강시장-시의회 정부 형태라고 생각된다. 그 이유를 지적하면 다음과 같다.

① 지방자치가 실시될 경우 자치정부는 해결해야 할 많은 어려운 문제에 직면하게 될 것이며, 이러한 문제의 해결에는 강한 정치적·행정적 리더십이 요구되기 때문이다. 우리의 현 정치·행정문화에서는 정치적·행정적 책임이 나뉠 경우 이는 오히려 비능률과 혼란을 초래할 가능성이 있다.

② 시정관리관 제도는 시장이 자칫 결하기 쉬운 행정적 리더십을 보충해 줌으로써 시장의 정치적 리더십을 높여 주고 동시에 행정의 전문성도 기할 수 있다.

③ 시장에게 하부조직의 임명권을 부여함으로써 책임성을 통일시키며, 이를 통해 시장이 새로운 정책을 수립하고 집행하는 데 효율성을 높일 수 있다. 업무에 대한 궁극적 자극은 책임성에 있으며, 이는 경쟁적인 선거하에서 더욱 그 가치가 상승할 것이다.

경쟁적 논리가 지배하는 자치정부 구조의 속성으로 비춰 볼 때 강시장-시의회 정부 형태에서 시장에게 부여되는 권한과 아울러 부여되는 책임성은 분명 지방자치의 민주성과 행정의 전문성을 동시에 고려하는 하나의 기본적인 대안이 될 수 있다. 그러나 이러한 경쟁 논리에 위배되는 행동을 하는 시장이 나타난다면, 그리고 그가 엽관 임명 등을 통해 행정의 안정성을 저해하려 든다면 어떻게 할 것인가? 여기에 대한 대응책으로는 부여된 임명권에 대해 여러 가지 제약을 가하는 방법이 있을 수 있다. 대안적인 예로서 시장이 임명할 피임명자에 대해 구체적으로 자격 요건을 규정하는 것과 임명 절차의 세부적 규정 등을 들 수 있다. 시헌장에서 이러한 규칙을 제정할 수 있을 것이다.

제2절 도시정부 체계[2)]

1 도시정부 체계의 의의

도시행정을 조직화하는 원리는 도시행정 연구에서 지속적인 논쟁의 대상이 돼 왔다. 도시정부를 개혁하고자 하는 논의를 할 때 전통적 지혜는 권위의 분산과 관할권의 중첩을 도시병(都市病)의 주된 인자(因子)라고 가정한다. 그들은 단일의 대규모 정부 단위가 소수의 정책 입안자에 의해 통제되고, 단일의 최고 집행자에 의해 운영되는 것이 가장 적절한 대안이라고 간주했다.

한편 새로운 개혁운동가들 가운데 지역통제론자들은 대도시 내에서 주민에 의한 지역통제(community control)와 근린주거 단위의 정부(neighborhood government)를 요구함으로써 전통적인 대도시 개혁 접근에서 사용된 기본적인 개념에 도전했다. 그들에 따르면, 대규모 도시정부들은 주민에 대해 비대응적이고 오히려 주민의 욕구 만족에 장애가 되며 또한 비효율적인 것으로 간주된다.

그리고 도시정부를 이해하는 새로운 접근법은 많은 정치경제학자가 개발해 제시하고 있는데, 이들은 공통적으로 경제적 원리를 공공 영역 내의 문제에 적용하려고 시도한다. 이들의 접근은 공공 선택(public choice) 접근이라고 불리는데, 이들은 정부 제도의 운영에 대해 기존의 입장과 상이한 설명을 시도한다. 공공선택론적 접근은 분석의 출발점을 개인으로 삼고 있으며, 공공재와 서비스의 속성을 중요하게 여긴다. 그리고 도시정부의 상이한 조직 체계가 공공재에 대한 개인의 선호를 어떻게 만족시키는가를 분석한다.

여기서는 도시행정의 조직 체계에 대해 그동안 논의돼 온 주장들을 크게 전통적 접근, 지역통제 접근, 이층제적 접근, 공공선택론적 접근으로 나눠 각 내용을 검토해 보기로 한다. 이러한 이론적 시각을 검토하는 것은 앞으로 우리나라의 도시정부 조직 개편에 중요한 시사점을 던져 줄 것으로 보이기 때문이다.

2) 이 내용은 이종열(1991)을 수정·보완한 것임.

2 도시정부 체계의 접근 방법

1) 전통적 접근

전통적 접근(traditional approach)은 정부의 단편화(fragmentation)가 정부 간의 기능 배분 문제를 야기한다고 지적하면서 정부 통합은 정부의 경제성 제고, 공공서비스의 통합과 조정 증대, 공공서비스 전달에 대한 주민통제의 증진, 행정의 효율성 증진과 공공서비스 재정의 형평성 제고를 가져온다고 주장했다(Gulick, 1962; Jones, 1942; Merriam et al., 1933). 이들에 따르면, 기존의 도시정부 구조는 너무 분파적이어서 본질적으로 분리가 불가능한 범지역적 문제를 해결하는 과정에서 책임성을 모호하게 한다고 주장한다. 더구나 그들에 따르면, 도시정부는 자신들의 관할권만 고집하기 때문에 범지역적 책임성을 떠맡기를 싫어하게 된다는 것이다. 도시정부 활동의 비효과성을 나타내는 주요 지표는 복잡한 공공서비스 문제를 다루면서 지방적 능력이 각기 매우 상이하다는 것이다. 그들은 또한 도시정부는 법적·구조적·재정적 제약으로 인해 대도시 문제를 해결하고자 협조적이고 종합적인 통일된 접근을 할 수 없다고 지적했다.

미국 경제개발위원회의 내용을 요약해 보면 다음과 같다(CED, 1966: 11-12).

① 현재와 미래의 문제점들을 해결할 경우 최근 개발된 기법을 적용할 수 있을 만큼 인구와 지역 및 세원(稅源)이 충분한 도시정부는 극히 소수에 불과하다. 심지어 가장 규모가 큰 도시들도 규모 면에서 작아 세원 혹은 법적 구속력 등의 제약으로 인해 중요한 문제점들을 해결할 수 없는 것처럼 보인다.

② 카운티(county) 내의 자치단체나 읍(township), 카운티 내 독립된 학교구(school district) 등 지방정부의 관할상 중첩되는 층이야말로 도시정부의 취약점의 원천이다. 이러한 중첩되는 관할권은 중요한 공공문제를 처리하려고 할 때 도시정부의 전반적인 자유를 손상시킨다.

③ 도시정부에 대한 대중통제는 효과적이지 못하고 산발적이며, 지방정치에서 공공의 관심도 그리 높지 못하다. 많은 층으로 이뤄진 정부조직 체제의 혼잡성, 정책적 중요성이 없는 선거기관의 확산, 인구의 이동성 증가는 모두 시민의 정부에 대한 무관심을 초래한다.

④ 대다수 도시정부 단위의 정책결정 구조는 현저하게 그 힘(power)이 약하다. 이와는 대조적으로 중앙정부는 국민을 대표하는 입법부에 의해 검토되고 수정된 것에 따라 계획을 수립할 때 유능한 참모의 뒷받침을 받는 강력한 행정 지도력을 갖고

있다.

⑤ 과거의 단편화된 행정조직들은 대다수의 도시정부에 비효율적이 된다. 정부의 기능이 지나치게 분화되면 권위 계통이 모호해진다. 이에 따라 행정의 질도 저하된다.

이 위원회의 분석 내용을 요약해 보면, 도시정부의 특징으로서 수많은 정부 단위의 존재와 관할권의 중첩 및 권한의 분산 등을 지적했으며, 그러한 현상들이 도시공동체가 지니고 있는 제도적인 실패의 문제들과 인과적으로 연결돼 있다고 추론한다.

이 위원회는 계층적으로 행정구조가 배열돼 단일의 최고 집행자에게 귀속되는 형태를 취하는 단일 중심적 정치 체제를 확실한 해결책으로 선호하며, 이것을 하나의 평가척도(a yardstick)로 사용해야 된다고 주장했다. 이러한 견해에 따르면, 권력의 통합성, 계층적 엄격성, 전문화 등을 도시정부를 구성하는 데 중요한 요소로 고려해야 한다는 것이다. 따라서 도시정부의 다층적 분산 체계는 모든 도시문제의 원인이라는 것이다.

2) 지역통제 접근

1960년대 이후 미국의 대도시 내에 존재하는 대규모 행정기관의 성과에 대해 많은 의문이 제기돼 왔다. 대도시의 시민단체들은 정부기관의 무능력에 대해 불평을 털어놓았다. 그들의 불평은 대도시정부가 책임지고 수행해야 할 기본적 기능들, 예를 들면 교통혼잡 완화, 쓰레기 수거, 적절한 교육 서비스의 제공, 바람직한 경찰 서비스의 제공 등을 제대로 수행하고 있지 못하다는 것이다. 지역통제론자라고 불리는 이러한 새로운 비평가들은 도시지역 내 시민들이 소외되고 이들의 비용 부담이 점증하는 이유를 도시정부의 소규모성 또는 관할권의 중첩성에 돌리지 않고, 오히려 도시정부의 대규모성, 접근 불편성, 독점적 지위 등에 돌렸다. 지역통제 주창자들은 주요 대도시 내의 관료제는 규모 면에서 너무 비대하고 지나치게 엄격하기 때문에 최고행정가가 아무리 좋은 의도를 가지고 있다 하더라도 그것이 현실적으로 제대로 시행되기가 어렵다는 점을 지적한다. 또한 그들은 대도시 내 시민들이 단지 시장이나 최고 계층의 몇몇 관리만을 투표로 선출해서는 시민들의 다양한 선호를 옳게 반영하기가 어렵다고 주장한다.

시민의 선호나 생활 양식 그리고 그들이 안고 있는 문제는 지역마다 다양하다. 지역통제 옹호론자들은 정부가 고도로 중앙집권화되면 이러한 지역 간의 다양성을 제대로 반영하기가 쉽지 않다고 주장한다. 그들은 이러한 문제를 해결하기 위해 준독립적인 근린주거지역 정부(neighborhood governments)나 지역사회위원회(community councils)를 창설할 것을 제안한다(Altshuler, 1970; Kotler, 1969). 지역통제 접근은 시민들이 도시정부를 더 많이 통제하는 시민 지향적 정부를 주장하고 있다. 정부가 이렇게 될 때에만 시민들은 진정 자신들이 원하는 서비스를 공급받을 수 있으며, 그렇지 않고 정부관료가 자의적으로 서비스를 공급하게 되면 이는 시민의 욕구를 만족시키는 데 실패하게 된다는 것이다. 지역통제 접근(community control approach)에 따르면, 교육과 경찰 서비스같이 운영비용이 많이 소요되는 기능은 인구 10만 명 이상의 대도시에서는 비용을 절감하기 어렵다. 따라서 일부 도시정부 서비스를 근린 주거지역의 조건에 맞춰 조직화해야 하고, 이러한 서비스의 공급에 대한 통제를 지역사회위원회나 근린주거지역 정부에 맡겨야 한다는 주장이다.

지역통제 접근은 정치 단위는 가능한 한 작아야 하며, 그렇게 되면 다음과 같은 장점이 있다고 주장한다.

① 도시지역 내 시민들이나 집단 간 다양한 선호가 관료들에게 적절히 알려질 수 있다.

② 관료들은 실제적인 문제를 올바르게 인식할 수 있을 정도로 지역 실정에 가까이 근접해 상이한 근린주거지역 생활 조건에 적절히 반응할 수 있게 된다.

③ 관료들이 소규모로 유지됨으로써 이들을 관리하기가 매우 용이해진다.

도시 내 지역사회위원회나 근린주거지역 정부의 요구는 분명히 전통적인 통합 접근에 내재된 기본 가정을 거부하는 것이다. 도시정부에 대한 이러한 지역통제 접근은 도시지역 내에서 무엇이 잘못됐고 개선을 위해서는 무슨 정책 혹은 변화가 요구되는지에 대해 전통적 접근과 상이한 결론에 도달한다. 전통적 통합 접근은 계몽적 리더십과 전문행정가가 고도의 전문지식에 입각해 자신들의 업무를 효율적으로 수행하는 대규모 정부관료제를 상정하고 있다.

한편 지역통제 접근은 대규모 정부관료제는 시민들의 요구에 둔감하며 관리하기가 어렵고, 대규모 도시지역 내에 존재하는 다양한 조건, 근린주거지역, 생활 양식, 지역적 특성 등에 대한 지식을 결여하게 된다고 간주한다. 전통적 접근이나 개혁 접근 모두 사회 일반 수준의 인플레이션을 초과하는 정부의 급격한 비용 상승을 염려하지만, 전통적 접근은 이러한 비용 상승이 정부의 관할권 중첩과 서비스 중복 때문이라고 보고, 이와 반대로 새로운 개혁 접근은 정부 단위가 대규모로 통합됨으로 인한 관료제적 비효율성 때문이라고 주장한다.

3) 이층제적 접근

주요 대도시의 상태가 악화되고 있는 상황에서 새로운 개혁 접근은 실제적으로 상당한 호소력을 지녔다. 그리고 대도시 내 관료들은 종종 도시문제가 그들이 해결하기에는 규모나 범위가 너무 크다고 주장한다. 이것은 위기이며 새로운 개혁이 요구된다.

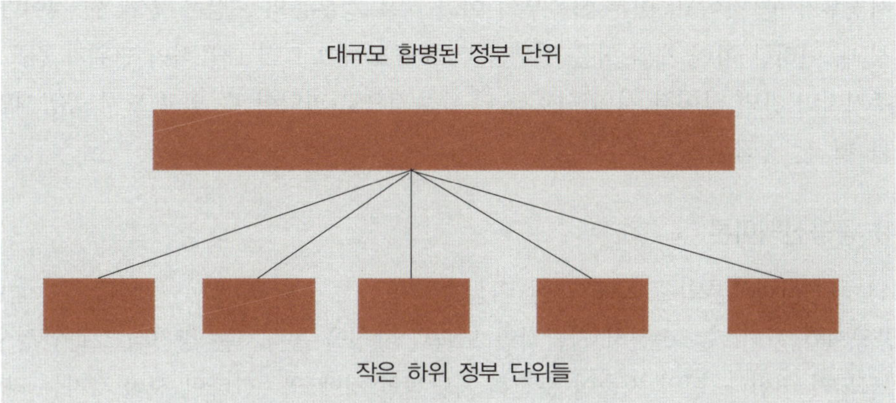

그림 5-5 이층제적 접근

이러한 문제에 대한 한 가지 대안으로서 이층제적 접근(two-tier approach)을 제안해 왔다.[3] 이것은 우선 모든 도시정부의 주요 하위 단위들을 하나의 일반 관할권으로 합병한다. 그리고 그러한 대규모적인 합병된 단위 내에서 단일의 상위 계층 정부를 구성해 정부가 대도시지역 내 모든 범지역적 기능들에 대한 권위를 가지게 하는 것이다. 그리고 나서 하위집단이나 근린주거지역 문제를 다루기 위해 여러 개의 작은 지방정부 단위를 구성한다. 이러한 이층제적 접근은 연방 체제 내에서 연방정부와 주정부들 간의 관계와 평행을 이루는 것이다. 따라서 새로운 이층제적 접근은 '연방도시'들의 창설을 주장한다고 말할 수 있다.

전통적 개혁가들이 합병을 제안하는 것과 새로운 개혁가들이 지역통제를 주창하는 것 사이의 간격은 얼핏 보기에는 좁힐 수 없는 것처럼 보일지 몰라도 이들 간에는 이층제적 접근을 촉진시켜온 상호 유사성이 존재한다.

---

3) 박수영은 이층제적 조직을 이원적 조직이라 부르면서 이원조직형을 광역적 사무와 지방 사무를 행정 능률과 책임성, 지방자치의 존중과 현지성의 존중이라는 이상을 충족시키는 조직 체계로 보고 있다(박수영, 1990: 353).

1966년과 1970년 사이 미국의 경제개발위원회(CED)는 대규모 도시관료제의 무딘 대응성에 대한 비판에 어떤 장점이 있을지도 모른다는 점을 인식하게 됐다. CED가 제시한 새로운 보고서에 따르면, 더 큰 '효과성과 대응성'을 위해 '정연성과 대칭성'을 희생할 용의가 있다는 점을 나타냈다. CED는 이 보고서를 통해 대도시지역 내 정부 체계를 개혁하고자 이층제적 배열을 제안했다. 이에 따르면, 상층부는 모든 것을 포괄하는 범지역적 대도시정부가 될 것이고, 이는 하층부의 여러 작은 정부층의 도움을 받게 될 것이다. 각 대도시 내 이러한 여러 개의 작은 정부는 더 소규모적이고 더 대응적인 단위가 됨으로써 근린주거지역 간의 상이한 시민 선호를 더 효율적으로 파악할 수 있고 도시 공공재와 서비스를 더 잘 공급할 수 있다.

4) 공공선택이론

(1) 공공선택이론의 조직에 대한 가정

공공재와 서비스는 순전히 자발적인 노력과 재정을 통해서는 장기적으로 안정성 있게 공급되기 어렵다. 만약 지출이 순전히 자발적인 것에 의존한다면 시민 각자는 타인의 지출이 공공재가 제공하는 편익의 흐름을 충분히 유지하는 한 공공재에 대한 지출을 유보하려 할 것이다. 따라서 많은 개인이 지출을 유보할 것이며, 그 결과는 궁극적으로 공공재와 서비스의 공급 부족을 초래하게 만들 것이다. 이러한 딜레마를 해결하기 위해서는 정부조직이라는 형태가 필요하다. 이러한 측면에서 정부는 각 개인이 향유하는 공공재와 서비스의 공급에 대해 조세를 부과하게 된다.

정부조직은 또한 시민이 선거와 같은 메커니즘을 통해 공공재와 서비스에 대한 개인의 선호를 전달하는 통로 역할을 수행한다. 정부기관에 의해 공급되는 공공재와 서비스는 시민의 선호에 따라서 평가된다. 이러한 측면에서 보면 정부는 정부조직의 유지가 목적이 아니라, 지역구성원이 공동으로 향유하는 재화와 서비스를 공급하는 매개체의 역할을 수행하는 도구가 된다. 시민의 선호에 바탕을 두지 않는 공공재와 서비스에 대한 단순한 공급은 경제적으로 의미가 없다. 따라서 정부의 업적을 평가할 때 중요한 질문은 정부가 어떻게 시민이 선호하는 공공재와 서비스를 효율적으로 공급하는가 하는 것이다.

정부조직 형태나 구조가 달라짐에 따라 관료들이 시민 선호를 반영하거나 혹은 무시하는 점에서 유인(誘因)도 달라지게 된다. 따라서 상이한 조직 형태가 창출한 유인 체제는 공공재와 서비스의 생산자가 시민 선호에 대응하는 효율성에 영향을 미치게 된다. 이처럼 조직 형태나 구조가 재화나 서비스의 공급 내용에 영향을 미치는 점과 시민 선호에 대한 대응을 강조하는 입장은 전통적 통합이론이 지도자가 모든 부하의 이해를 결정하는 지식과 자선적 정신을 겸비하고 있다고 전제하고 지도자의 권위를 강화하는 데에 초점을 두는 것과 상이하다. 공공선택론자들은 여러 종류의 공공재와 서비스에 대해 시민들은 각기 다양한 선호를 지니고 있다는 점을 인식하는 면에서 지역통제 옹호론자들과 일치한다. 그러나 공공 선택은 어떤 재화가 전국적 혹은 지역적 기초 위에서 제공되는 것이 가장 적절한 것인가, 또는 어떤 재화가 비교적 소규모 정치 단위에서 제공되는 것이 가장 적절한 것인지에 대해 결정할 수 있는 기준을 제공한다는 점에서 지역통제이론보다 더 포괄적이라고 말할 수 있다.

어떤 재화나 서비스가 공동으로 사용될 때 수혜집단을 구분하는 경계를 구체화하는 것은 가능할 수 있다. 가령 하천(河川)은 분명히 이를 이용하는 수혜자의 경계가 존재하므로 이의 이용과 공급 구역을 획정할 때 이러한 수혜자를 고려할 필요가 있다. 그러나 대기오염의 원인이 되는 오염배출물의 '공기 발산'은 경계가 모호할 수 있다. 따라서 대기오염 통제계획은 공해 발생자와 대기오염으로 영향을 받는 주민들 간에 존재하는 집단이익을 고려할 필요가 있다. 한편 어떤 도로나 고속도로의 사용은 매우 국지화돼 관련 집단이 적은 영역에 국한될 수 있다. 또한 어떤 도로는 훨씬 대규모적인 집단이 사용하는 주요 간선도로일 수 있다. 그리고 어떤 도로는 전국적 혹은 지역 간에 주로 사용될 수도 있다. 따라서 각기 상이한 집단이 상호 연결된 도로 체계를 최적으로 사용하기 위해서는 집단을 상이하게 조직할 필요가 있다. 상이한 집단이 자신들의 이해와 관련된 사용에 대한 결정에 참여할 때만 그들의 다양한 선호는 고려될 수 있다.

조직의 형태가 도로가 고안되고 사용되는 방식에 영향을 미칠 수 있다. 미국의 세인트 루이스시와 미주리주에서는 순전히 주거지역 도로는 근린주거지역 협의회가 그 도로의 사용 규제와 유지에 책임을 지는 '사적(私的)' 도로로서 조직화된다. 이러한 경우 도로 사용과 관련해 동네의 이해가 지배적이 되며, 따라서 아동들의 자전거와 롤러스케이트 사용을 허용하면서 자동차에 대한 위험을 최소화할 수 있다. 동네 사람들이 지구 내 도로에 대한 책임감이 있다고 전제하는 적절한 조직적 배열이 없이는 모든 지구 내 도로는 주요 간선도로가 정체될 때 이용자들이 지구 내 도로를 마구 사용하게 되기 때문이다.

(2) 공공서비스의 수요

민간 부문에서 소비자는 여러 공급자로부터 상품을 구매하기 위해 여기저기 상점을 배회하며 자신의 선호를 나타낸다. 소비자가 상품의 가격을 지불하려는 의사가 바로 소비자 선호의 표현이다. 그러나 이러한 유형의 교환 거래가 공공 부문에서는 거의 발생하지 않는다. 대신 시민들은 공공재나 서비스에 대한 선호를 투표, 로비 활동, 여론조사, 청원, 공청회, 시위, 법적 소송, 정당조직 등에 의해 표현한다. 때로 상황이 절박할 때는 폭력이나 시민 불복종에 호소하는 간접적 방식으로 표현된다. 그러나 이러한 제도적 장치 중 어떠한 것도 시민들의 공공재에 대한 소비자 선호를 완전히 반영해 주지는 못한다. 이러한 제도적 장치 내에서 유인 체제가 시민들로 하여금 공공재를 요구하게 만드는데, 이는 시민들이 공공재를 생산하는 비용보다 재화를 더 가치 있게 평가하기 때문이 아니라 편익으로부터 비용을 분리시키는 조세 메커니즘 때문이다. 그리고 어떤 경우에는 비용을 다른 누군가에게 부담하게 한다.

공공재에 대한 시민의 진정한 선호나 혹은 수요를 규명하는 것은 불가능하지는 않지만 쉬운 일은 아니다. 제도적 장치에 의해 창출된 유인 체제는 불빛이 우리가 보는 것에 영향을 미치는 식으로 시민의 선호가 표출되는 방식에 영향을 미치게 된다. 우리는 결코 현실의 진정한 속성을 볼 수는 없다. 그러나 우리는 안경이나 렌즈가 달라짐에 따라 이것이 우리의 시각에 어떻게 영향을 미칠 것인가를 알 수 있다. 우리들은 또한 제도적 장치가 달라짐에 따라 이것이 시민 선호의 표출에 어떻게 영향을 미칠 것인가를 발견할 수 있다.

① 투표

시민들이 공공 이슈나 혹은 그러한 이슈에 대해 각기 다른 견해를 보이는 대표자 후보에 대해 직접적으로 행하는 투표는 공공재나 서비스에 대한 수요가 표출되는 중요한 방식 중의 하나다. 그러나 시장에서의 교환에 비해 투표는 여러 가지 제약점을 지니고 있다. 한 번의 투표는 항상 많은 이슈에 대한 선호를 동시에 표출하게 된다. 그리고 그러한 투표는 모든 이슈에 대한 투표자 선호를 나타내지 못한다. 예를 들면 시장(市長) 선거를 위한 단일 투표는 시장이 여러 이슈에 대해 지니고 있는 입장을 모두 지지하는 것을 의미한다. 그러나 실제로는 어떤 시민이 그에게 투표했다고 해서 시장이 모든 이슈에 대해 지니고 있는 입장을 모두 지지하는 것은 아니다. 따라서 투표는 개인의 모든 선호를 반영하지 못한다. 심지어 단일 이슈에 대한 투표에서도 투표자는 전부 혹은 전무(all-or-nothing) 형태의 선택을 강요받게 된다.

이처럼 단일의 투표가 여러 광범위한 이슈에 대한 선호를 나타내는 데 지니고 있는 문제점은 정부의 단위 수를 증가하고 각 기능의 범위를 전문화함으로써 완화된다. 물론 상당수 공공재가 지니고 있는 물리적 공급의 특징은 정부의 규모를 적절히 최소화하는 데 제약이 될지 모른다. 예를 들면 대기오염의 경우 전체 오염지역을 망라하는 대규모 대기오염 통제지역이 대기오염의 통제 서비스를 공급하는 데 더 유리할지 모른다. 그리고 어떤 상호 관련된 서비스는 함께 묶어 공급하는 것이 효율적일지 모른다. 공공 부문의 조직을 구체적으로 설계할 때 정부 단위를 어떤 그리고 어느 정도의 규모로 해서 공공재와 서비스를 공급할 것인가에 따라 시민들이 투표 과정을 통해 선호를 정확히 반영하는 정도에 상당한 영향을 미치게 될 것이다.

② 기타 방법

시민이 정치가에게 자신들의 선호를 나타내는 방법으로서 투표는 유일한 방법이 아니다. 그 밖에 로비 활동, 법적 소송, 청원, 공청회, 여론조사 등은 단일 이슈에 대해 시민들이 투표보다 더 정확한 선호를 나타낼 수 있는 방법들이다. 그러나 시민은 이러한 방법들을 통해 자신들의 선호를 더 정확히 표현할지는 모르지만 그들이 이러한 방법들에 접근할 수 있는 기회는 제각기 다르다. 더구나 참여 비용(cost of participation)을 고려한다면, 시민들은 그러한 활동을 통해 발생하는 편익이 비용을 초과한다고 느끼는 경우에만 선호를 나타낼 것이다. 결과적으로 시민들은 자신들에게 직접적이고 측정 가능한 편익을 주는 특수한 프로그램에는 선호를 나타낼 강한 유인을 지니고 있는 반면, 광범한 지역에 걸쳐 시민 전체에게 편익이 돌아가고 각자에게는 적은 몫의 편익만 돌아가는 그러한 정책에 대해서는 선호를 나타낼 유인이 적다.

시민 선호는 정치 단위가 대규모일 때보다는 작은 규모일 경우 더 정확히 표출될 수 있다. 그리고 정치적 단위가 너무 과다하게 많은 공공 기능을 담당하는 경우보다는 일부 기능만을 담당하는 소규모 정치적 단위에서 더 잘 표출될 수 있다. 물론 이러한 잠재적 이점은 선호를 여러 소규모 정부 단위에 나타내게 됨으로써 소요되는 비용과 비교해야만 한다. 단일의 작은 정부 단위가 각각 개별적으로 공공서비스를 제공하는 경우 시민 선호를 완전히 결집하기는 쉽지 않다.

시민들이 공공조직에서 수요를 제대로 표현하기가 쉽지 않다. 대규모 인구와 영역을 관할하는 대규모 조직은 모든 사람에 의해 대개 일률적으로 경험되는 보편적인 문제들과 관련해서 대응력이 높다. 오염문제나 교통 체계의 개선과 같은 문제는 관할권 내의 거의 대다수 사람에게 비슷한 영향을 미친다. 한편 근린주거지역의 조건이나 시민의 선호는 지역마다 상당히 다를 것인데, 만약 사람들이 단지 단일의 대규모 정부 단위에만 의존하게 될 경우 이러한 변이성(變異性)에 대한 정보는 상실하게 된다. 따라서 만약 사람들이 상이한 유형의 공공재나 서비스에 대해 자신들의 수요를 나타낼 수 있다면 대규모 정부와 소규모 정부 단위 모두 필요하게 된다.

(3) 공공서비스의 공급

대도시지역의 공공서비스 기관의 조직을 분석할 때 이상에서 살펴본 시민들의 선호의 표현에 더해 서비스의 공급과 관리적 측면을 동시에 고려해야 된다. 공공재와 서비스는 그 자체의 속성으로 인해 선호의 결집에서 본 것처럼 사적인 재화와 서비스를 생산하는 민간기업이 직면하지 않는 공급 측면에서의 어려움이 나타난다.

① 공공서비스의 측정상 문제

예를 들면 법원 체제, 경찰 체제, 교육 체제와 같은 다양한 산출물을 어떻게 효과적으로 측정하고 평가하는가? 이와 같은 공공재나 서비스는 산출물을 측정하거나 가치를 부여하는 것이 어려울 뿐만 아니라 동일한 생산 투입이라 할지라도 공급되는 지역의 속성에 따라 산출물이 다르게 나타날 수도 있다. 예를 들면 정해진 위생 수준에서 쓰레기를 수거하는 서비스는 같은 서비스 면적이라 할지라도 고지대나 저밀도 지역에서는 상대적으로 재원을 더 많이 지출해야 될 것이다. 한편 정해진 보호 수준에서 소방 서비스는 같은 서비스 면적이라 할지라도 건물이 고층이고 밀도가 높은 지역에서는 비교적 재원을 더 많이 지출해야 될 것이다. 더구나 공공재나 서비스의 생산 과정이 동일하다고 할지라도 개인들이 누리는 서비스 이용 기회가 다르게 됨에 따라 이들이 각각 다르게 평가되거나 편익의 정도도 달라질 수 있다. 예를 들면 동일한 경찰 서비스라도 부유층과 빈민층이 누리는 편익은 다를 수 있다.

일부 공공서비스는 대규모 비용이 요구된다는 점에서 자본집약적이라고 할 수 있는데, 이는 대규모 조직에 가장 잘 어울리는 공공 업무나 물리적 시설과 결부돼 있다. 교통시설, 수자원 공급 체계, 쓰레기 수거 등은 자본집약적 서비스의 예들이다. 일반적으로 물리적 형태로 서비스의 효과가 나타나는 이러한 유형의 서비스는 서비스 공급 효과의 측정이 쉽고 수혜 대상 인구에 비해 상용직 고용인 수를 비교적 적게 요구한다.

그외 상당수 공공재와 서비스의 공급은 고도로 노동집약적이다. 이러한 공공서비스에서는 인건비가 80%에서 95%까지 차지한다. 노동집약적 서비스에서는 물리적 산출물을 측정하는 것이 용이하지 않은데, 이로 말미암아 어떤 고용인이 조직의 생산 과정에 얼마나 기여했는가를 정확히 측정하는 것은 매우 어렵다. 그리고 이러한 공공 기능은 서비스의 속성상 산출물의 가치가 고용인과 시민의 개별적 관계에서의 질에 크게 의존한다. 예를 들면 순찰경찰과 시민의 관계는 경찰 서비스에 대한 시민의 평가에 강한 영향을 미치게 되고, 교사와 학생의 관계는 교육 서비스에 대한 시민의 평가에 강한 영향을 미치게 된다.

조직계층제에서 최고행정가는 자신의 부하가 개인 대 개인의 관계에서 제공하는 공공서비스의 적실성을 쉽게 점검하기 어렵다. 그는 자신의 조직을 어떻게 이끌 것인가에 대해 실제 딜레마에 직면한다. 대규모 조직은 어떤 공공서비스의 활동이 규칙적이거나 질 또는 생산 과정에서 획일성이 높으면 높을수록 이를 감시하거나 통제하기가 더 쉬워질 것이다. 그러나 산출물이 획일적이 되면 될수록 그러한 서비스 산출물을 통해 얻게 되는 만족 수준은 더 낮아지게 될 것이다. 여기서 우리가 기억해야 될 점은 그러한 어려움을 야기하는 것은 공공조직에서 사람으로서의 생산자가 아니라 제공되는 재화나 서비스를 쉽게 측정하거나 분할 공급할 수 없다는 사실이다.

공공서비스 기관의 산출물을 측정하거나 평가하는 것이 어렵기 때문에 공공 분야를 조직할 때 심각한 문제가 생기게 된다. 산출물을 측정하는 효과적인 지표가 없기 때문에 언제 생산 비용이 제공되는 서비스의 가치(편익)를 초과하는가를 결정하는 것이 매우 어려워진다. 최고행정가는 관리통제를 통해 공공서비스를 산출하는 공무원의 활동을 지도・감독한다. 그러나 조직 규모의 증가와 결부된 관리 비용의 증가가 추가적 고용인으로부터 생기는 편익을 언제 초과하는가를 결정하는 자동적인 방법은 존재하지 않는다.

이러한 경향은 소규모 조직보다는 대규모 조직을 운영하는 것이 더 큰 정치적 위신을 가져다주는 경우에 더욱 강하게 나타난다. 더구나 대규모 조직에서는 승진의 단계가 더 많으며 이는 승진을 위한 더 많은 기회를 의미하고, 봉급이나 다른 수당의 측면에서 가장 바람직한 직위는 항상 시민들에게 서비스를 제공하는 기회보다는 조직의 관리활동에 관련돼 있다. 이러한 사실은 공공서비스의 질을 개선하거나 혹은 공공기관의 순(純) 효율성을 증가하기 위한 유인(誘因)과 무관할 가능성이 높다.

② 서비스 공급의 독점 문제

생산의 효율성을 결정하는 데 필수적인 산출물의 측정과 평가 문제는 전적으로 공공 분야에만 한정된 독특한 문제는 아니다. 예를 들면 광고, 실내장식, 법률, 의료 서비스 산업 등도 종종 유사한 문제점에 직면한다. 그러나 민간 부문에서는 어떤 서비스 공급자가 경쟁자와 비교해 소비자에게 서비스를 더 좋게 제공하는 데 실패할 경우 사업의 쇠퇴를 가져오게 되고, 이는 생산자에게 무엇인가 잘못이 있다는 것을 알려 주는 분명한 지표가 된다. 더구나 만약 어떤 공급자가 경쟁에의 적응에 실패하게 되면 소비자로부터 더 적은 지불을 수락해야만 하거나 혹은 다른 경제활동 분야로 이전해야 될지도 모른다. 그러나 이러한 생산자 간의 경쟁은 공공 분야에서는 거의 존재하지 않는다.

민간 부문에서 독점을 경제적으로 분석할 때 독점기업은 비록 생산량이 경쟁 상태의 기업들에 의해 생산되는 것보다 적지만 이윤 극대화를 추구할 수 있다는 것을 항상 가정한다. 공공기관을 분석하려고 시작할 때 이윤 극대화와 같은 단순한 가정을 하는 것은 어울리지 않는다. 왜냐하면 그 산출물이 일반적으로 가격화돼 있지 않거나 판매되지 않고 있으며, 만약 판매된다고 하더라도 관료들에게는 자신들을 위해 이윤을 포착하는 것이 허용되지 않을 것이기 때문이다.

도시정부는 종종 주어진 시장 분야에서 재화나 서비스의 공급을 배타적으로 통제하는 자연독점으로 파악된다. 정부 단위가 지역 주민들을 위해 재화나 서비스의 배타적 공급자가 될 때 독점적 지위를 누릴 수 있다. 독점조직과 관련된 문제는 정부의 업적에 대해 상당한 함축적 의미를 지닌다. 독점적 조건하에서 운영되는 정부조직은 비용을 절감하는 면에서나 쇄신적이 되려는 면에서 유인이 매우 적을 것이다. 공공조직에서 고용인들은 자신의 조직 운영에 의문을 제기하거나 비판할 유인이 매우 적다. 왜냐하면 쇄신비용이 개인이 도출할 수 있는 편익과 비교해 비교적 더 클 것이기 때문이다. 대부분의 행정가는 시민 선호를 만족시키기 위해 조직 운영을 개선하려고 시도함으로써 체제에 대항하기보다는 안일하게 관례에 따르는 것을 더 선호할지 모른다. 소규모의 독점도 대규모 독점과 마찬가지로 무기력할 수 있다. 말할 필요도 없이 그러한 행위는 시민 선호를 만족시키기 위해 효율적인 산출물 생산으로 나아가지 않을 것이다. 공공 부문의 생산자는 자신의 독점적 지위로 인해 심지어 그가 시민 욕구를 만족시키는 데 비효율적이거나 비대응적이 되더라도 파산하지 않고 버텨 갈 수 있다.

요약하면, 대도시지역 내에서의 정부조직에 관한 본질적인 문제는 다음과 같다. 우리는 모든 공공재와 서비스의 생산에 대해 독점적 지위를 점하고 있는 완전히 통합된 정부 단위가 모든 재화와 서비스를 동등하게 잘 생산할 것이라고 기대할 수 있는가? 지금까지의 분석에 따르면, 이러한 의문에 대한 대답은 부정적이다.

대신 우리는 사물의 다양한 속성과 사람들의 다양한 선호나 생활 방식 등으로 인해 대규모 또는 소규모 관할권의 중첩이 도시정부 조직에 더 유리할 것이라고 가정할 수 있다. 공공 분야에 경쟁 원리가 도입될 경우 독점적 행위로 인한 상당수의 부정적 결과를 제거할 수 있다. 만약 상당한 정도의 권위의 분산과 관할권의 중첩이 존재한다면 대도시지역의 공공경제를 시민들에게 더 대응적이고 효율적이 되도록 자극하게 될 것이다.

경쟁 원리 도입으로 관료들의 독점적 행태를 제약할 수 있는 여러 가지 방법이 있다.

첫째, 정치적 경쟁으로서 이는 선거직을 위한 경쟁이다. 만약 정부의 대응성과 효율성이 시민이 기대하는 수준 이하로 떨어지면 시민들은 이들의 반대 경쟁자들이 정부의 산출을 증진시킬 것이라는 희망에서 기존의 공직자들을 선거에서 낙선시킬 수 있다. 그러나 뉴욕, 도쿄, 서울과 같은 대도시에서는 심지어 가장 공직성(公職性)이 강한 민선 공직자라 할지라도 자신의 권위하에 놓여 있는 여러 정부기관을 효과적으로 관리할 수 있을지 의문이다. 너무 많은 수의 고용인, 그리고 산출물 측정의 어려움 등은 간단히 말해서 다루기에 너무 비대한 것이다.

둘째, 경쟁은 사람들의 '이주에 의한 투표권 행사(voting with feet)'에 의해 발생할 수 있다. 만약 시민이 그가 거주하는 지방정부로부터 받는 편익에 만족하지 않는다면 그가 지불하는 조세와 비교해 서비스 수준이나 배합이 자신의 선호를 더 잘 만족시키는 지방정부로 간단히 이사할 수 있다. 미국의 대다수 대도시지역은 여러 상이한 지방정부 관할권을 포함하고 있다. 대도시지역 내 교외화 현상은 중심도시가 제공하는 저질의 서비스에 비해 상대적으로 높은 비용 부담에 대한 시민의 불만을 잘 반영하는 것이다. 만약 어떤 시민이 자녀 교육을 위해 좋은 학교가 중요하다고 여기면서 사립학교의 수업료를 낼 여유는 없을 때 해결 방법은 그들이 원하는 정도의 교육 서비스를 받을 수 있는 교외지역 학교구(school district)로 이사 가는 것이다.

셋째, 경쟁은 입지를 바꾸지 않고 공공재의 생산자를 바꾸려 할 때 발생할 수 있다. 예를 들면 기업이나 쇼핑센터, 부유한 동네의 거주민들은 공공경찰 서비스로부터의 보호가 부적절하다고 판단할 때 자신들의 지역을 순찰시키기 위해 민간 청원경찰을 종종 고용한다. 사립학교 역시 공립학교 체제에 대한 대안이 된다. 도시에 거주하는 시민은 일반적으로 도시정부가 제공하는 서비스를 향유하기 위해 자신들이 거주하는 도시에만 배타적으로 의존하는 대신 재화나 서비스를 중첩적으로 여러 정부로부터 제공받을 수 있다면 여러 가지 선택이 가능하게 된다. 가령 시(市) 경찰의 부패로 인해 시민들은 카운티(county) 보안관이나 주(州) 경찰에 의존하게 된다. 미국 연방 체제의 중요한 특징은 정부의 중첩적 계층 체계이고, 이것은 시민이 한 정부 수준에서 제공받는 서비스에 불만일 때 다른 정부 수준에 의존하게 하는 것을 가능하게 한다.

넷째, 만약 상당한 정도의 정부 관할권이 중첩할 경우 상이한 정부기관 간에 경쟁이 발생할 수 있다. 여러 정부 단위 중 한 정부 단위는 독점적 생산자가 되기보다는 지역 주민이나 기업을 대신해서 하나의 구매 협조자로서의 역할을 수행할 수 있다. 그러한 경우 각 지방관할권은 조세권을 가지게 되고 공공재나 서비스를 생산하기 위해 어떤 다른 기관에 기금(예: 조세)을 배당할 수도 있다. 그러한 생산자는 공공기관뿐만 아니라 민간 기업체가 될 수도 있다. 대안적인 생산자가 이용 가능하다면 각 지방정부는 구매 협조자로서의 역할을 잘 수행할 수 있게 될 것이다. 그러한 상황에서 생산자는 서비스 질의 개선과 효율성의 증진, 현실성 있는 쇄신을 채택하기 위해 상당한 유인을 지니게 된다. 서비스를 구매하기 위해 각 지방정부는 계약을 체결하는데, 도로 청소를 위해서는 민간 업체, 경찰 서비스를 위해서는 다른 어떤 공공기관과 계약 체결이 가능하다. 따라서 한 지역에 서비스를 제공하기 위해 여러 상이한 배열의 업체를 이용할 수 있다. 공공재 공급을 위해 계약을 맺는 것은 소규모 지방정부들이 그러한 공공재를 생산하는 데 가장 효율적인 생산자인 다른 민간 혹은 공공기관에서 공공재를 구입함으로써 효율적 운영을 가능하게 만든다. 그리고 그러한 소규모 지역정부 단위는 다양한 공공재와 서비스의 혼합을 통해 지방정부 주민의 수요를 가장 잘 반영할 수 있다.

민주적인 정부 체제에서 도시정부는 반드시 공공서비스의 독점적 공급 주체는 아니다. 시민들은 경쟁을 유발할 수 있는 여러 가지 대안을 이용할 수 있다. 이상에서 살펴본 것처럼 경쟁적 압력은 주민들이 첫째, 상이한 공직자의 선거, 둘째, 이주에 의한 투표권 행사, 셋째, 민영화(privatization)의 채택, 마지막으로 다른 수준의 정부에 의존하는 등의 수단을 추구할 때 발생할 수 있다. 그러나 이러한 모든 대안은 반드시 비용을 수반하게 되며, 이러한 비용 중 상당 부분은 저소득층이 지불하기에는 너무 벅찬 것일 수 있다. 예를 들면 이주에 의한 투표권 행사 비용은 대다수 저소득층은 감당하기가 너무 벅찬 것이다. 저소득층은 자신들의 요구를 도시정부에 알리는 데 들어가는 비용이 너무 크기 때문에 그 비용을 지불할 수 없을지 모른다. 그들은 소득재분배를 촉진하거나 또는 빈곤자의 요구에 더 잘 대응하는 정부 단위로의 대안적 조직구조가 고안되지 않는 한 빈곤 부담을 떠맡을 수밖에 없을 것이다. 사실 빈곤 계층은 주민 선호를 규명하는 데 소요되는 비용이 최소한으로 유지될 수 있는 근린주거지역 정부를 가장 필요로 하는 집단이다.

제3절 도시정부의 기능

1 도시정부 기능의 유형

현대 사회의 특징 중 하나는 도시정부의 기능 강화다. 도시정부는 중앙정부와 마찬가지로 크게 두 가지 기능을 수행한다. 그중 하나는 재화와 용역을 제공하는 서비스 기능이다. 이는 사적으로 제공되기 어려운 성질의 재화와 용역,[4] 즉 경찰, 소방, 쓰레기 수거 등을 도시정부가 제공하는 기능이다. 다른 하나는 정치적 기능으로서 도시정부가 관

4) 민간이 제공하기 어려운 성질의 재화나 용역은 일반적으로 공공재(public goods)라고 불린다.

할권 내의 중요한 공적 관심사를 둘러싸고 발생하는 갈등을 조정 내지 해결하는 기능이다. 요약하면, 도시정부는 공공서비스의 공급 기능과 공적 관심사에 관한 갈등 조정 기능을 수행한다고 할 수 있다.

이러한 두 가지 기능은 동일한 시점에서 동일한 도시정부의 하부기관들에 의해 수행되기 때문에 분리해서 설명할 수 있는 것만은 아니다. 예를 들면 신시가지 개발을 계획하는 시장(市長)은 위치를 둘러싼 분쟁을 해결할 뿐만 아니라 그 후 계획을 실행하기도 한다. 이에 대해 시장은 '도시정부를 운영'하고 있다는 단일의 상위 기능만을 의식하게 된다. 두 가지 기능 중 어느 것이 더 우세할 수도 있는데, 이는 국가에 따라 또는 단일 국가 내에서도 도시에 따라 다르게 나타날 수 있다.

우리나라는 전통적으로 정치보다 행정문화가 지배적인 위치를 차지해 왔기 때문에 도시정부에서는 서비스 기능이 정치적 기능에 비해 큰 비중을 차지하고 있다. 한때 제2공화국에서 정치 제도의 개혁으로 도시정부의 정치적 기능이 활성화되는 역사적 계기를 마련했으나 제2공화국이 단명으로 끝나게 됨에 따라 정치적 기능은 약화됐다. 현재 우리나라의 도시정부는 소방, 경찰, 상하수도 등 행정 서비스 기능을 주로 담당하고 있으며, 도시정부 내의 이슈를 둘러싼 이익 표출과 결집 및 대립 등을 다루는 정치적 기능은 미약한 실정이다. 대부분의 도시정책은 순전히 행정 기술적인 측면에 입각하고 있으며, 도시정부 내의 정치적 이익 갈등과 세력다툼, 그리고 이와 관련된 협상문화는 아직 정착돼 있지 않다.

역대 지배 정당의 정치인들을 포함한 많은 사람이 도시정부에서 정치적 기능은 낭비적이고, 심지어 사회병리적인 현상으로 간주했다. 그들은 정치 없는 도시정부를 효율적인 이상(理想) 상태로 봤다. 이러한 도시정부관은 대결 없이 합리적으로 결정되는 도시정책을 선호했고, 갈등이나 대결을 무질서와 비효율로 간주했다. 예를 들면 도시 내 무허가 판자촌 철거의 경우 관련 도시정부의 공무원들이 모두 일치된 견해를 가지고 효율적인 집행에 몰두하는 태도가 바람직한 것이지, 이러한 결정을 둘러싼 정책적 타당성이나 가치 논쟁을 벌이는 것은 비효율적이며 낭비적이라는 견해다. 이러한 견해를 지지하는 사람들은 또한 정치적 결정을 효율성을 저해하는 정치적 이해관계의 산물로서 파악한다. 다시 말해, 정치적 결정은 정치가의 지지 기반 획득에 입각하므로 비효율적이 된다는 견해다.

정치가가 자신의 이해관계, 즉 지지 획득을 위해 행동하는 것이 반드시 공공 이익을 저해한다고는 볼 수 없다. 도시정부가 정치적 기능을 배제하고 서비스 기능을 강화한다고 해서 반드시 공공 이익이 증진되는 것은 아니다. 어떤 경우에는 도시정부의 예산을 효율적으로 사용하는 것 이상으로 공공의 이해관계를 둘러싼 갈등 해결이 더욱 중요할 수도 있다. 예를 들면 서울시의 노점상 철거문제에서 갈등 해결 그 자체가 매우 중요한 정책 이슈가 되고 있다.

한편 다른 맥락에서 많은 사람이 도시정부가 정치로부터 분리돼야 한다고 주장한다. 그들은 도시정부는 중앙정부와 달리 오로지 서비스 기능만을 위해 존재해야 한다고 주장한다. 도로 청소, 쓰레기 수거, 상하수도 공급, 경찰 서비스 등은 정치적 논쟁의 대상이 될 수 없으며 돼서도 안 된다는 입장이다. 정치적 기능은 오로지 중앙정부와의 관련하에서만 발생할 수 있으며, 따라서 도시정부의 기능은 중앙정부와 분리해야 한다는 주장이다. 이러한 견해는 도시정부가 중앙정부보다 열등한 입장에 있기 때문에 중요한 공공 쟁점(public issues)은 중앙정부 수준에서 해결해야 한다는 입장에 근거한다.

그 밖에 도시정부 내 일반적 기능은 무엇보다 효율성 제고를 지상 과제로서 고려해야 한다는 것이다. 이러한 견해의 또 다른 근거는 도시 내에는 본질적으로 갈등이 존재하지 않는다는 주장이다. 가령 규모가 작고 시민이 모두 동질적인 도시라면 시민 모두가 도시의 정책적 이슈에 대해 기본적으로 동의하며 기술관료에게 그들의 결정을 전적으로 위임할 수 있다고 한다. 하지만 아무리 규모가 작은 도시정부라 할지라도 도시의 근본적인 이슈에 대해 주민들 사이에 불일치가 발생할 수 있으며, 또한 관료들에게 결정이 위임된 상황일지라도 관료들 간의 전문적 견해에 불일치가 발생할 수 있다.

도시정부 기능으로서 정치적 기능에 대한 견해가 어떠할지라도 도시정부가 정치적 기능을 수행하고 있다는 것은 필연적인 현상이다. 비록 주민들이 정치적 기능을 행사하지 못하도록 도시정부가 억압할 수는 있어도 그러한 기능 자체를 말살할 수는 없다. 비록 인간이 이타적 성향을 지니고 있긴 하지만, 이기적 성향으로 인한 정치적 기능은 필연적 현상이 되고 있다.

또한 갈등을 억압하는 것만이 최상의 길은 아니다. 정치적 수준에서의 갈등을 억압하는 것은 어떤 부류의 사람들의 요구나 이익을 부당하게 저지하는 결과를 가져온다. 주민들이 자신의 욕구 표출이 정책에 전혀 반영되지 않는다는 사실을 알고 있기 때문에 갈등과 대립이 전혀 없는 정치 제도를 상상할 수 있다. 물론 이러한 경우 정치적 기능이 존재하지 않지만 동시에 진보의 조건도 결핍됐다고 볼 수 있다.

도시정부 내 심한 갈등과 대립이 존재한다면 도시정부의 정치적 기능을 활성화해야 한다. 도시개발을 둘러싼 갈등은 현대 도시정부가 직면한 심각한 사회적 이슈다. 갈등이 만연된 도시정부를 단순히 효율성의 원칙에 따라서만 운영한다면 이는 분명히 사회 내의 유대감을 약화시킬 것이며, 사회적 불만과 긴장, 심지어 대규모 도시사회운동으로까지 발전될 것이다. 도시정부의 정치적 기능은 분명 주민의 불만과 적대감을 공정한 사회적 산물로 전환시켜 주는 역할을 할 것이다. 처음에는 사소한 것으로 보일지 모르는 정치적 갈등도 방치된다면 점차 확산될 것이며, 또한 이것이 사회의 이념 원칙과 결부될 때 그 중요성은 증대될 수 있다. 예를 들면 일부 무허가촌 철거가 전체 사회의 빈곤과 빈부 격차 등에 입각한 사회적 정의와 결부될 때 이는 더 상위의 이념 논쟁으로까지 확산돼 심한 사회적 갈등으로 발전하게 될 것이다.

도시정부의 정치적 기능은 시장을 포함한 정치가들과 일부 집단의 권력을 확대시켜 주는 도구가 된다. 현재의 정치 제도하에서는 시장을 포함한 관료의 권한이 제도적으로 매우 제한돼 있다. 그러나 정치적 기능이 활성화되면 정치 과정을 통해 추가적인 권한이 생성될 수 있다. 또한 각 계층의 이익 표출이 분명해지면 이로 인한 계층 간의 제도적 평등이 확보될 것이다.

2 정부간 기능 배분의 기준

정부간 기능 배분을 어떠한 기준에 따라 할 것인가에 대한 많은 연구가 있어 왔다. 최근 연구를 요약하면, 기능 배분 기준으로서 경제적 효율성, 형평성, 정치적 책임성, 행정적 효과성 등이 제시되고 있다(ACIR, 1974).[5]

1) 경제적 효율성

경제적 효율성 기준은 합당한 비용으로, 그리고 지방 주민들이 받아들일 수 있는 효과성 수준에서 수행될 수 있는 관할권을 기능 배분의 기준으로 하는 것이다. 이 기준의 하위 구성 요소는 다음과 같다.

(1) 규모의 경제

도시정부의 공공재 생산 과정에서의 효과성은 규모의 경제와 불경제에 의해 영향을 받는다. 경제적 효율성은 정치·행정적 관할권의 인구나 면적 규모를 증가시키거나 감소시킴으로써 더 이상 비용 절감을 실현시킬 수 없을 경우에 성취될 수 있다. 정부가 제공하는 재화나 용역을 더 큰 행정구역(인구나 면적의 규모 면에서)에서 제공할 경우에 단위당 공급 비용을 줄일 수 있다면 이는 더 큰 행정구역에 그 기능을 배분함으로써 경제

5) 우리나라의 경우 지방자치법 제11조에서 사무 배분의 기본 원칙을 천명하고 있다. 사무 배분에서 보충성의 원리를 기본 정신으로 하고 있다.

적 효율성을 확보할 수 있음을 뜻한다. 한편 관할권의 규모가 증가할수록 관리나 조정 비용이 더 커지면 더 작은 관할권의 단위가 공공재나 서비스를 생산하는 데 더 효율적임을 의미한다.

이러한 기준에 따라서 관할권이 너무 크거나 작아서 서비스 공급의 불경제가 일어날 때에는 영향을 받는 권한과 활동을 재분배해야 한다. 즉, 너무 큰 관할권에서는 서비스의 행정적 분권화가, 너무 작은 관할권에서는 집권화가 이뤄지거나 서비스 공급을 위한 지방 간 서비스 협정을 개발하는 것을 모색할 수 있다. 기능의 유형에 따라 규모의 경제가 실현되는 정도와 범위가 다르기 때문에 단일의 관할권이 모든 기능에서 규모의 경제를 성취하기 위한 적절한 규모를 가지고 있다고는 할 수 없으며, 기능의 유형에 따라 각기 상이한 규모의 관할권을 가질 수 있다.

(2) 공공 부문의 경쟁

효과적인 공공재의 배분은 공공재에 대한 소비자로서의 유권자(voters as consumer)의 진정한 선호를 반영해 결정하는 데 달려 있다. 공공재는 시장 메커니즘에 의해 제공되는데, 문제가 발생하기 때문에 전형적인 소비자로서 유권자의 비용 지출 선호를 결정하는 대안적 접근 방법을 개발해야 한다.

티부(Charles M. Tiebout)는 이주에 의한 투표권 행사(voting with feet)의 과정에 기초해 효율적인 공공지출 결정을 위한 이론적인 모형을 제시했다. 그의 모형에서 소비자로서의 유권자는 지방공공 지출의 수준을 근거로 삼아 자신이 거주할 지역사회를 선택했다. 쇄신, 다양성, 실험은 지방공공 부문 경쟁의 중요한 편익이 된다. 경쟁 주창자들은 종종 서비스의 중앙집권식 공급을 비효율적인 것으로 간주하는데, 지방정부가 각자의 관할권에서 산출의 파레토 최적 수준을 제공하는 것이 중앙정부가 모든 관할권을 망라해 산출을 획일적으로 통일된 수준에서 제공하는 것보다 더 효과적이라고 주장한다(Tiebout, 1956).

(3) 공공가격

공공재의 생산을 위한 재원 조달과 관련해서 살펴보면 하나의 공공 권한은 두 개의 일반적 수단, 즉 과세 또는 사용자 부담금제에 의해 조달된다. 공공의 안전, 공해의 감소, 공공복리 등의 공공 권한은 쉽게 시장 메커니즘을 통해 거래할 수 없다. 그러나 상당수의 도시 공공서비스는 사적인 편익을 발생시키므로 비용의 일부분은 그 재화나 서비스로부터 편익을 받는 개인에게 사용자 부담금의 형식으로 부담하게 할 수 있다.

사용자 부담금제는 공공 부문 내에서 자원을 효과적으로 배분할 수 있고, 서비스 산출의 능률적 수준에 대한 지침을 제공해 준다. 공공가격은 서비스 제공의 효율성을 증가시킬 뿐만 아니라 공공서비스를 적절히 배분하는 데도 기여한다. 시장 메커니즘은 사회적 비용 이하로 가격이 책정된 공공재의 과잉 소비를 완화하는 수단으로서 종종 옹호되며, 결국 이는 공급되는 공공재의 질을 향상시킬 수 있게 한다.

공공가격의 원리는 정부의 모든 수준에서 적용될 수 있으며, 공공가격 원리의 사용은 정부에는 재원 조달의 수단으로, 그리고 시민에게는 세금 압박을 줄이는 수단으로 사용된다. 그리고 사용자 부담금제는 서비스 수혜자들을 쉽게 구별할 수 있어야만 적용할 수 있다.

2) 형평성

정부간 기능 배분의 두 번째 중요한 기준은 공공서비스의 형평성이다. 이 기준의 하위 구성 요소는 다음과 같다.

(1) 외부 효과

한 공공재의 비용과 편익은 그 상품의 생산자와 소비자에게 이익이 생길 수도 있고, 또는 보상 없이 제3자에게 파급될 수도 있다. 파급 효과가 발생했을 때 외부 효과가 도시 공공서비스에 나타나는 것이다. 외부불경제가 발생하는 재화는 그 비용의 일부가 외부에 전가되므로 결국 과잉 생산이 될 것이고, 거꾸로 소비나 생산에 관련된 외부경제(외부 이익)를 가진 재화는 직접적으로 관련된 당사자들이 이러한 파급 효과의 편익을 받는 다른 사람들에 의해 보상을 받지 못하기 때문에 상대적으로 생산 부족이 될 수 있다. 이 경우 서비스 편익은 분담하나 비용은 지불하지 않으려는 무임승차자(free rider) 문제가 발생한다.

다양한 공공서비스의 제공은 종종 비용과 편익을 다른 지역으로 이전시킨다. 따라서 관할권 사이의 기능 배분 조치가 그런 공공재를 공평하게 제공하기 위해 요구될 수도 있다. 외부 효과의 고려는 일정한 서비스의 비용과 편익을 포함하기에 충분히 큰 관할권에 권한을 위임하고, 이것이 불가능하거나 실행될 수 없는 곳에서는 서비스의 불공평을 줄이기 위해 관할권 간의 타협이 필요하다. 정부에 의한 서비스 제공이 외부 효과를 발생시킬 때 더 집권화된 행정 및 재정의 관할권이 요구될지도 모른다. 관할권의 재조정과 권한의 위임은 외부 효과로 초래되는 부정적 결과를 상당히 개선할 수 있다.

(2) 소득의 균등화

정부가 시도하는 계층 간의 재정적 균등화는 시장 메커니즘에 기인하는 소득 분배가 바람직하지 못하다는 규범적 가치 판단에 입각하고 있다. 정책 입안자는 재분배의 크기와 방법을 결정해야 한다. 그러나 소득 등의 재분배는 기본적으로 규범적 가치 판단에 의존하기 때문에 재분배의 수준이나 형태를 결정하는 것은 용이한 일이 아니다.

재분배는 주로 수직적 형평성(vertical equity)의 원칙에 기초한다. 조세 부과에서 담세 능력에 따른 누진적 납부 원칙은 수직적 공평성의 개념을 구현하는 것이다. 수직적 공평성에 따라 개인이나 집단은 공공지출 프로그램으로부터 그들이 부담하는 것보다 더 많은 또는 적은 편익을 받을 수 있으므로 재분배에 찬성하거나 반대하는 개인 또는 집단이 발생하게 된다. 개인의 소득과 부(富)를 재분배하는 전형적인 두 가지 접근 방법은 조세 부담 및 금전 수입의 균형과 전체적인 조세 지출의 균형이다.

재정적 수단에 의한 개인 소득의 재분배는 다음과 같은 두 가지 방법에 의해 성취할 수 있다. 첫째는, 직접적이고 무조건적인 현금 이전에 의한 것이다. 이것은 비례적 또는 누진적인 조세구조를 통해 고소득층 또는 중간 소득층으로부터 조세 징수를 하고, 저소득층의 개인에게 재분배를 해 주는 것을 포함한다. 이러한 현금 이전은 소득을 재분배하지만 외부불경제나 외부경제와 함께 재화의 소비를 자극하거나 저하시킬 수 있다. 두 번째 형태는 지방정부의 수준에서 더 효과적인 방법으로 대상의 유형에 따른 소득의 이전이다. 이 경우에 공공재나 서비스가 저소득 가구나 개인에게는 저렴한 비용으로 공급되고, 서비스는 비용의 분담적 차원보다는 공급적 차원에서 고려된다.

재정적 균형은 이론적으로 소득재분배 권한이 주민들에게 공평한 비용 수준에서 서비스를 제공할 수 있는 관할권에 위임해야 할 것을 요구하며, 이것은 주민들에게 너무 높은 가격이나 조세를 부담시키는 관할권에 서비스 공급 책임을 위임하지 않는 것을 의미한다. 결과적으로 소득재분배 권한은 서비스를 공평하게 조달하는 적당한 재정력을 가진 관할권에 귀속돼야 한다는 것을 의미한다.

요약하면, 재정균등화는 지방정부보다는 중앙정부가 가장 효과적으로 수행할 수 있다. 배타적인 재분배 특징을 강하게 내포하는 권한은 중앙정부에 의해 관리되고 재정 조달이 이뤄져야 하는 반면에, 재분배적 요소를 적게 내포하는 권한은 지방정부 수준에서 관리되고 최소한의 지역에 기초해 재정이 조달되도록 하는 것이 바람직하다.

3) 정치적 책임성

정부간 기능 배분의 또 다른 중요한 기준은 정치적 책임성이다. 이 기준의 하위 구성요소는 다음과 같다.

(1) 접근과 통제

시민의 정치 제도에 대한 접근과 통제는 정치 제도의 운영에서 두 개의 주된 요소인데, 이는 정부의 활동에 대해 대중이 직·간접적으로 영향력을 행사할 수 있고, 도시정부의 입장에서는 시민의 지지를 획득하고 유지하는 데 중요한 요인이 된다. 접근과 통제에 대한 이론적 연구의 상당수가 이러한 과정이 작용하는 방법과 지방정치 제도에서 그들이 가능한 영역과 성취될 수 있는 범위를 다룬다. 최근 연구는 접근과 통제의 달성을 위해 정당 제도만을 강조했던 과거의 접근법과는 달리 여러 가지 방법이 이용될 수 있다는 것을 지적한다.

접근과 통제 방법에는 여러 가지 형태가 있다. 어떤 지역에서는 그것은 주민투표를 통해 일어날 수 있고, 다른 지역에서는 복수의 집행부와 함께 대표자 선거 과정을 통해 발생할 수 있다. 그러나 이러한 형태는 정치 제도의 보수성으로 인해 개혁 세력보다는 수구 세력에 더욱 유리하게 작용할 수 있다. 따라서 정책결정의 지체, 지역사회를 위한 거시적 전망보다는 미시적 입장에의 집착, 직접적 대중통제의 약화 등이 초래될 수 있다. 다양한 이익단체가 자신들만을 위해 좁은 범위의 문제에만 관심을 나타낼 때에 지방정부에서 거시적인 공공 관심은 줄어들며 전체적인 균형계획은 소홀히 취급된다.

일반적으로 시민의 정치 제도에 대한 접근과 통제는 각 지역의 정치 수준과 문화에 영향을 받지만, 지역사회의 소득이나 사회적 지위 계층 등 비공식적인 조건에 의해서도 영향을 받는다. 일반적으로 시민의 정치 제도에 대한 접근과 통제를 고취하기 위해 소규모 관할권을 지니는 정부를 선호해 왔다.

(2) 시민 참여

시민 참여는 정부조직에 대한 대중의 지지 및 정부 권위에 대한 신뢰성, 그리고 정부 활동에 직접적 공헌을 하는 자발성 등으로 귀결될 수 있다. 일반적으로 시민 참여는 시민의 정부에 대한 직접 통제의 형태를 갖추지 않더라도 여전히 시민의 공동체 의식의 확장, 시민과 행정관료제와의 더 나은 관계, 그리고 공공정책의 의도와 이행에 관한 시민의 더 큰 이해력을 얻는 데 기여할 수 있다. 시민참여론자들은 심지어 효과적인 집권화된 정부보다 다소 비효과적이라도 분권화된 정부를 더 선호한다.

시민 참여는 권한의 위임 문제를 고려할 때 기본적인 요인이다. 이론적으로 시민 참여는 정부의 공공서비스 산출을 더 쇄신적이고 다양하며 신축성 있게 만드는 분권적인 영향력이 있다. 그리고 시민 참여는 중앙집권적 관료제가 종종 어떤 개인이나 지역사회의 관심을 간과하는 것을 견제하며, 또한 시민들로 하여금 정책 결과에 관해 더 많은 인식을 가지도록 유도한다.

4) 행정적 효과성

정부간 기능 배분의 마지막 기준은 행정적 효과성이다. 이 기준의 하위 구성 요소는 다음과 같다.

(1) 합법성

권한위임의 합법성은 정부가 위임된 권한을 수행하는 데 필수적이고 명백한 법률적 권한을 가지는 것을 의미한다. 도시정부의 적당한 법률적 권한을 인정하는 것은 더 상위의 정부와의 분업을 창출하며, 그것은 또한 권한위임에서 사법적 간섭을 제한하고 특별구의 확산을 억제할 수 있다.

지방정부에 합법적 권한을 확대 위임할 때 중앙과 지방 간의 적절한 권한 균형을 유지해야 한다. 또한 합법적인 권한을 위임할 때 정부 단위의 자생력(自生力)을 고려해야 하며, 지방 간에 정치적 갈등을 악화시키거나 기능 배분을 혼란스럽게 하며 복잡하게 만드는 권한의 위임은 피해야 한다. 즉, 지방정부가 합법적인 권한을 가져 자신의 책임을 온전히 수행해야 하는 반면에, 그것은 또한 다른 정부 단위의 합법적인 권한과 이익을 존중할 것이 요구된다.

(2) 일반 목적의 정부

정치이론가는 종종 권한이 독립된 특별 목적을 가진 정부보다는 다목적(multi-purposes)을 가진 정부나 그것과 직접적으로 연결된 하위의 특별 단위에 위임해야 한다고 주장한다. 이처럼 일반 목적을 가진 정부 단위에 권한을 위임하면 정부의 활동에 대한 시민의 관심을 고취하고 확장시켜 결국 권한의 수행에서 발생하는 이익의 균형을 도모할 수 있다는 것이다. 다목적의 정부는 권한의 수행에 대한 국민의 인식을 높여 줄 뿐만 아니라 사적으로 소수의 이익을 위해 공공의 권한이 통제되는 것을 예방하는 데도 공헌한다. 다목적 정부는 권한의 수행에 관한 대중의 관심을 확대하므로 시민이 권한 행사의 효율성뿐만 아니라 공평성과 합법성에 더 관심을 갖게 한다.

정부에 폭넓은 권한을 인정하는 것은 그 권한이 정부에 의해 잘 조정되고 효과적이며 효율적인 형태로 수행될 것을 확신하기 때문이다. 반면 독립적인 특별 목적의 정부 단위에 권한을 위임하는 것은 조직의 책임성을 향상시켜 주기는 하지만, 그 책임의 범위가 너무 좁아서 일반 시민의 상호 관련된 요구에 항상 잘 반응하는 것은 아니다.

(3) 정부간 신축성

정부의 기능 배분에서 정부간 신축성을 고려해야 한다. 권한의 위임은 항상 일정 불변해서는 안 되고 상황의 변화에 적응해야 한다.

정부간 신축성은 하나 또는 다른 수준의 정부가 개인이나 집단의 요구에 봉사하도록 이용될 수 있고, 권한위임에서 나타날 수 있는 정부 간의 갈등을 중재함으로써 서비스 전달의 효율성을 기할 수 있다. 정부간 신축성은 권한의 위임에서 정부 간의 협력과 중재를 위해 그 필요성이 인식되고, 그것은 주기적으로 권한위임의 형태 변화가 바람직함을 강조한다.

그러나 실제로 이 원칙은 적용하기가 쉽지 않다. 권한위임 문제에서 혼란이 발생할 수 있고, 협력을 위한 정부간 신축성이 오히려 책임의 과대한 분산과 무책임성을 야기할 수도 있다.

(4) 지리적 타당성

지방정부의 지리적 관할권에 대한 결정은 권한위임의 문제에서 오랫동안 중요한 구성 요소가 돼 왔다. 각 정부가 권한의 책임에 알맞은 규모를 가질 수 있도록 관할 지역과 권한을 조정할 수 있는 방법이 매우 중요하다.

적절한 규모의 관할권은 사회적 갈등을 완화하고, 시민들이 정부의 공공계획을 잘 통제할 수 있게 해 준다. 그리고 이는 권한의 위임을 위해 건전한 경제적 기초를 제공하며 정부 기능 수행의 효율성을 향상시킨다.

행정효과성 기준으로서의 이 구성 요소는 극히 복잡하다. 이론적으로 그것은 크거나 작은 단위의 정부에서 권한 배분을 위한 경계가 있다는 것을 암시한다. 이러한 경계는 자연적인 서비스 전달 지역에 입각한다. 일단 개념적으로 이런 지역이 결정되면 상하 정부간 권한위임의 분배가 빨리 진행될 수 있다. 하지만 경계의 결정은 완전히 행정 논리에 따라 이뤄지는 것은 아니고 공공재나 서비스의 속성에 따라, 그리고 때때로 정치적 갈등 과정을 거쳐 이뤄진다. 어떻든 정부는 자신들의 권한에 알맞은 경계를 가져야만 하고, 각 정부 단위는 자신들의 서비스 업무의 지리적 범위를 계속해서 평가해야 한다.

(5) 관리 능력

정부간 기능 배분에서 관리 능력적 요소는 지금까지 간과돼 왔다. 이는 정부가 기술적으로 능숙한 방법으로 자신의 권한과 이에 따르는 책임을 조정하고 잘 수행할 수 있는 능력을 의미한다. 관리 능력적 요소는 정부간 권한위임의 결과를 이해하는 것을 매우 중요하게 여긴다. 이는 정부가 다양한 권한 책임의 명확한 목표를 정의하고, 이런 목표를 만족시키는 대안적 수단을 고려하며, 이런 정책 권한의 수행을 평가하도록 요구한다. 따라서 관리 능력적 요소는 정부간 권한위임에서 정책 형성과 집행의 생산성을 향상시키는 목표를 가지고 있다.

관리 능력을 식별하는 방법으로서 우선 각 정부 단위의 권한 업무를 확인해 서비스 공급의 책임을 명확히 규정하고 목표 설정과 프로그램의 고안을 명확히 한다. 이에 따라 각 정부가 자신들의 권한 책임을 수행하기 위해 소요되는 자원의 요구와 권한위임 사이에 밀접한 상호 관련성이 존재한다는 것을 이해하도록 한다. 그리고 정부는 자신의 능력과 자발성에 따라 여러 가지 대안적 정책 수행 방법을 평가해 어떤 방식이 더 효과적인가를 최종적으로 결정할 수 있다.

관리 능력적 요소는 모든 수준의 정부가 명백히 문제와 목적, 그리고 권한위임의 성공을 평가하는 능력과 자발성을 가질 것을 요구한다. 관련 정부 단위가 위임된 책임의 범위 내에서 여러 지역에 걸친 업무를 효과적으로 수행하기 위해 대안적 방법을 평가해야 한다.

3 정부 기능에 대한 평가 기준

정부 기능에 대한 평가는 관료뿐만 아니라 시민들에 의해서도 평가가 가능한 기준에 따라 이뤄져야 한다. 중요한 몇 가지 기준을 살펴보면 다음과 같다.

1) 능률성과 효과성

서비스 기관의 능률성(efficiency)은 예산 과정에서 할당된 자원 1 단위당 생산된 산출량을 의미한다. 따라서 능률성은 도시 공공서비스 기관의 생산성을 평가하는 기준이다. 즉, 다음과 같은 질문과 연결돼 있다. 서비스 기관이 어떻게 자신들의 예산 배분을 서비스로 전환시키는가? 도시 공공서비스는 너무 비용이 많이 들지 않는가? 생산성은 증진될 수 있는가? 한편 효과성(effectiveness)은 도시 공공서비스가 시민들이 직면한 문제를 얼마만큼 해결했는가 하는 정도를 나타낸다. 즉, 도시 공공서비스 기관은 자신의 목적을 성취하고 있는가?

능률성의 최소한의 조건은 편익이 비용을 초과하는 것이다. 능률성이란 관점에서 보면 비용에 대한 편익의 효과가 가장 큰 조직이 가장 바람직한 조직으로 평가된다. 그러나 공공 활동에서 예산과 능률성의 측정 문제 때문에 어떤 대안이 주어진 서비스 수준에서 최소 비용으로 제공되는가 또는 주어진 지출 수준에서 가장 편익이 큰 서비스를 제공하는가를 결정하는 것으로 만족해야 한다.

산출물을 적절히 측정하는 것이 어렵기 때문에 산출물의 지표로써 사용될 대리변수(proxy)에 대한 측정이 요구된다. 소비자 만족을 측정하기 곤란한 경우 생산자 효율성의 측정으로 대신할 수 있다.

능률성과 효과성은 쌍둥이 이슈로서 서비스 생산 과정에서 주된 요소들이다. 첫 번째 단계에서 서비스 투입(inputs)은 서비스 기관에 의해 서비스 산출(outputs)로 전환된다. 두 번째 단계에서 산출은 서비스 영향(impacts)으로 전환된다. 이 과정을 도식화하면 [그림 5-6]과 같다.

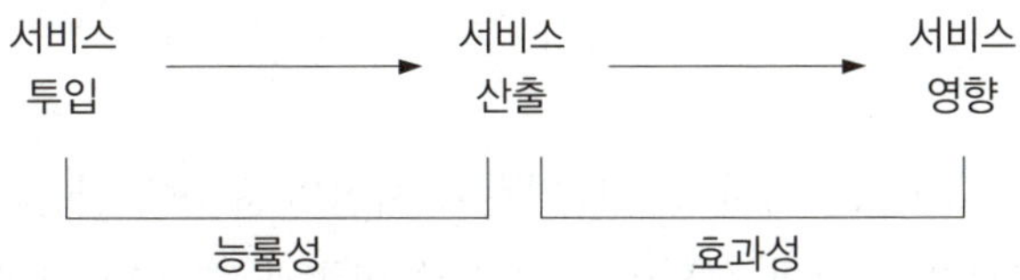

그림 5-6 서비스의 전환 과정

서비스 투입이란 정부(시장이나 시의회)에 의해 서비스 기관에 할당된 자원이다. 이것은 서비스 기관에 대한 예산 배정을 의미한다. 이 자원은 서비스 산출을 위해 사용된다. 서비스 산출이란 서비스 기관이 목표를 달성하기 위해 시도할 때 사용하는 활동의 혼합이다. 예를 들면 경찰청은 순찰경관이나 형사를 고용하고, 장비를 구입하며, 범죄실험실 인원을 충원하기 위해 예산을 배정한다. 이러한 산출은 서비스 영향과 어떤 관계를 맺게 된다.

효과적인 도시 공공서비스 기관이란 자신의 목표를 성공적으로 달성하는 기관을 의미한다. 서비스 기관은 서비스를 산출함으로써 자신의 목표를 달성하는 데 이를 통해 문제를 해결하고 공공 목표를 달성하게 된다. 그러나 실제 어떤 서비스 기관이 산출한 서비스가 문제를 해결하는 데 도움이 됐는지가 항상 분명한 것은 아니다. 예를 들면 소방서는 일반적으로 화재 예방이나 화재 진압활동을 벌인다. 화재 예방이란 화재 위험에 대한 공공교육과 화재 위험성을 지닌 사업체, 아파트, 주택 등을 점검하는 활동을 포함한다. 화재 진압이란 이미 발생한 화재를 진압하는 활동이다. 분명히 화재 진압은 소방서의 목표와 관련돼 있다. 그러나 화재 예방활동은 어떠한가? 화재 예방활동이 어떤 효과를 가져왔는지 우리가 어떻게 알 수 있는가? 그러한 활동에 의해 감소된 화재의 가능성을 알 수 있는가? 동일한 질문이 경찰순찰에 대해서도 제기될 수 있다. 의례적 경찰순찰이 범죄를 저지하는가?

따라서 실제적인 측면에서 효과성은 가능한 최소 수준의 산출로 최대의 영향을 미치는 것에 초점을 두는 경향이 있다. 여기서 효과성은 산출에 대한 영향의 비율이다. 이 비율이 높을수록 그 기관은 업무를 더 잘 수행하고 있는 것이다. 능률적인 기관이란 가능한 최소의 투입 비용으로 최대 수준의 산출을 생산하는 기관이다. 서비스 기관이 목표 달성에는 비효과적이면서 산출물 생산에는 능률적일 수 있다. 예를 들면 소방서는 가능한 많은 인력을 위한 예산 배정을 함으로써 많은 소방검사를 획득하고 행정적인 총경비에서는 적은 지출을 할지 모른다. 그러나 만약 소방검사가 목표 성취와 연결되지 않는다면 이 기관은 자원을 비효과적으로 사용하고 있는 것이다.

2) 대응성

대응성(responsiveness)은 서비스 전달기관이 시민의 요구에 반응하는 정도를 나타낸다. 경쟁적 가격 체계가 결여된 상황에서 소비자 만족과 수요를 결정하는 것이 어렵기 때문에 정부기관의 업적을 평가하는 데 반드시 대응성을 고려할 필요가 있다. 여기서 대응성이란 도시정부가 시민의 선호를 만족시키는 능력으로 규정된다. 대응성의 측정은 주로 관련 대상 시민을 표본조사해 설문지를 통하거나 또는 인터뷰를 통해 가능하다.

도시 서비스 공급에서 관료제의 대응성 논의는 두 가지 별개의 이슈를 포함한다.

첫 번째는 시민의 접촉에 대한 서비스 기관의 대응성과 관련이 있다. 시민이 불평할 때 관료제는 무엇을 하는가? 시민 주도적 접촉은 시민이 정부의 정책결정에 영향을 미치기 위해 접근하는 중요한 통로가 된다. 그러나 이 통로의 효과성은 정부가 시민의 불평에 어떻게 대응하는가에 달려 있다.

두 번째 이슈는 선출된 관리가 실제로 관료가 수행하는 것을 통제할 수 있는 정도와 관련이 있다. 이는 더 광범한 관료적 대응성의 개념이다. 만약 선출된 관리가 관료제를 통제할 수 없다면 정상적인 정치 과정에서 선거식 책임성(electoral accountability)을 확립할 수 없다. 이러한 통제가 결여된 상황에서 선출된 관리는 시민이 선호하는 정책을 집행할 수 없을 것이다.

도시정부 관료가 시민의 불평에 얼마나 잘 대응하는가는 지역에 따라 차이가 있을 수 있지만, 대개 그 국가의 정치, 행정, 문화와 밀접한 관련이 있다. 여기서 한 가지 고려해 볼 필요가 있는 것은 옴부즈만(Ombudsman) 제도다. 시에 옴부즈만처(處)를 두고 여기서 민원을 접수하고 책임 있는 관료와 접촉하고, 그리고 나서 취해진 조치에 대해 시민에게 서면으로 통보하는 것이다.

3) 공정성과 형평성

경제적인 의미에서 공정성(fairness) 혹은 형평성(equity)이란 소득 분배상의 공평을 의미한다. 여기서는 공정성과 형평성의 정도는 도시정부가 시민들에게 재화나 서비스를 얼마나 골고루 그리고 균형적으로 공급하는가에 달려 있다.

형평성의 핵심은 공평한 분배 문제인데, 이는 어떤 시민이 무슨 서비스를 어떤 수준에서 획득하는가에 관련이 있는 것이다. 예를 들면 빈곤층은 부유층보다 더 적은(혹은 저질의) 서비스를 받지 않는가라는 질문을 고려해야 한다.

형평성은 수평적 형평성과 수직적 형평성으로 구분해 볼 수 있는데, 전자는 동일한 조건에 처한 사람들이 동일한 대우를 받는 것을 의미하며, 후자는 상이한 조건에 처한 사람들이 그에 상응하는 공정한 대우를 받는 것을 의미한다.

4) 내부통제

내부통제(internal control) 이슈는 서비스 조직 내 일선공무원이 업무 수행과 관련해 고위관리에 연결되는 방식에 관련된 것이다. 이것은 도시 서비스 기관의 경우 특히 중요하다. 왜냐하면 서비스를 실제로 전달하는 일선공무원들은 대부분의 시간을 현장에서 보내기 때문에 감독자의 시야에서 멀리 떠나 있기 때문이다. 대부분의 근무 시간을 순찰과 서비스 요청 전화에 응답하면서 보내는 경찰관은 이러한 내부통제 문제를 잘 예시해 준다. 내부통제 이슈는 민주적 책임성의 통치 이슈와 밀접하게 관련돼 있다. 만약 선출된 정부관리가 서비스를 직접 제공하는 일선공무원들을 통제할 수 없다면 행정의 책임성은 파괴된다.

제4절 도시정부의 혁신

1 혁신의 개념

일반적으로 혁신(innovation)이란 인간의 창조적 활동을 포괄적으로 지칭하는 말로서 기존의 사회·행정 체제에 새롭다고 인식되는 아이디어, 새로운 제품, 생산 과정, 관리 제도, 방식, 기타 인공물이 성공적으로 도입되는 경우로서 발명 또는 모방 모두를 포함하는 복합적 개념이다. 여기서는 먼저 기업에서 논의되고 있는 혁신 개념을 살펴보고,

이것을 공공 부문에 유추 적용해 보고자 한다.

1) 민간 부문에서의 혁신 개념

슘페터(Joseph A. Schumpeter)에 따르면, 혁신은 새로운 상품, 새로운 생산 과정, 합병과 같은 새로운 조직 형태, 또는 새로운 시장의 형성 등을 의미한다(Schumpeter, 1934: 66). 1970년대 후반까지만 하더라도 혁신이론은 한계적 지위만 누렸지만(Sundbo, 1998), 현재는 경제적 사고, 사회학적·심리학적 개념, 공공정책, 관리적 시각, 시장 경향, 지리학적 측면 등을 포괄하는 학제적 연구 분야가 됐다. 선드보(Jon Sundbo)에 따르면, 혁신은 새로운 요소의 발명으로부터 상업적 용도를 위한 실용적 개발까지의 과정으로 정의된다. 달리 말하면, 혁신 개념은 실제적 유용성과 상업적 생존력을 모두 갖춘 개념이어야 하며, 나아가 가장 중요한 것은 그것이 사회적으로 수용 가능해야 한다.

에드퀴스트(Charles Edquist)에 따르면, 혁신은 매우 복잡한 속성을 가진 경제적으로 중요성을 지닌 새로운 창조물로 규정된다. 이러한 과정에는 지식 요소의 출현과 확산뿐만 아니라 이러한 요소의 새로운 상품이나 생산 과정에로의 전환을 포함한다. 그러나 이러한 지식 요소의 전환 과정은 단순한 기초연구로부터 응용연구로의 선형적 경로가 아니라 과학, 기술, 학습, 생산, 정책, 수요 등을 포함하는 복잡한 피드백 메커니즘 및 상호 작용 관계로 특징지어진다(Edquist, 1997: 1). 기업들은 다른 조직들, 예를 들면 다른 기업, 대학, 연구기관, 투자은행, 학교, 정부 부처 등과 상호 작용한다.

펠드먼(Maryann P. Feldman)에 따르면, 혁신은 그 어떤 경제활동보다도 지식에 의존한다. 이것은 기술을 설계하는 지식뿐만 아니라 기술을 집행하는 데 사용되는 지식도 포함한다. 혁신은 근본적인 수준에서 독특한 용어와 동기를 가진 상이한 학문 분야를 연결해 주는 의사소통 과정으로 묘사된다. 그리고 정보를 사용 가능한 지식으로 전환하는 것은 복잡한 인지적 과정이다. 초기 단계에서 학문 분야 간에 연구 절차를 조정하기 위해 공통 의사소통 코드를 개발할 필요성이 있다. 그에 따르면, 혁신은 얼굴을 맞대는 상호 작용에 의해 촉진되는 시도, 피드백, 그리고 평가 과정이다(Feldman, 1994: 21-22).

2) 공공 부문에서의 혁신 개념

이러한 혁신 개념을 행정조직에 적용할 때 기존의 방식과 다른 새로운 관리 방식으로서의 문제 해결을 의미하는데, 이는 흔히 행정 구조조정, 행정개혁, 행정쇄신 등으로 불린다(Osborne & Gaebler, 1992). 행정혁신은 공공서비스를 더 효율적이고 시민들의 요구에 더 잘 반응하고 더 많은 책임을 지는 공급 체계 또는 방식에 초점을 맞추는 것이다.

오스본(David Osborne)과 게블러(Ted Gaebler)는 행정에 대한 접근 방법으로 기업가적인 접근 방법과 관료제적인 접근 방법으로 잘 알려진 이분법을 제시했다. 그들은 거버넌스(governance)라는 개념을 기업가적인 접근 방법과 본질적으로 같은 것으로 간주하고 있다. 결국 시장 기준에 의한 정부개혁모형의 개념을 함축하고 있는 셈이다.

최근 행정혁신에서 많이 논의되고 있는 내용은 민간 부문에서의 창조적 관리 방식과 기법을 공공 부문에 도입하는 '신공공관리(New Public Management: NPM)'와 '작지만 효율적인 정부' 등이다. 이러한 논의는 또한 위에서 설명한 거버넌스 개념으로 이어져 있다. 시장실패와 정부 개입, 그리고 다시 정부실패로 이어지면서 정부의 생산성과 효율성이 그 어느 때보다 강조되면서 이것이 거버넌스 개념으로 논의되고 있다. 정부의 역할이 무엇인가가 재논쟁을 불러일으키면서 공공 부문의 혁신은 거버넌스 개념 틀 안에서 주장되는 것이다.

행정은 기업과 달리 혁신만을 강조할 수 없다는 주장도 있다. 조직의 혁신은 조직 전반의 시스템에 관한 업무 과정의 급격한 변화를 강조하기 때문에 만약 공공 부문에서 이러한 전반적 조직의 리엔지니어링이 최악의 경우 심각한 총체적 정책실패나 공익의 손실로 나타날 수 있다는 회의적인 견해가 제기되기도 한다. 즉, 행정조직은 민간조직과 달리 단순히 양질의 서비스를 능률적으로 제공해 줘야 하는 효율성 추구뿐만 아니라 그러한 서비스를 제공해 주는 데 민주성, 형평성, 공정성, 정당성, 투명성 등 다양한 가치를 함께 고려해야만 하기 때문이다.

그러나 최근 들어 이러한 전통적인 공공행정의 모델이 변화되고 있다. 즉, 세계화와 경쟁의 새로운 변화된 환경 속에서 공공 부문이 단순히 위험 회피적이고 안정 지향적인 특성을 지녔다고 쉽게 결론내릴 수 없는 현상들이 나타나고 있는 것이다. 세계화의 진전에 따라 국가경쟁력의 확보는 각국의 공통적인 관심사가 되고 있다. 그런데 국가경쟁력은 민간 부문뿐만 아니라 정부 부문의 높은 생산성을 통해 확보되기 때문에 각국은 최근 정부 부문의 생산성에 높은 관심을 보이고 있으며 우리나라도 예외는 아니다. 예를 들면 시민은 더 이상 선거 구민으로서만 아니고 하나의 고객으로 대우하고, 그들을 정책 과정에 참여시키거나 정부 규모를 축소하며, 각종 규제와 문서주의(red tape)를 제거하고, 진보된 정보기술을 활용해 각종 전자행정 서비스를 제공하며, 민관 협력 및 아웃소싱 등을 통해 새로운 정부-민간 관계를 형성해 나가는 것 등을 들 수 있다. 이러한 변화들 대부분이 공공 부문에서 전통적으로 행해 오던 업무 과정의 급격한 변화를 의미한다. 혁신이 추구하는 기본적인 개념은 공공 부문에도 적용이 가능하며, 민간조직과 마찬가지로 공공

조직에서도 정보기술 등을 활용해 기존 업무 절차와 방식을 획기적으로 개선할 수 있는 새로운 관리 기법 적용에 대한 논의가 활성화되고 있다(오광석 · 박원재, 1997).

2 도시정부 혁신 체계의 목표와 전략

도시정부 혁신 체계의 목표는 다음과 같다.

첫째, 도시정부의 정책의제에서 혁신 과제를 최우선 과제로 삼는다.

둘째, 기업들이 혁신사업의 수를 증가시키도록 한다.

셋째, 관민 또는 기업 간 협력 및 네트워크 체제 구축을 증진한다.

마지막으로, 혁신활동을 위해 희소한 공공 및 민간 자원을 더 효율적으로 사용하도록 한다.

한편 도시정부가 지역 내에서 할 수 있는 혁신전략을 크게 구분하면 다음과 같다.

① 개별 기업의 사업을 위한 재정 지원: 도시정부는 혁신기업의 사업을 위해 재정적 지원을 해 줄 수 있다. 이러한 재정적 지원 수단에는 세제 지원, 융자 알선, 금융 지원 등이 있다.

② 하부구조(물리적 및 지식 기반) 지원: 도시정부는 기업이 혁신을 도모할 수 있도록 지역의 인프라를 구축해 줄 수 있다. 여기에는 물리적 인프라 구축 외에 지식 인프라 구축도 포함한다.

③ 교육, 훈련 및 연구 프로그램 지원: 도시정부는 지역 내 기업들이 혁신을 추구할 수 있도록 교육, 훈련, 연구 프로그램을 지원해 줄 수 있다. 이러한 지원은 지역 내 대학에도 가능하지만 기업에 직접 지원도 가능하다.

④ 네트워킹 및 협력 프로그램: 지역혁신은 지역 내 다양한 혁신 주체들 간의 상호 협력 체계가 필수적이다. 도시정부는 이러한 혁신 주체들 간의 협력과 상호 지원 및 의사소통을 위해 네트워킹을 하는 데 주도적 역할을 담당할 수 있다.

3 도시정부의 혁신 주체

도시정부 혁신에서 가장 중요한 이슈 중 하나는 과연 지역혁신을 위한 주체는 누가 돼야 하는가에 있다. 혁신 주체는 누구이며 또한 누구여야 하는가다. 일반적으로 도시정부의 혁신 주체로는 지방자치단체장이 지목되고 있다. 따라서 자치단체장의 리더십이 혁신의 중요한 관건으로 간주된다. 그러나 지방자치단체장만이 혁신 주체가 돼서는 안 되며, 지역사회(대학을 포함), 지역산업, 시민사회 등이 모두 혁신의 공동 주체가 돼야 할 것이다. 여기서 공생·공존의 가치에 맞게 네트워크 개념을 적용해야 할 것이다.

도시정부의 혁신이 어느 한 주체에 의해서만 추진해서는 한계가 있으며, 각 개별 주체의 연합 또는 협력체에 의해 추진하는 것이 바람직하다. 왜냐하면 도시정부의 혁신 대상에는 정부뿐만 아니라 민간 부문과 시민사회 모두가 포함되기 때문이다. 그러므로 정부혁신도 궁극적으로는 하향적이라기보다는 상향적 전략을 구사해야 할 것이다.

4 외국 도시정부의 혁신전략

클라크(Terry N. Clark)는 1982년에 재정 내핍과 도시혁신(Fiscal Austerity and Urban Innovation: FAUI) 사업을 착수했는데, 이것은 전 세계적으로 가장 광범위한 도시정부에 관한 연구사업이다. 이 연구사업의 배경은 세계화 시대에 지방민주주의가 촉진되고 경제 및 민주주의 변화가 지역과 지방의 변화에 영향을 미치고 있는 현실에서 출발했다. 이러한 세계화 시대의 상황 변화는 종래의 연구 패러다임, 즉 중심지이론, 레짐(regime) 및 성장기제론, 계급 및 인종정치론, 합리적 선택이론, 고객정치 등의 설명력을 약화시키고 새로운 패러다임을 요구하고 있다. 그리하여 도시정부는 재원의 제약 내에서 새로운 혁신사업을 추구해야 하는데, 이것은 또한 새로운 도시 정치문화를 창출하고 있다.

1980년대 이후 도시정부 내에서 가장 중요한 제약 요인으로 등장하게 된 것은 재정위기 요소다. 이것은 미국에서 1970년대 대도시의 재정 위기에서 출발했으며 각국의 도시에도 유사한 상황이 도래했다. 한국에서도 특히 지방자치 이후 도시정부의 열악한 재정이 정치·행정 이슈가 돼 왔고, 이는 또한 새로운 도시 정치문화와 행정전략을 요구하게 됐다.

이에 따라 FAUI 사업은 각 국가에서 재정혁신 전략으로서 중요하다고 생각하는 전략들의 중요도를 조사했다. 그 이유는 도시정부의 혁신은 주로 예산 절약과 관련해 논의되기 때문이다. 그리고 이들의 평균치도 제시했다(〈표 5-1〉 참조).

각 국가마다 처한 상황과 환경이 다르기 때문에 각 전략에 대한 중요도도 국가에 따라 다르게 나타나고 있다. 그렇지만 우리의 경우에는 도시정부가 혁신을 해야 하는 상황에 처해 있고 벤치마킹이 필요한 상황이라 이에 대한 정보는 우리의 혁신 방향에 매우 유용한 정보가 된다. 이들 재정 혁신전략들을 보면 정부조직 내부적인 것과 외부적인 것 모두를 포괄하고 있다. 여기서 나타난 특징을 보면 혁신전략으로서 새로운 조직관리 기법이 가장 중요시되고, 그다음 사용자 부담금의 확대와 수입 증대, 지출 감소다.

표 5-1 33가지 재정 혁신전략, 중요도 지표, 국가들 평균

전략	덴마크	노르웨이	스웨덴	핀란드	영국	네덜란드	프랑스	캐나다	일본	미국	평균
1. 관리 향상을 통한 생산성 향상		42	58	67	54		66	45	39	54	53
2. 과잉(surpluses)을 낮춤	71	39			69	42		40	56	44	51
3. 사용자 부담금의 확대	51	60	16	49	45	40	46	56	65	58	49
4. 노동 절약 기법을 통한 생산성 증진		45	40	64	47		31	30	63	45	46
5. 세수 증대	72	27	14	29	63	37	67	63	35	47	45
6. 자본 지출의 축소	81	27	21		42	47	65	56	19	39	44
7. 전 부서의 감축	25	14	20	77	48	55	44	32	59	38	41
8. 가장 덜 효율적인 부서의 감축		67	22	65	33		38	42	32	25	41
9. 장기 부채의 증가	35	45		39	35		52	54	41	21	40
10. 행정비용의 감축		15	15	60	35		67	35	45	32	38
11. 고용 동결	51	22	5	40	37		70	41	30	41	37
12. 자연 소멸을 통한 인력 감축		15	43	21			41	38	50	49	37
13. 물품, 장비 여행경비의 감축		31	11	45	25			37	59	39	36
14. 추가적 이전수입	8	30			35		39	45	20	34	33
15. 신규 지방수입		24	2	63	38	15	42	32	25	54	33
16. 자산 매각	22	35	46	14	57		32	13	35	19	30
17. 민간 부문과의 계약		9	6	39	30		22	36	61	27	29
18. 자본(stock) 유지의 연기	59	41	11		36		32	15	13	22	29
19. 임금 동결				59	8			31	22	22	28
20. 물가 상승 이하 지출 증가 유지		26	27	52	36			5	12	37	28
21. 이전수입에 의해 지출되는 서비스의 감축	36	9		13				56	28	22	27
22. 구매 합의	33	3	15	43	39		56	6	25	25	27
23. 자체수입에 의해 지출되는 서비스 감축	44	14		27				20	32	23	27
24. 사업의 제거		10	5	34	27	15	9	62	52	26	27
25. 조기퇴직		2	3	22	36	49		42	23	13	24
26. 단기 부채의 증가		16	37	12	17		35	31	24	19	24
27. 초과 근무의 감축		14	8	15	32			22	24	33	21
28. 익년도로의 지불 유예		15		32	42	6	20	27	8	18	21
29. 인력 해고	26	4	0	30	26	49	4	15	16	30	20
30. 고용인 보상 감축		11		22	13			38	13	11	18
31. 다른 기관 간의 서비스 계약	8	28	7		0			37	5	15	14
32. 정부의 다른 기관에 책임 이양		12	31			4		7	11	16	14
33. 인구 증가 억제를 위한 신규 건설사업에 대한 통제 부과								13	6	9	9

자료: Mouritzen & Nielsen(1988).

여기서 나타난 또 한 가지 특징은 민영화, 계약, 아웃소싱(outsourcing)을 일반적인 혁신전략으로서 주창하고 있는데, 그렇다고 이 주장이 단순하게 증명된 것은 아니다. 예를 들면 계약 방법이 중요한 전략이기는 하지만 계약이 모든 경우에 효율성을 증가시키는 것은 아니다. 오히려 중요한 것은 계약의 방법으로서 도시정부가 어떻게 계약을 체결하는가 하는 것이 더 중요하다. 계약 당사자로서 민간기업이나 다른 정부기관보다 비영리단체를 선정했을 때 효율성이 더욱 뚜렷이 나타났다. 그 이유는 비영리단체의 경우 민간기업이나 다른 정부기관에 비해 더 신뢰할 수 있으므로 감독 및 관리 비용이 그만큼 적게 들기 때문이다.

한편 루힐(Anirudh V. S. Ruhil) 외는 지방정부 재창조(reinventing local governments)에 대해 연구했다(Ruhil et al., 1999). 이들은 오스본과 게블러(Osborne & Gaebler, 1992)와 클린턴(Bill Clinton) 행정부의 국가성과 검토(National Performance Review)에 의해 영향을 받아 1990년대의 개혁운동을 분석했다. 이들은 오스본과 게블러가 정부재창조의 주요소로서 제시한 16개의 정책 혁신을 55개 대도시지역의 1,400개 이상의 지방정

표 5-2 정책개혁과 지역사회 지표

정책개혁 기술	개혁 유형	평균
1. 관리계층 수 감축	행정 서비스	0.2112
2. 고용인 성과와 보수 지불 간 연계 강화	행정 서비스	0.3523
3. 시장의 권한 강화	행정 서비스	0.0588
4. 봉급과 승진 결정에서 연공서열 사용 축소	행정 서비스	0.1507
5. 봉급과 승진을 위해 필기시험 외의 다른 방법 확대	행정 서비스	0.1977
6. 구직 면담을 위해 회부된 후보 목록 확대	행정 서비스	0.2755
7. 단순화된 직무분류표	행정 서비스	0.2300
8. 고용인들의 업무 재배치에서 융통성 발휘	행정 서비스	0.2301
9. 소액 구매에서 1인 서명 정책 확대	행정 서비스	0.2378
10. 간소화된 조달정책	행정 서비스	0.3704
11. 정책결정에서 고용인 · 조합 지도자 역할 강화	고용인 권한위임	0.2415
12. 고용인 훈련과 교육 강화	고용인 권한위임	0.5984
13. 서비스 계약을 위해 협상적 공개입찰 방법 사용 확대	민간 부문	0.2985
14. 공공서비스의 계약 공급 확대	민간 부문	0.3412
15. 민간 계약자들의 지방정부기관에 대응한 입찰 허용	민간 부문	0.1862
16. 공공자산 매각 확대	민간 부문	0.1498

주: 평균은 표본 지역에서 특정 개혁정책을 실행한 지역의 비율을 나타낸다.
자료: Ruhil et al.(1999).

부에 적용해 분석·평가했다(〈표 5-2〉 참조).

루힐 외(Ruhil et al., 1999)의 연구에서 나타난 특징을 보면 고용인 훈련과 교육 개혁 정책을 가장 많이 실행했다(60%), 그다음 간소화한 조달정책(37%), 고용인 성과와 보수 지불 간 연계 강화(35%), 공공서비스의 계약 공급 확대(34%) 등이다. 반대로 시장 권한 강화는 가장 낮게 나타났다(6%). 그 다음 봉급과 승진 결정에서 연공서열 사용 축소와 공공자산 매각 확대로 나타났다(15%). 이러한 결과의 특징은 혁신이 얼마나 지식과 관련이 있는가를 보여 주는 것이며, 또한 투명성과도 관련이 있음을 나타낸다.

이러한 선진국 혁신전략의 분석이 우리나라 도시정부의 개혁에 미치는 시사점은 다음과 같다.

첫째, 고객 및 결과 중심으로 행정 체제를 전환해야 한다.

둘째, 조직혁신과 관련해 대민 업무 부서들은 사업 부서화가 필요하다. 그리고 도시정부에서 상업화 및 기업화를 적용할 수 있는 가능성을 검토할 필요가 있다. 또한 도시정부 조직도 순수 정책 입안 기능과 사업 부서 기능을 과감히 분리하고, 일반행정사업과 경영수익사업의 상당 부분도 공기업조직으로 전환해야 할 것이며, 지방공기업 중에서도 비효율적인 것은 과감히 민영화해야 한다.

셋째, 인사관리에서 연공서열을 축소하고 능력별 급여 체계를 확립해야 한다. 그리고 각 부처의 직무 체계도 자체 조정할 수 있도록 해야 하며, 외부 전문가의 채용 영역을 넓혀야 할 것이다.

넷째, 예산은 성과예산 및 산출예산으로 전환하며 동시에 재정 운영의 신축성을 제고하기 위해 총괄경상비 제도 등을 도입해야 한다. 또한 효율성 배당 제도나 수익자 부담 원칙 등을 도입할 필요가 있다. 그리고 사업 부서에는 현금주의 회계 제도보다 발생주의 회계 제도를 도입하는 것이 바람직하다.

다섯째, 공공서비스 공급에서 계속 계약 방법을 확대하되, 이것을 민간 부문에만 국한하지 말고 다른 정부나 비영리단체까지 확대 적용해야 한다.

여섯째, 가능한 관리계층 수를 줄여 나가는 방법을 행정정보 기술화와 조직 리엔지니어링 전략과 통합해 시도해야 한다.

연습 문제

1. 우리나라 도시정부의 통치 형태를 설명하고, 문제점과 개선 방안을 제시해 보시오.
2. 시정관리관(Chief Administrative Officer) 제도의 장점과 단점을 설명하시오.
3. 도시정부 체계에 대한 상이한 시각을 대비하시오.
4. 공공재에 대한 시민의 수요를 파악하는 방법을 평가하시오.
5. 공공서비스 공급의 독점을 완화하기 위해 경쟁 원리의 도입 방안을 설명하시오.
6. 도시정부의 서비스 기능과 정치적 기능의 상호 관계를 설명하시오.
7. 정부 간의 기능 배분은 여러 가지 기준이 있다. 이러한 기준들을 대규모성과 소규모성이라는 관점에 따라 설명하시오.
8. 능률성과 효과성의 관계에 대해 설명하시오.
9. 도시정부 혁신의 성공을 위한 요인들에 대해 설명하시오.

제 6 장

도시정책

제1절 도시정책의 의의

1 도시정책의 개념

정치 및 행정학자들은 모든 국가 또는 정부 수준에 일반적으로 적용되는 정책 과정을 제시하고 있다. 이러한 일반적인 정책 과정은 도시정부에도 거의 그대로 적용된다. 도시정부의 정책 과정에서 관심의 초점은 도시문제인데, 정부는 이를 해결하기 위해 많은 정책을 결정하고 집행한다. 그리고 최근에는 정책의 효율성이 강조되면서 정책이 집행된 후의 효과성을 평가하는 데도 많은 관심을 기울이고 있다.

정부가 취하는 모든 행동이 공공정책으로 규정되기도 하지만 정책에는 그 이상의 의미가 내포돼 있다. 여기서는 도시정책을 도시정부가 당위성에 입각해 도시문제를 해결하거나 공익을 달성하기 위해 정치적・행정적(공식적) 과정을 거쳐 의도적으로 선택한 장래의 행동지침이라고 규정한다.

도시정책 개념의 구체적 요소를 살펴보면 다음과 같다(Jones, 1983: 26).

1) 행동 노선

도시정책은 단일의 결정이 아니다. 비록 단일의 결정이 정책에 기여하지만 하나의 정책은 여러 결정을 농시에 포함한다. 상이한 시점에서 상이한 사람들이 하나의 정책과 관련을 맺는다. 이뤄진 각 결정은 사실 하나의 정책을 산출하게 되며, 이는 따라야 하는 일련의 행동 노선이 되는 것이다. 정책의 기준으로서 개별적 행동 노선의 중요성은 그 노선이 중단될 때 분명히 나타난다. 여러 조직의 사람들이 각기 상이한 입장에서 정책에 영향을 미치는 결정에 참여하기 때문에 이들이 하나의 정책을 산출하려면 각자 협조를 해야 한다.

2) 목표지향성

도시정책은 당위성에 입각해서 의도적으로 이루고자 하는 미래의 바람직한 목표의 성격을 지닌다. 따라서 여기서는 정책의 과정뿐만 아니라 정책의 내용도 중요한 요소로 취급된다. 그리고 정책의 규범적 측면이 강조되기도 한다. 정책결정자들은 어떤 목표를 가지고 있지만 정책의 집행 과정에서 목표가 모호하게 되는 경우가 나타난다. 그들이 집행하는 정책은 원래 그들이 생각했던 목표와 일치할 수도 있지만 그렇지 않을 수도 있다. 또한 그 효과는 유익한 것일 수도 있고 유해한 것일 수도 있다. 어떠한 경우이건 정책은 목표를 가지고 있으며, 일단 정책이 집행돼 효과를 가져오게 되면 그 효과가 원래의 목표 달성에 기여했는지 그렇지 않은지가 논쟁의 대상이 된다.

3) 자원의 투입

어떤 정책이 하나의 도시정책으로서 자격을 갖추려면 정책에서 표명된 목표를 성취하기 위해 정부가 자원(재원 또는 노력)을 투입해야 한다. 정부는 모든 정책을 위해 항상 자원을 투입하는 것은 아니다. 어떤 정책은 요란하게 공표만 했지 그를 위해 자원이 투입되지 않아 금방 사라지기도 한다. 그러나 자원의 투입 없이는 정책의 특징인 행동 노선이 이뤄질 수 없다.

4) 도시정부

도시공공정책이란 도시정부에 의해 형성된 정책을 의미한다. 즉, 정책의 주체는 개인이나 사적 집단이 아니라 권위를 가진 도시정부라는 점이다. 정책은 도시정부에 의해 권한을 위임받은 집단도 포함되는 수가 있기는 하지만 궁극적으로는 도시정부에 귀속된다. 현실적으로 도시정책은 종종 여러 수준의 정부에서 이뤄진다. 도시정부 수준에서, 중앙정부 수준에서, 때로는 사법부에서 이뤄지기도 한다. 그리고 영향력 있는 외부 이익집단이 정부기관을 통해 만드는 정책도 도시정책이 될 수 있다. 그러나 도시정부가 주도적 역할을 하지 않는 정책은 사실 그만큼 도시정책으로서의 의미를 퇴색시키게 된다.

이 밖에도 도시정책의 개념적 속성에는 공익성, 공식적인 정치적 · 행정적 과정(동태적인 성격), 미래 지향적인 성격, 따라야 할 행동지침 등이 포함된다.

2 도시정책의 순환 과정

도시정책의 순환 과정을 크게 두 가지로 구분해 볼 수 있다. 한 가지는 순환(oncycle) 과정을 거치는 정책이고, 다른 하나는 비순환(off-cycle) 과정을 거치는 정책이다. 도시의 주요 정책은 대부분 일정한 단계를 거쳐서 변화하게 된다. 이러한 일련의 단계를 정책순환(policy cycle)이라고 부른다. 정책순환의 한 단계에서 다음 단계로 이전하는 것은 매우 중요한데, 모든 이슈가 정책순환의 각 단계를 성공적으로 통과하는 것은 아니기 때문이다. 많은 이슈가 진정한 정책적 제안으로 연결되지 못하고, 많은 정책적 제안이 하나의 공공정책으로 집행되지 못하는 경우가 허다하다.

정책결정 단계는 중요한 정책제안에서 특징적이지만 모든 정책결정이 정책순환을 거치는 것은 아니며, 상당수는 순환을 거치지 못하고 중간에서 도태된다. 이들은 대개 일상적으로 이뤄지는 사소한 정책의 변화에 해당하지만 비교적 장기간(long-term)에서 보면 중요한 정책 변화를 초래할 수도 있다.

도시정책의 순환과 비순환 과정의 차이는 이들에 대한 시민의 관심도에 달려 있다. 어떤 도시정책이 시민의 많은 관심을 받는 것과 받지 않는 것은 근본적으로 다르다. 따라서 비순환적 정책결정은 순환적 정책결정에 비해 더 관례적(慣例的)인 절차에 따르고 그 내용도 안정적이다.

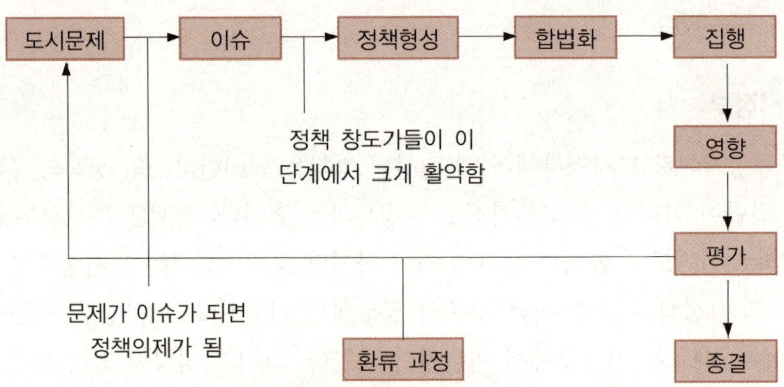

그림 6-1 정책순환 과정

도시의 주요 정책적 제안은 일곱 가지 상이한 단계를 거쳐 진행된다. 이 단계는 문제, 이슈화, 정책형성, 합법화, 정책집행, 정책영향, 정책평가 등을 포함한다. [그림 6-1]은 문제가 어떻게 도시정책으로 전환되는가를 잘 보여 준다.

물론 이러한 순환 과정이 모든 문제에 대해 동일하게 이뤄지는 것은 아니다. 정책문제가 모두 도시정책으로서 합법화되지는 않으며, 합법화된 정책도 모두 적절히 집행되는 것도 아니다. 그리고 적절히 집행됐다고 해서 의도한 결과를 모두 산출하는 것도 아니다. 정책의 영향이 무엇이든 시민들은 정책에 대해 긍정적으로 또는 부정적으로 평가할 것이다. 정책이 잘못 기능하는 경우 관련 대상 집단에 문제가 돼 다시 순환을 시작할 입장에 놓이게 된다.

제2절 정책 과정에 관한 일반이론

정책순환 과정에 영향을 미치는 요인에 관한 연구는 많다. 이들 이론은 대부분 정책순환의 어떤 한 단계에만 적용되는 것이 아니고 모든 단계에 거의 동시에 적용된다. 여기서는 모든 단계에 일반적으로 적용되는 대표적인 이론을 살펴보기로 한다.

1 의사결정론

의사결정론에서는 거시적 관점보다 미시적 관점에서 체제 내의 개별적 구성원에 초점을 두고 체제 내 정책담당자의 능력상 한계를 중심으로 정책 과정을 설명하고 있다.

사이먼(Herbert A. Simon)은 의사결정 활동을 주의집중(attentive directing) 활동, 설계(design) 활동, 선택(choice) 활동으로 구분하고, 이 세 가지 국면을 모두 연구해 동태적인 이론을 수립하려고 노력했다(Simon, 1963). 그에 따르면, 무수한 사회문제를 정책의제화하는 과정에서 개별적 정책결정자나 조직체, 정치 체제 모두 능력상 한계가 있기 때문에 여러 이슈를 동시에 파악하거나 검토하지 못하고 순차적으로 파악하게 되며, 따라서 일부의 문제만 정책의제화된다. 대안의 탐색 단계인 설계 활동에서도 비슷한 제약이 있기 때문에 모든 대안을 동시에 생각할 수 없고, 먼저 머리에 떠오른 대안을 생각한 후에 큰 무리가 없이 만족스럽다고 생각하면 여기서 탐색을 멈추게 된다. 이때 가장 먼저 떠오른 대안은 현존 정책이 대부분이라는 것이 점진주의자들(incrementalists)의 주장이다.

이와 같은 사이먼류의 의사결정론은 인간 능력의 제한된 합리성(bounded rationality)과 만족스러운 수준(satisfying level)에 입각하고 있다.

한편 전통적 의사결정론을 보수적인 이론이라고 비판하면서 무의사결정론이 등장했다. 도시 내에는 정부가 해결해야 할 문제가 무수히 많은데 이들 모두가 정책의제로 채택되는 것이 아니고, 그중의 일부만 정책의제로 채택된다. 여기서 도시문제 중 정책의제로 채택되지 못하게 금지하는 것을 가리켜 무의사결정(non-decision-making)이라고 부른다.

2 체제이론

체제이론은 의사결정론이 미시적 관점을 가진 데 반해, 거시적 관점에서 정책 과정을 설명하고 있다. 그렇지만 체제이론이 가정하고 있는 기본 관점은 의사결정론과 비슷하다. 즉, 사회 체제나 정치 체제도 유기체와 같이 능력상 한계가 있다는 것이다(Easton, 1957: 383-400). 정치 체제(political system)를 구성하고 있는 요소는 투입, 전환, 산출, 환경 등이다. 투입은 정치 체제에 영향을 미치는 환경적인 힘이고, 환경(environment)은 정치 체제 경계의 바깥에 있는 것으로 규정되는 상태 혹은 상황이다. 정치 체제는 사회에 대해 가치를 권위적으로 배분하는 상호 연관된 구조와 과정의 전체이며, 산출(output)은 체제의 권위적인 가치 배분이고, 투입이 산출로 나타나는 복잡한 정치적 과정이다. 이를 간단히 나타내면 [그림 6-2]와 같다.

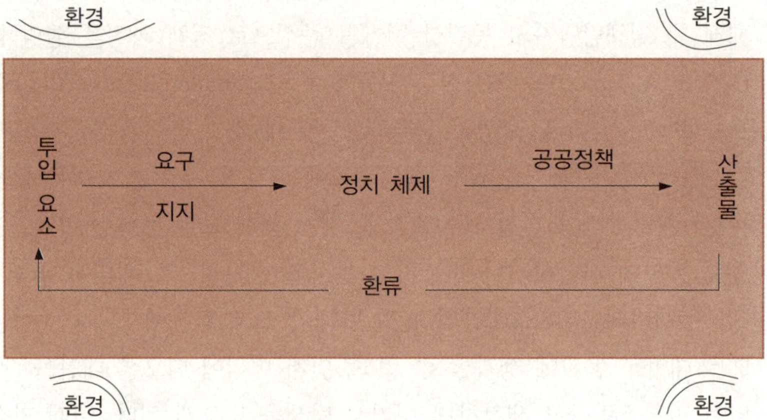

그림 6-2 체제모형

체제이론은 체제에의 투입(input)과 산출(output)이 특징인데, 투입은 요구(demand)와 지지(support)로 구분된다. 체제이론에 따르면, 환경으로부터의 수많은 요구는 그대로 정책의제화되기는 어렵고, 일단 이슈로 전환됨으로써 더욱 용이하게 정책의제화될 수 있다. 왜냐하면 이슈로 전환됨으로써 이슈의 가시성(visibility)이 증대되고 관련되는 공중(公衆)이 증가하기 때문이다(Cobb & Elder, 1972: 19). 그러나 요구 또는 이슈가 정책의제화되려면 정치 체제의 문지기(gatekeepers)를 통과해야 한다. 여기서 정치 체제의 문지기란 환경에서의 요구 또는 이슈를 정치 체제로 들여보내느냐 안 보내느냐를 결정하는 개인이나 집단을 의미한다. 이러한 정치 체제의 문지기로서는 시장(市長)을 비롯해 고위 공무원, 시의원, 정당 간부 등을 들 수 있다. 그러나 무수한 사회적 요구나 이슈가 모두 체제의 문지기를 통과하는 것이 아니고, 그 일부만 문지기를 통과해 정책의제화된다. 이와 같이 되는 이유는 문지기의 입장에서 체제가 능력상 한계가 있기 때문에 투입을 억제해, 즉 정책의제의 숫자를 줄여서 정치 체제가 부담하고 있는 전체 부하업무량(負荷業務量)을 줄이기 위해서다(Easton, 1965: 133-137).

3 다원론과 엘리트론

공식적인 정책결정자가 누구의 영향에 의해 정책의제를 채택하게 되느냐에 관해 엘리트론자들(elitists)은 도시사회 내의 특정 집단이 정책의제의 채택을 좌우한다고 보고 있는 데 반해, 다원론자들(pluralists)은 그렇지 않고 정치적 영향력 및 권력이 사회 내 각 계층에 골고루 분산돼 있다고 주장한다(Lowi, 1979: 31). 다원론자들에 따르면, 권위적인 정책결정자들은 유리한 정치적 지위에 있기는 하지만 자신들의 정치적 지위를 계속 유지하기 위해서는 자신들을 지지해 주는 시민의 요구에 민감해야 된다는 것이다. 결국 공식적으로는 소수가 정책의제의 채택을 좌우하는 것처럼 보이지만, 실질적으로는 다수에 의해 정책의제가 채택된다는 것이다. 극단적으로는 "어떤 사회문제든지 정치 체제로 침투될 수 있다"는 것이다(Lowi, 1979: 36).

다원론자들은 사회문제가 정책의제로 채택되는 과정은 본질적으로 무작위적이라고 전제한다. 그러나 엘리트론자들은 이를 비판하고 소수의 지배적 엘리트들이 정책 과정의 모든 단계를 장악하며, 특히 정책의제의 채택 단계에서 그들의 영향력을 행사한다고 주장한다(Bachrach & Baratz, 1962: 947-952).

그들에 따르면, 도시정책은 지배 엘리트의 선호와 가치의 표현이다. 즉, 일반 대중은 도시정책을 잘 모르고 무관심하며, 정책문제에 관해 엘리트가 일반 대중의 의견을 형성하는 것이지 일반 대중이 엘리트의 의견을 형성하는 것은 아니라고 한다. 도시정책은 단지 엘리트의 선호이고, 관료는 엘리트가 결정한 정책을 단순히 집행할 뿐이라는 것이다. 이처럼 엘리트론자들은 도시정책이 엘리트의 가치와 이익만큼 시민의 요구를 반영하지는 않는다고 주장한다. 그리고 시민은 무감각하고 수동적이며 정보에 어둡다고 가정하고 있다.

4 하위정부이론

정책의제 채택이나 결정에서 정책하위정부(policy sub-governments) 개념은 다원론과 엘리트론의 내용을 각각 얼마간 취하고, 양 이론 사이에 다리를 놓는 절충적인 중간 이론이다. 여기서는 시의원, 정부관료, 집단대표의 3자연합(iron triangles 또는 triangles of interests)을 정책 과정에서 핵심 세력으로 간주한다. 의회(특히 각 상임위원회), 정부기관, 이익집단 등 3자는 특정 정책 분야에서 상호간의 공동 관심에 입각해 그들의 관계를 지속직으로 빌전시킨다. 비록 하위정부, 즉 3자연합이 법적으로 인정된 정부 단위는 아니지만 실제 공공정책 결정 과정에서 공식적인 정부구조보다도 더 막강한 영향력을 행사하는 경우가 많다.

의회 상임위원회 위원, 이익집단 대표, 관료들은 단지 하위정부의 일부만 대표한다. 이에 더해 어떤 정책 영역으로부터 발생하는 여러 가지 편익에 관심 있는 사람은 누구나 하위정부에 포함될 것이다. 여기에는 부서장(部署長), 대민 관련 기관의 공무원, 대학교수, 전문자문역, 자원(自願) 대표자 등이 포함된다(Palumbo, 1988: 51).

5 공공선택이론

공공선택이론은 정책결정을 둘러싼 정치적 과정을 경제학적 방법들을 적용해 설명한다. 이 이론은 도시정책을 수요와 공급의 관점에서 파악한다. 수요는 집단적 조직과 행위를 통한 개인들의 '주장(voice)'으로 표출되며, 이는 관련 당사자들의 경제적 이기심과 관련돼 있다. 합리적인 개인들은 자신의 이익을 추구하지만 적절한 유인이 주어지지 않으면 집단적 이익은 추구하지 않는다. 그래서 정책결정 시 중심적인 문제는 어떻게 하면 개인의 다양한 선호를 관련된 모든 사람에게 해를 끼치지 않는 집단적 선택으로 모아가느냐 하는 것이다. 공공선택이론에서 도시정부는 그러한 집단적 신택을 도출해 내기 위한 하나의 의사결정 규칙을 만드는 일을 하는 것에 불과하게 되고, 정책 과정은 대부분

경제적인 이익이 주된 내용을 이루는 개인의 선호에 기초를 둔 사회적 의사결정에 이르는 절차에 불과하다.

공공선택의 공급 측면에서 중심적인 행위자들은 정부와 관료제다.[1] 정부 구성원은 정치적 지지의 획득을 통해 자신들의 지위를 공고히 하려고 한다. 이를 위해 그들은 도시 내 일부 집단의 조직화된 요구를 반영하는 일단의 정책들을 추구하기도 하며, 이를 위해 자원 배분을 도모하기도 한다. 따라서 선거를 통한 정부조직은 시민의 선호를 전혀 무시할 수는 없는 것이다.

그런데 이러한 유권자의 요구들에 대한 반응은 실제적으로 선거에 의한 제약을 훨씬 적게 받는 관료집단의 이익과 영향력에 의해 크게 좌우되고 있는 것으로 알려져 있다. 이들은 일반적으로 직업의 안정성과 전망 및 작업 조건의 개선, 그리고 자신들의 관할 영역 규모와 범위의 확대에 관심을 갖는 것으로 여겨지고 있다.

6 마르크스주의이론

마르크스주의는 경제 체제와 정치 체제의 상호 관련성에 초점을 두고, 자본주의의 경제적 구조와 그것이 발생시키는 계급 갈등을 중요시한다. 마르크스주의자들은 정치 과정 그 자체보다는 경제조직의 형태 혹은 생산양식(mode of production)을 정책 과정에 대한 논의의 출발점으로 삼고 있다. 자본주의 사회는 자본과 노동의 생산양식이 지배함으로써 부르주아지와 프롤레타리아라는 두 개의 주된 사회계급을 발생시키는데, 부(富)가 소수의 부르주아지에 집중되는 현상이 지속되고 있다.

전통적 마르크스주의에 따르면, 국가는 중립적인 대리인이 아니라 오히려 계급 지배의 도구이고, 법은 사회적·경제적 질서를 유지하는 주된 수단이며 지배 계급의 도구가 된다. 따라서 현대 국가의 행정부는 "부르주아지 전체의 공동 관심사를 관리하기 위한 하나의 위원회"에 불과하다는 것이다.

자본주의 사회에서 국가가 부르주아지 지배의 도구가 되는 이유로서 첫째, 국가 엘리트들과 부르주아지는 유사한 사회적 배경을 갖고 있다. 둘째, 부르주아지는 개인적인 접촉과 통신망을 통하거나 기업과 산업을 대변하는 단체를 통해 하나의 압력단체로서

---

1) 공공선택이론은 여기서 말하는 정치가 및 관료들뿐만 아니라 제도 그 자체도 공급 측면에 포함시키고 있다. 여기서 제도는 사회구성원의 다양한 선호를 집계하는 절차 내지 방식에 해당한다. 공공선택이론에서 정부와 관료제의 구조적 측면과 모든 법규 등이 포함되는 제도는 결국 공공 선택을 위한 의사결정 규칙으로 간주되는데, 이러한 관점에서 그것을 '신제도주의'라고도 한다.

권력을 행사할 수 있다. 셋째, 국가는 자본이 갖는 객관적인 힘에 의해 제약을 받는다. 즉, 국가 공무원들이 공직에 계속 남아 있기 위해서는 사회적으로 튼튼한 경제적 기반이 확보되어야 하므로 그들이 갖는 행동의 자유는 결국 자본 축적 과정을 도와야 한다는 필요성에 의해 제약을 받는다는 것이다. 이러한 방식으로 국가는 부르주아지 전체의 장기적인 이익에 봉사하는 도구로 행동한다는 것이다(Ham & Hill, 1984).

제3절 도시정책 과정

1 정책의제 채택

1) 정책의제의 개념

정책의제의 시발점은 문제다. 문제(problems)란 그것을 인지한 인간이 해결하려는 욕구를 느끼게 하는 조건이나 상황을 의미한다. 이는 또한 실제의 상태와 선호하는 상태 간의 간격(Levine, 1975: 426-427)으로 볼 수도 있다. 문제란 보는 사람에 따라 관점이 다를 수 있으며, 그에 대한 욕구도 다양하기 때문에 대부분 갈등을 수반하게 된다. 이러한 갈등이 해결되지 않은 채로 표면화될 때 이슈가 된다.

문제가 정책의제로 나아가기 위해서는 우선 그것이 공공문제(public problems)가 돼야 한다. 이는 문제를 해결함으로써 그의 영향이 사회 내 많은 사람과 집단에게 미친다는 것을 의미한다. 이에 반해 문제가 그 문제와 직접적인 관계가 없는 사람들에게는 아무런 욕구도 불러일으키지 않고 해결할 수 있을 때, 그 문제는 사적인 문제라 한다.

공공문제 중에는 그의 대상이 되는 공중이 있는 문제가 있고, 공중이 없는 문제도 있다. 전자의 경우는 문제의 해결에 특별한 관심을 가지고 있는 일단의 사람이 존재하는데 그들은 언제라도 행동을 추진할 수 있는 조직된 힘을 가지고 있다. 이에 반해 후자의 경우는 문제가 사적으로 해결할 수 있는 성질의 것은 아니면서도 공적으로 조직된 집단이 존재하지 않기 때문에 문제가 방치되는 경우다. 이러한 구별은 어떤 문제는 정책의제화되며, 어떤 문제는 정책의제화되지 않는가를 이해하는 데 도움을 준다.

공공문제가 정책의제로 나아가기 위해서는 이것이 이슈(issue)가 돼야 한다. 이는 공공문제들 중에서 특히 쟁점이 되고 있는 것을 의미한다. 지위나 자원 등의 배분과 관련해 이해관계 집단들 간에는 실질적 또는 절차적 문제를 둘러싸고 갈등이 벌어진다. 공공

문제의 해결에 관련된 사람들이 모두 만족하게 되는 경우는 드물며, 해결책을 둘러싸고 논쟁을 벌이기 때문에 이슈가 되는 경우가 많다.

정책의제란 어떤 특정 제도적 의사결정체가 적극적으로 진지하게 고려하는 일련의 구체적이며 특수한 항목들을 의미한다(Cobb & Elder, 1983: 14). 즉, 정책의제란 무수한 사회문제 중에서 정책적인 해결을 위해 권위 있는 정책결정자가 신중하게 공식적으로 채택한 항목을 의미한다.

2) 정책의제의 채택 과정

(1) 도시문제의 인지 단계

이는 정책순환의 가장 첫 단계로서 어떤 도시문제가 관련된 개인이나 집단에 의해 사회문제로 인식되는 것을 의미한다. 이때 도시문제란 상당수의 집단이나 사람들이 사회적 표준에 어긋나거나 사회조직의 중요한 어떤 측면을 파괴하는 것으로 인식한 상태를 말한다. 도시문제는 사회의 불특정 다수인이 관련된 문제일 뿐만 아니라, 문제의 상태가 시간적으로 계속성을 가져야 하는 것을 그 기본 속성으로 하고 있다.

(2) 이슈화 단계

이는 도시문제에 대해 반대 의사를 갖거나 해결 방법에 따른 다른 견해를 갖는 다수의 개인이나 집단이 나타나 그 문제의 해결을 위한 합의점을 찾지 못하고 갈등이 야기되는 단계를 의미한다. 이처럼 어떠한 도시문제를 놓고 다수의 사람이 논쟁을 벌인다는 것은 그 문제에 대해 명확하고도 공감을 얻을 수 있는 정의를 내리지 못하기 때문인 경우가 많다. 즉, 사람들은 각기 다른 정보를 가지고 있을 뿐만 아니라 그 문제를 인지하는 양태도 다르며 가치관도 다르기 때문에 당연히 다양한 견해를 제시하게 되는 것이다.

(3) 공중의제화 단계

이는 많은 도시문제 중에서 정부의 정책적 해결 노력이 꼭 필요하다고 많은 시민이 믿고 있는 사회 이슈의 집합체가 형성돼 가는 단계를 의미한다. 이러한 공중의제는 그 내용이 얼마나 지속적이고, 현실 세계의 정치적 상황 변화와 얼마나 논리적으로 연결되며, 그 문제에 대해 많은 시민 간의 합의 정도를 얼마나 반영하느냐 등에 따라 다른 이슈와 구분할 수 있다. 그리고 이를 측정하는 데에는 투표나 정기적인 여론조사 등을 유용하게 이용할 수 있다.

(4) 제도의제화 단계

이 단계는 여러 가지 공중의제 중에서 정부가 그 해결을 위해 관심과 행동을 집중하는 정부의제가 선별되는 단계를 의미한다. 공중의제가 제도의제화되는 과정을 분명하게 구분하기란 매우 어렵지만 일단 제도의제로 된다는 것은 빠른 시일 내에 그것에 대한 해결책이 강구됨을 의미하며, 나아가 어떠한 조치를 취할 것인가, 어디서(정부의 어느 기관) 그 조치가 취해질 것인가를 지적해 주는 효과를 지닌다.

제도의제가 정책결정의 대상이 되는 데에는 정책결정자들에게 그 문제의 정책적 해결 노력의 필요성을 인식시키는 활동을 수행하는, 정부 내부의 정보통으로서 의제 창도가(issue entrepreneurs as inside-dophester)의 역할이 매우 중요하다.

이들 의제 창도가의 역할을 이슈 제기자로서의 역할과 이슈 중개인으로서의 역할이라는 두 가지 유형으로 구분하고, 때로는 동일인이 두 가지 역할을 수행하지만 대부분의 경우 이들은 구분되며, 후자가 전자의 이익을 위해 활동한다고 보고 있다.

3) 정책의제의 유형

코브(Roger W. Cobb)와 엘더(Charles D. Elder)는 정책의제를 의제화 과정의 주체를 기준으로 체제의제와 제도의제로 구분했다(Cobb & Elder, 1972: 85-89).

(1) 체제의제

체제의제(systematic agenda)란 공중의제(public agenda)라고도 한다. 이는 정치집단의 구성원이 공적인 관심과 문제 의식을 가지며, 정부의 정당한 권한 내에 속하는 문제로 인식하는 모든 이슈를 의미한다.

어떤 이슈가 체제의제가 되기 위해서는 첫째, 그 이슈에 대해 모든 계층이 광범위하게 관심을 갖거나 알고 있을 것, 둘째, 상당한 정도의 공중이 정부에 의한 어떤 형태의 행동이 요구된다는 점에 관심을 공유할 것, 셋째, 그 이슈에 대해 정부에서 관심을 갖는 것이 정당하며, 또한 정부의 권한 내에 속한다는 것에 대해 공통된 인식을 가지고 있을 것 등의 조건이 필요하다.

(2) 제도의제

제도의제(institutional agenda)란 정부의제(governmental agenda) 혹은 공식의제(formal agenda)라고도 한다. 이는 권한 있는 정책결정자가 신중하고 능동적인 관심을 표명하는 문제들로 이뤄진 항목을 의미한다. 제도의제는 구항목과 신항목으로 구분해 볼 수도 있다. 구항목은 공무원 봉급 인상, 예산 배분 등과 같이 규칙성을 지니고 공무원에게 익숙해져 있으며, 그것을 다루는 대안들도 다소 정형화돼 있는 항목을 말한다. 그에 반해 신항목은 환경오염 배출, 화재 등과 같은 특수한 상황에 의해 만들어지는 것을 말한다. 물론 신항목도 시간이 지남에 따라 구항목이 되며, 양자의 엄밀한 구별은 쉽지 않다.

2 정책결정

1) 정책결정의 개념

정책결정에 대해서는 연구의 목적, 관점에 따라 학자마다 그 정의하는 바가 매우 다양하다. 케이든(Gerald E. Caiden)은 정책결정을 "사회적 문제를 공적으로 해결하는 일반적 방향의 결정"이라고 했는데, 여기서는 정책결정을 어떤 문제 해결을 위해 정부기관이 장래의 주요 행동지침을 결정하는 매우 복잡한 동태적인 과정으로 규정하기로 한다(Caiden, 1982: 51).

2) 정책결정의 일반적 과정

합리주의모형(rational model)에서는 의사결정 단계를 다음과 같이 구분한다.

(1) 문제의 정의 및 목표 설정

문제란 바람직한 상태와 현실의 상태 사이에 괴리가 존재할 때 발생하게 된다. 요구가 인식되고, 이렇게 인식된 요구가 문제로 형성돼야 한다.

정책문제가 설정된 다음에는 구체적이고 명료한 목표를 설정해야 한다. 이러한 목표는 정책결정과 집행을 통해 달성하려고 하는 바람직한 최종 상태로서 각종 대안의 탐색 및 분석의 준거가 될 뿐만 아니라 결정, 집행, 평가의 기준이 되기도 한다.

(2) 대안의 탐색

문제가 형성됐으면 이를 해결하기 위해 선택 가능한 행동 과정을 탐색해야 한다. 그리고 목표가 설정되면 다음에는 그것을 달성할 수 있는 여러 가지 대안을 찾아서 상호간의 비교분석을 위한 목록을 작성한다. 모든 가능한 대안의 탐색이 가장 이상적이겠지만, 가치 · 기술 · 정보 · 자원 · 시간 등의 제약이 따른다.

(3) 모형 작성 및 대안의 평가

대안이 집행됐을 경우 나타날 미래의 영향을 평가하기 위해서는 분석 대상이 되는 체제의 특징과 관련 요인 간의 관계를 규정하는 것이 필요하다. 왜냐하면 실제 상황은 매우 복잡한 요소들이 서로 얽혀 있기 때문에 이들 요소의 결과를 분석하는 것이 어렵다. 각 대안이 가져오게 될 결과가 모형에 입각해 계량적으로 측정해야 하는데, 이러한 결과를 예측하는 단계를 다시 세분하면 첫 단계는 어떤 결과가 나타날 것인가에 대한 예측과 두 번째 단계는 예측 결과가 일어날 확률을 구하는 것이다. 그리고 결과를 평가하는데, 이는 일어날 사태가 얼마나 바람직한가를 평가하는 단계다. 여기서는 계량적인 측정치에 입각해 사회 현실의 여건을 반영해야 한다.

(4) 대안의 선택

여러 대안 중에서 정해진 기준에 비춰 가장 바람직한 결과를 낳는 대안을 선택한다.

3) 정책결정의 기준

정책결정자가 실제 결정 행위를 할 때 고려하는 기준은 무수히 많다. 이것은 정책 자체의 성격에서 연유하기도 하고, 정치 · 경제 · 사회적인 환경에서 연유하기도 한다. 개인의 결정과 달리 정책을 결정하는 자는 자신의 판단에 의해서뿐만 아니라 외부의 무수한 압력에도 직면하게 된다. 여기서는 정책결정자가 맞이하는 이러한 수많은 기준 중에서 가장 특징적인 것만 몇 가지 살펴본다.

(1) 가치

정책결정자의 행태에 영향을 미치는 가치(values)는 다음과 같이 네 가지로 요약해 볼 수 있다(Anderson, 1979: 14-15).

① 정치적 가치(political values): 정책결정자는 정책대안을 평가하거나 결정을 할 때 자신의 정치집단이나 고객집단의 이익을 고려하게 된다.

② 조직적 가치(organizational values): 정책결정자들, 특히 관료는 조직적 가치에 영향을 많이 받는다. 왜냐하면 조직은 정책결정자에게 여러 가지 유인을 주기 때문이다. 따라서 그들은 자신이 소속한 조직의 생존을 위해서나 권력 및 이권의 유지를 위해 또는 활동의 증진을 위해 정책결정을 하려는 동기를 지닌다.

③ 개인적 가치(personal values): 정책결정자들은 자신의 복지와 지위 · 명성을 높이려고 노력할 것이며, 이것은 결정 행위에 커다란 영향을 미친다.

④ 정책의 가치(policy values): 정책결정자들은 정치적 가치, 조직의 가치, 개인의 가치 이외에도 공익이나 도덕적 신념 및 윤리에 입각해서 결정을 하기도 한다. 사실 당위성의 입장에서 이것이 가장 우선적인 기준이라 하겠다. 그러나 이러한 정책

의 가치는 명확하게 정책결정자에게 제시되는 것은 아니다. 따라서 정책결정자가 당위적으로 따라야 할 기준으로서 정책철학을 연구해 구체적인 행위지침을 밝혀내는 일에 관심을 기울여야 할 것이다.

⑤ 이념적 가치(ideological values): 이데올로기라는 것은 현실의 모습을 단순하게 제시하는 논리적으로 연결된 가치 및 신념 체계로서 정책결정자의 행위에 영향을 미친다.

(2) 정당에의 충성심

비록 지도자의 영향이나 이념적인 가치의 고려와 구별하기는 어렵지만 정당에의 충성심(political party affiliation)이 정책결정자들, 특히 시의원들의 결정 행위에 중요한 영향을 미친다. 오늘날의 정치가 정당정치로 변모해 감에 따라 이의 영향은 더욱 커진다고 하겠다.

(3) 선거구민이나 이익집단의 이해 관계

의원은 그들 선거구민의 이익(constituency interests)을 중요시하게 된다. 왜냐하면 그들의 대표자일 뿐만 아니라, 그들의 투표에 따라 자신의 정치 생명이 좌우되기 때문이다. 한편 선거를 통해 선출되지 않는 행정관료들도 선거구민은 없지만, 특정 이익집단의 이익을 반영하려고 노력하는 경우가 많다.

(4) 여론

여론(public opinion)이 정책결정에 영향을 미치는 것을 파악하기가 매우 어렵다. 여론의 영향을 분석하기 위한 한 가지 방법은 정책결정을 광범위하고 위급한 정책에 대한 결정과 일상적이고 관례적인 정책에 대한 결정으로 구분하는 것이다. 후자의 경우 여론은 정책결정의 기준으로서 미약하다. 왜냐하면 이러한 경우는 일반 대중이 정책의 구체적인 내용에 대해 잘 알고 있지 못하기 때문이다(Key, 1961: 81-90).

(5) 복종

때때로 정책결정자들은 다른 사람들, 특히 전문가나 직속 상관 및 최고 의사결정자의 의견에 복종(deference)해 결정을 내리기도 한다.

(6) 결정규칙

정책결정자들은 불변의 규칙이나 지침 등 결정규칙(decision rules)을 마련함으로써 이에 벗어나는 특수한 사실과 관계에만 초점을 맞추곤 한다. 이러한 지침이나 불변의 규칙은 결정 과정을 단순화시켜 주고 공식화시켜 준다(Anderson, 1979: 73-77).

4) 정책결정의 유형

콜맨(James S. Coleman)은 정책결정을 의제의 성격에 따라 관례적 혹은 전통적 정책결정과 의견 대립적 정책결정으로 구분했다(Coleman, 1957: 20-23). 의제의 성격이 집합적 재화일 경우는 나눠먹기식 정책결정이 지배적이고, 해당 지역 주민에게 해로운 영향을 미치는 의제일 경우는 의견 대립적 정책결정이 된다. 한편 가로등 설치와 같이 관례적으로 집행해야 하는 의제는 관례적 정책결정(Jones, 1983) 또는 자동적 정책결정(Nordlinger, 1981)이 된다.

이러한 결정 유형을 지역의 수준에 따라 분류해 보면 다음과 같다. 우선 자동적 결정은 관례적 결정이 되고, 순환적 결정에는 나눠먹기식, 전통적 · 논쟁적 의제가 포함된다. 지역 수준에서 광역적 차원은 집합적이 되고, 기초적 차원은 선택적이 된다. 그리고 나눠먹기식은 선호재(選好財)가 되고, 논쟁적인 것은 기피재(忌避財)가 된다. 자동적 결정의 범주에 속하는 의제는 소방시설, 나눠벅기식 결정에는 지역교통방, 선통적 결정에는 일반 도시계획, 논쟁적 결정에는 유해폐기물 처리장 등이 해당한다. [그림 6-3]은 정책결정의 유형을 나타낸다.

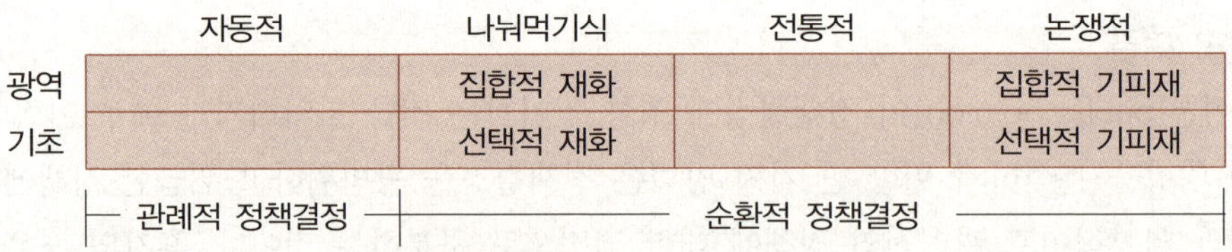

그림 6-3 정책결정의 유형

5) 정책결정의 이론모형

(1) 합리주의모형

합리주의모형(rational model)은 인간이 이성과 합리성에 입각해 정책을 결정한다는 이론으로서, 이는 정책결정모형의 기본형(원형)이라 할 수 있다.

(2) 만족모형

만족모형(satisfying model)은 사이먼(Herbert A. Simon)이 제안했으며, 인간의 제한

된 합리성(bounded rationality)에 기초해 최적 수준에 의한 최적 대안보다는 현실적으로 만족할 만한 대안의 선택에 타당성을 두고 있는 이론이다. 이 모형의 특징은 인간의 절대적 합리성보다는 제한된 합리성을 기준으로 삼고 있다는 점이다.

(3) 점증모형

점증주의(incrementalism)는 합리주의모형의 비현실성을 비판하고 정책의 실현 가능성에 초점을 맞춘 이론이다. 사이먼의 만족모형이 인간의 보편적인 의사결정에 초점을 둔 이론이라면, 이 모형은 정책결정자에 주로 적용되는 이론이라 하겠다. 린드블롬(Charles E. Lindblom)은 정책결정에서 선택되는 대안들은 기존의 정책이나 결정을 점진적으로 개선해 나가는 것이며, 정책결정은 부분적·순차적으로 진행되고, 정책결정의 과정에서 대안분석의 범위는 크게 제약을 받는다고 봤다. 여기서는 기존 정책을 첫 대안으로 생각해 거기에다가 약간의 수정만 가하게 된다.

(4) 혼합주사모형

혼합주사모형(mixed scanning model)은 적극적인 의사결정의 접근 방법으로서 에치오니(Amitai W. Etzioni)가 제창한 것이며, 합리주의모형과 점증모형을 혼합해 절충한 제3의 모형이다. 즉, 합리주의모형의 이상주의적 성격을 지양하고, 점증모형의 보수성(반혁신성)을 탈피하기 위해 이 양자를 변증법적으로 통합하려는 것이다.

(5) 최적모형

최적모형(optimal model)은 드로(Yehezkel Dror)가 주장한 것으로 정책결정 과정을 하나의 체제이론적 관점에서 파악하고, 그러한 정책결정 체제의 성과를 최적화하려고 했다. 여기서 최적화란 정책형성 체제로부터의 산출이 투입보다 큰 경우를 의미한다. 그런데 이러한 개념이 순수하게 경제적으로만 규정된 것처럼 보이지만, 실제로는 정치 체제 맥락에서의 질적인 내용을 담고 있는 것이다.

드로의 최적모형의 주요 특징을 요약하면 첫째, 양적이 아니라 질적이며, 둘째, 합리적 요소와 초합리적 요소를 동시에 고려하며, 셋째, 경제적 합리성이 가장 기본적인 합리성을 이루며, 넷째, 상위 정책결정을 중요시하며, 다섯째, 피드백 작용을 중요시하는 점 등을 지적할 수 있다(Dror, 1968: 154).

3 정책집행

1) 정책집행의 개념

프레스맨(Jeffrey L. Pressman)과 윌다브스키(Aron Wildavsky)는 정책집행을 "정책을 수행, 달성, 충족, 생산, 완성하는 것"이라고 정의했다(Pressman & Wildavsky, 1973: xiii). 즉, 정책에 포함된 목표 혹은 내용을 구체적으로 달성하는 것을 정책집행이라고 봤다. 또한 집행을 "의도한 결과를 달성하기 위해 인과 연쇄에 따라 순차적으로 진행하는 능력"이라고도 했다(Pressman & Wildavsky, 1973: xv).

반 미터(Donald S. Van Meter)와 반 혼(Carl E. Van Horn)은 집행을 "정책결정에서 미리 설정된 목표를 성취하기 위해 정부 부문 및 민간 부문의 개인이나 집단이 수행하는 활동"이라고 규정했다(Van Meter & Van Horn, 1975: 447). 이들은 집행을 미리 설정된 목표를 달성하기 위한 단일 방향적인 것으로 봤으며, 과정이라기보다는 활동으로 보고 있다는 점이 특징이다.

리플리(Randall Ripley)와 프랭클린(Grace A. Franklin)은 집행을 "사업계획, 정책, 수혜 및 어떤 종류의 구체적 산출에 정당성을 부여하는 법이 통과된 후에 발생하는 것"이라고 규정하면서 이것을 관료들에 의해 정책의 목표와 바람직한 결과에 대한 내용을 언명한 후에 수반되는 일련의 활동으로 간주하고 있다. 이들은 특히 집행 과정의 복잡성과 동태성을 강조하고 있다(Ripley & Franklin, 1982: 4).

2) 정책집행과 일선관료제

(1) 일선관료제의 의의

립스키(Michael Lipsky)는 업무 수행 과정에서 시민과 직접적으로 접촉하며 업무 수행상 상당한 재량을 보유하는 공무원을 일선관료라 하며, 그 구성원의 상당 부분이 일선관료로 구성되는 공공서비스 기관을 일선관료제라고 규정하고 있다. 여기에는 사회복지요원, 경찰, 교사 등이 포함된다. 일선관료제의 특징을 살펴보면 ① 서면 처리 업무보다는 사람 처리 업무가 주된 임무이며, ② 고객을 범주화해 차별하며, ③ 많은 재량을 행사하며, ④ 업무 과다와 자원의 부족에 시달린다는 점이다.

(2) 일선관료제와 정책집행

정책집행에서 일선관료제 접근은 하향적 접근 방법이 중앙 정책결정자의 관점에서 출발하며 다른 관련자를 지나치게 등한시한다고 비판한다. 즉, 하향식 접근은 정책결정자들을 주된 행위자로 보기 때문에 문제와 가까이 있는 일선관료나 지방 집행담당자 등의 역할을 소홀히 다룬다. 그리고 정책집행을 둘러싸고 다양한 정부의 지침과 많은 행위자(일선관료를 포함)가 상호간에 역할 분담이 이뤄진 상황하에서 하향적 접근 방법은 적용이 어렵다. 그뿐만 아니라 일선관료제의 관점은 하향적 접근 방법이 정책 목표의 달성을 어렵게 하거나 정책을 그들의 이익 추구를 위해 활용하고자 하는 일선관료나 대상 집단의 전략을 무시하거나 과소 평가할 수 있다고 비판한다. 이에 따라서 일선관료제의 시각은 상향적 접근 방법을 택해 먼저 고객과 접촉해 서비스를 대상 집단에게 전달하는 집행담당자, 즉 일선관료로부터 출발해 그들의 목표, 전략, 활동, 접촉자 등을 규명하고, 여기서 더 위로 나아가 관련된 정부 프로그램이나 비정부 프로그램을 기획하고, 재정적 뒷받침을 제공하며, 정책집행을 담당하는 지방자치단체나 중앙정부의 고위 결정자에 대한 고찰을 한다는 것이다. 즉, 정책의 집행에서 일선관료들로부터 출발해 정부 부문이나 민간 부문의 최고 정책결정자로 거슬러 올라간다는 것이다.

4 정책평가

1) 정책평가의 의의

(1) 정책평가의 개념

홀리(Joseph S. Wholey) 외는 정책평가를 "국가의 목표를 달성하는 데 국가사업의 전반적 효과성을 평가하거나 혹은 공통의 목표를 달성하는 데 몇몇 사업의 상대적 효과성을 평가하는 것"이라고 정의했다(Wholey et al., 1976: 25). 나크미아스(David Nachmias)는 정책평가 연구를 "정부의 정책이나 공공사업이 달성하고자 하는 목표를 얼마나 효과적으로 달성했는가에 대한 객관적이고 체계적이며 경험적인 분석연구"라고 정의했다(Nachmias, 1979: 4). 정책평가가 어떤 특정 정책 또는 정책 요소의 광범위한 가치 및 효과성을 평가하는 데 중점을 둔다면 정책평가 연구는 이러한 정책평가 과정에 과학적인 연구 방법이나 기법을 응용하려는 한정된 의미를 지니고 있다.

(2) 정책평가의 중요성

정부가 의도한 목표를 실제로 적절히 달성했는지의 여부에 대한 관심이 고조돼 가고 있다. 정책평가의 중요성은 납세자로서의 국민의 입장에서 볼 때는 정부가 좀 더 바람직한 정책 결과를 산출하는 것에 대한 높은 관심이며, 정책결정자의 입장에서 볼 때는 자신의 업무 수행에 따른 영향과 관련해 정부의 정책 과정에 관심이 높아져 이것이 원래의 목표대로 제대로 이뤄졌는가를 세심히 살펴보려는 것이다. 그리고 정책연구자들은 순수한 학문적 목적 또는 연구 계약에 의해 평가연구에 관심을 보이고 있다.

(3) 정책평가의 목적

정책평가의 목적에는 단순히 앞으로 프로그램을 개선하기 위한 수단으로서뿐만 아니라 진행 중인 프로그램을 정당화하거나 통제 및 감사(監査)를 하는 등 여러 가지가 있다. 또한 정책평가의 목적에는 사업관리자에게 사업의 질이나 효과성에 책임을 지게 하는 책임성(accountability), 관리자들이 정부사업이나 행정관리의 도구인 정부 프로그램의 운영에 관한 효율성이나 효과성을 증진시키거나 평가하는 것을 돕기 위한 관리(management), 그리고 공공문제나 이의 해결과 관련해서 정부사업 또는 전략의 효과성에 대한 증거를 확립하는 것과 관련된 지식(knowledge)이라는 다양한 측면이 있다.

정책평가 연구는 연구 결과가 정책결정이나 집행 과정에 다시 환류(還流)돼 그의 합리성과 예측력을 높여 준다. 정책결정자는 정책평가 결과로부터의 정보에 입각해 닥쳐올 미래 상황을 예측해 볼 수 있고 예상되는 장애 요소들을 사전에 제거할 수 있다. 즉, 정책평가의 결과는 사업을 계속할 것인지의 여부, 실제와 절차의 개선, 구체적인 프로그램 전략과 기법의 보완 여부, 다른 상황에 유사한 프로그램의 제도화, 프로그램 사이의 자원 할당, 접근 방법과 이론의 채택 여부 등에 대한 정보를 결정자에게 제공해 준다.

2) 정책평가의 종류

(1) 형성평가

형성평가(formative evaluation)는 과정평가, 중간평가, 진행평가 등으로도 불리는데, 이는 정책집행 과정상에 나타나는 여러 가지 문제점을 해결해 더 나은 집행전략과 방법을 모색하기 위해 실시하는 평가다. 여기서의 주된 관심은 어떤 정책이나 사업이 처음에 표명된 지침에 따라서 제대로 집행이 이뤄지고 있느냐 하는 것이다.

(2) 총괄평가

총괄평가(summative evaluation)는 정책결과(또는 효과)평가라고도 하는데, 이는 정책이 집행된 후에 과연 그 정책이 당초 의도했던 효과를 어느 정도 성취했는지를 판단하는 것이다. 따라서 이러한 총괄평가는 엄밀히 말하자면 정책의 효과성 평가라고 할 수 있다. 이러한 총괄평가를 위해서는 정책 목표를 조작적으로 정의해야 하며, 성공의 판단 기준을 구체화해야 한다. 그리고 나서 실제 결과가 의도한 정책 목표를 얼마나 달성했는지를 측정해야 한다.

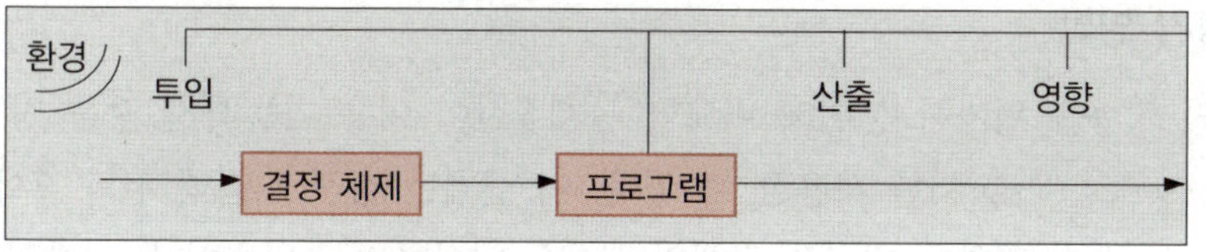

그림 6-4 정책의 산출과 영향

3) 산출과 영향의 차이점

대부분의 사람은 비록 전문가가 아니라고 하더라도 막연히 어떤 사건이나 변화로 인한 영향이 정부의 정책에 기인한다고 믿는 경우가 많다. 심지어 정부 스스로가 어떤 영향이 자신의 정책으로 인한 것이라고 주장하기도 한다. 이러한 현상의 이유는 여러 가지 있겠지만 그 중요한 요인 중의 하나가 정책의 명목상의 산출(output)과 실질상의 영향(impact)을 구별하지 못한 데 있다([그림 6-4] 참조).

실제로 정부가 행하는 정책의 목표는 다양하며, 그의 영향 범위도 모호할 뿐만 아니라 측정이 어려운 경우가 대부분이다. 하지만 정책 입안자들은 명목상의 산출뿐만 아니라 실질상의 영향도 고려해서 정책을 형성할 필요가 있다. 이렇게 해야만 정책의 대상집단(target group)이 분명해지고 그의 평가가 정확해질 수 있으며, 차기의 정책결정에도 실질적인 도움을 줄 수 있게 된다.

(1) 명목상의 산출

정책의 명목상의 산출이란 정부가 실제로 활동한 것 중에서 구체적으로 측정이 가능한 1차적인 영향 내지 효과를 의미한다. 따라서 정부가 앞으로 할 것이라든가 당초 의도하지 않았던 영향은 여기에 포함되지 않는다. 명목상의 산출의 예로 지방의회가 통과시킨 조례의 수, 도시재개발에 지출한 금액, 체포한 범인의 수, 졸업생의 수 등이 가능하다.

(2) 실질적인 영향

정책의 실질적인 영향이란 정책의 명목상의 산출뿐만 아니라 2차적으로 나타나는 측정이 어려운 사회적 영향도 포함하는 의미다. 즉, 정부가 의도를 했든 혹은 하지 않았든 정부의 활동 내지 무활동을 통해 나타나는 사회적 영향을 의미한다. 정부의 복지정책을 예로 들면 지급된 금액, 수혜자의 수 등은 명목상의 산출에 해당하고, 이로부터 파생되는 개인적 안전감, 만족감, 일에 대한 유인(誘因) 감소, 태도 변화 등은 실질적인 영향에 해당된다.

4) 평가 방법

정책의 영향을 평가하기 위해 비교할 통제집단이 이용 가능하지 않을 경우 시계열 설계(time-series designs)를 사용할 수 있다. 이 설계는 정책의 집행 전과 후에 각각 여러 번 측정해서 그 경향을 비교해 정책의 영향을 알아보려는 방법이다. 일반적으로 평가 연구자는 정책집행 전과 후에 각각 적어도 세 번씩 측정을 시도한다. 전형적인 시계열 설계를 기호로 나타내면 다음과 같다.

$$O_1 \quad O_2 \quad O_3 \quad X \quad O_4 \quad O_5 \quad O_6$$

단 O_1, O_2, … O_6는 각 시점에서의 측정, X는 정책집행

시계열 설계를 사용하게 되면 반응적인 측정 효과(reactive measurement effects)를 정책 효과에서 분리해 내는 것이 가능하다. 또한 이 설계를 사용하면 연구자는 정책이 반응적 효과 이상의 효과를 가져왔는지의 여부를 판별할 수 있게 된다. 반응적 효과는 O_3 자체에 나타나 있는데, 이것은 O_4와 비교될 수 있다. O_3에서의 증가 이상으로 O_4에서 증가가 일어나면 이것은 정책의 효과로 돌릴 수 있을 것이다. 유사한 논리적 주장이 타당도를 저해하는 성숙 요소에 대해서도 적용이 가능하다. 즉, 단순한 성숙 요소에 의한 영향에서 정책 효과를 구별해 낼 수 있다.

시계열 설계에서 나타날 수 있는 심각한 문제로서 역사적 요소에 대해 살펴본다. 만약 대상 집단에서의 변화가 정책에 기인한 것이 아니라 정책집행 기관에 발생한 다른 어떤 사건에 의한 것이라고 한다면 정책의 변화에 대한 인과적 추론은 문제성을 지니게 된다. 그렇지만 구체적인 연구 상황에서는 정책 이외의 다른 영향 요인들이 O_2와 O_3 간에 나타날 수 있지만, 또한 O_3와 O_4 간에도 나타날 수 있다. 따라서 이러한 현상은 상호 상쇄를 가능하게 만들기 때문에 시계열 설계에서 역사적 요소가 덜 위협적인 요소가 된다.

시계열 설계의 장단점을 잘 보여 주는 고전적 연구의 예는 미국 코네티컷주의 교통 속도 단속 프로그램에 대한 평가연구다. 코네티컷주 교통당국은 1955년에 교통사고 사망률이 너무 높다는 사실에 놀라 교통속도 단속 프로그램을 시행해 1956년에는 교통사고 사망자가 대폭 감소했다는 결과를 [그림 6-5]와 같은 그래프로 표현했다.

1955년 말의 사망자 수는 324명이었는데, 프로그램을 시행한 1956년 말에는 284명으로 감소해 12.3%가 감소했다. 그래서 경찰 당국은 이 40명의 생명을 건진 것은 교통속도 단속 프로그램 때문이라고 주장한다. 그런데 이 그래프를 보면, 첫째로 사망자 수 쪽의 간격을 너무 크게 잡아 1955~56년 사이의 사망자 수 감소를 과장하려고 했다는 것을

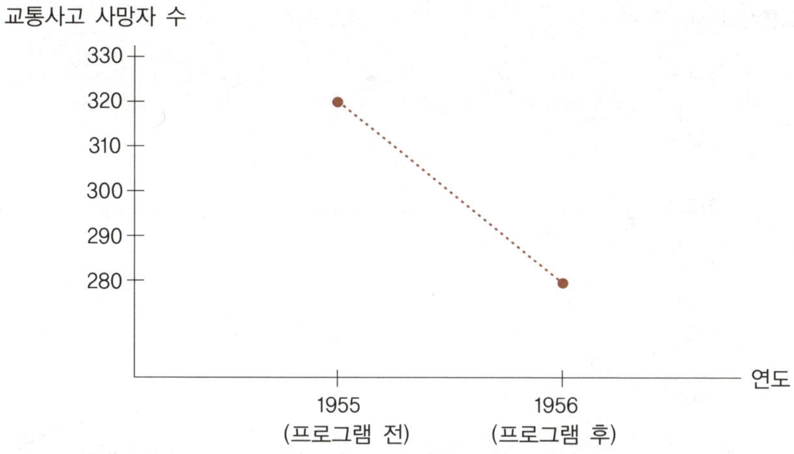

그림 6-5 미국 코네티컷 주의 교통속도 단속 전후의 교통사고 사망자 수

알 수 있다. 또 1955년 이전과 1956년 이후의 것은 표시되지 않았으므로 1955~56년을 상대적으로 평가할 수 없다. 먼저 그래프상의 결과만 놓고 볼 때 그것은 이 정책 이외의 다른 독립적인 요소(예: 운전자 교육사업)가 개입해서 나타난 결과인지도 모른다. 그리고 1956년은 특히 일기가 좋은 해여서 비나 눈으로 인한 교통사고가 훨씬 적었을지도 모른다. 또 원래 이런 통계는 불안정해서 가끔 갑자기 떨어지는 경우가 발생하는데, 1955~56년이 바로 그런 때에 해당되는지도 모른다.

이런 의문을 해소하고 프로그램의 효과성에 관한 추론을 더욱 타당하게 하기 위해서는 확장 시계열 설계를 사용하는 것이 좋다. 확장 시계열 설계는 어떤 정책활동과 정책산출을 직접 연결시키는 분석 방법의 하나로서 하나의 지역이나 하나의 대상 집단 전체에 대해 적용된 정책의 효과를 알고자 할 때 사용하기 좋은 방법이다. 다른 지역이나 집단 등과의 비교는 할 수 없으므로 비교의 기준은 과거 시점까지의 기록밖에 없다. 특히 준사회실험 등에서 정책활동이 있기 전에 한 번 측정하고 이후에 또 한 번 측정해 그 결과를 비교하는 데 사용하면 좋다. 이것은 다음과 같이 한다.

첫째, 종축의 간격을 축소시킨다. 예를 들면 간격을 10으로부터 25로 바꾼다. 둘째, 정책집행 전후의 여러 해에 걸친 수치를 그래프에 그려 본다. 예를 들어 1951년부터 1959년까지를 그린다. 셋째, 정책이 집행된 연도의 시작 부분을 단절시키는 종선을 그린다. 예를 들면 1956년도의 시작점(그래프상의 연도 표시점은 연도의 중간인 7월 1일)에 이런 선을 긋는다.

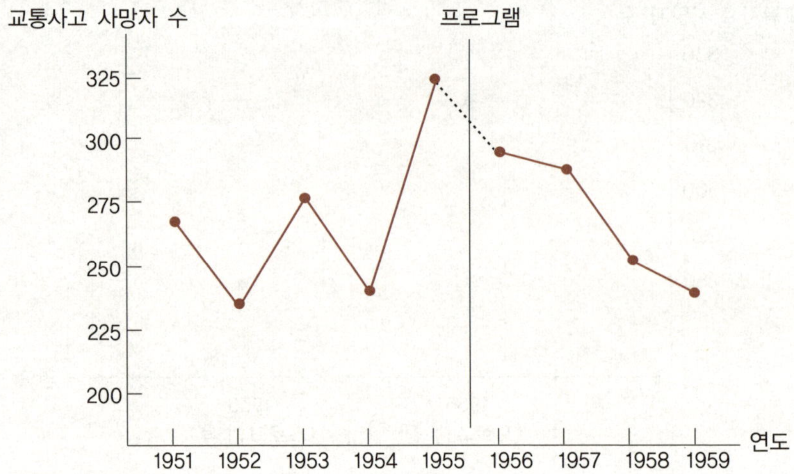

그림 6-6 미국 코네티컷주의 교통속도 단속 전후의 교통사고 사망자 수

이 결과를 알기 쉽게 나타내면 [그림 6-6]과 같다. 이 그림을 보면 앞의 것과는 주는 느낌이 전혀 다르다는 것을 알 수 있다. 이와 같이 확장 시계열 그래프를 사용하면 함부로 인과관계를 주장하는 위험으로부터 상당히 벗어날 수 있다. 이는 무엇보다 성숙 요소의 통제를 가능하게 만든다. 프로그램 집행의 전후 1년의 결과만을 비교함으로써 발생할 수 있는 성숙 요소, 즉 프로그램에 관계 없이 교통사고 사망률이 매년 감소 추세를 보일지도 모른다는 주장으로부터 벗어나게 해 준다.

그러나 확장 시계열 설계가 프로그램 도입 전 네 번의 측정과 프로그램 도입 후 세 번의 측정을 고려하지만 여전히 타당도를 저해하는 다른 잠재적 요인들이 존재한다. 예를 들면 일기와 같은 역사적 요인의 영향을 배제할 수 없다. 이러한 경우 일기에 관한 추가적인 자료 등을 사용해서 타당도를 강화할 수 있다. 또한 시계열은 불안정한 경향을 보이는데, 심지어 프로그램이 도입되지 않았는데도 그러할 수 있다. 따라서 프로그램의 효과를 추론하기 위해서는 시간상 나타나는 정상적인 불안정성을 파악해야 하는데, 확장 시계열 설계는 이러한 불안정성의 견본을 나타내 준다. 코네티컷 사례에서 경찰 당국은 1955년과 1956년 사이의 모든 변화가 교통속도 단속 프로그램 때문이라고 추론했다. 그러나 [그림 6-6]이 보여 주는 것처럼 프로그램 도입 전에 불안정성이 비교적 높기 때문에 정책의 효과성을 주장하는 데는 어려움이 따른다.

1955~56년 사이의 변화는 1954~55년과 1952~53년 각 구간의 증가 모두를 합한 것보다 적다. 1955~56년의 하락은 모든 시계열에서 가장 큰 하락이지만, 1951~52, 1953~

54, 1957~58년의 하락을 미미한 정도로 초과할 뿐이다. 따라서 1955~56년간의 하락은 일련의 불안정성의 단순한 현시에 불과하다고 결론내릴 수 있다. 한편 프로그램 도입 후 연간 증가 현상이 나타나지 않는 것은 시계열의 속성이 변화했다고 말할 수 있다.

5 정책종결

1) 정책종결의 의의

정책종결은 특정 정책 목표와 이를 실현하기 위한 실행적·실질적 정책 수단 등을 완전히 폐지, 소멸시키고 이들을 대체할 다른 정책을 마련하지 않는 것을 의미한다. 이 과정은 갈등, 협상, 타협, 조정 등이 수반되는 매우 복잡하고 동태적인 정치 과정(political process)이라 할 수 있다.

2) 정책종결의 기준

정책종결에서 고려되는 기준은 크게 경제적 능률성과 정치적 타당성으로 구분해 볼 수 있다. 정책종결에 따르는 저항을 극복하기 위해 경제적 능률성을 표방한 경우가 많지만, 실제로는 그 이면에 다른 정치적 이해관계가 얽혀 있는 것이 일반적이다.

(1) 경제적 효율성

단순히 경제적 효율성(economic efficiency)이란 투입 대 산출의 비율을 극대화하는 것을 의미한다. 이를 다른 말로 표현하면 비용(cost) 대 편익(benefit)의 비율을 극대화하는 것이다. 그러나 한 정책의 종결 여부를 경제적 효율성에 비춰 결정하기란 용이하지 않다. 그리고 실제로도 거의 그렇게 이뤄지지 못하는 실정이다. 왜냐하면 투입과 산출의 계산이 불가능한 경우가 많기 때문이다.

(2) 정치적 타당성

정책종결에는 다양한 이해가 상반돼 충돌을 일으키는 경우가 많다. 따라서 정책종결을 단순히 경제적 능률성의 측면에서만 본다면 온전히 그 실체를 파악하기가 어렵다. 어떤 정책의 종결이 단순히 경제적 측면만 고려한다면 합리적일 수 있지만, 사회적 형평성(social equity) 내지 경제적 이해 득실의 경중을 따진다면 오히려 합리적이 아닐 수도 있다. 영세민 취로사업을 예로 들어보면 취로사업의 성과가 경제적인 측면에서 능률성이 낮을 수 있지만, 그 대상의 소득 수준을 고려한 고용 기회 증대라는 측면에서는 사업의 타당성이 있을 수 있다. 따라서 정책종결을 결정할 때 우선적으로 고려해야 할 점은 그로 인한 사회적 형평성과 대상 집단의 성격이다.

3) 정책종결의 방법

정책종결의 방법으로서 다음 사항들이 제시되고 있다(Levine, 1978: 23-24; Brewer, 1978: 341-343).

(1) 선임권

선임권(seniority)은 가장 최근의 고용인부터 먼저 해고하는 것을 의미한다. 경력에 입각한 유능한 고용인을 확보하려는 원칙으로서 형평성이나 능률성과는 직접적인 관계가 없다.

(2) 고용 동결

고용 동결(hiring freeze)은 퇴직 등의 경우에 신규채용을 하지 않음으로써 자연 소멸시키는 것을 의미한다.

(3) 동일 비율 감축

이는 모든 부서에 사정을 고려함이 없이 동일 비율로 감축(even-percentage-cuts-across-the-board)시키는 것을 의미한다. 감축 결정이 용이한 반면 각 부서의 필요성이나 생산성 또는 특수성을 고려하지 못하는 어려움이 따른다.

(4) 생산성

이는 각 수입의 증가에 따른 한계 생산에 입각해서 낮은 생산 단위 조직이나 인력을 축소시키는 것을 의미한다. 그러나 합리성에 따른 생산성(productivity) 측정이 어려우며 실제로는 감축이 정치적 협상의 결과로 일어나기 쉽다.

(5) 영기준예산

영기준예산(zero-base budgets)은 사전에 체계적이고 합리적인 사업 성과의 평가에 입각해서 종결을 결정하는 것을 의미한다.

(6) 일몰법

일몰법(日沒法, sunset laws)은 일정한 정책이나 조직이 일정 기간 후에 자동적으로 소멸케 하는 법률을 의미한다. 행정기관이나 정책이 일반적으로 목표를 달성한 후에도 계속 존속해 비대해지는 경향이 있으므로 이를 일정 기간 후에 자동 소멸시킴으로써 그만큼 예산을 절약할 수 있다. 그런데 일몰법이 적용되는 정책이나 기관은 그 성과가 평가된 후 더 이상 존속 가치가 없을 때 폐지되기 때문에 실제적으로는 이 평가 과정에서 정치성이 개입될 수 있다.

제4절 도시정책 과정에의 참여자

1 공식적 참여자

1) 시장

도시정책 과정에서 도시정부의 최고 정책결정권자인 시장의 역할은 매우 크다. 특히 우리의 경우, 시의회보다는 집행기관이 우위를 점하고 있는 강시장 정치 체계에서의 정책 과정에서 시장의 역할은 더욱 중요하다. 시장은 도시정부 내 정책결정권을 지니고 있으며, 그 밖에 인사권·감독권 등을 통해서도 정책결정에 영향을 미친다.

그러나 정책 과정에서 시장의 영향력은 여러 가지 요인에 의해 제약을 받고 있다. 그 중 가장 큰 요인은 자원의 제약이다. 이러한 자원에는 재정적인 측면뿐만 아니라 인력·기술 등의 측면도 포함된다. 그리고 중앙정부에 의한 통제도 그만큼 시장의 영향력을 감소시킨다.

2) 시의회

시의회는 조례를 통한 입법권 행사뿐만 아니라 정책결정 기능도 담당한다. 그리고 도시정부에 대한 통제를 통해서도 정책결정 과정에 영향을 미친다. 시의회는 대(對)집행부 질문이나 예산 과정의 통제를 통해서도 도시정부의 정책에 영향력을 행사할 수 있다.

그러나 우리나라와 같이 의회 제도가 발달하지 않은 국가에서는 시의회의 정책 과정에의 영향력은 효과적이지 못하다. 정책 과정에서의 시의회의 영향력에 대해서는 회의적인 견해가 지배적이다. 그러한 이유로서 의회 제도의 미발달, 시의원의 전문성 결여, 정책의 복잡성 등이 지적된다.

3) 시정부기관

도시정부 내 주요 정책 과정에 고위관료들은 거의 참여한다. 이러한 고위관료에는 부시장이나 국장 등이 포함된다. 그러나 권한이 시장에게 집중돼 있는 정치 체제에서 이들의 영향력은 상당히 제한적일 수밖에 없다.

4) 중앙기관

중앙정부는 종래 인사권, 재정권 등을 통해 도시정부를 통제함으로써 도시정책 과정에 영향을 미쳤다. 그러나 시장의 선출이 임명제가 아니라 선거에 의한 선출제로 바뀜에 따라 재정권을 통한 통제가 더욱 중요해졌다. 아직도 상당수 도시정책 결정이 중앙의 심의나 승인 등의 통제하에 놓여 있기 때문에 중앙정부의 영향력은 매우 크다고 하겠다.

2 비공식적 참여자

1) 이익집단

이익집단은 여러 가지 통로를 통해 도시정책 과정에 개입한다. 이익집단은 정책결정에 중요한 역할을 수행하는 시상, 고위관료, 시의원 등에게 로비하거나, 그들이 필요로 하는 표를 동원해 주거나, 연합 세력을 형성함으로써, 그리고 정당조직을 통해 영향력을 행사한다. 이러한 이익집단에는 상공회의소, 노동조합, 약사회 등이 있다.

2) 시민 참여

최근 도시정책 과정에서 시민의 참여가 매우 중요시되고 있다. 이는 때로는 법적으로나 제도적으로 요구되기도 한다. 그러나 공식적으로 중요시되고 있는 것과 현실적 상황과는 많은 괴리가 존재한다. 오히려 많은 경우 도시정책 과정에서 시민 참여는 혼란과 갈등의 원천이 되고 있다. 예를 들면 도시재개발 사업에서 시민 참여 규정은 많은 경우 계획을 수행할 때 차질을 가져왔고 갈등을 유발해 왔다.

시민 참여는 민주사회에서 강조해 온 전통적 유산이다. 다시 말해, 도시정부 정책결정에 시민이 궁극적 결정력이 돼야 하며, 시민은 자신들의 운명을 자신들 스스로가 결정해야 한다는 것이다. 그러나 시민들이 모든 의사결정 과정에 참여할 수는 없는 것이다. 예를 들면 국가 안보적 상황의 결정이나 고도의 기술적 전문성을 요구하는 결정 등에는 시민의 참여가 제한됨으로써 때때로 의사결정의 전문성과 참여적 민주성은 상충되기도 한다. 전문성과 민주성 두 가지 가치 모두를 극대화한다는 것은 불가능하다. 이 둘 사이에 조정과 타협이 이뤄져야 하는데, 자유와 통제 간의 갈등이 다른 한 가지 예다.

시민 참여와 관련해 전략적 목표를 선택하는 일이 중요한데, 구체적 목표에는 침체 지역의 재건, 현실적이며 향상된 계획 수립, 빈곤층과 소외층의 사회 주류로의 진입을 위한 문호 개방, 조직 목표를 위한 지지와 제재, 도시지역 소외 경향의 종식, 청소년 비행(非行)의 저지, 대도시 내 소규모 지역 민주주의의 재창출 등이다. 시민은 구체적 목표를 달성하기 위한 수단이 될 수 있다. 다시 말하면, 시민 참여는 하나의 전략이다. 그러나 그 목표는 종종 대립적이다.

한편으로는 시민 참여가 안정성과 심지어 조직의 존재 자체를 보호하기 위한 행정 기법으로서 옹호되고, 다른 한편으로는 태도 변화를 위한 교육적 또는 치료적 도구로 간주된다. 그리고 또 다른 경우에는 조직의 목표를 규정하기 위해 그를 돕는 수단으로 제안되기도 한다.

3) 통신 및 언론매체

오늘날 정보통신과 언론매체가 고도로 발전하고 다양해짐에 따라서 이의 도시정책 과정에 대한 영향력이 점증하고 있다. 언론매체는 지역 여론을 형성하거나 주도하기도 하며, 정보 전달을 통해 정책의 방향이나 추진에 영향을 미치기도 한다. 예를 들면 언론이 특정 환경오염 사건을 집중적으로 보도하게 되면 이것이 정책의제가 돼 환경정책 프로그램으로 나타나기도 한다.

용어 해설

- **생산양식**: 재화가 생산되는 양식을 의미하는 것으로서, 자본주의 사회에서는 자본과 노동의 결합이 가장 기본적 양식이다.
- **정책 창도가**(policy entrepreneur): 사회 내 어떤 문제나 이슈를 공공의제로 만들며, 나아가 이것이 하나의 공공정책으로서 형성되고 집행되게 하는 세력을 의미한다.
- **제한된 합리성**: 인간은 시간, 지식, 자원 등에서 제약을 받기 때문에 공공정책이 순수하게 합리적으로만 이뤄질 수 없다. 따라서 정책 과정은 합리성을 추구함에도 불구하고 대부분 최적이 아닌 제한된 합리성만 달성할 수 있게 된다.
- **타당도**: 경험적 조사연구를 통해 인과관계를 얼마나 진실에 가깝게 추론하느냐라는 정도를 나타낸다. 이는 내적 타당성과 외적 타당성으로 구분된다.
- **성숙 요소**: 시계열 분석과 과정에서 시간적 경과로 인해 발생하는 조사 대상 집단의 특성 변화를 의미한다.

연습 문제

1. 정책순환(policy cycle)에서 정책 창도가의 역할을 설명하시오.
2. 다음 용어를 간단히 설명하시오.
   1) 제한된 합리성(bounded rationality)
   2) 무의사결정(non-decision-making)
   3) 정책 체제(policy system)
   4) 3자연합(iron triangles)
   5) 공공선택(public choice)
3. 도시문제가 하나의 정책의제로 되는 과정을 설명하시오.
4. 체제의제와 제도의제의 차이점을 설명하시오.
5. 정책결정에서 합리적 기준과 정치적 기준을 비교해 설명하시오.
6. 드로(Yehezkel Dror)의 최적모형의 특징을 설명하시오.
7. 도시정책의 집행의 특징을 간단히 설명하시오.
8. 일선관료제의 특징을 설명하고, 문제점을 지적해 보시오.
9. 다음 용어들을 간단히 설명하시오.
   1) 형성평가(formative evaluation)
   2) 총괄평가(summative evaluation)
   3) 산출(output)
   4) 영향(impact)
   5) 시계열 설계(time-series designs)
10. 정책종결의 기준을 설명하고 각 기준의 한계점을 지적하시오.
11. 정책종결의 방법을 평가하시오.
12. 도시정책 과정에서 시민 참여의 중요성에 대해 설명하시오.

제 7 장

도시재정

제1절 도시정부의 예산

1 예산의 의의

1) 예산의 개념

도시정부의 예산이란 도시정부가 한 회계연도에 자신의 공공 목표를 달성하기 위해 자원을 효과적으로 사용하는 것에 대한 계획이라고 할 수 있다. 지방재정법 제34조에 따르면, 도시정부의 예산은 한 회계연도의 모든 수입을 세입으로 하고 모든 지출을 세출로 하며, 세입과 세출은 모두 예산에 편입해야 한다고 규정함으로써 세입과 세출의 균형을 도모하도록 하고 있다.

2) 예산의 종류

예산은 크게 운영예산(operating budget)과 자본예산(capital budget)으로 구분할 수 있다. 운영예산은 조직을 운영하는 데 일반적으로 소요되는 경비의 지출을 위한 예산으로서 경상비(인건비, 건물유지비, 교육비 등)를 주요 내용으로 한다(이문영 · 윤성식, 1993: 298). 자본예산이란 자본적 지출을 위한 예산으로서 도로, 지하철, 교량, 상하수도 시설 등의 건설을 위한 예산을 주요 내용으로 한다. 자본예산의 특징은 지출과 재원 조달이 장기간에 걸쳐 이뤄지며, 재원 조달 방법으로서 주로 차입금이나 공채에 의존하고,

자본예산의 주요 내용이 사회간접자본의 건설을 위한 것이므로 경제정책의 수단으로 사용되기도 하며, 반복되지 않는 예외적 지출 등이다(이문영 · 윤성식, 1993: 301-302).

우리나라의 도시정부는 자본적 지출에 관한 예산 제도를 별도로 시행하고 있으며, 지방공기업 특별회계는 사업예산과 자본예산으로 나뉘어 있다. 도시정부는 중 · 장기 도시재정계획을 반영해 당해 회계연도의 자본적 지출에 관한 예산 제도를 편성하고 있다. 자본적 지출이 차지하는 비중은 일반적으로 매우 높다.

또한 도시정부의 예산은 회계 방식에 따라 일반회계와 특별회계로 구분해 볼 수 있다. 일반회계는 일반행정 업무의 수행에 필요한 예산으로서 특별회계와 기금에 포함되지 않는 나머지 부분의 예산이다. 특별회계는 「지방재정법」 제9조 2항에서 "지방직영기업이나 기타 특정 사업을 운영할 때 또는 특정 자금이나 특정 세입, 세출로서 일반세입, 세출과 구분해서 회계 처리할 필요가 있을 때에 한해 법률 또는 조례로 설치할 수 있다."라고 규정하고 있다. 특별회계는 대부분 기업적인 성격을 지닌 사업의 운영을 위한 경우가 많고 수입의 대부분은 사업을 운영해서 얻는 사업수입으로서 사업으로 인한 수혜자가 지불하는 요금에 의해 조성된다. 특별회계는 그 성격상 지방공기업 특별회계, 지방교육비 특별회계, 기타 특별회계로 나뉜다. 일반회계와 특별회계에서는 세출 계정에 자본적 지출 항목을 두고 있으며, 특히 지방공기업 특별회계는 사업예산과 자본예산으로 나뉘어 있다(지방공기업법 제25조).

3) 예산 제도의 종류와 기능

(1) 예산 제도의 종류

각국의 예산 제도는 지속적으로 변천과 개혁의 대상이 돼 왔다. 예를 들면, 미국의 경우 전통적으로 품목별 예산제도를 유지해 오면서 성과주의 예산, 계획예산제도 등을 채택해 왔다. 우리나라의 경우는 품목별 예산제도에다가 1960년대 성과주의 예산제도를 실시해 보려고 노력한 적이 있으며, 1980년대에는 영기준 예산제도(zero-base budget system)의 정신을 본받으려고 노력하기도 했다. 그렇지만 새로운 제도가 제대로 정착하지 못했고, 아직도 품목별 예산제도가 그대로 사용되고 있다. 이하에서는 품목별 예산, 성과주의 예산, 계획예산 등에 관해 간략히 살펴본다.

① 품목별 예산

품목별 예산(line-item budgeting)이란 예산을 조직별로 분류하고, 그다음 지출 대상인 구체적 항목을 기준으로 분류하는 예산 제도다. 지출 대상을 기준으로 한 분류란 인건비, 교육 및 훈련비, 소모품비, 출장비 등으로 투입에 관련된 분류를 말한다. 이 제도는 많은 예산 제도의 개혁에도 불구하고 지금까지 가장 기본적인 예산 제도로 운영되고 있다. 이 제도의 가장 큰 장점은 통제 기능이다.

② 성과주의 예산

성과주의 예산(performance budgeting)이란 조직의 부처에 관계 없이 기능을 중심으로 예산을 편성하는 것을 말한다. 따라서 조직이 실제 산출한 성과를 강조하는 예산 제도다. 여기서는 산출을 모두 측정해야 하는데, 이때 원가 계산이 주가 된다. 그러나 서비스 산출의 단위 원가를 업무 측정 단위(work measurement unit)별로 계산하는 것은 실제 매우 어려운 일이다. 이 제도의 가장 큰 장점은 관리 기능이다.

③ 계획예산

계획예산제도(Planning-Programming-Budgeting System: PPBS)는 중・장기 예산계획과 사업의 성과 및 원가를 결합한 예산 제도로서 계획과 예산이 연계된 제도다. 여기서는 사업의 목적을 달성하는 여러 가지 대안과 그 원가를 비용・편익(효과)분석 등의 기법을 사용해 분석하는 것이 가장 중요하다. 이 제도의 가장 큰 장점은 계획 기능이다.

(2) 예산의 기능

도시정부의 행정가 입장에서 보면 예산은 다음과 같은 세 가지 주요 기능을 담당한다. 이러한 예산의 기능은 앞에서 살펴본 예산 제도의 종류와 밀접하게 관련돼 있다.

① 통제 기능

이는 지출이 오로지 합법적인 목적을 위해서만 사용되고 불법 부당한 형태로의 지출이 되지 못하게끔 보장하는 기능이다. 여기서는 법적 요구에 순응하는 것이 주된 관심사다.

② 관리 기능(효율성)

이는 도시정부의 서비스 공급의 생산성을 증진시키고 낭비를 제거하는 것을 강조한다. 즉, 예산의 효율적인 사용이 주된 관심사다.

③ 계획 기능(효과성)

이는 더 광범위한 조직 내 자원 배분을 중요시한다. 여기서의 주된 관심사는 조직이 제공하는 서비스나 재화의 혼합 방법과 조직 목표에 따른 이의 효과성이다. 즉, 계획 기능은 정부가 수행하는 사업의 확장 또는 감축과 관련된다.

이러한 각 기능은 상이한 유형의 예산정보를 요구한다. 통제 기능은 자세한 정보를 필요로 하기 때문에 품목별 예산을 요구한다. 관리 기능은 성과주의 예산을 요구하는데, 이는 효율성이 회계연도마다 평가될 수 있도록 서비스 제공의 목표 수준과 예상 비용을 나타내는 것이다. 계획 기능은 행정가가 사업 간에 자원 할당 결정을 하는 데 도움을 주는 정보를 요구한다. 이는 조직의 경계를 넘어서서 범부서적인 장기 사업 지출, 사업의 편익과 효과성 지표, 조직 목표에 도달하기 위한 대안적 방법의 분석을 포함한다.

전통적으로 재정학자들은 품목별 예산보다 더 복잡한 예산 체계의 장점에 대해 회의적이었다. 그들에 따르면, 이러한 복잡한 예산 체계는 실제 예산 결정 방식에 변화를 가져오지도 못하면서 집행에 상당한 대가를 치러야 한다는 것이다. 그러나 이에 대한 반론은 복잡한 예산 체계는 그 나름대로 정부 서비스 공급의 효율성과 효과성을 증진시키는 데 매우 유용하며, 따라서 집행상의 문제점을 지나치게 강조해서는 안 된다는 입장이다.

4) 도시정부의 예산 관련 법규

도시정부 예산과 관련된 법규로는 지방자치법, 지방재정법, 지방공기업법 및 이 법들의 시행령과 도시정부의 자치법규 등이 있다. 그리고 도시정부의 예산 과정은 중앙정부의 예산 과정에 큰 영향을 받기 때문에 국가 예산에 관해 규정하고 있는 헌법과 예산회계법도 도시정부 예산을 규제한다고 볼 수 있다. 또한 지방공무원법, 지방세법, 지방교부세법, 지방교육자치에 관한 법률, 그리고 지방재정교부금법 등이 지방정부의 예산에 직·간접적으로 영향을 미치는 법규다.

2 도시정부 예산의 일반 원칙

1) 예산총계주의 원칙

예산총계주의는 한 회계연도의 모든 수입을 세입으로 하고 모든 지출을 세출로 하며, 세입과 세출을 모두 예산에 편입하는 것을 말한다(지방재정법 제34조). 다만 도시정부가 현물로 출자하는 경우와 「지방자치법」 제142조 1항의 규정에 따라 설치된 기금을 운영하는 경우에는 예산총계주의에 대한 예외가 된다.

2) 건전재정 운영의 원칙

도시정부는 그 재정을 수시 균형의 원칙에 따라 건전하게 운영하여야 하고, 국가는 도시재정의 자주성과 건전한 운영을 조장하여야 하며, 국가의 부담을 도시정부에 전가해서는 안 된다(지방자치법 제137조). 또한 도시정부는 그 재정을 건전하게 운영하여야 하며, 국가의 정책에 반하거나 또는 다른 도시정부의 재정에 부당한 영향을 미치게 해서는 안 된다(지방재정법 제3조 1항).

그러나 시장은 그 도시정부의 항구적 이익이 되거나 또는 비상재해 복구 등의 필요가 있는 때에는 행정안전부 장관의 승인을 받은 범위 안에서 지방의회의 의결을 얻어 지방채를 발행할 수 있으며, 시장은 세입·세출예산 외의 채무 부담의 원인이 되는 행위를 할 때에는 미리 시의회의 의결을 얻도록 하고 있다(지방자치법 제124조). 또한 도시정부의 세출은 지방채 외의 세입을 그 재원으로 하여야 하며, 다만 부득이한 경우에는 지방채로 충당할 수 있도록 하고 있다(지방재정법 제11조).

3) 회계연도 독립의 원칙

도시정부의 회계연도는 매년 1월 1일에 시작해서 그해 12월 31일에 종료하는데(지방자치법 제140조), 각 회계연도의 경비는 당해 연도의 세입으로 충당하여야 한다(지방재정법 제7조). 그러나 세출예산 중 경비의 성질상 당해 연도 내에 그 세출을 끝내지 못할 것이 예상되어 명시이월비로서, 특히 그 취지를 세입·세출예산에 명시하여 미리 시의회의 의결을 얻은 금액은 이를 다음 연도에 이월하여 사용할 수 있으며, 세출예산 중 당해 연도 내에 지출하지 못한 경비와 지출원인행위를 하지 아니한 그 부대경비의 금액은 사고이월비로서 다음 연도에 이월하여 사용할 수 있다(지방재정법 제50조).

또한 시장은 공사나 제조 기타의 사업으로서 그 완성에 수년을 요하는 것은 소요경비의 총액과 연도별 금액에 대하여 시의회의 의결을 얻어 계속비로서 수년도에 걸쳐 지출할 수 있다(지방재정법 제42조).

4) 예산 목적 외 사용 금지의 원칙

시장은 세출예산에 정한 목적 외에 경비를 사용하거나 세출예산이 정한 각 장(章)·관(款)·항(項) 사이에 상호 이용(移用)할 수 없다. 다만 예산집행상의 필요에 의하여 미리 예산으로서 시의회의 의결을 얻은 때에는 이용할 수 있다. 또한 시의 기구·직제 또는 정원에 관한 법령이나 조례의 제정 또는 개폐로 인하여 관계 기관 사이에 직무 권한, 기타의 변동이 있을 때에는 그 예산을 상호 이체(移替)할 수 있다(지방재정법 제47조).

3 도시정부의 예산 과정

1) 도시정부 예산 과정의 의의

도시정부의 예산 과정은 중앙정부의 경우와 유사하게 도시정부가 한 해 동안의 예산안을 편성해서 심의와 의결을 통해 확정된 예산을 토대로 계획된 사업 활동에 대한 예산을 집행하고 이를 결산하게 되는 일련의 과정을 통틀어 말한다. 예산 과정은 복잡한 정치적 과정으로서 이에 직·간접적으로 개입하는 참여자들의 행태는 다양하다. 도시정부의 예산 과정에 참여하는 주체로는 시장, 예산담당 관료와 각 부서의 실·과장, 시의회 의원, 정당, 이익집단, 행정안전부 장관을 비롯한 각 중앙관서장 및 관계 공무원, 지역 주민 등이 있다. 이들은 도시정부의 예산 결정 과정에서 활발한 상호 작용을 하게 되며, 일련의 예산 관련 행태를 표출한다.

지방자치제가 민주주의의 중요한 확보 수단이며 민주정치의 교육장이라는 점에서 볼 때 도시정부의 예산 과정은 시민의 의사가 충분히 반영되고 그들의 비판과 통제하에 있지 않으면 안 될 것이다. 이러한 취지에서 도시정부의 예산은 지역 주민에게 공개돼야 하며, 도시정부는 이를 위한 제도적 장치를 갖춰야 한다. 예산의 공개성을 확보함으로써 예산에 대한 민주적 통제를 강화하며 지역 주민의 이해를 반영시켜 정책을 수행해 나감으로써 진정한 지역의 주인은 바로 시민이라는 지방자치의 본질을 구현해 나갈 수 있을 것이다.

그런데 현재까지는 도시정부의 예산 과정에서 예산의 공개성이 제대로 확보되지 못함으로써 지역 주민의 이익 표출에 따른 갈등 문제는 미흡하게 관리되고 있는 실정이다. 이러한 문제는 시민에 대한 예산의 공개성과 갈등관리 능력의 배양을 통해 상당 부분 보완할 수 있을 것이다. 결국 예산 과정은 정치적 합리성과 경제적 합리성이 동시에 확보돼야 하는 과정으로 이해해야 한다. 이러한 도시정부 예산의 편성·심의 체계를 간단히 나타내면 [그림 7-1]과 같다.

2) 도시정부의 예산 과정

(1) 예산편성

도시정부의 예산 과정은 예산 부서가 시장의 정책 방향, 도시경제의 동향, 중앙정부의 정책, 도시재정 상태, 도시의 주요 이슈 등을 고려해 예산편성지침을 각 하부조직에 시달함으로써 시작된다.

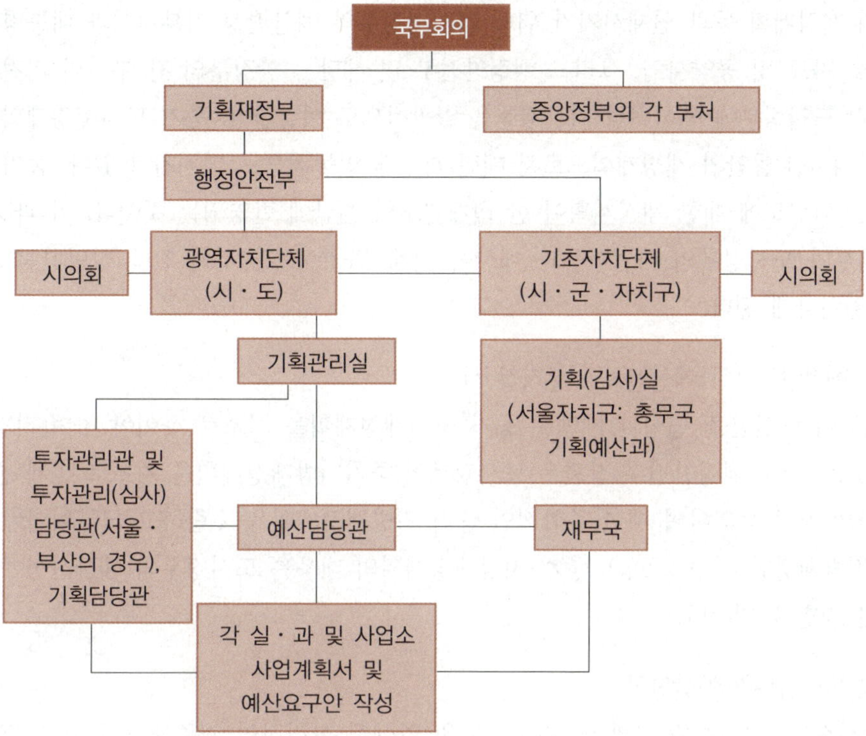

* 예산편성지침 시달: 행정안전부 장관 → 지방자치단체장(전년도 7. 31까지) → 각 산하기관(각 실 · 과 및 사업소)(전년도 8. 10까지)
* 예산안 편성 요구: 실 · 과 및 사업소 → 기획(관리)실(전년도 8. 30까지)
* 예산안의 지방의회 제출: 지방자치단체장 → 지방의회(시 · 도: 회계연도 개시 50일 전; 시 · 군 · 구: 회계연도 개시 40일 전)
* 예산안의 심의, 의결: 상임위 → 예결위 → 본회의(시 · 도: 회계연도 개시 15일 전; 시 · 군 · 구: 회계연도 개시 10일 전)
* 의결된 예산안의 이송: 지방의회 의장 → 지방자치단체장(예산안 의결 후 3일 이내)

그림 7-1 도시정부 예산의 편성 · 심의 체계

도시정부의 예산편성 과정은 다음의 4단계 과정을 거친다.

① 중기 도시재정계획의 수립과 제출

시장은 재정을 계획성 있게 운영하기 위하여 중기 도시재정계획을 수립하여 시의회에 보고하고, 이를 행정안전부 장관에게 제출하여야 한다(지방재정법 제33조 1항). 도시정부의 예산이 편성되기 전 각 도시정부는 단년도(單年度) 사업활동과 중기 도시재정계획을 작성해 행정안전부에 제출하면 행정안전부에서는 이를 기획재정부가 작성한 중앙정부의 재정계획 등과 연계시키기 위해 기획재정부의 예산편성 기본지침과 대통령의 국정 연설 자료 및 공약사업, 그리고 행정안전부 및 해당 중앙정부의 각 부처의 의견을 수렴해 각 도시정부에 예산편성 기본지침을 일괄적으로 시달한다. 중기 도시재정계획은 도시정부의 5년 동안의 재정계획으로서 매년 작성돼 연동적으로 이뤄지고 있다. 중기 재정계획 중 단년도에 대한 재정계획이 한 회계연도의 예산에 반영되는 것이다. 이 과정에서 중앙정부와 도시정부의 사업활동과 예산이 연계되도록 소관 부처 간에 상당한 상호 작용이 일어나게 된다.

② 행정안전부의 예산편성 기본지침 시달

시장이 예산안을 편성할 때에는 중기 도시재정계획을 기초로 하여야 하며(지방재정법 제36조 4항), 행정안전부 장관은 도시정부의 중기지방재정계획을 기초로 관계 중앙행정기관의 장과 협의하여 매년 종합적인 중기 지방재정계획을 수립하고 국무회의에 보고한다(지방재정법 제33조 6항). 중기 지방재정계획의 내용은 도시정부의 예산편성에 매우 중요한 영향을 미친다.

③ 도시정부의 예산편성

도시정부는 법령 및 조례가 정하는 범위 안에서 합리적인 기준에 의하여 그 경비를 산정하여 예산에 계상하여야 하고, 모든 자료에 의하여 엄정하게 그 재원을 포착하고 경제의 현실에 적응하도록 그 수입을 산정하여 이를 예산에 계상하도록 하여야 한다(지방재정법 제36조 1항, 2항). 또한 예산안의 편성은 시장만이 할 수 있다. 따라서 비록 시의회가 사용할 각종 경비에 대해서도 시장이 시의회의 의견을 들어 예산안을 편성한다.

시장은 산하기관(각 실 · 과 및 사업소)의 예산편성 요구서를 통합 · 조정하여 회계연도마다 예산안을 편성하여 광역자치단체의 경우에는 회계연도 개시 50일 전(11월 11일)까지, 기초자치단체의 경우에는 회계연도 개시 40일 전(11월 21일)까지 시의회에 제출하여야 한다(지방자치법 제142조 1항).

④ 예산안의 수정과 추가경정예산

시장은 시의회에 예산안을 제출한 후 부득이한 사유로 인하여 그 내용의 일부를 수정하고자 할 때에는 수정예산안을 작성하여 시의회에 다시 제출할 수 있다(지방자치법 제142조 4항). 그리고 예산에 변경을 가할 필요가 있을 때에는 추가경정예산안을 편성하여 시의회의 의결을 얻어야 한다(지방자치법 제145조).

(2) 예산안의 심의와 의결

시의회는 주민의 직접선거로 구성되는 도시정부의 최고 의사결정기관으로서 시장이 제출한 예산안을 심의하고 의결하는 권한을 가지고 있다. 예산 심의는 시민의 대표기관인 시의회가 도시정부의 정책 수준을 결정하고 집행기관을 감독하게 된다는 점에서 재정적 민주주의를 구현하는 방안이다. 구체적으로는 법령 및 조례가 정하는 범위 안에서 합리적 기준에 따라 그 경비를 계상해 도시정부의 세출예산이 결정됐는가 하는 것과 모든 자료에 의해 엄정하게 그 재원을 포착하고 경제의 현실에 적응하도록 그 수입을 산정해 이를 세입예산에 계상했는가를 검토하는 과정이다. 또한 의회의 예산 심의는 의결을 통해 예산안을 확정시킴으로써 법률적인 효력을 부여하는 기능을 가지고 있다. 시의회의 예산 심의 과정은 시장이 예산안을 시의회에 제출하고 이를 본회의에 보고함으로써 시작된다.

① 예산안의 시의회 제출

시장은 회계연도마다 예산안을 편성하여 광역자치단체는 회계연도 개시 50일 전까지, 기초자치단체는 회계연도 개시 40일 전까지 시의회에 제출하여야 한다(지방자치법 제142조 1항). 시장은 예산안을 제출한 후 부득이한 사유로 인하여 그 내용의 일부를 수정하고자 할 때에는 수정예산안을 작성하여 시의회에 다시 제출하여야 한다(지방자치법 제142조 4항).

② 상임위원회 및 예산결산특별위원회의 심의

시의회에 예산안이 제출된 때에는 시장으로부터 예산안에 대한 설명을 들은 후 의장은 이를 소관별 상임위원회에 회부하고 소관별 상임위원회는 예비심사를 하여 그 결과를 의장에게 보고한다. 의장은 예비심사결과보고서를 첨부해 예산안을 예산결산특별위원회에 회부하고 그 심사가 끝난 후 본회의에 부의한다.

시의회에서의 심의 확정 기한을 보면, 광역 시의회에서는 회계연도 개시 15일 전까지, 기초 시의회에서는 회계연도 개시 10일 전까지 이를 의결하여야 한다(지방자치법 제142조 2항). 그리고 시의회는 시장의 동의 없이 지출예산 각 항의 금액을 첨가하거나 새 비목(費目)을 설치할 수 없다(지방자치법 제142조 3항).

위원회 중심주의가 아닌 시의회에서는 시장의 제안 설명을 듣고 곧바로 심사 기간을 정해 예결위에 회부하고 그 심사가 끝난 후 본회의에 부의한다. 의회에 따라 의원 정수가 극히 적어 예결위의 설치와 운영이 용이하지 않은 경우에는 예산은 본회의에서 바로 심사할 수 있다.

③ 예산의 이송 및 고시

시의회의 의장은 예산안이 의결된 때에는 3일 이내에 이를 당해 시장에게 이송하여야 한다. 시장은 예산의 이송을 받은 때에는 지체없이 광역자치단체는 행정안전부 장관에게, 기초자치단체는 도지사에게 각각 보고하고, 그 내용을 고시하여야 한다. 다만 예산상 집행이 불가능한 의결의 재의 요구를 할 때에는 그러하지 아니하다(지방자치법 제149조).

④ 재의의 요구

시장은 시의회의 의결이 예산상 집행할 수 없는 경비가 포함되어 있다고 인정되는 때에는 그 이유를 붙여 재의를 요구할 수 있다. 또한 법령에 의하여 지방자치단체에서 의무적으로 부담하여야 할 경비나 비상재해로 인한 시설의 응급 복구를 위하여 필요한 경비를 삭감하는 의결을 할 때에도 재의를 요구할 수 있다(지방자치법 제121조 1항, 2항).

이러한 요구에 대하여 재의의 결과 재적 의원 과반수의 출석과 출석 의원 3분의 2 이상의 찬성으로 전과 같은 의결을 하면 그 의결 사항은 확정된다(지방자치법 제120조 2항).

(3) 예산집행

예산의 집행이란 시의회에서 의결·확정된 예산에 따라 수입을 조달하고 공공경비를 지출하는 재정활동을 의미한다.

① 예산의 배정 및 재배정

예산이 성립되면 시장은 세입·세출, 계속비, 채무부담행위와 명시이월비를 포함한 예산배정계획서를 작성하고, 이에 의하여 시의회 사무기구, 보조기관, 소속 행정기관 및 하부 행정기관에 예산을 월별 또는 분기별로 배정하여야 하는데, 예산배정계획서는 세입예산 월별 징수계획서와 세출예산 월별 지출계획서를 근거로 작성하여야 한다(지방재정법시행령 제56조).

② 조기 집행

도시정부의 예산이 성립되지 못한 경우에 ① 법령이나 조례에 의하여 설치된 기관 또는 시설의 유지와 운영, ② 법령 또는 조례상 지출 의무의 이행, ③ 이미 예산으로 승인된 사업의 계속 등을 위한 경비는 전년도 예산에 준하여 집행하여야 하고, 이에 의하여 집행된 예산은 당해 연도의 예산이 성립되면 그 성립된 예산에 의하여 집행된 것으로 본다(지방재정법 제46조 및 지방자치법 제146조).

③ 예산집행의 신축성

예산집행에 신축성을 부여함으로써 사업계획이나 여건 변화에 따른 집행의 효율화를 기하기 위하여 이용, 전용, 이체, 이월, 계속비, 예비비 등의 제도를 예외적으로 인정하고 있다(지방재정법 제42조, 제43조, 제47조, 제49조, 제50조 참조).

(4) 결산의 검사·승인

시장은 출납 폐쇄 후 80일 이내에 결산서 및 증빙서류를 작성하고 시의회가 선임한 검사위원의 검사의견서를 첨부하여 다음 연도 시의회의 승인을 얻어야 한다. 시장은 이에 대한 승인을 얻은 때에는 이를 5일 이내에 광역자치단체는 행정안전부 장관에게, 기초자치단체는 도지사에게 각각 보고하고 그 내용을 고시하여야 한다(지방자치법 제150조).

① 세입·세출결산의 제출

시장은 세입·세출결산을 작성하여 예산안의 제출 시에 이를 시의회에 제출하여야 한다. 시의회에 제출하는 세입·세출결산에는 세입·세출결산보고서, 계속비결산보고서, 도시정부의 채권·채무에 관한 보고서를 첨부하여야 한다. 계속비의 결산보고서는 그 계속비의 연부액의 최종 지출이 속하는 연도의 세입·세출의 결산보고서와 함께 제출한다(지방재정법시행령 제59조).

② 결산검사위원 선임 및 결산검사 사항

시의회가 선임하는 결산검사위원회의 수는 광역자치단체는 7명 이상 20명 이내, 기초자치단체의 경우에는 7명 이상 10명 이하로 한다. 검사위원은 당해 시의회 의원이나 공인회계사 등 재무관리에 관한 전문지식과 경험을 가진 자 중에서 선임하되, 도시정부의 상근직원은 검사위원이 될 수 없다(지방자치법시행령 제83조).

검사위원의 결산검사 사항은 ① 결산개요 ② 세입·세출의 결산, ③ 재무재표, ④ 성과보고서, ⑤ 결산서의 첨부서류, ⑥ 금고의 결산 등이다. 검사위원은 결산검사 종료 후 10일 이내에 검사의견서를 당해 시장에게 제출하여야 하며, 시의회는 결산 심의 시 필요하다고 인정하는 때에는 검사위원을 출석시켜 설명을 들을 수 있다(지방자치법시행령 제84조).

3) 도시정부 예산 과정의 문제점

도시정부의 예산 과정에서 나타나는 문제점은 중앙정부의 예산 과정에서 나타나는 문제가 거의 그대로 적용되나 또한 독특한 문제도 있다. 여기서는 이러한 독특한 문제점을 몇 가지 지적해 보고자 한다.

(1) 중앙정부에의 지나친 의존성

도시정부의 예산 과정에서 나타나는 가장 큰 문제점 중의 하나는 예산이 중앙정부에 지나치게 예속돼 있다는 점이다. 도시정부는 중앙정부에 예산의 약 절반가량을 의존하고 있기 때문에 이러한 의존재원(지방교부세나 국고보조금 등)이 중앙정부에서 확정되기 전까지는 사실상 예산의 편성이 불가능하다는 점이다. 따라서 추가경정예산(追加更正豫算)의 편성이 불가피해지게 된다.

(2) 중앙정부의 지나친 간섭

우리나라의 경우 행정안전부가 도시정부의 예산 관련 업무 수행에 지나칠 정도로 간섭해 도시정부의 자율성이 크게 침해받고 있다. 물론 도시정부가 추진하고 있는 사업의 상당수가 중앙정부의 재정보조로 이뤄져 어느 정도의 지도·감독은 불가피하다고 본다. 그러나 지나친 간섭은 오히려 사업의 효율성과 나아가 목표에 대한 대응성을 저해하게 된다.

(3) 예산 과정에서 주민 참여의 미흡

예산의 기능 중 통제 기능은 가장 근본적인 기능이다. 사람들은 특히 돈과 관련해서는 쉽게 부패하는 경향을 누구나 가지고 있다. 따라서 예산의 공개성이 절실히 요구되고 주민의 진정한 참여가 요구된다. 이때 한 가지 지적해야 할 점은 공개 내용이 명료하고 일반 시민이면 누구라도 쉽게 이해할 수 있어야 한다는 것이다. 주민 참여를 활성화하기 위해 주민참여예산제도[1]를 도입하고 있기는 하지만, 아직 제도적 실효성을 거두기 위해서는 더 많은 노력이 요구된다.

(4) 예산 전문지식 보조 체계의 미흡

이는 예산의 심의 과정에서 나타나는 문제인데, 시의회 의원이 예산안을 심의할 때 이를 도와줄 전문인 보조 체계가 미흡하다는 점이다. 시의회 의원은 정치인으로서 예산

1) 주민참여예산제도는 시장이 도시정부 예산편성 과정에서 주민이 참여할 수 있는 절차를 마련해서 시행하는 것을 의미한다. 시장은 예산편성 과정에 참여한 주민의 의견을 수렴해 그 의견서를 시의회에 제출하는 예산안에 첨부한다(지방재정법 제39조).

관련 전문인이면 좋지만 대개 그러하지 못하고 또한 그럴 필요도 없다. 의원이 교체되더라도 계속 전문적 지식을 누적적으로 축적해 각각 소속 의원에게 예산에 관련된 자료의 수집과 분석, 집행의 감시, 보고분석 등에 대해 전문적 조언을 해 줄 수 있는 전문지식 보조 체계가 필요하다.

(5) 감사기관의 중앙예속화

현재 예산집행 후의 결산에 대한 감사는 중앙의 감사기관이 담당하고 있다. 그러나 현재의 감사원의 능력으로는 도시정부의 예산집행까지를 감사할 능력이 없으며, 그렇게 하는 것이 권력 분립에 바람직한 것도 아니다. 차라리 도시정부의 감사원을 미국처럼 시민이 직접 선출하는 방안을 고려할 수도 있을 것이다.

제2절 도시정부의 세입

1 도시정부 세입의 의의

도시정부의 세입은 도시정부가 그 기능을 수행하는 데 필요한 경제적 재원이 되는 금전적 수입이다. 수입 가운데 한 회계연도에 확정된 것을 세입이라고 부른다. 도시정부의 세입은 크게 시세(市稅: 재산세 등), 세외수입(사용자 부담금, 내부수입 등), 중앙정부로부터의 이전수입(교부세, 보조금 등), 채무(지방채) 등으로 구성돼 있다([그림 7-2] 참조).

도시정부의 세입은 다음과 같은 기준에 따라 구분해 볼 수 있다.

(1) 자주성

수입의 자주성 여부에 따라 자주재원과 의존재원으로 구분해 볼 수 있다. 자주재원

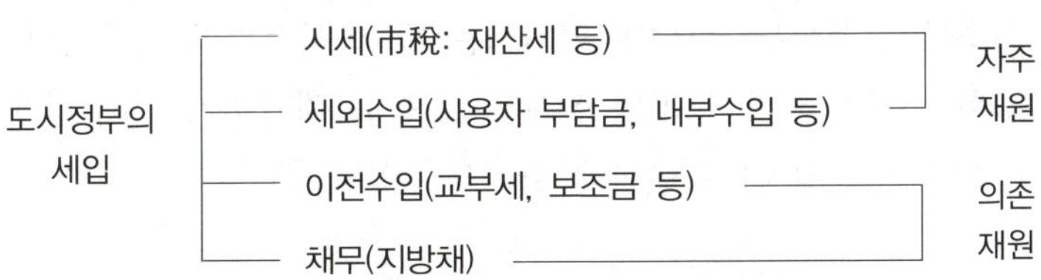

그림 7-2 세입의 구성 요소

에는 시세 · 세외수입 · 내부자원수입 등이 포함되며, 의존재원에는 국고보조금 · 지방교부세 · 양여금 등 이전재원과 지방채 수입이 포함된다.

(2) 사용의 제약성

사용의 제약성 여부에 따라 제약성이 없는 일반재원과 제약성이 있는 특정재원으로 구분해 볼 수 있다. 일반재원에는 시세 · 세외수입 · 지방교부세 등이 포함되며, 특정재원에는 국고보조금 · 지방채 수입 등이 포함된다.

(3) 수입의 규칙성과 안정성

수입의 규칙성과 안정성의 정도에 따라 경상수입과 임시수입으로 구분해 볼 수 있다. 경상수입에는 지방세 · 사용료 수입 · 사업장 수입 · 수수료 수입 · 이자수입 · 재산수입 · 교부금 등이 포함되며, 임시수입에는 재산매각수입 · 전입금 · 이월금 · 지방채 · 기부금 · 잡수입 · 과년도 수입 등이 포함된다.

2 세입분석의 단계 모형

도시정부의 세입을 분석하는 목적은 정부가 이용 가능한 수입의 현 수준, 그것의 성장 잠재력 및 안정성 등을 파악하는 것이다. 즉, 현 수입의 정도를 이론상의 최고치(즉 필요했더라면 얼마 정도의 수입 액수가 존재했겠는가)와 비교한다든지, 만약 가능하다면 어떤 세입이 어느 정도 효율적으로, 그리고 형평적으로 이뤄질 수 있는지 등이다. 이러한 세입에 대한 정보는 만약 도시정부가 필요하다면 현재나 미래에 수입을 증가시킬 수 있는 가능성을 측정하는 데 필요한 것이다. 이것은 달리 보면 정부의 행정 상태에 대한 분석에 해당하는 것이다.

도시정부의 세입분석은 다음과 같은 네 가지 주요 단계를 거친다.

(1) 경제적 기반에 대한 분석

경제적 기반(economic base)에 대한 분석은 한 도시정부가 수입으로 확보하는 재원 혹은 경제적 기초를 분석하는 것이다. 여기서는 한 도시정부의 기본적인 재정력, 수입 선택의 독립성, 한 정부에 의해 부과된 실제 수입 등을 평가하기 위해 경제적 기반의 수준과 이것의 시간의 흐름에 따른 변화에 관심을 둔다.

(2) 수입 기반에 대한 분석

수입 기반(revenue base)에 대한 분석은 도시정부가 수입을 확보할 수 있는 실제적인 방법을 분석하는 것이다. 여기서는 한 도시정부가 어떻게 자신의 경제적 기반을 수입 목적을 위해 개발하는가와 정부에 의해 사용된 특정 조세와 비조세 기반의 수준과 이의 변화를 분석하는 데 초점을 둔다. 이러한 수입분석을 통해 한 도시정부에서 사용한 실제 수입 방법의 성장 잠재력과 안정성을 결정할 수 있다. 이는 또한 도시정부의 수입 확보 방법의 효율성과 형평성을 평가할 수 있게 해 주기도 한다.

(3) 실제 수입에 대한 분석

실제 수입(actual revenues)에 대한 분석은 정부의 활동을 재정적으로 충당하기 위해 도시정부가 사용하는 여러 유형의 조세 및 비조세 수입의 수준과 이의 변화를 분석하는 것이다. 여기서는 재정명세서(financial statements)와 예산서가 제공해 주는 수입 자료를 검토해서 정부가 의존하고 있는 여러 수입원을 평가하는 것과 관련이 있다.

(4) 재정력과 여력에 대한 분석

재정력(revenue capacity)과 여력(reserves)에 대한 분석은 수입의 측면에서 정부의 재정 상태를 평가하기 위해 위의 세 가지 단계를 결합하는 것이다. 여기서의 주된 관심은 한 도시정부의 수입 확보 능력과 이 능력이 이용돼 온 정도다. 그리고 또한 도시정부의 가용 범위 내에서 통제할 수 있는 재정 여력의 정도와 이것의 증감 여부가 관심의 초점이 된다. 이러한 여러 수입 측정 요소 간의 상호 관계를 요약하면 [그림 7-3]과 같다.

한 도시정부의 경제적 기반은 그 정부의 관할권 내의 경제적 부(富)에 의존한다. 정부의 이러한 부는 조세나 수수료와 같은 구체적인 수입 확보 방법을 통해서만 개발할 수 있는데, 이는 결국 그 도시정부의 수입 기반을 결정하게 된다. 만약 그 도시정부가 이러한 기반을 가능한 최고 수준까지 개발한다고 가정하면(즉 세율, 사용자 부담금 및 수수

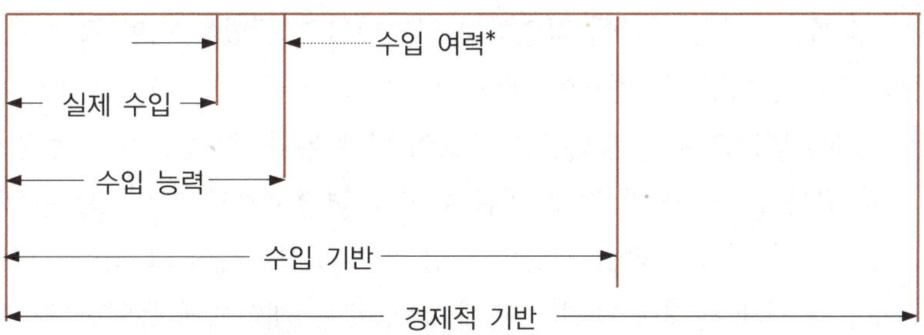

그림 7-3 수입 관련성 모형

주: * 만약 실제 수입이 수입 능력보다 더 크게 되면 음(−)의 기호가 된다.
자료: Berne & Schramm(1986: 99).

료를 최고로 가능한 수입액을 가져오는 수준에 설정) 이는 그 도시정부의 수입(혹은 재정) 능력이라고 불리는 연간 최고 수입 수준을 가져온다. 실제 수입은 조세나 기타 방법에 의해 현재 확보된 금액이며, 실제 수입과 수입 능력 간의 차이는 연간 최고 수입 여력 혹은 미개발된 수입 여력이 된다. 이 여력은 도시정부가 지니는 여유의 한 단면이며, 이로써 정부는 필요하다면 수입을 증가시킬 수 있다.

3 세입의 효율성과 형평성

수입분석에서 다루는 주된 관심사는 정부 수입의 이용 가능성, 성장 안정성 등을 파악하는 것인데, 이에 더해 수입의 효율성과 형평성을 고려하는 것이 매우 중요하다. 이는 수입 방법에 따라 사용에 따른 비용에 차이가 있을 수 있고(효율성), 궁극적인 수입 제공자의 측면에서 공정성에 차이가 있을 수 있다(형평성). 여기서는 이에 대해 간단히 검토해 본다.

1) 효율성

수입 방법에 따라 자원 배분 효과가 달라진다. 가령 여러 조세 방법과 사용자 부담금을 통해 1백만 원의 수입이 거둬졌다고 가정하자. 이때 도시정부의 수입으로 제공된 1백만 원의 비용 외에 수입 방법의 차이에 따른 초과 부담 또는 효율성 비용으로 불리는 다른 비용이 소요되기도 한다. 이러한 추가적 비용은 수입 방법이 세금이나 사용자 부담금을 지불하는 사람들이 내리는 무수한 경제적 결정에 대해 미치는 영향으로 인해 생기는 것이다. 즉, 이들이 내리는 결정에는 소득 및 여가, 현재 및 미래 소비, 소비할 재화나 서비스의 유형 등에 대한 결정이 포함된다. 도시정부가 사용하는 특정 수입 방법은 시민들의 입장에서 볼 때, 그러한 부담에 직면하지 않았더라면 내렸을 어떤 결정에 영향을 미칠 수 있는데, 이러한 영향, 즉 결정에 대한 변화가 크면 클수록(그리고 개인적 만족감이 그 과정에서 상실되면) 그 수입 방법은 효율성이 낮게 된다. 특정 조세의 '중립성'은 이러한 조세에서의 변화가 개인들의 경제 행위 유형을 변경시키지 않는 정도를 의미한다.

조세 유형에 따라 영향을 받는 개인의 결정 유형도 상이하며 그 영향의 정도도 상이하게 된다. 개인의 경제 상태나 행위에 관계 없이 모든 개인에게 동일한 양이 부과되는 총액(lump sum)세나 '인두세(人頭稅)'는 효율적인 조세로 간주된다. 이러한 조세는 누구도 피할 수 없는 것이기 때문에 이로 인해 개인들은 근로 시간이나 소비 행태 등을 변화시키려 하지 않고, 따라서 개인의 경제행위를 왜곡시키는 비용은 발생하지 않는다. 면제가 없는 일반 소비세는 개인이 얼마를 저축하고 얼마를 소비할 것인가에 대한 결정에는 영향을 미칠지 모르지만, 소비할 재화나 서비스의 상대적 양의 선택에는 영향을 미치지 않는다.

한편 선택적 소비세나 재산세는 소비하는 특정 재화나 서비스의 비용에 영향을 미쳐 이는 결국 개인으로 하여금 그 세금을 피하거나 또는 감소시키려는 노력을 유발함으로써 자신들의 소비 행태를 바꿀 수 있다. 조세가 개인의 경제행위에 미치는 순효과나 수입 확보 방법으로서 효율성에 미치는 영향을 결정하기 위해 조세의 개별적 유형과 세율 및 조세 기반의 정확한 형태 등을 자세히 고려해야 한다.

조세의 경우와 마찬가지로 사용자 부담금이 효율적일 수도 있고 비효율적일 수도 있다. 가령 편익이 구체적인 개인에게 발생하는 재화나 서비스에 사용자 부담금이 부과되고, 또한 이러한 개인들은 자신이 누리는 편익에 비례해 지불한다면 사용자 부담금은 그러한 재화나 서비스를 생산하는 데 소요되는 한계비용과 동등하며, 이는 효율적인 것으로 간주된다. 이러한 형태의 사용자 부담금은 본질적으로 가격을 의미하며, 자원의 효율적 배분을 위한 조건으로서 한 상품에 부과된 가격 또는 가치가 그 상품을 생산하는 데 소요된 한계비용과 동등해야 된다. 그러나 한계비용과 일치하지 않는 사용자 부담금이나 가격은 그 재화나 서비스의 과잉 생산 또는 과소 생산을 초래하게 될 것이며, 이는 결국 자원 배분의 비효율성을 가져오게 될 것이다. 좀 더 단순하게 말하자면 사용자 부담금은 가격(즉 소비되는 생산물의 단위당 부담금)과 같은 역할을 수행하면서 생산물의 생산에 한계비용 접근을 하는 정도까지는 효율적인 수입 확보 방법이 될 것이다.

한편 정부간 이전지출에서는 이러한 수입이 중앙정부에 의해 어떻게 확보됐으며 그 교부금이 중앙정부에 의해 어떻게 배분됐는가에 따라 효율성이 달라진다. 예를 들면 수입 확보 측면에서 보면 중앙정부의 교부금이 중앙정부의 일반 소비세에서 충당되는 것이라면 연료세와 같은 특별소비세에 비해 더 효율적이 될 것이다. 교부금 배분 측면에서 보면 배분 방식이 달라짐에 따라 교부금을 받는 정부의 행위에 상이한 유인을 초래하게 된다. 예를 들면 액수가 고정된 교부금의 경우 비록 그것이 어떤 특정 기능을 의도했다고 할지라도 도시정부가 다양한 목적으로 사용할 수 있는 소득의 증가로서 역할을 하게 될 것이다. 한편 연계성(matching) 교부금은 도시정부가 특정 기능을 수행하도록 하는 데 더 효율적이다.

수입 확보 방법 그 자체의 경제적 비용 외에도 순응이나 행정비용과 같은 다른 비용도 있다. 소득세나 소비세는 순응 확보를 위해 상당한 시간과 서류 작업을 요구하며 재산세의 경우에는 정교한 재산평가 절차를 요구하게 된다. 이러한 수입 방법의 특성으로 인해 정부나 수입 제공자는 추가적인 비용을 부담하게 된다.

2) 형평성

여러 가지 상이한 수입원은 효율성 측면뿐만 아니라 형평성 측면에서도 평가될 수 있는데, 이때 수입의 형평성은 궁극적으로 정부에 그 수입을 제공하는 사람들의 지불 능력에 달려 있다. 일반적으로 만약 특정 수입 방법이 저소득자에 비해 고소득자에게 더 높은 비율의 소득을 정부에 지불하게 한다면 이 수입 방법은 반대 결과를 가져오는 방법보다 더 공평한 것으로 간주된다. 그리하여 소득 수준에 따라 비율이 증가하는 누진 소득세는 소득에 독립적인 총액세나 식품과 의류와 같은 필수품에 부과되는 소비세보다 더 공평한 것으로 간주된다.

특정 수입 방법의 형평성을 결정하기 위해서는 누가 실제로 조세를 부담하는가에 대한 지식이 필요하다. 이것은 단순한 질문은 아니다. 왜냐하면 조세를 현금으로 지불하는 개인이나 조직은 다른 개인이나 조직에게 조세비용을 전가시킬 수 있기 때문이다. 따라서 가옥주는 선세가를 높임으로써 재산세를 전세사에게 전가시킬 수 있으며, 소매상들은 가격을 높임으로써 담배판매세를 흡연자에게 전가시킬 수 있다. 한 특정 조세를 타인에게 전가시킬 수 있는 능력을 결정하는 요인은 많으며, 그리하여 경제학자들 간에 조세의 종류에 따른 전가 범위에 대해 상당한 논쟁이 있다.

사용자 부담금에 대한 형평성 결정은 정부에 의해 제공되는 재화나 서비스의 수요가 소득과 관련해 탄력적인지 또는 비탄력적인지의 여부와 관련돼 있다. 일반적으로는 비탄력적인 것으로 알려져 있다. 즉, 정부에 의해 제공되는 재화나 서비스에 대한 수요는 소득 변화에 크게 영향을 받지 않는 경우가 대부분이다. 상하수도, 전기, 대중교통과 같은 재화나 서비스는 대부분 이러한 조건을 충족시키게 된다. 이러한 서비스에 대한 지출은 고소득 집단의 총예산에서 차지하는 비중이 매우 낮다. 결과적으로 이러한 서비스에 대한 부담금은 저소득층에게는 다소 높은 '부담'(소득에서 다소 높은 비중)이 되고 형평성은 상대적으로 낮은 수입원이 된다.

4 시세

1) 시세의 의의

시세(市稅)란 도시정부가 공공 활동 수행에 필요한 비용을 충당하기 위해 시민으로

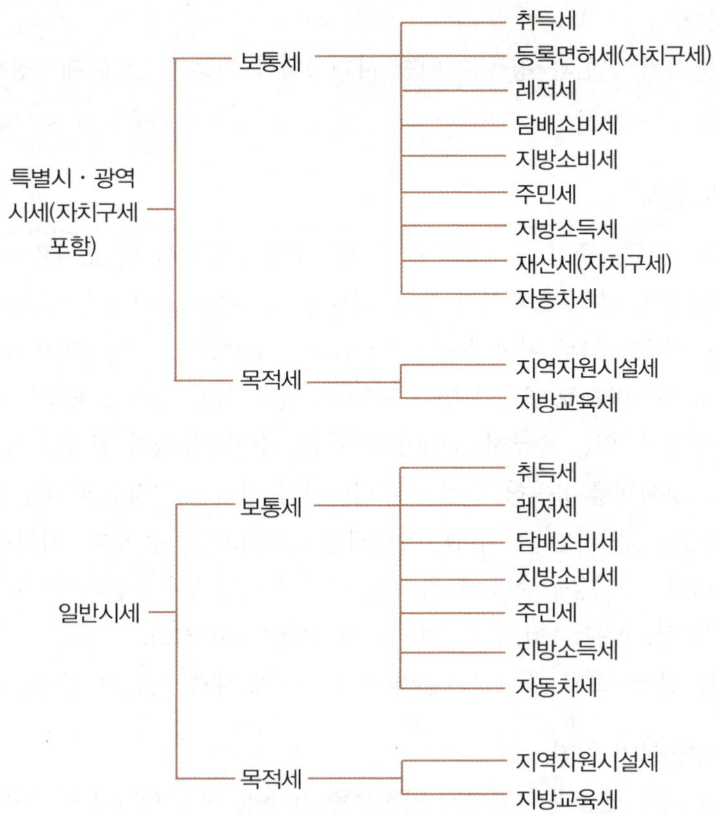

그림 7-4 시세의 구조

부터 개별적 보상이 없이 징수하는 화폐적 수입이다. 이는 도시정부의 수입으로서 가장 기본적인 수입이다. 우리 나라의 시세는 특별시 · 광역시세와 일반시세로 이원적 구조를 취하고 있다. 시세의 종류를 살펴보면 [그림 7-4]와 같다.

2) 시세의 특징

시세의 특징은 국세의 특징이 거의 그대로 적용되나 몇 가지 점에서 독특한 면이 있다(박수영, 1992: 430).

① 시세는 도시정부의 과세권에 의해 부과와 징수에 강제성을 가진다. 이는 국민의 납세 의무의 구체적 실현이다.

② 시세는 도시정부의 재원 조달 목적 외에 공공서비스에 대한 이익 향유의 대가적 성질을 가지고 있다. 이는 수익자 부담의 성격을 강조하는 응익적 조세의 성질을

의미한다.

③ 시세는 복지 실현과 평등을 위한 사회정책적 기능과 함께 재정정책적 수단이 된다.

3) 시세의 원칙

일반적으로 국세를 중심으로 해서 이상적인 조세가 갖춰야 할 조건으로서 수입충분성의 원칙, 공평성의 원칙, 효율성의 원칙, 세무행정상 편의의 원칙 등이 제시되고 있다. 이러한 조세 원칙들은 물론 지방세에도 적용된다고 하겠으나, 지방재정의 특성상 그 적용의 정도는 국세와 비교해 한계가 있다고 할 수 있다. 예를 들어 조세수입은 국가의 재정 수요를 감당할 수 있는 충분한 것이어야 한다는 수입충분성의 원칙의 경우 전국적으로 통일적인 지방세제를 유지하고 있는 우리나라의 경우 도시정부의 재정 능력이 매우 다양하다는 특성을 감안하면 그 의미는 제한적인 것이라고 할 수 있다. 시세는 각국의 역사적 전통에 따라 그 내용을 형성해 왔지만, 규범적 측면에서 다음과 같은 기준을 고려할 수 있다(박수영, 1992: 430-431; 강인재 외, 1993: 310-312).

아래에서는 일반적으로 제시되는 지방세의 원칙에 대해 간단히 설명한다.

(1) 세수 안정성의 원칙

시세수입은 경기 변동과 무관하게 안정성을 지녀야 한다. 왜냐하면 도시정부의 지출은 탄력성이 낮고, 도시정부는 기채(起債) 능력이 제약돼 있으며, 도시정부 수준에의 재정정책 실행의 어려움 등으로 경기 변동에 따른 세수의 신축적 적응이 어렵기 때문이다. 도시정부가 제공하는 보건, 위생, 상하수도, 교통 등 공공재들은 비교적 주민들의 생활과 밀접하게 관련돼 있기 때문에 이들의 공급은 안정적이어야 하고, 따라서 그 재원이 되는 세수(稅收)도 안정적이어야 한다.

(2) 지역성의 원칙

시세는 그 부담이 가급적 그 지역의 주민에 국한돼야 한다. 도시정부의 서비스 공급은 그 혜택이 대부분 그 지역에 귀속되는 응익성이 강하기 때문에 그 재원을 수혜자들로부터 조달하는 것이 자원의 효율적 배분을 위해 바람직하고 또한 공평성의 측면에서도 타당하다. 따라서 시세는 많은 경우 재산과세를 중심으로 해서 설정되는데, 이것은 그 부담에 대한 전가가 곤란하기 때문에 지역 내의 주민들이 거의 전적으로 부담한다고 여겨지기 때문이다.

(3) 세원 분포의 보편성

시세의 세원(稅源)은 가급적 전국에 걸쳐 보편적으로 분포돼야 한다. 세원 분포의 보편성은 과세의 지역 간 균형을 도모하며 결국 서비스의 지역적·재정적 균형을 가져올 수 있다.

(4) 응익(應益)의 원칙

도시정부가 제공하는 공공서비스는 주민의 일상생활에 밀접하게 관련돼 있어 개별적인 보상 관계의 성격이 강하다.

(5) 책임 분담의 원칙

시세의 부담은 가능한 한 많은 지역 주민에게 배분해야 한다. 이것은 지역의 구성원으로서 각 주민들의 참여 의식을 제고하고, 건전한 지방자치를 도모할 수 있게 해 준다.

(6) 조세 파급 효과의 지역성

도시정부가 제공하는 서비스의 효과는 그 지역 내에 한정될 필요가 있다. 그렇지 않으면 자원 배분의 왜곡을 초래하게 된다. 따라서 조세 파급의 지역성의 원칙은 조세의 파급 효과가 자원 배분의 왜곡을 초래하지 않기 위해 필요하다.

(7) 자원 배분의 효율성

도시정부는 중앙정부에 비해 공공지출의 공평성보다 자원 배분의 효율성을 높일 수 있는 세원이 더 바람직하다.

시세의 과세 표준은 조세법률주의에 따라 지방세법에 세목별로 그 내용이 규정돼 있지만, 실제 결정 과정에서 시장의 결정이 매우 중요한 역할을 하게 된다. 예를 들어 시장은 매년 각종 재산과세의 실질적인 과세 표준이 되는 토지나 건물 등의 과세시가 표준액을 결정해 발표하고, 도축세의 경우에도 소와 돼지의 시가를 시장이 조사해 결정하게 된다.

과세시가 표준액은 과세 대상이 되는 재산에 따라 그 결정 방법이 구분돼 있는데, 일반적으로 행정안전부의 과세시가 표준액 결정 및 조정지침에 따라 시장이 도지사의 승인을 얻어 매년 1회 조례로써 정하는 날에 결정해 고시하게 되며, 이를 보통 행정안전부 고시가격이라고 한다.

한편 시세의 세율은 많은 경우 표준 세율로 설정되어 있는데, 지방자치단체는 조례로써 일정한 범위 내에서 조정할 수 있다. 시세의 세율은 크게 과세 표준의 크기 등에 따라 세 부담의 정도가 어떻게 변하는가에 따라 정액세·비례세·누진세로 구분할 수 있고, 또 지방자치단체의 재량 유무에 따라 고정세율과 탄력세율로 구분할 수 있다.

4) 시세의 부과 및 징수

시세의 징수 방법에는 보통징수 방법, 신고납부 방법, 그리고 특별징수 방법 등 세 가지가 있다.

(1) 보통징수 방법

이는 세무공무원이 납세고지서를 해당 납세 의무자에게 교부해 지방세를 징수하는 방법이다. 주민세 균등할, 재산세, 종합토지세, 자동차세, 도시계획세, 공동시설세, 지역개발세 등이 이 방법에 의해 징수된다.

(2) 신고납부 방법

이는 납세 의무자가 그 납부할 시세의 과세표준액과 세액을 신고하고 동시에 신고한 세금을 납부하는 방법으로 취득세, 등록세, 마권세, 농지세, 담배소비세, 사업소세 등이 주로 이 방법에 의해 징수된다. 그러나 일정한 납부 기한까지 신고납부가 없거나 부족하게 납부한 경우에는 가산세를 가산해 보통징수 방법에 의해 징수하게 된다.

(3) 특별징수 방법

이는 시세의 징수에서 편리한 입장에 있는 자로 하여금 징수시키고 그 징수한 세금을 납입하게 하는 것으로서 주민세 소득할의 경우 원천징수 의무자나 농지세의 특별징수 의무자, 담배소비세의 경우 수입판매업자의 주사무소 소재지 시장, 도축세의 경우 도축장 경영자 등 일반적으로 징수에 편리한 입장에 있는 자가 특별징수 의무자가 된다. 일반적으로 특별징수 의무자가 징수한 세액을 납입하지 않거나 납세 의무자로부터 징수하지 않는 경우에는 가산세를 포함해 특별징수 의무자로부터 징수하며, 납세조합 등 일정한 특별징수 의무자에게는 납입 세액의 일정 부분을 징수교부금으로 교부할 수 있다.

5) 시세의 종류

(1) 의의

실제로 모든 유형의 정부는 본질적으로 조세권을 지니고 있거나 또는 그들의 재정수입의 대부분을 조세권을 지니고 있는 정부조직을 통해 충당하고 있다.

과세 방법은 어떤 측정 가능한 조세 기반에다 세율을 적용하는 것인데, 이로부터 조세수입이 발생하게 된다. 세율은 고정된 것일 수도 있고(예: 5% 소비세율), 조세 기반의 변화에 따라 또는 어떤 다른 특성에 따라(예: 소득 수준이 높을수록 더 높은 소득세율 또는 상이한 기업 유형에 따라 상이한 세율 등) 세율이 달라질 수도 있다.

모든 도시정부에 해당되는 조세 기반은 여러 형태의 부(재산이나 동산 혹은 부동산세), 소비(소비세), 이전(양도세) 등인데, 미국의 경우 도시정부에 따라 이러한 각 기반에 포함되는 활동과 이들이 측정되는 방법에서 상당한 차이를 보이기도 하지만 우리나라의 경우는 지금까지 모두 일률적으로 적용하고 있다.

다시 말하면, 우리나라의 경우 지방자치단체가 자치적인 조세권을 지니고 있지 못하다. 미국처럼 도시정부마다 상이한 세율과 조세 기반을 가진 국가에서는 도시정부가 이들을 사용할 때 법률적 제한을 광범위하게 가하고 있다.

아래에서는 우리나라의 시세 가운데 중요한 것으로 평가받는 몇 가지에 대해 간략히 살펴보기로 한다.

(2) 취득세

취득세는 특별시, 광역시, 그리고 도 단위에서 부과된다. 취득세는 재산권의 이전 과정에서 재산의 취득 사실을 포착해 과세하는 이전적 재산과세(유통과세)다. 이는 토지나 건축물 등 부동산을 중심으로 하는 재산권의 이전을 주요 과세 대상으로 하기 때문에 광의의 재산세에 속한다고 볼 수 있다. 취득세는 담세력을 재산권의 취득으로 파악함으로써 소득세, 소비세 등으로 파악되는 담세력을 보완해 주고 있다.

(3) 등록 · 면허세

등록세는 특별시, 광역시, 그리고 도 단위에서 부과된다. 등록세는 각종 재산권 기타 권리의 설정, 변경 또는 소멸에 관한 사항을 공부(公簿)에 등기 또는 등록하는 경우에 그 등기 또는 등록을 받은 자에게 부과되는 유통세의 일종이다(지방세법 제23조). 등록세의 주요 대상이 되는 공부에의 등기 목적은 권리의 취득, 이전, 변경 또는 소멸 등에 관한 일정한 법률 관계의 안전을 유지하기 위한 것이다. 따라서 개인은 자신의 권리를 법률로써 보호받기 위해서는 반드시 등록을 해야 한다. 이처럼 등록세는 개인의 재산권 등의 권리를 보호해 주는 등기 · 등록 등의 행정행위에 대한 수수료적 성격도 아울러 지닌다.

면허세는 각종 면허, 즉 면허 · 허가, 기타 명칭의 여하를 불문하고 그 특정한 영업설비 또는 행위에 대하여 권리의 설정 또는 금지의 해제를 하는 행정처분과 신고의 수리, 등록, 지정, 검사, 검열, 심사 등의 행정행위를 받은 자에게 부과되는 시세다(지방세법 제23조 2항). 면허세는 1950년에 국세로 신설했다가 1954년에는 지방세로 이전됐으며, 1973년 법 개정에 따라 종전의 권리의 설정 또는 금지의 해제에 추가해 신고의 수리, 등록, 지정, 검사, 검열, 심사 등의 행정행위도 과세 대상에 포함하게 됐다.

면허세는 정부의 행정행위에 대한 과세이며 납세 의무자는 이로 인해 일반적으로 편익 또는 권리를 획득하기 때문에 수수료적 성격이 강한 수익세의 일종이다(오연천, 1988: 124).

(4) 주민세

주민세는 특별시, 광역시, 시·군에서 부과된다. 주민세는 크게 균등할과 소득할로 구분된다. 균등할은 당해 시에 주소를 둔 개인과 법인에게 자치단체별로 균등하게 부과되는 인세(人稅)이고, 소득할은 당해 시에서 소득세·법인세·농지세의 납세 의무가 있는 개인과 법인에게 부과되는 소득세의 부가세적 성질을 지니는 조세다(지방세법 제74조).

주민세는 1972년 대도시 인구 분산 시책의 일환으로 3대 도시에 거주하는 전 가구에 부과함으로써 대도시의 인구집중 억제와 대도시 내 공장의 지방 이전 지원의 목적세적 성격을 가졌다. 그러나 1973년 신설된 주민세는 이러한 목적세적 성격보다는 도시정부의 재원 확충의 성격을 더욱 강하게 지니게 됐다.

(5) 재산세

재산세는 일반적으로 지역 내 건물의 평가액에 적용된다. 재산세의 비율은 고정된 것일 수도 있고 재산의 유형(예: 주거, 상업, 산업, 농장 등) 또는 건물 간에 따라 상이할 수도 있다. 이러한 재산가치는 정상적으로 시장 가치의 일정 비율로 평가되는데 이 비율이 반드시 100%가 될 필요는 없다. 현재 지방자치단체는 시장 가치보다 다소 낮게 재산을 평가하고 있는 실정이다.

재산세 수입은 정부 관할권 내 또는 과세 부과 지역 내 모든 과세 대상 재산의 가치에 달려 있다. 그리고 재산 가치는 재산의 유형, 관할권의 경제활동(조세 정책을 포함)이나 조건에 달려 있다. 주택이나 상업용 재산 가치는 주택 공급에 관련된 인구의 규모나 소득, 그리고 상업용 시설물의 수를 반영한다. 산업재산의 시장 가치는 지역 및 지역 외 시장의 규모와 그러한 산업시설물에서 생겨나는 이윤에 달려 있다. 그리하여 재산세 기반의 규모와 지역 관할권 내지 구역의 경제적 활동과 활력은 밀접한 관련을 맺고 있다. 또한 지적할 것은 위락(慰樂)재산이나 산업재산과 같은 일부 재산에 부과되는 재산세는 다른 지역에 거주하는 개인이나 조직에 '수출'될 수도 있다.

부동산을 포함한 재산은 도시정부가 안전하게 과세할 수 있는 중요한 세원이 된다. 소득이나 판매, 사업 등은 불황기에 세원이 감축될 수 있지만 부동산 등 재산은 이동성이 거의 없으며 과세에 대한 타 지역으로의 압출 효과가 거의 없다. 그런데 최근 들어 지방세 중 재산세가 차지하는 비중이 상대적으로 감소돼 왔다. 이는 주로 도시정부가 재산세 외의 다른 세종(稅種)에 의존하는 정도가 확대됐기 때문이다.

5 세외수입

1) 세외수입의 의의

도시정부의 세외수입은 가장 넓은 의미로는 도시정부의 자주수입(自主收入) 중에서 시세를 제외한 모든 수입을 의미한다. 협의의 세외수입은 이 중에서 매년 정기적으로 발생하는 경상적 수입만을 의미한다. 따라서 전입금, 이월금, 지방채, 기부금, 부동산 매각수입 등 임시적 수입은 여기서 제외된다. 그리고 가장 좁은 의미의 세외수입은 이 중에서 특별회계수입을 제외한 일반회계수입만을 의미한다. 여기에는 사용료, 수수료, 재산임대 수입, 사업장 수입, 이자 수입 등이 포함된다.

도시정부의 세외수입의 종류를 살펴보면 사용료, 수수료, 재산임대 수입, 사업장 수입, 징수교부금, 이자 수입, 재산매각 수입, 교부금, 이월금, 기부금 수입, 지방채, 융자금, 전입금, 부담금, 잡수입, 과년도 수입, 상수도 수입, 병원사업, 지하철사업, 주택사업, 하수도사업, 기타 특별회계수입 등이 포함된다([그림 7-5] 참조).

아래에서는 이들 모두를 자세히 살펴보지 않고 가장 좁은 의미로서의 세외수입만을 살펴본다. 이를 총칭해 일반적으로 '사용자 부담금(user charges)'이라고 부른다.

2) 사용자 부담금제

(1) 사용자 부담금제의 의의

미국의 경우 사용자 부담금은 도시정부의 수입원으로서 점차 중요한 위치를 차지하고 있으며, 우리나라도 도시정부의 총수입에서 사용자 부담금이 차지하는 비중이 점차 증가하고 있다.

원칙적으로 사용자 부담금은 사적 재(私的財)와 마찬가지로 정부에서 제공하는 서비스나 재화에 부과될 수 있다. 이때 서비스 수혜자는 명확히 규정될 수 있으며, 이에 대한 대가를 지불하지 않는 사람들(소위 무임승차자)에게는 편익이 돌아가지 않게 요금이 부과된다. 즉, 가정용 수도를 사용하거나, 공공 수영장에서 수영하거나, 시립병원에서 치료를 받거나, 지방 공립대학에서 수강을 하는 사용자는 비사용자와 쉽게 구별할 수 있다.

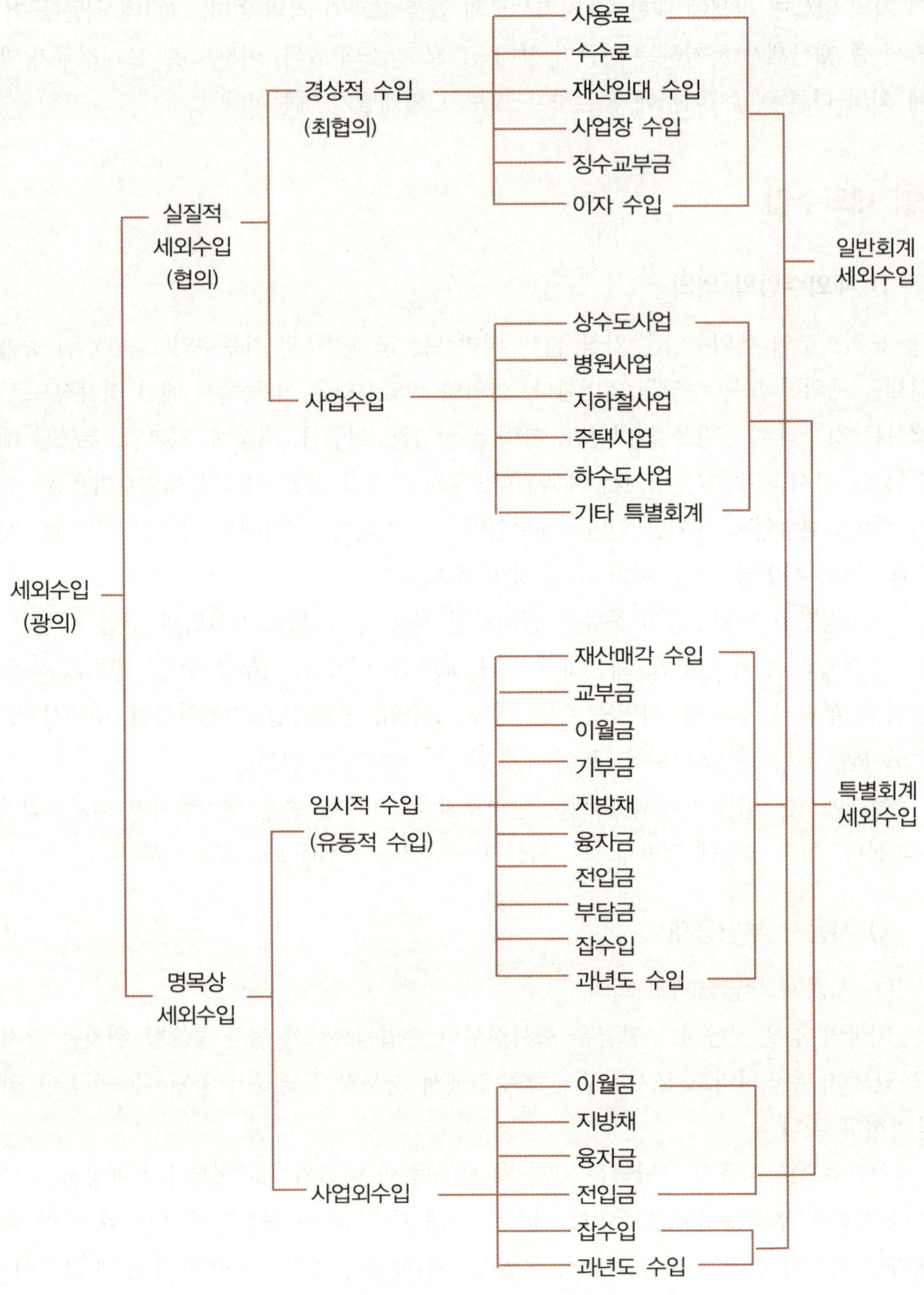

그림 7-5 세외수입의 종류

그리고 이러한 종류의 편익을 직접 누리면서 대가를 지불하지 않는 사람들을 배제하기 위한 방법으로서 제공되는 재화나 서비스에 대한 대가를 부과할 수 있다. 사용자 부담금은 매우 광범위한 분야에서 사용된다. 예를 들면 의료, 교육, 상하수도, 청소 등에 대한 요금 부과가 이에 해당된다. 또한 공원 입장료, 시영 주차장의 주차요금 등도 여기에 포함된다.

정부에서 제공하는 많은 서비스가 구체적이면서도 일반화된 편익의 성격을 띠기 때문에 이러한 서비스는 종종 사용자와 일반 대중이 공동으로 비용을 지불하게 된다. 구체적인 편익을 받는 사람들에게는 사용자 부담금이 부과되고, 이보다 더 광범위하게 배분된 편익은 다른 방법에 의해 비용을 부과하게 한다. 예를 들면 하수처리장의 경우 건설 비용은 재산세 수입으로 반환되는 채권을 통해 충당하고, 운영비는 하수를 유발하는 사람들이 부담하게 한다. 특별평가 부담액 또는 하수배수관이나 보도 건설과 같은 구체적 사업에 충당되는 조세는 사용자 부담금과 일반 조세 양자의 특성을 모두 지니는 이중적 역할을 수행한다.

사용자 부담금은 소비되는 재화나 서비스의 양에 따르거나 아니면 단순히 소비 수준과 관계 없이 사용자들에게 일정액이 부과되기도 한다. 부담금이 이용되는 양에 따라 다양해질 때 사용자 부담금은 서비스에 대한 가격의 역할을 수행한다. 그리하여 사용한 수도의 양에 따른 수도료는 소량 사용자보다 대량 사용자에게 더 부과되며 이는 수돗물의 과다 사용을 억제할 수 있다. 가구당 부과하는 단일 폐기물 요금과 같은 고정부담금은 수혜자에게 서비스에 대한 비용 지불을 요구하지만 유발하는 폐기물의 양에 따라 가구를 구분하지 않는다. 고정 사용자 부담금은 종종 수혜자별로 서비스의 사용량을 측정하는 데 비용이 많이 들거나 어려울 때 이용된다.

사용자 부담금은 수익자 부담금이라고도 불리는데, 일정한 공공서비스를 이용하는 대가로 일정한 요금(fees)을 지불하는 것을 의미한다. 머쉬킨(Selma Mushkin)은 사용자 부담금을 "공공재에 대한 공공요금"이라고 규정했다(Mushkin, 1972). 사용자 부담이란 사용자가 자의적 필요에 따라 서비스 이용을 결정하며 요금은 서비스를 사용한 데 대한 대가로 간주된다. 특정 서비스는 특정인에게만 이용되므로 그 이용자만이 사용료를 부담하게 하고, 그에 따라 서비스 공급자는 이용자의 적극적 혜택을 위해 서비스를 마련한다. 즉, 응익자(應益者) 부담 원칙이 적용되는 것이다. 따라서 이는 허가료(license charges)와 구분된다. 허가료는 건축 허가, 사업 허가의 경우처럼 정부의 규제를 받는 성격의 것이고 시설을 이용하는 사용자 부담금과는 상이하다.

공공서비스에 대한 비용 부담을 세금에 의존하지 않고 사용자 부담금에 의존하고자 하는 경우 다음과 같은 두 가지 기준을 충족시켜야 한다. 첫째, 서비스 종류 가운데서 비사용자보다 사용자가 더 많은 것이 어떤 것인가를 쉽게 구별할 수 있어야 한다. 둘째, 비사용자를 서비스의 혜택에서 제외하거나 혹은 적어도 그들에 대한 시설 공급의 혜택을 극소화해야 한다. 즉, 서비스에 대한 편익의 귀착이 식별 가능한가가 중요하다. 만약 그것의 식별이 불가능하면 그 재원은 조세로써 조달해야 할 것이다. 편익의 귀착이 식별 가능한 경우에는 그 편익에 상응한 비용 부담이 가능하게 되나 편익의 일부 또는 전부가 타인에게로 전가되는 경우에는 가격 형태의 비용 부담이 어렵게 된다.

사용자 부담금 및 수수료는 어떤 활동을 위한 재원으로서 이론상으로나 실용적인 측면에서 세금보다 상당한 이점을 지니고 있다. 그것은 가격 체계와 유사한 기능에 의해 서비스 공급의 효율성을 증진시킨다. 즉, 사용자 부담금제는 서비스를 가장 원하는 사람들에게 우선적으로 할당하는 공급 배분 체계의 구축을 가능하게 한다.

국가마다, 그리고 국가 내 도시정부마다 특정 서비스에 대한 사용료 부과 방식이 다양할 수 있다. 특히 미국과 같이 지방자치가 잘 발달된 국가에서는 어떤 서비스에 대해 어떤 도시는 무료로, 어떤 도시는 요금을 부과하기도 한다. 그리고 사용자 부담금에 의해 공급되는 서비스의 종류도 다양한데, 대개의 경우 상하수도 등 도시 기반시설은 사용자 부담금에 의해 공급된다. 그러나 쓰레기 수거, 해수욕장, 공원, 주차장 서비스 등은 도시정부에 따라 요금을 부담하게 하기도 하고 그렇지 않기도 한다.

그러나 최근에 와서 사용자 부담금 제도는 재원 확보 수단으로서 도시정부의 관심을 끌고 있다. 도시정부는 상승하는 비용을 계속 세금으로 충당하기에는 한계가 있기 때문에 이에 대한 대안으로서 사용자 부담금을 고려할 수 있다. 특히 세금을 상승시키는 것은 시민들의 조세 저항 등을 불러일으킬 가능성도 있다. 미국의 경우 도시정부의 세수(稅收) 중 사용자 부담금이 차지하는 비율은 크게 증가하고 있다. 우리나라의 경우 아직 사용자 부담금이 도시정부의 세수 중 큰 비중을 차지하고 있지는 않지만 앞으로 도시재정 확충의 수단으로 그 중요성이 증대될 것으로 예상된다.

(2) 사용자 부담금제의 기본 원리

공공서비스 공급을 위한 사용자 부담금제는 민간경제의 가격 원리와 밀접한 관련이 있다. 예를 들어 가격은 생산비용과 생산지에서 소비지까지의 수송비용을 반영한다. 따라서 수송비용이 상대적으로 높은 지역에서는 가격이 더 높게 책정될 것이다. 이러한 비용의 증가는 생산량의 증가와 비례한다.

가격은 또한 수요에도 의존한다. 소비자의 지불 의지는 상품을 통해 기대되는 만족,

즉 효용의 정도에 의존한다. 일반적으로 어떤 상품은 소비자가 같은 비용을 다른 상품에 지불함으로써 얻는 만족(효용)보다 더 큰 것으로 기대될 때 그 상품은 구매하게 될 것이다. 또한 가격이 하락할 때 수요가 증가한다. 상품의 가격은 일정한 생산 수준에서의 공급비용과 모든 소비자들의 수요와의 상호 관계에 따라 결정된다.

일부 공공재를 위한 사용자 부담금은 이러한 가격 원리를 적용하는데, 이는 공공재의 추가 단위당 공급 비용을 반영한다. 이 비용은 종종 지역에 따라 다르게 나타난다. 예를 들어 쓰레기를 수거하는 경우 매립지로부터 멀리 떨어진 인구 과소 지역에서 수거하는 것이 매립지에서 가까운 인구 밀집 지역에서의 수거보다 비용이 훨씬 많이 소요된다. 이러한 경우 엄격한 사용자 부담금은 인구 과소 지역에서 더 높게 책정될 것이다.

사용자 부담금은 또한 재화와 용역의 가치를 가장 높게 평가할 뿐만 아니라 그 가격을 기꺼이 지불하고자 하는 사람들에게 공급할 수 있게 한다. 예를 들어 교량(橋梁)의 사용료가 피크(peak) 시간대에 더 높게 부과된다면 이 시간대에 꼭 이용할 사람만 높은 부담금을 지불하면서 이용할 것이며, 다른 사람들은 교량 통행을 늦춰 사용료가 더 낮은 시간대에 교량을 사용할 것이다.

(3) 사용자 부담금제의 장점

① 수입 확충 방안

도시정부가 점차 재정난에 봉착하면서 새로운 수입 형태로서 사용자 부담금의 발굴과 그 확대는 도시정부의 중요한 재정 확충 방안이 된다.

② 공공서비스 공급의 능률성

사용자 부담금제는 공공서비스를 좀 더 능률적으로 공급하게 해 주는 하나의 유용한 메커니즘이 된다. 만약 주민들에게 일괄적으로 획일적인 종류와 수준의 서비스를 공급하지 아니하고 이용자를 소비자로 취급해 그들의 기호와 선택을 중시하게 된다면 도시경영자는 어떤 종류 또는 어떤 수준의 서비스를 얼마만큼 공급해야 할 것인가를 파악할 수 있고 궁극적으로 낭비를 줄일 수 있다.

가격 제도를 도입해 이를 선호에 대한 신호로 삼아 서비스 공급을 제도화하면 소비자에게 훨씬 다양한 서비스를 능률적으로 제공해 줄 수 있다.

③ 혼잡 방지

사용자 부담금은 공공서비스의 과도한 이용에 따른 혼잡(congestion)을 줄일 수 있다. 도시정부가 일반 수입으로 서비스를 제공하게 되면 시민들은 그것을 무료로 인식하기 때문에 어떤 서비스에 대해 실제 필요 이상의 더 많은 서비스를 소비하려 든다. 이는 결과적으로 서비스에 대한 혼잡을 초래하게 된다. 따라서 혼잡을 보이는 피크 시간대에 일정액의 사용료를 부과하면 이용자들은 적절한 대안을 모색해 합리적인 이용 방안을 추구할 것이다. 즉, 이용자들은 가능하면 피크 시간대를 피해 다른 시간대에 서비스를 이용함으로써 혼잡을 피할 수 있다.

④ 공정성

도시정부가 수영장, 테니스장, 해수욕장, 주차장 등 어떤 서비스를 일반재원으로 시민에게 무료 또는 저렴하게 공급하는 경우 이를 이용하는 사람과 이용하지 않는 사람 간에 형평성 문제가 발생한다. 따라서 도시정부가 이러한 서비스에 대해 사용료를 부과하면 공정성을 제고하게 된다.

⑤ 시민의 자유

도시정부가 공공서비스 공급에 사용자 부담금제를 도입하는 것은 결국 시민의 선택의사를 존중해 주는 것이 되므로 시민의 자유를 증진시키게 된다. 주민이 서비스를 원하지 않으면 그를 위해 지불할 필요가 없다.

⑥ 서비스 확장

사용자 부담금은 도시경영자가 서비스 시설을 확장할 수 있는 좋은 기회가 되며 세금이 감소하기 때문에 시민의 저항을 줄일 수 있다.

⑦ 재정 부담의 균등화

도시정부가 제공하고 있는 재화나 서비스를 그 정부에 세금을 내지 않는 교외지역 주민들이 이용하는 경우 재정 부담의 불균등 문제가 발생한다. 그러나 사용자 부담금제를 도입하면 이러한 문제를 해결할 수 있다.

(4) 사용자 부담금제의 문제점

사용자 부담금은 저소득층의 서비스에 대한 접근성을 낮추고, 교육과 같이 사회 전체에 편익을 주는 서비스, 즉 가치재의 공급 확대를 저지하고, 과거 사용자 부담금이 부과되지 않았기 때문에 증대된 재산가치의 소유자에게 자본 손실을 가져오고, 새로운 행정비용을 증가시킨다고 비판받기도 한다(The Comptroller General, 1980: 10).

① 행정비용 문제

사용자 부담금제를 실시함에 따라 소요되는 행정비용은 공공서비스의 개별적 소비에 관한 자료 수집 비용, 각 거주자들이 사용하는 양에 대한 서비스 비용의 계산에 소요되는 비용, 청구서 발송과 사용자 부담금 징수 비용 등을 포함한다.

② 서비스 비용의 산정 문제

일반적으로 사용자 부담금은 운영, 유지, 생산, 배분을 위한 자본비용을 포함한 서비스의 총비용을 반영해야 한다. 그러나 이 비용들은 산정하기가 쉽지 않다. 왜냐하면 지방자치단체의 회계재정 체계는 반드시 이러한 목적에 맞게 계획된 것은 아니며, 또한 과거 자본 투자의 현재 가치 혹은 비용 자료는 이용 가능하지 않을 수도 있다.

③ 형평성 문제

일반적으로 지역 내 저소득층은 지불 능력의 부족으로 인해 공공서비스에 대한 대가를 적게 지불해야 한다고 간주된다. 여기서 적게 지불한다는 의미는 어떤 개인의 소득에 대한 일정 비율의 지불로 계산한다. 이에 따르면 고소득층일수록 많은 부담을 지게 하는 것은 누진적 재무 체계이고, 반대로 저소득층일수록 높은 부담을 지게 하는 것은 역진적 재무 체계다. 사용자 부담금제를 설계할 때 이러한 요소를 적절히 반영할 필요가 있다. 왜냐하면 일반적으로 사용자 부담금제를 비판하는 이유 중의 하나가 이용자의 소득 수준을 감안할 수 없기 때문에 형평성을 떨어뜨린다는 점이기 때문이다.

6 도시재정 조정제도

1) 도시재정 조정제도의 의의

도시재정 조정제도는 수직적 또는 수평적 정부 간에 발생하는 재정적 불균형을 시정하여 공공재원의 배분상 효율성을 높이거나 특정 목적의 공공재나 서비스의 공급을 확대하기 위한 재정 수단이다. 각 도시정부는 여건상 재정력이 모두 동일하지가 못하다. 그리고 천재지변이나 사회적 상황의 변화로 도시정부 간에 재정적 격차가 벌어질 수 있다. 중앙정부는 상위정부로서 이러한 도시정부 간의 재정적 격차를 해소하고 지역의 균형 발전을 도모해야 하는 책임이 있다. 도시재정 조정제도는 중앙정부가 도시정부의 자주성을 침해하지 않고 이러한 지역 간의 재정적 불균형을 해소할 수 있는 장치가 된다.

이러한 도시재정 조정제도의 목적을 구체적으로 살펴보면 다음과 같다(강인재 외, 1993: 445-447).

첫째, 도시정부가 공급하는 특정 서비스를 가치재로 봐 그 공급 수준을 높인다.

둘째, 모든 도시정부로 하여금 필수불가결한 도시의 기본적 공공서비스를 적어도 최

제1부 제2부 제3부 제4부 제5부 제6부

저 수준은 공급하게 한다.

셋째, 중앙과 도시정부 간의 수직적 재정 불균형을 시정한다.

넷째, 도시정부 간의 수평적 재정 불균형을 시정한다.

다섯째, 도시정부가 공급하는 재정지출의 외부 효과를 내재화(internalization of externalities)함으로써 자원 배분의 효율성을 제고한다.

여섯째, 도시정부의 자주성과 자조성을 보장해 지방자치를 유지한다.

일곱째, 본래 중앙정부의 업무를 업무 효율과 실천 기능에 따라서 도시정부가 수행하는 경우가 적지 않은데, 이에 해당하는 비용을 도시정부에 제공해 줌으로써 궁극적으로 행정의 효율성을 향상시킨다.

2) 국고보조금

(1) 국고보조금의 개념

국고보조금이란 중앙정부가 도시정부에 행정을 수행하는 데 필요한 경비의 재원에 충당하기 위해 지출하는 지출금 중 용도를 지정해 교부하는 재원을 의미한다. 여기에는 부담금, 교부금, 보조금 등이 포함된다.

부담금은 도시정부가 처리하여야 할 사무로서 중앙정부와 도시정부 상호간에 이해를 공유하고 있는 경우에 그 원활한 사무처리를 위하여 중앙정부가 전부 또는 일부를 분담하는 경비이다(지방재정법 제21조 1항). 이 부담금의 주요 지출 대상은 생활 보호, 의료 보호, 전염병 예방, 직업 안정, 재해 복구사업 등이 있다.

보조금은 중앙정부가 국가정책상 필요하다고 인정될 때 또는 도시정부의 재정 사정상 특히 필요하다고 인정될 때 교부하는 경비다(지방재정법 제23조 1항).

교부금은 중앙정부가 스스로 수행하여야 할 사무를 국민의 편리, 경비의 효율성 등을 이유로 도시정부에 위임하여 수행하는 경우 지출되는 경비이다(지방재정법 제21조 2항). 이 교부금의 지출 대상은 국민투표, 대통령 또는 국회의원의 선거, 외국인 등록, 징병사업 등이 있다.

각 유형의 보조금에 대한 주된 문제는 금액을 어떻게 결정할 것인가 하는 것이다. 이는 정부간 보조금 항목을 위한 수입 기반을 규정하는 데 도움이 될 것이다. 그러나 정부간 보조금은 중앙정부의 상황에 따라 또는 정치적 상황에 따라 변화할 수 있다.

정부간 교부금의 상당 액수는 배분 공식에 기초해서 배분된다. 교부금이 도시정부의 다른 특성과는 관계 없이 1인당 교부액은 인구 수 또는 학생 수에 따라 일정액이 주어질 수 있다. 때로는 가장 곤궁에 처한 사람들을 돕기 위해 다른 특성들이 공식에 포함되기도 한다. 예를 들면 1인당(또는 학생 1인당) 동등화된 재산가치나 소득이 낮은 경우 서비스에 대한 지불 능력이 낮다고 보고 1인당 또는 학생 1인당 더 많은 교부금이 배분된다. 때로는 교부금은 도시정부가 거둬들이는 수입액에 따라 결정되기도 한다. 예를 들면 지역적으로 획득되는 수입액 1,000원당 250원이 교부금 액수가 되는 경우다.

끝으로 교부금은 고속도로, 특수교육, 보건의료와 같은 특수한 지출 항목을 위해 지정해서 배분할 수 있으며, 교부금이 도시정부가 스스로 판단해서 지출할 수 있도록 조건 없이 배분할 수도 있다.

(2) 국고보조금 제도의 문제점

국고보조사업이 거의 대부분 세분화된 조건부 보조금으로 추진되고 있어 지방자치의 관점에서 다음과 같은 문제점이 발생하고 있다(강인재 외, 1993: 493).

첫째, 세분화된 조건부 보조금은 도시정부의 탄력적 재정 운용을 저해하고 업무 처리를 복잡하게 한다.

둘째, 세분화된 조건부 보조금은 도시행정에서 지역의 특성을 살릴 수 없다.

셋째, 세분화된 조건부 보조금은 중앙정부의 지시 통제가 수반되므로 도시정부의 중앙예속화를 초래한다.

넷째, 세분화된 조건부 보조금은 도시행정에서 주민 참여를 저해한다.

한편 국고보조금 제도의 운영 과정에서 나타나는 문제점은 다음과 같다(강인재 외, 1993: 495-496).

첫째, 국고보조에 따른 도시정부의 부담 과중으로 도시재정의 경직화를 가져올 수 있다.

둘째, 국고보조율의 결정 시에 객관적 기준이 미흡하다.

셋째, 국가사무를 도시정부에 전가해 도시정부의 부담을 증가시키고 결국 도시재정을 압박하는 요인이 된다.

넷째, 차등보조율제는 실제로 거의 적용되지 않고 형식적으로 운용되고 있다.

3) 교부세

(1) 교부세의 개념

교부세 제도란 도시정부의 부족한 재원을 보전해 주고 도시정부 간의 재정 불균형을 시정해 주기 위한 제도로서, 재원의 사용에 조건을 부가하지 않는 일반적 재정지원 제도다. 교부세 제도는 도시행정에 필요한 재원을 중앙정부가 교부하여 도시행정의 건전한 발전을 기함을 목적으로 하고 있다(지방교부세법 제1조). 교부세 제도가 지니는 중요한 의미는 사용에 아무런 제한을 부과하지 않으므로 도시행정의 자주성(自主性)을 침해하지 않는다는 점이다.

따라서 교부세는 중앙정부가 징수해 그 재원을 도시정부에 배분하는, 중앙정부와 도시정부 간의 공유재원(共有財源, revenue sharing)이라는 성격을 지닌다. 교부세 제도는 지방자치성을 강조해 도시정부의 독립성을 강화한다.

(2) 교부세의 기능

① 재정적 균등화

교부세 제도의 가장 중요한 기능은 지역간 세원의 편재로 인한 도시정부 간 재정력의 불균형을 시정하는 것이다. 각 도시정부는 지역의 경제적 조건이나 행정 수요의 차이로 인해 재정력에 불균형이 발생하게 된다. 중앙정부는 이러한 지역 간 재정력의 불균형을 해소해 균형 발전을 도모할 책임이 있다.

② 재원 보장

교부세 제도는 중앙정부가 재원을 도시정부에 교부함으로써 도시정부가 시민의 행정수요를 만족시키기 위해 공공재나 공공서비스를 공급하는 데 필요한 재원을 보장해 주는 기능을 수행한다(지방교부세법 제1조).

중앙정부가 교부하는 교부세의 총액은 당해 연도의 내국세(목적세와 다른 법률에 의해 특별회계의 재원으로 사용되는 세목의 당해 금액을 제외한다) 총액의 1만분의 1,924에 해당하는 액수와 전전년도 교부세의 정산액(내국세의 예산액과 결산액과의 차액으로 인한 교부세의 차액을 가감한 액)을 합계한 것이다(지방교부세법 제4조 1항 및 제5조 3항). 또한 중앙정부는 각 도시정부의 기준재정 수요액과 기준재정 수입액을 산정해서 그 차액인 재원 부족액을 교부세로 보전해 주는 방법을 사용하고 있다.

(3) 교부세 총액 결정 방식

교부세의 총액을 결정하는 방식에는 고정 교부세율(법정 교부세율) 방식, 변동 방식(국가 계상 방식), 그리고 혼합 방식이 있다(한국지방행정연구원, 1986: 20-28).

① 고정 교부세율 방식

고정 교부세율 방식이란 내국세 전체의 일정 비율을 교부세율로 법률에 정하는 방식이다. 현재 지방교부세법은 교부세 총액을 내국세액(목적세와 다른 법률에 의해 특별회계의 재원으로 사용되는 세목의 당해 금액을 제외한다)의 1만분의 1,924로 정하고 있다

(지방교부세법 제4조).

② 변동 방식

변동 방식이란 도시정부의 행정 수요와 중앙정부의 예산 사정을 감안해 매년 국가 예산편성 과정에서 그 연도의 교부세 총액 규모를 결정하는 방식이다.

③ 혼합 방식

혼합 방식이란 고정 교부세율 방식과 변동 방식의 혼합형으로 세부적으로 두 가지로 구분해 볼 수 있다. 첫 번째 것은 일정률을 기준으로 최상과 최하의 일정 범위를 법률로 규정하고 그 범위 내에서 예산 형편에 따라 교부세 총액을 결정하는 방식이다. 두 번째는 일정률을 하한선으로 정해 교부세 총액을 반드시 법정 수준 이상이 되도록 정하되, 그 구체적 규모는 중앙정부의 예산 형편에 따라 결정하도록 하는 방식이다.

(4) 교부세의 종류

교부세는 보통교부세 · 특별교부세 · 부동산교부세 및 소방안전교부세로 구분한다(지방교부세법 제3조). 또한 교부세 재원은 내국세의 1만분의 1,924로 고정하되 도시정부가 부득이한 재정 수요가 있는 경우에는 별도로 증액 교부할 수 있도록 하고 있다.

① 보통교부세

보통교부세는 도시정부가 기본적인 행정 서비스 수준을 유지하기 위해 일반재원으로 사용할 수 있도록 매년도 기준재정 수입액이 기준재정 수요액에 미달하는 도시정부에 대해 그 미달액을 기초로 액수를 산정해 교부한다.

② 특별교부세

특별교부세는 보통교부세의 산정상 필연적으로 생기는 획일성과 시기적인 이유 등으로 기준재정 수요액과 기준재정 수입액 산정 시 반영할 수 없는 임시적 또는 예측 불허의 특별한 행정 수요(예: 천재지변이나 공공건물 신축)에 대응해 교부한다.

7 지방채

1) 지방채의 개념

지방채는 도시정부가 재정수입의 부족을 보충하기 위해 외부로부터 자금 조달을 함으로써 부담하는 채무이며, 그 이행은 보통 복수의 회계연도에 걸쳐서 이뤄진다. 그 형태는 증서 차입 또는 증권 발행의 형식을 취한다. 이러한 지방채에 일시차입금을 포함할 수도 있다.

2) 지방채의 기능과 요건

지방채는 도시정부의 차입금이지만 경상재원으로 충당하지 못하는 거대한 투자사업이나 비상시의 재정 수요를 금융적 수단으로 조달하는 것이기 때문에 탄력적인 재정 운용을 가능하게 한다. 지방채가 수행하는 기능은 다음과 같다(국토개발연구원, 1991: 20-21).

(1) 자원 배분 기능

도시정부의 세입은 안정적인데 반해, 세출은 매우 불안정하다. 이때 보통 많은 재원이 필요한 자본적 지출이 대부분인데, 도시정부는 이를 위해 지방채를 발행해서 시민의 조세 부담과 마찰을 최소화하고 향후 사업수입으로 이를 상환하도록 함으로써 자원 배분의 효율성을 꾀한다.

(2) 경기 조절 기능

도시정부가 경제적 침체로 어려움을 겪을 때 지방채를 발행해 재정 투자를 확대함으로써 경기를 활성화할 수 있고, 경기 과잉일 때는 지방채를 통해 민간자본을 흡수할 수 있다.

(3) 부담의 형평성 제고

도시정부가 지하철, 상하수도 등 내구적 공공재(durable public goods)를 공급할 경우 그 편익은 대부분 세대 간에 또는 주민 간에 지속적으로 영향을 미친다. 따라서 이러한 재화를 공급하기 위해 소요되는 막대한 비용을 당해 연도의 시민에게 조세로 부과하면 부담의 형평성 문제가 제기된다. 그러나 이러한 투자재원을 지방채로 조달한다면 그 상환은 세대 간 또는 주민 간에 이전되므로 비용 부담의 형평성을 기할 수 있다.

(4) 재정정책의 유기적 조정 역할

중앙정부가 재정정책을 통해 물가나 고용 안정을 기하려고 하는 경우 도시정부의 재정정책이 이를 유기적으로 뒷받침해 줘야 소기의 목적을 원활히 달성할 수 있다. 지방채는 탄력적 이용이 특징이므로 도시정부가 이를 통해 중앙정부의 재정정책에 보조를 맞춰 줄 수 있다.

그러나 지방채는 결국 도시정부의 채무이므로 장래에 반드시 갚아야 한다는 점에서 재정환경을 개선할 수 있을 경우에만 제한적으로 허용해야 한다.

도시정부의 재정환경 개선에 도움이 된다고 믿어지는 경우는 다음과 같다(강인재 외, 1993: 552-554).

① 대규모 투자사업

도시정부가 수행하는 지하철, 도로, 상하수도 등 내구적 공공재의 투자사업에 지방채를 통해 지출하는 경우 그러한 투자사업으로부터의 편익은 현 세대의 시민들뿐만 아니라 그 시설의 내구(耐久) 연수에 따라 미래 세대도 누릴 수 있다. 도시정부가 이러한 공공재나 서비스의 공급 재원을 모두 조세에 의존한다면 비용 부담 시점에 거주하는 주민에게만 그 비용을 부담시키는 것이 되므로 편익의 향유와 비용 부담 간의 형평성이 침해된다.

② 세원 개발

도시정부가 사업의 재원 마련으로 사용자 부담금제를 계획할 경우 지방채를 사용할 수 있다. 도시정부가 세외수입을 늘리려는 사업이나 활동(예: 택지 개발, 주택 건설, 주차장사업, 유료 수영장, 회의장 시설 사업)에 지방채로 재원을 마련하고 나중에 분양금 또는 사용료를 받아 차입원리금을 상환할 수 있다.

③ 긴급지출

도시정부는 자연재해 등 예기치 못한 사태로 인해 발생하는 지출을 부담하기 위해 차입을 한다. 이러한 형태의 차입은 도시정부가 경상수입만으로는 재해 후의 복구사업에 소요되는 비용을 감당할 수 없거나 재해 복구를 위해 자본재를 새로 구입해야 하기 때문에 정당화된다.

④ 만성적인 적자재정의 보전

도시정부가 재정적자로 심한 압박을 받을 때 재정의 건전성을 기하기 위해 차입할 수 있다. 그러나 도시정부의 만성적인 적자 누적이 지방채로도 치유가 안 될 경우 도시정부의 재정 위기(fiscal crisis)가 발생할 수 있다.

⑤ 현금 관리의 필요

도시정부는 세수(稅收) 발생이 회계연도 내의 지출과 비교해 균일하지 못할 때 일시 차입을 할 수 있다. 도시정부는 연중 분기별로 세금을 징수하는데, 지출은 그보다 앞서거나 비정기적으로 이뤄지기 때문에 현금 수입의 시의성(時宜性) 문제가 발생하게 된다.

이처럼 도시정부는 현금 관리 문제가 발생할 때 일시적인 현금 부족 현상을 막기 위해 연도 내 수입을 예상해 차입한 후 그 차입금으로 지출하고 수입 발생 시 상환한다.

⑥ 차환 목적

도시정부는 과거에 발행한 지방채를 차환할 목적으로, 현재의 상환 일정을 연장할 목적으로, 그리고 상환 기일 내에 갚지 못할 때 차환할 목적으로 지방채를 발행할 수 있다. 그러나 이러한 경우는 도시재정의 건전성이 문제가 된다.

⑦ 특정 공공사업의 재대부

도시정부는 재정환경 개선을 위해 차입자본으로 경제 기반을 개선하고자 노력한다. 도시정부는 민간기업이 수행할 공공 목적의 자본투자사업에 자금을 재대부하기 위해 차입한다.

3) 지방채의 종류

지빙채는 상환 기간에 따라 단기채와 장기채로, 상환 보증 방법에 따라 일반채와 공기업채로, 발행 형식에 따라 증권발행채와 증서차입채로, 상환 방법에 따라 일시상환채와 분할상환채로 구분된다. 이 밖에도 소화(消化) 방법에 따라 강제공채와 임의공채, 발행 주체에 따라 시·도채와 시·군·구채로 분류할 수 있다(강인재 외, 1993: 555-559).

(1) 상환 기간

단기채는 보통 한 회계연도 내에 채무를 상환해야 하는 차입이다. 이는 재정수입과 지출 시기의 격차를 없애기 위해 발행하는 '일시차입금'이라고도 부른다. 보통 증서차입의 형태로 발행된다. 장기채는 상환 기간이 한 회계연도를 넘는 차입이다. 이는 보통 자본재의 획득, 건설, 개·보수를 목적으로 발행하게 되는데, 획득하려고 하는 자본재의 내구 연한과 일치하게 발행한다.

(2) 상환 보증 방법

일반채는 도시정부의 일반 행정활동을 수행하기 위해 일반재원이 상환 보증 재원이 되는 차입이며, 공기업채는 지방공기업 활동의 투자재원 조달을 위해 특정 재원이 상환 보증 재원이 되는 차입이다.

도시정부의 재정회계는 일반회계, 기타 특별회계, 공기업 특별회계로 구분되는데, 일반채는 일반회계와 기타 특별회계에서 발행하며, 공기업채는 공기업 특별회계에서 발행한다.

일반채는 도로, 하천, 재해 복구 등 일반적인 공공사업의 재원으로 사용되며, 그 원리 상환금은 지방세, 지방교부세 등의 일반재원으로 충당되고 있다. 공기업채는 상하수도, 병원 등 공기업의 투자재원으로 사용되고, 그 원리 상환금은 해당 기업의 수입으로 충당된다.

(3) 발행 형식

증서차입채는 차용증서에 의한 차입이고 증권발행채는 '지방채 증권'을 발행하는 차입이다. 증서차입채는 기명채권의 성격을 갖고, 증권발행채는 대부분 무기명채권이므로 전자는 시장유통성이 없고, 후자는 시장유통성이 있는 것이 특징이다.

증권발행채는 다시 발행 방법에 따라 모집, 매출, 교부의 세 가지 방법이 있다. 모집 방법은 신규로 발행되는 지방채 증권에 대해 청약서에 의해 응모자를 모집하고 모집이 완료된 때 현금의 납입을 받고 증권을 발행하는 방법이다. 매출 방법은 지방채 증권에 대해 상환 기일, 이자율 등 소요 사항을 공고한 후 매수 청약을 한 자에게 현금과 교환해 증권을 발행하는 방법으로 주로 지하철, 상하수도, 도로 등의 사업을 위해 인·허가, 등기, 등록 시에 첨가 소화하는 방식으로 이용되고 있다. 교부 방법은 교부공채라고도 하는데, 지방자치단체가 현금을 지급하는 대신에 차후 연도에 지급을 약속하는 증권을 채권자에게 교부하는 방법으로 발행한다.

(4) 상환 방법

일시상환채는 만기일에 전액을 일괄해서 상환하는 것인데, 외국에서는 흔히 감채적립기금(減債積立基金)에 원금 상환의 일정 부분을 매년 적립해 상환 만기의 자금 압박을 피하고 있다. 분할상환채는 상환 만기가 20년인 지방채를 발행했다면 1년 내지 20년의 각년도의 채무를 각각 독립된 공채로 보아 매년 갚아 나가는 것이다. 이는 다시 원금 상환 액수에 따라 그 금액이 동일하면 균등 상환채, 균일하지 않으면 불균등 상환채라 한다. 균등 상환채는 다시 상환하는 원금이 매년 동일한 원금균등 상환채와, 원금과 이자의 합계가 매년 동일한 원리금균등 상환채로 나뉜다. 영구공채는 상환 방법을 정하지 않은 것으로 이론상으로는 가능하나 실제 사용되지 않고 있다.

지방채는 도시정부의 채무이므로 재정 운영의 자율성 원리에 따르면 도시정부의 책임으로 결정하는 것이 바람직하다. 그러나 우리나라의 제도는 행정안전부 장관의 연초 승인과 그 승인의 한도 내에서 시의회의 의결에 의해 발행되고 있다. 발행계획과 승인 단계에서는 행정안전부가, 발행 단계에서는 시의회가, 소화·집행 및 상환 단계에는 도시정부가 중심적인 역할을 하게 된다.

제3절 도시정부의 세출

1 도시정부 세출의 의의

도시정부의 세출이란 도시정부가 한 회계연도 내에 자신의 목표를 달성하기 위해 지출한 경비를 의미한다. 도시정부는 사회 내 많은 문제를 해결하거나 조직을 유지하기 위해 지출을 한다. 따라서 지출은 그 유형이 매우 다양하며 여러 가지 형태로 구분해 볼 수 있다. 현대 사회는 도시사회로 특징지어지며 그만큼 도시정부의 역할이 그 어느 때보다 강화됐다. 이러한 역할 강화는 자연히 지출의 증가로 나타난다.

2 경비의 분류

도시정부의 경비는 여러 가지로 분류할 수 있는데, 지출 목적에 따른 기능별 분류와 지출 대상 품목에 따른 성질별 분류, 그리고 지출의 대상 시간에 따른 경상적 경비와 자본적 경비로 분류할 수 있다.

1) 기능별 분류

지출의 기능별 분류는 목적별 분류라고도 하는데, 정부가 어떤 사무를 어느 정도의 경비로 수행하고 있는가를 보여 주는 것으로 정부의 활동 내역과 성격을 파악하는 데 유용하다. 현재 기능별 분류는 의회비, 일반행정비, 사회복지비, 산업경제비, 지역개발비, 문화체육비, 민방위비, 지원 및 기타 경비 등 8개 부문으로 분류된다.

의회비는 의원선거와 의회 운영에, 일반행정비는 도시정부조직 그 자체를 유지 및 운영하는 데, 사회복지비는 복지・보건위생・환경녹지사업에, 산업경제비는 농수산・임업・기타 지역경제 지원에, 지역개발비는 도시개발・도로・치수 등의 지역 개발에, 문화체육비는 문화예술・체육 및 교육에, 민방위비는 민방위 및 소방에, 지원 및 기타 경비는 차입금 반환, 지방채 등의 이자 및 상환금, 지방세징수 교부금, 예비비 등을 포함한다.

2) 성질별 분류

성질별 분류는 품목별 분류라고도 하는데, 이는 정부가 구입하는 재화와 서비스에 대한 정보를 제공하는 분류다. 이는 지출 단위로 표시되기 때문에 세출예산을 편성할 때 기초 자료가 될 뿐만 아니라 예산을 집행할 때도 회계를 위한 기초 자료가 된다. 현재 성질별 분류는 인건비, 물건비, 경상이전비, 자본지출비, 융자 및 출자금, 보전재원비, 자치단체 내부거래비, 기타 등으로 분류된다.

인건비에는 급여·상여금·수당 등이, 물건비에는 일반수용비·판공비·공공요금 등이 포함된다. 경상이전비에는 한 자치단체로부터 국가 또는 다른 자치단체나 가계·기업 등의 민간에 이전되는 비용으로, 민간 이전에는 사회보장적 수혜금·연금·의료보험부담금·민간보조금 등이 포함된다. 자본지출에는 직접 또는 간접적으로 자본 형성과 관련되는 비용으로 자본형성비, 무형고정자산, 민간에 대한 자본이전, 자치단체에 대한 자본이전, 기업회계 등에 대한 자본이전, 해외자본이전, 국가기관에 대한 자본이전 등이 포함된다. 보전재원비(補塡財源費)에는 차입금 상환, 지방채 상환, 유가증권 매입 등이 포함되고, 자치단체 간 내부거래는 회계 간·계정 간 전출금 및 예탁금, 적립금, 예수금(豫受金), 전대차관 상환, 이자 등이 포함된다.

3) 경상적 경비와 자본적 경비

이는 대상 시간에 따른 분류로서, 경상적 경비는 현재의 서비스 제공에 필요한 비용이고, 자본적 경비는 미래의 장기간에 걸친 서비스 제공에 필요한 경비라 할 수 있다. 경상적 경비는 인건비, 물건비, 경상이전, 보전재원, 그리고 관서당 경비를 포함하고, 투자비는 자본지출, 융자금, 그리고 내부거래를 포함하는 금액이다.

3 지출분석

지출분석의 초점은 도시정부의 능률성 증진에 있다. 그러나 정부 활동의 능률성을 측정하기는 쉽지 않다. 능률성 분석을 두 가지 측면에서 생각해 볼 수 있다. 첫째는 기술적 능률성으로서 이는 주어진 투입물로부터의 산출물의 정도를 파악하는 측면이며, 나머지 하나는 비용의 능률성으로서 이는 주어진 비용을 가지고 어느 정도 산출물을 능률적으로 생산할 수 있는지를 파악하는 측면이다.

도시정부의 지출에 대한 분석은 정부의 지출과 그로 인한 시민의 욕구 간의 일련의 관계를 분석하는 것이다. 주된 구성 요소를 단계별로 살펴보면 다음과 같다(강인재 외, 1993: 212).

① 도시정부는 여러 가지 활동을 수행하기 위해 인력, 자재 및 소모품, 장비, 토지 등을 구입하고 이에 대한 지출을 해야 한다. 이러한 화폐 지출은 명목상 재무제표,

보고서, 예산서에 나타나 있다. 이러한 지출 자료는 당해 도시정부가 사용한 물적 투입물이 어느 정도인가를 파악할 수 있는 유용한 대리변수(proxy)가 될 수 있다.

② 명목상 화폐 지출은 소요된 재화나 서비스의 양(투입 요소)과 이의 가격 혹은 단위 비용(투입 요소 가격)의 곱으로 표시된다. 예컨대 인건비 지출은 제공된 노동 시간과 인력에 들어간 임금의 곱으로 나타난다. 그러나 여기서 한 가지 고려해야 할 요소는 가격 효과다. 지출 자료는 투입 수준과 가격을 동시에 고려한 것이기 때문에 지출 자료에 미친 가격 효과를 제거해야만 진정한 지출의 효과를 파악할 수 있다. 단순한 금액의 증가가 반드시 실질적인 효과의 증가를 의미하지 않는다. 지출 자료로부터 가격 효과와 수량 효과를 구분해 내기 위해 물가지수가 많이 사용된다.

③ 도시정부가 재화나 서비스를 제공하기 위해 사용하는 것은 화폐 지출이 아니라 생산을 위한 투입 요소다. 예를 들면 도시정부는 치안 서비스를 제공하기 위해 인력(경찰), 장비(순찰차), 기타 자재 등을 필요로 한다.

④ 도시정부가 물적 자원(투입 요소)을 재화나 서비스로 전환하는 데는 투입 요소의 생산성, 정부 활동에 대한 관리 방식, 생산 및 서비스의 조건 등이 영향을 미친다. 예를 들면 투입되는 장비나 재료의 성능, 관련 공무원의 기술 수준, 기후 조건, 주택 밀도 등이 산출물의 수준에 영향을 미친다. 모든 도시정부는 일련의 투입물을 이용해 재화나 서비스 등 산출물을 생산하는데, 이러한 투입과 산출 과정의 효율성은 산출물을 생산하는 데 투입 요소가 결합되는 방식에 따라 영향을 받는다. 투입과 산출 과정에 영향을 미치는 이러한 요인들은 생산 및 서비스 상황 조건이라고 부른다.

⑤ 도시정부의 산출 측면에서는 도시생활의 질(quality of urban life)이 매우 중요한데, 이에는 정부의 바람직한 미래의 상태인 목표가 관련된다. 산출물의 질을 측정하는 지표에는 소득, 주택, 건강, 평등, 교육 성취, 대기의 질 등이 포함된다. 이들 각 생활의 질 지표는 더 구체적인 하위 지표를 가진다. 생활의 질 지표를 측정하기 위해 여러 가지 측정 수단을 필요로 할 때도 있으며, 때로는 측정이 매우 어려운 경우도 있다.

⑥ 도시정부가 생산한 산출물의 궁극적 목적은 시민의 욕구를 만족시켜 주는 것이다. 도시정부가 생산한 산출물이 주민의 욕구에 미치는 영향을 분석해 보는 것은 가장 중요한 지출분석의 단계다. 도시정부는 그 지역 시민의 욕구를 충족시키기 위해 각 특성에 맞게 다양한 수준의 산출물을 생산해야 한다. 따라서 다른 모든

조건이 동일하다면 더 많은 산출물을 생산해야만 하는 도시정부가 더 큰 지출 압박에 직면하게 된다. 산출물의 수준에 영향을 미치는 이러한 특성은 지역사회 및 고객 욕구라고 불린다.

지역사회의 욕구에는 도로, 교량, 상하수도 체계, 학교, 대중교통, 그리고 공공건물의 상태 등 자본시설(도시 기반시설)을 포함하는데, 이것들은 지역 주민들의 이동성(mobility), 교육, 의료, 복지 등에 영향을 미친다. 도시정부는 도시 내 물적 시설의 노후 여부에 큰 관심을 가지고 있는데, 만약 어떤 도시가 노후화가 심한 도시 기반시설을 가지고 있다면 이는 그 지역의 지출 욕구가 상승할 것이고 그만큼 정부의 지출 압박을 가중시키게 된다.

이상을 종합적으로 검토해 도시정부에 지출 압박을 증가시켜 도시재정 상태를 악화시키는 요인들을 요약해 보면 다음과 같다.

첫째, 도시정부는 서비스 생산 과정에서 자신들이 사용하는 투입 요소에 대한 가격 변화에 영향을 받는다. 이러한 투입 요소 가격은 시간이 흐름에 따라 변하며, 같은 시점에서도 장소가 달라짐에 따라 달라질 수 있다. 모든 것이 동일하다면, 투입 요소 가격의 증가는 그만큼 정부에 대한 지출 압박을 증가시킨다. 왜냐하면 정부는 필요한 투입 요소를 구입하기 위해 더 많은 돈을 지출해야 하기 때문이다.

둘째, 도시정부가 생산 과정을 통해 투입 요소를 재화 및 서비스로 전환시킬 때 다양한 수준의 기술 및 비용 절감이 여기에 영향을 미칠 수 있다. 비록 이것을 측정한다는 것이 쉬운 일은 아니지만 만약 비용 수준과 그에 따른 변화를 측정할 수 있다면 이러한 측정은 지출 압박을 평가하는 데 크게 도움을 줄 수 있다.

셋째, 각 도시정부는 자신들이 처해 있는 생산 및 서비스 조건이 매우 다양하기 때문에 이들은 투입을 산출로 전환하는 데 각각 상이한 수준의 비용을 부담시키게 한다. 따라서 불리한 생산 및 서비스 조건은 그 도시정부의 지출 압박을 증가시킬 것이고, 또한 지출 측면에서 볼 때 재정 상태를 악화시키게 된다.

넷째, 도시정부는 시민들의 수요를 충족시키기 위해 다양한 산출물을 생산하는데, 이러한 정부의 수요는 시간에 따라 혹은 준거집단(다른 유사한 도시정부)의 수요와의 상대적인 비교에서 다를 수 있다. 따라서 어떤 도시정부 내 시민들의 욕구 수준이 높으면 높을수록 그 정부에 대한 지출 압박은 높아지고, 이는 지출의 관점에서 보면 그만큼 재정 상태가 더 악화됐다고 말할 수 있다.

이러한 지출분석의 각 단계 모형은 다음 [그림 7-6]과 같다.

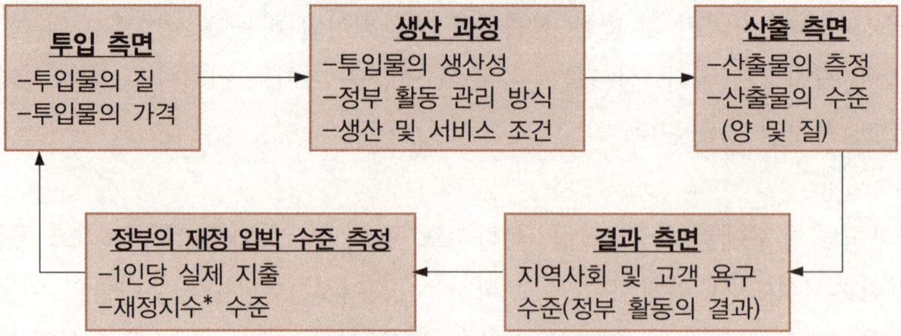

그림 7-6 지출분석의 단계 모형

주: * 재정지수는 시민의 욕구와 재화나 서비스의 생산 및 공급 조건을 결합한 것임.
자료: 강인재 외(1933: 213).

용어 해설

- **세원(稅源, source of taxation)**: 이는 조세가 실제 지불되는 원천으로서 납세자의 소득 · 재산 · 자본 등이 이에 해당된다.
- **과세 표준(課稅標準, tax base)**: 이는 세액 산정의 표준이 되는 것으로서 조세 객체의 수량 또는 금액으로 표시된다. 예를 들어 재산세의 경우에는 재산 금액이고 도축세의 경우에는 가축 수가 된다.
- **세율(稅率, tax rate)**: 이는 한 단위에 대해 징수하게 되는 조세율을 의미한다. 예를 들어 3%, 8%, 15% 등이 있다.
- **비례세(比例稅, proportional tax)**: 이는 과세 객체의 크기에 관계 없이 동일한 세율을 적용하는 과세를 의미한다. 예를 들면 소비세로서의 물품세는 물품 가격의 몇 %의 정률세를 부과하고 있다.
- **누진세(累進稅, progressive tax)**: 이는 과세 객체가 커짐에 따라 세율이 올라가는 과세를 의미한다. 이에는 단순(전액) 누진과 단계(초과) 누진 두 가지 종류가 있다. 전자는 한 과세 객체에 대해 단일한 누진율을 적용해 세액을 산정하는 방법이다. 예를 들면 재산액 2천만 원 이하는 1%, 2천만 원 이상 5천만 원 이하는 3%, 5천만 원 이상은 5%와 같은 방법이다. 후자는 한 과세 객체를 몇 단계로 구분해 각 단계에 따라 점차 누진율을 적용해 산정한 금액의 합계를 세액으로 정하는 방법이다. 예를 들면 앞의 예에서 2천 5백만 원의 재산액을 단순 누진에 따르면 2천 5백만 원 전액에 대해 3%의 세율이 적용돼 75만 원이 세액이 된다. 그러나 단계 누진에 따르면, 2천만 원에 대한 1%의 세액 20만 원과 나머지 5백만 원에 대한 3%의 세액 15만 원을 합산한 35만 원이 세액이 된다. 단순 누진의 방법에 따르면, 과세 객체의 차이가 적은데도 불구하고 세액의 차가 크게 나타나 소득이 많았던 사람이 소득이 적었던 사람보다 오히려 납세 후 소득은 적어지는 경우가 발생할 수 있다. 이러한 불합리한 점은 단계 누진 방법으로 해결할 수 있으므로 오늘날 대다수 국가는 이 방법을 채택하고 있다.
- **누퇴세(累退稅, degressive tax)**: 이는 누진세의 일종으로서, 과세 객체가 어느 정도 도달하기까지는

누진세율을 적용하나 그 이상을 초과하면 그 초과분에 대해서는 비례세를 적용하는 과세를 의미한다. 상속세, 증여세 등이 이에 해당한다.

- **역진세(逆進稅, regressive tax)**: 이는 과세 객체가 적어짐에 따라 오히려 세율이 올라가는 과세를 의미한다. 오늘날 형식상 이에 해당하는 조세는 없으나 실질적으로는 생활필수품에 대한 소비세 등은 역진세의 성격을 지닌다.

연습 문제

1. 예산 제도의 종류와 기능을 설명하시오.
2. 예산안의 심의에서 예산결산특별위원회의 역할을 설명하시오.
3. 도시정부 예산 과정상의 문제점을 설명하시오.
4. 세입의 효율성과 형평성을 설명하고, 그 관계를 설명하시오.
5. 시세의 원칙을 설명하시오.
6. 사용자 부담금제의 기본 원리를 설명하시오.
7. 사용자 부담금제의 장·단점을 설명하시오.
8. 현행 우리나라의 국고보조금 제도의 문제점을 설명하시오.
9. 지방채의 기능을 설명하시오.
10. 도시정부의 지출 압박을 증가시켜 도시재정 상태를 악화시키는 요인들을 설명하시오.

제 8 장

도시 공공서비스

제1절 도시 공공서비스의 의의

인간은 생존을 위해 다양한 재화와 서비스를 필요로 한다. 인간은 일생 동안 아주 다양하고 엄청난 양의 재화나 서비스를 필요로 하고, 그 필요한 재화 또는 서비스를 주로 타인의 생산 또는 제공을 통해 충족해 가고 있다. 20세기 초 대공황 이후 적극적 국가관이 팽배함에 따라 재화나 서비스의 공급 과정에 정부의 역할이 현저하게 높아지게 되고, 급격하게 팽창된 정부는 그 내재적 특성에 따라 운영상의 비효율성을 띠게 됐다. 최근 고도정보화와 개방화 사회가 도래함에 따라 한편으로는 시민들의 서비스 수요가 폭발적으로 증대하게 되고, 또 다른 측면에서는 도시정부가 한정된 재원으로 말미암아 심각한 재정 압박에 직면하고 있다. 이와 같은 상황에서 도시 공공서비스의 효율적인 공급을 위해 공공서비스 공급 체계에 대한 근본적인 개선 방안이 모색되고 있다.

1 공공서비스의 성격

공공서비스 또는 공공재[1]는 정부가 공급하는 서비스 또는 재화로 생각하기 쉽지만

1) 힐(Morris Hill)은 재화와 서비스를 엄격하게 구분한다(Hill, 1977: 317-318). '재화'는 사유할 수도 있고 양도할 수도 있는 물리적 실체인 반면, '서비스'는 다른 경제적 단위의 활동 결과에 의해 초래되는 변화로 정의한다. 또한 서비스의 경우 재화가 양도되는 방식과는 다른 방식으로 제공된다고 보면서 서비스의 공급 과정을 강조하고 있다. 즉, 서비스는 한 번 양도하면 다른 시점의 다른 사람

반드시 그런 것은 아니다. 공공서비스(public service) 또는 공공재(public goods)는 정부가 공급하건 아니건 간에 소비 과정에서의 비경쟁성(non-rival consumption)과 비배제성(non-exclusion)의 속성을 갖고 있는 서비스 또는 재화를 말한다(Browning & Browning, 1979: 21-23).

1) 비경쟁성

소비에서의 비경쟁성은 많은 사람이 동시에 동일한 서비스를 소비할 수 있는 경우를 말하며, 따라서 때때로 집합적인 소비(collective consumption) 또는 편익의 불가분성(indivisibility of benefits)이라고 불린다. 예컨대 국방은 어떤 사람이 혜택을 본다고 해서 다른 사람들의 국방 혜택이 줄어들지 않는다. 그러나 이와 같은 특성이 반드시 사람들이 동일한 정도로 편익을 받는다는 것을 의미하는 것은 아니다.

소비에서의 비경쟁적인 서비스의 예로서 국방뿐만 아니라 방송, 홍수통제, 일기예보, 오염 완화, 그리고 공중보건 등을 들 수 있다. 그런데 여기서 소비에서의 비경쟁성이 있다고 하더라도 그 비경쟁성의 공간적 범위가 재화나 서비스의 종류에 따라 다를 것임을 알 수 있다. 댐이 홍수통제 서비스를 제공하고 있고 그 서비스가 소비에서의 비경쟁성이 작용하고 있지만 댐이 위치한 장소에 따라 편익의 비경쟁성이 달라지기 때문이다.

이와는 대조적으로 우리가 일상생활에서 접하는 대부분의 다른 서비스는 소비에서 경쟁적이다. 공공서비스 또는 공공재가 아닌 다른 서비스의 경우 어떤 주어진 생산 수준에서 내가 더 많이 소비하면 다른 사람들이 소비할 수 있는 서비스의 수준이 하락하게 된다.

2) 비배제성

일부에게 서비스의 편익을 한정하는 것이 불가능하거나 또는 엄청나게 비용이 많이 드는 경우에 우리는 비배제성이 있다고 말한다. 서비스의 비배제성이란 돈을 내는 사람

에게 양도할 수 없는 일시성을 가지며, 저장이 불가능하고, 생산과 소비가 거의 동시에 일어난다는 특성이 있다. 이와 같이 서비스와 재화를 명확하게 구분하려는 시도에 대해 서비스와 재화의 구분 기준이 항상 명확한 것도 아니고, 무엇보다도 실제로 구분의 의미가 거의 없다는 점에서 서비스와 재화를 구분하지 않고 사용하려는 경향이 일반적이다(박종화 옮김, 1994: 64-65). 공공재는 생산과 소비가 보통 동시에 이뤄지고 서비스로서의 성격을 갖고 있다. 예를 들어 국방을 위해서는 무기의 생산과 병력의 유지가 필요하지만 이것이 목표로 하는 것은 국민에 대한 국방 서비스이지 무기 생산 또는 병력의 유지 그 자체가 아니다. 따라서 이하의 논의에서도 재화와 서비스는 구분하지 않고 상호 교환적으로 사용될 것이다.

이나 돈을 내지 않는 사람이나 차별 없이 서비스를 제공할 수밖에 없는 경우를 말한다. 비경쟁성과 비배제성은 흔히 동시에 발생하지만 두 개념을 구별할 필요가 있다. 소비에서의 비경쟁성이란 모든 사람이 동시에 소비할 수 있지만 다른 사람이 소비하지 않는 가운데 한 사람이 소비하는 것이 가능하며, 잠재적으로 소비가 비경쟁적인 경우라 하더라도 일부 사람에게 특정 비용을 부과해서 소비를 억제하는 것 또한 가능하다.

그런데 어떤 서비스가 비배제적이냐의 여부는 궁극적으로 정도(程度)의 문제다. 왜냐하면 배제의 비용이란 것이 사안별로 크게 차이가 나기 때문이다. 문제는 배제를 해서 얻는 이익이 배제를 시행하는 데 필요한 경비에 비해 낮은가의 여부다. 시청 앞 분수의 경우에는 사람들의 이용을 배제하는 것이 돈이 너무 많이 든다는 데 대부분의 사람이 동의할 것이고, 따라서 시청 앞 분수는 공공서비스의 속성 중 우선 비배제성의 요건을 충족하고 있는 것이다. 이와 대조적으로 대부분의 사람이 생활쓰레기 수거에서는 배제가 실현 가능하다고 생각하면 그때 그 서비스는 공공서비스가 아니다.

공공서비스의 존재는 가격 체계의 운용에 문제점을 야기한다. 일단 공공서비스가 생산되면 공공서비스의 속성상 많은 사람이 돈을 지불하지 않고도 자동적으로 편익을 누리게 되는 무임승차자 문제를 발생시킨다. 이러한 이유 때문에 공공서비스의 공급은 주로 정부가 담당하고 공급 비용의 부과도 정부에 의해 이뤄진다.

2 서비스의 분류

공공서비스는 소비에서의 비경쟁성과 비배제성을 속성으로 한다. 그러나 이 두 가지 속성을 완전하게 가지는 서비스는 그렇게 흔치 않다. 따라서 현실적으로 어느 정도까지 비경쟁성과 비배제성을 가지고 있으면 공공서비스인가 하는 문제가 제기될 수 있다. 여기서 한쪽 끝에는 순수 공공서비스를, 그리고 다른 쪽 끝에는 순수 사적 서비스를 개념적으로 설정하고 그 연속 선상에 준(準)공공서비스, 준사적 서비스 등을 위치시킬 수 있다. 그런데 문제는 서비스란 셀 수도 없이 다양한 종류가 있고, 그 개별 서비스가 준공공서비스인지 준사적 서비스인지 판단하는 것은 쉬운 일이 아니다. 왜냐하면 분류 기준 사이에 또 다른 형태가 정도상의 문제이지 수없이 많이 존재할 수가 있기 때문이다.

서비스의 분류를 더욱 명료하게 해서 실제 적용성을 높이기 위해 소비와 배제라는 두 가지 기준을 사용한 2차원 공간을 만들 수 있다.

[그림 8-1]에서 표시된 각 서비스의 위치는 주관성이 상당히 개입돼 있음을 부인할 수 없다. 각 개인은 나름대로 다양한 서비스의 위치를 표시해 볼 수 있을 것이다.

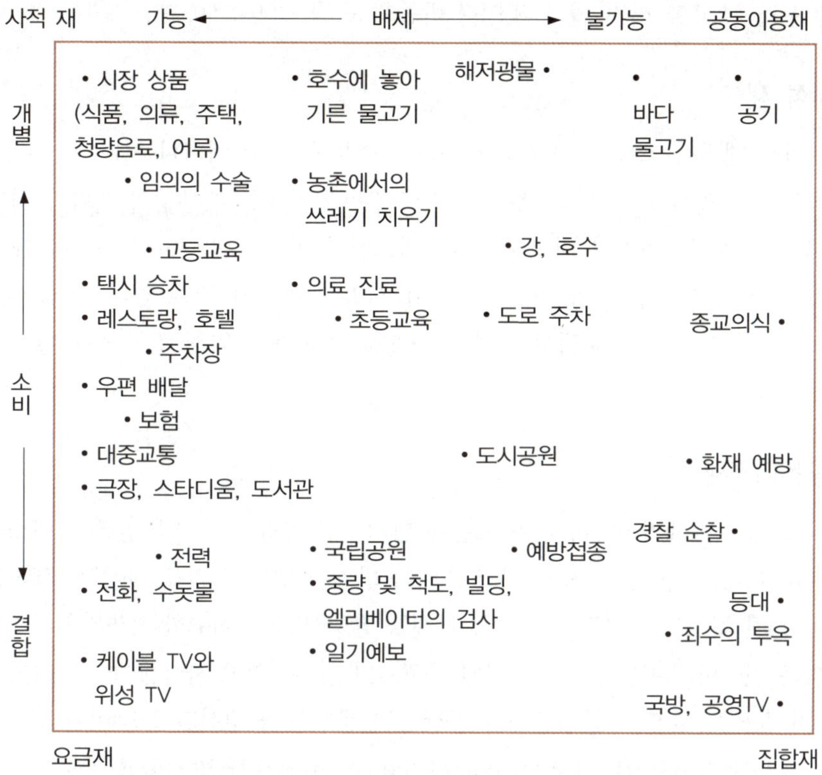

그림 8-1 **배제와 소비 속성에 따른 재화와 서비스의 분류**

주: '순수한' 재화 또는 서비스는 네 개의 모서리에 나타난다.
자료: 박종화 옮김(1994: 72-73).

[그림 8-1]과 같이 서비스를 분류하는 이유는 서비스의 성격이 그 서비스가 생산될 것인지 어떤지와 그 서비스를 공급하기 위해 필요한 조건들을 결정하기 때문이다. 사적 재(私的財, private goods)는 개별적으로 소비되고 공급자의 동의 없이는 이용자가 획득할 수 없다. 그리고 그것은 대개 값을 치름으로써 획득된다. 공동이용재(共同利用財, common-pool goods)는 개별적으로 소비되지만 사실상 누구든지 무료로 사용할 수 있다. 요금재(料金財, toll goods)는 결합적으로 이용되지만 이용자는 반드시 대가를 지불해야 한다. 그리고 그 대가를 지불할 수 없는 사람들은 요금재를 이용하는 것으로부터 배제된다. 소비자를 요금재의 이용으로부터 배제하는 것이 어려우면 어려울수록 그 재화는 점점 더 집합재가 된다. 집합재(集合財, collective goods)는 결합적으로 이용되며 어느 누구를 그 이용으로부터 배제하는 것은 불가능하다. 따라서 집합재에 대해서는 강제가 아니라면

사람들은 돈을 내고자 하지 않을 것이다(박종화 옮김, 1994: 69-77).

1) 사적 재

사적 재는 개별적 소비와 배제가 가능하기 때문에 시장 메커니즘에 의해 수요와 공급이 자동적으로 조절될 수 있다. 우리가 일상생활에 필요한 대부분의 재화가 여기에 속한다. 사적재는 공공서비스와 비교해 볼 때 대조적인 속성을 지니고 있기 때문에 가격을 통한 수요와 공급의 조절이 용이하고 공공이 개입할 여지가 별로 없다. 다만 서비스의 안전이나 규격, 상표 등에 대해서는 자유 거래를 촉진하기 위해 집합적인 행동이 필요하다.

2) 공동이용재

공동이용재는 배제가 불가능하기 때문에 합리적인 공급자는 그와 같은 서비스를 생산하지 않을 것이다. 돈을 낼 필요가 없고 소비를 방지할 방법이 없을 때에는 그와 같은 재화는 낭비가 될 것이고 궁극적으로 공급 문제를 발생시킨다. 희귀한 자연자원이 남획되고 멸종돼 가는 것이나, 맑은 강물이 오염돼 물고기가 살 수 없고 사람들이 그 물을 마실 수 없게 돼 가고 있는 것도 공동이용재가 공급상의 문제를 발생시키고 낭비된다는 증거다.

소위 '공유물(共有物)의 비극(tragedy of the commons)'을 방지하고 공동이용재의 공급을 안정적으로 확보하기 위해서는 집합적인 행동이 필요하다(Hardin, 1968: 1243-1248). 어족자원을 보존하기 위해 국제 간에 협약을 맺는다든지, 수질오염을 방지하기 위해 하수 정화시설, 폐수 처리시설 규제와 같은 통제를 하는 것은 대표적인 집합적 행동의 예들이다.

3) 요금재

요금재는 공동으로 사용하지만 배제가 가능하기 때문에 시장에서 공급될 수 있다. 그러나 일부 요금재는 속성상 자연독점 형태를 이루기 때문에 집합적인 행동이 필요하게 된다. 교통, 전기, 가스, 상수도 서비스 등 비용 체감 또는 규모의 경제가 존재하는 경우에는 기업의 규모가 어떤 일정 수준까지는 규모가 커지면 비용이 적어지는 자연독점(natural monopoly) 상태를 이루게 된다. 독점은 두 가지의 폐해를 발생시키는 것으로 알려져 있다. 하나는 독점력이 있는 기업은 독점 이윤을 획득하기 위해 가격을 인상시킴으로써 수요량이 사회적 최적 수준 이하로 떨어지게 된다. 또 하나는 독점이윤 추구 과정에서 높은 가격을 지불하는 구매자로부터 독점기업가에게로 소득이 재분배된다. 결국 분배상의 불공평을 야기하게 된다(홍갑선 · 이용상 옮김, 1992: 90).

자연독점의 폐해를 방지하기 위해 흔히 규제 등의 집합적인 행동이 취해지는데, 이에 대한 반론도 만만치 않다. 잠재적 경쟁시장의 이론이라든지, 과거에 독점이었던 많은 요금재가 이미 독점이 아니라는 사실에서 규제에 대한 이론적 근거가 미약하다는 주장이 제시되고 있다. 규제가 독점의 폐해를 방지하는 것이 아니고 진입의 기회를 원천적으로 봉쇄해 버림으로써 더 큰 피해를 초래하고 있다고 보는 것이다(Baumol et al., 1982; Sharkey, 1982; Primeaux, 1979: 63-85). 따라서 지금 당장 독점의 피해가 크다고 판단되면 규제를 통해 한정된 기간 동안만 독점을 허용하고 그 이후에는 경쟁입찰 방식을 취해야 한다는 주장도 있다(Hanke, 1985).

4) 집합재

집합재는 비배제성과 비경쟁성을 동시에 가지고 있으므로 전형적인 공공서비스다. 속성상 시장은 이런 재화를 공급할 수 없고, 공급이 필요하면 조세 등의 형태로 집합적인 기여가 필요하게 된다. 누구나 차별 없이 동일한 서비스를 향유할 수 있기 때문에 무임승차의 유인이 강하게 나타난다. 집합적 기여를 확보하는 과정에서 소집단의 경우에는 사회적 압력으로 충분하겠지만 익명성(匿名性)이 보장되는 대규모 집단에서는 법적인 강제가 필요할 것이다.

집합재는 사적 재와 달리 일반적으로 측정하기 어렵고 주어져 있는 양과 질을 그대

표 8-1 사적 재와 집합재의 비교

특징	사적 재	집합재
소비	전적으로 개인	다수에 의한 결합 및 동시
재화에 대한 지불	소비와 관련; 소비자에 의한 지불	소비와 무관; 집합적 기여에 의한 지불
비납부자 배제	쉽다	어렵다
상품의 양과 질 측정	쉽다	어렵다
상품 생산자 업적 측정	쉽다	어렵다
소비에 대한 개별적 선택	있다	없다
소비되는 상품의 양과 질에 대한 개별적 선택	있다	없다
할당 결정	시장 메커니즘에 의해 이뤄짐	정치적 과정에 의해 이뤄짐

로 받아들여야 한다는 점에서 소비자의 선택권이 거의 없다. 집합재의 속성상 이용 정도에 따라 돈을 지불하는 것이 불가능하기 때문에 수요와 공급 과정이 시장 메커니즘에 의존하는 것이 아니고 정치적 과정에 의존해야만 한다. 사적 재와 집합재 사이의 중요한 차이점을 사바스(Emanuel S. Savas)는 앞의 〈표 8-1〉과 같이 요약하고 있다(박종화 옮김, 1994: 85).

5) 공공서비스와의 관계

공공서비스와 위에서 언급된 네 가지 재화와의 관계를 살펴보면, 우선 사적 재는 공공서비스와는 아주 대조적인 속성을 가지고 있음을 알 수 있다. 이에 반해 집합재는 공공서비스의 속성을 모두 가지고 있으며, 요금재와 공동이용재는 공공서비스의 속성을 일부만 지니고 있다. 이와 같은 특징을 〈표 8-2〉와 같이 요약할 수 있다(권원용 · 최태호, 1988: 10).

표 8-2 재화의 유형별 공공서비스와의 관계

구분	사적 재	요금재	공동이용재	집합재
특징	개별 소비 배제 가능	공동 소비 배제 가능	개별 소비 배제 불가능	공동 소비 배제 불가능
공급상 문제	없다	자연독점	과잉 이용	무임승차
조치	자율, 안전, 규격에만 집합적 행동	가능한 한 자율에 맡기되 독점 이익이 왜곡될 가능성이 있을 때 집합적 행동	규제, 보호의 집합적 행동	집합적 행동 및 세금 등과 같은 집합적 기여 요구
공공서비스와의 상관성	상관 없음	부분 일치	부분 일치	일치

3 공공개입의 필요성

서비스 공급 과정에서 왜 공공개입이 필요한가 하는 의문은 고전적인 질문이다. 그 중 가장 광범위한 지지를 받고 있는 것이 바로 서비스 공급 과정 중에 발생하는 시장실패 현상과 이를 치유하기 위해 정부 또는 다른 공공기관이 직접 생산, 생산자 선정, 비용부담, 면허, 규제 등의 형태로 개입하게 된다는 것이다.[2] 시장실패란 자유경쟁시장에서

2) 공공개입에 대해 비판적인 입장들이 공공선택(public choice) 학파들에 의해 꾸준히 제시되고 있

자원이 파레토 최적(Pareto optimum)이 아닌 상태로 배분되는 것을 말하며, 자유경쟁시장에서 형성된 가격이 사회적 한계비용이나 한계편익과 괴리가 발생하는 경우를 말한다(Boadway, 1979: 29).

시장실패의 원인으로 외부성, 공공서비스, 수확 체증(increasing returns to scale), 시장의 불완전성, 분배적 형평 등을 들 수 있다(Wolf, 1990: 20-29). 그중 외부성과 공공서비스가 대표적인 요인으로 지적된다.3) 외부성 또는 외부 효과란 어떤 행위가 의도적이 아니었는데도 불구하고 아무런 대가의 교환 없이 다른 사람에게 이익이나 손해를 끼치는 경우를 말한다. 따라서 개인적인 수익률과 사회적 수익률 간의 괴리를 만들어 내게 되고, 부(負)의 외부 효과의 경우에는 사회적으로 과잉 생산의 문제점을, 정(正)의 외부 효과의 경우에는 과소 생산의 문제점을 드러냄으로써 결국 자원의 효율적 이용을 저해하게 된다. 과잉 생산 또는 과소 생산의 문제점이 발생하는 것은 외부적인 비용 또는 편익이 관련 당사자 간에 제대로 반영되지 못하기 때문에, 즉 외부 효과가 제대로 반영되지 못하기 때문에 비롯되는 것이다. 따라서 외부 효과를 제대로 고려하는 문제가 해결되지 않으면 시장 메커니즘으로서는 해당 재화 또는 서비스를 사회가 필요한 수준만큼 공급할 수 없게 된다.4)

순수 공공서비스의 공급은 속성상 시장 메커니즘이 제대로 기능하는 것이 어렵다는 것을 이미 앞에서 논의했다. 요금재, 공동이용재, 집합재의 경우에는 사적 재에 비해 집합적 행동이나 집합적 기여가 훨씬 더 필요하고, 이와 같은 집합적 행동이나 집합적 기여를 정부나 공공기관이 행할 경우 공공의 개입이 된다.

수확 체증(收穫遞增), 즉 규모의 경제(economies of scale)가 작용하면 한계비용 체감 현상이 발생하므로 앞에서 언급했듯이 자연독점 현상을 초래하고 시장이 효율적인 결과를 가져오기 어렵다. 규모의 경제성과 관련해 논의할 필요가 있는 것이 바로 범위의 경제성(economies of scope)이다. 범위의 경제성이란 한 기업이 연관성 있는 여러 종류의 서비스를 제공함으로써 하나의 서비스를 따로 제공하는 경우보다 비용이 적게 드는

다. 스티글러(Stigler, 1971)는 정부가 공공의 이익을 위해 움직인다고 생각하는 것은 환상이며, 정부 역시 자기의 이익이 최대가 되도록 움직인다는 전제하에 규제의 경제이론(economic theory of regulation)을 주장하고 있다.

3) 정부실패(goverment failure)의 원인으로 울프(Wolf, 1990: 62-84)는 비용과 수입의 분리, 내부성과 조직의 목표, 파생적 외부성, 분배적 불공평(권력과 특권) 등을 지적하고 있다.

4) 외부성 때문에 시장실패가 초래된다는 주장에 대해 코스(Coase, 1960: 1-44)는 강력한 반대 논의를 전개하고 있다. 그는 외부적 비용을 원인 제공자에게 가시화함으로써 시장실패를 회피하는 것이 가능하고, 따라서 외부성 때문에 반드시 시장실패가 야기되는 것은 아니라고 주장한다.

것을 말한다. 특히 철도, 트럭, 항공 등의 경우에는 하나의 체계적인 수송망을 형성해서 다양한 지점 간에 다른 연계 수송 서비스를 한 기업이 동시에 제공하는 것이 이용자의 편리성에서나 설비, 기자재, 인력의 유효한 이용에서 더 큰 이점을 갖는다. 범위의 경제성은 그 자체만으로 시장의 실패를 초래하는 것은 아니지만 흔히 규모의 경제성과 동시에 존재하기 때문에 여러 가지 문제를 발생시킨다. 예컨대 공통비용(overhead cost)을 여러 종류의 서비스에 배분하는 명확한 기준이 존재하지 않기 때문에 '정당한 가격'이 어떤 것인가를 알기 힘들다. 또 서비스 간의 내부 보조 문제라든가 이윤율이 높은 관련 서비스 업종만을 노리고 형식적으로 주업종에 참여하는 '기회주의적 이윤 추구(cream skimming)'의 문제가 발생한다(홍갑선 · 이용상 옮김, 1992: 139-158).

실제 시장에서 나타나고 있는 가격, 정보 등은 완전경쟁시장에서 상정하고 있는 가정들과 차이가 날 수 있고, 따라서 시장이 비효율적인 결과를 초래할 수 있다. 특히 후진국에서 시장의 불완전성은 경제적으로 중요한 정보에의 접근 제약성, 생산 요소의 비이동성, 가격과 이자율의 왜곡 등으로 특징지어진다(Wolf, 1990: 26-27). 그리고 분배적 형평 문제를 시장실패의 원인으로 볼 것인지에 대해 논란이 없는 것은 아니지만, 소득재분배를 공공서비스로 간주하는 견지에서는 시장실패의 원인으로 간주할 수 있다. 시장 메커니즘에 맡겨 둬서는 사회적으로 바람직한 수준까지 소득재분배가 일어나기 어렵다고 보는 것이다.

이제까지 시장의 실패가 발생하기 때문에 공공의 개입이 필요하다는 것에 대해 논의를 계속했다. 그러나 시장실패 때문에 공공의 개입이 필요하다는 논지는 최근의 전 세계적인 민간화 또는 민영화 추세에서 명백하게 드러나듯이 점점 흐려져 가고 있는 것이 사실이다. 따라서 이하에서는 시장은 결점뿐만 아니라 어떤 장점이 있는가를 밝혀 보고자 한다.

4 시장이 갖는 장점

우리는 여러 모양의 전등, 학용품, 식품, 그리고 기타 수만 가지 상품이 상점의 진열대에 전시되는 일이 어떻게 조절돼 이뤄지는지 이해할 수 없지만, 이러한 일이 항상 이뤄지니 그저 당연한 것으로 받아들이고 이용하고 있다. 시장은 우회적인 방법이지만 희소한 자원에 대해서는 높은 가격을 부과해서 효율적인 사용을 유도한다. 희소한 재화를 많이 사용하는 제품은 그렇지 않은 재화에 비해 값이 비싸지고 소비자들은 구매를 기피하게 되며 생산자들도 기술 개발을 통해 그 자원 사용량을 줄이거나 대체자원을 모색하게 된다. 그러나 만약 계획이나 공적 개입을 통해 수천만 내지 수억의 사람의 움직임을 바람직한 방향으로 통제하거나, 또는 수천 수만의 기업이 하루에도 수없이 내리는 의사결정을 세세한 수준까지 가장 이상적인 방향으로 영향을 미치는 것은 거의 불가능하다는 것을 짐작하기에 어렵지 않다.

시장이 갖는 장점을 슐츠(Charles L. Schultze)의 논의를 중심으로 요약하면 다음과 같다(Schultze, 1977, 정용덕 옮김, 1986: 39-59).

첫째, 시장의 가격 메커니즘은 각자의 물질적 이기심에 기초한 합의의 형태에 기반을 두고 있다. 시장에서의 거래 관계는 각자가 상호 이익이라는 기반 위에서 자발적으로 형성되는 것이다. 대규모 사회활동을 조직하는 과정에는 특정 사안별로 만족하지 못하는 소수가 있게 마련이다. 이와 같은 경우에 다른 조건이 동일하다면 합의야말로 다른 어떤 대안보다 정치적으로 매력적이다.

공동의 선(common good)과 이기심 간의 조화를 스미스(Adam Smith)는 다음과 같이 강조하고 있다(Smith, 1952: 194).

> 모든 개인은 공익(public interest)을 증진하려고 의도하지도 않고, 또한 그가 얼마나 공익을 증진하고 있는지도 알지 못한다. …… 그는 단지 자기 자신의 이익만을 목표로 움직인다. 이 과정에서 그는 '보이지 않는 손(invisible hand)'에 이끌려 그의 의도와는 아무런 상관 없는 어떤 목적을 증진시키게 된다. …… 개인이 공익의 달성을 의도적으로 추구하는 경우보다는 그 자신의 사익을 추구함으로써 사회적 목적을 좀 더 효과적으로 증진시키는 경우가 흔하다.

스미스가 '보이지 않는 손'이란 유명한 표현을 통해 강조한 시장의 힘은 소비자와 생산자는 시장 메커니즘에 따라 각자의 이익을 극대화하고자 행동함으로써 궁극적으로 공익을 달성할 수 있다는 점이다. 즉, 개인별 의사결정(decentralized decision making)이 사회 전체적인 경제적 효율성(economic efficiency)을 달성할 수 있다는 것이다(Lindblom, 1977: 257-258).

둘째, 시장은 환류 장치를 이용해 얻기 어려운 정보의 필요성을 감소시킨다. 정부가 교육의 성과를 개선하기 원하면 우선 교육의 지출뿐만 아니라 성과를 나타내 주는 개별 생산함수가 필요하다. 하지만 우리의 무능력 때문에 교육의 투입량과 산출량을 측정하기가 힘들고, 따라서 실제 적용성이 있는 생산함수를 도출하기가 힘들다. 그러나 민간 부문의 산업은 전혀 다르다. 일반 시민들은 자유롭게 서비스의 종류를 선택할 수 있으므로 수많은 사람이 기꺼이 지불하려는 가격이 바로 그들이 여러 가지 형태의 서비스에 부여하는 가치를 반영하고 있는 것이다. 효율적인 공급 문제에 관한 한, 개별 기업가는 그들 자신의 생산함수를 알 필요가 없는 것이다. 다윈(Charles Darwin)의 적자생존(適者生存) 과정(selection process)을 통해 일반 시민이 기꺼이 구매하려고 하는 한도 내로 상품을 공급하는 자만 살아남게 되는 것이다.

셋째, 시장은 사회적으로 바람직한 방향으로 혁신을 이끌 수 있는 잠재적 능력을 가지고 있다. 고전경제학은 시장의 정적(靜的) 효율을 강조했지만 더욱 중요한 것은 시장이 동적(動的) 효율을 촉진하는 데 분명한 능력을 보여 준다는 점이다. 시장의 유인 체계나 가격 메커니즘은 일반적으로 희소한 자원을 보존하는 방향으로 기술혁신을 이끌어 가는 경향이 있다. 미국의 농업 기술의 경우 토지에 비해 상대적으로 노동력이 부족했기 때문에 노동력에 비해 토지를 많이 사용하는 방법을 개발했다. 이와 대조적으로 한국은 토지에 비해 노동력이 풍부했기 때문에 토지를 집약적으로 사용하는 방법을 개발해 왔다. 결국 기술혁신이란 가격이나 이윤 가능성에 의해 표시되는 경제적인 필요나 희소성과 대체로 일치하는 경향이 있음을 보여 주는 것이다.

5 새로운 시각

공공서비스의 존재는 가격 체계의 운용에 문제점을 야기한다. 위에서 논의된 무임승차의 문제, 외부성의 문제, 자연독점의 문제 등으로 이와 같은 서비스는 시장 메커니즘에 의해서라기보다 조세를 일반재원으로 하는 정부가 공급해야 할 것으로 보인다. 그런데 논의를 명확히 하기 위해 두 가지 측면의 분석을 추가해야 할 것이다.

첫째, 도시정부가 제공하고 있는 수많은 서비스 중 순수한 공공서비스가 차지하는 비중이 그리 높지 않다는 점이다. 오히려 사적 재로서의 속성이 강한 서비스 중 많은 부분이 도시정부에 의해 공급되고 있는 것이 선진 산업사회나 개발도상국을 막론하고 공통적인 현상이다.

둘째, 순수한 공공서비스라 하더라도 사바스(박종화 옮김, 1994: 97-139)가 분류하듯이 생산과 제공이라는 두 가지 기준에 따라 분류해 보면, 제공은 도시정부가 하더라도 생산은 민간 부문에 맡길 수 있는 여지가 많다는 것을 알 수 있다. 순수한 공공서비스의 가장 극단적인 예인 국방의 경우를 보자. '국방'이라는 서비스가 공급되는 과정을 살펴보면, 우선 잘 훈련된 군인, 무기, 막사, 식품, 기타 수많은 소모품으로 이뤄져 있다. 국방이라는 서비스를 공급해야겠다는 결정, 즉 제공은 정부가 해야겠지만 그 서비스의 생산은 민간 부문이 참여할 수 있는 여지가 너무나도 많다는 것을 쉽게 이해할 수 있다.

제2절 도시 공공서비스의 공급 체계

1 공공서비스 공급 체계의 의의

역사적으로 볼 때 정부 주도의 공공서비스 공급은 순수 공공서비스 영역에 한정되지 않고, 준공공서비스 내지 준사적 재(準私的財)에까지 확대돼 왔다. 이와 같은 경계 이동(boundary shifting) 현상은 민간 부문의 자율성과 창의성을 심각하게 침해해 왔다. 따라서 정부의 역할 범위를 필요한 최소 수준으로 한정하고 재화나 서비스의 성격에 따라 민간 부문이 능률적인 부문은 민간 부문에 과감히 넘기는 방안들이 최근 진지하게 모색되고 있다. 특히 지방자치의 연륜이 그렇게 길지 않고 대부분의 도시정부가 빈약한 재정 상태에 있는 우리의 경우는 시민들의 행정 수요에 대한 반응성을 높이고, 세계화와 개방화의 사회에서 국제경쟁력 강화를 위한 행정 자체의 능률성 제고를 위해서도 공공서비스 공급 체계의 개선은 더욱 절실한 과제다.

도시정부의 공공서비스 공급 체계는 서비스 공급 과정의 체계와 공급 요소 간의 경쟁 또는 협력 체계로 구분할 수 있다. 공급 과정 체계는 특정 서비스에 대한 필요성의 인지 과정, 공급에 대한 정책결정 과정, 계획 및 재원 조달 과정, 직접 또는 계약을 통한 생산 과정, 서비스의 운용 내지 구체적 전달 과정, 평가 및 환류 과정으로 나눌 수 있다.

서비스 공급 요소 간의 경쟁 또는 협력 체계는 정부, 공기업, 그리고 민간 부문이 어떤 역할을 하느냐에 따라 다양한 형태의 조합(組合)을 그려 볼 수 있다. 정부도 조직 체계 안에서의 위치에 따라 중앙정부, 광역자치단체, 기초자치단체 등이 존재하고, 공기업도 다양한 형태의 공기업이 존재한다. 그리고 민간 부문 역시 민간기업, 비영리단체, 그리고 일반 시민 등 많은 실체가 존재하므로 서비스 공급 요소들 간의 경쟁 또는 협력 체계 역시 아주 다양한 형태로 존재할 것임을 알 수 있다.

공급 과정에서 경쟁 또는 협력의 구체적인 형태는 각 과정별 경쟁 또는 협력 형태가 있을 수 있고, 비용 분담과 수익 배분의 과정에서 경쟁 또는 협력 형태를 생각할 수 있다. 그리고 누구와 어느 정도로 경쟁 또는 협력하는가에 따라 나눠 볼 수도 있다. 그러나 공급 체계에 대한 논의의 목적이 서비스별로 가장 적합한 공급 주체를 모색해 보는 것이므로 주체별 장·단점 분석을 통한 역할 체계가 중심이 된다. 물론 그 과정에서 어떤 서비스는 서비스 공급 주체 간 협력 관계가 가장 적합한 형태로 부각될 수 있을 것이다.

2 공공서비스 공급 요소 간의 역할 체계

공공서비스는 주로 공공 부문에 의해 공급되고 있지만 민간 부문 역시 상당한 역할을 수행하고 있고 민간 부문의 역할 범위는 점점 더 확대되고 있다. 따라서 공공서비스 공급 주체를 크게 나누면 공공 부문과 민간 부문으로 구분이 가능하다. 공공 부문을 그 활동 메커니즘의 정치성과 경제성에 따라 구분하면 정부 부문과 공기업 부문으로 나눌 수 있고, 민간 부문을 영리성에 따라 나누면 영리 민간 부문과 비영리 민간 부문으로 구분이 가능하다.

공공서비스 공급 주체 간 역할 체계를 간단히 정리하면 [그림 8-2]와 같이 15개 영역으로 표시할 수 있다. A는 정부 부문의 영역으로 중앙정부와 지방자치단체가 포함되며, 주된 활동은 정치적 메커니즘에 의존하고 있다. B는 공기업 부문으로 공공성과 수익성을 동시에 추구함으로써 정치적 메커니즘과 시장 메커니즘이 동시에 작용하고 있는 영역이다. C는 영리 민간 부문으로 영리 추구가 기본적인 목표인 개인 또는 기업을 말하

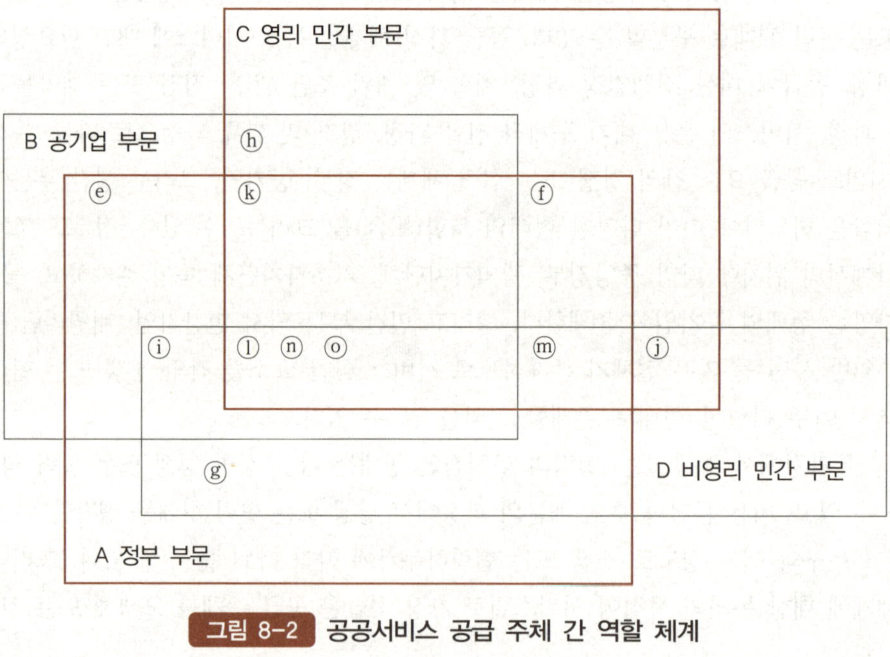

그림 8-2 공공서비스 공급 주체 간 역할 체계

며 시장 메커니즘이 주로 작용한다. D도 민간 부문이나 가족, 자원봉사자 등의 비영리 민간 부문을 말한다.

그런데 공공서비스 공급 주체로서 A, B, C, D 4개 영역은 완전히 독립적인 실체는 아니다. [그림 8-2]에 잘 나타나 있듯이 각각의 활동이 서로 복잡하게 연계돼 있다. 영역 상호간에 서로 견제, 통제, 압력, 협력, 그리고 경쟁 등의 형태로 영향을 주고받는다. 이들 연계 영역의 다양한 조합(組合)을 합하면 역할 체계는 15개의 영역으로 구분된다.

연계 영역의 특징을 보면 다음과 같다.

ⓔ는 A와 B, 즉 정부 부문과 공기업 부문이 연계돼 있는 영역으로 민간 부문에 전적으로 맡기기 곤란하지만 기업성이 요청되는 서비스는 공기업을 이용하되 인사, 예산 등의 형태로 규제하는 것이 가능하다.

ⓕ는 A와 C, 즉 정부 부문과 민간 영리 부문이 연계돼 있는 영역이다. 시영주택과 민영주택, 공립학교와 사립학교, 국영항공과 민간항공 등 유사 업종에서 정부 부문과 영리 민간 부문과의 경쟁이 가능하다. 쓰레기 수거, 소방 업무, 응급 앰뷸런스 서비스, 그리고 공원 계약관리 등에서 민간위탁이 가능하다. 경쟁이나 외부계약에 의해 서비스의 질과 양을 개선하고 소비자 선택 기회의 확대, 경영합리화와 민간 능력의 활용이 가능하다.

ⓖ는 A와 D, 즉 정부 부문과 비영리 민간 부문의 연계 영역이다. 자원재활용, 쓰레기 감량과 분리 배출, 장애자나 영세가정의 노인을 위한 자원봉사 활동, 사회교육 프로그램 작성에의 주민 참여, 주민단체에 대한 행정 지원 등 다양한 형태가 가능하다.

ⓗ는 B와 C, 즉 공기업 부문과 영리 민간 부문 간의 연계 영역으로, 공기업이 기존에 독점하고 있던 서비스 영역에 진입 규제의 완화 내지 철폐로 영리 민간 부문이 새롭게 진입해 경합하는 것이 가능하다. 공기업 부문이 독점하고 있던 발전 설비사업이 최근 민간 수주가 가능하게 됨으로써 영리 민간 부문과 공기업 부문이 경합하고 있는 것이 좋은 예다.

ⓘ는 B와 D, 즉 공기업 부문과 비영리 민간 부문 간의 연계 영역이다. 소비자 보호단체 등 비영리 민간단체가 공기업 활동을 견제하는 것이 가능하다.

ⓙ는 C와 D, 즉 영리 민간 부문과 비영리 민간 부문 간의 연계 영역으로 자발적인 주민조직이 폐지(廢紙) 등 폐기물의 재활용이 용이하도록 정리해 폐품 재활용업자에게 넘기는 것, 기업이 이미지 개선을 위해 지역성과 공익성이 강한 비영리 민간단체의 활동에 대한 자금 지원을 하는 것 등이 가능하다.

ⓚ는 A, B, C 3자의 활동이 겹치는 영역이다. 공기업과 민간의 공동 출자에 의한 공익사업에 대한 정부의 규제, 영리적 민간 부문의 공익사업에 대한 정부와 공기업의 자금

및 기술의 지원 등을 들 수 있다.

ⓛ은 A, B, D 3자의 활동이 겹치는 영역이다. 정부의 예산 규제하에 공익사업을 추진하고 있는 공기업에 대한 비영리 민간단체의 자발적인 지원 등을 생각할 수 있고, 비영리 민간단체의 활동에 대한 정부 및 공기업의 자금 및 기술 지원이 가능할 것이다.

ⓜ은 A, C, D 3자의 활동이 겹치는 영역이다. 비영리 민간단체와 영리 민간 부문 간의 협력을 촉진하기 위해 행정적인 지도 내지 지원을 하는 것이 가능하다. 주민조직을 통해 폐품을 회수하고 폐품 처리업자에게 판매할 때 정부가 일정액의 보조금을 지급하는 것이 가능하다.

ⓝ은 B, C, D 3자의 활동이 겹치는 영역이다. 비영리 민간단체와 영리 민간 부문 간의 협력이 필요한 서비스에 공기업이 참여하는 것이 가능하다.

ⓞ는 A, B, C, D 4자의 활동이 중첩되는 영역으로 ⓝ에 대한 A의 자금 지원, 규제, 지도 등이 가능하다.

행정에서도 '기업형 행정'이 강조될 만큼 공공 부문과 민간 부문 간의 구분이 불투명해지고, 공공 부문과 민간 부문 간에 경합 내지 협력 관계를 이루는 영역이 확대되고 있는 것이 최근의 추세다. 그런데 [그림 8-2]의 ⓔ, ⓕ, ⓖ, ……, ⓞ의 연계 영역에서 사안별로 협력적인 대처가 요청되고 있지만 공급 주체 간 협력은 그것이 사회적으로 요청된다고 하더라도 반드시 가능한 것은 아니다. 협력이 사회적으로 요청되지만 협력이 이뤄지느냐 아니냐는 여러 가지 요인에 의해 따로 결정될 문제다. 예를 들어 ⓙ의 경우 주민들이 자원재활용이나 쓰레기 감량 및 분리 수거에 적극적으로 동참하면 바람직하지만 그것이 기대치만큼 이뤄진다는 보장이 없다. 자원봉사 활동이 많은 사안에서 요청되고 있지만 그것이 제대로 일어난다는 보장이 없는 것도 마찬가지다.

3 정부의 직접 공급

도시행정에서 시민들에 대한 공공서비스의 공급은 전통적으로 중앙정부나 지방정부에 의해 공급되는 것이 일반적이었다. 공공서비스의 정의에서 살펴봤듯이 반드시 정부가 공공서비스를 공급하는 것은 아니지만 정부가 그 과정에서 큰 역할을 수행해 온 것은 분명하다. 특히 공익성이 강하고 기업성은 없어 민간 부문에 전적으로 위탁하거나 공동으로 제공하기도 곤란한 업무들은 정부의 직접 공급이 일반적이다. 호적, 병사, 주민등록, 조세 부과, 그리고 사회복지 등은 대개 정부의 직접 공급 형태를 취하고 있으며, 제증명 발급의 수수료 등은 원가(原價)에 준해서 부과하고 있다. 그러나 최근의 급격한 도시화·세계화·정보화 추세에 따라 시민들의 행정 수요가 질적(質的)인 면에서 다양화됐고, 양적(量的)인 면에서 급격하게 팽창함에 따라 이를 충족시켜 나가는 과정에서 도시정부가 심각한 재정상의 압박을 체험하게 됐다. 따라서 이러한 문제를 해결해 가는 과정에서 정부의 직접 공급 방식과는 다른 대안에 대한 좀 더 적극적인 검토가 요청되고 있다.

중앙 또는 지방정부가 직접 공급하는 서비스는 중앙정부가 해야 할 사무는 정부조직법에서, 지방정부의 사무는 지방자치법에서 규정하고 있으나, 각 정부 간의 업무가 명확히 획정돼 있는 것은 아니다. 다만 중앙정부는 국방, 치안 등 국가 안보에 관한 서비스, 경제사업 및 사회복지 서비스에 치중하고 있고, 반면에 지방정부는 일반행정, 지역개발 서비스를 주로 관장하는 것이 특징이다. 특히 도시정부의 경우에는 일반행정, 사회복지, 산업경제, 건설 및 지역개발, 환경 미화 및 보존, 문화, 체육, 그리고 방범 등의 공공서비스를 직접 공급하고 있다(권원용·최태호, 1988: 35).

미국의 경우 1960년대까지만 하더라도 연방예산사업(budgetary programs)이나 각종 규제기관을 잘 활용하면 거의 모든 도시문제, 예컨대 도심의 황폐화, 청소년 범죄, 도시빈민 문제, 약물 중독, 부랑자들, 관공서의 비능률, 그리고 심지어 교육의 질 문제까지도 해결할 수 있다고 봤다. 그리고 실제로 그러한 문제를 해결하기 위해 여러 가지 개선안을 채택하고 시행했다. 불과 20~30년 전에 있었던 이러한 막연한 기대가 지금은 크게 바뀌고 있다. 즉, 대부분의 연방정부 개선안은 제대로 운영되고 있지 않으며, '문제가 있는 곳에 돈을 쏟아붓는 데'에 지나지 않는다는 것을 깨닫고 있다. 시민들이 문제 해결을 위해 만들어진 각종 규제 메커니즘(regulatory mechanisms), 예컨대 공해 단속, 에너지 절약, 직업 안전 및 보건 등이 문제의 해결이 아니고 과도한 문서주의(red tape) 및 관료주의적 통제에 젖어 있다고 분개하는 것도 같은 맥락에서 이해할 수 있다(정용덕 옮김, 1986: 15-16).

따라서 도시정부는 행정 수요 충족 과정에서 발생하는 한계를 극복하기 위해 민간부문에 의한 공공서비스 제공, 관민 파트너십(public-private partnerships), 그리고 도시정부 조직 자체의 정비 내지 축소 형태로의 감축관리(cutback management) 방안 등을 적극적으로 모색해야 할 입장에 있다.

복잡한 사회에서 발생하는 제반 문제점을 효과적으로 다루는 데는 중앙집권적 규제보다는 유인책이 훨씬 더 적절한 방법이다. 규제라는 서비스의 경우에도 정부에 의한 직접 제공이 어려운 이유는 기술적으로 복잡한 업무를 취급하기 때문이라기보다는 그 목적이 궁극적으로 민간 생산자와 소비자의 행태를 변화시키는 데 있기 때문이다(정용덕 옮김, 1986: 32).

4 관민 파트너십

관민 파트너십은 관민 협력 또는 관민 협력 관계를 말하는 것이다. 유사 용어로 관민 공동출자사업, 공사혼합기업, 제3섹터 등이 혼용되고 있다. 광의로 관민 파트너십은 "사회적 문제 해결 과정에서 공공 부문과 민간 부문이 상호 이익을 위해 협력하는 관계"를 말한다. 개인적인 문제는 시장 메커니즘에 의해 자율적으로 처리되는 것이 바람직하기 때문에 적어도 사회적 문제 해결 과정에 대한 민과 관의 협력 관계를 의미한다. 그리고 파트너십의 성격상 상호 이익에 기초하고 있는 것이다.

협의의 개념은 "도시의 경제 개발 과정에서 지방자치단체와 민간기업이 서로 합의해 공통의 목적을 설정하고 협력하는 관계"를 의미한다. 그런데 한 사회의 정신적 · 문화적 측면의 고양이나 사회 개발의 영역에도 공공 부문과 민간 부문의 협력 과정이 필요하고 또한 가능하게 된다. 그리고 공공 부문과 민간 부문이란 것도 구체적으로는 아주 다양한 실체가 존재한다. 공공 부문도 중앙정부와 지방자치단체가 있고 수많은 준공공 부문이 존재한다. 민간 부문도 시민단체, 일반 시민, 영리기업, 비영리기업 등 수많은 실체가 있다. 여기서 미국의 경제개발위원회(Committe for Economic Development: CED)에서 내린 관민 파트너십의 정의를 참조할 수 있다.

> 관민 파트너십은 공공 부문과 민간 부문이 상호 이익을 추구하기 위해 협력(cooperation)하는 것을 의미한다. 그와 같은 협력은 정책적 차원(policy dimen-sion)과 운영적 차원(operational dimension)의 두 가지 차원으로 나눌 수 있다. 정책적 차원은 지역사회의 목표를 밝혀 가는 것이고, 운영적 차원은 그 목표를 추구해 가는 것이다. 관민 파트너십의 목적은 이 두 가지 차원을 연결시켜서 참여자들이 개별 목표를 추구하면서 동시에 좀 더 광범위한 지역사회에도 기여하도록 하는 것이다(CED, 1982: 2).

이와 같은 광범위한 정의로부터 관민 파트너십은 단순히 조직적인 대안이 아니라 과정(processes)으로서 정의해야 한다는 것을 알 수 있다(Hamlin & Lyons, 1991: 132-133). 게다가 관민 파트너십의 관과 민은 시청이나 영리기업같이 어떤 순수한 형태만을 의미하는 것이 아니라 경계가 불분명한 다양한 중간 실체의 활용을 포함하고 있다. 따라서 관민 파트너십은 상호 이익을 추구하기 위해 형성되는 관과 민의 실체들 사이의 모든 협력적 상호 작용 내지 시스템을 말한다.

미국의 경제개발위원회(CED)는 관민 파트너십에 대해 다음과 같이 덧붙이고 있다.

> 관민 파트너십의 요체는 교섭과 협력이다. …… 파트너십은 상호 이익 때문에 모인 공적 및 사적 참여자들의 자발적인 실체다. 협력은 어떤 참여자가 그들의 본질적인 이해관계에 반하는 형태로 나아갈 것을 요구하는 것이 아니다. 오히려 협력은 공통 목표를 개별 부문이 좀 더 효율적으로 달성할 수 있도록 하는 것이다. 편익이 공유되는 것과 마찬가지로 위험과 책임성도 공적·사적 참여자들 간에 공유돼야만 한다(CED, 1982: 29).

결국 관민 파트너십은 "교섭과 협력을 토대로 상호 이익을 추구하는 공공 부문과 민간 부문의 자발적인 상호 작용 과정이다. 이와 같은 과정은 궁극적으로 지역사회의 발전에 이바지하며 편익이 공유되는 것과 마찬가지로 위험과 책임성도 참여자들 간에 공유되는 것이다. 참여자로는 지방자치단체와 민간기업이 대개의 경우 중심적인 역할을 수행하겠지만 중앙정부와 비영리단체의 활용 역시 포괄하고 있는 것"이다.

5 민간 부문과의 계약

민간 부문과의 계약은 공공서비스의 민간화 또는 민영화 대안 중에서 가장 널리 사용되는 방안이다. 민간 부문과의 계약은 정부의 행정사무를 민간에게 완전히 이양하는 것이 아니고 행정기관이 그에 관한 권한을 여전히 보유하고 있으면서 해당 민간업체로 하여금 자신의 명의와 책임하에 그 행정사무를 처리하게 하는 것이다. 즉, 서비스의 제공 결정이나 대가 지불은 행정기관이 담당하고 서비스의 생산만을 민간 부문에 위탁해서 처리하는 방식이다. 다양하게 제시되고 있는 민간화 또는 민영화 대안들 중에서 민간 부문과의 계약이 가장 많은 논의와 논쟁을 불러일으켰다. 따라서 이하에서는 각각의 찬반 주장을 관련 학자들의 주장을 원용해서 정리한다.

미국의 도시연구소(Urban Institute)에서 발간한 보고서에는 도시 서비스의 계약에 대한 장점을 다음과 같이 지적하고 있다(김원 옮김, 1992: 33-35).

① 특수기술 전문가를 상근 직원으로 고용할 만한 예산상의 여력이 없는 영세 소도시에서는 계약을 통해 민간 전문인의 특수 기술을 활용할 수 있다.

② 계약 등의 적절한 활용은 불요불급한 상근 직원을 감축할 수 있고, 궁극적으로 예산과 인원 등을 축소할 수 있다.

③ 쓰레기 수거의 민간 위탁계약은 재활용률을 높여서 추가 경비를 감소시킬 수 있다.

④ 특정 서비스에 대한 수요가 있을 경우에만 계약을 통해 서비스를 공급함으로써 서비스의 수요 변화에 대해 공무원과의 마찰을 최소화하면서 신축성 있는 서비스 운용이 가능하다.

⑤ 특정 서비스를 도시정부가 일부 공급하고 민간이 일부 공급하는 이원적 공급 체계(dual track system)를 취하면 양자 간 업무 능률을 비교하고 측정할 수 있는 기회를 높일 수 있다.

⑥ 관료조직은 속성상 능률적으로 업무를 수행해야겠다는 목표 지향성이 약하다. 그러나 외부에서 서비스를 공급할 경우 지방행정가는 좀 더 객관적인 눈으로 업적을 평가할 수 있다.

⑦ 계약 방식으로 민간 업체를 통해 공공서비스의 공급이 가능하게 되면 지방행정 책임자는 좀 더 장기적인 계획, 점검 등에 치중할 수 있으므로 경영 개선을 가져올 수 있다.

⑧ 민간 업자에게 공공서비스를 위탁 공급시킬 경우 도시정부는 계약의 조건, 구체적인 공급 내용 등을 상세하게 문서화해야 한다. 이와 같은 기록이 유사한 문제에 직면하고 있는 다른 도시에 중요한 정보가 될 수 있다.

정부 서비스의 계약이 장점만 있는 것은 아니다. 반대 주장을 정리해 보면 다음과 같다(Hatry, 1985: 16; 박종화 옮김, 1994: 164-167).

① 정부 서비스의 계약으로 인해 사실상 비용이 더 든다. 정부는 비영리기관인데 반해, 민간은 이윤을 추구하고 있고, 계약 과정에서 부정부패의 소지가 있다. 민간 부문의 '격렬하고 악성의 노동 관행'과 정부 직원의 해고와 실업에 따른 비용 부담 문제가 있다.

② 정부 서비스의 계약은 정부 내 필요한 기술 축적을 저해하고 정부 능력을 약화시킨다.

③ 비상시에 정부의 탄력성을 제한하고 민간 업자에 대한 의존성을 높인다.

④ 계약의 문시화를 제대로 하는 것이 어렵다. 따라서 정부책임성과 통제의 문제를 발생시킨다.

⑤ 계약은 규모의 경제를 손상시키기 쉽고, 민간 부문은 기회주의적 이윤 추구(cream skimming) 행태를 보이기 쉽다.

⑥ 정부 서비스의 계약으로 인해 특정 사적 부문의 정치적 영향력을 증대시키고 더 많은 정부 지출을 위한 로비(lobby)를 발생시킨다.

정부 서비스의 계약에 대한 찬반 주장들을 요약했지만 이들 주장 간에는 상충하는 것과 갈등 관계에 있는 것이 있다는 사실을 알 수 있다. 계약에 대한 반대 주장의 일부는 근거가 약하다. 예컨대 부패는 정부 서비스에도 영향을 미치는 대칭적인 문제점이다. 정부 서비스의 계약으로 인한 책임성과 통제의 손상을 두려워하는 사람들은 정부기관의 책임성 확보 문제를 염두에 둬야 한다. 어느 것이 옳으냐 하는 문제는 이론적인 분석도 중요하지만 개별 사안별로 구체적으로 결정해야 할 것이고, 경험적인 증거가 뒷받침돼야 한다.

연습 문제

1. 도시 공공서비스의 성격을 규정하고, 공공개입의 필요성과 그 한계를 논하시오.
2. 도시 공공서비스의 공급 체계에 대해 논하시오.
3. 다음 사항을 간략히 설명하시오.
   1) 공유물의 비극
   2) 집합재
   3) 범위의 경제성

제 9 장

광역행정

제1절 광역행정의 의의

1 광역행정의 개념

산업혁명 이후 인구의 급격한 이동과 교통 및 통신 수단의 발달은 도시의 경계 지역을 뛰어넘는 도시 간 상호 의존 관계 내지 지역적 차원의 고려가 불가피하게 하고 있다. 기존 행정구역의 범위를 초월한 행정 수요의 급증으로 광역행정의 필요성이 대두되고 있는 것이다.

환경오염 방지, 상하수도 건설 등 현대 사회의 상당수 공공사무는 개별 자치단체의 구역 내에서보다는 여러 자치단체를 포괄하는 광역권을 단위로 해서 효율적으로 처리할 필요가 있다. 도시가 기능적으로 팽창하면 개별적인 자치단체만으로는 해결할 수 없는 어려운 문제가 다수 발생하기 때문이다. 이를 해결하기 위해서는 지역의 중심도시와 그 주변 지역 간에 여러 가지 형태의 협조와 조정을 통한 개발과 사무의 공동 처리가 필요하다. 이러한 광역행정의 필요성은 도시화의 계속적인 진전과 더불어 규모가 큰 대도시 지역에서 더욱 증대되고 있으며, 최근에는 중소도시 또는 심지어 농업지역에서도 찾아볼 수 있다.

광역행정(area-wide administration)은 광역권 도시행정 또는 광역도시개발이라고도 하며, 주로 대도시와 그 주변 지역 간에 공통적으로 요청되는 통합적 도시행정의 한 방식이라 할 수 있다. 대도시지역은 보통 한 도시의 경계를 넘어서 형성된 것이 보통인데, 이렇게 되면 도시 발전과 관할권이 일치하지 못하는 문제가 발생한다. 이러한 문제를 효과적으로 해결하기 위해 자치단체 간의 협력 또는 상호 관계에 의한 일체화(一體化)된 행정이 필요하다.

따라서 광역행정을 좀 더 구체적으로 정의하면, 지방자치단체의 법정 행정구역을 초월해서 발생하는 일정한 행정 수요를 처리하기 위해 기존의 행정구역은 물론, 그 영향권 내에 있는 주변의 자치단체를 포함하는 도시권 내지 지역을 대상으로 삼아 행정 업무를 통합적으로 처리함으로써 행정의 능률성 · 민주성 · 경제성 · 합목적성을 높이고자 하는 도시행정 방식이라고 할 수 있다.

2 광역행정의 필요성

산업혁명 후 도시화가 보편적인 현상이 되면서 폐쇄 체제적 도시의 비능률성과 지역 간의 불균형 문제가 대두했다. 이제 도시는 더 이상 폐쇄 체제(closed system)가 아니라 개방 체제(open system)로 접근하고 있다. 광역행정의 필요성은 바로 이러한 개방 체제적 관점에서 나타나는 것이다. 그 구체적인 내용을 살펴보면 다음과 같다.

1) 행정의 광역화 요청

현대 사회에서 교통과 통신의 발달로 지역 주민의 경제권 · 생활권 및 교통권이 크게 확대되고 더불어 이동성도 높아졌다. 따라서 서로 괴리된 생활권, 경제권, 교통권 및 행정권 등을 통합해 행정의 효율성과 주민의 편의성을 높여야 할 필요성이 높아지고 있다. 이와 같은 사회 · 경제권의 확대에 따라 행정의 탄력적인 대응이 요청되고 있는 것이다.

2) 도시화의 급속한 진전

도시화가 급속히 진행됨에 따라 중심도시는 위성도시 및 근교 지역을 흡수해 일종의 종주도시적 집합체를 형성함으로써 광역도시권이 형성된다. 특히 지역 간의 기능적 상호 의존성과 연결성이라는 측면에서 볼 때, 이러한 광역도시권 내에서는 인구, 교통, 상하수도, 도로, 청소, 경찰 등 다양한 도시행정 문제의 양적인 증대와 질적인 변화가 동시에 이뤄지고 있는 것이다.

3) 재정과 행정 서비스의 불균등 문제

도시와 농촌 간에는 재정력의 격차뿐만 아니라 행정 기술상의 격차도 상존하는 것으로 알려지고 있다. 따라서 지역 전체적인 측면에서 주민의 복지 향상, 행정 서비스의 평준화를 이뤄야 한다는 요구가 확대되고 있다. 따라서 중심도시를 중심으로 주변 지역을 묶어서 관리하는 광역행정은 자치단체 간의 행·재정력 격차를 완화하고 행정의 효율성을 제고할 수 있다.

4) 개발행정과 계획행정의 요청

대규모 개발사업이 기존의 행정구역을 초월해 이뤄지고 있다. 지역 개발의 근간이 되는 수자원의 개발, 치산치수(治山治水), 주요 도로의 정비, 공업용지의 확보와 같은 사업은 현재의 행정구역을 초월한 광역권을 토대로 삼아 종합적·통일적으로 계획해서 실시하지 않으면 안 된다. 이처럼 개발행정과 계획행정을 위해서는 현재의 행정구역을 초월해 광역적으로 행정문제를 처리하는 새로운 행정 방식이 요청되고 있는 것이다. 이렇게 하는 것은 또한 규모의 경제(economies of scale)를 실현할 수 있는 이점이 있다.

5) 지방분권과 중앙집권의 조화

광역행정은 한편으로는 지방자치 과정에서 지방의 경제·사회·문화에 관한 지역적 특수성을 살리고 중앙정부에 의한 획일적·권력적 행정 처리로부터 자치행정을 보호할 수 있다. 또 다른 한편으로는 지나친 지방분권 현상으로 인한 지방자치단체 간 협력 부족과 기능상의 상호보완성 결여 문제를 해결해 가는 데 광역행정은 기여할 수 있다. 결과적으로 광역행정은 지방분권주의와 중앙집권주의를 조화시키기 위해서도 요구된다.

6) 토지 이용에 대한 갈등의 완화

토지 이용 과정에서 혐오시설 내지 주민 기피시설의 입지는 님비(NIMBY) 현상[1]으로 인해 주민들의 저항을 불러일으킨다. 이러한 갈등을 완화하기 위해서는 관련 지방자치단체 간의 협상과 조정이 요구되는데, 광역행정은 이와 같은 요구를 충족시켜 줄 수 있는 수단 중의 하나다.

---

1) 님비(NIMBY: Not In My Backyard)란 쓰레기 처리장 등 혐오시설이 자신의 주거지 부근에 입지하는 것을 반대하는 현상을 의미한다.

7) 중복 행정 서비스의 제거

도시정부 간에 기능적 연계성이 높아짐에 따라 이전의 개별적인 행정 단위가 오히려 행정 서비스의 중복을 초래했다. 따라서 기존의 행정 단위를 기능적으로 통합하는 광역행정은 이러한 행정 서비스의 중복을 방지할 수 있다.

제2절 광역행정의 대상

광역행정의 대상은 학자마다 규정하는 내용에 약간 차이가 있으나 그 내용은 대동소이하다. 여기서는 국토개발연구원이 분류한 내용에 따라 대상을 제시한다(국토개발연구원, 1988: 29-30).

1 주변 요소 의존형

이는 광역적으로 입지하고 있는 자원 또는 요소가 어떤 관련 시설과 필연적인 연관성을 갖거나 직접적으로 투입돼야 하는 시설로서 하수 종말처리 시설이 여기에 해당한다. 하수 종말처리장의 경우 이 시설이 입지하는 행정구역 내의 하수뿐만 아니라 다른 행정구역일지라도 동일 하수구역 내의 하수일 경우 모두 처리해야 하므로 이의 설치 및 관리는 주변 요소에 의존하게 된다.

2 지역연결형

이는 시설 그 자체가 물리적으로 지역 간에 연계성을 유지하지 않으면 서비스를 제공할 수 없는 경우로서 상수도, 철도, 고속도로 등이 여기에 해당한다.

3 기능연계형

이는 시설의 물리적 형태가 아니라 그 시설이 수행하는 기능 또는 제공하는 서비스가 인접 지역과 연계되는 경우로서 시외버스 터미널, 항만, 공항, 유통센터 등이 여기에 해당한다.

4 입지제한형

이는 시설의 입지가 주변 지역에 부(負)의 영향을 초래하거나 적정 입지가 제한돼 모든 지역에 균등하게 입지할 수 없는 경우로서 쓰레기 매립장, 공동묘지 등이 여기에 해당한다. 이러한 시설의 입지는 관련 지역 간에 비용, 운영, 보상 등에서 갈등을 수반하게 된다.

5 기반 규모 의존형

이는 규모의 경제성이 큰 시설로서 이 시설이 입지하는 지역의 수요를 초과해 공급되는 시설로서 도서관, 종합병원, 종합운동장 등이 여기에 해당한다.

유형별 광역시설을 간단히 정리하면 〈표 9-1〉과 같다.

표 9-1 유형별 광역시설

유형	광역시설
주변 요소 의존형	하수도(하수처리장), 저수지, 유수지
지역연결형	(고속)도로, 철도 궤도(軌道), 삭도(索道), 하천, 운하, 상하수도, 공동구, 전기, 전화, 가스 공급 설비, 저유 및 송유 설비
기능연계형	터미널, 항만, 공항, 시장, 유통단지
입지제한형	공동묘지, 화장장, 폐기물 처리장, 상수원, 유원지
기반 규모 의존형	(종합)운동장, 학교(대학), 공용 청사, 도서관, 도축장, 연구, 종합의료, 사회복지, 통신, 자동차검사, 문화시설, 상수도(정수장, 배수장), 공공 직업훈련시설

자료: 국토개발연구원(1988), 『광역도시시설의 입지 및 관리에 관한 연구』.

제3절 광역행정사무의 분류 기준

광역행정에서 제기되는 중요한 문제는 각종 기능을 도시정부 가운데 어느 정부로 하여금 수행하도록 함이 행정 능률과 정치적 민주성의 요구에 가장 합당한가 하는 것이다. 즉, 도시행정 기능 가운데 광역적 기능과 순수 지방사무의 차이를 어떻게 구별할 것인가 하는 문제가 있다. 대도시의 규모가 증대하고 도시 기능과 행정 수요가 복잡하면 할수록 지역 내 다수 지방자치단체는 더 높은 차원에서 상호의존성과 기능 통합성의 필요에 직면하게 된다. 이 때문에 대도시 전역에 관할권을 행사하는 지역정부가 존재하지 않을 경우 광역사무의 구별 문제는 심각성이 더 커지게 된다.

대도시지역 내에서 광역사무와 지방사무를 구별하는 방법은 여러 가지가 있다. 이 중에서 도시 기능에 따라 지방적 관심 대상이 되는 기능과 광역적 관심 대상이 되는 기능을 나누는 것이 가장 널리 알려져 있다.

이렇게 지방적 관심 대상이 되는 행정사무와 광역적 관심 대상이 되는 행정사무를 양분할 때 사용되는 기준은 대체로 다음과 같다.

1 존스의 기준

존스(Victor Jones)는 사무의 성격이나 필요성을 기준으로 다음과 같이 광역사무를 구별하고 있다(Jones, 1966).

① 사무 조정의 대상 영역: 행정사무가 효과적으로 수행되고 통제되기 위해 필수적인 행정사무를 전(全) 지역적 차원에서 조정할 필요가 제기될 때, 이를 상급 정부의 기능으로 귀속시킴이 바람직하다.

② 사무 조정의 비용 부담 원칙: 개별 자치단체가 각자의 경제 수준에 맞춰 행정비용을 부담하는 대신 지역 전체를 대상으로 삼아 응익 원칙에 의한 부담 원리를 적용할 필요가 있을 때, 이를 상급 정부의 기능으로 귀속시킴이 바람직하다.

③ 규모의 경제: 도시 서비스를 공급할 때 경제적 능률성을 높이고 대규모 운영의 이익이 클 때에는 이를 상급 정부의 기능으로 귀속시킴이 바람직하다.

④ 주민 참여의 필요성: 주거 · 직장 · 휴식처 등 시민들의 복리에 영향을 주는 결정에서 주민의 참여를 필요로 할 때에는 이를 상급 정부의 기능으로 귀속시킴이 바람직하다.

2 정부간 관계자문위원회의 기준

미국의 정부간 관계자문위원회(Advisory Commission on Inter-governmental Relations: ACIR, 1966)는 지방사무와 광역사무의 구분은 다음과 같은 일곱 가지 측면에서 고려할 것을 제시하고 있다.

① 행정 서비스 편익의 지역적 경계: 행정 서비스의 편익의 지역적 경계에 따라 지방사무와 광역사무를 구분해야 한다.

② 규모의 경제: 행정 단위는 규모의 경제를 실현시킬 수 있을 정도의 규모를 갖춰야 한다. 규모의 경제는 기능에 따라 다르므로 규모의 경제에 맞게 사무를 구분해야 한다.

③ 관할구역의 적정성: 관할구역의 지리적 면적이 효과적인 행정사무 처리가 가능할 정도로 적정해야 한다. 관할구역의 넓고 좁음에 따른 행정사무 처리가 효과적이지 못할 경우 해당 사무의 재배분이 바람직하다.

④ 행·재정적 능력: 당해 지방행정 단위는 주어진 행정사무를 처리할 수 있는 법적·행정적 기능을 구분해야 한다. 즉, 행·재정적 능력에 상응하는 사무 배분이 이뤄져야 한다.

⑤ 행정 기능의 다원화: 당해 자치단체가 제공하는 행정 기능과 사무가 다양해야 하고, 주민 간에 이해가 상충될 경우 이를 해소하고 행정 수요와 행정자원 간에 균형을 유지할 수 있도록 행정 기능을 다원화해야 한다.

⑥ 행정의 근거리 원칙: 당해 지방자치단체의 행정 서비스를 주민들이 쉽게 접근할 수 있고 조정·통제할 수 있는 방식으로 운영할 수 있는 체제로 편성해야 한다. 이 기준에 따르면, 행정의 근거리 원칙이 존중돼 주민 편의에 따라 사무를 구분해야 한다.

⑦ 시민의 참여 기회: 시정이 원만히 운영되면서도 또 한편으로는 시민의 적극적인 시민 참여를 확보하기 위한 제반 조건과 기회를 마련할 수 있어야 한다. 이 기준에 따르면, 시민의 참여 기회를 높일 수 있도록 행정사무를 구분해야 한다.

3 펄로프의 기준

펄로프(Harvey S. Perloff)는 기초단체와 상급단체 간의 사무 배분의 기준으로서 골격 기준(skeletal criteria)과 세포 기준(cellular criteria)을 제시했다. 이 기준은 당해 행정 서비스의 이해관계를 중심으로 구분한 것이다(Perloff, 1967: 720-729).

① 골격 기준: 이는 광역권 내의 도시 상호간의 이해 관계가 긴밀하게 연관돼 있는 서비스 기능은 광역 단위에서 광역적 계획으로 해결해야 한다. 이 같은 기능을 관계 기능(relation function)이라 하며, 상하수도·도시계획·교통 및 통신시설·전기 등의 도시기반 및 공급시설과 같이 기능의 성질상 연계성이 높기 때문에 각 지방자치단체가 처리하기보다는 인접 도시들이 함께 광역적(area-wide)으로 처리하게 하는 것이 더욱 효과적인 것들이다. 이런 서비스에는 주택·복지 등도 포

함시킬 수 있다.

② 세포 기준: 이는 지방 주민의 이해나 관심과 직결되는 사무로서 지방정부에 일임해 처리하게 함이 바람직한 사무나 서비스다. 이런 서비스는 직접적인 단위별 공급이 가능하고 주민들의 이익 증진에 직결되는 사무로서 초등학교 · 중학교 · 소방 · 경찰 · 병원 등이 그 예가 된다.

4 기타 기준

이 밖에도 지방사무와 광역사무를 구별하는 데는 다음과 같은 기준이 제시되고 있다.

① 환경 체제 기준: 자연자원이나 환경 체제, 즉 수계(水系) · 대기권 등은 여러 자치단체의 구역을 통과하고 있기 때문에 이 문제들을 해결하기 위해서는 광역적 차원에서 접근하는 것이 바람직하다. 오늘날 대도시가 안고 있는 가장 해결하기 곤란한 문제들로 수질이나 대기오염 · 산업폐기물 · 상수도 · 홍수 방지시설 등을 들 수 있다. 이들 문제는 환경 체제를 이뤄 여러 지방자치단체의 구역에 걸치기 때문에 광역적으로 처리하는 것이 효과적이다.

② 전문 서비스: 전문화된 지식과 서비스를 필요로 하는 시설인 대학교 · 박물관 · 연구소 등은 규모 경제의 영향을 받는 서비스들로서 각 자치단체별로 처리하는 것보다는 광역권 단위로 해결하는 것이 바람직하다.

③ 협력 체제 기준: 도시 서비스 가운데에는 여러 자치단체가 상호 협조를 하면 좀 더 능률적으로 처리할 수 있는 사무가 있다. 예를 들면 마약이나 범죄에 관한 경찰 업무, 쓰레기 처리시설 등이 이에 해당된다. 그러나 대부분 자치단체의 이해관계가 상충되는 경우가 많아 협력 체제를 구축하는 일이 어려울 때가 있다.

④ 형평성 기준: 동일한 광역권 내에서 조세 · 소득 · 서비스 등이 여러 자치단체에 고르지 못하면 여러 가지 불균형 문제가 발생한다. 즉, 소득이 낮은 자치단체의 주민은 소득과 고용 기회가 많은 지역으로 이동함으로써 이러한 불균형은 지역 간 과밀 현상과 과소 현상을 야기한다. 이 같은 지역 격차를 없애고 공평하게 도시문제를 해결하기 위해서는 형평의 원리에 입각해 이러한 문제를 광역적으로 처리함이 바람직하다.

제4절 광역행정의 방식

광역행정을 제도화하는 데 가장 큰 장애는 관할구역의 다원화(jurisdictional proliferation)와 여기에서 제기되는 기능적인 분화 현상(functional fragmentation)이라고 할 수 있다. 광역행정을 효율적으로 수행하기 위해서는 주민생활권과 행정구역이 일치되는 것이 가장 바람직하지만 현실적으로 양자를 합치시키는 것이 쉽지 않다. 따라서 양자를 그대로 두고 광역행정의 내용을 기획, 집행, 심사하고 예산을 독립적으로 편성하는 등 총괄할 수 있는 새로운 개발 체제를 마련해서 양자 간의 불일치에 따라 나타나는 여러 문제의 해결을 모색하는 것이 세계적인 추세다. 세계 각국에서 광역행정을 위해 마련하고 있는 대안들을 크게 구조적 개편을 수반하는지의 여부에 따라 구분해 간단히 소개하면 다음과 같다.

1 구조적 개편을 수반하지 않는 방식

1) 비공식적 합의

이는 정부 간에 비공식인 합의(informal agreement)를 통해 협조하는 가장 오래되고 단순한 방식이다. 일반적으로 둘 이상의 정부 간에 연계성이 높은 서비스를 좀 더 효율적으로 제공하기 위해 합의한다. 이러한 서비스 영역에는 정보의 교환, 경찰과 소방 업무의 협조, 기술과 장비의 교환 등이 포함된다(박종화, 1999: 174).

비공식적 합의 방식은 기존의 정부구조를 개편하지 않기 때문에 유권자나 정치인의 저항이 없어 정치적으로 수용될 가능성이 높고 경제적 효율성도 높다. 그러나 이 방식은 어디까지나 비공식적 합의에 의존하므로 복잡하고 난해한 광역적 문제를 해결하는 데에는 근본적으로 한계가 있으며, 공식성의 결여로 인해 합의 당사자의 단순한 견해 차이로도 쉽게 합의가 무산될 수 있다.

2) 협조

협조(cooperation) 형식의 행정 체제는 우리나라의 도시권행정협의회, 일본의 수도권정비위원회, 미국의 시(city)와 카운티(county) 간의 행정협정 등에서 볼 수 있는 것처럼 정부 단위의 변경 없이 광역행정을 처리하는 방식이다. 내도시 내에서 관할권을 달리하는 자치단체의 대표자들이 모여 공동의 문제를 논의하고, 협조적으로 광역 문제를 해결하는 방법이다. 이러한 협조 형식의 유형으로서는 상호 지원(mutual aid), 패키지 서비스(package of services), 결합시설 및 서비스(joint facilities and services) 방식 등이 있다(안용식 · 김천영, 1995: 262). 협조 형식의 일반적 방법은 비공식적인 행정협의회와 공식적인 공동위원회 방법이 대표적이다. 공동위원회는 일반적으로 지방의회 의원, 관료 및 시민대표로 구성된다.

행정협의회(councils of governments)는 대도시 지역 내 지방자치단체의 행정책임자나 대표자로 구성되며, 그 중요한 기능은 개별 자치단체 차원을 벗어나 범지역적 차원의 공동 이해와 관심을 갖는 문제(예: 대기 및 수질오염, 광역적 교통계획, 쓰레기 등)를 제기하고 토론하고 협의하는 것이다. 이러한 협의를 통해 관련 자치단체 간에 협조적이고 자발적인 문제 해결책이 마련된다.

행정협의회는 도시정부의 공식조직의 일부가 아니고 어디까지나 자발적이고 협조적 임의단체라는 성격을 갖는다. 이 집단에 의한 토의와 행동 결의 사항들은 어디까지나 건설적 성격을 가지며 집행에 강제력이 없다. 그러나 이 방식도 기존 정부구조의 개편을 초래하지 않기 때문에 정치적 실현 가능성이 높고, 지역적 범위 조정이 용이하며, 협조적 방식이 효율적으로 운영되면 대도시 내의 대소 지방자치단체가 필요한 도시 서비스의 확보와 행정사무를 적은 비용으로 효율적으로 처리할 수 있는 장점이 있다.

협조적 방식이 갖는 단점으로는 첫째, 협조 체제에 가담하는 개별 자치단체는 각기 독자적인 정책결정권을 보유함으로써 협정 내용을 언제라도 철회 내지 무효화할 수 있고, 당사자 간에 심각한 견해차나 의견상 불일치가 생길 경우 이를 중재할 장치가 없으며 상호 협정이 유효성을 확보할 수 없다는 점이다.

둘째, 협조적 관계 설정으로 대도시의 본질적 문제를 조직적으로 해결하려는 노력을 연기할 수 있고, 도시문제의 본질에 접근하는 근원적 해결책이 강구되지 않는 문제점이 있다.

셋째, 협조적 방식은 각종 변화를 수용하거나 변화에 따른 행정 수요에 적절히 대응하는 능력이 부족하다. 예컨대 도시 빈민지역은 정치적 이유로 협조적 방식에 의한 도시문제 해결에서 배척되는 경우가 많다.

이러한 점에서 볼 때 도시 간 협조적 협의회는 도시문제의 합리적 해결 방책을 모색하는 실제적인 방식이라기보다도 현존 도시 지도자의 권력 체계를 교란시키지 않기 위한 정치적 방편이라는 주장도 있다.

3) 지방정부 간 계약

지방정부 간 계약(intergovernmental contracts)은 한 정부가 다른 정부에 일정한 대가를 받고 서비스를 제공하는 계약을 의미한다. 이러한 지방정부 간 계약은 서비스 공급의 지역적 범위를 확대시킬 수 있을 뿐만 아니라 계획과 재원 조달의 효율성과 질을 높일 수 있다. 미국의 경우 교도소, 하수 처리, 동물 통제, 세액평가, 고형폐기물 처리, 상수도 공급, 경찰, 소방 및 통신 서비스 등이 지방정부 간 계약에 의해 공급되고 있다(박종화, 1999: 174).

지방정부 간 계약의 가장 큰 장점은 규모의 경제를 살릴 수 있다는 점이다. 개별 자치단체가 어떤 서비스를 독자적으로 공급하게 되면 비경제적일 경우 그보다 규모가 더 큰 정부에 대신 서비스 공급을 의뢰하고 그 비용을 지불하는 계약을 체결해 비용을 절약하는 경우다. 따라서 개별 자치단체는 저렴한 비용으로 서비스의 질을 높일 수 있고 기능의 중복과 소규모 조직의 남설(濫設)을 방지해 단편화로 인한 낭비를 피할 수 있다. 그리고 계약 시 최적 공급자를 선정한다면 서비스의 전문성을 기할 수도 있다. 나아가 이 방식도 기존의 정부구조는 개편하지 않기 때문에 정치적 실현 가능성이 높다. 그러나 이 방식이 지닐 수 있는 한계는 계약을 통한 서비스 공급이 지역적 이해에 근거하고 있다는 점, 서비스 공급에서 독점의 폐해가 발생할 수 있다는 점, 그리고 서비스 공급이 계약에 기반을 두고 있기 때문에 서비스 공급의 지속성에 문제가 생길 수 있다는 점 등이다.

2 구조적 개편을 수반하는 방식

1) 특별구

특별구(special districts)란 광역적 성격을 가진 특수한 행정 수요(예: 도시계획, 교통, 상하수도, 쓰레기 처리, 소방, 주택 등)를 기존의 행정구역을 초월해 광역적으로 처리하기 위한 일종의 특별자치단체로서 특수한 기관을 설치하는 것이다. 이러한 행정 기능을 주관하는 기구를 특별관청(Ad hoc Authority)이라 한다. 예를 들면 동일 하천 구역에 해당하는 여러 개의 지방자치단체가 치수와 물의 이용을 위해 특별구를 설치할 수 있다. 이 방식의 원형은 미국의 학교구(school district)이며, 설치 유형은 수행하는 사무의 수에 따라 단일 기능 특별구와 다목적 특별구가 있다. 그러나 대부분 단일 기능 특별구가 지배적이다. 대도시에서 흔히 볼 수 있는 실례는 교통(예: 미국의 뉴욕-뉴저지 항만청), 상하수도(예: 남부 캘리포니아의 광역상수구) 특별구다. 단일 기능 특별구는 주민의 추인

없이 주법(州法)에 의해 설치가 가능하나 다목적 특별구는 지방 주민의 동의를 요구하게 된다. 이 특별구는 일반 자치단체와 유사하게 일정한 구역을 갖고 그 구역 내 주민에 의한 의회 구성과 과세권 및 조례제정권 등을 가질 수도 있다.

단일 기능 특별구는 헌법의 개정 없이 주법에 의해서만 설치가 가능하고, 종래의 자치단체는 거의 그대로 존속시키기 때문에 정치적 실현 가능성이 높은 편이며, 필요에 따라 지역 전체의 관심사를 일원적으로 처리할 수 있고, 규모의 경제를 살릴 수 있는 장점이 있다. 반면 정부 단위를 더욱 복잡하게 만들고, 단일 기능이 아니라 복합적인 기능과 관련된 문제 해결이 어렵다는 문제점이 있으며, 특별구의 설치 과정에 주민통제 장치가 결여돼 있다.

2) 단일정부

단일정부(single governmental unit) 형식은 다수의 기존 지방자치단체를 해체하고 단일정부로 통합해 이 단일정부로 하여금 광역 업무를 포함한 행정 업무를 수행하게 하는 방식이다. 이것은 통합(consolidation) 또는 합병(annexation)과 같이 도시권 전역에 걸쳐 단일정부가 행정 기능을 담당케 하는 '땅 따먹기식' 방식이다. 역사적으로 보면 가장 많이 사용되는 해결 방식은 지역 합병(territorial annexation)이다. 합병은 도시권의 중심도시가 주변도시를 흡수해 하나의 단일정부를 만드는 것이다. 도시가 행정구역을 넘어서 발전할 때, 이 구역 문제를 해결하는 종국적 수단은 도시화된 구역을 흡수 또는 통합해 새로운 경계를 획정하는 것이다. 즉, 단일정부 형식은 합병을 통해 사회적·경제적으로 밀접한 관계에 있는 주변 지역을 중심 지역의 관할구역에 편입 또는 합병함으로써 광역 행정 문제를 일시에 해결하려는 것이다. 한편 통합은 우리나라의 시·군 통합처럼 2개 이상의 지방자치단체를 통합해 새로운 하나의 자치단체가 탄생하는 것을 의미한다.

이러한 단일정부 형식의 장점은 무엇보다 규모의 경제를 실현시켜 서비스 공급의 효율성을 제고할 수 있으며, 서비스 혜택의 무임승차 문제를 최소화할 수 있고, 과세 지역과 서비스 수혜 지역을 일치시킴으로써 행정의 형평성을 제고할 수 있다. 그러나 단점으로서는 관료주의화로 인한 서비스의 효과성 저하, 주민의 행정 수요에 대한 정부의 대응성 저하, 주민 참여와 통제의 약화, 변화에 대한 저항을 들 수 있다. 그리고 주변 지역은 합병에 의한 세금 증가를 우려하고 중심도시에 대한 불신감도 생길 수 있다. 그리고 합병이나 통합으로 인한 일자리 상실로 정치적 저항이 따를 수 있다.

3) 연합제

연합제(federation)는 기존의 지방자치단체가 각각 독립적인 법인격을 유지하면서 그 위에 광역행정을 전담하는 새로운 지방정부를 신설하는 방안으로, 결과적으로 지방자치단체에 하나의 새로운 계층을 만드는 이원적 구조의 행정 체제다. 이것은 대도시권을 하나의 정치적 단위로 설정해 그 권역 내의 모든 자치단체의 존립 권한을 그대로 보유한 채, 연합도시를 연방으로 하고 그 구역 내에 있는 기존의 자치단체를 지방으로 하는 연방적 도시제라 할 수 있다. 그리하여 도시권 내 중심도시는 그 구역 전체에 관한 행정 기능, 즉 광역 기능을 집행하고 연합에 참가하는 하위 자치단체는 순전히 지방적인 사무, 즉 지방고유 사무만을 처리한다.[2)]

이 방식은 기초자치단체의 독립성을 박탈하는 것이 아니기 때문에 합병과 같이 지방적 감정을 자극하지 않고도 도시권의 행정 통합을 실현할 수 있다. 그리고 서비스 수혜 지역과 조세 부담 지역의 일치를 통해 형평성을 제고할 수 있다. 반면에 기능 중복과 행정기관의 다원화로 인해 권한의 대립과 분쟁을 초래함으로써 광역행정의 발전을 저해할 가능성도 있다. 또한 하위 자치단체의 기능을 약화시킬 수 있으며, 광역사무와 지방고유 사무의 구분이 불명확하고, 정치적 실현 가능성이 낮다.

3 논의와 평가

이상 살펴본 여러 방식과 세계적인 추세를 볼 때, 광역행정 문제를 해결하기 위해서는 이제 적극적인 광역행정 체제를 구축해 인접한 자치단체 간에 기능 분담이라든가 시설 투자의 분담 등과 같은 적극적인 행정 협조가 필요함을 알 수 있다.

이원적 구조를 가진 행정단체의 경우 하위 지방정부는 지방적 행정 수요를 만족시킬 수 있고, 또 광역적 행정 체제는 광역적 행정 수요에 대응할 수 있는데, 특히 이러한 행정 체제는 민주주의 전통이 약하고 관료적 통제가 강한 국가에서 더욱 절실한 의의를 갖는다.

우리나라의 경우 광역행정 체제의 대안으로 이원적 구조형이 단일정부형에 비해 더 유리할 수 있다. 이원적 구조형은 다시 특별구 형식과 연합 제도 형식으로 나눌 수 있는데, 자치의식이 미숙하고 지방자치제가 아직 정착되지 않은 우리의 현실을 감안할 때 토

---

2) 이러한 이원적 구조의 행정 체제는 미국의 경우는 거의 없고 캐나다의 메트로폴리탄 토론토, 스톡홀름 카운티 정부, 프랑스의 레종(région)과 1986년 폐지된 대런던 정부(Greater London Council)를 예로 들 수 있다.

론토 식의 연합 제도를 대안으로 채택하기는 어려울 것으로 보인다.

광역행정 체제는 자주재원에 의한 자율성을 지닌 체제여야 한다는 점에서 외부 체제로부터 독립해 자체수입으로 광역행정 수요에 대응하는 사업계획을 세울 수 있고, 종래의 자치단체는 그대로 존속시키면서 광역행정 기능별로 관할구역을 설정할 수 있을 뿐 아니라, 광역권역 전체의 관심사를 일원적으로 처리할 수 있는 특별구가 바람직한 것으로 보인다.

기존의 행정협의회를 효율적으로 운영해 특별구의 미비점을 보완하도록 해야 할 것이다. 행정협의회를 다양화하고 상설화해야 할 뿐 아니라 행정협의회 구성에 지방의회를 참여시켜 협의 사항의 실효성을 높이도록 해야 한다.

또한 행정협의회의 구성을 지방자치단체의 장에 국한시키고 있으나, 협의 과정에 처음부터 지방의회를 대표하는 의회 의장이나 의원을 참여시킴으로써 협의 사항에 대한 의결권을 가진 지방의회의 추인을 용이하게 하고 실효성을 높일 수 있는 계기가 될 수 있을 것이다. 광역행정 수요를 처리하기 위해서는 적극적인 광역행정 체제를 구축해 기능의 분담이라든가 시설 투자를 공동으로 함으로써 적극적인 행정 협조가 이뤄지도록 해야 할 것이다.

제5절 광역행정의 장 · 단점

1 광역행정의 장점

광역행정이 도시행정에서 가지는 장점은 다음과 같다.

1) 중앙집권과 지방분권의 조화

광역행정은 기존 지방자치단체의 관할구역을 뛰어넘는 월경적(越境的) 행정 수요에 대응하되, 중앙정부가 직접 이를 담당하지 아니하고 자치단체들이 서로 협력함으로써 중앙집권과 지방분권을 절충하고 조화시키는 성격을 가진다.

광역행정은 중앙집권적 행정 운영과는 달리 기존의 자치단체 구역보다 큰 구역을 가진 중간 수준의 정부에 권한을 위임하거나 자치단체 상호간에 여러 가지 협조와 조정을 시행함으로써 중앙집권과 지방분권의 조화를 도모할 수 있다.

2) 지역의 지리적 · 역사적 요인에 대한 고려

광역행정은 정치나 행정 체제에 의해 무시할 수 없는 지역의 지리적 · 역사적 요인을 중요시하는 행정 방식이다. 지역을 공식적인 행정 체제로 인위적으로 구분하다 보면 그 지역의 자연적 · 역사적 요인을 무시할 수 있는데, 광역행정은 이러한 단점을 극복해 준다. 최근 우리나라에서 진행된 도농(都農) 통합식 행정구역 개편을 주장하는 이유 중의 하나도 지역의 지리적 · 역사적 요인을 중요시하는 것이다. 이러한 지리적 · 역사적 요인을 중요시하는 것은 결국 지역의 정주(定住) 생활권을 중요하게 보고 있는 것이다.

3) 지방자치의 구역 · 계층 · 기능의 재편성 수단

광역행정은 기존 자치단체의 관할구역을 무시한 새로운 협력행정 단위를 형성하고, 기존 자치단체 사이의 기능의 재분담을 도모하는 것이기 때문에 지방자치단체의 구역, 계층구조 및 기능 배분상의 재편성을 가져오는 행정개혁의 수단이 된다.

4) 제도와 사회 변화 사이의 괴리 완화

광역행정은 급변하는 사회 · 경제 · 문화적 여건과 고정돼 있는 지방자치의 구역, 계층구조, 기능 배분 간의 괴리를 자치단체 간에 협력을 통해 조정해 나감으로써 급변하는 사회 변동에 신속하게 대응하고, 행정 제도에 신축성을 부여하는 수단이 된다.

2 광역행정의 문제점

광역행정의 필요성이 인정되면서도 또 한편으로는 이로 인한 문제점이 지적되고 있다. 광역행정의 문제점은 광역행정이 행해지는 장소나 구체적인 방식에 따라 달라서 일반론으로 설명하기 어렵다. 따라서 광역행정의 문제는 구체적인 광역정부의 문제라기보다 광역권의 문제다.

1) 편익과 책임의 불일치

광역권 내에서 자치단체 간에 동등한 권리와 의무를 확립하는 일이 어렵다. 특정 행정 서비스에 대한 재정적인 책임 부담과 이익 형성 간에 불일치가 발생하면 행정의 불공평성이 문제가 된다. 미국의 경우 교육비와 복지비를 부담하는 시민과 이로 인해 이익을 얻게 되는 시민이 다름으로써 불공평성이 문제가 되고 있다. 효과적으로 광역정부를 운영하기 위해서는 공정성의 원칙에 의존해야 하나, 다원적인 구역과 주민을 대상으로 할 경우 이 원칙이 준수되기 어렵다.

2) 일상적 도시행정 수요의 경시

광역정부가 다루는 광역적인 행정문제는 대부분 시민이 정부로부터 기대하는 일상적 성격의 공공서비스와는 다르다. 일상적인 도시문제는 광역권 행정 수요의 부차적인 것으로 간주되고 단기적이고 임시변통적인 대처에 그치거나, 일상적 도시 수요를 희생시키고 광역권 수요에 초점을 맞추는 행정을 펴기 쉽다. 이러한 경향은 광역정부가 시민들로부터 유리된 존재일 경우 더욱 커지고 있어 행정 우선순위의 조정이 어렵다는 문제점이 있다.

3) 지방자치의 저해

광역행정은 본질적으로 중앙집권주의적 행정 방식이며, 지방정부를 통제하려는 하향식 온정주의적(top-down paternalism) 행정 방식이라는 주장이 있다. 그리고 광역정부는 지방적인 환경과 수요에 대한 지식이 부족하고, 지방에서 원하는 서비스에 대해 신속하게 반응할 수 없다는 약점이 있다. 즉, 광역행정은 지방자치의 국가화(nationalization)의 한 변형으로서 지방 유권자의 영향력과 책임성을 감소시키거나 제거하는 결과를 가져와 지방자치를 저해할 수 있다.

제6절 우리나라의 광역행정

우리나라의 광역행정을 위한 제도적 장치로서 지방자치법에 의한 행정협의회, 지방자치단체조합, 사무의 위탁 등이 규정돼 있다. 그리고 지방공기업법의 지방회사의 공동설치 규정, 도시교통정비촉진법의 광역교통계획의 수립에 관한 규정 및 도시계획법에 의한 광역도시계획의 수립 규정 등이 그것이다. 이 밖에도 수도권 지역에 대해서는 수도권정비계획법에 의한 수도권 정비계획과 서울특별시 행정특례에 관한 법률에 의한 수도권 행정조정위원회 제도가 있다.

1 행정협의회

과거에는 행정협의회 방식이 법적 근거 없이 도시권에서 관례적으로 채택해 왔으나 1973년에 『지방자치에 관한 임시조치법』이 개정돼 행정협의회에 관한 규정이 신설됐고, 1988년에는 지방자치법이 개정되면서 행정협의회에 대한 규정을 마련했다. 그 주요 내용은 지방자치단체는 두 개 이상의 지방자치단체에 관련된 사무의 일부를 공동으로 관리·처리하기 위해 행정협의회를 구성할 수 있다는 것이다.

그러나 우리나라 행정협의회의 문제점은 도시문제의 광역적 해결을 위한 협의회의 성격만을 갖고 있을 뿐, 대도시나 중소도시가 없는 지방자치단체 간에는 행정협의회조차 구성돼 있지 않다는 것이다.

우리나라의 경우, 대도시와 주변 지역은 물론 중소도시의 경우에도 도시와 농촌의 구분이 불분명해지고 이른바 도농적(都農的) 연속성이 강화되고 있는 실정이다. 따라서 앞으로 경제 수준의 향상, 교통·통신의 발달 및 가치관 내지 생활 패턴의 변화를 감안할 때, 군(郡) 간이나 도(道) 간의 문세 해결을 위한 행성협의회가 구성되지 못하고 있는 것은 큰 문제라고 할 수 있다.

협의회의 운영과 구성에도 문제가 있다. 대도시 행정협의회나 도시권 행정협의회의 구성에 지방의회의 참여가 배제돼 있는 것이다. 의결기관인 의회가 완전히 배제된 채 이뤄지는 집행기관 간의 협의는 처음부터 한계를 가질 수밖에 없다. 또 그 운영 성과를 보면 대개 실무적 차원에서 교환 거래적으로 해결될 수 있는 국부적이고 소극적인 문제에 불과하며, 혐오시설이나 비용 부담이 요구되는 사안에 대해서는 협의회의 역할이 미미한 실정이다.

지방자치단체 간의 문제에 대해 해당 지방의회를 어떠한 방법으로든지 처음부터 참여시키는 것이 바람직하고, 현재 문제가 되고 있는 혐오시설과 같은 민감한 문제에도 적극 개입해 해결 방안을 모색해야 할 것이다.

2 지방자치단체조합

조합 설립에 관한 법규정이 마련돼 있음에도 불구하고 광역행정 제도의 일환으로서 지방자치단체조합 방식을 거의 활용하지 못하고 있는 실정이다. 최근 수도권의 쓰레기 처리를 위해 서울특별시, 인천광역시 및 경기도가 조합을 설립해 김포 매립지를 조성해 쓰레기를 공동으로 처리하고 있는 것이 유일한 사례라 하겠다.

우리나라에서 이런 조합 방식이 활용되지 못하고 있는 이유는 중앙집권적 행정 체제 하에서 중앙정부의 일선기관이 직접 광역행정을 하고 있기 때문이라 보여지지만, 좀 더 근본적인 문제는 지방자치단체들이 광역행정에 대해 안일한 태도와 현실적인 필요성을 강하게 느끼지 못한 데서 기인한 것으로 보인다.

3 단일정부

우리나라에서 광역행정 처리 방식으로 가장 많이 이용해 온 것이 합병 방식이다. 이 중에서 특정 기초자치단체나 행정 계층이 일정한 자격을 갖추게 되면 법률에 따라 광역자치단체나 지방자치단체로 승격시켜 주는 방식이 가장 보편적이었다. 이러한 과정에서 대상 자치단체의 주변 지역을 편입시켜 원래의 행정구역보다 넓은 구역으로 변경한다. 그리고 대도시가 확장됨으로써 인근 지역을 합병하는 사례가 많았고, 통합 방식으로 시·군을 통합했다. 우리나라에서 단일정부 방식을 가장 많이 이용하고 있는 이유는 지방자치의 전통이 강한 외국의 경우와는 달리 지방자치단체의 구역 변경에 대한 결정권을 지닌 중앙정부의 입김이 강한 반면에, 편입 지역 주민들의 저항은 비교적 약하기 때문이다. 그리고 합병이나 통합이 도시로의 편입을 의미하므로 우리와 같이 도시에 대한 강한 열망을 보여 온 사회문화에서는 오히려 환영받았기 때문이다.

연습 문제

1. 광역행정의 필요성을 설명하시오.
2. 광역행정사무의 타당한 분류 기준을 설명하시오.
3. 우리나라의 광역행정 방식을 설명하시오.

도시행정론

제 4 부

도시계획과 분석 기법

제10장 도시계획
제11장 도시분석 기법

제 10 장

도시계획

제1절 도시계획의 의의와 유형

1 도시계획의 개념

계획(planning)에 대한 개념 정의는 계획의 대상이 무엇이냐에 따라 매우 다양하다. 계획에 대한 개념 정의의 어려움에도 불구하고 모든 종류의 계획이 가지는 공통적인 특징을 바탕으로 계획의 개념을 일반화할 수 있다. 팔루디(Andreas Faludi)는 계획을 어떤 정책 목표를 달성하기 위한 과학적 방법의 탐색 과정으로 봤다(Faludi, 1973). 따라서 계획이란 정책의 유효성(validity)을 증대시키기 위한 노력이고, 주어진 사회 시스템 내에서 설정된 목표를 실현하기 위한 수단 발견의 과정이라고 할 수 있다.

그러면 도시계획은 어떻게 정의할 수 있을까? 도시계획은 도시의 토지 이용과 공간 의존적인 도시의 사회경제적 활동들에 대한 정책결정과 이의 집행을 위한 세부계획을 포함하는 것으로 볼 수 있다. 여기서 공간 의존적인 도시의 사회경제적 활동이란 토지와 관련된 주택, 산업활동, 공공서비스의 공급 등을 포함한다. 도시계획의 역사적 발전 단계의 초기에는 하드웨어적인 토목 혹은 건축 관련 기술자들이 도시계획가의 주류를 이루면서 토지이용도(土地利用圖)의 작성이 도시계획의 전부인 것으로 간주됐으며, 토지이용계획과 공공시설계획을 중심으로 하는 물리적 계획(physical planning)만이 도시계획의 대상으로 간주됐다.

그러나 도시 성장으로 인한 각종 도시문제에 적절히 대응하기 위해 도시 성장에 영향을 미치는 인자들에 대한 분석과 예측 작업의 필요성이 부각되면서 점차 소프트웨어적인 사회 · 경제적 계획(socio-economic planning)의 필요성이 인식되기에 이르렀다. 전통적인 도시계획의 대상은 도시의 토지 이용에 관한 것이지만, 최근에는 사회 · 경제적 계획을 포함하는 종합적인 계획으로 도시계획의 개념이 확장되고 있다. 이러한 도시계획 대상 범위의 확대는 도시 현상이 종합 현상이라는 사실에 기인하는 것이다.

2 도시계획 과정

도시계획이 비의도적이거나 일상적으로 행해지는 단순한 계획과 구별되는 점은 계획 과정이 체계화되고 과학적인 절차에 의한다는 것이다. 계획 과정(planning process)이란 계획이 작성되고 시행될 때 준거가 되는 기술적이고 전문화된 절차와 단계를 말한다(박수영, 1991: 493-494). 계획 과정의 기본적인 흐름은 전통적인 합리적 · 종합적 계획 과정(rational-comprehensive planning process)을 근간으로 하고 있다. 합리적 · 종합적 계획 과정은 과학적 지식과 방법론을 동원해서 계획 목표를 달성하기 위한 수단을 합리적으로 찾아내는 이상주의적 접근 방법이다. 사이먼(Herbert A. Simon)의 말대로, 합리적 · 종합적 계획에서의 합리성(rationality)이란 바로 목적(ends)과 수단(means)의 연결고리를 만드는 데 필요한 것이며, 이러한 수단적 합리성(instrumental rationality)을 확보하기 위해 계량분석(quantitative analysis)과 같은 과학적 방법이 동원된다(Simon, 1957).

밴필드(Edward C. Banfield)는 합리적 · 종합적 계획 과정을 ① 현황분석(analysis of situation), ② 목표의 구체화(end reduction and elaboration), ③ 행동노선의 설계(design of courses of action), ④ 각 대안 결과들의 비교평가(comparative evaluation of consequences)의 4단계 과정으로 요약하고 있다(Banfield, 1973). 리(Colin Lee)는 계획의 4단계 과정을 ① 시스템 묘사와 문제 정의(system description and problem definition), ② 대안 탐색 및 분석(solution generation and analysis), ③ 평가 및 선택(evaluation and choice), ④ 집행 및 점검(implementation and monitoring)의 단계로 요약하고 있다(Lee, 1973). 그리고 크뤼케버그(Donald A. Krueckeberg)와 실버스(Arthur L. Silvers)는 계획의 4단계 과정을 ① 목표 설정(goal formulation), ② 시스템분석(system analysis), ③ 계획평가(plan evaluation), ④ 집행(implementation)의 단계로 요약하고 있다(Krueckeberg & Silvers, 1974).

리(Lee, 1973), 크뤼케버그와 실버스(Krueckeberg & Silvers, 1974)의 4단계 계획 과정은

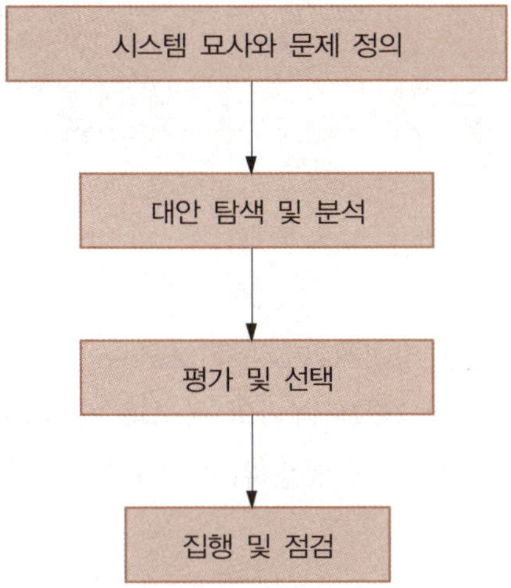

그림 10-1 계획의 4단계 과정

기본적으로 동일한 것으로 볼 수 있다. 아래에서는 리(Lee, 1973)의 계획 과정 틀을 이용해 계획 과정을 설명하고자 한다. [그림 10-1]은 리(Colin Lee)에 의해 표현된 계획의 기본적인 4단계 과정을 나타낸다.

첫 번째 단계는 어떤 시스템(주로 도시나 지역 혹은 그것의 부분 시스템)의 현황을 파악하고 문제점을 인식하는 단계다. 이 단계에서는 먼저 현재의 시스템의 구조(structure)와 성과(performance)를 파악하는 데 필요한 변수들을 찾아내고, 아울러 시스템의 목표와 제약 조건들을 도출해야 한다.

두 번째 단계는 첫 번째 단계에서 도출된 시스템의 목표를 달성하기 위한 다양한 계획 대안, 즉 수단들을 탐색해 보고, 아울러 각 대안의 파급 효과들을 예측하는 단계다. 따라서 이 단계에서는 시스템의 목표를 달성할 수 있는 계획 대안의 선택 범위를 파악할 수 있다.

세 번째 단계는 주어진 제약 조건하에서 시스템의 목표를 가장 잘 만족시키는 계획 대안을 찾아내는 단계다. 따라서 이 단계에서는 두 번째 단계에서 도출된 다수의 계획 대안과 이들의 파급 효과를 검토하고 평가해 최적 대안을 선택해야 한다.

마지막 단계는 선택된 최적 대안을 집행하고 점검하는 단계다. 종합적인 계획이나 대규모 사업의 경우는 이 단계에서 다시 세부사업계획(programming)을 수립해야 하며, 이때 선택 가능한 집행 수단 혹은 방법의 평가와 가장 효율적인 집행 수단 혹은 방법의 선택 등 이른바 부분최적화(sub-optimization)를 위한 일련의 계획 과정을 다시 거쳐 집행해야 한다.

3 도시계획의 유형

1) 정책계획과 운영계획

계획의 적용 계층에 따라서 정책계획(policy planning)과 운영계획(operational planning)으로 구분할 수 있다. 정책계획은 계획의 목적과 기본 방향을 제시하는 데에 초점을 두며, 운영계획은 계획의 세부적 집행을 위한 구체적인 사업계획(programming)을 포함한다.

2) 물리적 계획과 사회 · 경제적 계획

계획의 대상에 따라 물리적 계획(physical planning)과 사회 · 경제적 계획(socio-economic planning)으로 구분한다. 물리적 계획이란 주로 토지 이용과 물리적 시설의 공급에 관한 계획을 포함하는데, 전통적인 도시계획은 바로 물리적 계획을 중심으로 했다. 사회 · 경제적 계획은 도시의 보건, 범죄, 인구, 교육, 산업 및 고용 등의 분야를 대상으로 하는 계획이다.

초창기 도시계획은 물리적 계획을 중심으로 했지만, 점차 물리적 계획과 사회 · 경제적 계획의 상호 불가분성이 강조되면서 도시계획은 이들 두 분야를 동시에 포함하는 종합계획으로서의 기능을 가져야 할 것으로 인식의 전환이 이뤄지게 됐다.

3) 배분적 계획과 혁신적 계획

계획의 기능과 역할에 따라 배분적 계획(allocative planning)과 혁신적 계획(innovative planning)으로 구분한다. 이들 두 가지 구분은 프리드만(John Friedmann)에 의한 계획의 구분으로, 배분적 계획은 기존의 제도적 틀 속에서 발생하는 갈등의 해소와 조정에 계획의 초점을 두는 반면, 혁신적 계획은 제도적 장치 그 자체를 변화시켜 새로운 제도를 형성하는 데 계획의 초점을 둔다(Friedmann, 1973: 345-370).

따라서 배분적 계획은 기존 체제 내에서 효율성을 제고하고자 하는 의도가 강한 반면, 혁신적 계획은 효율성의 제고보다는 기존 제도에 관심을 가지고 새로운 목표를 설정하고 새로운 변화를 시도함으로써 제도 자체의 변화에 관심을 가진다.

4) 유도적 계획과 강제적 계획

계획의 집행 방법에 따라서 유도적 계획(indicative planning)과 강제적 계획(imperative planning)으로 구분한다. 유도적 계획이란 법적인 강제성보다는 단순히 일반적인 지침을 제시하고 조언적인 성격을 가지는 데 반해 강제적 계획은 좀 더 구체적인 지시를 포함하고 법적인 강제 수단을 수반하는 경우가 많다.

5) 장기계획, 중기계획, 단기계획

계획의 기간에 따라 장기계획(long-range planning), 중기계획(middle-range planning), 단기계획(short-range planning)으로 구분한다. 그러나 이러한 구분은 계획 기간의 대상을 시간적 측면에서 편의상 나눈 데 지나지 않는다.

장기계획은 대체로 10년 내지 20년을, 중기계획은 2년 내지 5년을, 단기계획은 1년 내외의 짧은 기간을 각각 계획 기간으로 한다. 이들 세 기간은 상호 보완적으로 통합된 계획 체계를 이루게 한다. 즉, 계획 기간의 하향성으로 보면 장기 20년 계획은 중기계획과 단기계획의 수립에 우선하며, 중기계획은 단기계획에 우선한다(김원, 1991: 370-371).

제2절 도시계획 사상의 시대적 변천

기원전 5세기경 그리스 아테네의 도시계획을 담당했던 도시계획의 선구자 히포다무스(Hippodamus)와 도시의 이상적인 모습을 제시했던 철학자 플라톤(Platon) 이래 도시계획의 범위와 초점은 시대가 처했던 정치 및 사회 배경을 바탕으로 변해 왔다. 그러나 산업혁명 이전의 도시계획은 시대에 따라 약간의 차이가 있긴 했지만 대체로 절대왕정의 권위를 물리적 형태로 표현하는 것에 불과했다. 실제로 현대의 도시계획과 같은 맥락에서 이해될 수 있는 도시계획의 역사는 시민사회의 형성이 시작되고 근대적 도시산업이 시작된 산업혁명 이후라고 볼 수 있다. 따라서 아래에서는 산업혁명 이후 도시계획 사상의 변천 과정을 당시의 시대상과 결부시켜 살펴보고자 한다(권태준, 1982: 42-49).

1 공중위생 개선운동

서구 사회에서 근대적 의미의 도시계획에 대한 본격적인 입법은 영국에서 1909년 제정된 「주택 및 도시계획 등에 관한 법」이 시초라고 할 수 있다. 이 법은 19세기 영국의 산업혁명 이후 도시로 대량 이주해 들어오기 시작한 노동자 계층의 비위생적인 주거 상태를 개선하기 위한 노력의 일환으로 제정됐다. 이 법은 주로 도시의 위생 상태의 개선을 도시계획의 제1차적 과제로 했으며, 이러한 불량주거 상태가 도시 전체의 과밀과 환경오염으로 인한 것이라는 사회적 인식으로 말미암아 도시계획의 범위가 제한돼 있었다. 이러한 역사적 맥락에 비춰 볼 때, 서구에서 근대적 도시계획은 기본적으로 도시 빈민층의 불량 주거지역의 주거환경 개선을 위한 대책으로 출발했다고 할 수 있다.

사실 유럽 대륙에서의 도시 확장의 계획적 관리는 영국보다 다소 앞서 시도됐다. 이탈리아에서는 「도시확장법(Town Extension Act)」이 이미 1865년에 제정됐고, 비슷한 유형의 조치들이 스웨덴에서는 1873년에, 그리고 오스트리아·헝가리에서는 1875년에 제정됐다. 이들 유럽 대륙 국가에서는 기존 도시의 주변에 국가가 소유하는 토지들이 영국의 경우보다 더 많았기 때문에 산업혁명으로 말미암아 새로이 도시로 유입되는 인구로 인한 도시의 무질서하고 불량한 변두리 확장에 대한 공공적 규제가 더 용이했다고 볼 수 있다. 그러나 이들 유럽 대륙 국가의 경우에도 영국에서와 마찬가지로 도시의 저소득층 인구의 급증에 따른 주거환경의 불량화와 도시 변두리의 무질서한 정착을 규제하는 데 도시계획의 초점을 뒀다. 이러한 역사적 맥락에서 볼 때, 유럽에서 근대적 도시계획의 발단은 도시 내 저소득층 주거지역을 대상으로 한 주택, 상하수도, 도로 등의 물리적 시설의 개량과 정비를 위한 것이었다고 할 수 있다.

도시 저소득 노동자 계층의 건강과 위생 상태에 대한 관심은 사실상 19세기 초부터 유럽의 여러 나라에서 나타나기 시작했다. 예컨대 영국의 「구빈법(救貧法)」(1834년)이나 「공중위생법」(1848년) 등의 보건 및 위생 관계 입법 조치는 상하수도, 도로 포장 등에 관한 규정을 포함함으로써 근대적 도시계획 입법의 선도적 역할을 했다.

한편 19세기 중반 프랑스에서 파리 시장이었던 오스망(Baron G. E. Haussmann)은 파리 개조계획을 실행에 옮기면서 하수도, 도로 등의 전근대적인 도시 기반시설에 대개조를 가했다. 그리고 도시 저소득 노동자 계층의 위생 상태에 대한 사회적 관심의 고조와 함께 이상주의적 정치사상의 풍미와 몇몇 인도주의적 기업가와 귀족들에 의한 새로운 도시 서민주택단지의 개발 노력이 영국을 비롯한 유럽 전역에 퍼졌다. 이를 계기로 도시계획은 서서히 공공보건 대책과 그 입법 사항의 영역을 탈피하는 전기를 맞이하게 됐다. 1846년에 아일랜드의 메쓰부룩에 리처드슨사가 그들의 노동자들을 위해 짓기 시작한 사택촌, 영국의 알버트 황태자가 1851년의 세계박람회를 위해 하이드파크에 짓기 시작한 시범주택군(群), 프랑스에서는 1849년에 나폴레옹(Charles Louis Napoléon Bonaparte: 나폴레옹 3세)이 나폴레옹시에 500명의 인구를 위한 주택단지를 조성케 한 사실, 독일에서는 당시의 기업가 가문((Krupp family)이 그들의 종업원을 위해서 1865년에서 1875년경까지 에센(Essen) 지방에 주택단지를 건설한 것 등이 대표적 사례들이다. 이러한 집단적인 서민주택단지의 개발과 더불어 도시계획은 드디어 하나의 특수한 기술영역으로 인식되기 시작했고, 따라서 영국의 1909년의 「주택 및 도시계획 등에 관한 법」과 같은 특별법이 제정되기에 이르렀다.

2 도시미화운동

유럽의 여러 나라에서 산업혁명으로 인해 도시로 밀려드는 노동자 계층의 위생문제와 그에 따른 주거환경 개선의 노력들이 어느 정도 성과를 거두기 시작하면서 사회 일각에서는 다시 도시미화에 대한 관심이 일기 시작했다. 영국에서는 햄스테드 전원교외단지(Hampstead Gardensuburb)의 설계자인 언윈(Raymond Unwin) 등이 19세기 말경부터 도시 미관의 정비를 주장했고, 미국에서는 1893년 시카고 세계박람회를 계기로 옴스테드(Frederick L. Olmstead), 번햄(Daniel H. Burnham), 루트(John Root) 등이 중심이 돼 도시의 조경, 레크리에이션 시설, 건축물의 조형미 등에 새로운 관심을 불러일으키기 시작했다.

19세기 말부터 20세기 초에 이르는 동안 서구 여러 나라에서 시작된 이와 같은 도시미관과 조형미에 대한 관심을 도시미화운동(City Beautiful Movement)이라 한다. 도시미화운동은 근대 도시계획사에 하나의 중요한 전기로 간주된다. 도시미화운동을 통해 도시의 전체적인 물리적 환경에 대한 관심이 더욱 고조됐으며, 따라서 종래 공중위생과 주택정책적인 배려에서 시작된 도시계획 사상이 확장되는 계기를 마련했다. 도시미화운동을 통해 도시공간 전체에 대한 종합적 계획의 사회적 수용 태세가 서서히 갖춰지기 시작했다.

그러나 이 무렵의 도시계획의 종합성(comprehensiveness)에는 한계가 있었다. 이 경우의 종합성은 지역적으로 한 도시 전체를 대상으로 한다는 의미를 내포하고 있었으나, 계획의 내용에서는 공공적 · 물리적 시설계획에 한정된 것이었다. 당시에도 도시의 생태계와 그 사회 · 경제적 여건에 주의를 기울여야 한다고 주장하는 사람들도 있었으나, 이러한 주장을 제도화하기에는 초기 자본주의적 사경제(私經濟) 활동과 부동산의 사적(私的) 소유권에 대한 제도적 제한 장치가 미처 형성돼 있지 못했기 때문에 도시계획의 대상은 불가피하게 공공 투자를 통해 개발할 수 있는 시설물에 한정될 수밖에 없었다. 20

세기 초의 이상과 같은 공공시설에 한정된 도시미화운동이 오늘날 도시계획의 제도적 범위를 설정할 때도 기본적으로 물리적 계획이 도시계획의 근간을 형성해야 할 것이라는 인식의 기초를 이루게 했다.

3 사회 · 경제적 변수

오늘날 도시계획의 대상과 범위를 논의할 때 도시미화운동만큼이나 중요한 영향을 미친 역사적 사건들은 1930년대에 있었다. 1930년대의 서구에서 도시계획 대상 범위의 변화를 요구하는 주장은 유럽보다 미국에서 더 활발히 제기됐다.

우선 무엇보다도 1920년대 말의 미국은 대공황으로 말미암아 지방계획(local planning)에서도 사회 · 경제적 요소들에 대한 공공의 개입을 요구하는 주장이 상당한 설득력을 가지게 됐다. 이와 때를 같이해 케인스 경제학의 영향으로 여러 도시정부가 자본예산 제도(capital budgeting system)의 수립을 시도함으로써 도시계획의 기법이 단순한 공공토목사업의 설계와 시공 기술 이상의 경제학적이고 행정학적인 분석을 포함해야 한다는 인식이 널리 퍼졌다. 도시계획 분야에서 경제학적이고 행정학적인 지식의 유용성이 인식되기 시작했으며, 1934년에는 미국계획직공무원협회(American Society of Planning Officials)가 구성돼 미국 도시계획의 범위 확장에 중요한 계기를 마련했다.

이러한 사회적 분위기와 함께 종래 도시 내의 기본적인 공공토목사업의 설계와 시공만을 위주로 하던 도시계획 접근 방법에 대해 도시의 인구 팽창과 산업 성장에 대해서는 계획적 통제나 유도가 없다는 사회적인 비판도 일기 시작했다. 특히 제1차 세계대전의 종료와 제2차 세계대전의 시작 사이에 계속적으로 성장하는 공업의 입지 문제와 그에 따른 대도시 주변의 인구 팽창에 직면한 영국에서는 한 도시의 행정구역 경계를 넘어선 지역경제권을 대상으로 하는 종합계획의 필요성이 대두되기 시작했다. 미국에서도 이 무렵 뉴욕과 같은 대도시의 사회적 · 경제적 영향력의 외연 확산이 급속도로 진행되고 있었다. 이미 1929년에 '뉴욕과 그 주변지역의 지역계획(Regional Plan of New York and Its Environments)'이 발표됐다. 이 당시의 뉴욕 지역계획은 종래의 도시계획과는 달리 계획 작성을 위한 사회조사 분석 방법이 주로 사회과학적인 것이었으며, 근린생활권(neighborhood) 개념의 도입, 도시경제정책, 공공재정계획, 행정 서비스의 수급계획 등을 포함함으로써 과거의 도시계획의 범위에 비춰 보면 놀랄 만한 변화를 시도했다.

1929년 뉴욕 지역계획의 발표와 더불어 애덤스(Thomas Adams)와 멈포드(Lewis Mumford) 간에 벌어졌던 도시계획의 대상과 범위에 관한 논쟁이 이 무렵 도시계획의 영역과 대상에 관한 사회적 인식의 변화를 잘 반영하고 있다. 이들의 논쟁은 요컨대 도시계획이란 근본적으로 도시의 물리적 시설의 규모, 위치, 조형미 등에 관한 계획을 세우는 것이고, 물리적 시설의 기능과 용도 등에 영향을 미치는 사회·경제적 변수는 제2차적인 배려의 대상이 될 뿐이라는 주장과, 도시계획은 사회·경제적 변수의 조작과 관리를 통해 도시의 발전과 변천을 기하는 것이고, 물리적 시설에 대한 계획은 도시의 사회·경제적 문제를 해결하기 위한 수단에 지나지 않는 것이라는 주장 간의 논쟁이었다.

그러나 1930년대의 이상과 같은 여러 가지 중요한 변화의 징후는 거의 대부분 제도적으로 구현되거나 정착되지 못했다. 도시계획 대상의 다양화와 도시계획 대상 범위의 확장에 대한 사회적 요청에 힘입어 건축가, 조경 기술자, 토목 기술자 이외에 경제학·행정학·사회학 등의 사회과학적 교육 배경을 가진 사람들도 도시계획 전문가로 진출하기 시작했지만, 제도화되고 공인된 도시계획의 대상과 범위는 여전히 변하지 못하고 있었다.

이 같은 제도적 변화의 지연을 혹자는 제2차 세계대전 때문이라고 하기도 하고, 혹자는 과거의 도시계획 분야에서 주역을 담당했던 건축가·토목 기술자 등의 물리적 계획가(physical planner)들의 기득권 고수 때문이라고도 한다. 아무튼 제2차 세계대전 이후 영국에서의 새로운 입법 경향을 보더라도 인구 분산 문제, 토지문제, 산업입지 문제, 주택문제 등이 모두 상호 관련된 것이라는 사실을 인정하면서도 그 모든 것이 하나의 제도적 장치로서 취급되거나 하나의 계획 논리로서 다뤄야 한다는 태도를 취하지는 못했다.

4 토지 이용과 생태학적 배려

이상에서 살펴본 바와 같이 도시계획의 대상 범위가 도시의 사회경제적 계획을 포함해야 한다는 요구에도 불구하고 1950년대까지 도시계획의 대상과 범위는 역시 인공환경(built-environment)에 초점을 두고 있었다. 제2차 세계대전이 끝난 후 1950~1960년대에 도시계획의 대상과 범위에 추가적인 변화가 있었다면 토지이용계획에 대한 관심이라고 할 수 있다. 산업과 주거 등의 지리적 입지와 도시 전체의 토지 이용 효율성 등의 관계가 도시계획의 중요한 대상이 된 것이다. 이러한 경향에 따라서 도시 조사와 분석 기법에서 경제지리학적·지역경제학적 방법론이 널리 활용되기 시작했다. 1970년대에 이르러서는 자연환경 요소와 인공환경 간의 상호 작용 관계에 대한 관심이 추가적으로 도시계획 과정에서 일어나기 시작했다. 그리고 도시계획에서도 농촌계획에서와 같이 생태학적 접근 방법이 강조됐다.

도시계획을 물리적 계획으로 제한해야 할 것인가에 대해서는 아직도 많은 논란이 있다. 지금까지 대체로 수렴된 견해에 따르면 물리적·경제적·사회적 요소의 상호 불가분성에 입각해 향후의 도시계획은 물리적 측면에 국한하지 않고 종합적 성격을 갖는 것이 바람직한 것으로 평가되고 있다.

5 뉴어바니즘과 스마트 성장

뉴어바니즘(new urbanism)이란 도시 토지 이용의 지나친 기능 분리와 도시의 외연적 확산(urban sprawl)이 교통문제와 환경문제를 악화시킬 뿐만 아니라 시민들의 삶의 질도 악화시킨다는 인식에 기초를 두고 이를 개선하기 위한 노력의 일환으로 대두된 개념이다. 뉴어바니즘은 1980년대 후반부터 미국에서 도심의 황폐화, 도시의 무질서한 공간 확산 및 주거지의 교외화, 그리고 이로 인한 통행 거리의 증가와 낭비적 교통 수요의 발생, 아울러 도시 내 대기오염의 증가와 생태계 파괴 등의 문제를 종합적으로 개선하기 위해 도시계획가 및 건축가들의 뜻이 모여 시작된 새로운 도시계획 사조(思潮)다.

뉴어바니즘은 1990년대부터 다양하고 구체적인 도시계획 기법을 통해 현실에 접목되기 시작했는데, 스마트 성장(smart growth), 압축도시(compact city), 혼합적 토지 이용(mixed land use), 대중교통 중심 개발(Transit Oriented Development: TOD), 도시마을(urban villages) 등의 개념으로 현실에 적용됐다.

스마트 성장은 도시의 외연적 확산과 주거지의 교외화가 가져온 부작용을 치유하기 위해 시도됐는데, 신개발지의 개발보다는 기개발지 내에서 주택, 상업, 업무 기능의 개발을 강조함으로써 신개발로 인해 발생하는 사회적 비용을 줄여보자는 것이 기본 취지다. 스마트 성장은 혼합적 토지 이용을 통한 직주(職住) 근접의 실현, 압축도시의 조성을 통한 에너지 절약적 도시의 형성, 장소성이 살아 있는 개성 있고 매력적인 지역사회 육성, 다양한 교통수단 선택 기회 제공 등의 내용을 포함한다.

압축도시는 도시의 무질서한 외연적 확산 대신에 기개발지나 신개발지를 개발할 때 고밀도로 개발함으로써 자연환경의 무분별한 훼손을 막고 직주 근접을 유도해 시민들의 통행거리 감소와 에너지 절약을 도모하기 위한 목적을 가진다. 그러나 무분별한 압축도시의 개발은 녹지공간의 확보를 저해하는 요소로 작용할 수 있어 개발밀도의 선택과 녹지공간의 확보 사이에 적절한 조화가 필요하다고 볼 수 있다.

혼합적 토지 이용은 도시 내에서 토지 이용의 지나친 기능 분리는 시민들의 장거리 통행을 발생시키고, 교통비용의 증가와 에너지의 낭비를 초래할 것이라는 인식에 따라 토지 이용의 무분별한 분리 입지보다는 토지 이용의 적절한 혼합이 바람직하다는 취지에서 나타나기 시작했다.

대중교통 중심 개발은 도시철도(지하철) 역세권이나 버스정류장 주변 지역 등 대중교통 이용이 편리한 곳에 고밀도 도시 개발을 유도해 시민들의 승용차 의존도를 줄이고 대중교통 이용을 활성화하는 목적을 가진다. 따라서 대중교통 중심 개발도 궁극적으로 도로교통 혼잡을 완화하고 에너지 소비를 줄이는 결과를 초래한다고 볼 수 있다.

도시마을은 1980년대 후반부터 영국에서 시작된 개념으로 혼합적 토지 이용, 도보권 내 공공시설 및 초등학교 배치, 보행자 우선의 교통 체계 구축, 적정 개발 규모 등의 개념을 도입했다. 아울러 교외지역의 신개발보다는 기존 시가지의 재생에 주안점을 뒀다.

제3절 우리나라의 도시계획 제도

1 도시계획 제도의 시대적 변천

우리나라에 도시계획 제도가 최초로 도입된 시기는 일제시대인 1912년 10월 도시 개발에 관한 법령(총독부 훈령 제9호)을 공포(公布)한 때로 볼 수 있다. 이 법령은 주요한 시가지에 시구(市區) 개정 또는 확장을 하고자 할 때에는 계획설명서 및 도면을 첨부해 미리 인가를 받아야 하는 것이 주요 내용이다. 그러나 이 제도는 엄격한 의미에서 도시계획이라기보다는 단순히 토목공사적인 도로 개수 위주의 도시 개발이라 할 수 있다.

그 후 일본은 만주사변을 계기로 만주 침략을 위한 중계지로서 나진을 개발하기 위해 1934년 6월 20일 조선시가지계획령(制令 제18호)을 제정했다. 이 조선시가지계획령은 1962년 도시계획법이 제정될 때까지 우리나라 도시계획에 실질적인 효력을 미쳐 왔다. 따라서 조선시가지계획령은 근대적인 의미에서 우리나라 최초의 도시계획법이라 할 수 있다. 조선시가지계획령의 주요 내용을 살펴보면, 첫째, 1919년에 제정된 일본의 도시계획법과 시가지 건축물법을 혼합해서 만들었기 때문에 도시계획적인 사항과 건축적인 요소가 혼합돼 있으며, 둘째, 시가지 계획에 관한 모든 권한이 조선총독에게 집중돼 있고, 셋째, 시가지 계획에 관한 사업이 행정청 위주로 집행돼 왔다(국토개발연구원, 1989: 33-34).

해방 후 도시계획에 관한 행정 업무는 내무부 토목국 도시과에서 관장하다가 국토건설청(1962년 이후 건설부로 승격) 국토보전국 도시과로 도시계획 관련 업무가 이관되면서 도시계획 행정에 큰 변화가 일어나기 시작했다. 이러한 시대적 상황에서 도시계획법의 제정이 요청됐으며, 5·16혁명 직후인 1962년 1월 20일 도시계획법이 제정·공포됐다. 이 법은 도시계획이라는 용어가 포함된 우리나라 최초의 도시계획법으로서 주요 내용을 살펴보면 다음과 같다.

첫째, 4개의 용도지역과 6개의 용도지구를 지정했으며, 둘째, 도시계획시설에 주차장, 학교, 도서관 등을 신설하고, 셋째, 중앙정부의 도시계획 결정 권한의 일부를 지방자치단체의 장에게 위임하는 규정을 뒀으며, 넷째, 토지구획정리에 관한 규정을 뒀고, 다섯째, 도시계획 조사 및 심의를 위해 경제기획원 산하에 중앙도시계획위원회를 신설한 점이다.

1962년의 도시계획법 제정 이후 시대적 요구를 반영하기 위한 도시계획법 개정이 여러 차례 이뤄졌다. 그중에서 가장 획기적인 변화는 1981년의 도시계획법 개정에서 구체화됐다. 1960년대와 1970년대를 거치고 1980년대에 들어오면서 도시로의 인구 집중이 더욱 가속화되고, 산입구조와 생활양식이 급격히 변화하면서 기존의 도시계획이 가지는 제도적 결함이 부각되기 시작했다. 기존의 도시계획법의 결함을 보완하기 위해 1981년 도시계획법을 대폭 개정하게 됐는데, 개정의 주요 내용은 다음과 같다.

첫째, 장기적인 도시 개발의 방향을 제시하고 도시계획(재정비)의 입안에 지침 제시적 성격을 가지는 도시기본계획 제도를 도입했다. 이러한 도시기본계획 제도의 도입을 통해 도시기본계획 → 도시계획(재정비) → 연차별 집행계획이라는 3단계의 도시계획 체계가 제도적으로 확립됐다.

둘째, 도시계획의 실현성을 제고하기 위해 특정의 도시계획시설 및 도시계획사업에 대해 도시계획 결정 고시 후 2년 이내에 연차별 집행계획을 수립하는 제도를 도입했다.

셋째, 도시계획의 입안 시에 주민의 의사를 반영하기 위한 제도를 마련했는데, 도시기본계획 수립 시에는 공청회 제도를 도입했고, 도시계획(재정비) 입안 시에는 공람 제도를 두도록 했다.

넷째, 도시계획의 전문성을 제고하기 위해 지방도시계획위원회에 도시계획상임기획단을 설치할 수 있는 규정을 신설했고, 중앙도시계획위원회 심의에 앞서 전문기관에 자문을 의뢰할 수 있도록 하는 규정을 신설했다.

한편 2000년에는 도시계획법을 순수한 계획법으로 하고, 기존 도시계획법 내 사업법적 성격의 내용을 도시개발법으로 분리·제정함과 동시에 개발제한구역의 지정 및 관리에 관한 사항을 별도의 법률로 이관하는 것 등을 골자로 해서 도시계획법을 대폭 개정했다. 이어 2002년에는 종래의 국토이용관리법과 도시계획법을 통합해 「국토의 계획 및 이용에 관한 법률」이 새로이 제정됐으며, 도시기본계획 → 도시관리계획 → 연차별 집행계획이라는 3단계의 도시계획 체계가 제도적으로 확립됐다.

2 도시계획 체계

도시기본계획은 도시계획 체계의 최상위 계획이며, 그 밑에 이를 좀 더 구체화한 도시관리계획, 그리고 마지막에 이를 집행하기 위한 계획이 이어진다.

중간 단계인 도시관리계획은 지역지구계획,[1] 도시계획사업계획, 도시계획시설계획, 지구단위계획으로 세분되는데, 이들은 각기 개별 도시계획으로 수립될 수 있으며, 때로는 하나의 계획으로 통합해 도시관리계획으로 제시될 수도 있다.

도시관리계획의 집행과 관련해 지역지구계획에서는 지형도면을 고시하고, 도시계

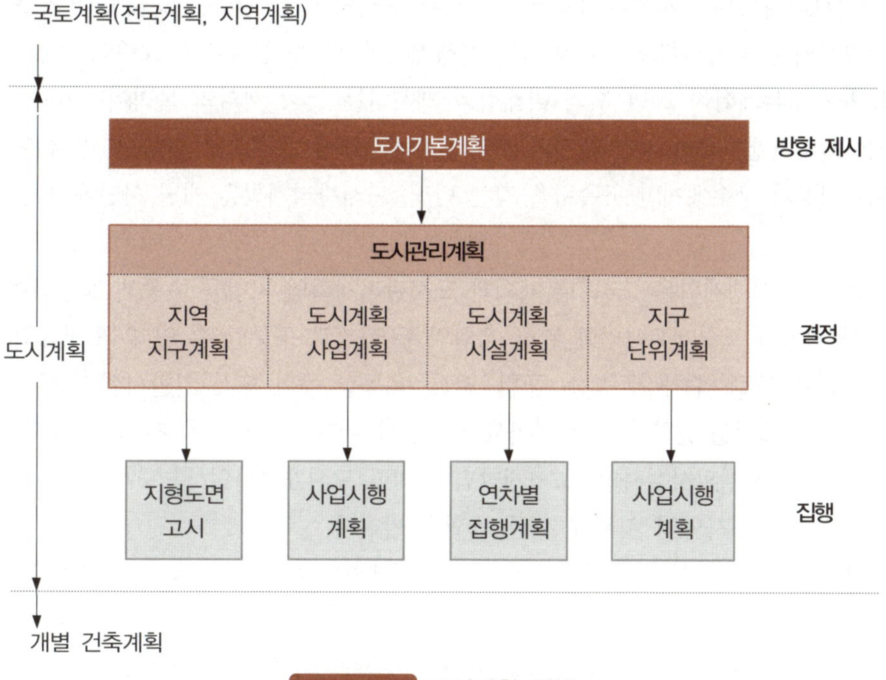

그림 10-2 도시계획 체계

1) 도시관리계획의 집행 수단 가운데 지역지구계획(용도지역 · 지구제)에 대한 자세한 논의는 제14장을 참조하기 바람.

획사업에 관한 계획은 관련 법에 근거해 사업시행계획을 별도로 수립하며, 도시계획시설 계획은 관련 법에 의한 시설계획과 연차별 집행계획을 세워서 집행한다. 한편 지구단위 계획은 연차별 집행계획을 세워서 집행한다.

3 단계별 도시계획의 비교

현행 도시계획 제도는 도시기본계획 → 도시관리계획 → 연차별 집행계획이라는 3단계의 도시계획 체계가 제도적으로 확립돼 있다.

도시기본계획은 상위 계획인 국토계획의 지침을 수용하고 발전시켜 도시의 장기적인 발전 방향과 미래상을 제시하는 성격을 가진다. 도시기본계획은 20년 장기계획으로 도시의 개발 방향 및 하위 도시계획 수립을 위한 지침을 제시하는 데 목적이 있다. 도시기본계획의 내용은 물리적 측면뿐만 아니라 인구, 산업, 사회 개발, 도시재정 등의 사회·경제적 측면을 모두 포괄함으로써 종합적인 계획의 면모를 갖췄다고 볼 수 있다.

도시관리계획은 도시기본계획에서 제시된 도시의 발전 방향을 도시공간에 구체적으로 정착시키는 중기계획으로 각종 사업시행계획과 도시기본계획의 교량적 역할을 수행한다. 도시기본계획이 20년 후의 미래상을 제시하는 것이 계획의 목적이라면, 도시관리계획은 사업시행계획의 지침 제시와 건축행위의 규제를 목적으로 한다. 따라서 도시기본계획은 시장과 군수에게만 구속력을 갖는 반면, 도시관리계획은 개별 시민에게 구속력을 가진다.

도시계획 시행계획은 도시기본계획과 도시관리계획의 지침을 수용해 작성되며, 크게 도시계획시설과 도시계획사업에 관한 계획의 두 가지로 구분할 수 있다. 도시계획시설에 관한 계획은 도로, 주차장, 광장, 공원, 시장, 운동장 등의 도시 기반시설의 설치, 정비, 개량에 관한 계획을 말한다. 도시계획사업에 관한 계획은 도시관리계획을 시행하기 위한 사업으로서 도시계획시설사업, 도시개발법에 의한 도시개발사업 및 도시 및 주거환경정비법에 의한 정비사업의 시행에 관한 계획을 말한다.

도시기본계획, 도시관리계획, 도시계획 시행계획의 특성을 좀 더 구체적으로 비교해 보면 다음과 같다.

① 도시기본계획은 도시의 장기적인 발전 방향과 미래상을 제시하는 것이 목적임에 반해, 도시관리계획은 도시기본계획에서 제시된 도시의 발전 방향을 도시공간에 구체적으로 정착시키는 중기계획이다. 한편 최하위에 위치하는 도시계획 시행계획은 이렇게 함으로써 결정된 도시계획을 완급에 따라 집행하는 역할을 한다.

② 도시기본계획은 그 내용이 물리적 측면에 국한되지 않고 사회·경제적 측면을 동시에 포함하는 종합적 계획이다. 이에 반해 도시관리계획은 용도지역 및 지구, 도시계획사업, 도시계획시설 등이 도시 공간상에 구체적으로 표현되는 물리적 계획이며, 도시계획 시행계획은 특정 대상에 대한 세부적 집행계획이다.

③ 도시기본계획은 시장 혹은 군수에게 계획 수립의 의무가 부과되고 있으나, 계획의 내용이 일반 시민의 건축활동에 직접적인 구속력을 발휘하지 않는 일종의 예비적 도시계획이다. 반면에 도시관리계획과 도시계획 시행계획은 일단 결정된 후에는 개별 시민의 건축활동을 규제하는 구속적 도시계획이다.

④ 도시기본계획과 도시관리계획의 수립 주체는 시장 혹은 군수에게 한정되나, 도시계획 시행계획은 이 밖에도 토지 소유자, 조합 및 기타의 계획 수립 주체가 있을 수 있다.

⑤ 도시기본계획 및 도시관리계획의 대상 구역은 관할 행정구역 전역을 포함하지만, 도시계획 시행계획은 일부 해당 지역만을 대상으로 한다.

⑥ 계획 수립 시 주민 참여의 형태에서 도시기본계획은 공청회, 도시관리계획은 공람, 도시계획 시행계획은 공람과 직접 참여의 형태를 취한다.

⑦ 도시기본계획은 20년 장기계획으로서 기간 중의 여건 변화를 5년마다 검토해 도시관리계획을 수립할 때 반영한다.

⑧ 도시기본계획의 표현 방식은 계획의 장기성, 종합성, 비구속성의 특징으로 인해 개념적·계획적 표현 방식을 주로 사용함에 반해, 도시관리계획은 구체적이고 법적 표현 방식을 주로 사용한다. 한편 도시계획 시행계획은 상세계획 및 설계로 표현되며, 도면 및 조서가 주로 사용된다.

연습 문제

1. 도시계획은 계획의 대상에 따라 물리적 계획과 사회·경제적 계획으로 구분한다. 이들 두 가지 유형의 도시계획을 비교해 설명하시오.
2. 서구 사회에서 근대적 의미의 도시계획에 대한 관심은 산업혁명기 도시문제의 해결을 위해 시작됐다. 근대적 의미의 도시계획에 대한 관심이 나타나기 시작한 역사적 배경을 설명하시오.
3. 도시기본계획과 도시관리계획의 주요 특성을 비교해 설명하시오.

제 11 장

도시분석 기법

제1절 도시 인구의 예측 모형

1 도시 인구 예측의 의의

도시계획 및 정책의 수립에서 가장 먼저 필요한 것은 미래의 도시 인구를 총량적으로, 세부 지역별로, 또는 연령집단별로 예측하는 일이다. 도시계획이나 정책의 수립에서 인구는 가장 기본적이고 중요한 지표다. 도시계획과 정책의 궁극적인 목표가 미래의 도시 성장에 대비한 각종 도시 기반시설의 확충과 도시 성장의 효율적인 관리에 있는 만큼 미래의 도시 인구를 정확히 예측하는 일은 매우 중요하다.

인구 예측의 결과는 주택용지 및 각종 생활편익시설 용지의 공급계획을 수립하거나 공공투자계획의 수립을 위해서도 매우 유용하게 사용된다. 인구는 학교, 의료시설, 도로 및 교통 체계에 대한 투자의 규모를 결정하는 가장 중요한 요소일 뿐 아니라 전력, 상하수도 등의 공공서비스 체계에 대한 계획을 위해서도 가장 중요하게 고려되는 요소다.

도시 인구 예측모형은 어떤 도시의 인구 변화에 대한 과거 자료를 바탕으로 인구 변화에 내재된 규칙성을 수식으로 표현한 것이다. 이렇게 표현된 인구 예측모형을 이용해 도시계획 및 정책 수립을 위한 가장 기본적인 지표인 미래 도시 인구를 예측하게 된다.

현실적으로 시간, 경비, 자료, 기타 인구학적인 전문지식의 미비로 정확도와 적시성 있는 도시 인구 예측을 하는 것이 어려운 것이 사실이다. 아래에서는 도시 인구를 예측하는 여러 모형을 검토하고, 이들 인구 예측모형의 장점과 단점을 살펴본다.

2 도시 인구 예측모형

인구 예측모형이란 인구 변화의 규칙성을 수식으로 표현한 것이다. 인구 변화는 출생, 사망, 그리고 인구 이동이라는 세 가지 요소로 이뤄져 있다. 이들 세 가지 요소에 대해 각각 분리된 인구 변화 효과를 예측해 합산하는 것이 요소적 방법(component method)에 의한 인구 예측모형이다. 여기에 비해 이들 세 가지 인구 변화의 요소를 분리해서 고려하지 않고 장래의 도시 인구를 총량적으로 예측하는 것이 비요소적 방법(non-component method)에 의한 인구 예측모형이다.

요소모형은 포괄적이고 상세한 자료의 집합을 필요로 하기 때문에 도시 인구 예측모형으로서의 활용성은 낮다. 이 같은 자료 수집의 한계 때문에 대개의 도시 인구 예측은 비요소 모형에 주로 의존한다. 비요소 모형은 과거의 인구 추세를 토대로 추정식을 만들어 미래의 인구를 외삽 추정(外插推定)하거나 주택 수의 변화 등 지표정보를 이용해서 순인구 성장을 포착하는 것이다. 아래에서는 비요소 모형을 먼저 검토하고, 다음에 요소모형에 대해 살펴보기로 한다(김윤상, 1986: 59-62; Krueckeberg & Silvers, 1974: 259-282).

1) 비요소 모형

비요소 모형(non-component model)은 과거 인구 추세의 외삽 추정 방식과 고용 예측 등 기타 간접 자료에 기반을 둔 예측 방식의 두 가지로 크게 나눌 수 있다.[1] 아무튼 간접 자료에 기반을 둔 인구 예측은 획득된 간접 자료의 정확성이 있어야 하고, 아울러 간접 자료의 획득이 용이해야 한다. 그런데 대개의 지역에서는 고용이나 주택 수의 변화 등 간접 자료의 획득 자체가 용이하지 않고 정확성도 떨어진다. 따라서 여기서는 과거의 인구 성장 추세를 이용해 미래 인구를 외삽 추정하는 선형모형, 지수모형, 수정된 지수

1) 과거 인구 추세의 외삽 추정 방식은 기본적으로 인구의 시계열(time series) 자료를 이용해서 모형 계수를 추정하는 것이다. 그런데 여기서 유일한 독립변수인 시간은 성질상 연속변수(continuous variable)이나 실제 예측에서는 월, 분기, 년, 5년, 10년 등으로 인위적인 단위로 끊어서 마치 이산변수(discrete variable)인 것처럼 사용하고 있다. 시간을 이산변수로 다루면 수학적인 처리가 단순하고, 또 실제 이용 목적에도 부합되기 때문에 여기서는 시간을 이산변수인 것처럼 다룬다. 물론 연속변수로서의 인구 예측모형 정립도 가능하다.

모형을 살펴보고, 이어서 비교적 널리 이용되는 비교 방법과 비율 방법 등을 살펴본다.

(1) 선형모형

선형모형(linear model)은 과거 인구가 최근까지 거의 동일하게 증가되거나 감소됐고, 미래에도 이와 같은 추세가 계속될 것으로 예상되는 도시에 적용되는 모형으로서 다음과 같은 대수식으로 나타낼 수 있다.

$$P_{t+n} = P_t + b(n) \qquad (11.\ 1)$$

단 P_t = 시점 t의 인구

P_{t+n} = 시점 t로부터 n 시간 단위 후의 인구

n = 시간 단위(월, 년, 또는 5년 등)의 수

b = 시간 단위당 평균 인구증가량

식 (11. 1)에서 시간 단위당 평균 인구증가량을 나타내는 b는 다음과 같이 계산된다.

$$b = \frac{1}{m}\sum(P_t - P_{t-1}) \qquad (11.\ 2)$$

단 m = 평균 인구증가량 계산에 이용되는 시간 단위 간격의 총수

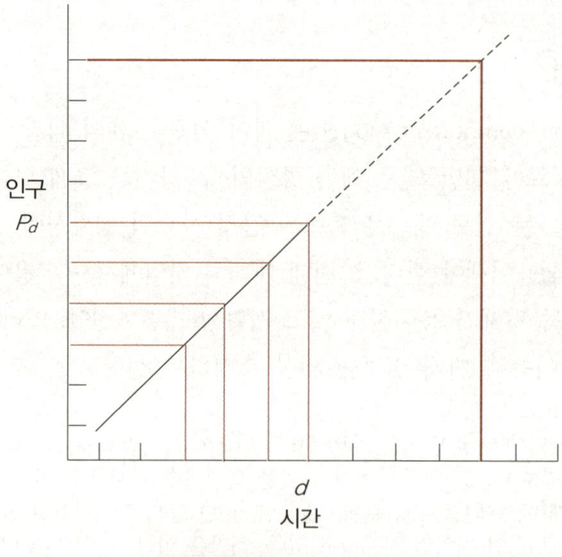

그림 11-1 선형모형

식 (11. 1)과 식 (11. 2)에서는 기준 연도의 인구(P_t)를 기반으로 시간과 시간 단위당 평균 증가량을 이용해 미래의 인구(P_{t+n})를 예측하는 식을 나타내고 있다.

선형모형은 간단히 [그림 11-1]과 같이 나타낼 수 있다.

(2) 지수모형

지수모형(exponential model)은 이자 계산시 복리율 적용 방식을 인구 예측에 원용한 것이다. 지수모형은 인구가 정률 변화를 할 때 적합한 모형으로, 증가율(r)은 과거의 일정 기간에 나타난 실제 인구의 변화로 계산할 수 있다.

$$P_{t+n} = P_t(1 + r)^n \tag{11. 3}$$

단 r = 시간 단위당 평균 인구증가율

식 (11. 3)에 나타낸 r(시간 단위당 평균 인구증가율)은 다음과 같이 계산된다.

$$r = \frac{1}{m}\Sigma[(P_t - P_{t-1})/(P_{t-1})] \tag{11. 4}$$

지수모형은 인구의 기하급수적인 증가를 나타내고 있기 때문에 단기간에 급속하게 팽창하고 있는 신도시의 인구를 예측하는 경우에 유용하다. 그러나 안정적인 인구 변화 추세를 나타내는 대도시의 경우 이 방법을 사용하면 인구의 과대 예측을 초래할 위험이

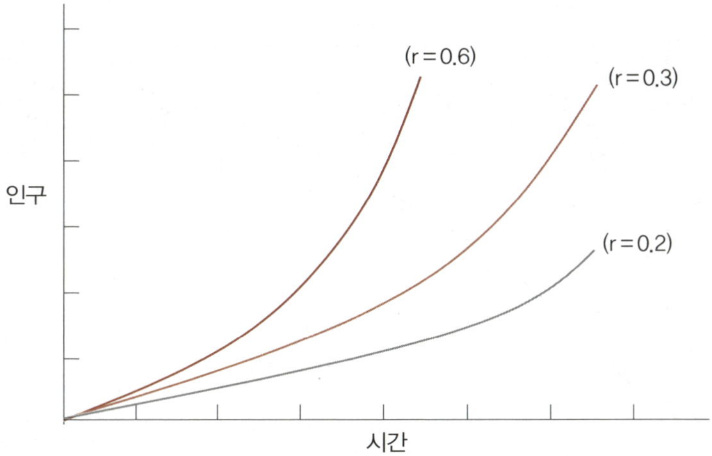

그림 11-2 지수모형

높다. 지수모형을 간단히 나타내면 앞의 [그림 11-2]와 같다.

(3) 수정된 지수모형

수정된 지수모형(modified exponential model)은 지수모형의 단점을 고려해서 인구 성장의 어떤 상한선(K)을 설정한 후 그 상한선에 가까워지면 향후 인구 성장의 허용 수준($K - P_t$)의 일정 비율(V^n)만큼 성장의 속도가 떨어질 것으로 보는 모형이다. 인구를 지탱해 주는 도시의 자원(예: 가용 토지)에 어떤 한계가 있다고 볼 때 인구 성장에 어떤 상한이 있을 것이라는 사실은 쉽게 짐작할 수 있다. 따라서 이 모형은 향후 인구 성장에 한계가 있을 것으로 판단되는 서울과 같은 대도시의 인구 예측에 유용하게 사용될 수 있을 것이다. 수정된 지수모형은 다음과 같이 표현된다.

$$P_{t+n} = K - (K - P_t)(V)^n \qquad (11.\ 5)$$

단 K = 인구 성장의 상한선

한편 인구 추계 기간($t \rightarrow t+n$)의 각 시점에서 사용되지 않은 채 남아 있는 도시의 물리적 용량(예: 신규 개발 가능 토지)의 연평균 비율(average annual percentage)을 나타내는 V는 다음과 같이 계산된다.

$$V = \frac{1}{m}\Sigma[(K - P_t)/(K - P_{t-1})] \qquad (11.\ 6)$$

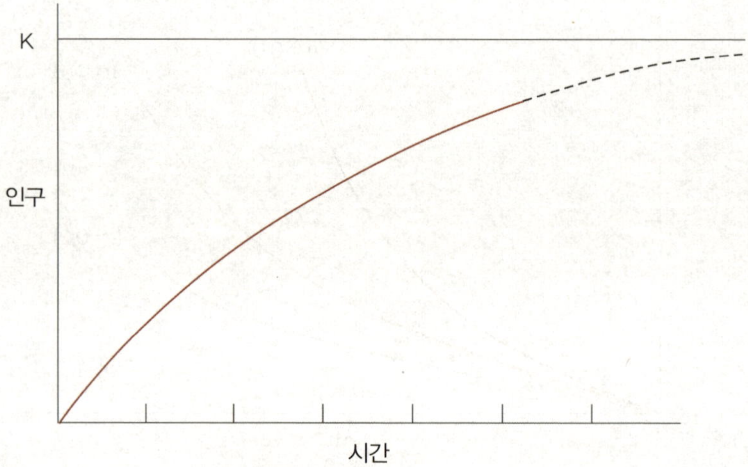

그림 11-3 수정된 지수모형

수정된 지수모형을 간단히 나타내면 [그림 11-3]과 같다.

(4) 비교 방법

이상에서 논의된 방법들은 모두 어떤 도시의 과거 인구 성장 추세를 이용해서 미래 인구 성장을 예측할 수 있다고 가정하고 있는데, 대상 도시에 따라서는 적용성이 매우 낮을 수도 있다. 비교 방법(comparative method)은 어떤 도시(예로서 도시 c)의 미래 인구는 이와 유사한 역사적 배경을 가지고 있는 다른 도시(가령 도시 d)의 인구 변화 추세를 이용해서 우리가 관심을 가지고 있는 도시의 인구를 예측하는 방법이다. 이것은 아래와 같은 수식으로 표현된다.

$$ {}_{c}P_{t+n} = (\alpha)\ {}_{d}P_{(t-g)+n} \tag{11. 7}$$

단 g = 시차

α = ${}_{d}P$(유사 도시 d의 인구)의 일정 비율

(5) 비율 예측

비율 예측(forecasts with ratios)은 분석 대상 도시(c)의 인구는 그 도시가 속한 어떤 지역(s)의 인구에 의존성이 높다고 가정하는 것이다. 만일 우리가 이와 같은 상호 의존 관계가 가까운 미래에도 계속되고 좀 더 큰 공간적 범위의 인구, 즉 s값을 더욱 용이하게 예측할 수 있다면, 그때 그 두 인구 사이의 비율이 일정하게 계속될 것이라고 가정함으로써 분석 대상 도시(c)의 인구를 주변 지역(s) 인구의 일정 비율로 예측이 가능하다. 이것은 아래와 같은 대수식으로 표현이 가능하다.

$$ \frac{{}_{c}P_{t+n}}{{}_{s}P_{t+n}} = \frac{{}_{c}P_{t}}{{}_{s}P_{t}} \quad \text{또는} \quad {}_{c}P_{t+n} = ({}_{c}P_{t} / {}_{s}P_{t})\, {}_{s}P_{t+n} \tag{11. 8}$$

이 방법은 분석 대상 도시의 미래 인구(${}_{c}P_{t+n}$)는 그 도시가 속한 지역 인구(${}_{s}P_{t+n}$)의 일정 비율(${}_{c}P_{t}$ / ${}_{s}P_{t}$)이 될 것이라는 가정에서 출발한다.

2) 요소모형

이상에서 살펴본 비요소적 방법을 사용하는 인구 예측모형은 도시 인구의 총체적 크기만을 예측할 수 있으며, 계획의 목적상 필요한 성별 · 연령별 인구구조의 변화를 예측

할 수 없는 취약점을 가진다. 요소모형(component model)은 출생, 사망, 그리고 인구 이동이라는 인구 변화의 세 가지 요소 각각의 분리된 효과를 고려하는 모형이다. 출생, 사망, 그리고 인구 이동은 연령과 밀접한 관계가 있다. 출산은 특정 연령 계층의 여성에 의해 이뤄지고, 사망은 젊은 연령층은 사망률이 상당히 안정적이다가 노년층의 사망률이 높다. 인구 이동 역시 대개 청년층의 인구 이동이 활발하고 노년층은 안정적이다. 따라서 인구의 요인별 변화 분석 시 연령 계층별 변화를 결합시킴으로써 좀 더 정확한 인구 예측이 가능하다. 그래서 요소모형 분석 시 대개 연령 계층별 생존모형을 이용하고 있다. 그리고 이때 집단별 부분 추계치를 연령 계층별(매 5년), 성별로 조합해 추계한다는 의미에서 조성법(組成法)이라 부르기도 한다. 이 방법은 연령별·성별 인구 증가 현황을 파악할 수 있고, 출생, 사망, 그리고 인구 이동이라는 세 가지 요소를 시간을 이용해 결합시킴으로써, 특히 장기예측이 될 때 비요소적 방법보다 과학적인 방법으로 인정돼 오늘날 널리 이용되는 인구 추계 방법 중의 하나다.

그러나 요소모형은 대개 도시 수준에서 획득하기 어려운 포괄적이고 상세한 자료의 집합을 필요로 하는 단점이 있다. 그뿐만 아니라 일반적으로 추계 과정이 복잡하기 때문에 인구 전문가가 참여해야 하고, 컴퓨터의 이용 및 비용이 많이 든다는 약점이 지적되고 있다. 그리고 지역 간 인구 이동은 경제활동 상황, 고용 기회, 주택 공급 상황 등과 직접적인 영향 관계에 있기 때문에 상호 점검(feedback)하는 과정을 통해 계속적인 조정이 이뤄져야 할 것이다. 요소모형의 일반식은 아래와 같다.

$$P_{t+n} = P_t + N + M \qquad (11.9)$$

단 N = 인구의 자연 증가, M = 순인구이동

아래에서는 인구의 자연 증가를 예측하는 연령 계층별 생존모형을 검토한 후 인구 이동의 예측 방법을 논의하기로 한다.

(1) 연령 계층별 생존모형

순인구이동을 영(零)으로 가정하면 이 자체가 인구 예측모형이 될 수 있다. 그런데 여기서 이 모형을 분해하면 연령 계층별 생존모형 작성이 가능하다. 연령 계층별 생존모형(age cohort-survival model)은 전체 인구를 연령 계층별·성별로 구분해서 연령·성별 피라미드(age-sex pyramid)를 만든 것이다. 우리나라의 인구 센서스에 따르면 5년 단위로 79세까지, 그리고 최종 연령층으로 80세 이상 이렇게 17개 연령층으로 구분하고 다시 성별 구분을 함으로써 사실상 34개의 연령 및 성별 구분이 가능한 만큼 이들 각 집단의 인구를 따로 예측할 수 있다. 예를 들어 2030년의 5~9세까지의 남자 인구를 예측하기 위해서는 2025년의 0~4세까지의 남자 인구에 어떤 생존율(=1-사망률)을 곱하면 된다. 연령 계층별 생존모형의 대수식은 아래와 같다.

$$_{5-9}P_{t+5} = {}_{0-4}S \cdot {}_{0-4}P_t \quad (11.10)$$

단 S = 1 - D = 생존율, D = 사망률

연령 계층별 생존모형은 예측 기간 동안 사망률과 출산율의 가정이 정확한 정도만큼 정확한 결과를 기대할 수 있다. 사망률과 출산율은 과거 자료를 토대로 추세분석하거나 주관적으로 판단이 가능하다. 사망률과 출산율이 상당히 안정적이고 인구의 지역 간 이동이 규모나 연령 및 성별 구성에서 무시해도 좋을 만큼 영향이 작을 때 이 방법은 매우 유용할 것으로 보인다.[2)]

(2) 인구 이동

도시 내의 인구 이동(intra-migration)이 아닌 도시와 도시, 도시와 농촌의 지역 간 인구 이동을 도시 인구의 자연 증가와 구분해서 사회적 인구 증가 또는 사회적 인구 이동이라 한다. 미래의 인구 이동을 크기나 비율로 예측하는 것이 긴요하고도 어려운 부분인데, 브라운(Lawrence A. Brown) 외는 미래의 인구 이동의 크기나 비율을 예측하기 위해 다음의 여섯 가지 방법을 제시하고 있다(Brown et al., 1970: 175-183).

① 주관적인 판단에 의한다.
② 과거의 자료를 이용한 추세분석 방식에 의한다.
③ 지역경제나 지역사회의 분석을 통해 적용 가능한 비율을 도출하거나 회귀분석 방식을 적용한다.
④ 밀도 한계(density ceilings)를 이용한다.
⑤ 몬테카를로 시뮬레이션(Monte Carlo simulation)과 선형계획법(linear programming approaches)을 이용한다.

2) 역사적인 자료는 연령 특정적인 생존율이 아주 천천히 변하는 것을 보여 준다(Krueckeberg & Silvers, 1974: 276).

제2절 도시경제의 분석모형

1 경제기반모형

1) 경제기반모형의 의의

경제기반모형(economic base model)은 한 도시나 지역의 경제구조 및 성장의 건전성을 규명하는 분석 기법으로 프랑스의 티부(Charles M. Tiebout)와 미국의 호이트(Homer Hoyt), 와이머(Arthur M. Weimer) 등이 개발하고 체계화했다. 경제기반모형의 적용을 통해 찾을 수 있는 의의는 다음과 같다.

첫째, 한 도시의 연도 간 비교를 통해 그 도시의 경제적 건전성을 종적(縱的)으로 비교할 수 있다. 즉, 한 도시경제의 시점 간 비교가 가능하다.

둘째, 한 도시와 다른 도시와의 횡적인 비교를 가능하게 한다. 즉, 도시 간 비교를 가능하게 한다.

셋째, 한 도시 내 산업 간 비교를 가능케 함으로써 궁극적으로 도시경제의 건전성과 취약성을 규명하고, 한 도시의 산업개발 전략을 수립하는 데 기여할 수 있다.

2) 경제기반모형의 이론적 배경과 기본 가정

경제기반모형의 이론적 배경은 케인스(John M. Keynes)가 개발한 승수이론의 응용이라 할 수 있다. 케인스에 따르면, 국민소득의 성장은 정부 투자와 재정 지출, 그리고 해외 수출 등의 증가가 부족한 유효 수요를 창출해 드디어는 국민소득의 증가를 가져온다는 것이다. 승수이론과 같은 논리에 의해 경제기반모형은 어떤 한 도시의 경제분석을 하는 데 활용된다.

경제기반모형은 도시경제 구조가 단순히 2개 그룹의 활동으로 구성된다는 간단한 가정하에서 출발한다. 그 하나는 기반 활동(basic activity)으로 이는 도시경제의 성장에 기여하는 활동이며, 나머지 하나는 비기반 활동(non-basic activity)으로 이는 도시경제의 안정에 기여하는 활동이다. 이제 이들 두 가지 활동에 대해 좀 더 자세히 살펴보자.

기반 활동은 당해 도시 외부의 기업이나 개인들에게 수출하기 위해 재화와 용역을 생산해 판매하는 활동을 말한다. 즉, 기반 활동은 외부 지역에서 화폐적 수입을 가져오는 활동으로, 흔히 수출활동(export activity)이라 불린다. 그러면 기반 활동에는 어떤 것들이 있는지 보자. 첫 번째는 외부 지역으로 재화를 수출하는 활동이다. 두 번째는 외부

지역에 용역을 제공하고 화폐를 가져오는 활동이다. 세 번째는 당해 도시 내에서 외부인에게 용역을 제공하고 화폐를 받는 활동이다. 예컨대 관광산업이 세 번째에 속한다.

비기반 활동은 당해 도시 내부에서 소비되는 재화와 용역을 생산해 판매하는 활동을 말한다. 즉, 비기반 활동은 도시 내부에서 화폐의 유통을 가져오는 활동으로, 지방 활동(local activity)이라 불리기도 한다.

이상과 같은 도시경제 활동의 양분(兩分)에 근거해 경제기반모형은 기반 활동만이 도시의 경제력을 결정하는 관건이 되고, 기반 활동의 팽창은 비기반 활동의 성장을 유도하며 도시 전체의 경제 성장을 주도하게 된다는 것이다. 즉, 수출이 도시 성장의 경제적 기초를 제공하며, 비기반 활동은 단순히 도시 내부의 소비활동을 위한 것이므로 도시경제 발전의 결과 혹은 영향이라는 것이다.

이러한 견해는 국가경제의 입장에서 볼 때 국제무역 이론과 일치한다. 한 도시의 경제를 분석하는 경제기반모형은 그 이론 구성이 단순한 것은 사실이지만, 모형의 직접적인 관심은 수출수지(export balances)에 있다. 국제무역 관계에서 국가경제의 위치에 국제수지가 미치는 영향이 지대하듯이 어떤 도시나 지역의 경제력도 수출수지가 그 척도가 된다는 것이다.

3) 경제기반분석의 절차 및 방법

경제기반분석의 절차는 2단계로 구성된다. 1단계 절차는 기반 활동과 비기반 활동을 분리 확인하는 것이고, 2단계 절차는 1단계에서 확인된 기반 활동과 비기반 활동을 기초로 분석 대상 도시에서의 산업구조의 건전성과 취약성을 규명하는 단계다. 아래에서는 이들 2단계 절차의 방법에 대해 구체적으로 살펴본다.

(1) 기반 활동과 비기반 활동의 분리 방법

경제기반분석의 유용성은 기반 활동과 비기반 활동의 합리적 구분에 크게 좌우된다고 볼 수 있으나, 손쉽고도 정확한 두 활동의 분리는 대단히 어려운 과제로 돼 있다. 이러한 어려움에도 불구하고 이들 두 활동의 분리를 위해 다음과 같은 몇 가지 방법이 제시되고 있다.

① 산업 성격에 따른 분류 방법

이 방법은 1차 및 2차 산업을 기반 활동으로, 3차 산업을 비기반 활동으로 일괄적으로 분류하는 방법으로, 이와 같은 분류 방법은 많은 예외성을 지닌다는 약점이 있다.

② 입지상에 의한 분류 방법

입지상(location quotient: LQ)에 의한 분류 방법은 분석 대상 도시의 산업구조를 전국의 그것과 비교하는 방법으로, 주로 고용구조를 살펴보는 것이 일반화돼 있다. 이 방법에 따르면, 특정 도시의 일정 산업에 고용돼 있는 노동력의 비율이 그 산업에 대한 전국 평균 비율보다 높을 때는 전국 수준과 같은 선까지의 노동력은 도시 내부의 수요에 충당되고, 잉여분은 수출시장의 수요에 할당되는 것으로 산정한다. j도시의 i산업에 대한 LQ값의 산정 방법은 다음과 같다.

$$LQ_i = \frac{\dfrac{\text{j도시 i산업 고용인구}}{\text{j도시 총고용인구}}}{\dfrac{\text{전국 i산업 고용인구}}{\text{전국 총고용인구}}} \qquad (11.\ 11)$$

이렇게 계산된 LQ_i의 값이 1보다 크면 j도시는 i산업의 제품을 수출하게 되는데, $LQ_i > 1$ 부분만큼은 기반 활동으로, $LQ_i \leq 1$ 부분만큼은 비기반 활동으로 간주된다. 계산된 LQ_i의 값이 1보다 작으면 j도시는 i산업 제품을 수입하게 되고, j도시에서 i산업은 모두 비기반 활동으로 분류된다. 만약 LQ_i의 값이 1이 되면 j도시는 i산업 제품을 자급자족하게 되고, j도시의 i산업은 모두 비기반 활동으로 간주된다.

입지상에 의한 기반 활동과 비기반 활동의 분류 방법은 i산업 제품의 수요 패턴이 전국적으로 동일하다고 가정한다는 점에서 유용성의 한계가 있기는 하지만, 가장 일반적으로 사용되는 방법 중의 하나다.

③ 실제 조사에 의한 분류 방법

이 방법은 분석 대상 도시 외부로 나가는 재화와 용역의 실질적인 출하(出荷)에 관한 정보를 획득하기 위해 행하는 직접조사 방법이다. 실제 조사에 의한 방법에도 그 조사 대상에 따라 생산자조사, 소비자조사, 행정구역 경계선에서의 조사 등으로 구분하는데, 이들 각 방법 역시 취약점을 갖고 있다.

먼저, 생산자조사는 소득 혹은 수입에 관한 조사에서 조사 대상자인 생산자가 정확한 답변을 하지 않을 가능성이 크다는 문제점이 있다. 소비자조사는 어떤 도시나 지역에서 생산된 물건을 사용한 사람을 조사하는 방법인데, 소비자가 외국에 있을 수도 있고 조사의 번거로움 때문에 실제로 조사가 불가능한 문제점이 있다. 행정구역 경계선에서의 실제 조사 역시 조사가 실제로 거의 불가능하다는 문제점이 있다.

기반 활동과 비기반 활동의 분류를 위한 방법으로는 이상에서 살펴본 방법 외에도 최소요구량법(minimum requirement method) 등의 방법도 제안되고 있으나, 입지상(LQ)에 의한 방법이 가장 많이 사용된다.

한편 기반 활동과 비기반 활동을 확인하고 이를 계량화하는 데 사용되는 측정지표로는 고용자 수, 부가가치 및 생산액, 임금지불액, 생산물의 물량, 화폐 소득과 지출 등을 사용할 수 있는데, 우리나라의 경우 현실적으로 자료 획득의 용이성 등의 이유로 말미암아 고용자 수를 흔히 사용하고 있다.

(2) 경제 기반의 분석 기법

이상에서 살펴본 바와 같은 기반 활동과 비기반 활동의 분리 과정을 거친 후에 분석 대상 도시경제의 건전성과 취약성을 밝히려면 B/N 비율(혹은 N/B 비율)이나 경제 기반 승수(economic base multiplier)의 분석 기법이 주로 사용되는데, 이들에 대해 살펴보자.

① B/N 비율

B/N 비율의 산정식은 다음과 같다.

$$\text{B/N 비율} = \frac{\text{기반 활동의 고용자 수}}{\text{비기반 활동의 고용자 수}} \qquad (11.\ 12)$$

B/N 비율의 기능 및 유용성은 다음과 같다. 첫째, 한 도시의 시점 간 비교를 통한 도시 및 지역경제의 건전성을 측정할 수 있다. 둘째, 한 도시와 다른 지역과의 비교가 가능하다. 셋째, 한 도시나 지역 내에서 산업 간 비교가 가능하다.

② 경제 기반 승수

경제기반모형은 어떤 도시나 지역의 경제활동은 기반 활동과 비기반 활동의 두 가지로 구성된다는 단순한 가정에 기초를 둔다. 따라서 다음의 식을 얻는다.

$$E_T = E_B + E_N \qquad (11.\ 13)$$

단 E_T = 도시의 총고용인구
E_B = 도시의 기반 활동 고용인구
E_N = 도시의 비기반 활동 고용인구

이 식에서 어떤 도시의 총고용인구와 기반 활동 고용인구 간의 관계를 다음과 같이 유도할 수 있다.

$$E_T = E_B + E_T\left(\frac{E_N}{E_T}\right) \quad (11.\ 14.\ 1)$$

$$E_T - E_T\left(\frac{E_N}{E_T}\right) = E_B \quad (11.\ 14.\ 2)$$

$$E_T\left(1 - \frac{E_N}{E_T}\right) = E_B \quad (11.\ 14.\ 3)$$

$$E_T = \frac{E_B}{1 - \frac{E_N}{E_T}} = \left(\frac{1}{1 - \frac{E_N}{E_T}}\right)E_B \quad (11.\ 14.\ 4)$$

이렇게 정리된 식은 바로 총고용인구 E_T와 기반 활동 고용인구 E_B의 관계를 보여주고 있는데, 여기서 $\frac{1}{1 - \frac{E_N}{E_T}}$이 바로 경제 기반 승수를 나타낸다. 이 경제 기반 승수는 다음과 같이 정리할 수 있다.

$$\text{경제 기반 승수} = \frac{1}{1 - \frac{E_N}{E_T}} = \frac{1}{\frac{E_T - E_N}{E_T}} = \frac{1}{\frac{E_B}{E_T}} = \frac{E_T}{E_B} \quad (11.\ 15)$$

따라서 경제 기반 승수는 $\frac{E_T}{E_B}$로 표현되기도 한다.

앞서 살펴본 총고용인구 E_T와 기반 활동 고용인구 E_B의 관계를 바탕으로 총고용인구의 증가분 $\triangle E_T$와 기반 활동 고용인구의 증가분 $\triangle E_B$와는 다음과 같은 관계가 성립함을 알 수 있다.

$$\triangle E_T = k(\triangle E_B) \qquad (11.\ 16)$$

단 k = 경제 기반 승수

총고용인구의 변화와 기반 활동 고용인구의 변화에 관한 이와 같은 관계는 어떤 도시의 총고용인구가 경제 기반 승수를 통해 기반 활동 고용인구의 변화에 의존하고 있음을 보여 준다.

이제 기반 활동 고용인구의 변화가 총고용인구의 변화에 어떻게 영향을 미치는지 예를 들어 살펴보자.

어떤 도시의 총고용인구는 500,000명이고, 이 가운데 비기반 활동 고용인구는 400,000명이라고 한다. 그런데 이 도시에 외부 지역으로의 수출만을 목적으로 하는 수출산업(기반 활동)이 새롭게 입지해 5,000명의 새로운 수출산업(기반 활동) 고용 증가($\triangle E_B$)가 예상된다면 이 도시의 총고용인구 증가($\triangle E_T$)는 얼마나 될까 생각해 보자.

이 문제에 대한 해답을 구하려면 우선 경제 기반 승수 k를 계산해야 한다.

$$k = \frac{1}{1 - \frac{E_N}{E_T}} = \frac{1}{1 - \frac{400{,}000}{500{,}000}} = 5$$

이렇게 계산된 k값을 이용해서 총고용인구 증가 $\triangle E_T$는 다음과 같이 계산된다.

$$\triangle E_T = (5)(5{,}000) = 25{,}000$$

따라서 이 도시의 총고용인구는 25,000명이 증가할 것이며, 수출산업(기반 활동)의 고용 증가는 5,000명으로 주어졌으므로 비기반 활동의 고용 증가는 20,000명에 달할 것이다.

이제 우리는 경제 기반 승수의 기능과 유용성을 알 수 있게 됐다. 첫째, 경제 기반 승수는 분석 대상 도시의 미래 성장 예측에 사용될 수 있다. 둘째, 경제 기반 승수는 새로운 산업의 입지나 확장에 따른 소득 및 고용 창출 효과를 예측할 수 있게 한다.

4) 경제기반모형의 장점과 단점

(1) 경제기반모형의 장점

경제기반모형이 가지는 일반적인 장점은 다음과 같다.

첫째, 경제 기반 승수 혹은 B/N 비율은 계산이 용이할 뿐만 아니라 이해하기 쉬워 실무자나 정책결정자에게 설득력이 강하다.

둘째, 경제기반모형은 역사적 자료가 부족한 경우에도 장래의 B/N 비율만 예측할 수 있으면 새로운 산업의 입지나 확장에 따른 고용승수 효과를 쉽게 예측할 수 있게 한다.

셋째, 경제기반모형은 생산량의 흐름에 관한 자료를 획득할 수 없는 경우에도 고용 예측을 통해 쉽게 도시경제에 대한 예측을 가능하게 한다.

넷째, 경제기반모형은 산업연관표(투입-산출표)의 작성이 어려운 상황 속에서도 산업 간 연관성에 의한 생산 또는 고용을 예측할 수 있게 한다.

(2) 경제기반모형의 단점

① 개념적 한계점

경제기반모형이 가지는 개념적 한계점은 다음과 같다.

첫째, 기반 활동만이 도시경제의 원동력이라는 기본 가정은 경제기반모형이 중상주의적 편견에 치우친 도시경제 분석모형으로 비판받는 원인이 되고 있다. 경제기반모형의 비판론자들은 기반 활동뿐만 아니라 비기반 활동 역시 도시 성장에 중요한 역할을 한다고 주장한다.

둘째, 매우 복잡한 도시의 경제활동을 기반 활동과 비기반 활동의 두 가지 경제활동으로 분류 정리해 버리는 과잉 단순화는 결국 조잡하고 부정확할 우려가 있어 간접적인 수출이 비기반 활동으로 간주되기 쉽다는 등의 단점을 가진다.

셋째, 경제기반모형은 도시경제 활동의 단기 변동을 설명하는 데는 유용하나 장기 성장의 예측에는 부적합할 뿐 아니라, 어떤 도시의 총량적 경제 규모의 변동만을 예측할 뿐 도시의 경제 성장 과정을 설명하지는 못한다.

② 기술적 결점

경제기반모형이 가지는 기술적 결점은 다음과 같다.

첫째, 경제기반모형은 기반 활동과 비기반 활동을 분리해 내는 방법 및 절차상 만족할 만한 손쉬운 방법이 없다.

둘째, 경제기반모형은 기반 활동과 비기반 활동을 분리하고 이를 계량화하는 데 사용되는 측정지표를 선택하는 데 문제점이 많다. 즉, 일반적으로 가장 많이 사용되고 가장 훌륭한 측정지표로 인정받는 고용 자료조차도 노동자 1인당 노동생산성의 증가로 인한 생산량의 증가를 무시하고 재산 소득을 무시하는 등 경제활동의 양(量)을 대표하기에는 문제점이 있다고 할 수 있다.

2 변화-할당모형

1) 변화-할당모형의 의의

크리머(Daniel B. Creamer)가 1942년에 처음으로 시도한 이래 발전되고 활용되기 시작한 변화-할당모형(shift-share model)은 도시경제 성장의 구조적 분석, 특히 도시산업 성장의 이면에 내재하는 원인을 좀 더 효과적으로 파악할 수 있도록 방대한 통계 자료를 체계적으로 편제하기 위해 시도된 순수 도시경제 분석모형이다.

변화-할당모형은 한 도시나 지역의 일정 기간의 산업 성장 및 변화를 전국 또는 다른 도시와의 관계에서 상대적인 위치를 파악함으로써 도시 간·시점 간·산업 간 비교를 용이하게 함으로써 장래 도시산업정책의 방향 설정에 유용한 준거틀을 제공하는 데 그 의의가 있다.

2) 변화-할당모형의 기본 가정

변화-할당모형은 다음과 같은 두 가지 기본 가정을 전제로 한다.

첫 번째 가정은 전국적으로 빠른 성장을 보이는 산업의 구성비(構成比)가 큰 도시는 그렇지 못한 도시보다 빨리 성장하며, 전국적으로 저성장을 보이는 산업의 구성비가 큰 도시는 늦은 성장을 보일 것이라는 사실이다.

두 번째 가정은 도시의 성장을 산업구조별 성장의 원인에서 찾아보려고 하는 것으로, 어떤 도시 및 지역산업의 성장은 ① 국가경제 성장 효과(national growth effect: Ng), ② 산업구조 효과(industrial mix effect: Im), ③ 지역할당 효과(regional share effect: Rs)의 세 가지 요인으로 구분할 수 있다는 것이다. 즉, 변화-할당모형은 어떤 도시나 지역의 경제 성장에 영향을 미치는 이들 세 가지의 몫을 찾아내는 것이 그 목적이다.

3) 변화-할당분석의 기본 모형

총성장(total growth)은 분석 기간 동안 j도시 i산업의 부가가치 혹은 고용의 총증가를 의미한다. 따라서 이 값이 (+) 혹은 (−)의 값을 가짐에 따라 분석 기간 동안 j도시 i산업의 성장 여부를 판단할 수 있다. j도시 i산업의 총성장은 앞서 살펴본 세 가지 효과의 합으로 나타낼 수 있다.

$$총성장 = V_{ij}(t) - V_{ij}(o) = Ng + Im + Rs \qquad (11.\ 17)$$

단 $V_{ij}(t)$ = 대비(對比) 연도(t) j도시 i산업의 부가가치 또는 고용자 수
$V_{ij}(o)$ = 기준 연도(o) j도시 i산업의 부가가치 또는 고용자 수
Ng = 국가경제 성장 효과
Im = 산업구조 효과
Rs = 지역할당 효과

순성장(net growth)은 분석 기간 동안 j도시 i산업의 총성장 중에서 국가 전체의 모든 산업의 평균 성장으로 인한 부가가치 혹은 고용의 증가분을 뺀 순수한 j도시 i산업의 성장률을 나타내는 부가가치 또는 고용의 증가를 의미한다. 따라서 이 값의 (+) 혹은 (−)의 여부는 전국적인 차원에서 j도시의 i산업이 성장산업인지 아닌지를 판별하는 기준이 된다.

$$순성장 = Im + Rs \qquad (11.\ 18)$$

이제 변화-할당모형에서 가정하는 도시산업 성장의 세 가지 요인에 대해 구체적으로 살펴보자.

(1) 국가경제 성장 효과

국가경제 성장 효과(Ng)는 일정 기간 동안 j도시 i산업의 부가가치 또는 고용의 총증가량 중에서 국가 전체의 모든 산업의 평균 성장으로 유발된 부가가치 또는 고용의 증가분을 의미한다. 이것은 어떤 도시나 지역의 특정 산업의 성장은 국가 전체의 모든 산업의 성장과 무관한 상태에서 이뤄질 수 없으며, 국가 전체의 경제 성장에 의해 영향을 받는다는 사실을 근거로 한다. 따라서 국가경제 성장 효과(Ng)의 산정식은 다음과 같이 표현된다.

$$Ng = V_{ij}(o) \cdot \frac{V(t) - V(o)}{V(o)} \qquad (11.\ 19)$$

단 $V_{ij}(o)$ = 기준 연도(o) j도시 i산업의 부가가치 또는 고용자 수

V(o) = 기준 연도(o) 전국 모든 산업의 부가가치 또는 고용자 수
V(t) = 대비 연도(t) 전국 모든 산업의 부가가치 또는 고용자 수

(2) 산업구조 효과

산업구조 효과(Im)는 전국적인 차원에서의 i산업의 총성장률에서 전국 모든 산업의 평균성장률을 뺀 전국 i산업의 순성장률이 j도시 i산업에 대해 유발한 부가가치 또는 고용 증가를 뜻한다. 이것은 어떤 도시나 지역이 전국의 고성장 혹은 저성장 산업에 전문화했기 때문에 나타나는 결과로서의 부가가치 또는 고용의 증가를 나타낸다. 그러므로 이 값은 그 도시의 산업구조를 알려 주는 지표가 되며, 전국적으로 빠르게 성장하는 산업에의 전문화도가 평균 이상일 때는 (+)의 값을 가지나, 그렇지 않을 때는 (−)의 값을 가진다.

산업구조 효과(Im)는 다음과 같이 계산된다.

$$\begin{aligned} Im &= V_{ij}(o)\cdot\left[\frac{V_i(t)-V_i(o)}{V_i(o)}-\frac{V(t)-V(o)}{V(o)}\right] \\ &= V_{ij}(o)\cdot\left[\left(\frac{V_i(t)}{V_i(o)}-1\right)-\left(\frac{V(t)}{V(o)}-1\right)\right] \\ &= V_{ij}(o)\cdot\left[\frac{V_i(t)}{V_i(o)}-\frac{V(t)}{V(o)}\right] \end{aligned} \qquad (11.\ 20)$$

단 $V_i(o)$ = 기준 연도(o) 전국 i산업의 부가가치 또는 고용자 수
$V_i(t)$ = 대비 연도(t) 전국 i산업의 부가가치 또는 고용자 수

위의 산정식에서 $\frac{V_i(t)}{V_i(o)}$는 전국적인 차원에서의 i산업의 성장률을 나타내고, $\frac{V(t)}{V(o)}$는 전국 모든 산업의 평균성장률을 나타낸다. 따라서 $\left[\frac{V_i(t)}{V_i(o)}-\frac{V(t)}{V(o)}\right]$는 전국 i산업의 순성장률을 나타낸다.

(3) 지역할당 효과

지역할당 효과(Rs)는 전국의 다른 지역에 대비한 j도시의 경쟁적 위치를 나타내는 것으로 도시경제의 수행 능력에 따라 나타난다. 지역할당 효과는 그 도시가 지니고 있는 입지적 특성, 예컨대 시장의 입지, 수송의 편의, 인구 유입, 기타 산업 입지 요소 등 그 도시의 다른 지역에 대한 상대적 경쟁력을 의미하므로 종종 경쟁적 요인(competitive

제1부 제2부 제3부 제4부 제5부 제6부

component)이라고 불리기도 한다. 전국의 i산업에 비해 j도시의 i산업이 좀 더 빠른 부가가치 혹은 고용 성장을 보일 경우는 (+)의 지역할당 효과(Rs)를 가지게 되나, 반대로 전국의 i산업에 비해 좀 더 저성장을 보일 경우는 (−)의 지역할당 효과(Rs)를 가져오게 된다. 따라서 지역할당 효과야말로 순수한 도시경제정책의 효과를 파악할 수 있게 한다고 볼 수 있다.

이러한 의미를 가지는 지역할당 효과(Rs)는 다음과 같이 계산된다.

$$\begin{aligned} Rs &= V_{ij}(o)\cdot\left[\frac{V_{ij}(t)-V_{ij}(o)}{V_{ij}(o)}-\frac{V_i(t)-V_i(o)}{V_i(o)}\right] \\ &= V_{ij}(o)\cdot\left[\left(\frac{V_{ij}(t)}{V_{ij}(o)}-1\right)-\left(\frac{V_i(t)}{V_i(o)}-1\right)\right] \\ &= V_{ij}(o)\cdot\left[\frac{V_{ij}(t)}{V_{ij}(o)}-\frac{V_i(t)}{V_i(o)}\right] \end{aligned} \tag{11. 21}$$

단 $V_{ij}(t)$ = 대비 연도(t) j도시 i산업의 부가가치 또는 고용자 수

4) 변화 - 할당모형의 적용 사례

이제 지금까지 개념적으로 살펴본 변화-할당모형이 실제의 상황에서 어떻게 적용되는지 살펴보자.

D시의 섬유업에 대한 변화-할당분석을 하기 위해 〈표 11-1〉과 같이 2010년도와 2020년도의 고용자 수에 대한 통계 자료를 수집했다고 하자.

표 11-1 D시의 섬유업 고용자 수 변화(2010~2020년)

(단위: 만 명)

구분	2010년	2020년
전국 모든 산업의 고용자 수	1,000	1,300
전국 섬유업 고용자 수	150	170
D시 섬유업 고용자 수	30	55

〈표 11-1〉에서 보는 바와 같이 분석 기간(2010~2020년) 동안 D시의 섬유업 종사자는 25만 명의 증가가 있었다. 이제 변화-할당모형을 적용해서 이들 25만 명의 고용 증가 가운데 국가경제 성장 효과(Ng), 산업구조 효과(Im), 지역할당 효과(Rs)에 의해 각각 얼마나 영향을 받았는지 계산해 보면 다음과 같다.

국가경제 성장 효과 : $Ng = V_{ij}(o) \cdot \frac{V(t) - V(o)}{V(o)}$

$$= 30 \cdot \left(\frac{1,300 - 1,000}{1,000} \right)$$

=9만 명

산업구조 효과 : $Im = V_{ij}(o) \cdot \left[\frac{V_i(t)}{V_i(o)} - \frac{V(t)}{V(o)} \right]$

$$= 30 \cdot \left(\frac{170}{150} - \frac{1,300}{1,000} \right)$$

= −5만 명

지역할당 효과 : $Rs = V_{ij}(o) \cdot \left[\frac{V_{ij}(t)}{V_{ij}(o)} - \frac{V_i(t)}{V_i(o)} \right]$

$$= 30 \cdot \left(\frac{55}{30} - \frac{170}{150} \right)$$

=21만 명

이상의 계산 결과로부터 D시 섬유업의 총성장 25만 명은 계산된 세 가지 효과의 합과 일치함을 다음과 같이 알 수 있다.

D시 섬유업의 총성장 = Ng + Im + Rs
= 9 − 5 + 21
= 25만 명

아울러 D시 섬유업의 순성장은 다음과 같이 계산된다.

D시 섬유업의 순성장 = Im + Rs
= −5 + 21
= 16만 명

5) 변화 - 할당모형의 장점과 단점

(1) 변화 – 할당모형의 장점

변화–할당모형이 가지는 장점은 다음과 같다.

첫째, 변화-할당모형은 도시경제 성장의 횡적(橫的)인 차원과 종적(縱的)인 차원을 동시에 관찰할 수 있는 간결하고 이해하기 쉬운 도시경제분석 모형이다.

둘째, 변화-할당모형은 자료가 불충분해서 시계열분석(時系列分析)이 어려운 경우나 시간과 자원이 제한돼 있을 경우에도 무리 없이 사용할 수 있는 도시경제분석 모형이다. 예를 들면 10년간의 자료 가운데 2개 시점의 자료만 확보된다면 그것을 이용해 10년간의 동적(動的)인 분석을 시도할 수 있는 장점을 가진다.

셋째, 변화-할당모형은 정책적인 의미를 가장 쉽게 이해할 수 있는 방법이다. 이러한 이해의 용이성 때문에 변화-할당모형은 도시 및 지역경제를 분석하는 데 널리 활용되고 있다.

(2) 변화 – 할당모형의 단점

변화-할당모형이 도시경제를 분석하는 데 사용될 때 가지는 취약점은 다음과 같다.

첫째, 변화-할당모형은 도시 내 산업들 상호간의 연관성을 고려하지 못한다.

둘째, 변화-할당모형은 산업 성장의 구조적 특징, 즉 성장 요인에 대한 정확한 설명을 제공하지 못한다. 예컨대 한 산업의 침체 요인으로서 경쟁력의 약화라고 하는 경우 이것이 어떻게 해서 발생했는지에 대한 구체적인 원인을 제시하지는 못한다.

셋째, 변화-할당모형의 분석 과정에서 자료 획득의 용이성 때문에 고용자 수가 측정지표로 많이 사용되는데, 이때 노동생산성을 고려하지 못하기 때문에 실업자의 증감 이유를 정확하게 설명하지 못한다.

넷째, 변화-할당모형의 순수모형은 도시경제의 예측 수단으로서의 기능이 부족하다. 이와 같은 취약점을 보완하기 위한 시도가 계속 진행되고 있다.

3 지역투입-산출모형

1) 지역투입-산출모형의 의의

지역투입-산출분석(regional input-output analysis: 지역 산업연관분석이라 불리기도 함)은 지역 내 또는 지역 간의 산업 간 재화와 용역의 이동 상태, 즉 산업 간 상호 의존 관계를 파악하고, 한 산업활동의 변화가 다른 산업 부문에 미치는 영향을 규명하는 분석 기법이다. 지역투입-산출분석은 케네(François Quesnay)의 『경제표(經濟表, *Tableau économique*)』와 왈라스(Marie-Esprit-Léon Walras)의 '일반균형이론(theory of general equilibrium)'을 이론적 배경으로 삼아 레온티에프(Wassily W. Leontief)가 『미국경제의 구조:

1919~1939(*The Structure of American Economy: 1919~1939*)』라는 저서를 통해 1940년대 초에 전국적인 차원에서 투입-산출분석을 시도함으로써 출발했다.

그 후 많은 경제학자가 레온티에프가 개발한 투입-산출분석을 지역적 차원에서 경제적 상호 의존 관계를 분석하기 위해 이용하려고 시도했으며, 이러한 지역 차원에서의 투입-산출 분석기법의 도입은 아이사드(Walter Isard)에 의해 본격적인 시도가 이뤄졌다.

2) 지역투입-산출모형의 기본 가정

지역투입-산출분석은 다음과 같은 몇 가지 가정에 입각하고 있다.

첫째, 추계 기간 동안 투입 계수(input coefficient), 즉 한 산업이 다른 산업으로부터 받아들인 투입량을 그 산업의 총생산량으로 나눈 값은 일정하다고 본다. 즉, 추계 기간 동안 기술 진보는 없다고 가정한다.

둘째, 모든 산업에서 각각의 산업은 각기 하나의 선형(線型)이면서 동질적(同質的)인 생산함수를 가진다. 즉, 각 개별 산업의 생산물을 생산하기 위해서는 단 한 가지의 방법만 사용하게 된다는 것이다.

셋째, 각 생산물은 하나의 전문산업 부문(an unique industrial sector)에 의해서만 생산된다. 다시 말하면, 한 산업은 한 종류의 상품만을 만들며, 결합생산물이란 있을 수 없다는 것이다.

3) 지역투입-산출분석의 방법

지역투입-산출분석을 행하기 위해 먼저 투입-산출표(input-output table)를 작성하고, 다음에 작성된 투입-산출표를 분석하는 절차를 거친다. 왜냐하면 이러한 분석 절차를 거쳐서 첫째, 과거의 지역 내 또는 지역 간의 산업 간 재화와 용역 생산의 투입-산출 관계를 파악하고, 둘째, 이를 기초로 장래의 한 산업활동의 변화가 다른 산업 부문에 미칠 영향을 예측해 볼 수 있기 때문이다. 아래에서는 지역투입-산출분석의 두 가지 절차인 투입-산출표의 작성과 투입-산출표 분석의 구체적 방법들에 대해 살펴본다.

(1) 투입-산출표의 작성

투입-산출표는 투입 부문(input sector)과 산출 부문(output sector)으로 크게 나뉜다. 투입 부문은 공급 부문(supplying sector)이라고도 불리며, 이는 중간 과정 부문(processing sector)과 지불 부문(payments sector)으로 구성된다. 산출 부문은 구입 부문(purchasing sector)이라고도 불리며, 이는 중간 과정 부문과 최종 수요 부문(final de

표 11-2 투입-산출표

투입 부문 (공급 부문) \ 산출 부문 (구입 부문)		중간 과정 부문(X_j)							최종 수요 부문(D_i)	산출 계 (X_i)
		산업	1	2	……	j	……	N		
중간 과정 부문 (X_i)	산업									
	1		X_{11}	X_{12}	……	X_{1j}	……	X_{1N}	D_1	X_1
	2		X_{21}	X_{22}	……	X_{2j}	……	X_{2N}	D_2	X_2
	⋮		⋮	⋮		⋮		⋮	⋮	⋮
	i		X_{i1}	X_{i2}	……	X_{ij}	……	X_{iN}	D_i	X_i
	⋮		⋮	⋮		⋮		⋮	⋮	⋮
	N		X_{N1}	X_{N2}	……	X_{Nj}	……	X_{NN}	D_N	X_N
지출 부문(P_j)			P_1	P_2	……	P_j	……	P_N		
투입 계(X_j)			X_1	X_2	……	X_j	……	X_N		

mands sector)으로 구성된다. 이러한 투입-산출표 구성의 개념적 틀을 간단히 나타내면 〈표 11-2〉와 같다.

중간 과정 부문은 다른 산업으로부터 원료나 중간재를 받아들여 새로이 중간재나 완제품을 만들어 내는 모든 산업을 포괄하고 있어 내생 부문(endogenous sector)이라고도 불린다. 최종 수요 부문은 가계 소비, 정부 구입, 수출, 민간자본 형성, 재고 축적 등을 총칭한다. 마지막으로, 지불 부문은 대가계(對家計) 지불(임금, 부동산지대 등), 대정부(對政府) 지불(세금 등), 수입, 감가상각, 재고 사용 등으로 구성되는데, 이것은 주로 부가가치에 해당되는 것이다.

이상에서 고찰한 투입-산출표의 구성에 따르면, 산출 부문의 계는 투입 부문의 계와 같되 전국적인 차원에서 투입-산출분석을 한다고 하더라도 그 값은 GNP와는 동일하지 않다. 왜냐하면 투입-산출표의 산출 부문 혹은 투입 부문의 계는 재화와 용역의 모든 이동을 전부 기록하는 이중 계정(double accounting) 방식을 취하는 반면에 GNP의 계산에서는 최종 재화나 용역만을 시장가격으로 계산하는 단일 계정 방식을 택하기 때문이다.

(2) 투입-산출표의 분석

투입-산출표의 정확한 분석은 투입-산출표의 기본 구조에 대한 철저한 이해에서 출발한다. 투입-산출표의 기본 구조는 균형의 조건(condition of balance)과 기술적 투입-산출 관계의 조건(condition of technical input-output relations)이라는 두 개의 조건을 만족하게끔 작성돼 있다. 따라서 아래에서는 투입-산출표의 두 가지 조건에 대해 먼저 살펴보고, 다음에 이들 두 가지 조건의 결합을 살펴봄으로써 투입-산출분석이 가진 함축적 의미와 유용성에 대해 알아본다.

① 균형의 조건

균형의 조건은 한 산업(i산업)이 각 산업(j산업)으로 투입한 양과 최종 수요 부문의 합계를 더한 총량은 그 산업(i산업)의 총산출량과 일치한다는 조건이다. 즉, 총 배분된 것과 산출 계(產出計)는 일치해야 한다는 조건이다.

이와 같은 조건을 〈표 11-2〉의 투입-산출표에 표시된 기호를 이용해 균형 방정식으로 나타내면 다음과 같다.

$$X_i = \sum_{j=1}^{n} X_{ij} + D_i \tag{11. 22}$$

단 X_i = i산업의 총산출량

X_{ij} = i산업으로부터 j산업으로 투입된 양

D_i = i산업의 최종 수요량

n = 분류된 산업의 총수

한편 여러 지역을 대상으로 한 지역 간 및 산업 간 균형 방정식은 다음의 식으로 나타낼 수 있다.

$$X_i^r = \sum_{s=1}^{m} \sum_{j=1}^{n} X_{ij}^{rs} + D_i^r \tag{11. 23}$$

단 X_i^r = r지역 내 i산업의 총산출량

X_{ij}^{rs} = r지역 내 i산업으로부터 s지역 내 j산업으로 투입된 양

D_i^r = r지역 내 i산업의 최종 수요량

m = 구획된 지역의 총수

② 기술적 투입-산출 관계의 조건

기술적 투입-산출 관계의 조건은 어떤 산업이 다른 한 산업으로부터 구입하는 양은 해당 산업의 총생산량과 일정한 형태의 어떤 관계를 갖게 된다는 것이다. 즉, 한 산업이

다른 산업으로부터 받아들인 투입량을 그 산업의 총생산량으로 나눈 값은 일정하다고 보는 것이다. 이 값을 기술적 투입-산출 계수(technical input-output coefficient) 또는 투입-산출 계수(input-output coefficient) 또는 투입 계수(input coefficient)라고 부른다. 이와 같은 투입-산출표의 조건을 수식화하면 다음과 같다.

$$a_{ij} = \frac{X_{ij}}{X_j} \qquad (11.\ 24)$$

단 a_{ij} = i산업과 j산업 간의 투입 계수

X_j = j산업의 총산출량

위에서 계산된 투입 계수 a_{ij}는 j산업이 제품 1단위를 생산하는 데 필요한 i산업으로부터의 구입량을 의미한다.

③ 균형의 조건과 기술적 투입–산출 관계의 조건의 결합

이상에서 살펴본 투입-산출표의 두 가지 조건을 하나의 균형 방정식으로 나타내기 위해 식 (11. 24)를 식 (11. 22)와 식 (11. 23)에 대입하면 이들 균형 방정식은 다음과 같이 나타낼 수 있다.

$$X_i = \sum_{j=1}^{n} a_{ij} X_j + D_i \qquad (11.\ 25)$$

$$X_i^r = \sum_{s=1}^{m} \sum_{j=1}^{n} a_{ij}^{rs} X_j^s + D_i^r \qquad (11.\ 26)$$

이제 행렬(matrix)을 이용해 식 (11. 25) 혹은 식 (11. 26)을 나타내면 다음과 같다.

$$X = AX + D \qquad (11.\ 27)$$

단 A = 투입 계수 행렬

X = 총산출 벡터

D = 최종 수요 벡터

식 (11. 27)을 역행렬(inverse matrix)과 항등행렬(identity matrix)을 이용해 정리하면 최종적으로 다음의 식 (11. 28)을 얻는다.

$$X = (I - A)^{-1} D \qquad (11.\ 28)$$

단 I = 항등행렬

이상의 계산 결과 나타난 최종식 (11. 28)은 X와 D 간의 1차 함수 행렬방정식이다. 식 (11. 28)에서 $(I-A)^{-1}$는 역행렬계수(inverse matrix coefficient)라 불리며, 이 역행렬계수는 $(I-A)^{-1} = \frac{X}{D}$로 표현되므로 이는 최종 수요가 1단위 변함에 따른 산업의 총산출 필요량을 의미한다. 이 역행렬계수를 이용함으로써 지역투입-산출모형은 지역의 단기 경제 예측을 하는 데 활용된다. 장래의 최종 수요(D)의 변동 규모만 외생적으로 주어진다면 총산출(X)은 쉽게 예측할 수 있다. 왜냐하면 투입 계수(A)는 추계 기간 동안 일정하다고 가정하기 때문이다.

4) 지역투입 - 산출모형의 장점과 단점

(1) 지역투입 – 산출모형의 장점

첫째, 지역투입-산출모형은 통계적 시계열분석법이 보여 줄 수 없는 지역 간 및 지역 내의 산업 연관 관계를 파악 가능케 한다. 즉, 지역 간 및 지역 내의 재화와 서비스 이동의 분석을 가능케 한다.

둘째, 지역 산업 연관 관계를 그 산출 부문(output sector) 내에서 중간 과정 부문의 수요와 최종 수요 부문의 수요로 구분함으로써 최종 수요 부문에서의 수요 증가가 중간 과정 부문의 수요 증가에 미치는 효과를 측정할 수 있게 한다.

셋째, 지역투입-산출모형을 효과적으로 이용하면 장래의 최종 수요의 증가에 따르는 고용 승수 효과를 측정할 수 있다.

(2) 지역투입–산출모형의 단점

첫째, 지역투입-산출모형이 가지는 투입 계수 일정 불변의 가정은 기술 진보가 빠른 현대 사회에서는 받아들이기 어려운 가정이다.

둘째, "각 생산물은 하나의 전문산업 부문에 의해서만 생산된다"는 투입-산출모형의 기본 가정이 비현실적이라는 점이 지적되고 있다. 즉, "한 산업은 하나의 상품만을 만든다"는 투입-산출모형의 기본 가정을 충족시키게끔 산업 부문을 정확하게 구분하는 것은 현실적으로 어려운 작업이다.

셋째, 자료 수집에서 현장조사를 필요로 하기 때문에 시간, 인력, 경비가 많이 소요되며, 이러한 자료 수집상의 어려움에도 불구하고 투입 계수 일정 불변의 가정을 되도록 만족시키려 하는 경우 분석 결과의 활용 기간은 비교적 짧을 수밖에 없다.

제3절 도시 공공 투자사업의 비용 · 편익분석 기법

1 비용 · 편익분석의 의의와 절차

1) 비용 · 편익분석의 의의

비용 · 편익분석(cost-benefit analysis: 편익 · 비용분석이라고도 함)은 다수의 대안적 투자사업(alternative projects) 가운데 하나의 투자사업을 선택하거나 고려 중인 여러 가지 투자사업의 우선순위를 결정하고자 할 때 판단의 기준을 제공한다. 또한 비용 · 편익분석은 오직 하나의 투자사업에 대해 투자할 만한 가치가 있는 사업인지 혹은 아닌지를 평가할 때도 유용한 판단의 기준을 제공한다.

비용 · 편익분석 기법의 기본 논리는 다음과 같은 사실을 기초로 한다. 첫째, 모든 투자사업은 자원을 사용한다. 즉, 모든 투자사업은 비용을 지불한다. 둘째, 모든 투자사업은 편익을 제공한다. 셋째, 만약 편익과 비용을 정확하게 측정한다면 투자를 통해 발생하는 편익과 비용을 비교 · 평가해 어떤 투자사업의 타당성 여부를 평가하거나 투자사업의 우선순위를 매길 수 있다는 점이다.

비용 · 편익분석은 사회 전체의 입장에서 편익과 비용을 분석하는 경제분석(economic analysis)과 투자사업 주체의 입장에서 편익과 비용을 분석하는 재무분석(financial analysis)의 두 가지로 나뉜다. 예컨대 어떤 투자사업(예: 도로 건설)은 대기오염 문제를 더욱 악화시킨다고 하자. 이러한 대기오염의 악화는 사회적 비용(social cost)이므로 경제분석에서는 비용으로 간주되지만, 투자사업의 주체에게는 회계 장부상 비용으로 지출되지 않기 때문에 재무분석에서는 비용으로 간주되지 않는다.

그러면 공공 투자사업을 위한 비용 · 편익분석에서는 이 두 가지 가운데 무엇을 사용해야 하는가? 두말 할 필요도 없이 경제분석을 사용해야 한다. 왜냐하면 공공 투자사업의 수혜자(beneficiary)와 비용 부담자는 사회 전체이므로 마땅히 사회 전체의 입장에서 편익과 비용이 확인되고 평가돼야 하기 때문이다. 사회적 비용 · 편익분석(social cost-benefit analysis)이라고도 불리는 공공 투자의 경제분석은 어떤 투자 사업이 사회 전체에 미치는 효과를 경제학적 개념에 입각해 분석하는 것이다. 이와 같은 맥락에서 아래에서는 재무분석이 아닌 경제분석의 개념에 입각한 비용·편익분석에 대해 논의하기로 한다.

2) 비용 · 편익분석의 절차

공공 부문의 투자사업의 평가 절차도 민간 부문의 투자사업의 평가 절차와 대체로 유사하나, 편익과 비용의 측정을 위한 항목이나 할인율의 결정 등이 민간 부문의 그것과는 크게 다르다. 공공 투자사업을 대상으로 하는 비용·편익분석의 절차는 다음과 같은 단계로 나눠 볼 수 있다.

첫째, 주어진 목표를 달성키 위한 대안(후보 투자사업)을 발견하고 규정한다.

둘째, 각 대안에 의해 영향을 받을 모든 수혜자와 피해자 집단을 확인한다. 이들 중에는 혜택을 받는 집단도 있고 손해를 보는 집단도 있을 것이다.

셋째, 각 대안에 의해 영향을 받을 집단들의 편익의 흐름(benefit stream)과 비용의 흐름(cost stream)을 화폐 단위로 확인해 낸다. 대안의 긍정적인 효과는 편익이 되고 대안의 부정적인 효과는 비용이 되는데, 이들 두 개념은 상대적인 개념으로 볼 수 있다.

넷째, 대안에 의해 영향을 받을 것으로 예측되는 모든 개인과 집단의 편익과 비용을 합산한다.

다섯째, 비용·편익분석의 여러 가지 평가 기준 가운데 하나 혹은 둘 이상의 기준을 적용해 대안을 평가한다.

여섯째, 예측의 불확실성(uncertainty) 문제에 대처하고자 할 경우 의사결정분석(decision analysis)을 활용하거나 민감도분석(sensitivity analysis)을 행한다.

일곱째, 평가 기준에 따라 적정 대안을 선택하거나 최종 의사결정자가 결정할 수 있도록 정보를 제공해 준다.

이상에서 열거한 비용·편익분석의 과정은 단순한 것처럼 보이지만 실제로는 각 단계마다 복잡하고 어려운 이슈를 많이 포함하고 있다. 이제 비용·편익분석의 실제적인 절차에 대한 이해를 돕기 위해 어떤 도시의 지하철 건설사업을 예로 살펴보자.

어떤 도시에서는 날로 악화되는 도로교통 혼잡 문제를 해결하기 위해 지하철 건설을 고려하고 있는데, 지하철 건설사업이 투자할 만한 가치가 있는 사업인지 혹은 아닌지 검토해 보고자 한다. 이 경우에는 주어진 목표를 달성하기 위한 대안, 즉 투자사업이 이미 규정돼 있으므로 이 사업으로 인해 영향을 받을 수혜자와 피해자 집단을 확인하고, 이들 집단이 얻게 될 편익과 비용의 본질(내용)을 우선 파악해야 한다. 이제 지하철 건설로 인해 발생할 편익과 비용을 생각해 보자. 우선 지하철 건설로 인한 비용으로는 지하철 건설을 위한 실제의 투자 비용 및 운영 비용과 지하철 건설 기간 동안 시민들이 겪게 되는 불편 등을 들 수 있다.

한편 지하철 건설로 인해 발생할 편익은 훨씬 다양하고, 측정 또한 쉽지 않은 것들이 많다. 일반적으로 다음과 같은 편익이 발생할 것으로 예측된다.

① 지하철 이용자의 통행 시간 절약: 수혜자는 지하철 이용자이고, 이들이 얻게 되는 편익은 도로 이용 때보다 훨씬 줄어든 통행 시간의 절약이다.

② 지하철 이용자의 교통비용 절감: 지하철의 건설로 원래 자가용 승용차를 이용하던 시민들이 지하철의 이용으로 전환하게 될 것이며, 이들이 지불할 자동차의 연료비, 감가상각비, 기타 유지비용 등의 절감이 편익의 본질이 된다.

③ 자동차 이용자의 통행 시간 절약: 수혜자는 자동차 이용자이고, 이들이 얻게 되는 편익의 본질은 지하철 이용의 증가로 인해 발생하는 도로 혼잡의 완화로 인한 통행 시간 절약이다.

④ 도로 유지비용의 감소: 지하철 건설은 도로의 이용을 줄여 도로 유지비용의 감소를 가져올 것이다. 도로의 유지비용이 주로 세금에 의해 충당되는 경우, 감소된 도로 유지비용으로 인해 수혜를 받는 사람은 주민들이고, 편익의 본질은 감소된 세금액이 된다.

⑤ 대기오염의 감소: 지하철 건설은 자동차의 이용을 줄이게 하며, 따라서 자동차의 이용으로 초래되는 대기오염도 감소될 것이다. 이때 수혜자는 일정한 공간적 범위 내에 사는 주민들이 되고, 편익의 본질은 주민들의 개선된 건강이 된다.

⑥ 개발이익: 지하철의 건설은 도시를 더욱 매력적인 장소로 만들게 한다. 예컨대 지하철 건설로 주변 지역의 주민들이 지하철 건설 이전보다 더욱 편리해진 교통으로 말미암아 이 도시의 중심부로 쇼핑을 많이 오기도 할 것이며, 따라서 다른 지역의 인구를 흡인하는 역할을 할 것이다. 이때의 편익의 수혜자는 상인, 토지 소유자, 지방정부가 되고, 편익의 본질은 상인들의 수입 증가, 토지 소유자의 임대료 증가, 재산세의 증가로 인한 지방정부의 세입 증대 등이 될 것이다.

이상에서는 지하철 건설사업으로 인한 편익의 수혜자와 편익의 본질적인 내용을 확인했다. 이렇게 확인된 편익의 본질적인 내용은 투자사업의 비용과 함께 모두 화폐 단위로 단위를 통일해야 한다. 예컨대 통행 시간의 절약(단위: 분/인)이나 개선된 건강(단위: 약값의 절약, 연장된 수명 등) 등도 모두 화폐 단위로 환산해야 한다. 아울러 개인 혹은 집단별로 측정된 편익과 비용은 모두 합산하고 집계해야 한다.

다음에는 이렇게 집계된 편익과 비용을 비용 · 편익분석의 평가 기준을 적용해 이 사업의 투자 타당성 여부를 평가한다. 그리고 경우에 따라서는 편익과 비용의 측정에 내포된 불확실성의 문제에 대처하기 위해 의사결정분석이나 민감도분석을 행한 후에 최종 결정을 하게 된다.

3) 비용 · 편익분석의 몇 가지 이슈

비용 · 편익분석은 여러 단계를 거쳐 자료가 수집되고 정리되는데, 실제의 비용 · 편익분석에서는 많은 단계에서 어렵고 복잡한 문제를 내포하고 있다. 비용 · 편익분석의 실제 적용 과정에서 제기되는 중요한 이슈는 다음과 같다.

첫째, 측정되는 편익과 비용은 다양한 측정 단위로 표현되는데, 이들 다양한 측정 단위로 표현되는 편익과 비용을 어떻게 비교할 것인가 하는 문제가 제기된다. 이러한 문제 제기에 대해서는 화폐 단위의 사용이 일반적으로 권장되고 받아들여져 왔는데, 화폐 단위로 모든 편익과 비용을 표현하는 작업이 경우에 따라서는 어려움이 많은 것이 사실이다. 특히 시장에서 거래가 형성되지 않는 상품이나 서비스의 수준 변화로 편익이 나타나는 경우에 이를 계량화하는 작업은 쉬운 일이 아니다.

둘째, 미래의 제각기 다른 시점에서 발생하는 편익과 비용을 어떻게 비교해야 하는가라는 문제가 제기된다. 이것은 할인율(discount rate)의 선택에 관한 문제로서, 만약 시장이자율을 할인율로 사용하게 되면 미래의 세대를 고려할 수 없는 문제점을 내포하게 된다. 왜냐하면 시장이자율이란 현세대의 입장에서 결정된 것이며, 미래 세대의 입장은 전혀 고려하고 있지 않기 때문이다.

셋째, 미래에 발생될 것으로 예측되는 편익과 비용이 확실히 예측될 수 있을까 하는 문제가 제기된다. 이러한 미래 예측의 불확실성의 문제에 대처하기 위해 의사결정분석이나 민감도분석을 활용할 수 있다.

넷째, 공공 투자사업의 분배적 측면을 어떻게 고려해야 할 것인가의 문제가 제기될 수 있다. 종종 어떤 공공 투자사업은 고소득층에게만 큰 편익을 가져다주는 경우가 있을 것이고, 어떤 공공 투자사업은 저소득층에게 많은 편익을 가져다 주는 것도 있을 것이다. 이처럼 각기 다른 소득 계층이나 집단에게 편익과 비용의 분배가 치중돼 있는 사업들을 막연하게 합산해 나타낸 편익과 비용의 값으로 타당성을 평가하거나 투자사업의 우선순위를 매기는 것은 종종 잘못된 판단을 유도할 가능성이 크다. 따라서 공공 투자의 분배적 측면을 고려해 비용 · 편익분석을 하고자 할 경우에는 특정 집단에게 상대적인 가중치(weights)를 부여하는 방법이 쓰일 수 있다.

2 비용 · 편익분석의 평가 기준

1) 순현재가치

개인 혹은 집단별 편익과 비용 자료에 대한 연도별 집계 과정을 거친 후에 분석자는 편익과 비용의 연도별 흐름에 관한 다음의 자료를 얻게 된다.

$$\begin{array}{ll} \text{편익:} & B_0\ B_1\ B_2 \cdot\cdot\cdot\cdot B_t \cdot\cdot\cdot\cdot\cdot\cdot\cdot\cdot B_T \\ \text{비용:} & C_0\ C_1\ C_2 \cdot\cdot\cdot\cdot C_t \cdot\cdot\cdot\cdot\cdot\cdot\cdot\cdot C_T \end{array}$$

이 자료로부터 t년도의 순편익(net benefit)은 다음과 같이 계산할 수 있다.

$$N_t = B_t - C_t$$

단 N_t = t년도의 순편익

B_t = t년도의 편익

C_t = t년도의 비용

따라서 순편익의 연도별 흐름에 관한 다음의 자료를 얻을 수 있다.

$$N_0\ N_1\ N_2\ \cdot\cdot\cdot\cdot\ N_t\ \cdot\cdot\cdot\cdot\cdot\cdot\cdot\cdot\ N_T$$

이 연도별 순편익의 흐름을 합산하여 현재의 화폐가치로 하나의 숫자로 나타낸 것이 바로 순현재가치(Net Present Value: NPV)다. 편익과 비용을 현재가치로 환산하는 이유는 편익과 비용의 발생 시기가 서로 다를 때 단순 비교만으로는 어느 것이 더 큰지를 알 수 없기 때문이다.

순현재가치는 다음과 같이 계산된다.

$$\begin{aligned} NPV &= \frac{B_0 - C_0}{(1+d)^0} + \frac{B_1 - C_1}{(1+d)^1} + \frac{B_2 - C_2}{(1+d)^2} + \cdots + \frac{B_t - C_t}{(1+d)^t} + \cdots + \frac{B_T - C_T}{(1+d)^T} \\ &= \frac{N_0}{(1+d)^0} + \frac{N_1}{(1+d)^1} + \frac{N_2}{(1+d)^2} + \cdots + \frac{N_t}{(1+d)^t} + \cdots + \frac{N_T}{(1+d)^T} \\ &= \sum_{t=0}^{T} \frac{N_t}{(1+d)^t} \qquad (11.\ 29) \end{aligned}$$

여기서 d는 할인율을 나타내며, 이렇게 계산된 순현재가치의 값이 클수록 고려 중인 투자사업은 할 만한 가치가 있는 사업으로 평가받게 된다. 만약 하나의 투자사업에 대한 타당성 평가가 주목적일 때는 계산된 순현재가치가 (+)의 값을 가지면 적용된 할인율에 따라 투자할 가치가 있는 사업으로 판정되며, 여러 가지 투자사업 가운데 우선순위를 매기고자 할 때는 순현재가치의 값이 클수록 선호된다.

그러면 할인율 d는 어떤 의미를 가지며 무엇을 반영해야 하는지 생각해 보자. 할인율은 바로 미래보다는 현재를 중시하는 개인들의 시간 선호(time preference)를 반영해야 하는데, 모든 개인의 시간 선호를 대표적으로 표현할 수 있는 할인율의 선택이 어려운 과제다. 물론 시장이자율이 할인율의 결정에 중요한 판단 기준을 제공하기는 하나, 시장이자율이란 미래 세대들을 전혀 고려하지 못하는 문제점을 내포하고 있다. 왜냐하면 시장이자율이란 현세대의 관점에서 투자의 기회비용을 반영하고 있기 때문에 현세대를 중요시하는 편견(bias)을 포함하고 있으며, 따라서 세대간 형평성(inter-generational equity)의 문제를 내포하고 있다고 볼 수 있기 때문이다.

이와 같은 관점에서 본다면 사적(私的) 이익을 추구하는 개인 기업의 재무분석에서는 시장이자율이 그대로 사용될 수 있으나, 투자의 영향이 미래 세대들에게도 미치는 공공 투자사업의 경우 시장이자율을 그대로 할인율로서 사용하는 데는 문제가 있다고 볼 수 있다. 이러한 할인율의 결정 문제가 비용·편익분석의 판단 기준으로서 순현재가치가 가지는 제약점이라고 볼 수 있다.

2) 내부수익률

비용·편익분석을 위한 내부수익률(Internal Rate of Return: IRR) 기준은 순현재가치의 계산을 위한 객관적인 할인율의 결정이 어려운 경우에 유용하게 쓰인다. 내부수익률이란 어떤 투자사업에서 발생하는 편익의 현재가치의 합계와 비용의 현재가치의 합계를 같게 만드는, 또는 편익과 비용의 비율을 1로 만드는 할인율로 정의된다. 다시 말하면, 내부수익률은 순현재가치가 0이 되도록 하는 할인율이라 할 수 있다. 이 내부수익률의 값이 정치적인 고려나 시장이자율을 감안해 설정한 최저한계선을 넘을 경우 이 사업은 타당성이 있는 것으로 평가할 수 있다. 한편 여러 후보 사업 가운데 투자의 우선순위를 매길 때는 계산된 내부수익률의 값이 큰 사업이 선호된다.

내부수익률(IRR)은 다음과 같이 계산된다.

$$\sum_{t=0}^{T}\frac{B_t - C_t}{(1+d)^t} = \sum_{t=0}^{T}\frac{N_t}{(1+d)^t} = 0 \text{ 혹은 } \frac{\sum_{t=0}^{T}\frac{B_t}{(1+d)^t}}{\sum_{t=0}^{T}\frac{C_t}{(1+d)^t}} = 1 \qquad (11.\ 30)$$

이 식을 만족시키는 d가 내부수익률이 된다.

비용·편익분석을 위해 내부수익률 기준을 사용하는 데도 몇 가지 문제점이 있다.

첫째, 어떤 투자사업은 내부수익률을 하나도 가지지 않는 것도 있고, 또한 어떤 투자사업은 여러 개의 내부수익률을 가지는 것도 있다. 이와 같은 문제점은 내부수익률의 계산 공식에서 본 바와 같이 할인율 d에 관해 T차 방정식을 풀어야 하는 문제에 기인한다. 예컨대 〈표 11-3〉에서 보는 바와 같은 순편익(N_t)의 연도별 흐름을 가지는 투자사업을 생각해 보자.

표 11-3 어떤 투자사업의 순편익의 연도별 흐름

(단위: 억 원)

연도(t)	0	1	2
순편익(N_t)	−1	5	−6

이 투자사업에서 할인율(d)이 100%일 때도 NPV= 0이 되고, 할인율(d)이 200%일 때도 NPV= 0이 된다.

$$\underline{d = 100\%}$$

$$-1 + \frac{5}{(1+1)} - \frac{6}{(1+1)^2} = 0$$

$$\underline{d = 200\%}$$

$$-1 + \frac{5}{(1+2)} - \frac{6}{(1+2)^2} = 0$$

이 예에서 우리는 2개의 내부수익률을 얻게 되는데, 이 점이 내부수익률 기준이 가지는 치명적인 약점이다.

둘째, 내부수익률 기준은 투자사업의 영향이 미칠 전 기간(全期間)에 걸쳐 하나의 할인율을 묵시적으로 가정하고 있는데, 이러한 가정이 적용되지 않을 것으로 판단되는 경우에는 투자사업의 평가 기준으로서 내부수익률 기준은 적절치 않게 된다.

3) 편익/비용 비율

편익/비용 비율(Benefit/Cost Ratio: B/C Ratio)은 투자사업으로부터 발생하는 편익 흐름의 현재가치를 비용 흐름의 현재가치로 나눈 비율을 말한다. 편익/비용 비율이 1 이상이면 그 사업은 투자의 타당성이 있고, 편익/비용 비율이 클수록 투자사업의 효과가 큰 것으로 판정되는데, 그 산정식은 다음과 같다.

$$B/C\ 비율 = \frac{B}{C} = \frac{\sum_{t=0}^{T} \frac{B_t}{(1+d)^t}}{\sum_{t=0}^{T} \frac{C_t}{(1+d)^t}}$$

단 B = 편익의 현재가치의 합계

C = 비용의 현재가치의 합계

편익/비용 비율은 투자 타당성의 판정 기준으로서 다음과 같은 문제점을 가진다.

첫째, 편익/비용 비율은 순현재가치와 마찬가지로 할인율(d)에 따라 대단히 민감하게 그 값이 변하는 관계로 적정 할인율의 선택과 적용에 어려움이 많다. 현실 경제는 정부의 금융통제, 자본시장의 미발달 등의 요인으로 인해 완전경쟁적 자본시장이 존재하지 않는 만큼 자본의 사회적 기회비용, 시간선호율, 시장이자율이 모두 일치하기 어려운 관계로 적정 할인율의 결정이 어렵다. 이러한 적정 할인율 결정의 어려움은 특히 할인율에 민감한 편익/비용 비율 적용의 경우 대체 투자사업 간의 우선순위 결정에 혼란을 초래할 수 있다.

둘째, 편익/비용 비율은 다수의 대체 가능한 투자사업 중에서 사업 규모가 작아서 적은 순현재가치를 발생시키는 사업도 선택될 가능성이 크다. 이러한 가능성은 편익/비용 비율의 산정 공식에서 충분히 살펴볼 수 있는데, 이렇게 될 경우 순현재가치 기준과는 상반되는 투자사업이 선택될 가능성이 커진다. 예컨대 현재가치로 환산해 5천만 원의 투자로 1억 원의 편익을 가져다주는 투자사업과 7천만 원의 투자로 1억 3천만 원의 편익을 가져다주는 투자사업의 두 가지 대안을 비교해 보면, 첫 번째 대안의 편익/비용 비율은 2이고, 두 번째 대안의 편익/비용 비율은 1.86이 된다. 따라서 편익/비용 비율의 기준에 따르면, 첫 번째 대안이 더 바람직하다고 평가할 수 있다. 그러나 만약 투자 예산으로 7

천만 원이 이용 가능하다면 비록 편익/비용 비율은 첫 번째 대안이 크다 할지라도 두 번째 대안의 순현재가치가 더 크기 때문에 두 번째 대안이 더 바람직하다고 할 수 있다.

4) 자본 회수 기간 기준

자본 회수 기간(pay-back period)이란 투자된 자본이 회수되기까지의 투자사업의 운영 기간을 말하며, 이러한 자본 회수 기간이 가장 짧은 투자사업이 채택 또는 선호되는 방법이 자본 회수 기간 기준이다. 이 기준은 미래가 불확실하거나 자본 회수에 위험이 있을 것으로 판단되는 경우에 사용할 수 있는 투자 평가 방법으로 근시안적인 투자 평가 방법이라 할 수 있다. 〈표 11-4〉에 나타낸 A와 B의 두 가지 투자사업을 비교해 보자.

표 11-4 자본 회수 기간 기준에 의한 두 가지 투자사업의 비교 (단위: 억 원)

투자사업	C_0	$B_1 - C_1$	$B_2 - C_2$
A	100	150	1
B	100	0	1,000

두 가지 투자사업 A와 B 모두 처음에 100억 원을 투자하고 두 사업 모두 2년간 계속된다. 1년 후에 투자사업 A는 150억 원의 순편익을 얻는 반면에 투자사업 B는 아무것도 얻지 못함으로써 자본 회수 기간 기준에 의해 A가 선택된다. 그러나 그다음 해의 순편익을 고려하면 자본 회수 기간 기준에 의한 투자사업의 선택은 잘못된 것임을 알 수 있다. 자본 회수 기간 방법의 특징은 이처럼 자본 회수 기간 이후 나타나는 편익은 무시된다는 점이다.

5) 평가 기준의 비교평가

지금까지 살펴본 공공 투자사업의 평가 기준은 제각기 다소의 문제점을 갖고 있다. 순현재가치와 편익/비용 비율은 적정 할인율의 선택이 어려운 과제이고, 이들 두 기준은 모두 할인율의 선택에 따라 평가의 결과가 민감하게 변할 수 있다. 만약 하나의 투자사업을 위해 오직 하나의 내부수익률이 존재한다면, 여러 가지 후보 투자사업 가운데 하나를 선택하는 상황에서 내부수익률이 유용하게 쓰일 수 있다. 왜냐하면 내부수익률에 의존하는 방법은 할인율의 선택에 관한 문제로 고민할 필요가 없으면서 각 사업마다 하나의 내부수익률이 정의되기 때문에 투자사업들 간의 비교가 간단하기 때문이다.

그러나 어떤 투자사업이 몇 개의 내부수익률을 가질 것인지 알 수 없다는 치명적인 약점 때문에 하나의 사업에 대해 하나의 내부수익률을 가지는 상황이 아니면 잘 활용되지 않는다. 또한 자본 회수 기간 기준도 특별히 미래가 극히 불확실하거나 위험이 있는 경우가 아니면 잘 활용되지 않는다.

한편 순현재가치와 편익/비용 비율은 둘 다 할인율의 선택에 민감하다는 문제점을 가지며, 여기에다 편익/비용 비율 기준에 따르면 앞서 살펴본 바와 같이 작은 순현재가치를 가져다주는 소규모의 투자사업이 선택될 가능성이 크다는 문제점을 가진다. 따라서 편익/비용 비율은 자본 제약이 있으면서 여러 가지 상호 독립적인 투자사업을 선택해야 할 경우에 유용하게 쓰이고, 나머지 대부분의 경우에는 순현재가치가 투자사업의 평가 기준으로 많이 권장되고 있다.

[그림 11-4]는 각기 다른 상황에서 비용·편익분석을 시도할 때 사용할 수 있는 일반적인 판단 기준을 나타낸다.

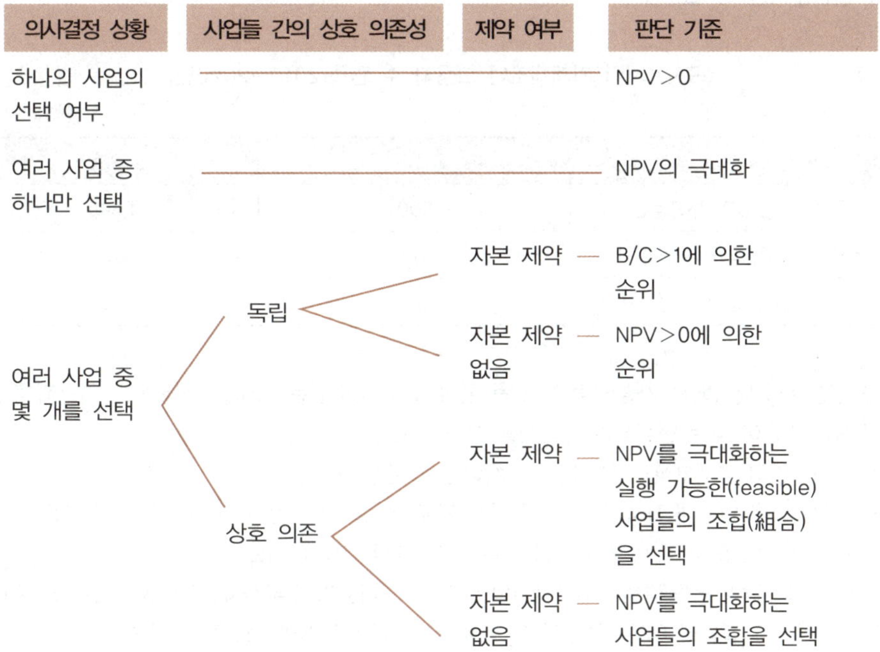

그림 11-4 의사결정 상황별 판단 기준

연습 문제

1. 도시인구 예측을 위한 방법론으로서 요소모형(component model)과 비요소모형(non-component model)의 차이점을 비교해 설명하시오.
2. 전국의 총노동자 가운데 i산업에 종사하는 노동자의 구성비는 0.015라고 한다. 그리고 j도시의 총고용인구는 20,000명이고, 이 가운데 5,000명이 i산업 고용인구라고 한다. 단 j도시에서 i산업 이외의 고용인구는 모두 비기반 활동에 종사하는 것으로 가정한다.
   1) j도시의 i산업 고용인구 5,000명 가운데 기반 활동, 즉 수출활동 종사자는 몇 명인지 입지상(LQ) 방법을 이용해 계산하시오.
   2) 경제 기반 승수를 계산해 보시오.
   3) 만약 j도시에서 i산업 고용인구가 1,000명 증가한다면 j도시의 총고용인구는 얼마나 증가할지 예측해 보시오.
3. K시의 기계제조업에 대한 변화-할당분석을 위해 다음의 〈표〉와 같이 2010~2020년 사이의 고용인구에 관한 통계 자료를 수집했다고 한다. 〈표〉에 주어진 자료를 이용해서 K시의 기계제조업에 대한 변화-할당분석을 하시오.

〈표〉 K시의 기계제조업 고용자 수 변화(2010~2020년)

(단위: 만 명)

구분	2010년	2020년
전국 모든 산업의 총고용인구	800	1,300
전국 기계제조업의 고용인구	110	230
K시 기계제조업의 고용인구	15	40

4. 투입-산출표의 분석에서 기술적 투입-산출 관계의 조건이 갖는 의미를 설명하고, 기술적 투입-산출 관계의 조건이 갖는 현실적인 제약점을 설명하시오.
5. 공공 투자사업의 경제분석과 재무분석의 차이점을 설명하시오.
6. 공공 투자사업은 민간 투자사업보다 낮은 할인율을 적용해야 하는지, 아니면 높은 할인율을 적용해야 하는지 논의해 보시오. 아울러 주장의 논리적 근거를 제시하시오.
7. 다음의 〈표〉와 같이 순편익($N_t = B_t - C_t$)의 연도별 흐름을 가진 투자사업이 있다. 순현재가치(NPV) 기준을 이용하고 할인율 5%를 적용해서 이 투자사업의 타당성을 검토해 보시오.

〈표〉 순편익의 연도별 흐름(N_t)

(단위: 백만 원)

연도	1	2	3	4	5	6	7
순편익	−10	−3	4	4	4	4	4

8. 비용 · 편익분석의 의사결정 기준 가운데 내부수익률(IRR) 기준이 가지는 문제점을 설명해 보시오.

도시행정론

제 5 부

도시행정의 실제

제12장 도시개발
제13장 도시경제
제14장 도시토지
제15장 도시주택
제16장 도시교통
제17장 도시환경
제18장 도시재난
제19장 도시빈곤
제20장 도시범죄

제12장

도시개발

제1절 도시개발의 의의

1 도시개발과 관련된 환경의 변화

도시정부의 정치지도자나 행정가는 누구나 정책의 우선순위에서 개발정책에 우선적인 관심을 보여 왔으며, 누구나 재임 기간 중 개발정책을 강조했다. 이러한 개발 위주의 도시정책은 최선의 대안으로 받아들여졌으며, 이에 대한 국내외의 평가는 대체로 긍정적이었다고 볼 수 있다.

그런데 1960년대 이후 최근까지 개발에만 역점을 둔 도시정책은 시민의 불만을 야기했으며, 이는 주민 저항이라는 심각한 위기를 수반하게 됐다. 시민 불만은 저소득 계층으로부터는 도시개발정책에서의 소외, 일반 시민으로부터는 공해와 환경 경시에서 비롯된다. 이제 새로운 정치환경과 의식의 발현으로 더 이상 이 문제는 회피할 수 없는 상황에 직면했으며, 주민 저항은 개발정책을 수립할 때 중요한 이슈로 등장했다.

따라서 이제는 지금까지의 개발과 성장 위주의 도시정책에 대한 재검토와 새로운 개발전략을 모색할 때가 됐다. 도시정책에서 무엇이 최우선순위가 돼야만 하는가, 개발이냐 보전이냐, 아니면 둘을 동시에 고려하는 새로운 개발전략의 탐색인가 하는 중요한 선택의 기로에 서 있다.

2 도시개발의 개념

전통적으로 도시개발론자들은 개발(development)이란 용어를 경제에 초점을 맞춰 단순한 경제적 총량의 증가, 그리고 능률성의 증대를 의미하는 것으로 인식했다. 그러나 최근에는 개발 개념을 이러한 단순한 양적(量的) 수준을 넘어선 질적(質的) 수준 내지 시민 복지의 증진까지를 포함하는 넓은 의미로 사용하기 시작했다. 여기에는 경제적 의미의 능률성과 부(富)나 소득의 증가뿐만 아니라 소득 분배, 형평성, 안전, 건강한 생활, 환경 보전 등을 포함하게 된다. 즉, 진정한 의미의 개발은 단순히 경제적인 양적 측면만이 아니라, 이에 더해 정치 · 사회 · 문화 · 환경 등 모든 부분의 균형적이고 종합적인 발전을 동시에 내포하고 있는 것이다. 따라서 이는 궁극적으로 시민의 행복 증진 내지 삶의 질의 향상을 의미한다. 여기에서 당연히 강조되는 중심적인 것은 '건강한 도시생활(healthy urban life)'의 향유일 것이다.

도시개발정책(urban development policy)이란 국가를 포함한 공권력이 도시의 물리적 공간구조에 투자하거나 도시의 토지 이용을 규제함으로써 지역사회 형성에 기여하는 일련의 실천적 행위들을 의미한다고 볼 수 있다. 때로 어떤 정책이 도시개발정책에 속하는 것인지 분명치 않을 수 있지만, 대표적인 몇 가지 예를 들면 용도지역제(zoning), 교통을 포함한 도시 기반시설에 대한 투자, 슬럼 지역의 철거 내지 재개발 등이 이에 포함된다. 이러한 도시개발정책이 도시 진공 상태에서 출발하는 것이 아니라 실제로 이미 형성된 공간을 재형성하는 것을 포함하고 있기 때문에 엄밀한 의미에서 보면 신개발과 재개발을 포괄하는 개념으로 볼 수 있다.

피터슨(Paul E. Peterson)은 도시개발정책을 "도시의 경제적 복지를 증진시키는 정책들"이라고 정의한다(Peterson, 1981: 131). 그는 도시 내의 획일적 이해관계(unitary interests)와 도시경제 및 경쟁적 과정에 초점을 맞춤으로써 도시토지 이용을 둘러싼 갈등 현상과 이익의 편중, 그리고 도시의 사회적 성격을 간과하고 있다. 도시개발정책의 경우 그에 대한 이해가 획일적이 아니라 관련 대상에 따라 이해(利害)가 충돌하게 된다. 피터슨은 토지의 생산적 사용에만 관심을 뒀고, 지역 내에 거주하며 노동하는 사람들의 다양하고 특수한 이해 관계를 무시했다. 개발정책을 논할 때 그로 인해 누가 이익을 보고 손해를 보게 되는가 하는 점과 그에 따른 갈등 현상에 주목할 필요가 있다.

제2절 도시개발 전략

1 전원도시관

우선 이상적 도시개발을 도시계획 사상적 측면에서 살펴보면, 하워드(Ebenezer Howard)는 다음과 같이 주장했다.

> 두 개의 자석은 하나가 돼야만 한다. 남자와 여자가 상호간의 재질과 능력으로 서로 보충하듯이 도시와 농촌도 마찬가지다. 도시는 사회의 상징이다. 상호 도움과 우정 어린 협조, 부성애, 모성애, 형제애…… 농촌은 신의 사랑과 보살핌의 상징이다. 우리 모두는, 그리고 우리가 가지고 있는 모든 것은 농촌에서 나온다. 우리의 육체는 농촌의 것으로 형성돼 있고 다시 농촌으로 돌아간다. 우리는 농촌에 의해 양육되고 옷 입혀지고 휴식처를 갖게 된다. 그것은 모든 건강, 부(富), 지식의 원천이다. 도시와 농촌은 반드시 결혼해야 되고, 이로부터 유쾌한 연합이 이뤄져 새로운 희망, 새로운 삶, 새로운 문명이 솟아나올 것이다(Howard, 1898).

도시와 농촌의 결혼을 수행하기 위해 하워드는 전원도시 계획을 주창했고, 동시대인(同時代人)들에게 인류 복지의 측면에서 윤리적으로, 그리고 실제적으로 이것이 가능하다는 것을 확신시키려고 노력했다.

이러한 전원도시관(田園都市觀)의 현실적 적용에는 한계가 있지만 현재 도시개발사업에서 분명히 볼 수 있는 것은 이러한 이상적인 도시관에 대한 배려가 전혀 담겨 있지 않다는 점이다. 일단 빈 곳이 있고 개발 이익이 건설자본과 맞아떨어지기만 하면 어디든 아랑곳없이 개발이 추진됐다. 따라서 주거생활에서 전원적 계획 사상은커녕, 개발 이익을 위한 무질서하고 성급한 확장으로 인해 신개발지에 도시 기반시설조차 마련돼 있지 않은 상태에서 개발이 이뤄져 왔다. 대규모 주택단지에 필요한 공공시설이 현저히 부족하다. 이는 바로 사업을 통한 수익률 확보에 급급한 자본 논리의 직접적 결과로 볼 수 있다.

2 계획전략

개발전략을 계획의 전략적 측면에서 살펴보면, 계획전략은 각 국가마다 그리고 한

국가 내에서도 정부의 성격에 따라 다르게 나타날 수 있다. 무엇보다 계획의 전략에 영향을 미치는 요인은 정부를 둘러싼 권력의 배합, 지배적인 이해, 그리고 시장 지향성의 정도 등이다. 정부의 권력 배합(power combination)의 지배적 이해(利害)는 계획의 가치와 목적을 규정하게 되고, 또한 이들의 시장 지향성은 환경을 재구축하는 능력을 구비해 준다. 여기서 계획전략이란 계획의 지배적 주체, 추진력, 영감 등을 의미하는데, 계획은 권력 배합의 반영일 뿐만 아니라 대상 환경의 물리적 잠재력에의 적응이라는 점도 반드시 인식해야 한다. 계획에서 권력의 배합은 계획 과정의 추진력(motor force)으로 작용하며, 환경은 이러한 과정이 작용하는 경계를 설정해 준다.

계획전략은 크게 뉴욕시로 대표되는 맨해튼 전략, 파리시로 대표되는 추축전략, 런던시로 대표되는 봉쇄전략 등 세 가지로 구분할 수 있다.

1) 맨해튼 전략

계획의 맨해튼 전략은 도시 내 특정 지역을 집중적으로 투자·개발하는 전략이다. 도시 내 몇몇 지역을 지정해서 집중 개발하고 이들과 짧은 연쇄적인 지속적 개발을 연결시킨다. 이러한 전략에서는 특정 지역을 집중적으로 개발하는 데 역점을 두기 때문에 계획의 범위에서 공간적 제약을 받게 된다. 이러한 전략에 따르면, 한 도시를 인근 지역과 연결짓는 노력은 매우 미약하다. 따라서 이러한 전략은 스스로 범위를 봉쇄한다. 그리고 계획의 주목적은 현존하는 후기 산업적 성장을 지속하고 이를 더욱 추진하는 것이다.

2) 추축전략

추축(axes)전략은 역시 고도의 투자와 개발에 입각하는 전략이다. 그러나 맨해튼 전략과 큰 차이점은 이 전략에서는 광범한 교통망(철도, 지하철, 고속도로)에 의해 직선적으로 연결되는 인공환경(built environment)의 경계를 확장하는 것을 강조한다. 이 전략은 집약적이라기보다는 확장적(extensive)이다. 때때로 이 전략은 도심지 조성을 강화하기도 하지만 주로 외곽 지역으로 나아간다. 이러한 전략은 전반적으로 새로운 개발 물결을 확립하려는 의도를 지닌다.

3) 봉쇄전략

봉쇄(containment)전략은 우선 도시, 준도시, 비도시 환경으로 구분함으로써 시작된다. 봉쇄란 지정된 환경 간의 동심원적 혹은 직사각형적 경계를 획정하는 것이다. 이러한 전략의 기본 아이디어는 영토 보존의 맥락 내에서 규제된 성장을 촉진하기 위한 것이다. 이러한 전략은 집약적 혹은 확장적이라기보다는 균형전략이라 할 수 있다. 봉쇄전략은 영토의 통합을 추진하고 주어진 성장 수준에 적절한 지역의 개발을 유도한다. 봉쇄전략의 핵심은 비례, 적당, 점진주의다. 사적 투자를 수용하는 뉴욕과 광범위한 공공 개입으로 성장을 추진하는 파리와는 달리 런던은 도시개발의 규제를 강조한다.

우리의 도시개발사업은 이러한 계획전략적 측면에서 고찰해 보면 맨해튼 전략과 추축전략적 성격을 매우 강하게 내포하고 있다. 이러한 전략에서 영토 보존이나 환경 보전 등은 전혀 고려되고 있지 못하다. 그리고 이해관계의 대립으로 도시 내 특정 지역을 집중적으로 개발하지도 못하고 있다. 이것은 결국 이상적 도시계획의 본질에도 접근하지 못하고 임기응변적인 처방에 급급한 면을 보여 준다.

3 개선전략

도시개발의 구체적 개선 방안을 크게 두 가지 차원으로 나눠 살펴본다.

1) 제도적 차원

(1) 주민 참여

기존의 주민 참여는 단순한 구호(lip service 또는 token stages)에 불과했다. 진정한 참여를 위해 도시개발에는 주민개발위원회의 조직화와 이에 대한 지원이 필요하다. 지원은 우선 공공개발기관의 의무적 재정 지원이 요구된다. 이는 주민개발위원회의 조직을 만들고 유지하며, 개발활동사업을 감시하고, 개발계획의 수립 · 점검 · 집행에 대해 전문가의 도움을 얻기 위해 필요하다.

(2) 개발사업의 검토

유능한 전문가에 의한 사업 검토(project reviews)를 의무화한다.

(3) 주민개발위원회의 재조직

때로는 위원회 구성원을 개발지역 주민과 개발지역 외 주민으로 구성할 필요가 있다.

2) 비제도적 차원(반성장 연합 세력의 구축)

개발을 위한 성장 지향적 연합 세력에 대항하는 반성장 연합 세력을 구축하는 것이다. 도시개발로 인한 환경 파괴 문제는 정부에 의해서는 온전히 해결되기 어려우며, 정부 · 기업 · 시민 모두가 함께 노력할 때 가능해질 수 있다. 그러나 정부나 기업에 의존하는 데는 근본적으로 한계가 있으며, 따라서 밑으로부터의 자생적인 시민운동이 크게 기대된다고 하겠다. 미국이나 일본 등지에서도 이러한 독립적인 시민단체의 활동이 눈부시다.

그러나 이러한 밑으로부터의 운동은 크게 세 가지 점에서 개선해야 할 문제점을 안고 있다.

첫째, 운동의 조직 면에서 그 규모와 강도가 부족하다는 점이다. 이것은 또한 운동조직의 비전문성과 연결된다. 그뿐만 아니라 운동단체의 전국적인 연결망의 구축도 미흡한 실정이다.

둘째, 주민운동은 가능한 한 정치성을 배제한 순수한 자연운동이 돼야 함에도 불구하고 우리의 경우 종종 체제 부정적인 영역으로까지 나아가 운동의 본래 목적이 희석되기도 했다.

셋째, 주민운동 성공의 중요한 요소 중의 하나는 광범위한 지지집단을 확보하는 것이다. 그러나 아직 이와 같은 점에서 초보 수준에 머물고 있다. 이를 위해서는 운동의 정당성을 제고하기 위한 노력뿐만 아니라 운동을 통해 이익 창출을 가시화하고 이슈를 명확히 표현할 필요가 있다.

제3절 신도시 개발

1 신도시 개발의 개념

신도시(new town)는 하워드(Ebenezer Howard)가 19세기 말 처음으로 영국에 '전원도시'를 건설할 것을 제안했을 때 사용된 개념이다. 그 당시 영국은 산업혁명 후 급격한 도시화로 인해 공해, 주택 부족 등 도시문제가 새로운 사회문제로 대두됐다. 이러한 상황에서 전원도시는 하나의 유토피아적 대안이 됐다. 그러나 이렇게 전원도시로 시작된 신도시 개발은 이를 채택한 국가마다 사정에 따라 그 정책 목표와 내용이 다양하다.

신도시 개발은 정부(때로는 민간)에 의해 주택난 해소 등 어떤 정책 목표를 달성하기 위해 계획적으로 새로운 정주지(定住地)를 개발하는 것으로 볼 수 있다. 여기에는 위성도시(satellite city)나 침상도시(bed town) 등 모도시(母都市) 의존적 도시는 물론 생산·소비·유통 등 모든 기능을 갖춘 독립적 도시개발도 포함된다.[1)]

2 신도시 개발의 목표

신도시 개발은 그 정책 목표가 국가마다 매우 다양하다. 여기서는 영국 왕립위원회 의장 발로(Montague Barlow) 경이 보고서에서 건의한 신도시 개발의 목표에 해당하는 사항들을 중심으로 살펴보면 다음과 같다(박전자, 1986: 16).

① 도시 과밀지역의 개발 필요성

② 지방 분산 및 공업의 지방 분산 정책의 수립

③ 공업활동의 규모 및 다양성 측면에서 지역 간 균형의 도모

여기에다 최근 각국에서 채택하고 있는 주요 목표 한 가지를 더 제시하면 다음과 같다.

④ 저개발지역의 재개발

따라서 신도시 개발의 목표는 현대 국가가 직면하고 있는 도시문제의 완화, 주택 욕구에 대한 대응, 새로운 경제 개발 욕구에 대한 대책 등으로 정리할 수 있다.

3 신도시 개발의 유형

신도시 개발의 유형은 여러 가지 기준에 따라 구분할 수 있다. 여기서는 신도시 개발의 목표에 따라 구분하기로 한다.[2)]

① 특정 지역에 산업을 집중적으로 개발할 것을 목표로 하는 산업신도시 개발과 산업기지의 배후 신도시 개발

② 대도시 문제 해결을 목표로 하는 신도시 개발(여기에는 구체적으로 수도권 인구, 행정 기능, 도심 기능, 공해 공장 및 불법주택 등의 분산 및 이전이 포함된다)

③ 특정 낙후지역을 거점으로 집중 개발하는 신도시 개발

④ 연구학원 도시의 건설을 위해 특정 지역을 개발하는 신도시 개발

---

1) 이러한 개념 규정은 매우 광의적 개념인데, 여기서 독립적 신도시만을 신도시 개발로 보는 협의의 개념 규정도 있다(대한국토 · 도시계획학회 편, 1991: 354).

2) 신도시 개발은 경제적 자립자족성의 정도에 따라 다양한 산업을 갖춘 자급자족적 신도시 개발, 한 가지 주력산업에 의존하는 반(半)독립적 신도시 개발, 모도시(母都市)에 의존적인 위성도시 개발, 대도시 주변의 기존 소도시를 확장하는 확장 도시개발, 대도시 외곽 지역의 대규모 주택단지 개발, 기존 대도시 내의 불량 지역을 대단위로 개발하는 도시 내 신도시(newtown in town) 개발 등으로도 구분할 수 있다(대한국토 · 도시계획학회 편, 1991: 354-355).

4 신도시 개발의 주요 이슈

1) 신도시 개발 재정

신도시 개발에 중요한 요소는 재원 조달이다. 재원 조달을 어떻게 하느냐가 개발의 성패를 좌우할 수 있기 때문이다. 재원 조달 방안은 크게 공공 부담과 민간 부담으로 나눠 볼 수 있는데, 특히 최근에는 민간 자본의 도입이 중요하게 논의되고 있다. 재원 확보를 위해 다양한 방법을 모색해야 할 것이다. 미국의 경우 유럽 국가와 달리 민간개발업자들이 재원의 주체가 되며, 지방자치단체들은 택지 조성을 위해서만 재정적 보조를 해준다.

2) 입지 선정

신도시 개발의 입지 선정 기준은 개발의 목표에 따라 다양하다. 일반적으로 입지 선정 시에 고려되는 기준으로는 지역 간 형평성, 신(新)개발지냐 기(旣)개발지냐의 여부, 환경 조건, 교통 조건, 부지의 시형석 특성, 기존 도시와의 거리 등이 있다. 신도시의 유형에 따라 이러한 기준을 적절히 고려해서 개발해야 할 것이다.

3) 신도시 개발의 주체

신도시 개발은 그 시행 주체에 따라 공영개발 방식과 민간개발 방식으로 구분해 볼 수 있다. 공영개발 방식은 정부가 사업 주체가 돼 주로 개발공사를 설립해 개발계획의 수립과 집행의 모든 과정을 담당하는 것을 말한다. 한편 민간개발 방식은 민간 건설업자에 의해 영리 목적으로 특정 지역을 주로 대규모 주거단지로 개발하는 것을 말한다.

그러나 실제 이들 두 주체가 상호 연결돼 신도시를 개발하는 혼합 개발 방식이 더 보편적이다. 즉, 개발 과정에서 민간이 재원 조달에 참여하거나 또는 정부가 택지 조성에 참여하는 경우가 많다.

5 우리나라의 신도시 개발

우리나라에서 신도시가 개발되기 시작한 것은 1960년대부터였다. 초기에는 산업도시나 산업기지 배후도시를 육성하거나 수도권의 인구 과밀을 완화하는 것이 정책 목표였다. 그러다가 1980년대에 들어와서 행정 기능 분산, 연구학원도시 개발 등 새로운 유형의 신도시 개발을 추진했다.

산업도시 또는 산업기지 배후도시로 개발된 신도시의 예로서는 울산(1962), 포항(1968), 구미(1977), 창원(1977), 여천(1977), 광양(1982) 등이 있다. 서울의 불량주택 철거 이전으로 건설된 광주대단지(성남, 1968), 서울의 공해 공장 이전으로 건설된 반월(1977), 서울의 행정 기능 분산으로 건설된 과천(1979) 및 대전 둔산(1988)과 계룡(1989), 서울의 인구 분산을 위해 건설된 분당과 일산(1989), 평촌과 산본(1989), 중동(1990), 서울의 도심 기능 분산을 위해 건설된 영동과 여의도(1967), 잠실(1971), 목동(1983), 상계동(1986), 낙후지역 거점 개발의 일환으로 건설된 동해(1978), 연구학원도시로 건설된 대덕(1974) 등을 들 수 있다(도시정보, 1994년 2월호: 3).

우리나라의 신도시 개발에서 나타난 문제점은 다음과 같다(김영환, 1994: 51-54).

첫째, 신도시 자족 기능의 결여로서 신도시가 복합적인 기능을 갖춘 독립적인 도시라기보다는 단순한 침상도시(bed town)로서의 위성도시를 양산해 모도시와의 관계에서 교통이나 환경 등 많은 문제점을 드러내고 있다.

둘째, 비효율적인 토지이용계획으로 신도시 개발이 단순히 기존 도시의 외연적(外延的) 확산을 도모함으로써 토지 이용의 비효율과 환경문제를 일으키고 있다.

셋째, 개발의 비민주성과 중앙집권성으로서 모든 개발계획이 중앙정부의 통제하에 이뤄지기 때문에 지방정부 참여의 제약과 주민의 개발 과정에의 참여 미흡을 들 수 있다.

넷째, 자연자원의 파괴 문제로서 무분별한 신도시 개발로 인해 자연생태계의 파괴 문제가 제기됐다. 신도시 개발이 자연과의 조화와 공생 관계를 고려해 이뤄져야 함에도 불구하고 생태적으로 민감하고 취약한 지역까지도 경제적 이유로 개발되고 있는 실정이다.

다섯째, 기반시설 투자의 미흡으로서 개발된 신도시에 대한 생활 기반시설에 대한 투자가 미흡해 많은 도시문제, 특히 교통문제를 유발하고 있다.

따라서 이러한 문제점을 해결하려면 신도시 개발에서 ① 토지 이용의 효율화, ② 교통 및 통신망의 광역적 구축, ③ 공원녹지의 충분한 개발, ④ 공공 기반시설의 적절한 공급, ⑤ 보행자 및 자전거 도로의 우선 확보, ⑥ 대중교통 수단의 우선 개발 등을 고려할 수 있다(김영환, 1994: 56).

제4절 도시재개발

1 도시재개발의 법적·제도적 변천 과정

1950년대부터 대도시에서 불량주택 재개발사업이 시행됐으나 이 당시에는 제도적인 뒷받침이 없이 사업이 시행돼 왔으며, 도시계획법을 원용했다. 그 후 점차 도시재개발이 도시문제로 인식되고 도시의 전반적인 계획이 필요해짐에 따라 1965년 도시계획법시행령 개정에서 재개발지역 설정에 관한 항목을 신설해 도시재개발이 법제적 뒷받침을 받게 됐고, 정부의 정책에 반영하게 됐다. 그러나 제도적인 차원의 대응이 실제 현실을 따라가지 못해 불량촌은 더욱 증가했다.

1971년 도시계획법을 개정하면서 도시재개발사업 조항을 신설하고 재개발사업에 관한 시행 요건, 실시계획, 관리처분계획, 청산 등에 관한 사항을 구체적으로 정해 입법화했다. 그 다음해인 1972년에는 1978년을 시한으로 하는 「특정지구 개발 촉진에 관한 임시조치법」을 제정해 개발촉진지구를 지정할 수 있도록 함으로써 재개발사업 시행자에게 면세의 특혜를 줘 재개발사업을 촉진시키고자 했다.

그러나 본격적인 전환점은 1973년에 1981년까지를 시한으로 하는 한시법으로서 「주택개량 촉진에 관한 임시조치법」을 제정해 주택개량사업을 도시계획사업으로 규정하고, 무허가 주택을 양성화할 수 있는 법적 근거를 마련했으며, 국공유지를 해당 자치단체에 무상으로 양여해 재원 마련을 가능하게 했고, 재개발사업에 각종 세금을 면제해 주는 등 지원 제도를 강화했다.

그러다가 재개발사업을 더욱 효과적으로 시행하기 위해 1976년에 도시계획법에 규정돼 있던 재개발사업 관련 조항과 새로운 조항을 보완해 도시재개발법이 독립된 단일법으로 제정됐다. 여기서 도시재개발 기본계획의 수립과 제3자의 개입 및 사업 시행자별 시행 절차를 구체화했다. 이때 재개발사업은 주택개량재개발과 도심지재개발로 구분됐다.

그 후 1977년에는 도시재개발법시행령을 제정해 구체적인 사항을 정했고, 1981년과 1982년에 도시재개발법을 개정해 토지 및 건물 소유자들의 동의 요건 강화, 재개발지역의 분할 시행 가능, 사업 시행자의 추가 지정 등을 규정했다.

그러나 재개발 시 여전히 해당 지역 주민과 갈등이 노출되고 재개발의 실효성에 대한 의문이 제기되자 이를 시정하는 새로운 재개발 방식을 도입하기 위해 1989년 4월에 「도시 저소득 주민의 주거환경 개선사업을 위한 임시조치법」을 제정했는데, 이에 따라 주거환경 개선사업이 새로이 실시됐다. 주거환경 개선사업은 도시 저소득 주민이 거주하는 노후 혹은 불량건축물 밀집지역에 공공시설 정비 및 주택의 건설과 개량, 그리고 소득원의 개발 등을 목적으로 1999년까지를 유효 기간으로 해서 출발해 연장함으로써 활발히 시행됐다.

그러다가 2003년 기존의 도시재개발법과 도시 저소득 주민의 주거환경 개선사업을 위한 임시조치법을 통폐합해 「도시 및 주거환경정비법」을 제정해 시행하고 있다.

2 도시재개발 시행의 이유

1) 경제적 이유

도시재개발사업이 지역사회에 대해 하나의 경제적 매력을 제공한다는 점이다. 경제적 요인으로서는 지역 경제활동의 침체를 그 예로 들 수 있으며, 이는 지역 성격이 변화돼 기능상 그 지역의 생산성이 저하되는 경우다.

2) 사회적 이유

이는 기본적인 인권과 개인의 고통을 줄이는 기회를 마련해 주는 것이지만 참아 내기 어렵고 안전과 건강에 위협이 되는 주거 조건을 무엇보다 먼저 기본적으로 개선해야 한다. 결국 도시재개발은 계획지역 내 주민들의 대부분에게 도움을 줄 수 있고, 생활의 위협이라기보다는 하나의 기회이며, 따라서 도시재개발계획은 새로운 지역사회에 가능성 있는 여러 가지 문제를 예측해야 하고, 주민들의 기회를 최대화하고 인간의 고난과 어려움을 최소화하도록 계획해야 한다.

특히 도시재개발이란 이미 존재하는 사회의 여러 가지 욕구의 충족이나 물리적 시설만을 중심으로 하는 도시계획사업과는 차이가 있어서 인간적인 요소와 사회경제적인 요소를 중요시해야 한다.

3) 물리적 이유

물리적인 이유는 재개발의 사회경제적 요인의 근본적인 원인이 된다고 할 수 있다. 그리고 재개발의 필요성을 직접 시각적으로 느끼게 해 주기도 한다. 이는 건물구조의 노후화, 지역 성격에 부적합한 건물의 용도, 미관상의 문제, 그리고 상하수도, 교통시설, 공해시설 등 생활환경에 필요한 시설의 부족 등이 문제가 된다. 따라서 물리적 요인의 개선은 단순한 미관적인 형태보다는 그 지역에 적합한 물리적 환경의 개선이 필요하다.

4) 심미적 이유

많은 도시민은 그들의 도시가 중요하다고 느낀다. 따라서 도시 미관을 해치는 불량촌을 개발해 도시 미관을 개선하는 것이 바람직하다고 생각한다.

5) 정치적 이유

도시개발의 추진은 도시 내 '성장 지향적 연합 세력'에 의해 크게 영향을 받는다. 이들은 자본가로서 또는 전문직업인으로서 모두 개발을 통해 편익을 누리게 되는 계층이다. 건설자본, 금융회사 등 이들 성장 지향적 연합 세력은 정부를 통해 개발을 추진하도록 로비를 한다. 정부도 개발 업적을 통해 여러 가지 정치적 위상을 제고할 수 있다.

3 도시재개발의 유형

현행 「도시 및 주거환경정비법」에 따르면, 정비사업을 주거환경 개선사업 · 주택재개발사업 · 주택재건축사업 · 도시환경 정비사업 등으로 분류하고 있다. 주거환경 개선사업과 주택재개발사업의 경우 정비 기반시설이 열악한 경우의 주거환경 개선사업이며, 주택재건축사업은 정비 기반시설은 양호하나 노후 · 불량건축물이 밀집해 주거환경 개선사업을 하는 경우다. 한편 도시환경 정비사업은 상업 및 공업지역의 도시환경을 개선하기 위한 사업이다. 또한 도시재개발사업은 추진하는 수단에 따라 다음과 같은 세 가지 유형으로 구분해 볼 수 있다.

1) 전면재개발

전면재개발(redevelopment)은 철거를 위주로 하는 사업으로서 슬럼(slum)화해 시가지로서 필요한 기능과 환경을 상실한 지구의 건축물을 제거하고 합리적인 토지이용계획을 세워 새로운 지구에 시가지를 조성하는 작업이다. 이것은 건축물이 전반적으로 악화돼 있는 지구, 건축물의 배치나 이용 및 지구 전체의 설계가 나빠서 충분한 생활환경 또는 경제활동의 장(場)으로서의 조건을 잃어버린 지역에 대해 재개발을 실시한다. 그리고 주변 지역을 유용하게 이용하려는 방법이 된다. 특히 마스터 플랜에 따라서 종전에 없었던 도시시설 이외의 기능과 시설을 추가로 개발하는 수도 있다. 그러나 역사적 · 문화적 가치가 있는 지역을 철거하는 문제가 따를 수 있다.

2) 수복재개발

수복재개발(rehabilitation)은 어떤 지역이 생산활동이나 생활환경적 측면에서 점차로 악화될 가능성이 숨어 있을 때나 지역 자체의 기능이 저하해 갈 때 기존의 골격을 대체로 유지하면서 필요한 부분을 수리하고 개조하는 사업이다. 수복재개발의 대상 지역은 구조적으로는 아직도 견딜 수 있지만 유지 및 관리가 충분히 행해지지 않아 불량화할 가능성이 많은 건축물이 있는 지역이다. 정부는 수복재개발사업을 통해 이러한 지역의 본래 기능을 회복시키거나, 건축물의 이용 및 수리를 행정적으로 통제하든지, 아니면 도시 전체의 마스터 플랜에 따라 새로운 용도를 부가한다. 즉, 수리나 개조만으로는 효과를 볼 수 없는 건물이나 건폐율이 아주 높아서 환경 악화를 피할 수 없는 건물, 또는 주변의 토지 이용 상황과 조화되지 않는 성격의 건물을 이전 혹은 파괴한다든지 또는 현재 부족한 시설, 예를 들면 레크리에이션 시설, 쇼핑시설, 학교, 기타 공공시설 및 공공처리시설을 확충하는 것이다. 수복재개발 방식은 전통적인 도시환경과 기능을 그대로 보존하면서 필요한 부분만 개량하는 장점이 있다.

3) 보전재개발

보전재개발(conservation)이란 충분한 기능과 건전한 환경을 가지고 있지만 그대로 방치하면 장래에 악화될 염려가 있는 지구 또는 역사적 혹은 문화적으로도 훌륭한 건축물이 많은 지구에 대해 건축 및 도시계획의 행정지도(예: 건축 제한이나 용도 제한)에 의해 악화를 예방하는 사업이다.

지구의 악화를 예방하는 조치로서는 건축물 유지 관리의 강화 및 거주 인구밀도 등의 적정화, 용도지역 · 지구제의 강화 등의 방법이 있다. 이것은 특히 도심에 보전해야 할 가치 있는 역사적 유산을 많이 지니고 있는 서양에서 중요하게 다뤄지고 있다.

4 도시재생

1) 도시재생의 개념

도시재생(urban regeneration)이란 침체되고 쇠퇴해 낙후된 원도심 지역을 대상으로 생활에 필요한 주차장, 공원, 문화시설 등 기반시설을 정비하고 확충해 도시 기능의 활성화를 도모하는 개발전략을 의미한다. 도시정부는 이를 통해 지역 주민의 삶의 질을 향상시키고 나아가 도시경쟁력을 향상해 도시의 활력을 재건하고자 한다.[3] 기존의 도시개발이 침체지역의 물리적 측면에 초점을 맞춰 전면적 개발을 지향한 반면, 도시재생은 물리적 환경 개선을 포함한, 사회적 · 경제적 · 문화적 측면 등 다양한 측면의 개선을 동시에 고려하는 복합적인 성격을 지닌다. 기존의 도시재개발은 기존의 물리적 변화에 초점을 뒀기 때문에 기존 공동체를 파괴해 지역의 정체성을 훼손한다는 비판을 받았지만 도시재생은 특정 지역의 역사성과 정체성을 유지하고 보존하는 형식을 지향한다. 다시 말해, 침체지역의 경제적 · 물리적 · 사회적 · 문화적 · 환경적 조건의 변화를 지속적으로 도모해 지역의 가치를 재창조하기 위한 종합적인 행동이다(Roberts, Sykes, & Granger eds., 2000).

도시재생은 기존의 대규모 개발사업 및 물리적 기반시설의 확충이 아니라 지역 중심의 주민의 삶의 터전을 제공해 사회적 문화적 생활 기반의 질적인 향상을 도모한다. 이와 동시에 주민, 상인, 시민단체, 지방자치단체의 공동체 형성을 통해 도시재생의 자생적 역량을 강화할 수 있다는 점에서 지방자치단체의 역량 강화 및 공동체 활성화에도 크게 기여하고 있다.

2) 도시재생의 유형

원도심 재생의 핵심전략으로는 도시공간의 재조성과 신산업 유치다. 기존의 노후화하고 쇠퇴한 도시공간의 재조성을 통해, 특히 도시문화공간의 재조성을 통해 주민의 삶의 질을 제고할 뿐만 아니라 관광객 유치를 통해 도시경쟁력을 확보하는 전략이다. 그리고 쇠퇴한 산업을 대체할 수 있는 새로운 산업의 유치를 통해 도시경제를 활성화하고자 하는 전략이다.

도시재생법에서는 도시재생을 도시경제기반형 활성화계획과 근린재생형 활성화계획으로 분류하고 있다(동법 제2조 참조). 도시경제기반형 활성화계획은 대상지의 산업단지, 항만, 공항, 철도, 일반국도, 하천 등 국가의 핵심적 기능을 담당하는 도시 · 군계획시설의 정비 및 개발과 연계해 도시에 새로운 기능을 부여하고 고용노동 기반을 창출하기 위한 도시재생 활성화계획으로, 도시 내의 경제적 여건을 개선하기 위한 경제기반 형성을 위한 도시재생 방식이다. 근린재생형 활성화계획은 생활권 단위의 생활환경 개선, 기초생활 인프라 확충, 공동체 활성화, 골목경제 살리기 등을 위한 도시재생 활성화계획으

---

3) 「도시재생 활성화 및 지원에 관한 특별법」(약칭: 도시재생법)에 따르면, 도시재생의 목적은 "도시의 경제적 · 사회적 · 문화적 활력 회복을 위하여 공공의 역할과 지원을 강화함으로써 도시의 자생적 성장기반을 확충하고 도시의 경쟁력을 제고하며 지역 공동체를 회복하는 등 국민의 삶의 질 향상에 이바지함을 목적으로 한다."라고 규정하고 있다.

로 도시 내 주민들의 삶의 질 개선과 커뮤니티 복원에 초점을 둔 도시재생의 방식이다.

3) 문화적 도시재생

문화적 도시재생은 문화기수론(cultural flagship)으로도 불리는데, 이는 1960~1970년대 유럽의 공업 도시들이 경제 침체로 인한 사회 불안으로 쇠퇴기를 겪으면서 경제적·사회적 문제점을 해결하기 위한 도시재생전략으로 나타났다. 문화기수론은 박물관, 미술관, 공연장, 극장 등의 문화예술 관련 거대 시설을 선도자(flagship)로 도시재생지역에 건립해 지역의 새로운 상징성을 부각시켜 기존 이미지를 변화시키고 이를 통해 지역을 재생하는 것이다. 원도심에 이러한 시설물을 새롭게 투입하는 것은 과거와 분리하자는 것이 아니고, 과거와 현재를 연결시켜 지역의 새로운 이미지를 창출하고, 나아가 도시의 미래 지향성을 홍보하자는 것이다. 이러한 전략을 통해 도시의 긍정적인 이미지를 확립하고, 이를 통해 국내외 민간 투자와 산업의 유입을 활성화함으로써 도시의 사회경제 전반에 재활력을 기대하는 것이다(Bianchini, Dawson, & Evans, 1992).

비앙키니(Franco Bianchini) 외는 도시재생을 위해 도시정부가 채택하는 문화전략을 문화생산모형(cultural production oriented strategies)과 문화소비모형(cultural consumption oriented strategies)으로 구분했다. 문화생산모형은 도시정부가 전문화된 기술과 하부구조시설을 소요로 하는 창조산업(creative industry)을 주요 대상으로 삼아 전략적 지원을 하는 것인 반면, 문화소비모형은 관광, 쇼핑, 호텔 사업 등을 진흥하기 위한 요소로서 도시의 문화적 매력과 활동을 개발하고 활성화하는 전략이다(Bianchini, Dawson, & Evans, 1992). 문화생산모형에서는 창조산업을 통한 지적 재산의 개발을 주로 하는 문화산업지구의 형성이 나타나고, 문화소비모형에서는 선도기반시설(flagship infrastructure)의 설치나 대규모의 이벤트 개최와 같이 여러 형태의 투자로 지원되는 소비 기반의 전략으로 나타난다(계기석, 2010).

제5절 광역도시권 개발

1 광역도시권 개발의 의의

도시를 하나의 유기체로 파악할 때 이는 폐쇄 체제(closed system)가 아니라 개방 체제(open system)로 봐야 한다. 일반적으로 하나의 중심도시를 둘러싼 몇 개의 주변 도시들이 동질적 도시성(homogeneous urbanity)을 띠고 있을 때 이들 도시권을 광역도시권이라고 한다. 교통 및 통신의 발달과 이에 따른 생활권의 광역화는 특정 도시의 경계를 뛰어넘는 범도시적 상호 의존 관계를 낳고 광역도시권을 형성하게 한다. 따라서 기존의 행정구역 범위를 초월한 광역적 공공서비스에 대한 수요가 증가했으며, 이와 같은 맥락에서 광역도시권 개발의 필요성이 대두했다.

도시가 팽창하면 개별적인 자치단체만으로는 해결하기 어려운 문제가 많이 발생한다. 주택, 교통, 상하수도, 환경오염, 혐오시설의 입지, 쓰레기 처리 문제 등은 개별 자치단체의 행정구역 내에서보다는 여러 자치단체를 포괄하는 광역권을 단위로 삼아 해결하는 것이 효과적인 경우가 많다. 광역도시권 개발은 개별 도시만으로는 해결하기 어렵거나 비록 해결할 수 있다고 하더라도 비효율적일 것으로 판단되는 각종 도시문제의 해결과 도시 기반시설을 확충하기 위해 필요하다.

광역도시권 개발은 주로 대도시와 그 주변 지역 간에 여러 가지 형태의 협조와 조정을 통해 도시 기반시설을 확충하고 일체화된 도시개발을 이루도록 하는 것을 말한다. 대도시권은 보통 하나의 행정구역 경계를 넘어서 형성되는 것이 보통인데, 이렇게 되면 도시의 성장과 관할권이 일치하지 못해 혐오시설의 입지에 따른 갈등, 공공서비스의 중복공급, 공공서비스 이용자와 비용 부담자의 불일치 등과 같은 문제가 발생한다. 이러한 문제를 효과적으로 해결하기 위해 광역도시권 개발이 필요하다.

2 광역도시권 개발의 문제점

1) 광역도시권 개발의 제도적 문제점

광역도시권 개발이 가지는 논리적 타당성과 필요성에도 불구하고 광역도시권 개발을 추진하는 데는 다음과 같은 제도적 문제점을 가진다.

(1) 자치단체 간 재원 배분의 문제

광역도시권 개발은 대체로 대도시와 그 주변 지역을 대상으로 한다. 여러 개의 시와 군이 필요로 하거나 이들 여러 지역 주민의 편의를 제공하기 위한 도시 기반시설을 확충하고자 할 때 재원 배분의 문제가 제기된다.

예컨대 몇 개의 도시가 동시에 필요로 하는 광역 쓰레기 처리장이나 화장장 등의 혐오시설을 건설하고자 할 때 입지의 결정도 문제가 될 뿐만 아니라, 이의 건설을 위한 자치단체 간 비용 분담의 문제도 중요한 이슈로 제기된다. 이 경우에 혐오시설의 입지 결정은 광역도시권 개발계획을 통해 적절한 입지를 선정할 수 있다고 하더라도 혐오시설이 입지하게 될 자치단체는 다른 자치단체에게 개발 손실 보상을 요구하게 될 것이며, 이러한 협상 과정이 적정 입지의 결정 못지않게 합리적 계획의 집행을 방해하는 요소가 될 것이다.

또 다른 예로 광역 도시교통망 건설의 경우를 살펴보자. 광역도시권을 위한 지하철 건설이나 도로 체계의 확충을 위해서는 각 자치단체별로 비용 분담이 요구되는데, 이때 공공 투자사업 수혜자의 자치단체별 분포와 자치단체 간 비용 분담 간의 관계 설정이 어려운 과제로 등장한다.

(2) 광역도시권 개발계획의 법적 구속력 문제

광역도시권의 지정에 관한 구체적인 지침이나 광역도시권 개발계획의 내용적 범위와 법적 집행 수단에 관한 제도적 장치가 확립되지 않고 광역도시권 개발계획을 수립하고 시행할 경우 광역도시권 개발계획이 가지는 법적 구속력이 한계를 가질 수밖에 없다는 문제가 제기된다. 기존의 도시기본계획과 도시관리계획은 도시계획구역을 대상으로 하고 그 기능과 역할에 관한 법적 체계가 확립돼 있음에 반해, 여러 도시를 포괄하는 광역도시권 개발계획은 여러 도시의 도시계획구역을 포함하고, 아울러 도시계획구역을 벗어나는 비도시 지역도 계획의 대상 지역이 될 수 있다. 이러한 경우에 광역도시권 개발계획의 집행은 적용 가능한 계획 수단의 미비와 법적 구속력의 문제로 말미암아 어려움을 겪게 될 것이다.

(3) 광역도시권 개발계획 집행상의 문제

광역도시권 개발계획의 입안과 집행을 위한 주체가 누가 될 것인가에 따라 광역도시권 개발의 문제점은 다양하게 나타날 것이다. 광역도시행정의 방식으로 ① 협조 형식, ② 단일정부 형식, ③ 특별구에 의한 방식, ④ 연합제에 의한 방식의 네 가지 방법이 제안되고 있는데, 이들 모두 다소의 문제점을 나타낼 것으로 보인다.

행정 협의에 의한 광역도시행정 및 광역도시권 개발의 집행은 행정 협의의 결과를 자치단체에 강제할 수 없으며, 또한 협의된 사항이 자치단체의 권한을 넘어서는 일이 많아 중앙부처에 건의하는 것으로 끝나는 경우가 대부분이다. 행정 협의에 의한 방법은 우리나라에서 현재도 운영되고 있으나 현실적으로 첨예한 지역 간의 갈등 문제를 다루는 데는 유명무실한 실정이다.

단일정부 형식에 의한 광역도시행정은 많은 인구와 세원(稅源)의 대부분을 상실하게 될 도(道)와 시 · 군의 재정적 어려움을 초래함으로써 광역도시권에 포함될 지역과 그렇지 못한 지역 간에 경제적 혹은 개발 수준의 격차가 심화될 가능성이 크다.

특별구에 의한 광역도시행정(예: 지방국토관리청)은 현재 우리나라에서도 일부 시행 중인데, 다양한 부문별 계획을 포함하는 종합적 계획의 수립과 집행이 불가능하다는 문제점을 가진다.

연합제에 의해 광역행정 기능을 수행하고 광역도시권 개발을 집행하는 방법은 하위 자치단체 간의 이해관계가 첨예하게 대립할 경우 계획의 조정과 집행이 어려운 과제로 등장한다.

(4) 다른 공간계획과의 상충 문제

광역도시권 개발계획의 내용적 범위에 관한 논의가 활발히 진행된 후에 광역도시권 개발계획이 포함해야 할 부문별 계획의 범위와 계획 수단의 범위가 확정되지 않은 채 각 광역도시권마다 계획이 수립될 경우 계획의 집행은 혼선을 겪을 수밖에 없을 것이다. 현행의 도시기본계획 및 도시관리계획과의 계획 내용의 상충이 나타날 가능성이 크다. 도시기본계획 및 도시관리계획은 토지이용계획, 교통계획, 공공시설계획 등의 부문별 계획을 포함하는데, 광역도시권 개발계획도 이들 계획과 같은 부문별 계획을 포함할 경우 계획 내용의 상충과 계획 집행의 혼선이 초래될 가능성이 크다. 그뿐만 아니라 현행의 도(道) 계획과의 상충이 나타날 수도 있고, 공간계획의 체계상 위상 문제도 제기될 수 있다.

2) 광역도시권 개발 시 예상되는 부작용

광역도시권 개발이 가지는 제도적 문제점이 모두 해결된다고 하더라도 광역도시권 개발이 계획적으로 추진될 경우에는 다음과 같은 실질적 문제점들이 부작용으로 나타날 것으로 예상된다.

(1) 개발의 공간적 형평성

광역도시권 개발계획이 효율적으로 수립되고 집행되는 경우를 상정하더라도 개별 도시들 간 개발의 형평성 문제는 피할 수 없을 것이다. 예컨대 광역도시권에 속하면서도 중심대도시의 외곽에 있는 중소도시들은 불가피하게 쓰레기 처리장, 화장장, 산업폐기물 처리장 등의 혐오시설의 입지를 허용하지 않을 수 없을 것이다. 이러한 경우에 이들 중소도시는 광역도시권의 중심이 되는 대도시의 번영과 발전을 위해 광역도시권 개발계획이라는 제도적 장치 때문에 희생되는 결과를 가져올 수도 있다.

(2) 토지 이용의 비효율과 도시문제의 광역화

광역도시권 개발은 방만한 토지 이용을 부채질하고, 교통 혼잡 등의 도시문제를 공간적으로 확산시킬 가능성이 크다는 문제점을 가진다. 물론 광역도시권 개발이 공공서비스의 수요가 있는 곳에 도시 기반시설을 적절히 공급할 수 있는 순기능을 가지고 있긴 하지만, 한편으로 광역도시권 개발은 도시의 공간 확산을 유도하는 기능을 가질 것이다. 이렇게 될 경우 직장과 주거지의 분리 현상은 더욱 심화되고, 직주 간의 통근거리는 더욱 커질 것이다. 따라서 도심 지역에 한정됐던 교통 혼잡 현상은 광역화돼 교통 에너지의 낭비 현상이 심각하게 나타날 것이다. 아울러 토지의 고밀 이용 대신에 저밀 이용을 통한 도시공간의 확산 현상이 나타나고, 궁극적으로는 전 국토를 통해 도시화된 지역이 늘어나고 녹지공간이 줄어들게 될 것이다.

또한 광역도시권 개발의 제도화는 기존 도심의 재개발보다는 대도시 외곽 지역의 신개발에 계획의 초점을 두게 됨으로써 바람직한 토지 이용을 유도하는 데는 상당한 역기능을 가질 것으로 보인다. 이러한 비효율적 토지 이용의 문제는 국토가 좁은 우리나라에서는 심각한 후유증을 나타낼 수도 있다.

(3) 물리적 개발의 한계

광역도시권 개발이 물리적 개발(physical development) 위주로 진행될 경우 광역도시권 개발의 근본 취지를 모두 만족시키는 것은 쉽지 않다. 예컨대 광역도시권 개발의 일환으로 광역도시권 내 도로망 체계를 확충한다든지 중심대도시 부근의 위성도시에 중심도시를 위한 침상도시(bed town)를 건설한다고 하더라도 버스 및 택시요금 체계나 학군(學群)의 광역적 운용 등과 같은 소프트웨어 측면의 배려가 없는 광역도시권 개발은 광역도시권 내에서 공간구조의 기형적 모습을 초래할 가능성도 크다.

(4) 공공서비스 공급 혜택의 불편

광역도시권 개발은 공공서비스 공급에서 지나치게 규모의 경제 원리가 적용되는 결과를 나타낼 수 있다. 따라서 소지역 단위로 공급해야 주민에게 편리한 도시 공공서비스가 지나치게 광역적 지역 단위로 공급됨으로써 주민의 편리성을 외면하는 결과를 초래할 수도 있다. 예컨대 공공체육시설, 학교, 소방서 등의 공공시설의 경우 규모의 경제성을 지나치게 강조하다 보면 인구밀도가 비교적 낮은 광역도시권 내 외곽 지역에 거주하는 주민의 경우 공공서비스의 공급 측면에서 불이익(불편)을 받을 소지도 충분히 있다.

제6절 지속 가능한 도시개발

1 지속 가능한 도시개발의 의의

1) 도시개발에 대한 시각의 변화

환경문제가 더 이상 지역이나 한 국가의 문제가 아니라 범세계적인 문제라고 인식되면서 '환경적으로 건전하고 지속 가능한 개발(Environmentally Sound and Sustainable Development: ESSD)'이 각국의 중요한 관심사가 됐다. 이것은 과거와 달리 환경문제를 야생 동식물의 보호 또는 특이 경관(景觀)의 보호나 환경오염 방지 등 소극적이고 부분적인 차원으로 보지 않고, 인간의 경제 · 사회 · 환경의 모든 측면을 고려한 포괄적인 개념에서 파악하고 접근해야 하며, 사후 처리보다는 환경을 고려한 사전 예방 조치가 취해져야 한다는 점에서 진일보된 개념이라 할 수 있다.

이러한 관점에서 볼 때 그동안 우리의 성장 과정이나 국토 개발정책은 지속 가능한 친환경적 차원에서의 접근보다는 경제적 효율성 내지는 물리적 시설의 공급에 치중했으며, 사전 환경적인 영향이 고려된 개발보다는 사후 처리에 중점을 둬 왔다. 이에 따라서 환경의 질(quality of environment)에 대한 배려는 현세대의 경제적 성취의 뒷전으로 밀려났으며 환경오염의 외부불경제는 대부분 내부화되지 못한 채 사회적 부담으로 남아 있게 됐다. 또한 집적경제의 이익 추구는 대도시의 집중과 도시의 평면적 확산을 가져와 지역불균형의 초래는 물론 도시환경의 악화와 공공시설의 초과 수요를 가져와 성장의 장애 요인으로 작용하게 됐다.

그럼에도 불구하고 오늘날 국토 및 도시개발 분야에서 논의되고 있는 많은 문제는 환경에 대한 배려가 등한시된 채 과거의 전철을 밟고 있는 듯하다. 이것은 아직까지 환경에 대한 인식이 부족하고 환경에 대한 고려는 성장과 개발을 저해한다는 과거의 틀에서 벗어나지 못하기 때문이며, 실제 어떠한 것이 친환경적인 개발인가에 대한 분석과 적용의 이론적 틀 또한 미정립된 상태이기 때문이다.

그러나 도시개발에서 친환경적 개발에 대한 논의가 최근 전 세계적으로 활발히 일어나고 있으며, 리우환경회의의 실천전략(Agenda 21)[4]에서도 친환경적 도시개발을 중요하

---

4) 'Agenda 21'의 내용 중에서 도시개발과 관련된 내용을 지속 가능한 인간 정주 체계의 확립 문제로 그 내용은 모든 주민에게 적절한 주택의 제공, 인간 정주지의 관리 개선, 지속 가능한 토지이용계획과 관리, 도시 기반시설의 체계적 확보, 지속 가능한 에너지와 교통의 계획과 관리, 재해지역의

게 고려하고 있다. 우리도 이제 이러한 세계적 흐름에서 홀로 표류할 수만은 없는 실정이다(유재현, 1993: 20).

2) 지속 가능한 도시개발의 개념

환경적으로 건전하고 지속 가능한 개발의 개념에 대해서는 아직 명확하게 합의된 개념 규정이 없다. 이에 대한 대표적인 정의로 브룬틀란트(Brundtland) 보고서에 따르면, "미래 세대의 욕구나 복지를 충족시킬 수 있는 능력과 여건을 저해하지 않으면서 현세대의 욕구를 충족시키는 개발"이라는 것이다(WCED, 1987). 그 외 여러 개념 규정을 종합해 보면 다음과 같은 네 가지 공통점을 발견할 수 있다.

첫째, 개발은 단순한 소득 증가 등 경제적 성장뿐만 아니라 건강·교육·환경 등 사회적 복지의 지속적인 증진을 포함한 삶의 질의 향상이라는 포괄적인 개념이다.

둘째, 현세대의 개발행위가 미래 세대의 선택의 권리를 제한해서는 안 된다는 세대간의 형평성 의미를 지니고 있다.

셋째, 장기적인 관점에서 사후 처리보다는 사전 예방 조치의 필요성을 강조한다.

넷째, 개발을 통한 자연자원의 소비 비율이 그들을 재생산할 수 있는 능력을 초과해서는 안 된다. 즉, 환경이 감당할 수 있고 지탱할 수 있는 범위 내에서 도시개발이 이뤄져야 한다.

2 지속 가능한 개발의 대두

개발 지향적 도시정책으로 인한 환경문제 유발의 원인을 알아보기 위해서는 먼저 개발과 환경문제의 속성을 파악해 볼 필요가 있다. 개발과 환경문제는 상호간에 대비되는 다음과 같은 속성을 지니고 있다.

첫째, 개발은 그 성과가 매우 가시적인데 반해, 환경 보전은 비가시적인 특성을 지니고 있다. 예를 들면 도시개발을 위해 대규모 주택단지를 조성할 경우 그 성과는 명백하게 드러난다. 고층 아파트가 들어서고 새로운 인구가 유입되며 도로 등 주변 도시 기반시설이 조성된다. 그러나 환경오염 방지를 위한 투자나 대책은 그 성과가 금방 눈에 띄는 것은 아니다. 대기 상태나 수질이 어느 정도 양호해졌다고 해서 그 성과가 금방 명백하게 드러나는 것은 아니다.

계획과 관리, 지속 가능한 산업활동의 촉진, 인력자원 개발과 정주 체계 개발을 위한 인간 능력의 제고 등이다.

둘째, 개발은 그 성과가 물론 지속적인 영향을 지니기도 하지만 대체로 단기적으로 나타나는 반면, 환경과 관련된 대책이나 정책의 성과는 매우 장기적이라는 점이다. 환경은 또한 세대 간의 문제로 취급되기도 한다.

셋째, 도시개발은 대체로 그 영향의 범위가 특정 지역에 한정적인 반면, 환경은 그 영향 범위가 대체로 지역 간, 심지어 국가 간의 문제로 다뤄지기도 한다.

넷째, 개발은 그 이익의 향방이 명백한 사적 재(私的財)인 경우가 대부분이고, 이에 반해 환경은 공공재적 성격을 강하게 지니고 있다.

이러한 개발의 속성으로 인해 정부는 환경 보전에 대한 관심보다는 지역의 경제적 개발에 더 관심을 보이게 된다. 정치가나 행정가는 가능한 한 자신의 재임 기간에 가시적이고 단기적이며 범위가 명백한 성과에 더 큰 관심을 보이게 된다. 왜냐하면 이러한 경제적 개발이 자신의 업적과 직업적 생명에 더 중요하기 때문이다.

자본주의 체제하에서 도시개발과 환경 간에 대립되는 문제점은 다음과 같다.

첫째, 자본주의 체제는 자기중심적이며 이기적인 경향을 뚜렷하게 나타낸다. 이것은 결국 개발과 관련해 자원의 낭비와 오용을 가져와 환경오염을 유발하게 된다.

둘째, 자본주의 체제는 장기적인 안목보다는 단기적인 안목에 치중하기 때문에 환경 보전보다는 우선 눈에 드러나는 개발을 더 중요시하게 된다. 따라서 현재의 이익을 획득하기 위해 미래에 큰 대가를 치러야 할 경우라도 현재의 이익 획득에 매달리는 경향이 있다.

셋째, 자본주의 시장 체제가 균형을 유지하지 못하고 경기가 불안정할 때, 특히 물가가 불안정하고 투기가 심할 때 자원 절약 지향적이라기보다는 자원 남용 지향적이 되기 쉽다.

넷째, 자본주의 체제하에서의 자원 부족 현상은 시장 교란 및 자원의 불평등 상태를 야기하고 이는 자원 남용적 심리 상태를 유발한다.

다섯째, 자본주의 체제하에서의 국가는 자원 보전과 개발의 균형적 추구보다는 자본 축적과 이윤 극대화를 조장하기 위해 자원 남용도 감수하기 때문에 이는 결국 환경오염을 초래하게 된다.

여섯째, 자본주의 체제하에서는 기업은 공공재적 성격을 지니는 환경 보전에 투자하려 들지 않으며, 이는 결국 환경오염을 가속화하게 된다.

3 지속 가능한 개발의 전략

지속 가능한 도시개발의 개념은 아직 모호하기 때문에 이를 위한 구체적인 실천 방안이 중요하다. 여기서 실천을 위한 중요한 전략을 제시하면 다음과 같다(WCED, 1987; Agenda 21).

① 도시 거주민에게 적절한 주택을 공급하고 이들에게 필요한 기본적인 생활환경시설을 적절히 공급한다.

② 도시가 지니고 있는 경제적 · 사회적 · 환경적 용량(capacity) 내에서 적절한 인구를 수용하고 가급적 전체 인구 규모를 억제한다.

③ 도시 환경오염을 줄이고 적절히 처리한다. 이를 위해서는 도시토지를 고밀도로 이용하는 압축도시(compact city) 개념이 주창되고 있다. 도시토지를 고밀도로 이용하면 인적 및 물적 자원과 정보의 이동을 감소시키고, 따라서 오염발생도를 감소시킬 수 있다. 그리고 오염 처리에도 유리하다.

④ 에너지 자원 및 기타 자원을 절약하고 자연자원을 보호하고 보존한다. 지속 가능한 도시개발을 위해 에너지 효율적인 도시구조를 설계한다. 이를 위해 저밀도의 평면적 도시 확산보다 혼합적 토지 이용의 고밀도 도시구조가 더 바람직하다. 즉, 주거, 업무, 서비스를 도시중심부 또는 같은 공간에 수용해 이동 수요를 감소시키고 접근성을 높이는 압축도시 개념을 도입하는 것이다. 이렇게 되면 통행의 필요성을 줄이고, 따라서 교통 에너지의 소비를 감소시킬 수 있다.

⑤ 도시 구성 요소 간의 생태적 연계 관계에 입각한 자립적이고 안정적인 순환적 도시구조를 조성 · 유지한다. 환경적 측면에서 압축도시가 바람직하지만 지나칠 경우에는 규모의 불경제가 나타난다. 따라서 도심의 고밀화와 동시에 주요 교통축을 중심으로 외곽으로 확산해 나가는 것이 필요하다. 여기서 산발적인 확산, 평면적 확산보다는 주거, 업무, 서비스가 연계된 어느 정도의 밀도를 갖는 분산된 집중(decentralized concentration) 형태가 바람직하다. 따라서 새로 건설되는 신도시는 직주 근접의 자족도시로 건설해 통행량을 줄여야 한다.

⑥ 성장제일주의를 탈피하고 분배적 측면에서 계층 간, 지역 간, 세대 간의 형평성을 추구한다.

⑦ 도시개발정책의 수립에서 환경과 경제를 통합한 의사결정 구조를 설계한다.

연습 문제

1. 도시개발을 계획적 전략 측면에서 설명하시오.
2. 우리나라 신도시 개발에서 나타난 문제점을 설명하고, 이의 해결 방안을 제시하시오.
3. 도시재개발의 유형을 설명하시오.
4. 도시재생에서 문화기수론 전략을 설명하시오.
5. 광역도시권 개발 시 나타날 것으로 예상되는 부작용에 대해 설명하시오.
6. 지속 가능한 도시개발의 실천전략을 설명하시오.

제13장

도시경제

제1절 도시경제의 의의

1 도시경제와 산업

한 도시의 성장과 발전은 그 도시가 가진 산업의 성장과 불가분의 관계에 있다. 만약 어떤 도시가 쇠퇴하는 산업을 주종산업으로 할 경우 그 도시는 쇠퇴할 수밖에 없다는 사실을 역사를 통해 봐 왔다. 그 예로서 우리나라의 경우 과거 농경사회에서 산업사회로의 전환기에 공업화를 소홀히 했던 지역은 인구의 감소와 지역의 쇠퇴 과정을 겪었고, 과거에 번창했던 탄광도시들이 탄광산업의 쇠퇴와 함께 쇠퇴 과정을 겪었음은 잘 알려진 사실이다. 외국의 예로서 1950~1960년대 철강산업으로 번창했던 미국의 피츠버그나 클리블랜드는 일본과 신흥공업국들(NICs)의 도전으로 철강산업의 국제경쟁력을 상실하고 도시경제의 침체를 겪다가 1980년대 이후 관민 파트너십(public-private partnerships)으로 첨단산업을 유치해서 도시의 활력을 되찾았다.

오늘날 세계 경제의 개방화 추세가 계속되면서 도시나 지역의 경제 역시 세계 시장에 편입되고 있다. 이러한 경제환경에서 한 도시의 성장과 발전은 국내에서뿐만 아니라 세계 시장에서 어떠한 위치에서 어떤 분업(分業) 체계를 갖고 있는가에 달려 있다고 볼 수 있다.

앞으로 전개될 경제의 개방화와 지방자치의 강화라는 두 가지 역사적 흐름 속에서 우리나라의 도시들이 당면한 과제는 도시 스스로의 자주적인 경제 기반을 갖추는 것이다. 경제의 개방화 시대를 맞아 국제적 경쟁력을 갖춘 산업을 유치하고 발전시키는 것은 모든 도시의 발전 과제이자, 지방자치 시대에 도시경제의 자족적 기반을 마련하는 중요한 길이 된다. 왜냐하면 산업의 기반이 없는 도시는 특히 지방자치 시대에 영원히 다른 도시에의 종속의 굴레로 빠져들 수 있기 때문이다.

종래에는 도시경제 활성화에 과연 도시정부가 개입해야 하는가에 관한 근본적인 의문이 있었던 시기가 있었다. 과거의 도시정부는 중앙정부의 위임사무를 집행하는 기능을 주로 담당해 왔으며, 도시경제 활성화는 도시정부가 취할 수 있는 영역 밖의 것으로 인식해 온 것이 사실이다. 사실상 중앙집권적 행정 체제하에서 도시정부가 도시경제의 활성화를 위해 취할 수 있는 정책 수단이 거의 없었던 것이 종래의 지방도시들의 현실이었다. 지역경제에 커다란 영향을 미치는 조세 유인, 자금 지원, 각종 규제 등의 정책이 중앙정부 수준에서 이뤄져 왔고, 민간 부문의 투자 유인을 위한 사회간접자본의 확충 역시 중앙정부의 지원 없이는 불가능한 것이 많았다. 따라서 도시정부는 도시경제 활성화에 영향력을 행사할 입장에 있지도 못했고, 도시정부 스스로도 도시경제 활성화를 위한 정책적 개입의 당위성을 발견하지 못했던 것이 사실이다. 그러나 지방자치의 정착과 더불어 최근에는 어떻게 하면 도시정부가 도시경제 활성화에 기여할 수 있을까라는 문제로 논의의 방향 전환이 이뤄지고 있다.

2 도시 산업구조의 변화와 산업도시의 유형

산업혁명 이전의 도시는 정치행정도시와 상업도시가 주종을 이뤘으나, 산업혁명을 거치면서 진행된 급격한 도시화는 산업화와 불가분의 관계를 가지면서 산업도시의 생성을 가져왔다. 어떤 도시가 가진 산업의 부침(浮沈)은 바로 도시의 성장과 쇠퇴를 잘 설명해 주고 있다. 우리의 도시 역사는 그리 오래지 않지만 산업 성장에 따른 도시의 성장은 1960년대 이후 중화학공업의 육성과 이에 따른 중화학공업도시의 성장에서 잘 살펴볼 수 있다.

그러나 우리나라의 도시에서 산업의 쇠퇴로 인해 본격적으로 침체를 경험한 도시는 많지 않다. 그만큼 산업화와 도시화의 역사가 짧기 때문이다. 따라서 아래에서는 산업화와 도시화의 긴 역사를 가진 미국 도시들의 부침을 도시 산업구조의 변화와 관련해서 살펴본다(국토정보다이제스트, 1986년 4월호: 8-9).

미국의 도시는 대체로 산업 발달의 관점에서 볼 때 세 가지 유형의 도시로 구분할 수 있다. 첫 번째 유형의 도시는 도시 기간산업의 부진으로 한때 쇠퇴기에 접어들었다가 다시 재건의 기치를 높이 올리고 있는 '재생형' 도시다. 두 번째 유형의 도시는 성장산업의 입지 조건의 변화로 도시경제 성장의 좋은 기회를 맞은 '신흥형' 도시다. 세 번째 유형의 도시는 첫 번째와 두 번째 유형의 도시적 성격을 동시에 가진 '중간형' 도시다.

1) 재생형 도시

미국의 중동부와 중서부에 주로 위치한 재생형 도시로는 디트로이트, 피츠버그, 클리블랜드, 시카고, 미니애폴리스 등을 들 수 있다. 이들 재생형 도시는 19세기 후반과 20세기 전반부터 급속히 성장하기 시작한 철강산업과 자동차산업을 바탕으로 미국 경제를 주도하다시피 했으나, 1970년대 들어 철강을 비롯한 소재산업과 자동차산업의 국제경쟁력이 약화되면서 도시의 실업률이 증가하고 인구가 감소하는 등 쇠퇴기에 빠져들었다. 그러나 이들 도시는 1980년대 이후 첨단산업과 전통적 기계공업의 결합을 통해 새로운 도약을 추진해 왔다. 재생형 도시 가운데 가장 전형적인 재건전략을 추진하고 있는 도시는 오하이오주의 클리블랜드다. 현재 클리블랜드에는 전기 및 기계산업이 입주하고 있는 것을 포함해 도시의 3분의 2가 첨단산업형 공업단지로 이용되고 있으며, 토머스 에디슨 센터의 주도로 첨단기술 개발사업이 활발하게 진행되고 있다.

2) 신흥형 도시

주로 산악 지역 남서부 대평원 지대에 위치한 신흥형 도시의 경우 1970년대 이전에는 비교적 공업화가 부진했으나, 1980년대 초부터 첨단기술의 산업화를 배경으로 급속한 성장을 나타내고 있다. 신흥형 도시가 새로운 첨단산업기지로 떠오른 주요 이유는 첨단산업의 입지 조건이 종래의 중화학 공업의 입지 조건과는 크게 다르기 때문이다. 종래의 산업은 시장 혹은 원료 공급지에 근접해 있어야 한다는 점을 필수적인 입지 조건으로 삼았으나, 생산비용 가운데 수송비의 비중이 작은 첨단산업은 시장 혹은 원료 공급지에의 접근성이 그다지 중요한 입지 조건으로 간주되지 않는다. 따라서 피닉스, 덴버, 엘파소 등의 내륙도시가 첨단산업화의 물결 속에 신흥 성장도시로 강력하게 떠오르게 됐다. 이러한 신흥형 도시들은 인접 지역에 첨단기술의 연구 성과로 유명한 국립연구소나 대학들이 있다는 점을 들어 기업 유치에 힘을 쏟아왔다.

3) 중간형 도시

마지막으로 재생형 도시와 신흥형 도시의 중간 형태를 취하고 있는 중간형 도시로는 신시내티, 인디애나폴리스, 세인트 루이스, 캔자스 시티 등이 있다. 이들 중간형 도시의 특징은 부품 등 재료의 대량 공급이 가능한 중동부 및 중서부 남쪽 지역에서 그리 멀리 떨어져 있지 않으며, 노동조합의 조직률이 낮아 근로 의욕이 높은 양질의 노동력이 풍부하다는 점이다. 이들 도시는 또한 박물관, 공연장 등 문화적 위락시설이 잘 갖춰져 있고 미식 축구, 야구, 농구 등 프로 스포츠가 성행한다는 점에서 다른 도시와는 다소 다른 특성을 지니고 있다.

중간형 도시에는 주로 전통적인 기계산업이 입지해 있는데, 이들 산업은 기간산업 지역으로부터의 외부 효과에 힘입어 무난한 성장 가도를 달려왔다. 북부 공업지대에 인접한 인디애나폴리스의 경우 여러 개의 자동차 공장이 진출해 있는 등 중공업화가 상당히 진전돼 있으며, 인디애나폴리스는 도시개발사업의 일환으로 회의용 시설 및 스포츠센터의 확충에도 힘을 쏟아왔다.

3 도시경제의 성장과 산업생산 체제

이상에서는 도시의 성장과 쇠퇴를 도시 산업구조의 변화와 연관시켜 살펴봤는데, 이제 전 세계적인 생산 체제(production system)의 변화 추세를 살펴보면서 우리의 도시가 향후 어떠한 산업생산 체제를 갖춰야 할지 생각해 보자.

제2차 세계대전 이후 1970년대까지의 자본주의 경제의 운용 체제는 표준화된 제품을 효율적으로 생산하는 대량생산 체제(mass production system)가 주종을 이뤘고, 이러한 대량생산 체제를 갖춘 국가나 도시만이 경제적으로 성장할 수 있었다.

그러나 1980년대 이후 대량생산 체제하에서 생산된 표준화된 제품에 대한 시장 수요가 한계에 이르렀고, 질적으로 다양하고 기능적으로 향상된 제품에 대한 수요가 증가했다. 이러한 상황에서 가변적인 시장 수요에 신축적으로 대응할 수 있는 생산 체제가 요구됐는데, 이것을 유연생산 체제(flexible production system)라 부른다(조철주, 1993: 76). 이 유연생산 체제는 소품종 대량생산 방식을 근간으로 하는 '포드주의(Fordism) 생산 체제'와는 상반된다는 점에서 '포스트 포드주의(post-Fordism) 생산 체제'로 불리기도 한다.

최근에 도시경제 개발과 성장을 논의할 때 주로 등장하는 개념이 바로 포스트 포드주의 생산 체제로 우리나라의 도시경제 성장을 위해서도 고려될 소지가 많다고 볼 수 있다.

제2절 도시경제 정책

1 테크노폴리스

1) 개념

테크노폴리스(technopolis)란 1979년 일본 통산성의 한 공무원이 미국의 실리콘 밸리(Silicon Valley)를 염두에 두고 만든 말로 technology(기술)와 polis(도시)를 합성한 말이다. 테크노폴리스는 반도체, 전자, 신소재, 정밀기계와 같은 첨단산업, 이공계 대학과 연구소, 그리고 전원(田園)의 매력적인 주거공간이 잘 조화된 생산적이고 질이 높은 생활수준을 가져올 수 있는 고도기술 집적도시(高度技術集積都市)를 가리킨다. 테크노폴리스가 도시경제 개발의 전략으로 전 세계적으로 쓰이는 유일한 용어는 아니며(황명찬, 1989: 255), 나라마다 테크노폴리스의 유형에 따라 과학단지 혹은 첨단연구도시, 첨단산업도시, 첨단산업연구도시 등 다양한 용어와 개념을 사용하고 있다. 이처럼 용어에 대한 복잡한 개념 구분에도 불구하고 가장 널리 사용되는 용어는 테크노폴리스다. 그리고 테크노폴리스에 대한 다양한 명칭 사용과 유형, 성격 등에도 불구하고 한 가지 공통점이 있다면 그것은 첨단(기술)산업을 그 구성 요소로 가지고 있다는 점이다(김원 · 김홍기 · 권원용, 1992: 30-31).

첨단 과학기술, 즉 하이테크(high-tech)를 바탕으로 조성되거나 계획되고 건설된 도시에 대한 정의는 상당히 다양하다. 일반적으로 첨단 과학기술을 대상으로 하는 연구개발(R&D)을 주목적으로 계획했을 경우 첨단연구도시라 부르고, 첨단제품 생산을 주목적으로 계획했을 경우는 첨단산업도시라고 부른다. 그리고 이들 두 가지 기능, 즉 연구개발과 제품 생산 기능을 동시에 갖췄을 경우는 첨단산업 연구도시라 일컫는다(김원 · 김홍기 · 권원용, 1992: 30). 이들 세 가지 유형의 도시 가운데 테크노폴리스의 개념과 가장 가까운 것으로 볼 수 있는 첨단산업 연구도시를 중심으로 아래에서 살펴보기로 한다.

2) 특징

첨단산업 연구도시는 연구개발과 생산 및 제조 기능이 복합돼 있는 유형이다. 여기에는 연구개발을 담당하는 대학, 연구소와 생산 및 제조업체들이 일정 지역에 공간적으로 통합돼 상호 긴밀한 유대 관계를 갖게 된다. 따라서 첨단산업 연구도시는 기술혁신의 경제적 편익의 회수가 지역 내에서 가능해 지역경제의 파급 효과가 크다는 점이 특징이다. 첨단산업 연구도시로는 미국의 실리콘 밸리, 보스턴 근교의 루트 128 첨단기술지역, 노스캐롤라이나주의 리서치 트라이앵글 첨단산업단지, 프랑스의 소피아 안티폴리스, 독일의 브레멘 등을 들 수 있다.

첨단산업은 전통적인 산업과는 다른 몇 가지 특성을 갖는데, 첨단산업이 갖는 일반적인 특성은 다음과 같다.

① 첨단산업은 기존의 장치산업이 갖는 에너지 혹은 자원 다(多)소비형 산업과는 달리 자원 절약적인 특성을 가진 산업이다.

② 지식 비용이 많이 요구되는 지식집약적 산업이다.

③ 제품주기(product life cycle)가 짧은 상품을 생산하는 산업이다.

④ 첨단산업에서의 생산 제품은 높은 부가가치를 갖는 반면에 가볍고 부피가 작은 것이 특징이다.

⑤ 첨단산업은 시스템화된 각기 다른 산업들의 기술을 체계적으로 종합해서 새로운 분야에 적합한 새로운 시스템을 개발하는 산업이다.

3) 입지 기준

첨단산업이 가지는 이러한 다섯 가지 특성과 관련해서 첨단산업의 입지 기준을 살펴볼 수 있는데, 일본 정부가 제시한 첨단산업 연구도시로서의 부적격 기준을 보면 다음과 같다.

① 과잉 과밀한 대도시

② 인접한 곳에 모도시(母都市)가 없는 경우

③ 가까운 곳 혹은 도시 내에 대학 또는 연구기관이 없는 경우

④ 공항, 고속도로, 철도 등 교통 이용이 불편한 곳

⑤ 일정 수준의 산업, 정보, 기술 등의 집적이 형성돼 있지 않은 곳

이처럼 첨단산업 연구도시의 생성과 발전에 대학과 연구기관은 필수적인 요소로서, 첨단산업 연구도시는 학술연구 기능과 산업 기능, 그리고 쾌적한 주거 기능을 동시에 갖춰야 한다. 아울러 고급문화와 지적(知的) 활동을 향유하고, 금융 · 법률 등의 고급 서비스를 받을 수 있는 중심도시가 주변에 있어야 한다.

4) 산학협동의 필요성과 사례

첨단기술의 연구개발(R&D)과 생산을 위해 가장 중요한 기술적 하부구조(technological infrastructure)는 산학협동 체계의 구축이다. 외국의 주요 첨단산업(연구)단지의 사례에서 쉽게 알 수 있듯이 완제품의 조립 단계를 제외한 거의 모든 형태의 첨단산업단지는 공통적으로 단지 내 이공계 대학을 무대로 삼아 출발했다. 따라서 다양한 유형의 산학 연계가 매우 활발하게 이뤄지고 있으며, 이것이 첨단산업단지의 기술적 하부구조 중 제1의 요소로 나타나고 있다.

이러한 대학의 기술잠재력을 이용하는 산학협동의 방안은 구체적으로 기초과학→응용과학기술→실용상품화기술 연구로 이어지는 연구 기능 연담화에 의한 공동연구 및 공동기자재의 활용, 상호 인력·정보·기술의 교류, 캠퍼스 내 산업연구단지의 조성, 대학의 연구시설로부터의 분가적 창업(spin-off) 형태를 통한 개발 지향적 기업의 창업 등으로 나타난다. 특히 해외 어느 첨단단지든지 대학은 기술 인력의 양성과 공급, 기초과학 분야의 연구 전담, 입주 기업의 연구개발 지원 등을 통해 첨단단지의 조성에 인큐베이터(incubator) 기능을 담당하고 있다. 즉, 첨단산업의 모험적이고 고도의 기술 및 정보의 수요로 인해 기술, 경영, 정보 등에서 초기의 첨단업체는 미숙한 신생아와 같아서 발육에 필요한 인큐베이터와 같은 기능이 필요한데, 이러한 기능을 주로 대학에서 담당하고 있는 것이다. 대학과의 산학협동이 활발한 해외단지 사례를 정리하면 〈표 13-1〉과 같다.

이러한 외국 첨단단지의 성장 사례는 우리에게 많은 시사점을 주고 있다. 첨단산업과 대학의 효율적인 연계를 위해 대학, 연구기관, 산업체 간에 연구 컨소시엄을 결성해 공동연구를 활성화시키고 연구 및 실험기자재를 공동으로 활용하며, 대학 및 연구소와 산업체 간의 인적 교류 증대 방안을 강구해 나가야 한다. 예를 들면 기업체에서는 학생들에게 산업현장 교육을 이수할 수 있는 인턴십(internship)의 기회를 제공하고, 대학에서는 입주 기관 종사자들에게 재교육, 연수, 기술 지도의 기회를 제공해야 한다(윤대식,

표 13-1 첨단단지의 산학협동 사례

구분	대학	산학협동 사례(특징)
실리콘 밸리(미국)	스탠퍼드, 버클리	캠퍼스 산업단지, 공동연구
루트 128(미국)	MIT, 하버드	분가적 창업, 연구개발 지원, 공동연구
리서치 트라이앵글 지역(미국)	노스캐롤라이나, 듀크	인적 교류, 연구개발 지원
피츠버그(미국)	카네기멜론, 피츠버그	연구개발 지원, 공동연구
쓰꾸바(일본)	쓰꾸바	고급 두뇌 공급, 공동연구
소피아 안티폴리스(프랑스)	니스	고급 두뇌 공급, 공동연구

자료: 김흥래(1990: 187).

1993: 13-14).

산업기술의 급속한 진전으로 도시경제의 성장은 이제 기술혁신의 창출 정도에 크게 의존하고 있다. 이 같은 상황하에서는 기술혁신의 원동력이 되는 연구개발 기능의 확충이 지역경제 활성화와 직결된다. 특히 지역 외부에서의 기술 도입에 의한 외부 의존형 기술 개발은 기술의 접근도가 매우 낮을 뿐만 아니라 지역적 특성을 반영할 수 없고, 첨단기술의 짧은 수명으로 인한 실효성 부족 등의 문제를 지니고 있어 하루빨리 지역 내 기술 자립 체제를 확립해야 한다.

특히 최근에 소품종 대량생산 방식을 근간으로 하는 '포드주의 생산 체제'가 소비자 기호의 다양화, 제품의 고급화 추세 등으로 인해 시장환경에 신축적으로 대응하지 못하는 한계를 드러내면서 생산 체제의 신축성(유연성)이 산업의 경쟁력 강화의 1차적 요건이 되고 있다. '포스트 포드주의 생산 체제'로 불리는 이러한 생산 체제의 신축적(유연적) 전문화는 중소 규모의 첨단기업이 생존하고 성장할 수 있는 토양이 되는데, 이때 짧은 수명을 가진 첨단기술의 지역 내 기술 자립 체제 확립이 요구되고, 이를 위해 중소 규모의 첨단기업과 지역 내 대학과의 연계가 필수적이다. 왜냐하면 중소 규모의 첨단기업 자체의 연구개발 기능은 경제적 혹은 기술적 한계를 가지기 때문이다.

지역 내의 연구개발 노력에 의해 지역 내에서 기술혁신이 창출돼 이의 성공적 상품화로 연결되고, 연구개발 종사자들이 그들 스스로의 회사를 창업하는 분가적 창업(spin-off)이 지역 내에서 활발히 일어나는 것이 지역 발전에 공헌하게 된다. 이러한 분가적 창업의 활성화를 위해 씨앗자금(seed money)으로서 모험자본(venture capital)의 역할이 중요하며, 지역 차원에서 모험자본의 조달을 위한 기구(회사)의 설립과 운영이 필요하다.

2 테크노파크

앞서 살펴본 테크노폴리스가 첨단산업의 연구개발과 생산 제조 기능을 그 구성 요소로 하는 고도기술 집적도시를 지칭함에 반해, 테크노파크(techno-park)는 이들 두 가지 기능을 구성 요소로 하는 단지(團地)를 지칭한다. 따라서 테크노파크는 "기술혁신을 기조로 한 경제 발전이라는 기본 목표를 실현하기 위해 대학 및 연구소와 기업 간의 유기적인 협력을 통한 첨단산업의 창업과 발전을 촉진시키기 위해 연구개발시설, 비즈니스 인큐베이터, 지원서비스시설, 생산시설을 한 장소에 집적시킨 단지"로 정의할 수 있다(안현실 · 임채윤, 1995: 18).

테크노파크는 연구개발 활동뿐만 아니라 생산 제조 활동이 이뤄진다는 측면에서 과학연구단지(science park)와는 다르다고 볼 수 있고, 규모 면에서도 과학연구단지보다 크다고 볼 수 있다. 한편 테크노파크에다 주거 및 문화 기능이 추가돼 더욱 큰 규모로 발전된 것이 앞서 살펴본 테크노폴리스로 볼 수 있다(안현실 · 임채윤, 1995: 20-21).

테크노파크도 앞서 살펴본 테크노폴리스와 마찬가지로 산학협동 체계가 가장 중요한 기술적 하부구조에 해당한다. 따라서 테크노파크의 경우에도 대학의 기술잠재력을 이용해 기초과학 → 응용과학기술 → 실용상품화기술 연구로 이어지는 산학 공동연구 및 공동기자재의 활용, 산학 간 인력 · 정보 · 기술의 교류, 대학의 연구시설로부터의 분가적 창업 형태를 통한 기업의 창업 등이 나타난다.

우리나라의 경우에도 1990년대 이후 많은 대학이 지방정부와 함께 테크노파크 조성에 경쟁적으로 참여하고 있다. 테크노파크는 취약한 지역산업구조를 고도화하고 대학의 연구개발 역량을 향상시킬 수 있는 대안으로 많은 관심을 끌고 있다.

3 비즈니스 인큐베이터

1) 개념

비즈니스 인큐베이터(business incubator) 제도는 혁신적인 중소기업의 창업 촉진과 육성, 그리고 도시의 발전이라는 두 가지 과제를 동시에 해결하기 위해 시도됐다. 이 제도는 영국과 미국에서 1960년대를 전후해 시험 단계에 들어가 1980년대에는 지역 경제개발, 고용 창출, 산업 기반의 다양화, 기술 축적 등의 효과를 가져오는 것으로 평가됨에 따라 크게 활기를 띠었다. 이 제도는 새로이 기업을 시작하려는 창업자에게 각종 비즈니스 서비스를 염가로 제공함으로써 창업 초기의 위험 부담을 줄이고 기업가 정신을 고취해 기업의 원활한 성장을 지원하는 데 그 목적이 있다.

2) 기능과 특징

비즈니스 인큐베이터는 각종 정보, 자금력, 경영 기반이 취약한 신설 기업을 지원하기 위해 저렴한 사업장 및 공동 사무 서비스를 제공하며, 사업장의 임차에서도 융통성을 부여하고 있다. 아울러 경영상담 서비스는 물론 기업가 간의 연대와 경쟁을 촉진하고 때로는 혁신(innovation)을 가속화하기도 한다. 그러나 비즈니스 인큐베이터가 중소기업의 항구적인 안식처는 아니기 때문에 입주 기업을 가능한 한 빨리 인큐베이터로부터 졸업 · 독립시켜 도시산업 활성화에 기여하도록 유도하는 역할도 수행하고 있다.

비즈니스 인큐베이터의 사업 주체는 지방자치단체, 비영리 법인, 대학 및 민간기업 등이 될 수 있는데, 사업 주체가 대학 또는 민간기업일지라도 대부분의 인큐베이터 사업에는 중앙정부 또는 지방자치단체가 직접 혹은 간접으로 관여하고 있어 공공 부문이 개입되지 않은 비즈니스 인큐베이터는 사실상 거의 없다고 볼 수 있다. 대부분의 비즈니스 인큐베이터는 그 건물 비용 및 개조 비용의 일부를 공공 부문의 보조금이나 저리 융자로 조달하고 있다. 일부 민간 주도형 인큐베이터의 경우에는 시중 은행이나 민간 출연자로부터 자금을 조달받고 있다(한표환, 1992: 72).

3) 외국의 사례

비즈니스 인큐베이터의 운영은 선진국에서 먼저 시작됐다. 영국에서는 공장 건물을 신축하거나 기존 건물을 개조해서 기업이 필요로 하는 회의실 같은 업무용 공간의 제공은 물론 우편물 처리 등의 부수적 서비스도 제공함으로써 중소기업 특히 창업기업의 생산활동을 위해 좋은 환경을 조성해 주고 있다. 그 결과로 중소기업의 창업을 촉진하는 효과를 기대할 수 있어 중소기업 진흥 시책의 일환으로 그 역할이 중요시되고 있다.

미국에서 비즈니스 인큐베이터가 최초로 설립되기 시작한 것은 1978년 이후로서 기업을 시작하려는 사람들에게 사업장의 대여나 비즈니스에 필요한 서비스를 제공한 데서 비롯됐다. 미국에서의 비즈니스 인큐베이터는 지방자치단체, 비영리 지역개발법인, 대학 및 민간기업 등이 운영하는데, 특히 민간기업이 운영하는 비즈니스 인큐베이터는 그 자체가 하나의 투자사업으로 인식되고 있다. 비즈니스 인큐베이터의 건물로는 유휴공장이나 창고 등을 이용해 신설 기업에 시중 임대료의 2분의 1에서 3분의 2 정도의 임대료를 받고 사업장을 임대해 준다. 아울러 각종 비즈니스 서비스를 제공하며, 또한 필요한 서비스를 선택적으로 이용할 수 있도록 하고 있다.

일본에서 인큐베이터 사업은 영국이나 미국보다 늦게 시작됐다. 일부 도시에서 지역산업을 활성화하기 위한 방안 가운데 하나로 첨단기술 산업 육성의 필요성이 점차 고조되자, 지역 단위에서 연구개발과 창업 지원의 거점을 확보해 새로운 기업의 창업과 성장을 촉진시키기 위한 의도에서 추진됐다. 따라서 비즈니스 인큐베이터의 규모도 개별 도시의 여건과 특성에 따라 매우 다양하며, 그 기능이 미치는 영역의 범위도 광역적인 것에서부터 극히 국지적인 것까지 다양하게 추진되고 있는 실정이다. 비즈니스 인큐베이터의 운영 주체 역시 지방자치단체, 제3섹터, 대학, 민간 부문 등 도시에 따라 다양하다(한표환, 1992: 72-73).

4 산업장려지구

1) 개념

산업장려지구(enterprise zone)는 민간기업의 입지와 활동에 제동을 걸고 있는 각종 행정규제와 정부의 간섭을 제거해서 도시경제의 활성화를 도모하기 위해 시도됐다. 산업장려지구는 1960년대 말 홀(Peter Hall)이 구상한 자유 개발의 개념(planning-free concept)에 그 기초를 두고 있다. 홀은 쇠퇴해 가는 미국이나 유럽 도시들의 도심부의 개발을 촉진하기 위한 수단으로서 홍콩이나 싱가포르와 같은 자유항의 개념을 상기시키면서 도심부 특정 지역에 자유산업지역(free enterprise zone)을 지정하고, 그 지역에서는 정부의 각종 규제와 간섭을 배제함으로써 선진국들이 극동 지역의 새로운 산업국가들과 경쟁할 수 있다고 주장했다.

2) 외국의 사례

산업장려지구 제도는 영국에서 먼저 고안하고 시도했으며, 곧 이어 미국의 도시에도 도입됐다. 제2차 세계대전 이후 영국은 런던을 비롯한 대도시의 인구 및 산업 집중을 좀 더 효율적으로 분산시키기 위해 여러 가지 정책 수단을 동원했다. 이와 같이 대도시의 인구 및 산업의 분산정책이 강력하게 추진됨에 따라 도시 내의 취업 기회가 급격히 감소하기 시작했으며, 특히 도시 내 청년층의 실업문제는 심각한 사회문제로 대두했다. 여기에 덧붙여 자동차의 대량 보급과 도로망의 개발에 따라 도시의 공간 확산(urban sprawl)과 주거지의 교외화 현상이 나타나기 시작했다. 이처럼 도시의 공간 확산과 도시 기능의 분산이 가속화됨에 따라 도시 내부는 경제적 공동화(空洞化) 현상을 초래하기 시작했다.

이처럼 도시 내부의 퇴조가 심각한 도시문제로 대두하자 영국 정부는 기존 도시의 재활성화를 추진하기 위한 수단의 하나로 1980년에 「지방정부, 계획 및 토지법(The Local Government, Planning and Land Act)」을 제정해 산업장려지구의 지정을 명문화했다(이정식, 1986: 2).

기존 도시의 활성화(inner city revitalization)를 위한 영국 정부의 이러한 시도는 유럽의 다른 나라와 미국에 영향을 미쳤다. 예를 들면 1981년 '도시 부흥을 위한 유럽 캠페인(The European Campaign for Urban Renaissance)'의 시작으로 공공 재원에 의한 도시재개발사업이 추진되고 있으며, 미국에까지 산업장려지구의 개념이 도입돼 시험대에 오르고 있다. 영국의 경우에는 산업장려지구의 개념이 주로 조세 감면 수단으로 발전한 데 반해서, 미국의 경우에는 도심부에 기업의 유치, 고용 창출, 주거환경 개선 등을 목적으로 산업장려지구를 지정했으며, 많은 도시에서 이 제도를 채택했다(안건혁, 1986: 3).

산업장려지구 제도는 우리에게도 시사하는 바가 적지 않다. 지방자치 제도의 정착과 함께 지방도시의 경제활성화가 무엇보다도 시급한 과제라고 볼 수 있는데, 이를 위해 산업 기반이 상대적으로 취약한 지방도시를 선별해 산업장려지구의 개념을 도입하는 방안도 검토해 볼 수 있을 것이다. 이 경우에 산업장려지구에 유치되는 민간기업은 국가 또는 지역경제적인 측면에서 중점적인 육성이 요망되는 신설 기업에 초점을 둬야 할 것이다. 특히 자본의 규모가 영세한 중소기업의 유치를 위한 지구가 바람직할 것이다. 왜냐하면 기존의 기업들에게도 산업장려지구의 문호를 개방할 경우 도시 내부의 활성화는 촉진될지 모르나 반대로 도시 외곽 지역의 공동화를 가져오는 우(愚)를 범할 수도 있다는 영국의 교훈을 잊어서는 안 되기 때문이다(이정식, 1986: 2).

5 산업 클러스터

산업 클러스터(cluster)란 관련 기업(경쟁기업, 중소기업, 벤처)과 기관(대학, 연구소), 그리고 지원 서비스(금융, 보험, 회계 등)들이 모여 네트워크를 통한 상호 작용으로 산업생산의 시너지 효과를 발휘하는 일정 지역을 말한다. 산업 클러스터에서는 관련 기업과 기관이 근접한 거리에 위치하고 있어 거래 비용을 줄이고 대면 접촉을 통한 정보 교류와 지식 창출의 흐름이 원활하며 동종 업체 간 경쟁 압력을 활용하는 것이 가능하다(복득규 외, 2003: 14-15).

산업 클러스터라는 용어가 사용되기 시작한 것은 1990년대 초 하버드대학교의 포터(Michael E. Porter) 교수가 경쟁 우위에서 클러스터의 중요성을 역설한 이후부터다. 포터는 경쟁 우위에서 기업이나 산업보다 클러스터가 주도 개념으로 떠오르고 있음을 지적하면서 세계화 · 정보화 시대에도 클러스터의 기반이 되는 지역이 여전히 중요하다고 주장했다.

일반적으로 세계화와 디지털 기술의 발달로 경쟁 우위에서 입지(location)가 갖는 중요성은 감소할 것으로 예상되고 있다. 이른바 '거리의 소멸' 현상이 나타나는 것이다. 그러나 혁신에 필요한 지식은 서류화할 수 있는 형식지(形式知, codified knowledge)가 아니라 암묵지(暗默知, tacit knowledge)다. 코드화할 수 없는 암묵지는 서로 만나 얼굴을 맞대고 이야기할 수밖에 없다. 즉, 암묵지는 상호 작용을 통한 학습과 비공식적인 메커니즘을 통해 축적되며, 공간적으로 확산이 매우 제한돼 있는 것으로 알려져 있다. 여기서 산업 클러스터의 중요성이 나타나는데, 포터는 산업 클러스터를 형성함으로써 전문화된 지식과 기술을 쉽게 활용할 수 있고 경쟁 기업과 관련 기관, 그리고 수준 높은 고객들이 상호작용을 통해 경쟁 우위를 창출하는 것이 가능하다고 강조한다.

미국에서는 일찍이 실리콘 밸리를 비롯해 많은 산업 클러스터가 형성돼 왔으며, 일본에서도 지역산업의 회생 대책으로 2000년부터 '산업 클러스터 계획'을 시행하고 있고, 중국도 베이징(北京) 시내의 중관춘(中觀村) 지역을 '중국의 두뇌' 역할을 하는 산업 클러스터로 육성하고 있다.

2000년대 이후 우리나라도 지역산업의 경쟁력을 높이기 위해 지역별로 산업 클러스터를 육성하는 정책을 추진하고 있다. 외환 위기 이후 국내 산업 여건의 변화도 산업 클러스터의 육성을 추동하고 있다. 그동안 국내 산업의 형성과 발전을 지탱해 오던 '기업집단형 산업발전 모델'은 더 이상 작동할 수 없게 됐다. 외환 위기 이후 기업집단이 개별 기업으로 분리되고 시장의 감시가 엄격해졌으며, 핵심 역량의 강화를 통한 수익성 위주의 경영이 강화됐기 때문이다.

국내 산업도 외환 위기 이후 대대적인 구조조정을 추진했으나, 우선적으로 비용 절감에 치중했다. 그 사이에 기업의 경쟁은 세계적으로 더욱 치열해졌다. 세계화와 정보화가 빠르게 전개됐고, 무엇보다 혁신의 중요성이 커졌다. 또한 연구개발에 대한 투자 규모가 기하급수적으로 증대했으며, 전 세계를 대상으로 하는 제품의 개발과 생산 속도는 더욱 빨라졌다. 선진 기업들은 대규모 인수 합병과 제휴를 통해 몸집을 키우는 동시에 산업 클러스터 형성과 디지털 기술 활용, 조직 개편 등을 통해 '빠른 공룡(恐龍)'으로 변신하고 있다.

여기서 산업 클러스터가 새로운 산업 발전 모델로 부각된다. 산업 클러스터는 독립된 기업과 기관들이 일정 지역에 모여 네트워크를 형성하는 조직 형태이기 때문에 기업집단과 다르다. 반면 네트워크로 묶인 산업 클러스터 전체를 보면 기업집단보다 큰 규모와 기능을 가진다. 치열한 경쟁 속에서 대면 접촉을 통해 신기술과 신지식을 창출하기 때문에 혁신 능력은 벤처기업 못지않다. 벤처와 기업집단의 단점을 보완하는 동시에 세계 시장에서 경쟁할 수 있는 규모와 혁신 능력을 갖춘 새로운 산업 발전 모델이 바로 산업 클러스터인 것으로 인식되고 있어 우리나라의 도시경제 개발을 위해 갖는 시사점은 매우 크다고 볼 수 있다.

제3절 주요 도시의 산업구조 변화와 도시경제 정책

1 서울

우리나라의 대표적 도시인 서울의 경제 성장은 1960년대와 1970년대에 걸쳐 영등포와 구로구 일대에 걸친 제조업의 성장에 힘입은 바 크다. 그러나 서울의 제조업 고용인구는 1980년대 들어 계속 상대적 비중이 낮아지고 있을 뿐 아니라, 대규모 공장의 지방 및 교외 이전으로 인해 서울의 탈제조업화 현상이 현저하게 나타나고 있다. 최근 서울은 외국의 대도시들이 겪고 있는 탈산업화의 경향과 비슷한 양상을 나타내면서 도시 내부의 제조업이 쇠퇴하고, 도심과 부도심에서는 서비스산업과 정보산업 등의 3차 산업의 성장이 뚜렷하다.

전통적인 도시산업인 대규모 제조업의 성장이 둔화된 것은 사실이지만 모든 종류의 제조업이 그런 것은 아니다. 노동집약형 산업이나 고부가가치 산업은 오히려 괄목할 만한 정도로 성장했다(형기주, 1993: 42).

1980년대 이후 인쇄·의류·기술집약형 기계공업 등의 제조업과 금융·보험·부동산·도매·법률 및 세무회계 서비스, 정보통신산업 등의 생산자 서비스업의 성장이 서울 경제의 성장을 주도해 왔다. 이들 산업의 성장은 이들 산업을 위한 서울의 입지적 장점과 긴밀한 연관성을 가진다.

인쇄업이 서울에서 성장하는 요인은 인쇄업이 정보 지향적인 성격이 강하고, 교육 및 중추관리 기능의 서울 집중과 각종 문화산업의 서울 집중에 따른 자연스러운 결과로 보인다.

의류산업이 서울에 집중하는 요인을 살펴보면, 서울 지역이 수요와 공급의 두 가지 측면에서 유리한 조건에 있음을 알 수 있다. 의류산업이 성공하기 위해서는 역시 자극이 있어야 하고, 기회·전문인력·정보 등이 풍부해야 한다. 의류 생산과 관련된 시설은 어떤 의미에서는 첨단기술연구소와 마찬가지로 정보집약적이고 이미지 창조적인 활동이 없으면 입지 효과가 의문시된다. 따라서 서울은 그 자체가 대규모 시장이므로 소비자와의 근접으로 인해 소비자 기호를 파악하기 쉽다는 점을 잘 활용할 수 있다. 그리고 수많은 중소기업이 입지하고 있으므로 다품종 소량생산 방식에 쉽게 적응할 수 있는 생산 체제를 갖추고 있다. 아울러 양질의 기술자와 숙련노동력이 풍부하기 때문에 의류산업의 입지를 위해서는 서울과 같은 대도시가 적합하다고 볼 수 있다.

기술집약형 기계공업이 서울에 집중하는 요인으로는 다음과 같은 이유를 들 수 있다. 첫째, 다양한 소재와 부품 결합에 의한 조립 가공형 업종이므로 관련된 공업이 서울에 집적하기 쉽다. 둘째, 고급기술자, 숙련노동력에 대한 접근이 용이하다. 셋째, 기존 제품의 개량, 신제품 개발을 위한 기술 정보에 대한 접근이 용이하기 때문이다(신창호, 1993: 178-179).

서울 경제 성장의 또 다른 주도 산업은 도매 · 금융 · 보험 · 부동산 · 사업 서비스 등의 생산자 서비스업인데, 이들 산업 역시 중추관리 기능에의 접근성이 중요한 입지 인자라는 점을 감안한다면 서울의 도시경제 성장을 주도하는 것은 자연스러운 것으로 볼 수 있다. 외국의 대도시들 역시 후기산업사회에서 생산자 서비스업이 도시경제에서 차지하는 비중이 증가 추세를 보이는데, 서울의 경우도 이러한 추세는 계속될 것으로 보인다.

2 피츠버그

미국의 펜실베이니아주에 위치한 피츠버그시는 1950년대 세계적인 철강도시로 발전했으며, 1960년대 이후 미국의 철강산업이 국제경쟁력을 상실한 후 도시경제가 사양화의 길로 접어들었다. 도시경제의 쇠퇴로 도시 인구가 감소하기 시작했는데, 1950년에 67만 명이던 도시 인구는 1960년에는 60만 명으로 감소했다.

이처럼 철강산업의 쇠퇴와 함께 도시의 활력을 잃어버린 피츠버그는 미국 내 성장도시들의 도시경제 부흥 프로그램을 배우기 시작했다. 1980년대 들어 피츠버그는 성장의 주도 산업으로 첨단산업과 비즈니스 서비스(business service) 산업을 육성한 결과 1989년에는 미국 내 최저 실업률을 기록하기도 했다.

피츠버그의 도시경제를 회복하는 데 결정적인 공헌은 피츠버그대학 및 카네기 멜론 대학과 연계된 첨단산업의 유치와 육성이다. 피츠버그는 이들 대학과 첨단산업 간의 원활한 연계를 위해 산-학-관(産-學-官)이 함께 참여하는 '알레게니 지역사회개발협의회(Allegheny Conference on Community Development)'를 운영해 도시경제 활성화를 위한 각종 산학 연계 프로그램을 개발해 운영하고 있다.

알레게니 지역사회개발협의회는 1943년에 창설된 민간 중심의 비영리조직으로서 피츠버그 지역의 경제와 전반적인 삶의 질을 증진시키기 위해 각종 프로그램을 탐색, 계획, 지원, 실천하는 것이 설립 목적인 다목적의 시민협의체다. 알레게니 지역사회개발협의회는 산하에 여러 기구를 두고 다양한 사업을 추진하고 있는데, 여기에는 연구개발, 모험자본, 경영 지원, 산업단지 개발 등의 사업이 포함된다.

한편 민간 주도의 알레게니 지역사회개발협의회와는 별도로 펜실베이니아주 정부는 1982년부터 기술개발 프로그램의 하나로 '벤 프랭클린 파트너십(Ben Franklin Partnership)'을 운영하고 있다. 벤 프랭클린 파트너십은 펜실베이니아주에 있는 대학과 기업인 및 투자가들 간의 연결 기능을 수행하면서 산학협동 체계를 구축하고 있다. 또한 대학의 연구 기능을 시장 지향적 기술 개발로 연결시켜 상업화를 유도하며, 산학 연계, 전문가 교육과 훈련, 창업 지원 등 다양한 활동을 수행함으로써 피츠버그 도시경제의 부흥에 기여해 왔다.

3 브레멘

브레멘은 독일 북부의 베제르(Weser)강 하류에 위치한 오랜 역사를 지닌 항구도시로 일찍이 조선업을 비롯한 철강 · 금속 등의 중공업을 바탕으로 성장했다. 그러나 석유 파동을 고비로 중공업은 쇠퇴했고, 대신에 전자 · 우주항공 등의 첨단산업이 급속히 발전했다. 또한 바다와 함께 성장해 온 오랜 역사를 배경으로 브레멘에서는 해양에 관한 연구 개발도 왕성하게 진행되고 있다.

이처럼 산업구조의 급속한 변화를 도시경제의 성장을 위한 전략으로 추진하는 것이 브레멘 테크노폴리스 개발계획이다. 브레멘 테크노폴리스는 국제경쟁력이 있고 성장 가능성이 큰 첨단산업을 유치하고 육성하는 전략을 추진하고 있다. 브레멘의 기업은 각 분야에서 유럽의 최첨단 기술을 가지고 있는 것이 특징이다. 브레멘에는 항공, 조선, 자동차, 전자 등의 산업이 집적돼 있다.

브레멘 테크노폴리스는 1971년에 개교한 브레멘대학의 학술 및 연구 기능을 바탕으로 브레멘에 첨단기술형 기업을 유치하고 육성하고 있다. 베제르 강변의 브레멘항 주변에 약 3,300ha가 넘는 넓은 공업용지를 조성해 첨단산업의 거점을 형성하고 있다. 브레멘 테크노폴리스 개발을 위해 중추적인 역할을 하는 추진기관은 1985년에 브레멘주(州) 정부[1]가 전액 출자해 만든 브레멘주 경제진흥공사(WFG)다. WFG는 많은 전문가를 중심으로 브레멘대학 주변에 약 60ha의 첨단산업단지(Technologie Park Bremen)를 조성해 첨단산업체들을 유치하고 있다. WFG는 이 단지 내에 비즈니스 인큐베이터 기능을 가진 브레멘 이노베이션 테크놀로지 센터(Bremen Innovation Technologie Zentrum: BITZ)를 브레멘 상공회의소, 브레멘대학, 브레마하펜대학, 민간기업과의 공동 출자로 설립해 새

1) 브레멘은 베를린, 함부르크와 함께 도시 주(州)의 하나임.

로이 창업하는 기업들을 지원하고 있다. BITZ의 설립 목적은 연구개발을 주목적으로 하는 기업을 입주시키고 하나의 기업으로 독립할 수 있을 때까지 기술 및 경영 지원을 위한 인큐베이터의 기능을 담당하기 위한 것이다. 또한 WFG는 외국으로 진출하려는 기업을 위한 인큐베이터 시설인 국제무역센터를 브레멘의 도심에 설치해 운영하고 있다(권영섭, 1993: 49-52).

특히 WFG는 브레멘주 정부와 협력해 지역 기업들의 기술 및 재정적인 지원을 위한 다양한 프로그램을 운영하고 있다. 예를 들면 WFG는 연구개발 촉진에 도움을 주는 중소기업 진흥 프로그램, 환경 보전 기술에 대한 산업지원 제도 등의 운영을 통해 도시경제 활성화에 기여하고 있다. 이 밖에도 WFG는 외국 기업들의 유치를 위해서도 적극적인 활동을 펴고 있다.

연습 문제

1. '포드주의 생산 체제'와 '포스트 포드주의 생산 체제'를 비교해 설명하고, 이들 두 가지 생산 체제가 도시경제 정책의 수립을 위해 갖는 정책적 시사점을 논의하시오.
2. 테크노폴리스와 테크노파크의 공통점과 차이점을 간략하게 설명하시오.
3. 비즈니스 인큐베이터(business incubator) 제도의 기본 목적을 설명하고, 도시경제 정책을 위해 갖는 시사점을 논의하시오.
4. 산업장려지구(enterprise zone)의 목적과 유래를 간략하게 설명하시오.
5. 산업 클러스터의 개념을 설명하고, 산업 클러스터가 도시경제 개발을 위해 갖는 시사점을 논의하시오.
6. 대도시에서 성장할 수 있는 도시형 산업은 어떤 것들이 있는지 논의하시오.

제 14 장
도시토지

제1절 토지시장의 특성과 정부 개입의 필요성

토지시장에 대한 정부의 개입은 토지시장이 가진 ① 불완전 경쟁적 시장의 성격과 ② 토지시장과 관련된 시장실패(market failure)의 이유 때문에 정당화된다. 이러한 두 가지 이유가 존재하는 경우에는 정부의 개입이 정당화되는데, 아래에서는 토지시장이 왜 불완전 경쟁시장이며 토지시장은 왜 시장실패를 유도하는지 살펴본다(이정전, 1991: 351-357).

1 불완전 경쟁적 토지시장

경제학의 시조인 스미스(Adam Smith)가 시장기구의 역할을 '보이지 않는 손(invisible hand)'에 비유해 설명한 이래, 자원의 최적 배분은 시장기구를 통해 해결이 가능함을 많은 경제학자가 증명하고 보여 왔다. 특히 완전 경쟁시장의 경우 자원이 가장 효율적으로 배분되는 파레토 최적(Pareto optimum) 상태가 성립할 수 있음은 경제학의 기본 원리다. 따라서 시장구조가 완전 경쟁시장의 요건을 충족시키지 못할 때 자원의 효율적인 배분을 위해 정부의 개입이 정당화된다.

완전 경쟁시장이란 다음의 네 가지 요건을 갖춘 시장을 말한다. 첫째, 시장이 수많은 수요자와 공급자로 구성돼 있어 어떤 수요자나 공급자도 시장가격의 형성에 결정적인 영향을 미칠 수 없어야 한다. 둘째, 해당 시장에서 거래되는 재화는 동질적이어서 사는 사람은 파는 사람을 차별할 수가 없어야 한다. 셋째, 파는 사람과 사는 사람 모두 팔거나 사려고 하는 재화에 대한 정확한 정보를 가지고 있어야 한다. 특히 가격에 대한 정확한 정보를 가지고 있어야 한다. 넷째, 해당 재화나 서비스의 공급자 수가 이윤의 정도에 따라 신축적으로 변할 수 있도록 해당 산업에의 진입과 퇴거가 자유로워야 한다.

이상의 네 가지 완전 경쟁시장의 요건에서 알 수 있는 바와 같이 완전 경쟁시장이란 파는 사람은 팔 것을 놓고 서로 완전한 경쟁 관계에 있고, 사는 사람은 살 것을 놓고 서로 완전한 경쟁 관계에 있게 된다. 위에서 열거한 네 가지 완전 경쟁시장의 요건 가운데 그 어느 것 하나라도 충족시키지 못하는 시장을 불완전 경쟁시장이라고 한다. 이 불완전 경쟁시장에서 거래되는 재화나 서비스의 가격은 사회적으로 바람직한 수준보다 현저하게 높거나 낮아지며, 거래량도 사회적으로 바람직한 양보다 지나치게 적거나 많아지게 되므로 자원의 최적 배분이 이뤄지지 못하게 된다. 따라서 불완전 경쟁시장의 경우 정부의 개입이 정당화된다.

토지시장은 토지의 특성과 결부된 구조적 결함 때문에 여러 가지 측면에서 완전 경쟁시장과는 거리가 멀다.

첫째, 토지라는 자원의 여러 가지 특성은 토지시장에서 토지 공급자가 독점적 영향력을 행사할 여지를 많이 준다. 왜냐하면 토지는 지점(위치)에 따라 각기 다른 특성을 가진 이질적 자원이며, 각 특성별로 이용 가능한 토지의 양은 한정돼 있기 때문이다.

둘째, 토지시장에 대한 정보가 불완전하다. 토지시장을 불완전 경쟁시장으로 만드는 큰 요인은 토지 거래에 필요한 자료와 정보가 원하는 모든 사람에게 쉽게 전달되지 않는다는 점이다. 토지에 대한 정확한 정보와 자료의 취득만으로도 큰 돈을 벌 수 있다는 사실이 바로 토지에 대한 정확한 정보와 자료를 얻기가 얼마나 어려운가를 단적으로 보여준다고 볼 수 있다.

셋째, 토지시장의 또 다른 문제는 토지시장에의 진입과 퇴거가 완전 경쟁시장이 요구하는 것처럼 자유롭지 못하다는 점이다. 토지를 효율적으로 이용하기 위해서는 수요가 적어 수익성이 낮은 용도에서 수요가 커 수익성이 높은 토지 용도로의 전환이 원활하게 이뤄질 수 있어야 하는데, 이러한 용도 전환이 쉽지 않다는 점이다. 정부에 의한 토지 이용 규제가 없다고 하더라도 새로운 용도는 막대한 토지개발 비용을 필요로 할 수도 있기 때문에 용도 전환이 쉬운 것은 아니다.

이상에서 살펴본 토지시장의 불완전 경쟁적 성격이 토지 소유의 형평성 문제를 야기하고, 토지의 효율적 이용을 어렵게 하고 있다.

2 시장실패

토지시장이 가지는 불완전 경쟁적 시장 특성과는 별도로 토지시장이 시장실패(market failure)의 요소를 갖추고 있을 때도 정부의 개입이 정당화된다.

일반적으로 시장기구가 자원의 최적 배분을 달성하기 위해서는 다음과 같은 조건이 성립해야 한다. 첫째, 모든 재화를 생산할 때 규모의 경제(economies of scale)가 존재하지 않아야 한다. 다시 말해, 생산 규모를 크게 할수록 단위당 생산비용이 적어지는 현상이 없어야 한다는 것이다. 둘째, 외부 효과(외부성)나 공공재가 없어야 한다. 셋째, 경제여건의 변화에 수요와 공급이 신속히 대응함으로써 시장이 안정적 균형을 유지할 수 있어야 한다.

이들 조건 중에서 그 어떤 하나라도 충족시키지 못하면 시장기구는 국민경제 전체의 차원에서 자원의 최적 배분을 달성하지 못하게 되는데, 이를 시장실패라고 한다. 비록 시장기구가 다른 어떤 인위적 방법으로도 이루기 어려운 자원의 효율적 배분을 대체로 잘 이루지만 독점 혹은 과점의 문제, 각종 공해 문제, 그리고 자원의 고갈 문제에서 보듯이 시장의 실패 현상은 우리 주위에서 허다하게 발생하고 있다.

토지 이용이 완전히 시장기구에 의해 결정되는 경우, 서로 나쁜 영향을 주는 토지 용도의 인접으로 부(負)의 외부 효과, 즉 외부불경제가 발생할 수 있다. 예컨대 주택가에 공해나 소음을 일으키는 공장이 입지하면 심각한 부(負)의 외부 효과를 일으키게 된다. 대부분의 외부 효과는 동시에 공공재적 성격을 가지는데, 시장기구 아래서는 사회적으로 바람직한 외부 효과는 과소 공급되는 경향이 있다. 즉, 토지 이용이 전적으로 시장기구에 의해 결정되는 경우 지나치게 많은 토지가 사적 재(私的財, private goods)의 생산을 위한 용도에 이용되고, 공공재의 생산을 위한 용도에는 지나치게 적게 이용된다는 것이 문제다. 공공재를 생산해 봐야 돈벌이가 되지 않으므로 아무도 공공재 생산을 위해 토지를 이용하지는 않을 것이기 때문이다.

대부분의 경우 토지 개발은 도로 · 상하수도 · 배수로 등 공공시설의 설치를 포함하는데, 이런 것들의 설치는 규모의 경제를 수반한다. 그렇기 때문에 토지 개발은 대규모로 이뤄져야 경제성이 있게 되는데, 민간기업은 그러한 대규모 개발을 수행할 경제력을 갖지 못하거나, 혹은 그럴 만한 경제력을 가질 경우에는 토지 개발에서 독점적 영향력을 행사할 우려가 있다는 점이 문제가 된다.

이상에서 살펴본 바와 같이 토지 이용의 효율성 제고라는 명분 아래 정부가 토지 이용에 개입할 필요성은 토지시장이 가진 ① 불완전 경쟁적 시장의 성격과 ② 토지시장과 관련된 시장실패로 인한 문제에 기인한다. 물론 토지의 효율적 이용뿐만 아니라 토지 보유의 형평성 문제도 정부의 개입을 정당화한다. 토지 보유의 형평성 문제는 역사적으로 오히려 더 심각한 토지 문제로 인식돼 왔고, 부동산 투기 문제와 결부돼 중요한 사회적 이슈가 돼 왔다.

제2절 도시토지 정책과 도시토지 이용계획

1 도시토지 정책

1) 도시토지 정책의 이념

도시토지 정책을 수립하는 데 기본적으로 추구해야 할 이념은 한정된 토지의 효율적 이용을 도모해야 한다는 1차적인 목표와 아울러 토지의 소유와 이용에서 발생하는 소득과 부(富)를 국민 개개인과 각 계층이 골고루 누릴 수 있는 배분적인 목표로 크게 나눠 볼 수 있다. 즉, 도시토지 정책이 추구해야 할 이념은 효율성(efficiency) 제고와 형평성(equity) 확보의 두 가지로 요약될 수 있다.

우리나라의 경우, 해방 이후의 토지 관련 입법 추이를 보면 건국 직후 시도된 농지개혁을 통해 추구했던 초기의 정책 이념은 효율성보다는 형평성에 더 큰 역점을 뒀던 것으로 여겨진다. 그것은 농업이 주가 됐던 사회에서 농지로부터 발생하는 소득을 농민들에게 가급적 균등하게 배분하고자 한 데 더 큰 정책적 의미를 부여했다는 뜻이다.

그 후 1960년대 초반 이후 강력히 추진했던 경제 개발 과정에서 농지는 물론 도시 내 토지에 대해서도 토지 이용의 효율성을 높이기 위한 여러 가지 이용상의 제한이 가해졌다. 각종 계획 관련법, 토지수용법, 개발제한구역(green belt) 등과 아울러 각종 용지의 수급을 원활히 하기 위한 몇 가지 개발촉진법 등도 잇따라 제정됐다. 따라서 1960년대 이후 1980년대까지 토지정책의 근본 철학은 토지 이용의 효율성을 추구하는 데 주어졌던 것을 부인할 수가 없다.

그러나 1970년대부터 나타나기 시작한 토지 투기와 급격한 지가의 상승은 토지의 개발로 인한 소득과 이익의 분배 과정에서 심각한 형평성 문제를 야기했다. 이와 같은 사회분위기 속에서 토지로 인한 불평등 요소를 제거하자는 것이 토지문제의 중요한 이슈로 등장하기 시작했다. 다시 말해, 효율성 혹은 생산성 위주의 토지정책 이념으로부터 계층 간 혹은 개인 간 부(富)의 분배 기능으로서 토지정책적 의미가 부각되기 시작한 것이 1980년대 중반 이후다.

이처럼 우리나라의 토지정책사를 더듬어 보면 형평성・효율성 등의 토지정책 이념이 때로는 강하게, 때로는 약하게 사회적 요청에 따라 각기 달리 부각돼 왔다고 볼 수 있다. 효율성과 형평성의 정책 이념은 어느 한쪽이 강조될 때 다른 한쪽이 위축될 수밖에 없는 상충 관계에 있는 것은 아니며, 오히려 운영하기에 따라 두 이념은 서로 보완적인 관계에서 서로를 향상시켜 줄 수 있는 관계로 발전할 수 있다. 따라서 향후의 토지정책에서 꾸준히 추구해야 할 기본적인 철학은 효율성과 형평성의 이념이 조화를 이뤄 서로 상승 작용을 할 수 있도록 발전시켜 나가는 것이라 하겠다(국토개발연구원, 1984: 12).

2) 도시토지 정책의 목표

이와 같은 기본 이념에 따라 도시토지 정책이 추구해야 할 목표를 살펴보면 다음의 세 가지로 요약할 수 있다.

첫 번째 목표는 도시토지의 효율적 이용이다. 각각의 토지의 기능과 특성에 맞는 계획을 세우고 단계적으로 실천에 옮김으로써 토지 이용의 효율성을 기하는 한편 절대적으로 부족한 토지자원의 제약을 극복하기 위해 토지의 이용과 이에 따른 관리를 더욱 철저히 해야 한다.

두 번째 목표는 다양한 토지 수요에 대응한 원활한 토지 공급과 이를 통한 토지가격의 안정이다. 이에 더해 이제까지는 주로 토지에 대한 수요는 주어진 것으로 보고, 이를 어떻게 충족시킬 것인가 하는 공급 일변도의 정책이 주종을 이뤄 왔으나, 이제 특히 눈을 돌려야 할 것은 수요 측면의 조절이라고 할 수 있다. 즉, 불필요한 수요를 없애는 데 관심을 기울여야 한다.

세 번째 목표는 토지 보유의 저변 확대를 이루는 것이다. 다시 말해, 도시토지 정책의 역할을 단순히 토지를 효율적으로 활용하는 것뿐만 아니라 개인 간, 계층 간의 왜곡된 부와 소득의 분배를 수정하는 기능까지도 포괄해야 한다.

2 도시토지 이용계획과 공익

도시토지 이용계획은 도시계획구역 내의 토지를 어떻게 효율적으로 이용할 것인가를 결정하는 계획이다. 따라서 도시토지 이용계획은 도시토지 정책의 목표를 달성하기 위한 구체적인 계획작업이라고 할 수 있으며, 도시토지 정책의 목표 가운데 토지의 효율적 이용에 초점을 둔다. 일반적으로 도시토지 이용계획의 목표는 도시토지의 효율적 이용을 통해 공익(public interests)을 증진시키는 것이다. 도시토지 이용계획의 목표로서 공익의 요소는 ① 보건성과 안전성, ② 편리성, ③ 효율성과 에너지 보존, ④ 환경의 질, ⑤ 사회적 형평성, ⑥ 쾌적성 등이 있다(Chapin, Jr. & Kaiser, 1979: 48-58). 이들 여섯 가지 공익 요소는 상충 관계가 있을 수도 있는 만큼, 균형을 이뤄 나가는 것이 중요하다. 아래에서는 이들 여섯 가지 공익의 요소에 대해 살펴본다.

1) 보건성과 안전성

토지이용계획은 스트레스, 질병, 사고의 재난으로부터 주민들을 보호할 수 있도록 수립해야 한다. 토지이용계획은 보건성(health)과 안전성(safety)을 증진시켜야 하며, 이를 위해 주민들의 일조권(日照權)을 보장하고 소음과 대기오염으로부터 보호되도록 토지이용계획을 수립해야 한다. 아울러 토지이용계획은 화재·홍수 등과 같이 주민들이 예기치 못한 재난으로부터 보호될 수 있도록 배려하고, 주민들의 심미적 만족(aesthetic satisfaction)도 고려해야 한다. 이를 위해 용도지역·지구제(zoning), 밀도규제(density control), 각종 토지개발사업 등의 수단을 강구할 수 있다.

2) 편리성

토지이용계획은 편리성(convenience)을 고려해 도시의 각기 다른 장소에서 일어나는 도시 활동을 편리하게 연결시킬 수 있도록 배려해야 한다. 토지 이용의 공간 배치에 따라 나타나는 기능 지역 간의 상호 관계, 예컨대 가정-직장, 가정-학교, 직장-레크리에이션, 가정-쇼핑, 쇼핑-직장, 도매상-소매상, 도매상-공업 지역 등의 연계가 이용자의 입장에서 편리하도록 토지이용계획을 수립해야 한다.

3) 효율성과 에너지 보존

토지이용계획에서의 효율성(efficiency)의 개념은 공공비용(public cost)과 관련된 개념이다. 여기서 공공비용이란 지방자치단체의 지출이나 도시 주민이 부담하는 비용 등을 의미한다. 따라서 도시토지의 고밀도 개발은 도시의 외연적 확산을 초래할 도시토지의 저밀도 개발보다 효율적인 것으로 간주된다. 최근에는 에너지 자원의 희소성 때문에 에너지 절약적인 도시토지 이용에 대한 관심이 고조되고 있으며, 에너지 보존(energy conservation)이 효율성을 평가하는 중요한 요소로 간주되고 있다.

효율성과 에너지 보존은 앞서 살펴본 편리성과 깊은 관련성을 가진다. 예컨대 주거지에서 아주 가까운 거리에 학교와 휴식공간을 만드는 것은 편리성뿐만 아니라 효율성 및 에너지 보존의 두 가지 요소를 모두 충족시키는 것으로 볼 수 있다. 그리고 직장과 주거의 근접 역시 교통 관련 에너지와 통행 시간의 절약으로 이들 두 가지 요소를 충족시키는 것으로 볼 수 있다. 여기서 한 가지 유의할 점은 효율성과 에너지 보존의 기준은 다른 기준, 예컨대 앞서 살펴본 보건성과 안전성, 혹은 다음에 살펴볼 환경의 질의 기준 등과 상충 관계에 있으므로 균형을 이루도록 해야 한다는 점이다.

4) 환경의 질

토지이용계획은 환경의 질(environmental quality)을 고려해서 수립해야 한다. 토지이용계획은 대기오염이나 수질오염을 예방하거나 완화할 수 있도록 배려해야 하며, 과도한 소음(noise) 유발도 최소화할 수 있도록 배려해야 한다.

5) 사회적 형평성

현대 사회는 다원화된 사회이며, 다원화된 사회에서는 다원화된 집단 간의 형평성(equity)을 모든 계획에서 중요하게 다뤄야 한다. 토지이용계획에서도 역시 다원화된 집단 간의 사회적 형평성(social equity)을 충분히 고려해야 한다. 사회적 형평성은 직업·교육·의료·주택에의 접근을 위한 균등한 기회를 보장하는 것이며, 개발의 편익과 비용의 공평한 분배가 보장되는 것을 말한다.

6) 쾌적성

쾌적성(amenity)은 삶을 영위하는 장소로서 도시환경의 즐거움(쾌적)을 의미하며, 도시환경에 대한 지각적인 측면(perceptual aspects)과 관련된 개념이다. 예컨대 녹지공간(open space)의 확보나 도시 미관을 고려한 토지이용계획이 이뤄져야 함을 말한다.

제3절 도시토지 정책 수단[I]: 토지 이용 규제

1 도시계획과 토지이용계획

도시계획은 해당 지역의 성장 및 발전 가능성을 면밀히 검토해 도시공간 내에 이들 변화를 어떻게 적절히 수용해야 하는가에 대한 종합적인 지침의 설정이라고 할 수 있는데, 우리나라의 경우 도시기본계획이 바로 이러한 성격을 갖는다. 도시기본계획의 수립을 위해 경제·사회 등 전반적인 분야에 걸친 신중한 분석과 연구가 뒷받침돼야 하는 이유도 장기적이고 종합적인 도시의 성장을 가능한 한 정확히 파악하고 예측하기 위해서다. 이러한 도시계획의 주요 내용은 인구 및 각종 경제·사회활동이 원활히 도시공간 내에 수용될 수 있도록 하는 토지이용계획과 이들 모든 활동 공간을 마치 인체의 혈관과도 같이 막힘 없이 유통될 수 있도록 엮어 주는 교통계획, 그리고 제반 활동이 불편 없이 영위되도록 하기 위한 도시 하부구조(인프라) 시설에 대한 계획으로 집약될 수 있다. 이 가운데 도시의 성격 형성 및 공간구조 면에서 가장 중요하고도 어려운 부문별 계획이 토지이용계획이다. 왜냐하면 인구가 증가하고 산업이 발달함에 따라 토지에 대한 수요는 끊임없이 증가하고 있는데 반해, 도시토지의 공급은 상대적으로 한정돼 있기 때문이다. 더욱이 토지는 어떤 용도로 이용되는가에 따라 그 가치가 달라지는 특성을 가지고 있는데, 도시의 토지 이용 패턴은 토지의 위치, 토지의 형상 등 토지의 물리적 특성뿐만 아니라 경제 수준, 사회적 변화, 기술 진보 등 시대적인 상황에 따라서도 영향을 받는다.

도시토지의 효율적인 이용은 어느 나라를 막론하고 중요한 정책과제다. 특히 고밀화돼 가는 도시의 토지 이용은 방임해 둘 경우 한정된 가용 토지에 대한 용도 간의 경합으로 많은 혼란이 초래된다. 따라서 개별 토지의 위치나 형상 등의 특성을 효율적으로 이용할 수 있도록 하고 개별 토지가 모여서 구성되는 도시공간 체계상에서 용도의 혼합과 분리가 합리적으로 이뤄질 수 있도록 하는 토지이용계획이 매우 중요하다. 이와 같이 토지이용계획은 현재의 도시토지 이용 패턴과 도시민의 활동 패턴을 파악하고 분석해 장래의 용도별 도시토지 수요를 추정하고, 이를 한정된 토지에 합리적으로 배치하는 것이다. 이러한 토지이용계획은 현행 법체계상 도시기본계획의 일부를 구성하는 것이지만, 그 자체가 도시의 장래 공간구조의 모습을 제시함과 동시에 교통시설, 공급처리시설 등의 공공시설을 정비하는 데 기준이 된다는 점에서 도시계획의 가장 핵심적인 부분을 형성하고 있다고 볼 수 있다(이태일, 1985: 251-252).

2 토지이용계획과 용도지역·지구제

용도지역·지구제(zoning control)란 토지이용계획을 구체적으로 실현하는 법적·행정적 수단 중의 하나다. 즉, 이 제도는 토지이용계획을 질서 있고 합리적으로 집행하기 위한 장치다. 용도지역·지구제는 서로 양립할 수 없는 토지의 이용은 분리시키고 토지의 특성에 맞는 용도를 지정해 토지 이용을 방임함으로써 발생할 수 있는 토지 이용의 혼란과 비효율성을 사전에 배제하고 합리적이고 효율적인 토지 이용을 유도하여 궁극적으로 쾌적한 도시환경을 유지시켜 주는 제도라고 볼 수 있다.

이러한 용도지역·지구제는 재산가치이론(property value theory)과 계획이론(planning theory)의 두 가지 이론을 바탕으로 발전해 왔다. 재산가치이론은 개인의 토지는 인접한 다른 토지의 재산가치를 하락시키지 않는 범위 내에서 시장 기능에 의해 결정되는 대로 최대한의 가치를 가질 수 있는 방도로 활용해야 한다고 보는 이론이다. 따라서 재산가치이론 아래서의 용도지역·지구제는 인접 토지의 재산가치를 손상시키는 토지 이용 행위는 공해(公害, nuisance), 즉 부(負)의 외부 효과로 간주해 공해 유발 건축물의 건축을 금지함으로써 개인의 재산가치 보호 및 극대화라는 목적을 달성해야 한다는 것이다. 초기 용도지역·지구제의 개념은 이러한 재산가치이론을 기초로 발전했으며, 대체로 고급 단독주택 지역의 동질성 및 주거환경 보호, 재산가치의 하락 방지가 주된 목적이었다고 할 수 있다.

이와는 달리 계획이론에서는 용도지역·지구제를 공공계획의 집행 수단으로 보고 있다. 즉, 용도지역·지구제는 정부가 개발 목적이나 각 용도의 적절한 개략적인 위치 등을 규정해 놓은 기본계획을 집행함으로써 그 도시의 성격을 정부의 계획대로 형성시켜 주는 법적 수단이라는 것이다. 오늘날은 재산가치이론에 기초해 단순히 개인의 재산가치 보호를 주목적으로 하는 소극적 개념의 용도지역·지구제보다는 공공의 계획에 부합된 도시개발을 수행하고 토지 이용의 효율화를 도모하려는 적극적 개념의 용도지역·지구제가 널리 받아들여지고 있다(이태일, 1985: 254-255).

3 용도지역·지구제의 연혁

도시계획적인 입장에서 사인(私人)의 재산권을 법적으로 제한할 수 있는 지구를 설정했던 실례는 16세기로 거슬러 올라간다. 1573년 스페인의 필립(Philip) 왕이 신세계(New World: 개척지)에 새로운 지역사회를 만드는 데, 길은 바람에 휩쓸리지 않는 방향으로 내도록 하고 도살장은 주민들에게 악취를 풍기지 않도록 도시의 외곽 지역에 입지하도록 명령한 것이 그것이다(Law of Indies, 1573).

16세기 엘리자베스(Elizabeth) 1세 당시의 영국에서도 지역사회에 해롭거나 지가(地價)를 하락시키는 토지 이용 행위는 공해법을 적용해 제한했다. 미국의 「매사추세츠법(Massachusetts Law, 1692)」에서도 도시지역 내의 특별지구에서 공해를 발생시키는 토지 이용 행위를 제한하도록 규정한 것이 나타나 있고, 보스턴에서는 화약 저장창고를 도시의 중심지로부터 격리시켰던 법이 있었다.

또한 나폴레옹(Napoléon Bonaparte)은 1810년에 유해하거나 불쾌한 악취가 발생되는 토지 이용 행위는 특별 허가를 받도록 법령(decree)을 발표했는데, 여기에는 세 가지 등급이 있어서 이 중 첫 번째 등급의 토지 이용은 사람들의 주거지로부터 일정 거리 내에서는 허용되지 못하도록 규제했다. 이처럼 초기의 용도지역 · 지구제는 도시계획적인 입장보다는 공해 방지 목적이 근간을 이뤘던 공해법(公害法, nuisance law)에서 발전해 나온 것이라 할 수 있다(국토개발연구원, 1981: 39).

현대적인 의미에서의 용도지역 · 지구제가 처음으로 등장한 곳은 독일이다. 나폴레옹 법령을 기초로 한 「프러시아공업법(Prussian Industrial Law)」이 1845년에 제정됐고, 이것은 1869년 북부독일연방(North German Confederation)의 「공업법(Industrial Law)」으로 더욱 확충됐다. 이 법에 따라 단순한 형태의 이용 규제 조치를 실시하다가 1909년에 이르러 밀도, 고도, 토지 이용 성격 등에 대해 규제하는 종합적인 용도지역 · 지구제를 실시했다.

미국에서도 20세기 초부터 도시의 발전을 도모하기 위해 도시토지를 특정 용도지역으로 구분해 지정하는 용도지역 · 지구제를 여러 도시에서 채택하기 시작했다. 미국에서는 공해법의 개념을 개정 · 확대시킨 형태로 용도지역 · 지구제를 도입해 주거환경 보호와 사인(私人)의 재산가치 하락 방지를 위한 법적 도구로 사용했다. 용도지역 · 지구제 조례가 최초로 통과된 곳은 1909년 로스앤젤레스시였으나, 그 규제 지역이나 규제 대상이 제한돼 있었다. 용도지역 · 지구제 조례는 그 후 여러 도시에서 도입했고, 특히 1922년에 연방정부가 제정했던 「표준지역지구제법(Standard Zoning Enabling Act)」과 1927년에 제정된 「표준도시계획법(Standard City Planning Enabling Act)」에 따라 토지 용도의 지정 권한이 지방정부에 대폭 위임돼 지방정부는 이 두 법을 기초로 지역지구제 조례를 제정하게 됐다(국토개발연구원, 1981: 40-41).

이상에서 살펴본 역사적 사실들은 용도지역 · 지구제가 도입되는 시발점에 불과했다고 할 수 있다. 진정한 의미의 용도지역 · 지구제는 1916년 뉴욕에서 용도지역 · 지구제 조례가 통과된 지 10년이 지난 1926년 오하이오주 클리블랜드 주변 유클리드 마을의 소송사건(Village of Euclid vs. Ambler 부동산회사)을 계기로 연방최고재판소에서 용도지역 · 지구제를 합헌적인 것으로 인정하면서 시작됐다.

이때의 용도지역 · 지구제는 경직성과 누적성의 두 가지 특징을 갖고 있었다. 여기서 경직성이라고 함은 계획 주체가 도시를 몇 개의 용도지역으로 구분하고, 각 지역에서 허용되는 용도와 조건을 자세하게 명시해 줌으로써 융통성이 없음을 지칭하는 것이다. 이러한 이유로 인해 이와 같은 경직적인 용도지역 · 지구제는 유클리드 지역제(Euclidean

Zoning)라고도 불린다. 최근에는 이러한 유클리드 지역제가 지닌 규제의 경직성을 보완하기 위한 시도가 여러 나라에서 나타나고 있다.

4 용도지역 · 지구제의 내용

우리나라에서 용도지역 · 지구제에 관한 내용은 「국토의 계획 및 이용에 관한 법률」에 규정돼 있다. 「국토의 계획 및 이용에 관한 법률」(2017년 4월 18일 개정)에 의한 용도지역 · 지구제는 전국의 토지를 도시지역, 관리지역, 농림지역, 자연환경보전지역의 4개 용도지역으로 구분해 지정하도록 규정하고 있다.

표 14-1 「국토의 계획 및 이용에 관한 법률」에 의한 국토의 용도 구분

용도지역	내용
도시지역	인구와 산업이 밀집되어 있거나 밀집이 예상되어 그 지역에 대하여 체계적인 개발 · 정비 · 관리 · 보전 등이 필요한 지역
관리지역	도시지역의 인구와 산업을 수용하기 위하여 도시지역에 준하여 체계적으로 관리하거나 농림업의 진흥, 자연환경 또는 산림의 보전을 위하여 농림지역 또는 자연환경보전지역에 준하여 관리할 필요가 있는 지역
농림지역	도시지역에 속하지 아니하는 「농지법」에 따른 농업진흥지역 또는 「산지관리법」에 따른 보전산지 등으로서 농림업을 진흥하고 산림을 보전하기 위하여 필요한 지역
자연환경보전지역	자연환경 · 수자원 · 해안 · 생태계 · 상수원 및 문화재의 보전과 수산자원의 보호 · 육성 등을 위하여 필요한 지역

자료: 「국토의 계획 및 이용에 관한 법률」 제6조.

1) 용도지역

「국토의 계획 및 이용에 관한 법률」에 따라 지정되는 용도지역의 종류는 크게 ① 도시지역, ② 관리지역, ③ 농림지역, ④ 자연환경보전지역의 네 가지로 나뉘며, 이는 다시 도시지역은 주거지역 · 상업지역 · 공업지역 · 녹지지역으로, 그리고 관리지역은 보전관리지역 · 생산관리지역 · 계획관리지역으로 구분해 지정된다. 용도지역 지정의 근본 취지는 토지 용도의 제한을 통해 토지 이용의 특화를 이루는 데 있는 만큼, 용도지역 간의 상호 중복 지정은 불가능하다. 이들 용도지역의 종류와 지정 목적, 용도지역의 세분 지정은 「국토의 계획 및 이용에 관한 법률」 및 동 시행령에 규정돼 있으며, 〈표 14-2〉 및 〈표 14-3〉에서 보는 바와 같다.

표 14-2 용도지역의 종류와 지정 목적

용도지역		지정 목적
도시지역	주거지역	거주의 안녕과 건전한 생활환경의 보호를 위하여 필요한 지역
	상업지역	상업이나 그 밖의 업무의 편익을 증진하기 위하여 필요한 지역
	공업지역	공업의 편익을 증진하기 위하여 필요한 지역
	녹지지역	자연환경 · 농지 및 산림의 보호, 보건위생, 보안과 도시의 무질서한 확산을 방지하기 위하여 녹지의 보전이 필요한 지역
관리지역	보전관리지역	자연환경 보호, 산림 보호, 수질오염 방지, 녹지공간 확보 및 생태계 보전 등을 위하여 보전이 필요하나, 주변 용도지역과의 관계 등을 고려할 때 자연환경보전지역으로 지정하여 관리하기가 곤란한 지역
	생산관리지역	농업 · 임업 · 어업 생산 등을 위하여 관리가 필요하나, 주변 용도지역과의 관계 등을 고려할 때 농림지역으로 지정하여 관리하기가 곤란한 지역
	계획관리지역	도시지역으로의 편입이 예상되는 지역이나 자연환경을 고려하여 제한적인 이용 · 개발을 하려는 지역으로서 계획적 · 체계적인 관리가 필요한 지역
농림지역		도시지역에 속하지 아니하는 「농지법」에 따른 농업진흥지역 또는 「산지관리법」에 따른 보전산지 등으로서 농림업을 진흥시키고 산림을 보전하기 위하여 필요한 지역
자연환경보전지역		자연환경 · 수자원 · 해안 · 생태계 · 상수원 및 문화재의 보전과 수산자원의 보호 · 육성 등을 위하여 필요한 지역

자료: 「국토의 계획 및 이용에 관한 법률」 제36조.

표 14-3 용도지역의 세분 지정

용도지역		지정 목적
주거지역	전용주거지역	양호한 주거환경을 보호하기 위하여 필요한 지역
	일반주거지역	편리한 주거환경을 조성하기 위하여 필요한 지역
	준주거지역	주거 기능을 위주로 이를 지원하는 일부 상업 기능 및 업무 기능을 보완하기 위하여 필요한 지역
상업지역	중심상업지역	도심 · 부도심의 상업 기능 및 업무 기능의 확충을 위하여 필요한 지역
	일반상업지역	일반적인 상업 기능 및 업무 기능을 담당하게 하기 위하여 필요한 지역
	근린상업지역	근린지역에서의 일용품 및 서비스의 공급을 위하여 필요한 지역
	유통상업지역	도시 내 및 지역 간 유통 기능의 증진을 위하여 필요한 지역
공업지역	전용공업지역	주로 중화학공업, 공해성 공업 등을 수용하기 위하여 필요한 지역
	일반공업지역	환경을 저해하지 아니하는 공업의 배치를 위하여 필요한 지역
	준공업지역	경공업 그 밖의 공업을 수용하되, 주거 기능 · 상업 기능 및 업무 기능의 보완이 필요한 지역

녹지지역	보전녹지지역	도시의 자연환경 · 경관 · 산림 및 녹지공간을 보전할 필요가 있는 지역
	생산녹지지역	주로 농업적 생산을 위하여 개발을 유보할 필요가 있는 지역
	자연녹지지역	도시의 녹지공간의 확보, 도시 확산의 방지, 장래 도시용지의 공급 등을 위하여 보전할 필요가 있는 지역으로서 불가피한 경우에 한하여 제한적인 개발이 허용되는 지역

자료: 「국토의 계획 및 이용에 관한 법률 시행령」 제30조.

한편 「국토의 계획 및 이용에 관한 법률」에 의해 용도지역이 지정되면, 용도지역에 따라 건축물의 용도 · 종류 및 규모 등의 제한이 이뤄지며, 아울러 건폐율, 용적률 등에 대한 규제가 이뤄진다.

2) 용도지구

용도지구는 토지 이용의 입지 배분을 위해 지정되는 용도지역과는 달리 도시에서의 국부적이거나 특별한 목적의 달성이나 구체적인 사업을 도모하기 위해 지정된다.

용도지구는 용도지역의 역할을 보완하기 위해 개별 목적을 가지고 지정되는 것으로서 반드시 어떤 용도지역과 겹쳐서 지정된다. 용도지역은 모든 토지에 대해 지정되지만,

표 14-4 용도지구의 종류와 지정 목적

용도지구	지정 목적
경관지구	경관의 보전 · 관리 및 형성을 위하여 필요한 지구
고도지구	쾌적한 환경 조성 및 토지의 효율적 이용을 위하여 건축물 높이의 최고 한도를 규제할 필요가 있는 지구
방화지구	화재의 위험을 예방하기 위하여 필요한 지구
방재지구	풍수해, 산사태, 지반의 붕괴, 그 밖의 재해를 예방하기 위하여 필요한 지구
보호지구	문화재, 중요 시설물(항만, 공항 등 대통령령으로 정하는 시설물을 말한다) 및 문화적 · 생태적으로 보존 가치가 큰 지역의 보호와 보존을 위하여 필요한 지구
취락지구	녹지지역 · 관리지역 · 농림지역 · 자연환경보전지역 · 개발제한구역 또는 도시자연공원구역의 취락을 정비하기 위한 지구
개발진흥지구	주거 기능 · 상업 기능 · 공업 기능 · 유통 물류 기능 · 관광 기능 · 휴양 기능 등을 집중적으로 개발 · 정비할 필요가 있는 지구
특정용도제한지구	주거 및 교육 환경 보호나 청소년 보호 등의 목적으로 오염물질 배출시설, 청소년 유해시설 등 특정 시설의 입지를 제한할 필요가 있는 지구
복합용도지구	지역의 토지 이용 상황, 개발 수요 및 주변 여건 등을 고려하여 효율적이고 복합적인 토지 이용을 도모하기 위하여 특정 시설의 입지를 완화할 필요가 있는 지구

자료: 「국토의 계획 및 이용에 관한 법률」 제37조.

용도지구는 그 성격에 따라 특정한 토지에 한정시켜 지정함을 원칙으로 한다. 지구 상호 간에는 2개 이상의 지구가 중복될 수도 있고, 경우에 따라 성격상 중복 지정이 불가능한 것도 있다.

용도지구의 종류와 지정 목적은 「국토의 계획 및 이용에 관한 법률」 및 동 시행령에 규정돼 있으며, 〈표 14-4〉에서 보는 바와 같다.

한편 국토교통부 장관, 시 · 도지사 또는 대도시 시장은 필요하다고 인정되면 대통령령으로 정하는 바에 따라 〈표 14-4〉의 용도지구를 도시 · 군관리계획 결정으로 다시 세분해 지정하거나 변경할 수 있다. 아울러 시 · 도지사 또는 대도시 시장은 지역 여건상 필요하면 대통령령으로 정하는 기준에 따라 그 시 · 도 또는 대도시의 조례로 용도지구의 명칭 및 지정 목적, 건축이나 그 밖의 행위의 금지 및 제한에 관한 사항 등을 정해 〈표 14-4〉 외의 용도지구의 지정 또는 변경을 도시 · 군관리계획으로 결정할 수 있다.

3) 용도구역

용도구역의 지정은 국토교통부 장관이 도시관리계획으로 결정 · 고시하도록 돼 있다. 용도구역은 도시개발의 시기나 개발을 위한 공간적 범위를 조절할 수 있게 하는 시차적(時差的) 지역제(time zoning) 성격을 가지며, ① 개발제한구역, ② 도시자연공원구역, ③ 시가화조정구역, ④ 수산자원보호구역의 네 종류로 구분돼 있다. 용도구역은 계획의 범위상으로는 도시의 광역적 개발정책과 관련이 있고, 주로 급격히 팽창하는 도시를 대상으로 한다. 용도구역의 종류와 지정 목적은 〈표 14-5〉와 같다.

표 14-5 용도구역의 종류와 지정 목적

용도구역	지정 목적
개발제한 구역	국토교통부 장관은 도시의 무질서한 확산을 방지하고 도시 주변의 자연환경을 보전하여 도시민의 건전한 생활환경을 확보하기 위하여 도시의 개발을 제한할 필요가 있거나 국방부 장관의 요청이 있어 보안상 도시의 개발을 제한할 필요가 있다고 인정되면 개발제한구역의 지정 또는 변경을 도시 · 군관리계획으로 결정할 수 있다.
도시자연 공원구역	시 · 도지사 또는 대도시 시장은 도시의 자연환경 및 경관을 보호하고 도시민에게 건전한 여가 · 휴식공간을 제공하기 위하여 도시지역 안에서 식생(植生)이 양호한 산지(山地)의 개발을 제한할 필요가 있다고 인정하면 도시자연공원구역의 지정 또는 변경을 도시 · 군관리계획으로 결정할 수 있다.
시가화 조정구역	시 · 도지사는 직접 또는 관계 행정기관의 장의 요청을 받아 도시지역과 그 주변 지역의 무질서한 시가화를 방지하고 계획적 · 단계적인 개발을 도모하기 위하여 대통령령으로 정하는 기간 동안 시가화를 유보할 필요가 있다고 인정되면 시가화조정구역의 지정 또는 변경을 도시 · 군관리계획으로 결정할 수 있다. 다만, 국가계획과 연계하여

	시가화조정구역의 지정 또는 변경이 필요한 경우에는 국토교통부 장관이 직접 시가화 조정구역의 지정 또는 변경을 도시·군관리계획으로 결정할 수 있다.
수산자원 보호구역	해양수산부 장관은 직접 또는 관계 행정기관의 장의 요청을 받아 수산자원을 보호·육성하기 위하여 필요한 공유 수면이나 그에 인접한 토지에 대한 수산자원보호구역의 지정 또는 변경을 도시·군관리계획으로 결정할 수 있다.

자료: 「국토의 계획 및 이용에 관한 법률」 제38조~제40조.

5 전통적인 용도지역·지구제의 문제점

우리나라에서 시행되고 있는 전통적인 용도지역·지구제는 유클리드 지역제가 지닌 규제의 경직성을 그대로 갖고 있다. 전통적인 용도지역·지구제의 문제점은 다음과 같다(이태일, 1985: 257-265).

첫째, 용도지역·지구제가 안고 있는 근본적인 문제는 대부분의 계획행정가들이 용도지역·지구제를 토지이용계획의 큰 방향을 구체화해서 실제에 옮겨가는 계획 기법이 아니라 토지이용계획 자체로 착각하고 있는 데서 발생한다. 용도지역·지구제란 한 도시의 기본적인 토지이용계획을 수립했을 때 이를 집행하는 데 필요한 법적·행정적 수단이다. 따라서 토지이용계획의 지침 내에서 정기적으로 용도지역 및 지구 지정의 타당성을 검토하고 수정할 수 있어야 한다. 그러나 과거 우리나라의 많은 도시에서는 용도지역·지구제의 상위 개념인 토지이용계획의 수립이 미흡한 채로 용도지역이나 지구를 지정하게 됨에 따라 용도지역 혹은 지구 지정의 근거가 불분명할 뿐만 아니라, 경우에 따라서는 임의적이고 산발적인 용도지역 혹은 지구의 변경 사례가 종종 발생했던 것이 사실이다.

둘째, 각 도시의 용도지역 지정 면적을 보면 단위 용도지역의 면적이 지나치게 넓게 지정돼 있는 예를 흔히 볼 수 있다. 이는 앞서 지적한 바와 같이 용도지역·지구제의 기본적인 틀이 되는 토지이용계획이 미흡한 채 바로 용도지역을 지정하는 것이 토지이용계획인 양 착각하고 있는 데서 기인하는 문제다.

셋째, 현행 용도지역·지구제는 각 도시의 규모·성격·여건 등의 차이에도 불구하고, 용도지역 및 지구의 지정에 따라 전국적으로 획일적인 규제 조치가 적용돼 도시의 구조적·기능적 특성이 전혀 반영되고 있지 못하다는 문제점을 가진다. 예컨대 일반상업지역으로 지정되면 대도시의 일반상업지역이건 혹은 중소도시의 일반상업지역이건 모두 일률적인 건축법상의 규제를 받게 되는 문제점을 가지게 됨으로써 도시마다의 독자성을 상실하게 된다.

넷째, 현실적으로 대개의 용도지역과 지구는 현상 추인적으로 지정되는 경우가 많기 때문에 바람직한 계획 방향으로의 유도 기능이 약하며, 부적격 용도에 대한 규제력이 불충분해 용도 위반 행위가 그대로 방치되고 있는 사례가 많아 커다란 문제로 대두하고 있다.

다섯째, 전통적인 용도지역 · 지구제는 부적합한 개발을 막는 데 효과적이긴 하나, 필요한 개발을 유도할 수 있는 적극성을 갖지 못한다.

여섯째, 도시 활동 및 토지 이용의 상호 보완적 기능을 무시한 채 토지 용도의 지나친 분리로 인해 불필요한 교통 발생을 유도하고, 통행 거리의 장거리화를 부채질하고 있다.

이상에서 살펴본 바와 같은 전통적인 용도지역 · 지구제의 문제점은 계획가나 행정 실무자들이 용도지역 · 지구제를 단기적인 방안이나 기법이 아닌 원칙으로 착각하고 있는 데서 주로 발생한다. 따라서 용도지역 · 지구제 자체는 원칙이 아니라 기법으로 공공의 계획을 수행하는 수단임을 인식해 상황에 따라 신축적인 조정이 가능하다면 용도지역 · 지구제로 인한 혼란이나 문제점을 부분적으로 완화할 수 있을 것이다. 요약하면, 전통적인 용도지역 · 지구제의 발전 방향은 규제의 틀을 살리면서 신축성을 접목시키는 것으로 볼 수 있다.

6 새로운 도시토지 이용 규제 방법

전통적인 용도지역 · 지구제의 문제점을 보완하고 효율적으로 운영하려는 최근의 경향을 살펴보면 다음과 같다. 이 가운데 일부는 현재 외국에서 시행 중인 것도 있고, 일부는 검토 단계에 있는 것도 있다.

1) 계획단위 개발

계획단위 개발(Planned Unit Development: PUD)이란 토지 소유자 또는 개발자가 기존에 고시된 용도지역 · 지구제에 의해 제약을 받지 않고 일단(一團)의 지역을 단일 개발 체계로 보고 용적률, 건물 형태, 밀도, 건폐율, 공지율 등에 대해 전체로서 허가만 받고 세부적인 것은 개발 주체가 재량권을 가지고 개발하는 방법이다. 이러한 개발 방법은 전통적인 용도지역 · 지구제가 지닌 행정적 경직성을 탈피하고 일단의 토지를 단일 개발 체계로서 쇄신적이고 효율적인 개발이 가능하게 하기 위한 방편이며, 민간 주도형 토지 이용 규제의 시도라고 볼 수 있다.

2) 상여 용도지역 · 지구제

전통적인 용도지역 · 지구제는 부적합한 개발을 막는 데 효과적이긴 하나 필요한 개발을 유도하는 데는 성공적이지 못하다는 점을 감안해서 상여 용도지역 · 지구제(incentive zoning: 종종 bonus zoning이라 불리기도 함)의 개념이 대두했다. 이는 1960년대 초부터 미국의 각 도시들이 전통적인 용도지역 · 지구제를 보완하고자 사용한 개발 규제의 수단으로서 전통적인 용도지역 · 지구제의 피동성을 극복하기 위해 시도됐다. 상여 용도지역 · 지구제는 개발자에게 용도지역 · 지구제에서 허용된 개발한도 이상의 개발 보너스(bonus)를 부여하는 대신에 공공에게 필요한 쾌적 요소(amenity), 예컨대 녹지공간 등을 개발하도록 유도하는 것이다.

상여 용도지역 · 지구제는 토지 소유자나 토지 개발자가 개발 허용 한도 이상 토지를 이용함에 따른 외부 효과에 대해 보상 대신 공공의 쾌적 요소를 제공하게 하는 제도적 장치다. 한편 토지 소유자나 개발자는 허용 한도 이상의 토지 이용이나 개발을 허용받게 되며, 이것이 개발자에게는 일종의 보너스로 간주된다. 예를 들면 보도의 면적을 넓히는 것에 대한 보너스로 개발자에게 용적률에 대한 규제 완화를 허용할 수 있다. 이러한 상여 용도지역 · 지구제는 공공을 위한 쾌적 요소의 개발을 유도할 수 있는 장점을 가지지만, 토지 개발자에게 주어지는 보너스의 크기와 토지 개발자가 공공을 위해 제공해야 하는 쾌적 요소 간에 분명한 관계를 정립해야 한다.

3) 성과주의 용도지역제

전통적인 용도지역 · 지구제는 주어진 용도지역 내에서 허용되는 활동과 허용되지 않는 활동이 '전부 혹은 전무(all-or-nothing)'의 형태로 규제된다. 예컨대 전통적인 용도지역 · 지구제하에서의 전용주거지역에는 어떠한 종류의 의료시설의 건축도 허용되지 않는다. 전통적인 용도지역 · 지구제가 가지는 이와 같은 일률적인 규제 방식과는 달리 성과주의 용도지역제(performance zoning)는 성과 기준(performance standard)을 정해 놓고 이 기준에 부합하는 활동은 허용하고 그렇지 못한 활동은 허용하지 않는 토지 이용 규제 방법이다.

예컨대 환경소음 기준을 초과하는 공장은 주거지역에 허용되지 않지만, 이 기준을 만족시키는 공장은 입지가 허용된다. 이러한 성과주의 용도지역제는 용도지역 · 지구제의 근본 취지를 더욱 충실히 만족시키면서, 아울러 토지 개발자에게는 허용된 범위 내에서 주어진 토지를 좀 더 다양한 형태로 개발할 수 있도록 설계의 융통성과 신축성을 부여할 수 있는 장점이 있다.

4) 개발권 이양제

개발권 이양제(Transfer of Development Right: TDR)는 역사적 건물을 보존 및 보전하기 위해 고안된 제도로서 미국에서 1970년 전후 시행되기 시작했다. 개발권 이양제는 어떤 토지에 대해 규정돼 있는 용적률의 허용 기준 가운데 이용되지 않는 부분만큼을 다른 토지에 이전해 다른 토지의 개발 허용 한도와 합쳐 실현하는 권리라고 할 수 있다. 즉, 개별 획지(劃地)에 대해 실행 가능한 개발 총량을 규제하는 대신 당해 획지에서 이용되지 않은 개발 가능 용량을 다른 획지로 이전하는 것을 인정하는 제도다.

개발권 이양제는 미국과 일본, 그리고 유럽 국가들에서 도입해 활용하고 있는데, 보전과 개발 혹은 재개발과의 조화를 위한 새로운 제도로서 주목받고 있다. 개발권 이양제는 역사적 건물의 보존 및 보전을 위해서는 의의가 있지만, 개발권(용적률)이 주변의 건물에 이양됨에 따른 주변 건물의 고층화로 결국 역사적 건물의 경관, 채광, 통풍 등의 측면에서 보존의 의미를 약화시킬 우려가 있다는 비판을 받고 있기도 하다. [그림 14-1]은 개발권 이양제의 한 예를 보여 준다.

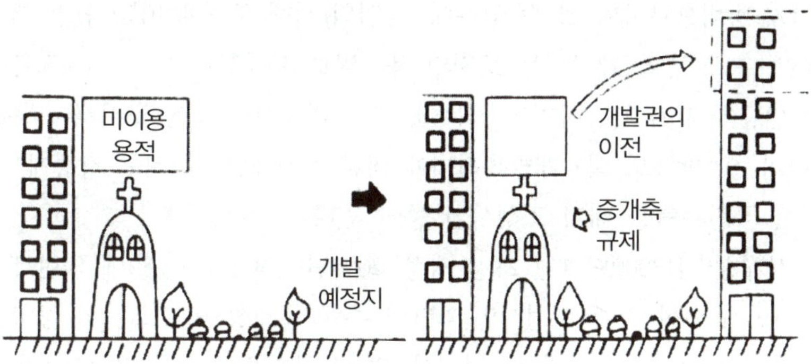

그림 14-1 **개발권 이양제의 예**

자료: 대한국토・도시계획학회 편(1991: 225).

5) 혼합적 토지 이용

전통적인 용도지역・지구제는 서로 다른 토지 이용 활동 간에 발생할 수 있는 상충을 방지하고 집적이익을 추구할 수 있다는 장점을 가진다. 이와 같은 장점에도 불구하고, 전통적인 용도지역・지구제는 토지 용도의 지나친 분리를 유도함으로써 시민들의 장거리 통행을 발생시키고, 교통비용의 증대, 하나의 지역 내 동일 용도의 토지 이용에 따른 단조로운 도시 경관과 획일적인 기능의 집적을 초래했다. 이와 같은 문제점은 도시교통 문제가 심각한 도시문제의 하나로 부각되면서 토지 이용의 무분별한 분리 입지보다는 혼합적 토지 이용(mixed land use)으로의 방향 전환을 유도했다.

혼합적 토지 이용은 1960년대 이후 대두되기 시작했는데, 이는 19세기 이전의 무질서한 도시토지 이용으로의 회귀를 의미하는 것은 아니다. 혼합적 토지 이용은 상충되는 토지 이용의 분리를 꾀하되 가능한 한 단일 토지 이용의 집적 규모를 축소하고 분산 입지시킴으로써 과도한 집적 또는 분리에 따르는 불합리를 최소화하고자 하는 것이다.

제4절 도시토지 정책 수단(III): 토지 개발과 공급

1 토지개발사업의 종류

토지개발사업이란 토지를 인간의 생활과 생산활동을 위한 용도로 이용하기 위해 그 토지의 형질을 용도에 적합하게 변경시키는 일련의 사업이라고 할 수 있다. 토지개발사업은 여러 가지 방법으로 분류될 수 있는데, 사업의 시행 주체에 따라 민간 개발과 공영개발로 분류할 수도 있고, 개발되는 토지의 용도별로 분류할 수도 있다. 또한 토지개발사업은 관련 법규에 따라 분류하기도 하는데, 가장 대표적인 것은 도시개발법에 의한 도시개발사업이며, 이 밖에도 택지개발촉진법에 의한 택지개발예정지구 지정에 의한 사업, 주택법에 의한 국민주택용 대지 조성사업 등이 있다.

특히 「도시개발법」(2000년 1월 28일 제정, 2000년 7월 1일 시행)에 의한 도시개발사업은 도시계획법에 의한 각종 조성사업(일단의 주택지 조성사업, 일단의 공업용지 조성사업, 시가지 조성사업 등)과 토지구획정리사업법에 의한 토지구획 정리사업을 통합·보완한 사업으로 2000년대 이후 토지개발사업의 중심을 이루고 있다.

따라서 아래에서는 2000년대 들어서는 「도시개발법」에 의한 도시개발사업으로 통합·흡수되기는 했으나 일부 외국에서 여전히 민간 토지개발 방식의 하나로 활용되고 있는 토지구획 정리사업을 살펴보고, 일반적인 공영개발사업의 개념·유형·문제점을 살펴본 후, 마지막으로 「도시개발법」에 의한 도시개발사업에 대해 살펴보고자 한다.

2 토지구획 정리사업

1) 토지구획 정리사업의 연혁과 개념

토지구획 정리사업은 1902년 아디케스(Adickes)법을 근간으로 독일에서 시행되기 시작한 이래 일본을 거쳐 1934년에 우리나라에 도입됐다. 1930년대 이후 1980년대까지 토지구획 정리사업은 우리나라의 계획적인 토지 개발을 주도해 온 것이 사실이다. 그러나 사업시행지구를 중심으로 나타난 부동산 투기 과열 등의 문제로 1980년대 중반 이후 대도시에서의 토지구획 정리사업은 억제됐으나, 중소도시에서는 계속 시행해 왔다.

토지구획 정리사업은 토지의 합리적 이용 증진과 지역 생활환경의 향상을 도모하기 위해 도로, 공원, 상하수도, 학교, 광장 등의 시설을 설치 혹은 변경하거나 토지의 교환, 분합, 구획 변경, 지목 변경, 형질 변경[1] 등을 행하는 것으로서, 사업 시행 전에 존재해 온 권리 관계에 변동을 가하지 아니하고 각 토지의 위치, 지적, 토질, 이용 상황 및 환경 등을 고려해 사업 시행 후의 대지에 이전하는 행위, 즉 환지(換地)를 수반하는 사업이다.

이때 토지 소유자는 사업비를 충당하기 위한 체비지와 공공시설용지의 확보를 위해 토지의 가치 또는 면적에 비례해 보유 토지의 일부를 내놓게 되는데, 이를 감보(減步)라 한다. 즉, 사업시행지구 내의 모든 토지 소유자는 토지구획 정리사업으로 인한 토지가격의 상승으로 얻은 수익에 따라 사업비용의 충당과 공공시설의 설치를 위한 용지(체비지 또는 유보지)를 부담하게 되며, 이에 따라 종전의 토지 면적에 비해 환지의 면적이 다소 감소하게 되는 현상을 감보라고 한다. 이때 환지되지 않을 토지는 크게 간선도로나

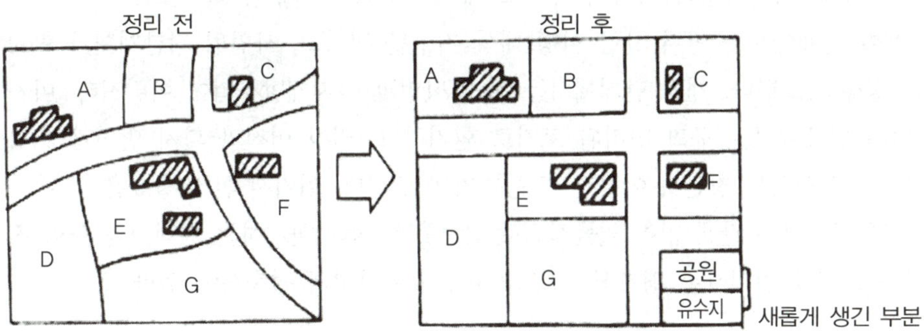

그림 14-2 토지구획 정리사업 전후의 비교

1) 형질 변경이란 절토(切土), 성토(盛土), 또는 정지(整地) 등으로 토지의 형상을 변경하는 행위와 공유수면(公有水面)의 매립을 말한다.

학교, 녹지 등 공공시설을 위한 토지와 사업 비용을 충당하기 위해 사업 후에 경매 처분될 토지인 체비지로 구성된다.

어떤 사업지구 내에서의 평균 감보율은 다음과 같이 계산되는데, 토지구획 정리사업 지구의 자연적 혹은 인문사회적 여건에 따라 감보율은 달라지는 것이 보통이다.

$$\text{평균 감보율} = \frac{\text{구획정리 전 토지 총면적} - \text{구획정리 후 토지 총면적}}{\text{구획정리 전 토지 총면적}}$$

우리나라의 경우 감보율이 보통 50~60%에 이르는데, 대도시일수록 그리고 중심시가지에 가까울수록 감보율이 높아지는 경향이 있다. 이처럼 토지구획 정리사업에서는 바로 '환지'와 '감보'의 내용이 사업의 중심 부분을 차지한다.

2) 토지구획 정리사업의 내용

토지구획 정리사업은 사업비의 일부를 체비지 매각으로 충당할 수 있어 사업 주체의 토지개발 비용의 부담을 줄일 수 있다. 아울러 사업 전과 사업 후에 토지의 소유권 등의 권리 관계가 변하지 않기 때문에 토지 소유자와의 마찰 없이 토지개발사업을 진행시킬 수 있는 장점을 가진다.

토지구획 정리사업의 시행 주체는 일반적으로 토지 소유자나 토지 소유자로 구성된 토지구획정리사업조합이 되지만, 경우에 따라서는 지방자치단체 등의 공공기관이 시행할 수도 있다.

토지구획 정리사업의 시행 절차는 크게 ① 계획, ② 개발, ③ 환지의 3단계로 나뉜다. 계획 단계에서는 먼저 사업 시행 대상 지구를 정하고, 사업의 기본계획과 환지계획을 확정해 공고한다. 개발 단계에서는 철거 작업과 토지개발사업이 이뤄진다. 마지막으로 환지 단계에서는 구획 정리된 토지로 환지하고, 권리 면적과 환지 면적과의 차이를 현금으로 정산하는 청산이 이뤄진 후 등기가 이뤄진다. 여기서 환지 방식은 토지 가격이나 주변 환경과는 관계 없이 일률적으로 감보율을 정해 환지하는 면적식과 사업 전후의 지가를 고려해 환지하는 평가식, 그리고 이들 두 방식의 절충식이 있다.

3) 토지구획 정리사업의 문제점

토지구획 정리사업은 원래 지주들의 토지 소유권의 보호, 공공용지 확보의 용이성, 저렴한 토지 개발 비용으로 말미암아 도시토지의 개발을 위해 활발히 시행됐으나, 다음과 같은 문제점을 가진다.

첫째, 토지구획 정리사업에서 발생하는 개발이익의 배분 과정에서 불공평성의 문제를 초래할 소지가 크다. 이러한 개발이익 배분의 불공평성 문제는 토지의 위치에 따라 사업 전후의 지가(地價) 차이가 다르다는 점에 기인하는 것이다.

둘째, 토지 소유자의 반발을 염려해 사업 시행자가 최소한의 체비지와 유보지만을 확보할 경우, 토지 소유자에게 지나친 개발이익을 허용하게 할 뿐 아니라 학교, 공원 등의 공공시설의 부족을 초래하기 쉽다.

셋째, 토지구획 정리사업의 사업비를 충당하기 위해 확보한 체비지를 매각해 발생한 사업잉여금은 당해 사업지구에 재투자되거나 토지 소유자들에게 재분배되지 않고 다른 용도로 전용되기도 한다.

넷째, 토지구획 정리사업의 시행자가 재원 조달의 어려움 때문에 시가지를 조성하기도 전에 높은 가격으로 체비지를 매각할 경우, 토지 가격의 상승과 부동산 투기를 조장하게 된다.

다섯째, 사업 주체가 공공기관인 경우 토지 소유자가 환지계획에 직접 참여할 길이 없다.

3 공영개발사업

1) 공영개발사업의 개념과 유형

공공에 의한 토지개발 및 공급 방식은 계획적이고 효율적인 토지 이용, 부동산 가격의 안정 및 원활한 택지 공급 등의 목적을 달성하고, 자본주의 사회에서 공공 개입의 정당성을 확보하기 위해 다음과 같은 두 가지 기본적인 요건을 충족시켜야 한다.

첫째, 토지개발사업으로 인해 발생하는 개발이익을 합리적으로 흡수할 수 있어야 한다. 사업지구 내의 토지 소유자뿐만 아니라 그 주변 지역의 토지 소유자가 자신의 노력이나 투자를 통해 받게 되는 편익을 제외한 나머지 부분은 제도적으로 환수해야 한다.

둘째, 국토계획, 도시계획 등과 같은 상위 계획과 연계시킴으로써 무질서한 도시 확산과 난개발(亂開發)을 방지할 수 있고, 종합적인 시가지의 조성이 가능해야 한다.

이러한 기본 요건을 충족시키기 위해 공공기관에 의한 토지의 소유권 및 개발권의 취득과 대단위의 계획적 개발이 필수적이다.

공공 부문이 이와 같은 기본 요건을 충족시키면서 토지개발 및 공급에 직접적으로 참여하는 방법은 다음의 네 가지 유형으로 구분한다.

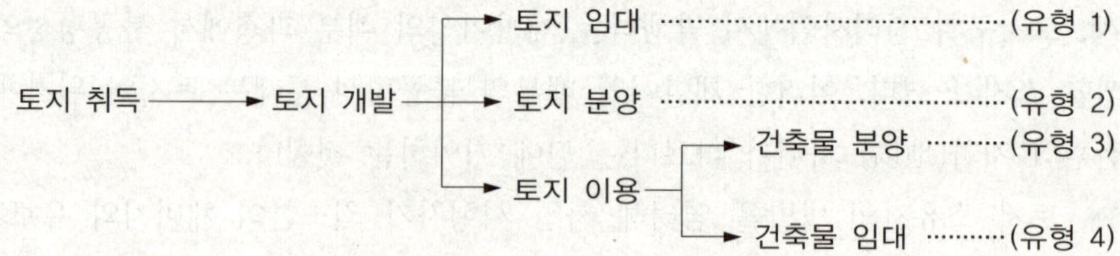

그림 14-3 공영개발사업의 유형

첫 번째 유형의 공영개발은 공공기관이 대규모의 토지를 보유하고 이를 개발해 실수요자에게 임대한 후, 실수요자가 임대 조건대로 건축해 이용하도록 하는 방법이다.

두 번째 유형의 공영개발은 공공기관이 토지를 개발한 후 토지 수요자에게 분양해 이들이 개략적으로 정해진 토지 용도에 따라 자유로이 건축물 또는 구조물을 건설해 이용하도록 하는 방법이다.

세 번째 유형의 공영개발은 공공 사업주체가 토지를 소유한 후 개발뿐만 아니라 주택, 상업시설, 공장 등의 건축물까지도 건설해 이를 분양하는 방법이다.

네 번째 유형의 공영개발은 세 번째 유형의 공영개발과 같이 일단 공공 부문이 토지를 취득해 각종 건축물 등을 건설하지만, 공공이 계속 소유하면서 실수요자에게는 임대만 하는 방법이다.

토지 자체를 임대하는 첫 번째 유형은 개발 이익이 사유화되는 것을 근본적으로 방지할 수 있는 장점이 있으나, 투자된 재원을 회수하는 기간은 다른 유형보다 지나치게 길다고 할 수 있다.

토지를 개발해 분양하는 두 번째 유형은 투자 재원이 적게 소요되고 투하 자본의 회수가 빠르며, 다양한 민간 수요에 가장 융통성 있게 대처할 수 있는 장점을 가진다. 반면에 개발 이익의 사회적 환수나 계획적인 도시개발을 유도하는 데는 제약이 따른다고 할 수 있다.

토지를 개발한 후 주택 등을 건설해 분양 또는 임대하는 세 번째와 네 번째 유형의 공영개발은 막대한 투자 재원을 필요로 하고 사업 방식이 복잡하기는 하나, 개발이익의 사유화에 어느 정도 대처할 수 있다. 동시에 도시 전체와의 조화를 고려한 일체적이고 계획적인 개발이 용이하다는 장점을 가진다.

이상에서 살펴본 네 가지 유형의 공영개발사업 가운데 우리나라에서 가장 많이 시행되는 유형은 두 번째와 세 번째 유형의 공영개발사업이다.

2) 공영개발사업의 문제점

공영개발사업은 개발이익의 사유화를 방지하고 계획적인 도시개발을 이룰 수 있다는 장점에도 불구하고, 다음과 같은 문제점을 가진다.

첫째, 공영개발사업은 막대한 투자 자금이 소요된다. 따라서 재정자립도가 낮은 지방자치단체는 국가적 지원 없이 사업을 수행하기가 어렵다.

둘째, 공영개발사업은 토지의 취득을 위해 주로 전면 매수의 방식을 취하게 되는데, 이때 보상액이 실거래가에 미달할 경우 토지 소유자들의 반발이 생겨날 소지가 크다.

셋째, 공영개발사업은 초기에 투자되는 막대한 자본금의 신속한 회수가 불가능하다. 또한 토지의 실수요자 여부를 가리지 않고 분양하거나 임대하는 경우에는 토지구획 정리사업의 경우처럼 개발이익의 사유화가 발생한다.

넷째, 택지 등을 임대 혹은 분양할 경우 개발 주체가 의도한 바의 용도와 시기에 맞는 건축물의 개발이 일어나지 않는 사례가 발생하기도 한다.

4 도시개발사업

1) 「도시개발법」의 제정 취지

1960년대 이후 고도 경제 성장이 지속되면서 인구 및 산업이 도시에 집중하고, 급격한 도시화가 진행되면서 주택 및 공장 용지의 수요가 급증하게 됐다. 이에 따라 기존의 「도시계획법」에 의한 각종 조성사업(일단의 주택지 조성사업, 일단의 공업용지 조성사업, 시가지 조성사업 등)과 「토지구획정리사업법」에 의한 토지구획 정리사업으로는 필요한 토지를 공급하는 데 한계에 직면하게 됐으며, 이러한 이유로 말미암아 주택 및 공장 용지의 원활한 공급을 위해 「택지개발촉진법」, 「주택건설촉진법」(현재는 주택법), 「산업입지 및 개발에 관한 법률」 등이 제정되고, 이들 법률에 의해 다양한 용도의 토지가 개발되고 공급돼 왔다.

그러나 이들 개별법은 하나의 목적을 달성하기 위한 사업법으로서 체계적으로 토지를 개발하는 데는 한계를 보였으며, 「도시계획법」에 의한 각종 조성사업(일단의 주택지 조성사업, 일단의 공업용지 조성사업, 시가지 조성사업 등)과 「토지구획정리사업법」에 의한 토지구획정리사업 간에도 조성 목적이 중복되고 시행 절차의 미비 등으로 원활한 사업 시행에 어려움이 제기됐다. 이러한 문제점을 해소하기 위해 「도시계획법」에 의한 각종 조성사업(일단의 주택지 조성사업, 일단의 공업용지 조성사업, 시가지 조성사업 등)과 「토지구획정리사업법」에 의한 토지구획 정리사업을 통합 · 보완하고자 2000년 1월 28일 「도시개발법」이 제정되고, 2000년 7월 1일부터 시행되기 시작했다.

2) 도시개발사업의 개념

도시개발사업은 「국토의 계획 및 이용에 관한 법률」 제2조 제11호에서 도시계획시설사업, 재개발사업과 함께 도시계획사업의 하나라고 정의하고 있으며, 도시개발법 제2조 제1항 제2호에서 "도시개발구역 안에서 주거 · 상업 · 산업 · 유통 · 정보통신 · 생태 · 문화 · 보건 및 복지 등의 기능을 가지는 단지 또는 시가지를 조성하기 위하여 시행하는 사업"으로 규정하고 있다. 여기서 도시개발구역은 도시개발사업을 시행하기 위해 도시개발법 제3조 및 제9조의 규정에 따라 지정 · 고시된 구역을 말한다.

3) 도시개발사업의 시행자 및 시행 방식

도시개발사업의 시행을 위해서는 국가 또는 지방자치단체, 정부투자기관, 토지 소유자 또는 이들이 설립한 조합, 민간 사업시행자 등이 시행자가 될 수 있다. 따라서 「도시개발법」에 의한 도시개발사업은 공공 혹은 민간이 모두 시행자가 될 수 있음을 알 수 있다.

한편 도시개발사업의 시행을 위해서는 「택지개발촉진법」 등의 개별법과는 달리 하나의 방식이 아니라 ① 수용 또는 사용 방식, ② 환지 방식, ③ 혼용 방식의 세 가지 방식을 사용할 수 있다. 따라서 수용 또는 사용 방식은 공영개발사업의 시행 방식과 유사하다고 볼 수 있고, 환지 방식은 토지구획 정리사업의 시행 방식과 같은 것으로 볼 수 있다.

결과적으로 공영개발사업은 현행법상 「도시개발법」에 의한 도시개발사업과 「택지개발촉진법」에 의한 택지개발 예정지구 지정에 의한 사업, 주택법에 의한 국민주택용 대지

표 14-6 도시개발사업 시행 방식

구분	적용 기준(요건)
수용 또는 사용 방식	당해 도시의 주택 건설에 필요한 택지 등의 집단적인 조성 또는 공급이 필요한 경우
환지 방식	대지로서의 효용 증진과 공공시설의 정비를 위해 토지의 교환 · 분합 기타의 구획 변경, 지목 또는 형질의 변경이나 공공시설의 설치 · 변경이 필요한 경우 또는 도시개발사업을 시행하는 지역의 지가가 인근의 다른 지역에 비해 현저히 높아 수용 또는 사용 방식으로 시행하는 것이 어려운 경우
혼용 방식	도시개발구역으로 지정하고자 하는 지역이 부분적으로 위의 두 경우에 해당하는 경우

조성사업 등과 같은 개별법에 의한 토지개발사업으로 이원화된 것으로 볼 수 있다. 앞의 〈표14-6〉은 「도시개발법」에 의한 도시개발사업 시행 방식의 적용 기준(요건)을 나타낸다.

제5절 도시토지 정책 수단(III): 개발이익 환수제도

1 개발이익 환수의 의의

일반적으로 개발이익이란 토지의 개발에 따라서 발생하는 지가의 증가분을 의미한다. 개발이익에 대한 이와 같은 개념 정의에도 불구하고 개발이익의 개념은 점차 확대 경향을 보여 왔다. 현실적으로 공공의 개발사업이나 계획행위에 의해 나타나는 토지가격의 상승과 기타 사회경제적인 요인에 의한 토지가격의 상승을 적절히 분리시켜 측정하는 것은 어렵다. 이와 같은 이유 때문에 개발이익을 폭넓게 정의하기도 한다. 우리나라의 「개발이익 환수에 관한 법률」(법률 제7061호)에서는 개발이익을 좀 더 포괄적으로 정의하고 있다. 「개발이익 환수에 관한 법률」에서는 개발이익을 "개발사업의 시행 또는 토지이용계획의 변경, 기타 사회·경제적 요인에 의하여 정상 지가 상승분을 초과하여 개발사업을 시행하는 자 또는 토지 소유자에게 귀속되는 토지 가액의 증가분"으로 정의한다. 이처럼 「개발이익 환수에 관한 법률」에서는 기타 사회경제적 요인으로 인해 정상 지가 상승분을 초과해 사업 시행자 또는 토지 소유자에게 귀속되는 토지 가액의 증가분까지도 개발이익으로 간주하고 있다.

초기에 개발이익의 개념은 특정 공공 투자사업에 의해 그 사업 지역과 그 주변 지역의 토지에 발생하는 토지가격의 상승을 의미했다. 그러나 후에 와서는 적극적 개발 행위뿐만 아니라 소극적 계획통제, 즉 용도지역 지정 등에 따른 토지가격의 상승까지도 개발이익으로 보게 됐다. 따라서 현행법상 개발이익의 개념은 적극적 개발 행위로 인한 토지가격의 상승과 더불어 소극적 계획 규제로 인한 반사적 이익 및 기타 요인에 의한 것까지 모두 포괄하는 확대된 개념으로 볼 수 있다(박수영, 1991: 620-621).

개발이익의 사회적 환수는 토지 투기의 방지와 사회적 형평성의 확보를 위해 필요하다고 볼 수 있다. 아울러 개발이익의 환수는 공공의 재정수입을 늘려 주므로 각종 사업의 시행을 위한 정부의 재정 부담을 완화하는 역할도 한다.

개발이익의 환수를 위해 대부분의 국가에서 채택하는 방법은 과세적 방법과 비과세적 방법의 두 가지로 구분하는데, 우리나라의 경우도 사정은 마찬가지다. 과세적 방법으로는 종합부동산세, 양도소득세, 간주취득세 등이 개발이익 환수 기능을 가지며, 비과세적 방법으로는 1990년부터 시행해 온 개발부담금제 등이 있다. 1980년대까지 수익자 부담금제가 개발이익 환수의 기능을 일부 담당했으나 1990년 개발부담금제의 도입과 함께 개별법에 규정돼 있던 대부분의 수익자부담금제가 폐지됐으며, 2003년 말에는 개발부담금제 역시 폐지되기에 이르렀다.

2 과세적 방법

우리나라의 현행 토지 관련 조세는 크게 토지 보유 과세와 토지 이전 과세의 두 가지로 분류된다.

토지의 보유에 대해 부과되는 조세로서 개발이익 환수의 기능을 가진 것으로는 1990년부터 2004년까지 시행된 종합토지세와 2005년에 신설돼 시행되고 있는 종합부동산세가 대표적이다. 이 밖에도 개발이익 환수의 기능을 부분적으로 수행하는 것으로 재산세, 주민세 등의 지방세가 있으며, 국세로서 종합소득세, 법인세 등이 있다.

한편 토지의 이전에 대해 부과되는 조세로서 개발이익 환수의 기능을 가진 것으로는 양도소득세, 법인세 특별부가세, 간주취득세, 상속세, 증여세 등이 있다. 이들 가운데 양도소득세, 법인세 특별부가세, 상속세, 증여세는 국세이고, 토지의 지목 변경으로 토지 가격이 증가한 경우 이를 취득으로 보고 과세하는 간주취득세는 지방세에 속한다.

3 비과세적 방법

비과세적 방법에 의한 개발이익 환수의 방법으로는 개발부담금제가 대표적이었다. 개발부담금 제도는 1989년 말에 제정된 「개발이익 환수에 관한 법률」에 근거해 1990년 3월부터 시행됐다. 「개발이익 환수에 관한 법률」에 따르면, 사업 시행자 또는 토지 소유자가 얻는 개발이익은 개발부담금으로 환수하도록 돼 있었다.

개발부담금제는 각종 개발사업으로부터 발생하는 불로소득을 환수함으로써 개발사업과 관련한 사회 정의의 실현에 기여할 뿐만 아니라 토지에 대한 투기의 방지가 그 목적이었다. 하지만 2003년 말에는 부담의 형평성 등에 대한 문제 제기로 말미암아 개발부담금제 역시 폐지되기에 이르렀다.

연습 문제

1. 다음의 용어를 설명하시오.
    1) 계획단위 개발(Planned Unit Development: PUD)
    2) 성과주의 용도지역제(performance zoning)
    3) 개발권 이양제(Transfer of Development Right: TDR)
    4) 환지 방식
2. 토지시장에 대한 정부의 개입이 왜 필요한지 간략히 설명하시오.
3. 토지이용계획과 용도지역·지구제의 관계를 설명하시오.
4. 개발이익의 환수 방법에 대해 설명하시오.

제 15 장

도시주택

제1절 도시주택의 의의

1 주택의 개념

통계청에 따르면, '거처(居處, living quarters)'란 사람이 거주하는 모든 장소를 포함하는 포괄적 의미이며, 이는 구조적으로 분리되고 독립된 하나의 건축 단위를 말한다. 여기에는 주택(단독주택, 아파트, 연립주택, 비거주용 건물 내의 주택)과 주택 이외의 거처가 포함된다. 주택(住宅, housing unit)은 한 가구가 살 수 있도록 지어진 독립된 주거공간으로서 영구 건물, 한 개 이상의 방과 독립된 부엌, 독립된 출입구, 관습상 소유 또는 매매상의 한 단위 등의 요건을 갖춰야 한다.

그러나 이러한 개념 정의는 다음과 같은 문제점을 내포하고 있다(하성규, 1995: 6-7).

첫째, 주택은 엄격히 말해서 영구 건물이 아니다. 주택의 수명은 주택의 재질이나 그 밖의 요인에 의해 결정되며, 일반적으로 목조 가옥의 경우 수명은 인간의 수명과 유사하게 70년 내지 80년이다. 우리나라의 경우 아파트는 20년이 지나면 재건축이 가능하게 돼 있다. 그리고 주택이 영구 건물이라는 개념 속에는 도시 불량주택이나 무허가 주택이 배제되고 있다.

둘째, 한 개 이상의 방과 독립된 부엌이라는 개념은 단순히 양적인 개념으로서 주택의 질적인 면을 간과하고 있다. 따라서 주택의 개념으로서 질적인 면을 포함시키기 위해서는 최저 주거 수준(minimum housing standards)의 설정이 필요하다.

셋째, 독립된 출입구라는 개념도 그 성격이 모호하다. 현실적으로 독립된 출입구가 없다고 하더라도 주택의 기능을 충분히 수행하는 경우도 있다. 다세대 주택의 경우나 단독주택이지만 다세대가 거주하는 경우 각자 독립된 출입구가 없어도 거주하는 데 큰 불편이 없다.

넷째, 관습상 소유 또는 매매상의 한 단위 개념도 불합리한 경우가 많다. 특히 도시주택이 지하 또는 반지하를 가질 경우, 다가구주택일 경우, 다세대주택일 경우에 이러한 불합리성이 나타난다.

2 주택의 특성

보통 주택은 은신처(shelter) 개념으로 사용돼 왔으며, 다음과 같은 특성을 지닌다. ① 물리적 시설물로서의 단위 혹은 구조, ② 경제적 재화 혹은 상품, ③ 사회재 혹은 집합재, ④ 복합적 서비스의 총체, ⑤ 국가 경제의 일부분 등의 특성을 지닌다.

한편 주택이 상품으로서의 재화라는 측면에서 가지는 특성으로서는 이질성(형태, 크기, 재료, 위치, 입지 등), 고정성, 내구성, 외부성(주변 환경에 따른 가격과 수요의 영향), 수익성(투자재적 성격), 외인성(주택 공급, 인구 이동, 소비자 선호 유형 등), 높은 거래 비용 등이다(김경환 · 서승환, 1994: 208-209).

3 주택의 종류

주택의 종류는 분류 목적에 따라 다양하게 구분된다. 도시연감을 비롯한 통계연보에서는 주택을 단독주택, 아파트, 연립주택, 다세대주택, 비거주용 건물 내 주택 등 다섯 가지 형태로 분류하고 있다. 한편 지방자치단체에서 부과하는 재산세를 위한 건축물 분류에서는 주택을 단독주택, 농가주택, 연립주택, 아파트로 구분하고 있다. 그리고 건축물을 분류하는 건축물 부표에는 단독주택, 다중주택, 공관, 다세대주택, 연립주택, 아파트 등으로 구분한다.

제2절 도시주택 문제

1 주택문제의 개념

주택은 인간의 기본적 욕구인 '의식주' 중의 하나에 해당한다. 도시 내 주택문제는 산업혁명 초기에는 불량주택 문제로 인식됐고, 이는 전염병 확산과 관련해 공중보건 문제로서 도시정책에서 주요 이슈로 제기됐다. 주택문제의 본질은 사회 내 가지지 못한 자의 주택 구매 능력(affordability)의 부족에 있다. 따라서 주택문제는 저소득 빈곤문제와 불가분의 관계를 가지고 있다.

주택문제는 크게 두 가지 차원에서 논의될 수 있다. 하나는 양적 차원이고, 다른 하나는 질적 차원이다. 전자는 주택의 부족 문제이고, 후자는 불량주택의 문제다. 이 둘은 상호 별개의 것이 아니고 연계돼 있다. 즉, 주택의 절대 재고량이 부족하게 되면 이는 자연히 불량주택의 증가를 초래하게 된다.

산업혁명 후 도시화가 급속히 진전됨에 따라 많은 농촌 인구가 도시로 집중하게 됐다. 이들은 도시의 새로운 노동자로서 도시에 거주하지만 이들이 사용할 수 있는 주택은 매우 제한적이며 열악했다. 이들은 대개 도시 내 열악한 주거환경 속에서 생활했는데, 셋방 또는 불량주택에 거주했다. 따라서 주택 부족과 불량촌 형성이 도시에서 주택문제의 핵심을 차지하고 있다.

2 주택문제의 유형

1) 주택 부족

(1) 주택 부족의 개념

주택 부족이란 주택의 수요에 대한 공급의 부족을 의미한다. 주택문제로서 주택 부족을 논할 때 수요의 개념은 일반적으로 실수요를 의미한다. 도시주택 문제의 출발점은 주택의 절대 재고량의 부족이다. 주택의 수요에 비해 공급이 부족하면 자연히 주택가격이 상승하게 되고, 이는 특히 저소득층의 주택 서비스 접근을 제한하게 되므로 결국 불량주택의 공급을 초래하게 된다.

(2) 우리나라의 주택 부족

보통 가구를 기준으로 한 주택 보급률은 도시의 경우 1970년대 이후 거의 변화가 없는 실정이다. 이는 1980년대 이후 주택 200만 호 건설정책으로 주택 수는 많이 증가했지만, 가구 수에 대한 주택 수의 비율로 표현되는 주택 보급률은 거의 증가하지 못했다. 그 이유는 핵가족화로 인해 가구 수가 계속적으로 증가했기 때문이다. 도시의 주택 보급률이 100%를 상회하지만, 실질 보급률은 이보다 훨씬 낮아 주택 부족이 심각한 도시문제라는 사실을 대변해 준다.

이와 같은 현상의 주된 원인은 공급과 비례해서 또는 초과해서 수요가 증가했기 때문이다. 도시로의 계속적인 인구 유입과 자연 증가 및 핵가족화로 인한 수요의 증가가 공급을 능가하고 있는 것이다. 이러한 수요와 공급의 불일치는 시장 원리에 따라 자연히 주택 가격의 상승을 가져왔고, 이는 우리나라 특유의 부동산 투기와 결부돼 주택 가격(임대료 포함)의 앙등을 초래했다.

2) 도시 불량주택

(1) 불량주택의 개념

불량주택은 상대적 개념으로서 국가에 따라서 또는 국가 내에서도 시대에 따라서 그 기준이 변할 수 있다. 그러나 일반적으로 불량주택이라 함은 일정 수준 이하의 집(substandard housing)으로서 주택의 외형, 부대시설 등의 물리적인 상태가 건전한 주거공간으로서의 기능을 하기에는 부적합한 건축물을 말한다.

국토교통부는 물리적 시설의 적합성 여부와 불법성 유무를 기준으로 국공유지의 무허가 건물(일반 주거지의 무허가 건물 포함), 비정상적인 건축구조물(천막, 판잣집 등), 7평 미만의 협소한 집, 전기나 상하수도 등 부대시설이 갖춰지지 않은 주택 등을 불량주택으로 규정하고 있다.[1] 그러나 이러한 개별적인 불량주택이 단순히 존재한다고 해서 반드시 도시문제가 되는 것은 아니고, 불량주택들이 일정한 공간상에 연속적으로 위치해 있고 그 비율이 높은 지구인 불량촌 혹은 불량주거지가 주택문제의 핵심을 이룬다.

도시 불량촌이란 농촌에서 유입된 이주민들이 주종을 이루는 저소득층의 집단주거지로서 대개 주택의 지위가 불법·불량이며, 도시 기반 및 생활 편익시설이 매우 열악한

---

1) 미국의 주택센서스에 따르면, 주택의 질을 크게 ① 양호한 주택(sound housing): 결함 사항이 없는 주택, ② 불량한 주택(deteriorating housing): 대대적인 개량이 필요한 주택, ③ 철거 대상 주택(dilapidated housing): 악화 상태가 심해 주택으로서의 기능을 수행할 수 없어 철거 대상이 되는 주택 등으로 분류하고 있다.

도시의 특정 지역을 의미한다. 불량촌은 산업화의 초기 단계에 농촌에서 도시로 유입된 빈곤층이 국공유지 또는 사유지를 무단으로 점령해 집단적으로 정착하면서 형성됐다.

그러나 개발도상국의 불량촌(squatter settlement)은 선진국의 슬럼(slum)이나 게토(ghetto)와는 구별해야 한다. 두 지역 모두 사람의 주거지로서 적합하지 못한 것은 공통적이지만 그 특성에서는 차이가 있다. 즉, 개발도상국의 불량촌은 국공유지나 사유지의 무단 점령에 의한 법적 기준에 미달하는 주택인데 반해, 슬럼이나 게토는 원래 합법적인 건물이나 거주민들의 이주에 의한 공동화(空洞化) 또는 방치로 인해 물리적으로 노후한 건물단지를 의미한다. 그리고 슬럼이나 게토는 주거지역뿐만 아니라 상업지역 등 비주거 지역도 포함되며, 특히 흑인 또는 소수인종이 밀집해 있고 범죄 및 질병의 위험이 매우 높은 지역을 말한다.

(2) 우리나라 불량주택의 형성 과정

우리나라의 불량촌 형성은 크게 일제 식민기, 해방과 6·25 전쟁, 산업화, 후기산업화 등 4단계로 구분해 볼 수 있다.2)

① 일제 식민기(1910~1945년)

불량지구의 시초는 일제 때 조선의 도시와 농촌에 있었던 빈민촌의 원시적 형태였던 토막민촌이었다. 일제의 수탈적 농업정책에 의해 강압적으로 도시에 이주한 빈민들은 토굴을 파거나 거적을 이용한 토막집에서 생활했다. 이러한 형태의 주거지는 단지 몸을 피하기 위한 은신처의 기능밖에 수행하지 못했다.

② 해방과 6·25 전쟁(1945~1960년)

일본 식민지하의 무단 수탈정치로 인해 만주나 일본으로 이주한 사람들이 해방 후 고국으로 돌아와 대부분 서울을 비롯한 대도시에 재정착했다. 이들은 대부분 경제적으로 빈곤한 상태에 있었기 때문에 정상적인 주거생활보다는 불량촌에서 거주했다. 그리고 6·25 전쟁으로 인한 피난민의 대부분이 불량촌인 판자촌에 정착했다. 이들 대부분은 도시빈민으로 전락하면서 국공유지를 무단으로 점령해 불량한 목재 조각이나 흙으로 건축한 판자촌을 형성했다.

---

2) 김형국(1989)은 불량촌 형성을 ① 제1세대로 한국 불량촌의 원형: 토막민촌, ② 제2세대로 사회 재변(災變)에 의한 불량촌 확산: 판자촌, ③ 제3세대로 도시화 후유증인 불량촌의 형성: 달동네로 구분하고 있다. 한편 하성규(1995)는 불량촌 형성을 ① 제1기 일제 식민기: 토막민촌 빈민굴, ② 제2기 8·15 해방과 6·25 전쟁 이후: 판자촌, ③ 제3기 1960~1980년대 초: 달동네·산동네, ④ 제4기 1980년대 초반 이후: 벌집, 닭장, 비닐하우스 등으로 구분하고 있다.

③ 산업화(1960~1980년)

1960년대 박정희 정권에 의한 급속한 산업화의 추구로 많은 농촌 인구가 도시로 집중했다. 그러나 도시는 이들 노동자를 수용할 수 있는 기반시설과 주택을 갖추지 못한 상태였으며, 이는 소위 가도시화(假都市化)를 촉진시켰다. 이들 도시로의 이주민은 주로 도시 내 비공식 부문에 종사했으며, 저임금과 불완전 고용으로 빈곤한 상태에 머물러 있었다. 따라서 이들은 정상적인 주거생활을 할 경제적 여유가 없었으므로 주로 국공유의 하천 부지나 가파른 산비탈에 집단적으로 무허가촌을 형성하게 됐는데, 이는 산동네 또는 달동네로 불렸다.

④ 후기산업화(1980년 이후)

1980년대까지 상당수 불량촌이 재개발됐지만 아직 많은 불량촌이 도시에 남아 있다. 그리고 이들 외에도 도시의 저임금 노동자들이 집단적으로 비좁은 자취방이나 셋방에 거주하면서 주거비를 절약하고 있다. 이들은 대부분 열악한 고용 상태에서 소득이 불규칙적이거나 여러 명의 노동자가 한 방에서 숙식한다. 주로 2~3평 규모의 셋방이 한 지붕 밑에 10~20개씩 연결돼 있고, 화장실과 수도 등을 공동으로 사용하는 주거지로서 1980년대에 급격하게 발생한 새로운 형태의 불량촌이다. 이들은 도시 외곽의 공단과 시장 주변에 많다.

(3) 우리나라 불량주택의 특성

우리나라 불량촌의 특성은 크게 두 가지로 나눠 볼 수 있다. 하나는 불량촌의 물리적 특성이고, 다른 하나는 불량촌을 구성하는 주민의 사회·경제적 특성이다.

① 물리적 특성

불량촌은 경사가 급한 고지대, 홍수, 침수 위험이 있는 하천변 등에 입지하는 경우가 많아서 대부분 주거 입지에 부적합하다. 그리고 도심에의 접근성을 높이기 위해 도심의 업무 중심지 인근에 위치하거나, 도심지가 아니더라도 도시지역 내의 도시 활동이 활발한 지역과 연계성을 가지면서 입지하는 경향이 있다. 이는 경제적 측면에서 기인된 것으로 일자리의 획득 기회를 높이고, 또한 교통 비용 부담 등을 줄일 수 있기 때문이다.

불량 주거지는 물리적 환경의 측면에서 주택의 질적 수준이 일정 수준에 달하지 못하는 주택의 수가 일정 비율 이상 밀집하고 있는 일단의 주거지를 말한다. 판정 기준으로는 건물의 노후 상태, 구조적인 결함, 또는 시각적인 불량 상태 등이 이용된다.

② 사회 · 경제적 특성

불량촌 주민들은 대부분이 농촌을 지역적 배경으로 갖고 있는 이농민 출신들이다. 1960년대 이후 급속한 산업화의 추구로 도시에 많은 공장이 들어섰고, 여기에 필요한 노동력이 주로 농촌의 이농민으로 채워졌다. 도시로 유입된 노동력은 단기적으로 공급 과잉을 빚어 저임금과 불완전 고용 형태를 나타냈다.

도시 불량촌의 사회적 특성은 주로 한계성(이웃과의 접촉, 주민조직 활동에의 참여, 정보전달 매체에의 접근도, 도시 서비스 시설 이용도, 미래관 등)과 관련해 논의돼 왔다. 불량촌 거주자들은 일반 도시민과 다른 사회적 · 정치적 성향을 나타내는지가 문제가 될 수 있는데, 현대사회연구소(1985: ix)의 실태조사 연구에 따르면, 이들은 전통적인 사고방식이나 생활양식에서 벗어나 발전적이고 미래 지향적인 사고방식을 가지고 있었으며, 나아가 빈곤문화에 빠져 있는 것이 아니라 불량촌을 더 나은 생활로의 상승 이전을 위한 계기로 삼고 있었다.

도시 불량촌 가구의 특성은 흔히 여성 가구주가 많고 가족 중 병자(病者)가 적지 않다는 점이다. 그리고 가구주의 학력은 상당히 낮지만 자녀들에 대한 교육열은 상당히 높은 것으로 알려지고 있다.

이들의 직업구조는 전문직 · 사무직 · 관리직 · 숙련직보다는 단순노무직 · 판매서비스직 · 노점상과 행상직이 주류를 이루고 있다. 이들은 이러한 도시비공식 부문(urban informal sector)의 단순노무직 등에 의존하기 때문에 직업에 관한 정보를 수시로 얻기 위해 비슷한 처지의 사람들과 정보 교환을 빈번히 하고 있다. 따라서 이들은 생존전략의 일환으로서 친척 간, 이웃 간, 직장 동료 간에 긴밀한 사회적 연결망을 구축하고 있다. 또 다른 특성은 교통 수단 이용의 제한으로 대중교통을 이용해야 하기 때문에 이들의 일터가 대중교통 수단의 이용 가능성과 밀접하게 연계되는 경향이 있다.

제3절 도시주택 정책

1 주택시장에의 정부 개입에 대한 이론적 대립

주택이라는 서비스의 속성상 민간 부문에서는 저소득층이 이용 가능한 주택을 생산해서 공급하는 것이 쉽지 않다. 따라서 대부분의 국가에서 이 부문에서는 공공 부문이

상당한 역할을 수행하고 있다.

주택시장에의 정부 개입에 대한 이론적 대립은 크게 시장모형론과 복지모형론으로 나눌 수 있다.

1) 시장모형론

시장모형론(market model)은 기본적으로 주택 분야에 대한 정부의 직접적 개입을 반대하는 입장이다. 이들은 주로 자유방임적인 시장 경제의 원리를 신봉하는 학자들로서 사유재산권의 보장을 중요시하고 국가의 역할을 최소화할 것을 주장한다. 그들은 복지국가적 주택정책이 비효율적이라고 비판하면서 사회정책으로서의 주택정책을 공공정책의 한계적인 역할로 국한시킨다. 다만 제한적으로 시장이 실패할 경우 간접적으로 통제할 것을 주장하면서 주택 서비스의 효율적 공급을 위해 제한적으로 주택수당 등 보조금 지급을 통한 수요 측면을 지원하거나 주택 융자(mortgage) 체계를 제도화할 것을 주장한다(Jeong, 1995: 157).

그들은 자원의 능률적 배분이 국가 개입보다는 시장 경쟁에서 창출된다고 지적하면서 주택시장에의 국가 개입은 시장에서 경쟁하는 개인의 자유를 제한한다고 본다. 그들은 경제적인 측면뿐만 아니라 이념적 차원에서도 복지모형론을 비판하는데, 정부에 의한 공공주택의 공급은 사회주의 정책으로서 자본주의의 본질인 사유재산제에 대한 도전이며, 결국 정부가 시민들에 대한 지주가 된다고 비판한다. 그뿐만 아니라 정부 보조에 의한 공공주택은 민간 주택시장에 영향을 미쳐 민간주택의 임대료를 낮출 수 있기 때문에 장기적으로는 주택 건설의 위축을 가져올 수도 있다고 본다. 그리고 공공주택은 민간주택에 비해 설계 면에서나 생산 과정에서 획일적이 돼 스타일, 크기, 위치와 일반적인 주택 매력 요인들과 관련된 거주자의 선호를 제대로 반영하지 못한다. 끝으로 관리상의 문제점과 함께 배분상의 효율성도 떨어뜨리는 것으로 지적되고 있다(이종열, 1995).

2) 복지모형론

복지모형론(welfare model)은 주택시장에 정부의 적극적 개입을 주장한다. 이들은 주택을 자본주의 시장에서의 이윤 추구를 위한 수단으로서의 상품이 아니라 인간의 기본적인 생활을 위한 필수품으로서 인간의 권리, 다시 말해 주택의 수요를 시민의 정치적 권리뿐만 아니라 사회적 권리의 향유로서 파악하고 있다. 주택시장에 대한 국가의 개입은 시민으로서의 개인적 권리를 상실하는 측면보다 경제적 복지의 증진을 보장함으로써 바람직한 측면이 더 많다고 보고 있는 것이다. 복지모형론은 주택이 인간의 삶에 가장 필수적인 요소인 의식주 중의 하나의 요소일 뿐만 아니라 사회적 가치재로서의 외부 효과를 지니고 있어 사회 전체적인 편익 측면을 고려하면 정부가 주택 공급에 대해 책임이 있다고 파악하고 있는 것이다.

복지모형론은 시장 기능의 실패에서 출발한다(Merrett, 1979: 30; Ball, 1983: 37). 자유경쟁시장 체제하에서 주택의 공급과 배분은 불안정성이 높고 주택시장은 공공서비스의 존재, 규모에 대한 비용 감소, 외부 효과, 정보의 불확실성, 왜곡된 조세 체계 등으로 시장의 실패가 발생하게 된다. 정부는 저소득층을 위한 주택 부족의 해소, 빈민 구호, 주거환경의 개선, 주거비 부담의 완화, 주택 생산의 안정 등을 이유로 주택시장에 개입하고 있는 것이다(McGuire, 1981: 4). 공공주택의 공급이 민간 부문의 건설을 반드시 위축시키는 것은 아니며, 공공주택은 민간 주택시장에서 경쟁할 능력이 없는 특정 인구 계층에만 서비스가 주어지는 것이다.

2 도시주택 정책의 유형

1) 공급 측면에서 여과정책

주택 부문의 여과(filtering) 과정은 저소득층이 고소득층의 주택을 승계해 가는 과정을 의미한다. 고소득층이 사용하던 주택이 노후화돼 감에 따라 저소득층이 이를 계승하고 고소득층은 이보다 더 양질의 주택으로 이동하는 과정을 의미한다. 즉, 이는 주택의 질적 변화와 계층 이동의 관계를 설명해 준다. 이를 주택의 공급 측면에서 고찰하면, 양질의 신규 주택이 공급되면 소득이 높은 계층이 그곳으로 이동하게 되고, 이로 인해 발생하는 공가(空家, vacancies)에는 소득이 낮은 계층이 점진적으로 이동하게 되는 과정을 의미한다. 이 과정을 더욱 세분해 보면 두 가지 측면으로 나눠 볼 수 있다. 하나는 주택재고 자체가 노후화됨에 따라서 가치가 하락해 주거 계층 상승이 일어나는 경우이고, 다른 하나는 소득이 증가함에 따라서 주거 계층 상승이 일어나는 경우다.

이러한 여과 과정이 제대로 작동하면 양질의 신규 주택의 공급을 통해 사회 내 모든 소득 계층의 주거 수준을 점진적으로 개선시켜 갈 수 있다. 이러한 전제하에 자본주의 국가에서는 신규 주택의 공급을 강조하며 여과를 통한 누적 효과(trickling down effect)를 도모해 왔다. 그러나 이러한 여과 과정은 일반적으로 선진국에서 시행돼 왔으며, 다음과 같은 가정하에서만 원만하게 작동된다(조덕호, 1995: 299).

첫째, 신규 공급이 고소득층의 정상 수요를 초과하고 궁극적으로 저소득층이 자신들의 주거 수준을 향상시킬 만한 충분한 수의 주거 단위가 이용 가능해야 한다.

둘째, 상향적 주거 이동이 소득 상승이나 소득 대비 임대료 하락 등과 무관해야만 한다.

셋째, 신규 공급 물량이 신규 가구 수의 증가로 인한 수요 증가율을 초과해야만 한다. 즉, 공급의 초과가 여과 과정의 출발점이다.

넷째, 공가에 대한 모든 가구의 접근 가능성이 동일해야 한다. 그러나 우리나라의 경우처럼 주택의 양적 또는 질적인 저하가 심하고 주택시장이 불안정할 뿐만 아니라 주택 부문에 대한 경제 외적인 정치·사회적 요인이 크게 작용하는 곳에서는 여과 과정이 그대로 작동되지 않을 수도 있다(조덕호, 1995: 304-305). 만약 그러하다면 저소득층을 겨냥한 특수한 정책 수단을 강구할 필요성이 있다.[3)]

2) 수요 측면에서 보조금정책

정부가 수요 측면에서 주택보조금을 지원해 주는 방법은 크게 임차가구를 위한 집세 보조(rent subsidy)와 소득 보조(income subsidy)로 나눌 수 있다. 집세 보조는 집주인에게 직접 보조금을 주는 방법과 임차인에게 임대료 전표(vouchers)의 형태로 지불하는 방법 등을 흔히 사용하고 있다. 집세 보조는 저소득층에게 집세를 보조해 줘 이들이 상대적으로 저렴한 주택가격을 지불하게 함으로써 이들의 주택 소비를 증가시키고자 하는 것이다. 한편 소득 보조는 수혜자의 소득 수준을 높여 줌으로써 이들이 자신에게 적절한 주택 소비를 하도록 유도하는 방안이다.

수혜자의 자유 선택이라는 효율성 측면에서는 소득 보조 형식과 임대료 전표 형식이 집주인에게 직접 보조금을 주는 방식보다 더 효율적이다. 그 이유는 수혜자의 주택 수요 욕구를 가장 잘 아는 사람은 수혜자 자신이라는 전제하에 수혜자는 자신에게 가장 큰 만족을 주는 주택에 지출할 것이기 때문이다. 다만 소득 보조 형태는 그것이 주거 소비 쪽으로 지출이 이뤄진다는 보장이 없다는 단점이 있다.

3) 규제 측면에서 임대료 규제

임대료 규제(rent control)는 가격 규제로서 임대료의 수준 또는 상승률을 일정한 범위 내로 제한(일반적으로 시장임대료 이하 수준)함으로써 임차 가구를 보호하려는 주택

---

3) 우리나라의 주택시장에서 여과 과정을 분석한 연구에 따르면, 여과 과정은 오직 저소득층의 자가 주택에서만 나타났다. 따라서 우리의 경우 여과 과정을 전제로 한 주택 공급 정책은 저소득층의 주거 수준을 향상시키는 데 크게 기여하지 못한 것으로 보인다(김정호 외, 1988: 64-70).

정책적 수단이다. 임대료가 규제되면 수혜자인 임차가구는 주택 서비스를 확대시킬 수 있는 반면에 가옥주는 임차 가구가 누리는 혜택만큼 손실을 입게 된다. 즉, 이는 소득을 가옥주에서 임차 가구로 재분배하는 결과를 초래한다.

그러나 임대료가 자유경쟁에 맡겨지지 않고 정부가 인위적으로 규제하면 장기적으로 예상치 못한 부작용이 발생할 수 있다. 임대료가 시장가격 이하로 낮아지면 결국 임대주택 사업의 수익성이 떨어지므로 임대주택의 공급이 장기적으로 줄어들게 될 것이다. 그리고 가옥주(landlord)들은 임대주택의 유지나 보수에 소홀할 수 있다. 따라서 기존의 임차 가구는 이러한 임대료 규제정책에서 대부분 혜택을 누리지만 신규 수요자들은 그만큼 불리한 처지에 놓이게 된다. 이는 바로 정책 수단의 가장 중요한 두 가지 기준인 형평성과 효율성 중 형평성을 상실하는 것이다. 나아가 임대료가 시장가격 이하로 규제됨에 따라서 임차 가구의 과다 주택 서비스 소비가 발생할 수 있고, 임차인의 이주 선택 기회가 제한됨으로써 효율성이 떨어지게 된다.

이러한 문제점에도 불구하고 미국이나 영국 등 각 국가가 임대료 규제정책을 실시하는 이유는 임차 가구들의 임대료 통제를 위한 조직적인 저항운동, 정치적 이유, 부작용에 대한 명백한 증거의 결여 등이 지적되고 있다(김경환 · 서승환, 1994: 239; 하성규, 1995: 342).

3 우리나라의 도시주택 정책

1) 도시 불량주택 재개발정책

우리나라의 경우 현대적 의미의 불량촌 재개발은 6 · 25 전쟁 이후의 전후 복구사업에서 시작됐다. 그 후 불량촌에 대한 재개발은 각 시대의 사회 · 경제적 배경에 따라 독특하게 추진됐다. 지금까지 시행된 재개발정책은 개발 대상 지구에 대한 종합적인 평가가 부족한 상태에서 추진됐으며, 이에 따라 많은 부작용을 노출시켰다.

1950년대 이후부터 정부가 추진한 각종 불량주택 재개발정책을 시기별로 살펴보면 다음과 같다.

(1) 전면 철거(1950~1965년)

해방과 6 · 25 전쟁 등 급격한 사회적 변혁기를 통해 발생한 무허가 불량주택은 주로 국공유 하천 부지나 산비탈에 많이 입지하고 있었다. 이들은 불법적으로 국공유지를 점유하고 불량주택을 건설해 집단 불량촌을 형성했다.

정부는 불량촌이 도시토지 이용의 고도화와 효율화에 걸림돌이 된다고 생각해 이들을 철거하고 동시에 이들 주민을 도심 외곽지로 재정착시키려는 정책을 시도했다. 이러한 정책들은 도심 내의 불량촌을 제거하는 데 초점을 두고 시행됐으나, 결과적으로는 재정착 지역들이 다시 불량화돼 불량촌의 '장소적 이전'이라는 악순환만 계속돼 재개발의 근본적인 목표를 달성하지 못했다.

도심지의 불량촌을 도심 외곽으로 이전시킬 당시만 하더라도 외곽지는 개발이 되지 못한 상태였다. 그러나 시간이 흐름에 따라 주거지 개발이 점차 외곽지로 확산되면서 이 외곽지가 다시 도심이 되는 도심의 확산 현상이 일어났다. 따라서 초기 외곽으로 이전했던 불량촌을 다시 재개발해야 하는 악순환을 가져왔다. 그리고 이 당시는 주로 전면 철거 방식이었지만 정부가 이전할 수 있는 재정착지를 도시 외곽에 마련해 줬다는 점이 특징이다. 이러한 사실은 결국 이들의 재철거 때 저항의 정당성을 제공해 준 셈이 됐다.

(2) 시민 아파트의 건립(1965~1972년)

1960년대 중반부터 대도시에서는 주거 형태로서 아파트가 주목받기 시작했다. 정부에서도 도시 저소득층 주택문제를 해결하고자 도시정부가 주체가 돼 시영 아파트를 건립해 보급했는데, 이러한 시영 아파트의 건립은 불량촌 주민의 상당수가 도심으로 다시 돌아온 문제점을 보완하고 현지 정착을 도모한 새로운 재개발 방법이었다. 이 정책은 주민들의 일자리, 교통문제, 그리고 토지 이용의 효율화 등을 고려해 시유지를 점유하고 있는 무허가 건물을 철거하고 도시정부가 시민 아파트를 건립함으로써 불량촌 주민의 주거생활을 안정시키는 데 목적을 뒀다.

그러나 대부분의 시민 아파트가 정상적인 주거생활을 하기에 부적합한 입지 조건인 산비탈에 세워졌으며, 부실 공사로 인한 붕괴 위험, 주민들과 시정부의 한정된 재정 부담 능력 때문에 실효를 거두지 못하다가 서울의 와우아파트 붕괴 사건으로 이 정책은 전면 중단됐다.

(3) 대규모 단지 조성(1969~1972년)

시민 아파트와 병행해 시도된 재개발정책이 광주 대단지 이주정책이었다. 광주(현재의 성남시) 대단지 조성과 집단이주정책은 서울시의 불량촌 주민을 집단으로 도시 외곽지에 이주시키는 인구분산책과 도시 빈민 주거 안정이라는 두 가지 목표를 가지고 있었다. 그러나 도시 기반시설이나 행정 서비스의 공급 없이 대단위 주거지를 조성함으로써 도시 빈민의 수용이 불가능했다. 또한 반(半)실업 상태의 도시 빈민들은 일자리가 있는 서울로 재진입할 수밖에 없어 이 정책은 도시 저소득 주민의 사회·경제적 속성과 상황을 무시한 지극히 행정편의주의적인 발상으로 평가됐다. 이처럼 대규모 단지 조성이나 집단 이주가 사회문제를 초래한 것은 기존의 삶의 터전을 해체시키고 새로운 삶의 장소를 구성하는 데 실패했기 때문이라 할 수 있다.

(4) 양성화 및 현지개량사업(1968~1973년)

정부는 철거에 의한 재개발 방식의 한계를 인식하자 이를 중단하고 가능한 한 기존 주택의 정비 및 양성화 정책을 시도했다. 양성화 방법은 무허가 건물 가운데서 건축구조가 건전하고 재료가 양호한 건물들은 철거하지 않고 그 대신 현지에서 개량할 수 있도록 양성화해 주는 것이었다. 이 정책은 주민의 자조적인 불량주택 개량과 개축 노력을 제도적으로 보장하고, 재개발사업에 주민의 적극적인 참여를 유도하며, 불량주택을 주택자원으로 인정해 저소득층을 위한 주택 재고를 감소시키지 않았고, 원래의 생활 터전을 보존했다는 점에서 매우 효과적이었다고 할 수 있다.

그러나 이러한 양성화 정책은 개별 주택의 개량 및 외형적 환경 개선에 치중한 결과, 본질적으로 불량촌 전체 지구의 계획적인 재개발을 어렵게 만들었다. 또한 정부의 공공서비스 확충과 기반시설 등을 정상 주거지와 동일한 수준으로 개량하지 못한 점도 한계점이었다. 그러나 양성화나 현지개량사업은 시당국에서 처음으로 불량주택을 도시 저소득층을 위한 효과적인 주택 자원으로 인식했다는 데 큰 의의가 있다.

(5) 주택개량 및 철거재개발(1973~1982년)

불량주택지구에 대한 정비사업은 「주택개량 촉진에 관한 임시조치법」이 공포된 1973년을 정점으로 기법이 다양화되기 시작했으며, 주택재개발사업에 대한 종합적이고 기본적인 방향이 제시됐다. 이러한 법적 뒷받침에 힘입어 지방정부는 불량주거지 내의 국공유지를 현재의 점유자에게 불하함과 동시에 공공시설 설치 비용을 지원했다. 1974~1983년 사이에 주택개발 개량사업은 주민이 자력으로 주택을 건립하는 자력 재개발사업 중심으로 진행됐다.

그러나 별다른 재원 조달 방법을 갖지 못한 채 사업에 소요되는 비용 부담을 주민에게 의존하면서 재개발사업을 시행했기 때문에 주민의 반발을 초래함은 물론 본래의 목표와 달리 많은 역효과를 초래했다.

이 기간 동안 행해진 자력 재개발사업은 사업 주체별로 주민 스스로 주택을 건립하는 철거 및 주택개량 철거사업뿐만 아니라, 미국 국제개발처(AID) 차관에 의한 차관재개발사업, 민간위탁사업에 의한 재개발사업 등도 포함된다.

(6) 합동재개발사업(1983년 이후)

합동재개발사업은 주택개량 재개발사업의 시행 기법의 하나로서 도시재개발법상 도시재개발의 시행자인 토지 등의 소유자 또는 그들이 설립한 조합, 지방자치단체, 공사, 특수법인 및 제3개발자 등이 시행자가 돼 주택건설촉진법의 규정에 의한 국민주택사업자를 참여 조합원으로 가입시켜 시행하는 것이다. 다시 말해, 공공시설 재개발법에 의한 재개발사업이 주민의 경제적 영세성과 지방자치단체의 재정 능력 부족으로 인해 부진한 점을 고려해 주민이 설립한 조합을 시행자로 삼아 이들이 선정한 건설업체(참여사업자)를 통해 민간이 주도적으로 재개발사업을 추진하도록 하는 방법이다. 이때 재개발조합 내 토지 소유자는 사업 시행자로서 토지 제공, 사업 동의, 지장물 철거 및 이주, 사업 시행 인가 신청, 관리처분, 청산 등을 맡고, 건설업자는 시공자로서 개발계획 수립, 주택 건설, 시공 감리, 공사비 회수 등을 맡게 된다.

합동재개발 방식은 대규모 개발의 형태로서 고밀도의 아파트 건립이 가능하고, 따라서 많은 개발 이익이 발생했다. 이로 인해 주민의 경비 부담을 줄일 수 있고 토지 이용의 고도화 및 계획적인 도시 정비가 용이한 장점이 있다. 또한 집약적 개발 형태의 이점으로 사업 시행 기간을 단축시키고 건축비를 절감할 수 있을 뿐만 아니라, 주민이 직접 참여함으로써 개발 과정에서 어느 정도 그들이 원하는 사항을 반영할 수 있다.

그러나 합동재개발의 공식적인 목표와는 달리 민간기업이 초기 투자비용을 전담하게 됨으로써 시장 경제 원리에 입각해 개발사업이 진행된 결과 현지 주민의 정착이 이뤄지지 못했고(투기와 전매행위의 성행),[4] 세입자에 대한 거주 대책의 부재, 소수 주민에게 개발이익의 배분, 국공유지의 저가 매각과 고밀 개발에 의한 사업 주체의 과다한 이윤 추구 및 부동산 투기의 유발 등 역기능도 무시할 수 없다.

합동재개발사업으로 건설업체가 가장 이익을 봤고 가옥주도 상당한 이익을 봤다. 그리고 시당국도 도시 미관의 개선과 세수(稅收) 확대를 도모했으며, 일반 입주자도 주택 재고량의 증가로 인한 아파트 마련 기회를 통해 이익을 봤다. 그러나 세입자만은 별다른 보상이 주어지지 않은 반면에 기존의 삶의 터전을 상실함으로써 가장 손해를 보게 되자 이들은 대부분 강한 저항을 보였다. 이것이 바로 철거민 저항운동으로 나타났다.

---

4) 특히 1980년대 이후 합동재개발사업을 시행하면서 건설업체의 과다한 이윤 추구로 인해 도시 저소득층 주민들의 경제적 부담 능력을 초과하는 아파트가 주로 건설돼 대부분의 주민은 입주가 불가능해져 전매했기 때문에 이 과정에서 투기가 성행했다.

(7) 주거환경 개선사업(1989년 이후)

주거환경 개선사업은「도시 및 주거환경정비법」에 의한 도시의 저소득 주민 밀집 주거지역의 주거환경을 개선하는 데 필요한 사항을 정함으로써 도시의 저소득 주민의 복지 증진과 도시환경 개선에 이바지함을 목적으로 한다. 또한 주거환경 개선사업은 정비구역의 주거환경 개선을 위해 필요한 주택의 건설, 건축물의 개량, 공공시설의 정비, 소득원의 개발 등 주거환경 개선계획에 따라 행해지는 사업을 말한다. 이 사업에서 주체는 시장·군수 및 이들이 지정한 주택공사 등이 된다.

기존의 재개발정책은 가옥주 위주의 재개발사업 진행, 원주민의 수준에 맞지 않는 개발계획, 개발 여건의 완화에 따른 토지 투기꾼의 개입 촉진, 주택가격의 상승에 따른 투기 과열 등으로 인해 결과적으로 현지 불량촌 주민의 주거 향상을 도모하는 데 실패했다. 따라서 이 사업은 현지 주민의 재정착을 유도함으로써 도시 저소득층을 위한 실절적인 사업이 될 것으로 기대해 지금까지 시행한 재개발 방식에 따른 많은 문제점을 최소화하는 동시에 점진적 주거환경사업의 추진으로 불량주택 개량사업의 합리적 시행 방안을 정착시키고자 하는 것이다.

주거환경 개선사업은 현지 개량과 공동주택 건설의 두 가지 방식에 의해 시행될 수 있다.

첫째, 현지 개량 방식은 주택의 소유주가 자력으로 자신의 주택을 신축, 증축, 개량하는 형태의 개발 방법으로 개별적 개량사업이다. 현지 개량 방식에 의한 주거환경 개선사업은 무허가 건축물 집단지역의 철거를 유보하고, 도시계획상 주택을 건립할 수 있는 가능 지역으로 설정해 건축법에 따라 주택을 개량하게 함으로써 도시계획사업으로 주택지를 조성하는 사업으로서 어느 정도 양호한 주거환경을 가진 지역에서 시행한다. 주로 주민 자력으로 사업을 시행하고, 재개발사업 시행보다 법적인 규제가 많이 완화되고 주택 금융에 따른 이자도 저소득층의 경우 연리 7~8%에서 6% 정도로 인하되는 등 도시 저소득층을 현지에 정착시켜 철거 이주에 따른 불안을 해소하고 주거 안정을 도모해 집단이주나 불량주택 정비정책보다는 경제적 부담을 경감시키는 장점이 있다. 이 사업 방식은 1974년 이래 시행해 온 주민 자력 개발사업과 유사한 부분이 많다. 우선 주민과 지방자치단체가 각각 분담해 주택 개량과 공공시설을 정비하는 개량재개발 방식으로 주택 소유주에게 국공유지를 불하하고 개량자금을 융자해 줌으로써 단독주택에 대한 부분 개량을 시도하고 있다는 점이 상당히 유사하다.

둘째, 공동주택 건설 방식은 노후하고 불량한 주거지역을 전면 철거하고 공동주택을 건설하는 집단적인 사업 방식이다. 이 방식에 의한 재개발사업은 기존의 합동재개발사업에서의 제반 문제점을 최소화했다. 철거 후 공동주택 건립이라는 점에서 그동안 민간이 주도해 왔던 합동재개발 방식과 매우 유사하다. 그러나 사업 시행자가 공공이고 공급 주택의 규모가 18평 이하로 제한되며 장기 임대 또는 영구 임대주택의 건립으로 주택 소유주뿐만 아니라 세입자를 수용하도록 하고 있다. 건설 기간 중 임시 수용 대책을 마련해서 현주민의 주거 안정을 꾀하고 사업비를 국고 또는 국민주택기금에서 조달 가능하도록 하고 있다.

주거환경 개선사업의 문제점은 다음과 같다(여상일, 1992: 49-59).

첫째, 주민의 의견을 반영하는 것이 미흡하다. 특히 공동주택 건설을 둘러싸고 주민의 이해관계가 매우 복잡하고 다양한데, 현실적으로 이를 원만히 반영하지 못하는 경우가 많다.

둘째, 사업지구를 지정하는 기준이 모호하다. 대상 지역의 면적 이외에는 모두 주관적인 판단의 개입 소지를 남겨 놓고 있다.

셋째, 개량한 불량촌이 다시 불량촌화될 가능성이 높다. 주거환경 개선사업을 위해 건축법상 요구되는 많은 기준(건축 자재, 건폐율, 용적률 등)을 완화해 줌으로써 장기적으로 이 지역의 재불량촌화의 가능성을 남겨 놓고 있다.

넷째, 정부 지원의 미흡과 세입자 문제가 있다. 주거환경 개선사업을 위해 정부가 지원하는 금액은 부족하고, 이것마저도 일부에 제한돼 있다. 그리고 세입자에게는 주거 지출에 대한 압박이 가중될 수 있다.

2) 공공 임대주택 정책

(1) 개념

공공주택은 광의로 정부가 지원해 공급하는 모든 주택을 의미한다. 여기에는 반민영(半民營) 주택도 포함된다. 정부가 지원하는 것에는 경제적인 것 외에도 기술적인 것이 있을 수 있다. 그리고 소유주가 개인일 수도 있고 공공일 수도 있다. 협의로는 정부가 주체가 돼 직접 공급하는 주택으로서 정부가 소유주로 돼 있는 주택을 의미한다. 보통 공공주택이라 함은 협의의 의미로 사용되며, 이러한 협의의 공공주택이 공공 임대주택으로 불리고 있다.

(2) 정책적 배경

그동안 자본주의 국가는 주택을 인간 생활을 위한 하나의 필수적 서비스로 그 중요성을 인식해 이의 공급을 위한 다양한 프로그램을 가지고 있었지만 주로 주택 서비스의 경제적 · 환경적 측면을 중요시했고, 사회정책적 측면을 간과했다(최태량, 1992: 9). 그러나 최근에는 일부 자본주의 국가 중에서도 주택 서비스를 사회정책적 측면에서 접근하기 시작했다. 영국이 가장 대표적 국가이며, 이의 영향을 받은 싱가포르도 이 범주에 해당한다.5)

우리나라 정부는 그동안 경제 중심적 주택정책을 지향했으며, 따라서 주택의 사회복지적 차원이 간과됐다. 제6공화국에 들어와서 정부는 획기적인 주택 공급 정책으로 주택 2백만 호 건설을 새로운 정책 목표로 추진했지만 이 정책도 한마디로 말하면 중산층 이상의 소득 계층을 위한 공급 지향적 정책이었다. 다만 그 과정에서 정부가 저소득층을 위한 주택정책으로서 사회보장적 성격이 강한 영구 임대주택 정책을 도입해 실시한 것은 주목을 받았다.6) 영구 임대주택 정책의 공식적 목표는 저소득층의 주거 안정과 주거수준 향상을 위한 것으로서 자본주의 체제하에서 주택을 하나의 상품으로서가 아니라 권리로 파악하려는 이념 체계를 지니고 있다. 따라서 구체적인 공식적 정책 목표는 도시 영세민 및 무주택자들의 주거 안정, 주민들의 복지 배분 요구에 대한 부응, 소유 중심의 주택 개념에서 거주 중심으로 전환시키려는 정책적 의지 등을 담고 있다. 이러한 공공임대주택은 그 규모 면에서나 이념적 차원에서 우리나라의 주택정책사에 새로운 계기를 마련했다.

그러나 그동안의 성과를 살펴보면 지난 몇 년간 공공 임대주택 정책의 실제 운영상 근본적인 정책 목표가 잘 실현되지 못하고 있는 것으로 나타나고 있다. 정부가 영구 임대주택 제도를 도입한 것은 사회주택 개념의 도입이란 점에서 그 의의가 매우 크다고 하겠지만, 이의 관리 및 운영상 상당한 문제점이 나타나고 있다. 특히 적절한 주택의 절대 공급량의 부족, 임대주택의 규모의 협소, 입주자 선정의 비형평성, 저조한 입주율, 유지 관리상의 문제 등이 지적되고 있다. 또한 정부가 영구 임대주택을 앞으로는 더 이상 계속 공급할 계획이 없어 이것이 일과성 정책이 아니었는가 하는 의문도 낳게 하고 있다(이종열, 1995).

(3) 우리나라 공공 임대주택 정책의 역사적 개관

우리나라의 경우 정부 예산에서 차지하는 주택 투자의 비중은 1980년대까지 1.5% 내

---

5) 1982년 UN은 1987년을 무주택자를 위한 국제적 주거의 해로 선언했다. 이 선언의 주된 목표는 2000년까지 전 세계 빈곤층을 위한 주거 마련이었다. 싱가포르 정부는 전 국민에게 저렴한 주택을 공급하는 데 성공해 UN 목표에 거의 도달했지만 우리나라는 그렇지 못하다.

6) 이 정책은 대도시를 중심으로 1988년에 시작됐으며, 주택 200만 호 건설계획이 1992년 끝나면서 거의 종결될 운명에 놓여 있다.

외에 불과했다. 그러다가 1989년 정부가 영구 임대주택에 대한 직접적인 재정 투자를 실시하면서 재정 투자의 비중이 2배 이상으로 확대됐다. 영구 임대주택은 소요 재원 중 정부가 85%, 입주자가 나머지 15%를 보증금으로 충당하는 계획이다.

1980년대 후반 정부가 영구 임대주택을 공급하기 이전까지는 정부가 직접 주택을 건설해 공급한 적은 없었고, 주택공사・국민주택기금에 대한 출자, 출연의 형태로만 간접적으로 투자가 이뤄졌다. 그동안의 우리나라의 주택정책은 한마디로 민간에게 활력을 불어넣어 주택 공급을 확대하고자 하는 시장 중심적 전략이었다.

역사적으로 보면, 우리나라 정부의 주택시장에의 초기 개입은 전후 긴급복구대책을 통해서였다. 그러나 그 당시에는 사회 혼란과 낮은 경제 수준, 국가 형성 수준의 미흡 등으로 독자적이며 체계적인 주택정책을 실시하기에는 역부족이었다. 그러다가 1963년 『공영주택법』이 제정돼 무주택자에게 주택을 공급할 법적 근거를 마련하게 된다. 그 후 정부는 직접 주택시장에 개입하기보다는 민간주택 공급을 촉진시키는 데 노력을 기울였다. 이의 일환으로 1972년 「주택건설촉진법」을 제정했고, 주택 금융을 민영주택자금과 국민주택자금으로 체계화했다. 1981년에는 이 법이 개정돼 국민주택기금이 설치됐다. 그리고 정부는 임대료 안정을 위해 1981년 「주택임대차보호법」을 제정했고, 1982년에는 저소득층의 주거 안정과 주택경기 활성화 방안으로서 '임대주택 육성 방안'을 발표했다. 이러한 정책은 종래 분양・자가주택 공급정책에서 한 걸음 더 나아가 주택 분배나 형평성의 문제를 강조한 정책이라는 점이 특징이었다. 그러다가 1984년 「임대주택건설촉진법」이 제정돼 임대주택의 공급을 강조했다.

공공 임대주택 사업의 주체는 지자체(지방공사 포함), 주공, 민간 세 가지이며, 현재 건설 중인 공공임대주택 유형은 국민임대(30년), 공공임대(10년, 5년) 두 가지로 구분할 수 있다.

용어 해설

- **주택수당(housing allowance)**: 이는 미국에서 채택하고 있는 제도로서, 예를 들면 해당 임차가구가 지불해야 할 임대료가 월 500달러이고 소득으로 부담 가능한 임대료가 400달러라면 그 차액인 100달러가 주택수당액이 된다. 정부는 이 금액을 직접 현금으로 지불하지 않고 임차인에게 전표를 주며, 임대인이 이 전표(cash voucher)를 임차인에게 받아 제시하면 현금을 지불하게 된다. 이 제도는 임차인에게 현금을 지불하면 임차인이 주택 이외의 다른 용도로 수당을 사용할 가능성이 있으며, 이렇게 되면 임차가구의 주거 안정이라는 제도의 원래 목표가 달성되지 못하게 되기 때문에 도입됐다.

연습 문제

1. 불량주택의 형성 과정과 특성을 설명하시오.
2. 주택시장에 대한 정부 개입의 대립적 견해를 설명하시오.
3. 주택의 여과(filtering) 정책을 설명하시오.
4. 주택보조금정책과 임대료 규제정책을 비교하시오.
5. 주거환경 개선사업의 종류와 문제점을 설명하시오.
6. 공공 임대주택 정책의 의의를 설명하시오.

제16장

도시교통

제1절 도시교통의 의의

1 도시와 교통

교통은 왜 현대 도시생활에서 꼭 필요하며, 사람들은 왜 교통에 많은 시간과 비용을 소모하는 것일까? 이러한 물음에 대한 답은 간단하다. 현대인은 그들이 거주하는 장소에서 삶의 영위에 필요한 모든 활동을 수행할 수 없기 때문에 사람과 물자의 이동이 필요하며, 이를 위해 교통이 발생하게 된다. 즉, 교통은 장소와 장소 간의 거리 장벽을 극복하기 위한 행위로 볼 수 있으며, 이러한 관점에서 본다면 통신 또한 비슷한 기능을 가진다. 따라서 교통과 통신은 부분적으로 서로 대체적인 기능을 가진 것으로 평가할 수 있다. 최근 통신 수단의 발달이 교통문제의 해결에 도움을 줄 것으로 예측하는 학자들이 많은데, 이들의 시각도 이들 두 가지 기능의 부분적인 대체 가능성에 입각하고 있다고 볼 수 있다.

인간의 소득을 창출하는 장소, 즉 직장이 주거지 부근에 있을 경우 교통문제는 심각하지 않게 된다. 농경사회에서는 인간의 주거와 소득을 창출하는 삶의 터전은 바로 인접해 있었다. 따라서 자연히 통근을 위한 교통 발생은 없었고, 교통문제 또한 없었다. 이러한 맥락에서 볼 때 교통문제는 바로 도시적 생활 양식과 생산구조에 기인한다고 볼 수 있다.

도시화는 단순히 인구의 도시집중만으로 나타나는 것은 아니다. 인구의 도시집중은 산업화와 불가분의 관계에 있으며, 도시 인구는 대부분이 2차 산업과 3차 산업에 고용되는 것이 현실이다. 2차 산업과 3차 산업의 입지는 도시 내에서 자연히 주거지와는 분리되고, 이러한 직주(職住) 분리는 도시교통 문제의 근본적인 원인이 되고 있다. 즉, 도시 산업과 도시 주거지와의 근접에 따른 부(負)의 외부성(negative externality) 문제를 해결하고자 직주 분리가 시작됐으며, 이러한 직주 분리는 다른 한편으로는 교통문제를 야기했다. 최근에는 도시 주거지의 교외 확산에 따른 직주 분리의 심화로 말미암아 도시교통 문제는 광역화돼 가는 추세에 있다.

이제 교통의 본질이 무엇인지 정리해 보자. 교통은 통근, 쇼핑, 레크리에이션, 사교 등과 같이 인간에게 필요한 활동이 주거지에서 모두 이뤄지지 않기 때문에 발생한다. 교통은 그 자체가 목적이 아니고 도시민의 삶의 영위를 위해 필요한 활동, 즉 목적을 보조해 주기 위한 수단적인 의미를 가진다. 이와 같은 관점에서 교통 수요는 유발 수요(derived demand)라고 불린다. 최근 교통 수요 분석에서 활동 중심 분석 기법(activity-based approach)이 많이 활용되는 것도 교통이 가지는 이와 같은 수단적 기능에 기초한 것이라 할 수 있다.

2 도시교통의 기능과 특성

도시적 생산 양식과 도시민의 생활양식은 각종 도시 기능과 활동의 공간 분리를 초래했다. 이와 같은 도시 기능의 공간 분리는 필연적으로 도시교통의 도움 없이는 도시민의 생활을 불편하게 하고, 도시적 생산 양식 또한 존재할 수 없게 만든다. 도시교통은 사람과 물자의 장소적 이동을 가능케 함으로써 공간적으로 분리된 도시 기능을 통합하는 기능을 가진다. 따라서 도시교통망은 인체의 혈관과 같은 기능을 한다고 할 수 있다.

이러한 도시교통의 기능을 좀 더 구체적으로 살펴보면 다음과 같다.

첫째, 도시교통은 도시 인구와 생산물의 공간 이동을 가장 중요한 기능으로 한다.

둘째, 도시교통은 각종 생산활동과 주거의 공간 분리나 공간 분산을 촉진함으로써 이들 활동의 근접으로 발생할 수 있는 부(負)의 외부성 문제를 방지할 수 있게 해 준다.

셋째, 도시교통은 토지가격이 저렴한 곳에 각종 생산활동의 입지를 가능케함으로써 각종 생산물과 서비스의 생산 비용 절감에 기여한다.

넷째, 도시교통은 도시의 공간 확산을 촉진하고, 도시적 가치와 문화를 주변 지역으로 확산시키는 데 기여한다.

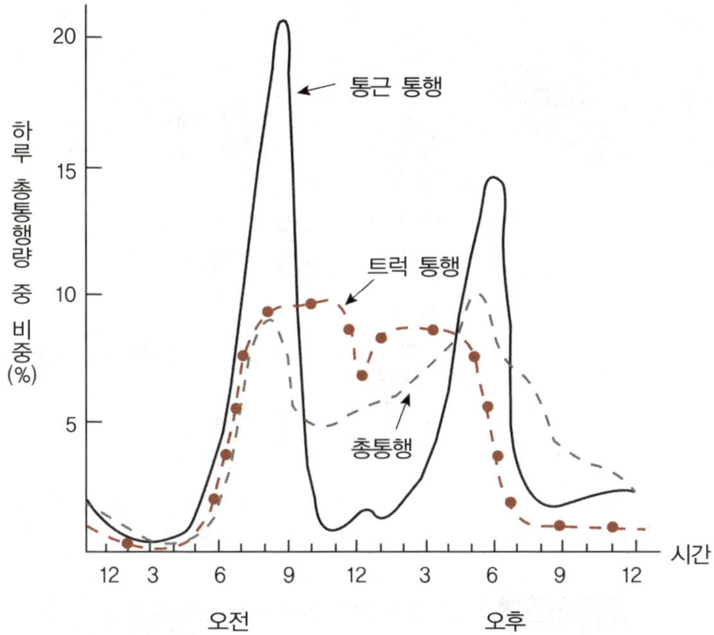

그림 16-1 **도시 통행 발생의 전형적인 시간대별 분포**

자료: Meyer & Miller(1984: 25).

이제 많은 교통 현상 가운데 도시교통이 가지는 특성을 살펴보면 다음과 같다.

첫째, 도시교통은 개인들의 다양한 목적 통행으로 구성된다. 도시교통을 통행 목적별로 분류해 보면 통근 통행, 쇼핑 통행, 업무 통행, 통학 통행, 레크리에이션 통행 등 다양하다.

둘째, 도시교통은 교통 수요와 교통시설 공급의 불일치 현상이 특정 시간대에 집중적으로 발생하는 특성을 가진다. 이러한 현상은 통행의 발생이 특정 시간대에 집중적으로 나타나기 때문에 일어난다. [그림 16-1]은 도시교통의 전형적인 시간대별 분포를 나타낸다. 그림에서 보는 바와 같이 도시교통은 출근시간대와 퇴근시간대에 집중적으로 발생한다.

셋째, 도시교통은 교통 수요와 교통시설 공급의 불일치 현상이 특정 장소 혹은 지역에서 집중적으로 발생하는 특성을 가진다. 이와 같은 수요와 시설 공급의 불일치 현상은 주로 도심과 같은 지역에서 발생하는데, 최근에는 이러한 문제가 광역화되는 추세에 있다.

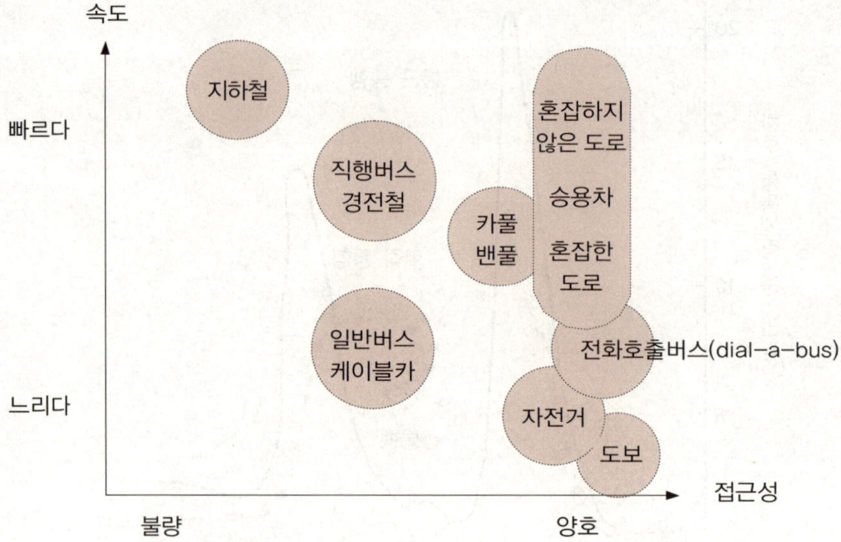

그림 16-2 주요 도시교통 수단의 서비스 특성

자료: Meyer & Miller(1984: 31).

넷째, 도시교통은 다양한 교통수단에 의해 구성되고, 각기 다른 교통수단은 제각기 다른 서비스 특성을 가진다. [그림 16-2]는 주요 도시교통 수단의 서비스 특성을 나타낸다. 그림에서 보는 바와 같이 도시교통 수단 가운데 속도와 접근성을 동시에 만족시키는 교통수단은 많지 않음을 알 수 있다.

다섯째, 도시교통은 도시토지 이용과 상호 불가분의 관계에 있는 만큼, 도시교통 문제에 대한 접근은 토지이용계획적 접근 등 다양한 접근 방법을 요구한다. 도시교통과 도시토지 이용의 관계는 아래에서 구체적으로 논의하도록 한다.

3 교통 체계와 토지이용 체계

도시를 지탱하고 유지시켜 주는 가장 중요한 두 가지 요소는 교통 체계(transportation system)와 토지이용 체계(land use system)다. 다양한 도시 활동이 필요로 하는 토지의 양(量)을 분석해 이를 합리적으로 공간상에 배분함으로써 도시 활동의 원활화와 적절한 생활환경의 수준을 유지하는 데 토지이용계획의 목적이 있다면, 교통계획은 도시 공간상에서 이뤄지는 다양한 도시 활동을 서로 신속하게 연결시켜 접근성(accessibility)을 높여 주는 데 그 목적이 있다. 따라서 토지 이용과 교통 체계 간의 관계는 '닭과 달걀'과 같은 관계로 상호 밀접한 연관을 지니면서 작용한다고 할 수 있다(원제무, 1991: 16-17).

토지 이용과 교통의 관계에 관해서는 세 가지 관점이 있다(Chapin, Jr. & Kaiser, 1979: 620-621).

첫 번째 관점은 인간의 활동 패턴(activity pattern)을 지원하기 위한 서비스 체계로 교통을 보는 입장이다. 이 관점에 따르면, 교통은 개인, 기업, 조직들이 각기 분리된 장소에서 활동할 수 있도록 하는 하나의 서비스로 간주된다.

두 번째 관점은 토지 이용이 교통 수요의 중요한 결정 인자로 간주되고, 또한 토지 이용이 교통 체계의 성과(performance)를 부분적으로 결정짓는 것으로 보는 입장이다. 즉, 이 관점은 토지 이용을 교통계획의 정책 투입(policy input) 요소로 보고 있다. 예컨대 우리는 종종 도심 지역에서 고밀도 토지 이용을 하게 되는데, 이 경우에 도심의 교통 혼잡이 악화되는 사례를 많은 도시에서 살펴볼 수 있다. 이러한 두 번째 관점은 첫 번째 관점과 밀접한 관련이 있으며, 토지 이용을 적절히 통제함으로써 교통문제를 해결할 수 있는 가능성을 시사한다.

세 번째 관점은 교통이 토지 이용에 미치는 영향을 부각시키는 것으로 앞서의 두 가지와는 반대되는 관점이다. 이러한 세 번째의 관점에 따르면, 교통 체계의 변화가 도시 토지 이용에 중요한 영향을 미치게 된다. 일반적으로 도로망의 개발은 도시토지 이용과 도시의 형태에 영향을 미친다. 도시 성장의 역사를 더듬어 봐도 교통망의 형성과 발달이 도시의 공간구조를 만들어 왔음을 알 수 있다. 예컨대 전차나 지하철이 유럽이나 미국의 동부 도시들의 기본적인 틀이 됐고, 고속도로가 미국의 서남부 도시들을 지금과 같은 모습으로 만들어 왔다.

이상의 세 가지 관점에서 살펴볼 수 있듯이 토지 이용과 교통 체계 간의 관계는 서로 크게 영향을 줄 수 있다. 이러한 토지 이용과 교통의 상호 작용을 마이어와 밀러(Meyer & Miller, 1984)는 다음 [그림 16-3]과 같이 나타내고 있다.

그러면 교통 체계는 어떠한 요소로 구성돼 있는지 살펴보자. 교통 체계를 보는 입장에 따라서 교통 체계를 구성하는 요소에 대한 개념이 달라질 수 있는데, 여기서는 토지 이용과 도시교통 간의 연관성에 역점을 두고 있는 블랙(John Black)의 견해를 중심으로 살펴보자. 그는 교통 체계의 구성 요소로 토지 이용, 교통 공급, 교통량의 세 가지를 지적한다(Black, 1981). 첫째 요소인 토지 이용은 토지 위에 건설된 물리적 시설뿐만 아니라 사회경제적 활동이 일어나는 공간이고, 둘째 요소인 교통 공급은 토지 이용 간의 물리적인

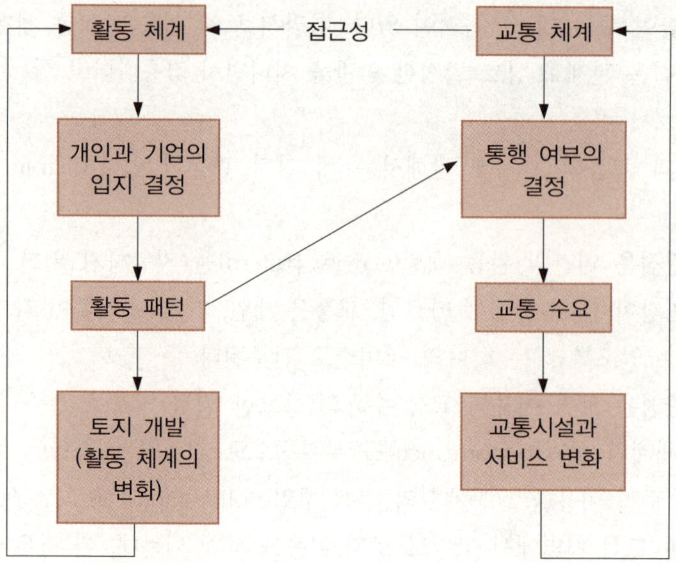

그림 16-3 **토지 이용과 교통의 상호 작용**

자료: Meyer & Miller(1984: 63).

연결망인 도로, 버스, 철도, 보도와 같은 교통수단과 통행 비용, 통행 시간, 배차 간격과 같은 운영적 특성까지 포함한다. 셋째 요소인 교통량은 토지 이용과 교통 공급의 상호 작용에 의한 결과물로 보고 있다(원제무, 1991: 12-13).

제2절 도시교통 문제

도시교통 문제는 도시 내에 과도하게 집중된 사람들의 각종 활동을 위한 통행 욕구를 교통시설이 충분히 충족시켜 주지 못하기 때문에 발생한다. 이처럼 도시교통 문제는 수요와 공급의 불균형 문제로 이해할 수 있으며, 교통 수요와 교통시설 공급의 불균형으로 야기되는 교통문제는 도로교통 혼잡, 주차난, 대중교통 수단의 승차난 등이 대표적이다.

이 밖에도 아직은 교통정책의 목표로서 크게 부각되지 않고 있으나 소음・대기오염 등의 교통공해와 교통사고 등의 문제도 늘어나는 교통 수요에 따르지 못하는 교통시설의 공급 부족 때문에 더욱 악화되는 교통문제에 속한다.

1 도로교통 혼잡

세계의 대도시들이 공통적으로 겪고 있는 문제가 도로교통 혼잡, 즉 교통 체증이다. 우리나라 대도시의 교통 체증은 급격한 차량의 증가에 따라 점차 심화돼 교통 애로 구간이 도심지뿐만 아니라 도시 전역에 걸친 주요 간선도로에까지 확산돼 가는 추세에 있다. 또한 최근에는 이러한 교통 체증 현상이 대도시와 인근 위성도시를 연결하는 외곽 도로에까지 확산돼 도시 외곽 도로망은 출퇴근 시간과 주말에는 심각한 교통 체증 현상이 발생한다. 특히 대도시에서는 신호 대기 등으로 지체하는 시간의 비중이 계속 증가하는 추세를 보이며, 최근에는 대부분의 가로 구간에서 주간 교통량의 변화가 시간대별로 뚜렷한 차이를 나타내지 않는 경향이 나타나고 있다. 따라서 대도시의 교통 체증 현상은 더 이상 특정 가로 구간이나 특정 시간대에만 한정된 현상이 아님을 알 수 있다.

이러한 교통 체증 현상은 시민들의 기동성을 저하시키고 물류비용을 증가시키는 동시에 교통사고의 유발 가능성을 높인다. 또한 에너지 소비량을 증대시키고 매연 배출량을 증가시켜 교통 체증으로 인한 사회적 비용은 엄청나게 크다고 볼 수 있다.

2 주차문제

최근 우리나라 대도시의 주차문제는 하루가 다르게 악화되고 있다. 주차 수요의 발생이 높은 도심에서는 주차 공간의 부족으로 인해 불법 주차가 성행하고 주차장을 찾아 배회하는 차량들로 인해 교통 소통과 안전에 큰 장애가 되고 있다. 이러한 주차 공간의 부족 문제는 이젠 도심지만의 문제가 아니라, 부도심과 변두리의 주거지역 등으로 점차 확산되고 있다는 데 문제의 심각성이 있다.

주차문제를 야기하는 근본적인 원인은 주차 수요와 주차시설 간의 수급 불균형에서 찾을 수 있다. 주차문제를 해결하기 위한 정책 수단이 주차시설의 충분한 공급에 있건 아니면 주차 수요의 억제에 있건 간에 현실의 주차문제는 결국 필요한 장소에 주차를 하고자 하는 주차 수요와 이를 적시에 수용할 수 없는 주차시설 간의 불균형에서 나타나는 문제로 볼 수 있다.

주차장 부족의 문제는 최근 들어 도심지만의 문제가 아니라 부도심과 변두리 주거지역 등으로 점차 확산되고 있다. 특히 주거지의 주차문제는 자동차를 보유한 주택에 차고를 마련하지 못해 특히 야간에 발생하는 높은 주차 수요로 인해 주택가 이면도로 등에 무질서하게 주차함으로써 교통 장애를 일으키고 이웃 간의 주차 시비를 불러오기도 한다. 주거지의 주차 수요는 자동차의 보유와 직접 관련되므로 다른 용도의 건축물에 비해 주차 수요의 예측이 쉬운데도 불구하고 그동안 주택에 관한 주차장 설치 기준이 없거나 불합리해 나타난 현상으로 보인다.

3 대중교통 수단의 문제

대중교통 수단의 공급 부족과 서비스 문제는 우리나라 대부분의 도시에서 출퇴근 시간에 주로 심각하게 나타난다. 우리나라 대부분의 도시에서 교통수단별 통행분담률을 보면 아직도 대중교통 수단이 큰 비중을 차지하고 있는데, 교통문제를 다루는 정책 당국자들은 주로 도로교통 혼잡 문제에만 집착한 나머지 지하철이나 버스의 서비스 수준 향상에는 적극성을 보이지 않는 것이 현실이다. 정책 당국자들은 대중교통 수단의 서비스 수준 향상이 장기적으로 자가용 승용차의 이용 비율을 줄이고 궁극적으로는 도로교통 혼잡의 완화에 도움을 줄 수 있다는 사실을 간과한 채 다양한 소득 계층의 다양한 교통 수요에 부응할 수 있는 대중교통 서비스의 공급에는 소홀한 것이 현실이다.

한편 최근 건설된 대도시 주변 주거 위성도시와 도시 외곽의 대규모 신규 택지 개발 지역은 지하철 노선의 연장은 물론 시내버스 노선의 증설이 미흡해 시민들이 아침·저녁마다 턱없이 모자라는 버스를 타는 데 큰 불편을 겪고 있다. 이러한 신개발지의 대중교통 서비스의 공급 부족 현상은 이들 지역 주민의 자가용 승용차 보유와 이용을 더욱 부채질하는 또 하나의 요인이 되고 있다.

도시 대중교통의 또 다른 문제점은 버스 노선이 과다하게 도심으로 집중돼 있어 도심 교통 혼잡을 가중시키는 요인이 되고 있다는 점이다. 우리나라 대부분의 도시에서 버스 노선이 도심에 집중돼 있어 버스 수송력의 낭비와 지역 간 연결의 불균형을 초래하며, 승객 수요가 낮은 순환 노선이 절대적으로 부족한 문제점을 나타내고 있다.

한편 지하철이 운행되고 있는 일부 도시에서는 지하철과 버스 노선 간에 연계 수송체계가 미흡하고, 이들 두 대중교통 수단의 보완 관계가 효율적이지 못한 문제점을 나타내고 있다.

4 교통공해

자동차의 이용은 필연적으로 대기오염·소음 등의 교통공해를 발생시킨다. 도시교통 문제도 경제 성장에 따라 단계적으로 나타나는데, 후진국의 경우는 대중교통 수단의 승차난이 가장 중요한 정책 과제임에 반해, 경제가 성장할수록 교통 체증·교통공해 등이 주요 정책 과제로 부각된다. 특히 교통공해의 문제는 선진국형 도시교통 문제로 일반적으로 분류된다.

교통에 의한 대기오염 문제는 1960년대 중반부터 문제가 되기 시작했으며, 산업화에 따른 급격한 도시화와 자동차의 증가 때문에 배기가스로 인한 건강문제가 도시민의 관심사로 대두하게 되자 이에 대한 규제의 필요성이 부각되기 시작했다. 실제로 로스앤젤레스와 같은 대도시에서 자동차 배기가스로 인한 스모그 현상이 발생하자 미국에서는 1965년 「자동차오염방지법」을 제정해 1968년부터 자동차의 배기가스에 대한 규제가 시작됐다. 뒤이어 1970년대에는 일본과 유럽에서도 자동차 배기가스에 대한 규제가 시작됐다. 우리나라에서도 「도로운송차량법」에서 도로 교통의 안전과 질서 유지란 측면에서 일부 규제해 오다가, 「환경보전법」이 제정·공포(1977. 12. 31)되면서 1980년 1월부터 실제로 자동차 배기가스를 규제하게 됐다(도철웅, 1992: 781-782).

자동차의 이용과 관련된 대기오염물질로 아황산가스(SO_2), 일산화탄소(CO), 이산화질소(NO_2), 부유 분진(浮游粉塵) 등이 있는데, 이들 오염물질의 배출량은 매년 증가일로에 있다. 특히 자동차 배기가스의 증가는 교통 혼잡과 밀접한 관계를 가지는데, 예컨대 일산화탄소(CO)는 교통 체증 시에 최적 속도인 60~80km/시간의 경우에 비해 2~3배의 배출량 증가를 보인다. 따라서 교통 체증의 완화는 대기오염을 줄이는 가장 현실적인 방법이 된다.

한편 자동차·기차·비행기 등에서 발생하는 도시교통 소음은 차량 대수의 증가로 인해 점차 그 피해 범위가 확대되고 있으며, 이 밖에 자동차 엔진 및 차량구조 자체의 문제점과 주행(走行) 상태, 정비 불량, 과적(過積), 타이어, 도로 구조 등에 의해 소음이 발생한다. 대체로 우리나라 도시교통 소음의 양상은 도시의 경우 상업지역과 공업지역은 물론 주거지역까지 교통 소음의 영향권 내에 있으며, 차량 대수의 증가와 철도(도시철도 포함) 도심 통과로 도시교통 소음은 더욱 증가하는 실정이다(도철웅, 1992: 821-822).

5 교통사고

교통사고는 과거에는 전통적인 교통문제의 범주 속에 포함되지 않았다. 그러나 최근 선진국일수록 인간 생명의 가치를 존중하는 사회적 분위기를 반영해 교통사고를 새로운 교통문제로 인식하고, 이에 대처하는 정책적 노력이 잇따르고 있다.

교통 현상이란 도로 시설, 차량, 운전자, 기타 교통 여건이 함께 결합해 나타나기 때문에 교통사고는 이러한 요소들 중에서 어느 하나만 불완전해 일어나는 경우는 드물고, 대개의 경우 불완전한 몇 가지 요소가 상호 작용을 해서 일어난다고 볼 수 있다. 일반적으로 교통사고는 인적 요인(신체, 생리, 습관, 태도 등), 차량 요인(차량 구조 등), 도로의 물리적 요인(도로 구조, 안전시설 등), 환경적 요인(날씨, 교통 단속 등)이 복합적으로 작용해 일어나는데, 대부분의 경우 둘 이상의 요인이 함께 작용해 일어난다(도철웅, 1992: 686-695).

교통사고 저감을 위한 교통안전 대책으로는 3E(Engineering, Enforcement, Education)의 세 가지 방안으로 구분해 제시되고 있다. 최근에는 선진국을 중심으로 교통사고 저감을 위한 종합적인 대책과 계획을 수립하는 추세에 있으며, 우리나라의 경우도 지방자치단체별로 교통안전기본계획을 수립해 집행하도록 제도가 마련돼 있다.

제3절 도시교통 정책

도시교통 문제의 뿌리를 근원적으로 없앨 수 있는가? 있다면 어떤 방법을 통해 가능할 것인가? 우선 도시교통 문제를 해결하기 위한 가장 근본적인 대안은 두말 할 필요도 없이 자동차의 대량 보급을 억제하기 위해 개인의 자동차 소유를 제한하는 것이다. 그러나 자본주의 경제 체제하에서는 시장 메커니즘을 통하지 않고는 국민의 자동차 소유를 제한할 방법이 없다. 다만 가능한 방법은 일본에서 시행되고 있는 차고지 증명제와 같은 방법을 통해 차고가 없는 가구나 개인에 대해서는 자동차 소유를 제한할 수는 있다.

그러나 이 방법도 자동차의 증가 추세를 근본적으로 막을 수 있는 방법은 아니며, 다만 아파트나 단독주택의 주차 공간 확충에는 기여할 것으로 보인다. 따라서 차고지 증명제와 같은 방법은 주거지의 주차문제를 해결할 수는 있으나 도로교통 혼잡, 즉 교통 체증 등과 같은 근본적인 도시교통 문제의 해결책은 아니다. 그렇다고 자동차의 편리함에 길들여진 시민들에게 자가용 승용차의 소유를 줄이자고 호소해 봤자 설득력이 없을 것은 뻔하다. 우리의 사회경제 체제, 국민들의 가치관이나 취향 등을 무시한 정책 대안의 제시는 무의미하게 됨은 당연하다. 따라서 여기서는 장·단기적으로 실현 가능할 것으로 판단되는 정책 과제를 주로 살펴본다.

1 지하철 시대의 대중교통 체계 정비

수도권과 지방 대도시에 지하철(도시철도)이 도입된 데 이어 많은 도시에서 지하철 건설사업이 진행 중이거나 계획 단계에 있다. 지하철의 등장은 필연적으로 버스 중심의 대중교통 체계를 지하철 중심의 대중교통 체계로 변화시킬 것이다. 지하철은 버스와 달리 일단 건설되면 노선의 융통성이 없고 역에서 역까지의 수송만 가능하므로 다른 교통수단과의 보완 체계 확립이 효율적인 통행 배분을 가능케 하는 관건이 된다. 현재 우리나라 일부 도시의 시내버스 운송 체계는 간선(幹線) 운행 혹은 지선(支線) 운행 등의 구분이 없고 일정 지역 분담 등의 체계가 확립돼 있지 않다. 이와 같은 시내버스 운송 체계는 지하철 시대의 도래와 함께 마땅히 그 역할과 기능을 재정립해야 한다. 지하철과 시내버스의 연계 수송 체계를 마련해야 하고, 이를 위해 지하철역과 이의 인근 지역을 연결하는 지선버스(feeder-bus)의 운행을 활성화해야 한다.

지하철 시대에는 지하철과 자가용 승용차 및 영업용 택시의 연계 수송 체계도 충분히 확충해야 한다. 이를 위해 '키스 앤드 라이드(Kiss & Ride)'와 '파크 앤드 라이드(Park & Ride)'가 가능하도록 역세권 환승주차장의 충분한 확충과 저렴한 주차요금 체계의 확립이 필수적이다. 특히 이들 역세권 환승주차장은 도시 외곽이나 부도심에 있는 지하철역 주변에 충분히 확충하고 공급해야 한다. 한편 최근에는 환승주차장 기능뿐만 아니라 다양한 부대시설(상업시설, 문화시설, 보육시설 등)을 함께 도입하는 복합환승센터의 건설과 운영을 통해 대중교통 수단 중심의 교통 체계를 구축하는 시도가 대도시를 중심으로 이뤄지고 있다.

지하철의 등장과 함께 교통수단별로 경쟁 관계가 아닌 보완적인 기능 분담 체계가 필요하다. 특히 도심과 도심 인근 지역은 지하철, 버스, 준대중교통(paratransit: 카풀, 밴풀, 합승택시 등) 등과 같은 대중교통 수단 중심의 기능 분담이 필요하다.

2 도시 공간구조의 다핵화

현재 우리나라 도시의 중추관리 기능과 상업 기능은 지나치게 도심에 집중돼 있어 도심에의 교통량 유입이 지나치게 많은 것이 특징이다. 중추관리 기능과 상업 기능은 분산되지 않은 채 신규 택지 개발은 주로 도시 외곽에서 이뤄져 통행의 장거리화를 유도하고, 이는 자가용 승용차의 대량 보급과 교통 체증의 광역화 현상을 초래하고 있다.

이러한 도시 공간구조의 문제점을 해결하려면 도심의 중추관리 기능과 상업 기능을 부도심으로 이전하는 등 부도심 개발을 활성화해야 한다. 부도심의 개발 시에 권장할 수 있는 토지 이용의 방향은 혼합적 토지 이용(mixed land use)을 통한 직주(職住) 근접의 실현과 다목적 센터(multi-purpose center)의 건설이다. 다목적 센터는 관공서, 금융, 백화점, 레저 등의 다양한 기능을 유치함으로써 시민들의 다양한 활동 욕구 및 통행 수요를 공간적으로 집중시켜 이들 기능이 공간적으로 분산돼 있는 경우보다 대중교통 수단의 이용 가능성을 높이고, 아울러 시민들의 통행 거리를 단축시키는 효과도 있다.

최근에는 대중교통 중심 개발(Transit Oriented Development: TOD)의 일환으로 지하철 역세권의 고밀 개발이 새로운 경향으로 나타나고 있다. 대중교통 중심 개발은 시민의 승용차 의존도를 줄임으로써 대중교통 분담률을 높일 수 있을 것으로 기대된다.

3 교통시설의 확충과 정비

도시교통 문제는 앞서도 언급했듯이 자동차의 대량 보급과 늘어나는 교통 수요에 대응하지 못하는 교통시설의 공급 부족에 그 원인이 있다. 이러한 도시교통 문제를 해결하기 위해 대부분의 교통정책 당국자들은 주로 교통시설의 확충과 정비에 관한 계획을 가장 중요한 정책 수단으로 제시하고 있는 것도 사실이다. 도심 우회 통과 교통의 처리를 위한 도시 순환도로의 확충은 물론 바람직하다. 그러나 도심 지향적인 간선도로의 확충은 도심 통과 교통의 유발로 인해 현재의 교통 체증을 완화하기보다는 오히려 주요 간선도로와 연결된 도심의 일부 중로(中路)나 소로(小路)에 교통 체증을 악화시키는 부작용을 유발할 수도 있다. 도로는 매우 복잡하게 연결돼 있어 일부 구간의 확장만으로는 제 기능을 발휘하지 못하며, 따라서 도로의 계층구조와 기능을 고려한 도로망의 체계적인 정비가 필요하다.

우리나라 대부분의 도시에서는 간선도로인 광로(廣路)와 대로(大路)는 비교적 잘 정비돼 있으나 중로와 소로는 정비가 미흡하다. 이러한 이유 때문에 교통량이 간선도로에 집중해 간선도로의 교통 혼잡을 가중시키고 도로별 기능 분담이 불분명한 문제점을 나타내고 있다. 따라서 현재 노상 주차장화함으로써 사도(死道)가 되다시피 한 중로(中路)의 기능을 부활시키는 것도 중요한 정책 과제다.

공공 노외 주차장의 건설은 주차 수요가 많은 대부분의 지역이 도심이어서 토지 가격이 높고 공간 확보도 쉽지 않아 어려움이 많았다. 따라서 앞으로는 지방자치단체가 안고 있는 도시 재정상의 어려움을 극복하고 주차장의 안정적 공급을 도모하기 위해 주차 산업에 민간 부문의 자율적 참여를 확대하는 방향으로 정책의 초점을 맞춰야 할 것이다.

그리고 부족한 공공 노외 주차장을 확보하기 위해 공공시설물이나 공원의 지하주차장을 적극적으로 개발할 필요가 있다. 또한 심화되는 변두리 주택가의 주차문제를 해결하기 위해 공동주택뿐만 아니라 단독주택에 대해서도 적절한 차고 설치 기준의 마련과 주차장 공급 정책이 필요하다.

4 교통 체계 관리

도로, 주차장 등과 같은 교통시설의 공급만으로는 늘어나는 교통 수요를 충족시킬 수 없다. 도로나 주차장과 같은 교통시설의 물리적 공급을 위주로 하는 교통정책은 오히려 자가용 승용차를 위주로 하는 도로교통 수요를 증가시켜 교통 체증을 다시 유발하는 악순환을 되풀이할 수 있다. 도로율의 증가만이 도시교통 문제를 해결할 수 없음은 외국 도시의 사례에서 살펴볼 수 있다. 교통시설의 공급은 많은 투자 재원의 소요에도 불구하고 그 운영이 효율적이지 못할 경우 투자 효과는 미흡하게 된다. 도시교통 문제의 해결을 위한 1차적 과제는 역시 기존의 시설을 효율적으로 이용하는 방법이며, 이는 다양한 교통 체계 관리(Transportation System Management: TSM) 기법을 운용함으로써 가능하다.

도시의 교통 체계 관리는 우선 교통시설의 운영 방법을 개선함으로써 도심의 교통 혼잡을 줄이고 피크(peak) 시 교통 혼잡을 줄일 수 있는 방안을 검토해야 한다. 이를 위해서는 카풀(car pool) 차량 및 버스에 통행의 우선권을 부여하는 카풀 및 버스 전용차선제의 적극적 활용, 일부 구간에 대한 일방 통행제 도입, 교차로 구조 개선, 교차로 신호체계의 조정 및 개선 등의 방안을 강구할 수 있다.

5 교통수요 관리

최근에는 교통수요 관리(Transportation Demand Management: TDM)의 개념이 많이 사용되고 있는데, 이는 시민들의 통행 행태의 변화를 통해 교통 체계에 대한 부담을 줄임으로써 도로교통 혼잡을 완화하는 관리 기법을 말한다. 교통수요 관리는 과거에는 교통 체계 관리의 일부분으로 인식돼 독립적인 개념으로 파악되지 않았으나, 최근 들어 교통수요 관리의 중요성이 부각되면서 독립적인 개념으로 자리를 잡아가고 있다. 교통수요 관리에는 교통시설에 대한 투자나 관리를 수반하지 않는 승용차 부제 운행, 도심 통행료의 부과, 다인승 차량에 대한 통행의 우선권 부여, 출퇴근 시차제 등이 해당한다.

6 도시교통 행정 체계

현재의 우리나라 도시교통 문제에 대해서는 중앙정부 차원에서 많은 정책 대안이 제시되고 있는 것이 사실이다. 그러나 이러한 정책 대안들은 지역적 특성에 부합하지 못하는 것이 많고, 대규모 투자 재원이 소요되는 일부 정책 대안을 제외하고는 지방도시의 교통 체계 관리는 지방도시 차원의 특수성에 입각해야 함에도 불구하고 지방정부의 창의성이 발휘될 소지가 많지 않은 것이 오늘의 현실이다. 이러한 문제는 바로 도시교통 문제를 다루는 행정 체계의 다원화와 중복에 기인한다고 볼 수 있다.

우리나라의 정부부처별·기관별 주요 교통행정 관장 업무를 보면 업무의 중복과 공백뿐만 아니라 교통행정의 조정 및 상호 보완적 관계 정립이 사실상 어려움을 알 수 있다. 실제 지방자치단체에 부담을 주는 중앙정부 차원에서의 각종 교통 관련 정책 제시는 지방자치단체의 반발을 불러일으키고 있다. 특히 법 적용의 문제나 법규 미비로 조정상의 문제 및 권한 배분의 문제가 야기돼 책임의 소재가 불분명할 뿐만 아니라 정부부처 및 관련 기관의 소극성 때문에 정책집행의 효율성이나 업무 협조가 어려운 실정이다(유광수, 1992: 635).

현재 교통행정의 기능이 중앙정부와 지방정부에 동시에 존재하나 지방정부의 정책결정 및 행정 체계는 일련의 도시교통 문제를 해결하는 데 많은 제약 요소를 안고 있다(유광수, 1992: 637-643). 그뿐만 아니라 지방정부 조직 내에서도 도로 건설 담당부서, 교통정책 담당부서, 도시계획 담당부서 간에 협조 및 조정 체계가 미흡하고, 전반적인 교통행정을 관장하는 지방정부와 교통안전시설의 설치를 담당하는 지방경찰 간에도 협조 및 조정 체계가 미흡하다. 따라서 여러 기관으로 분산된 교통행정 체계의 기능을 일원화하고, 새로운 지방행정 체계의 구축에 따라 중앙정부와 지방정부 간, 그리고 지방정부와 지방경찰 간에 교통 관련 기능의 적절한 업무 배분과 조정이 요청된다. 아울러 교통 관련 전문인력의 양성과 활용이 지방정부 차원에서 충분히 이뤄질 수 있도록 제도적인 장치가 필요하다.

한편 최근에는 생활권의 광역화로 인해 도로 및 지하철의 건설, 버스 노선의 운영 등에서 지방자치단체 간에 조정과 협조가 요구되는 부분이 증가함에도 불구하고 이해가 상충되는 지방자치단체 간에 여러 가지 마찰이 일어나고 있다. 이러한 지방자치단체 간의 마찰은 계속 증가하고 있어 이를 해결하기 위한 제도적 장치가 필요하다.

7 신교통수단

갈수록 악화되는 도시교통 문제를 해결하기 위한 가장 효율적인 방법은 대중교통 수단의 이용을 극대화하는 것이다. 이를 위해서는 버스 · 지하철 등을 포함하는 대중교통 시스템의 충분한 공급이 요구된다. 그런데 교통 수요가 충분히 많을 경우에는 수송 용량이 가장 큰 지하철의 건설이 바람직하지만, 그렇지 않을 경우에는 다른 종류의 대중교통 수단이 더 효율적일 수 있다. 경전철(Light Rail Transit: LRT)은 바로 교통 수요를 버스로는 충분히 충족시킬 수 없고 지하철의 건설은 대중교통 서비스의 과다 공급을 초래해 비경제적인 투자가 될 것으로 판단되는 상황에서 도입될 수 있는 대중교통 수단이다.

경전철(LRT)은 기존의 중량(重輛) 지하철보다 작은 규모와 자동화된 차량 운행 방식을 채택한 도시철도의 한 형태로 정의할 수 있으며, 기존의 궤도 철도 시스템의 특성에 신기술의 형태가 도입된 교통수단이다. 경전철은 주로 지하철의 공급이 비경제적일 것으로 판단되는 지역에서 적극적으로 검토되고 있다.

경전철(LRT)을 승용차, 버스, 지하철 등과 승객 밀도 및 통행 거리의 측면에서 비교해 보면 [그림 16-4]와 같다. 그림에서 보는 바와 같이 경전철은 승객 밀도 측면에서 버스의 중밀도와 지하철의 고밀도 사이에 있으며, 통행 거리 측면에서도 근거리와 중거리

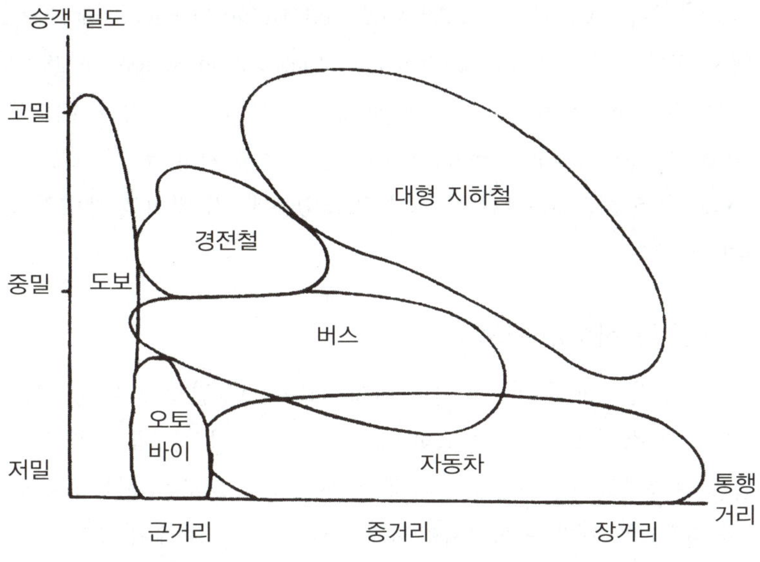

그림 16-4 승객 밀도별, 통행 거리별 적정 교통수단

사이의 영역을 담당할 수 있다. 경전철의 특성을 다른 주요 교통수단과 비교해 보면 택시·버스 등에 비해 정시성(定時性)·안전성·신속성이 높으나, 수송 용량이 지하철보다는 다소 작은 것으로 평가된다. 따라서 대도시의 간선축으로는 부적합하며, 도심 일부 지역을 위한 순환선 또는 외곽 지역의 지선으로 적합한 것으로 평가되고 있다(이종호, 1992: 17-18).

8 지능형 교통 체계

지능형 교통 체계(Intelligent Transportation Systems: ITS)는 주어진 교통시설을 운영할 때 효율성을 극대화하기 위한 것으로 최근 여러 나라에서 활발히 연구 혹은 개발 중에 있다. 지능형 교통 체계(ITS)라 함은 기존의 도로 교통 운영 기술에 정보통신 등의 기술을 접목시켜 도로 시설의 제공자 입장에서는 도로 이용의 효율성을 극대화하고, 이용자 입장에서는 운전자를 포함한 국민 개개인의 편익을 극대화함을 목표로 하는 신교통관리 기술이다. 최근 우리나라에서도 이러한 ITS에 대한 연구와 실용화가 활발히 추진되고 있다. ITS의 국내 도입은 교통문제의 완화를 위해서도 기여할 뿐만 아니라 전자·기계·자동차 산업의 국제경쟁력 확보를 위해서도 필수적인 것으로 평가되고 있다(하동익, 1994: 173).

ITS는 크게 ① 첨단 교통관리 시스템(Advanced Traffic Management System: ATMS), ② 첨단 여행자 정보 시스템(Advanced Traveller Information System: ATIS), ③ 첨단 차량제어 시스템(Advanced Vehicle Control System: AVCS), ④ 첨단 대중교통 시스템(Advanced Public Transportation System: APTS), ⑤ 영업용 차량 운영(Commercial Vehicle Operation: CVO) 등 5개 분야로 나뉘어 개발되고 있는데, 각 분야의 개략적인 개발 내용은 다음과 같다.

1) 첨단 교통관리 시스템(ATMS)

ATMS는 도로 구간의 교통 여건·신호 체계·고속도로 진입 통제 등 모든 교통 상황을 통합 관리하는 시스템으로 실시간(real time)으로 수집된 정보를 바탕으로 도로 구간의 교통 혼잡을 예측하고 각 차량에게 대체 도로에 대한 정보를 전달해 준다. 고속도로나 간선도로를 대중교통 체계와 연결시켜 교통 수요와 교통 체계의 용량 및 변화하는 교통환경과의 균형을 유지함으로써 교통사고의 신속한 관리 및 교통 혼잡 완화를 가능케 하는 것을 주내용으로 한다.

2) 첨단 여행자 정보 시스템(ATIS)

ATIS는 통행자가 승용차 또는 대중교통 수단을 이용해 최종 목적지까지 도달하는 데 필요한 정보, 즉 교통 여건에 대한 정보, 새로운 교통 경로에 대한 정보 및 기타 유용한 정보를 적시에 공급하는 것을 목표로 한다. 도로변의 가변정보 표지판(Variable Message Sign: VMS), 라디오 또는 컴퓨터 등의 수단에 의해, 그리고 차량 속에 내장된 상황판(navigation)을 통해 현재의 교통 상황이 전달되므로 주행 도중뿐 아니라 통행을 시작하기 전에도 상황 파악이 가능하므로 미리 여행 계획을 세울 수 있도록 해 준다.

3) 첨단 차량제어 시스템(AVCS)

AVCS는 운전자가 안전하고 효율적으로 운행할 수 있도록 차량에 내장된 장치가 운전자를 제어하는 것으로, 충돌 우려가 있을 때 주의 경보를 줄 수 있고 속도 조절을 함으로써 사고 방지 및 사고로 인한 지체를 감소시킬 수 있다.

이 AVCS는 기술 향상 정도에 따라 더욱 확대될 수 있으며, 장기적으로는 모든 차량이 자동으로 제어돼 자동제어 도로(automated roadway)를 운영하는 것이다. 이와 관련해 자동 운행 속도 장치 · 사고경보 장치 · 자동정지 장치 · 차선 변경 경보장치 등의 개발에 관한 연구가 꾸준히 진행되고 있다.

4) 첨단 대중교통 시스템(APTS)

APTS는 ATMS · ATIS · AVCS 기술을 이용해 대중교통 수단의 운영을 개선하는 것으로 대중교통 수단 이용자에게 대중교통 운행 스케줄 및 비용 · 환승 정보 등을 알려 주고, 대중교통 수단 운전자에게는 다양한 정보를 제공함으로써 운행 효율을 극대화시킨다. 이에 따라 대중교통 수단의 배차 관리 · 운행 시간 단축에 기여할 수 있으며, 아울러 버스 노선의 관리가 용이해지는 장점이 있다.

5) 영업용 차량 운영(CVO)

CVO는 화물차 · 버스 · 택시 · 긴급 차량 등의 생산성을 높이며, 이들 차량이 안전하고 효율적으로 운영될 수 있도록 하는 것이다. 차량 위치를 운송정보센터에서 알 수 있도록 하는 자동 차량 위치 시스템(automated vehicle location)이나 통행료를 자동으로 부과하는 자동 차량 인식 시스템(automated vehicle identification) 등을 통해 교통 흐름을 개선하고 배차 등을 적절하게 조정할 수 있다.

연습 문제

1. 교통 체계와 토지 이용 체계의 관계에 대해 설명하시오.
2. 시민의 교통(통행) 수요는 여러 가지 사회 여건의 변화에 의해 영향을 받을 것으로 전망된다. 앞으로 예상되는 사회 여건 변화에 따른 교통(통행) 수요의 변화를 전망해 보고, 이에 대비하기 위한 도시정부의 교통정책 방향을 논의하시오.
3. 최근 우리나라의 많은 도시에서 지하철 건설이 활발히 추진되고 있다. 지하철 시대의 대중교통 체계 정비의 방향에 대해 논의하시오.
4. 도시계획적 차원에서 교통문제를 완화할 수 있는 방법에 대해 설명하시오.
5. 교통수요 관리(Transportation Demand Management: TDM)의 개념을 간략하게 설명하시오.
6. 최근 많은 도시에서 경전철(Light Rail Transit: LRT)이 도입되고 있다. 경전철은 다른 대중교통 수단과는 다른 몇 가지 특성을 가진다. 경전철의 특성에 대해 설명하고, 어떤 지역에서 경전철의 도입이 유익할 것으로 판단되는지 설명하시오.
7. 최근 지능형 교통 체계(Intelligent Transportation Systems: ITS)의 개발이 국가적인 사업으로 활발히 진행되고 있다. 지능형 교통 체계의 개발 내용에 대해 간략하게 설명하시오.

제 17 장

도시환경

제1절 도시환경 보전의 의의

18세기 말에 산업혁명이 시작된 이래 인류의 생활은 그 이전의 수세기 동안에는 감히 상상도 할 수 없을 만큼 놀랄 만한 속도로 변화해 왔다. 사회 전체의 생산 능력이 급격하게 팽창함으로써 급속하게 늘어가고 있던 인구를 부양할 수 있었을 뿐만 아니라, 단지 생존을 위해 필요한 최소 수준의 재화나 서비스의 공급 수준을 넘어서서 일반 대중이 '삶을 즐기는 수준'으로까지 생산량을 확대시켜 왔다.

산업혁명은 생산량의 단순한 확대뿐만 아니라 인류의 생활양식을 동시에 변화시켰다. 농경 시대에는 생산 과정의 특성상 통치권자나 귀족이 거처하던 수도를 제외하고는 경작 가능한 토지 위에 비교적 고르게 사람들이 흩어져 생존하고 있었다. 산업혁명은 이와 같이 흩어져 있던 사람들을 생산의 중심지와 교역의 중심지로 불러모으는 역할을 하게 되고, 농토를 떠난 많은 사람이 도시라고 불리는 어떤 집약된 공간 안에서 그들의 삶을 영위하도록 만들었다. 결국 도시화와 산업화는 상호 영향을 주고받으면서 가속화하게 된 것이다.

20세기 후반에 들어서면서 일부 선진 공업국에서는 교외화, 도심공동화(都心空洞化, doughnut pattern), 쇠퇴하는 도시 등이 등장하게 된다. 그 원인은 여러 가지가 있겠지만 도시라고 불리는 실체가 언제나 팽창 확대하는 것은 아니라는 사실을 입증해 주는 것만은 틀림없다. 과학기술의 눈부신 발달로 교통시설, 통신시설, 주거시설 등의 일대 혁신이 있었지만, 20세기 후반의 사람들은 도시생활의 미래에 대해 점차 의구심을 가지게 됐다. 차량과 도로 시설이 엄청나게 늘었지만 목적지까지의 통행 시간은 더 늘었다든지, 언제나 무한정으로 사용할 수 있다고 생각했던 물이 필요량에 비해 부족하고 또 깨끗한 물이 부족함으로써 식수를 따로 기름처럼 사서 소비해야 한다든지, 대기 중에 아황산가스 등 대기오염물질이 날이 갈수록 증가해서 건강한 생존 자체에 의문을 가지게 됐다. 인간의 삶의 질을 개선하기 위해 다양한 종류의 수많은 재화를 생산했지만 그 재화가 소유자에게 가치 없는 폐기물로 전락할 때 그 폐기물을 제대로 처리할 수 있는 방안이 없다는 것을 도시민들은 점차 인식하게 됐다.

도시환경은 보는 관점에 따라 물리적 환경과 사회적 환경, 또는 자연환경과 생활환경 등으로 나눌 수 있다. 물리적 환경이란 물·대기·폐기물 등 자연물 또는 인공물에 관한 것이고, 사회적 환경이란 도시생활에 연계돼 있는 법령이나 제도, 그리고 사회적 규범 등이다. 자연환경과 생활환경은 둘 다 물리적 환경을 의미한다. 「환경정책기본법」 제2조는 "환경의 질적인 향상과 그 보전을 통한 쾌적한 환경의 조성 및 이를 통한 인간과 환경 간의 조화와 균형의 유지는 …… 국가 발전에 반드시 필요한 요소임에 비추어 …… 환경을 이용하는 모든 행위를 할 때에는 환경 보전을 우선적으로 고려"해야 한다고 규정하고 있다. 그리고 「환경정책기본법」 제3조에 따르면, '환경'이란 자연환경과 생활환경을 말하고, '자연환경'이라 함은 지하·지표 및 지상의 모든 생물과 이들을 둘러싸고 있는 비생물적인 것을 포함한 자연의 상태를 말한다. '생활환경'이라 함은 대기, 물, 폐기물, 소음·진동, 악취 등 사람의 일상생활과 관계되는 환경을 말한다고 규정하고 있다. 따라서 환경을 이용하는 모든 행위를 할 때에는 인간과 환경 간의 조화와 균형의 유지를 통한 환경 보전을 우선적으로 고려해야 하고, 도시환경 보전이라 함은 물리적 환경인 자연환경과 생활환경의 보전을 의미한다는 것을 알 수 있다.

그런데 물리적 환경과 사회적 환경이 별개로 존재하는 것은 아니다. 예를 들어 대기나 수질 상태는 인간의 건강한 삶에 기초해 사회적으로 설정한 환경 기준치에 비춰 청정(清淨)과 오염(汚染)을 판단하고 있고, 또 일정한 기준치를 초과할 경우에는 관계 법령이나 제도를 이용해 규제하기도 한다. 물리적 환경의 변화가 관계 법령이나 제도에 영향을 미치고, 또 관계 법령이나 제도의 변화가 물리적 환경의 변화에 영향을 미치는 상호 영향을 주고받는 관계인 것이다. 현재 도시환경 보전의 과제는 우리나라만이 아니라 대부분의 나라가 공통적으로 직면하고 있는 과제다. 문제는 이 과제를 우리가 반드시 해결해야 하고, 또 이 과제의 해결에는 시의성(時宜性)이 높다는 점이다. 적시에 적절한 대처만이 가장 값싼 비용으로 도시환경 문제를 해결할 수 있는 것이다.

도시환경이 지니고 있는 문제점이 무엇인가 하는 것은 비교적 명료하게 밝혀낼 수 있다. 그러나 도시환경 보전을 위한 대처 방안의 모색은 쉽지 않다. 왜냐하면 하나의 문제점에 여러 가지 원인이 복합적으로 얽혀 있어 제대로 풀어 나가기 위해서는 문제점에 대한 정확한 파악은 물론이고 원인별로 대처 방안을 모색해야 하기 때문이다. 여기서는 물리적 환경을 중심으로 도시환경의 주요 변수와 도시환경 정책을 검토하고 새로운 선택과 과제를 살펴본다.

제2절 도시환경의 주요 변수

도시환경은 대부분 물리적 인공환경으로 구성돼 있다. 자연환경을 토대로 인위적으로 만들어진 인공재와 인공시설이 도시환경의 근간을 이루고, 그 재화와 시설들이 얼마나 자연 상태에 가깝게 형성돼 있느냐에 따라 도시의 쾌적성이 결정된다. 전체 인구 중 약 90%가 도시로 분류된 지역에 거주하고 있어 도시환경상의 문제는 우리 국민 대부분의 문제라는 것을 알 수 있다. 이에 더해 급속한 경제 성장 과정에서 총량적 성장 및 자원의 부문 간 배분에만 치중함으로써 인구가 서울 · 부산 · 인천 · 대구 등 몇몇 도시에 상당 부분 편중돼 있는 실정인데, 이와 같은 대도시가 당면하고 있는 도시환경상의 문제는 더욱 복잡하고 심각해질 가능성이 있다.

도시환경의 주요 변수를 문제 현상을 기준으로 구분하면 대기오염, 수질오염, 그리고 폐기물 등으로 나눌 수 있다. 그 밖의 도시환경 문제의 범위를 넓히면 문화위락 공간의 부족, 녹지의 부족, 도시 시설의 낙후성, 그리고 주거공간의 부족 등이 포함될 수 있다.

여기서는 현재 도시환경의 문제로서 가장 심각하게 인지되고 있는 대기오염, 수질오염, 그리고 폐기물 등에 대해 살펴본다.

1 대기오염

지구의 대기층은 고도별로 대류권, 성층권, 열권 등으로 구분되고, 지표에서 지상 약 10km까지의 대류권이 사람의 일상생활에 직접적으로 영향을 미치는 주된 관심 영역이다. 대기오염(air pollution)이란 대기 중에 입자, 가스, 혹은 증기 형태의 불순물로 인해 사람의 건강은 물론 동식물의 생육이나 기타 재산상의 피해 및 삶의 쾌적성에 부정적인 영향을 미치는 것을 의미한다. 대기오염은 화산 폭발이나 산불 등과 같은 자연적인 원인으로 말미암아 생기기도 하지만, 현대 도시사회의 대기오염은 대부분 공장의 매연, 난방 연료의 연기, 그리고 차량의 배기가스 등 인위적인 원인에서 발생하고 있다. 인위적 원인에 의한 대기오염은 통상 배출량이 많을 뿐만 아니라 질적으로 다양하고 지속적인 경향이 있다(대한국토 · 도시계획학회 편, 1991: 426-427).

인위적 대기오염 발생원 중 발전소, 도시폐기물 소각로, 대규모 공장과 같이 하나의 시설이 많은 양의 오염물질을 배출하는 것을 점오염원(point source)이라 한다. 주거지와 같이 일정 면적 내에 소규모 발생원이 다수 모여 해당 지구의 대기오염 문제를 발생시키는 것을 면오염원(area source)이라 한다. 한편 자동차와 같이 도로를 중심으로 주변에 대기오염 문제를 일으키는 것을 선오염원(line source)이라 한다(환경부, 1996: 93). 지속적인 규제 등으로 산업체 등의 점오염원으로 인한 오염 상태는 상당 부분 개선되고 있다. 하지만 도시활동량의 확대, 자동차 대수 및 화학물질 사용 증가 등으로 면오염원과 선오염원 등에서 배출되는 오염물질은 계속 증가하고 있는 실정이다(환경부, 2011: 169).

도시의 대기오염을 일으키는 물질은 여러 가지가 있다. 그중에서도 인체에 미치는 영향이 크고, 도시나 공장 지역에 보편적으로 존재하는 대기오염물질에 대해 환경 기준과 배출 허용 기준이 설정돼 있다. 환경 기준치는 「환경정책기본법」 제12조 '환경 기준의 설정'에서 명시돼 있는 것처럼 "국가는 생태계 또는 인간의 건강에 미치는 영향 등을 고려하여 환경 기준을 설정하여야 하며, 환경 여건의 변화에 따라 그 적정성이 유지되도록 하여야 한다"는 면에서 환경정책의 핵심적 고려 사항과 탄력적 대처의 중요성을 강조하고 있다.

우리나라의 경우 환경부(2011: 171) 발표에 따르면, 저황유의 공급, 청정연료 사용의 의무화 등 정부의 적극적인 규제정책으로 1990년대 들어 아황산가스, 일산화탄소 오염도는 개선되고 있다. 하지만 전반적인 산업활동량의 확대, 자동차의 급증에 따라 미세먼지, 이산화질소 및 오존 등 2차 오염물질의 오염도는 제대로 개선되지 않고 있는 실정이다.

최근 도시의 대기질에 관한 논의에서 새롭게 주목받고 있는 부분이 바로 실내 대기질(indoor air quality)이다. 도시생활의 대부분이 옥외보다는 옥내에서 이뤄지고, 건축 공법의 발달로 외부와 완전 차단된 실내공간이 대부분이며 실내공간에서 취사 · 흡연 · 난방 등의 작업을 많이 수행함에 따라서 적절한 환기가 부족한 경우에는 오염물질이 밀도 높게 축적됨으로써 건강에 악영향을 미치는 것으로 알려져 있다. 겨울철의 경우에는 실내에서 거주하는 시간이 길고 보온 효과를 위해 환기를 소홀히 하는 경우가 많아 특히 주의를 요하고 있다(대한국토 · 도시계획학회 편, 1991: 430).

2 수질오염

인류의 문명은 고대로부터 큰 하천 주변에서 태동했다. 물은 모든 생명체의 생존에 필수적인 것으로서 도시나 취락 형성의 가장 기본적인 요소에 속했다. 물의 소비량이 문화 수준을 가늠하는 척도로 이용될 만큼 현대 생활에서도 물의 중요성은 아주 크다.

일반적으로 수질오염은 자연 정화 능력을 초과하는 오염물질이 천연의 자연수역에 인위적으로 배출돼 물이 원래의 사용 목적에 적합하지 않게 된 상태를 말하며, 오염원은 생활하수, 산업폐수 및 농·축산폐수로 구분할 수 있다. 생활하수란 생활이나 사업활동으로 인해 발생돼 하수관거를 통해 하천이나 해역 등의 공공수역으로 방류되는 모든 물을 말하며, 수도관을 통해 공급되는 상수와 구별되는 개념이다. 산업폐수란 각종 산업활동에 수반돼 발생하는 폐수로서 주로 가정에서 배출되고 있는 생활하수와는 달리 고농도이며 중금속 등 유해성 물질을 많이 함유하고 있는 것이 특징이다. 경제 성장과 함께 축산물의 수요가 증가함에 따라 축산폐수도 계속 증가 추세에 있는데, 축산폐수의 특성상 오염 부하 비율이 높기 때문에 제대로 처리되지 않고 방류할 경우에는 하천의 수질 악화 및 호소(湖沼)의 부영양화(富營養化)를 초래하는 주요 요인이 될 수 있다(환경부, 1996: 168-180). 정부는 2006년 9월 물환경관리 기본계획을 수립하면서 물관리정책의 기본틀을 이화학적 수질관리에서 이화학적 수질과 수생태계를 함께 관리하는 체계로 전환했다. 이를 뒷받침하기 위해 기존의 「수질환경보전법」을 「수질 및 수생태계 보전에 관한 법률」로 개정했다(환경부, 2011: 394).

과거의 수질오염은 대개 각종 병원성 미생물에 의한 수인성 질환을 의미했다. 그러나 최근에 문제가 되고 있는 수질오염은 각종 독성화학물질, 중금속, 합성세제, 농약, 폴리염화비페닐(PCBs) 등의 미세유기 화합물들에 의해 인체에 미치는 나쁜 영향을 말한다(구자건, 1992: 223). 1950년대와 1960년대에 걸쳐 일본에서 발생한 미나마타병과 이타이이타이병은 수질오염에 의한 대표적인 피해에 속한다. 미나마타병은 공장 폐수를 통해 흘러나온 수은 등이 연안 어패류를 오염시켜 이를 장기간 섭취한 사람들의 체내에 오염물질이 농축돼 발병한 것이다. 심한 경우 중추신경계의 장애를 일으켜 보행 곤란, 언어 장해, 그리고 경련 등의 증세를 보이는 이 병의 확인된 환자 수는 구마모토현(熊本縣)에서만 1973년 당시 451명, 사망자 수는 71명이었다(日本環境廳, 昭和 48年: 292). 도야마현(富山縣) 광업소의 폐수 속에 함유된 카드뮴이 부근 농작물과 식수를 오염시켜 이를 장기간 섭취한 지역 주민에게서 나타난 이타이이타이병은 심한 통증을 수반하며, 신장 기능 장애, 칼슘 대사 장애로 인한 신경통, 골연화증 등의 증세를 나타내는 것으로 알려져 있다(日本環境廳, 昭和 48年: 300).

3 폐기물

인구의 증가, 산업화, 도시화, 그리고 생활 수준의 향상 등으로 폐기물 발생량이 크게 증가하고 있으나 이를 처리하기 위한 매립지나 처리시설 등이 크게 부족함에 따라 수질오염, 토양오염, 대기오염, 그리고 생태계 파괴 등 환경오염 문제가 심각하게 제기되고 있다. 이론적으로 폐기물이란 부(負)의 가치를 갖는 상품을 말한다. 특정 상품이 폐기물이 되느냐 아니냐의 여부는 기본적으로 소유주의 가치관에 달려 있다. 유가물(有價物)이 폐기물로 바뀌기 위해서는 그 상품의 값어치로 판단되는데, 그 값어치는 개인의 가치관의 문제이기 때문이다. 하지만 일상생활에서 필요한 대부분의 상품 가치는 시간이 흐름에 따라 점점 하락하는 것으로 알려져 있기 때문에 우리들은 잠재적인 폐기물 속에서 살고 있음을 알 수 있다(정남조 옮김, 1991: 18-20).

폐기물의 법적 정의는 「폐기물관리법」 제2조 1항에 "폐기물이라 함은 쓰레기·연소재·오니(汚泥)·폐유·폐산·폐알칼리·동물의 사체 등으로서 사람의 생활이나 사업활동에 필요하지 아니하게 된 물질을 말한다."고 규정돼 있다. 최근까지 폐기물은 성상별(性狀別) 분류 방식을 채택함에 따라 위해성(危害性) 정도에 따라 일반폐기물과 특정폐기물로 구분해 일반폐기물은 지방자치단체, 특정폐기물은 국가가 관리하도록 해 왔다. 그러나 1995년 8월 4일 개정된 「폐기물관리법」에서는 폐기물을 발생원(發生源)에 따라 일상생활에 수반돼 일어나는 생활폐기물과 산업활동에 수반되는 사업장폐기물로 분류해 생활폐기물은 시장·군수·구청장이 기본적으로 처리 책임을 지도록 하고, 사업장 폐기물은 원칙적으로 배출자가 스스로 처리하도록 하고 있다. 폐기물의 종류는 [그림 17-1]과 같다.

폐기물의 처리 방안은 크게 폐기물 발생량의 최소화(감량화), 재활용, 매립, 그리고 소각 방안 등으로 나눌 수 있다.[1] 폐기물의 감량 최소화가 가장 이상적인 폐기물 처리 방법이지만 이것은 사람들의 생활 행태에 직결된 문제이기 때문에 단기간에 해결되기는 어렵다. 재활용 역시 바람직한 방법이지만 이것은 시장에서 재활용품이 대체 신상품에 비해 가격경쟁력을 가지거나 또는 적어도 수요자에게 전달되는 과정에서 소요되는 처리

1) 기타 지표면이나 해양 또는 하천에 폐기물을 방치 내지 투기하는 경우가 있지만 정상적인 처리 방안으로 볼 수는 없다. 음식물 쓰레기 같은 경우는 최근 퇴비화 방안이 선진 외국을 중심으로 깊이 있게 연구되고 있는데, 넓게 보면 재활용의 범주에 포함시킬 수 있다.

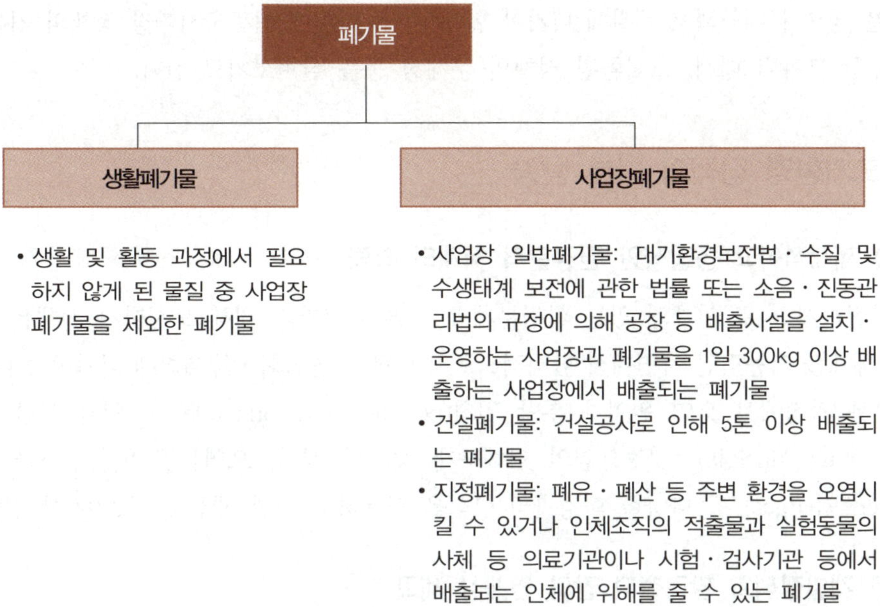

그림 17-1 **폐기물의 종류**

자료: 환경부(2011: 536).

비용(processing costs)을 상회하는 가치를 가져야 하는데, 이와 같은 재활용품이 그렇게 많지 않다는 데 문제가 있다. 시민들과 기업들의 의식 수준의 제고, 정부의 노력 등이 결부돼 재활용 비율은 점차 높아지겠지만 단기적으로 폐기물의 처리 과정에서 매립 또는 소각 방법에 상당 부분 의존하지 않을 수 없는 상황인데, 이 두 방안 역시 소위 님비(NIMBY)와 같은 혐오시설 기피 현상과 지역 주민들의 권익 보호 주장에 적절하게 대처하지 못해 큰 어려움에 봉착하고 있다.

제3절 도시환경 정책

도시생활의 쾌적성을 높이고 시민의 건강을 보호하고 증진하기 위해서는 여러 가지 정책 방안의 도입이 가능할 것이다. 우선 바람직한 행위 및 시설은 권장하고 바람직하지 못한 행위 및 시설은 규제를 통해 억제해야 하는데, 기본적으로 자원 이용에 따른 비용을 적절히 부과함으로써 시장 메커니즘을 통해 문제를 풀어 나가고 그것이 여의치 못한 부분은 정부가 개입해서 해결해 나가야 할 것이다. 아래에서는 도시환경 정책의 기본 방향, 대상 분야별 대책, 도시환경 정책의 문제점 등을 살펴보기로 한다.

1 도시환경 정책의 기본 방향

1) 체계적이고 종합적인 환경관리 체계의 확립

복잡하게 서로 연계돼 있는 환경문제를 해결해 나가기 위해 도시환경 정책은 우선 관리 체계를 기능적인 측면에서 합리적으로 정비해서 종합화・체계화해 나가야 한다. 이와 같은 과정에서 오염 원인자 부담 원칙(polluters pay principle), 수익자 부담 원칙(users pay principle), 환경오염의 피해구제 제도의 정비, 오염물질 배출부과금 제도(effluent charges) 등 다양한 환경관리 방식을 적용하고 또한 개선해 나가야 할 것이다.

2) 개발정책과 환경정책 간의 연계성 제고

환경오염이 악화되고 있다 하더라도 어떤 특정 시점에 생산 또는 개발행위를 전면 중단 또는 정체시킬 수는 없다. 개발행위 시 발생되는 오염물질의 특성, 양, 영향권 등을 기초로 환경정책을 수립하고 개발정책과 환경정책 간의 연계성을 높여 궁극적으로 개발과 환경 보전 간에 보완 관계를 확립해 나가야 한다. 환경 보전이 개발 내지 생산을 제약하는 것이 아니라, 장기적으로 지속 가능한 경제 성장(sustainable development)의 원동력이 되도록 추진해 가야 할 것이다.

개발정책과 환경정책의 연계성을 높이기 위해서는 무엇보다도 환경자원을 생산 과정에 이용되는 여타 생산 요소와 같이 희소한 자원으로 취급해야 할 것이다. 경제 규제와 행정 규제, 사후적 규제와 사전적 규제 등이 적절하게 활용될 필요가 있다. 특히 현재 실시되고 있는 환경영향평가제도의 효율적인 운영이 요청된다. 개발 과정에서 발생되는 환경에 미칠 영향을 사전에 정확히 예측해 대책을 수립하게 되면 사후에 발생하는 더 큰 손실과 피해를 예방할 수 있기 때문이다.

3) 생태도시로의 이행

생태형 도시가 주목받고 있다. 콘크리트 숲에서 벗어나 사람과 자연환경이 조화롭게 공생하는 것이 중요하기 때문이다. 건강한 환경의 특징인 자연생태계를 관찰하면 자립성, 안정성, 다양성, 순환성 등의 특성을 지니고 있다. 이와 같은 특성을 현대 도시환경에 발전적으로 접목해서 활용하자는 대안이 바로 생태도시(ecopolis)의 개념이다. 호주에서는 생태도시라는 표현 대신에 생태적으로 지속 가능한 도시(ecologically sustainable city)라는 표현을 즐겨 사용하고 있다. 강이나 주변 산세 등 지형적인 특성을 반영한 도시개발, 환경친화적 도시계획 및 관리 등으로 지속적으로 건강하게 발전할 수 있는 도시를 추구하는 것이다.

환경오염의 발생원을 규제할 뿐만 아니라 환경친화적인 개발을 유도함으로써 도시 활동에 수반되는 제반 환경 부하를 최소화하면서 지속적으로 건강한 도시환경을 창출해 가고자 하는 것이 바로 생태도시의 방향이다. 따라서 그와 같은 생태도시로의 이행이 미래형 도시에 필수불가결한 조건으로 자리 잡게 될 것이다.

2 대상 분야별 대책

환경오염에 대한 대책은 다른 분야의 정책 대안과는 달리, 문제를 인지하고 대책을 수립해서 효과가 발생할 때까지의 경로가 복잡하고 다양하므로 대안을 모색하기가 쉽지 않다. 아래에서는 앞에서 논의된 대상 분야별로 대안을 논의하고, 최근 개발과 환경 보전의 조화라는 차원에서 특히 강조되고 있는 환경영향평가제도에 대해 살펴본다.

1) 대기질 개선 대책

대기질의 개선을 위해서는 현황과 문제점 파악에 따른 공권력(公權力) 이용의 직접 규제 위주의 대처 방안의 모색과 함께 대기질의 오염원이 되고 있는 실체들이 가급적이면 오염도가 낮은 연료 사용과 생산 방식을 채택하도록 경제적인 유인과 제어 방식을 병행하는 간접적인 규제 방식을 사용할 수 있다.

도시의 대기오염 원인은 여러 가지가 있다. 그중에서도 산업시설, 난방장치, 자동차 등에 의해 배출되고 있는 아황산가스, 분진, 탄화수소 등이 시민들의 건강을 크게 위협하고 있다. 대기질의 개선을 위한 정부 대책은 다음 몇 가지로 요약할 수 있다(환경부, 2017: 32; 환경부, 2011: 165-170; 환경부, 2004: 337-385; 환경부, 1996: 112-132; 경제기획원, 1992: 273-275).

첫째, 정부는 청정연료(LNG)의 공급량을 계속적으로 확대할 예정이고 사용 의무 지역을 계속 넓혀 가고 있다. 1993년 9월 1일자로 서울시는 물론이고 수도권(14개 시 · 군)에서 전용면적 25평 이상 기존 아파트에 이르기까지 청정연료의 사용이 의무화됐다. 앞으로 수도권은 물론이고 전국 대도시에서 난방이나 취사에 고체연료의 사용을 최소화하고 청정연료의 사용을 확대해 나가야 할 것이다.

둘째, 아황산가스 오염도를 낮추기 위해 정유회사에 대해 탈황시설을 설치하도록 하고, 중유 및 경유의 황 함유량 허용 기준을 계속 강화해 갈 예정이다. 2002년 이후 황 함유율 0.1% 이하 경유를 전국에 공급·사용하고 있다.

셋째, 2003년 기준 전체 차량의 34.6%가 오염도 높은 경유를 사용하고 있는데, 매연에 대한 농도 기준 강화뿐만 아니라 경유 사용 소형차에 대해서는 연료를 휘발유 또는 액화석유가스(LPG)로 대체하는 방안을 강구하고 있다. 이에 더해 1992년부터 부분적으로 시행하고 있는 일정 기간 또는 일정 주행거리까지 제작자 책임하에 배출 기준을 유지하는 자동차 배기가스 결함 시정 제도(recall system)는 계속 확대 도입해 정착시킬 예정이다.

넷째, 대기오염 현황을 시민에게 신속하게 공개해 기업·시민·행정의 적극적인 협조를 유도하고 유사시에 경보 기능을 수행할 수 있도록 대기오염 옥외전광판 등 대기오염 상시 공개 제도를 활성화한다. 특히 정부는 최근 국민건강의 주요 위험 요소로 부각된 미세먼지 감축을 위해 노후 경유차 조기 폐차사업 확대, 건설 중인 석탄발전소 배출기준 강화, 대기오염 저감을 위한 한·중 협력 강화 등에 노력하고 있다.

2) 수질 보전 대책

수질을 보전하기 위해서는 우선 수자원의 현황을 파악하고 그 실태에 기초해 사안별로 공권력을 이용한 직접 규제 위주의 대책을 수립하는 것이 한 방법이 될 것이다. 또 다른 한 가지 방법으로는 수자원을 이용하는 사람들에게 그 수자원의 진정한 값만큼의 대가를 치르게 함으로써 사회적 적정 수준으로 수자원의 이용을 유도하는 간접적인 규제 방안이 있다. 아래에서는 이 문제를 차례로 살펴본다.

우리나라의 연평균 강수량은 1,274mm로 세계 평균의 1.3배이나 강수량의 2/3 정도가 여름철인 6~9월에 집중돼 있고, 지역 간 편차도 심해 수자원의 이용 및 관리상에 어려움이 있다. 수질보전을 위해서는 우선적으로 수계 영향권별로 얼마의 오염물질을 어느 정도 줄여야 하는지에 관한 오염물질의 삭감량 산정이 요구되는데, 전반적인 수질관리 체계가 수계별 특성을 고려하지 않은 채 행정구역별로 관리해 왔으므로 종합적인 대책 수립이 사실상 어려웠다. 이 문제를 개선하기 위해 전국의 수계를 4개 대권역과 11개 중권역으로 구분해 관리하는 방식을 시도하고 있다(환경부, 2011: 401-404; 경제기획원, 1992: 271).[2]

좀 더 세부적으로는 하수, 공단폐수, 분뇨나 축산폐수, 농공단지의 공동폐수 등의 종말처리시설을 계속 확충하고, 수질관리나 규제의 적합한 정도나 시기를 제대로 포착하기 위해 정보관리 시스템을 계속적으로 확충해 가는 방안이 있을 것이다. 낙동강 페놀 오염, 벤젠과 톨루엔 오염 사태 이후 수질문제는 시민들의 가장 큰 관심을 끌고 있는 사안이다. 행정당국이 단독으로 수많은 지류를 통해 유입되는 오염물을 전부 통제할 수는 없겠지만 폐수 배출 지점별 센서를 설치해서 전국 네트워크로 온라인 정보 시스템을 유지하는 것은 가능할 것으로 예상된다. 이에 더해서 '시민규제자' 내지 '시민감시자' 형태로 시민의 역할 내지 참여를 확대 · 강화해 감으로써 부족한 정보를 보완할 수 있다.

장기적으로 수질을 제대로 보전해야 하는 것은 물론이지만, 우선 시민들에게 공급되는 물을 질에 따라서 대략 이원화해 공급하는 방안을 고려할 수 있다. 현대 생활에서 사람들이 많은 물을 소비하는 것이 사실이지만, 그중 먹는 물로 사용되는 양은 아주 작고 또 빈부의 격차 내지 사회경제적 조건들과 별로 상관 없이 1인당 하루 소비량이 거의 일정하다. 따라서 양질의 식수를 일반 생활용수와 분리해서 생산 및 공급하는 방안을 고려할 수 있다. 댐 등을 통해 양질의 식수를 따로 생산하고 누진 시스템 등을 통해 사실상의 제조 원가를 충분히 반영해서 시민들에게 공급하면 현재의 수도관로 외에 새로운 관로를 개설하는 것이 부담이 되겠지만 국민 건강이라는 차원과 형평이라는 문제를 동시에 충족시킬 수 있을 것이다.

수자원의 이용 시 그 수자원의 '진정한 값'에 해당하는 비용을 이용자에게 부과함으로써 수자원의 이용을 사회적으로 적정 수준으로 유지하고 질적 수준을 제고할 수 있다. 물론 그 수자원의 '진정한 값'이 구체적으로 얼마인지 하는 문제는 실제적인 측면에서 파악하기가 아주 어렵다는 문제가 있다. 사안에 따라 다르겠지만 생산원가, 기회 비용, 그리고 대체재의 가격 등이 기준이 될 수 있을 것이다. 하지만 현재 우리의 상수도 공급 체계와 같이 생산원가에도 미치지 않게 상수를 공급함으로써 상수 낭비 요인이 될 뿐만 아니라 양질의 상수 공급을 위한 재원 확보도 어렵게 하고 있는 것은 재고해야 할 것으로 보인다.

3) 폐기물 관리 대책

이론적인 측면에서 폐기물이란 소유주가 가치가 없다고 생각하는 재화를 말한다. 그런데 그 가치가 없다고 판단한 재화를 소유주가 계속 가지고 있을 리가 없고 어딘가에

2) 4개 대권역은 한강권역, 낙동강권역, 금강권역, 영산강권역을 말하고, 11개 중권역은 북한강, 남한강, 한강 본류, 낙동강 상류, 금호강, 낙동강 하류, 금강 상류, 금강 하류, 만경강, 영산강, 섬진강을 말한다.

버려야 하는데, 버리는 순간부터 그 폐기물은 대개 사회에 부담으로 남게 된다. 버리는 개개인이나 개별 기업에 적절한 부담을 부과해 사적 비용과 사회적 비용의 괴리를 없애면 경제적인 측면에서 자원의 최적 배분은 달성할 수 있다. 그러나 현실적으로 개별 폐기물의 부정적인 효과를 끝까지 추적해서 그것의 사회적 비용을 계산하고, 그 계산된 비용 전부를 폐기물 배출자에게 부과하는 것은 사실상 불가능하다. 다시 말하면, 대개 사적 비용이 사회적 비용보다 적고 따라서 사회적으로 폐기물이 과잉 배출되는 현상이 나타나게 될 것이다. 이것을 도식적으로 살펴보면 [그림 17-2]와 같다.

폐기물 배출행위는 사적 비용에 비해 사회적 비용이 커지게 되고, 따라서 사회적으로 적절한 수준인 E_2가 아니라 E_1 수준에서 폐기물 배출이 이뤄지게 된다.

따라서 빗금친 oab만큼의 자원의 낭비가 초래된다. 이와 같은 자원의 낭비를 줄이기 위해서는 사전적이든 사후적이든 규제에 의존하게 되는데, 규제의 형태로는 행정 규제와 경제 규제가 있다.

행정 규제는 적절한 수준으로 폐기물 배출을 억제하기 위해 공권력을 이용한 규제를 말하고, 체벌이나 행정명령, 또는 환경영향평가에 이르기까지 다양한 방식이 있다.

경제 규제란 유인 지향적 접근법(incentive-oriented approach)을 통해 개인 또는 기업이 스스로 폐기물 배출을 줄이도록 유인하는 규제 방식을 말하며, 벌칙금 · 오염유발부담금에서부터 오염배출권 거래 제도에 이르기까지 다양한 방식이 있다.

그런데 폐기물의 속성상 규제 시기는 사후적인 규제에서 사전적인 규제로 바뀌어 가고, 규제 형태는 정부 규제의 한계 인식과 더불어 행정 규제에서 경제 규제 쪽으로 변화

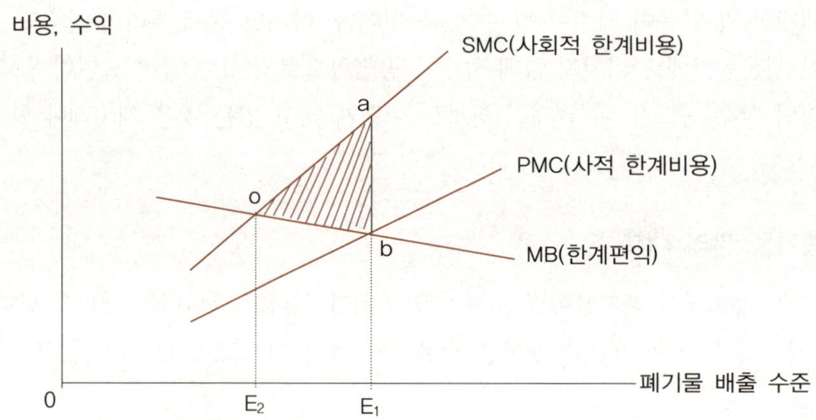

그림 17-2 사적 비용과 사회적 비용의 괴리

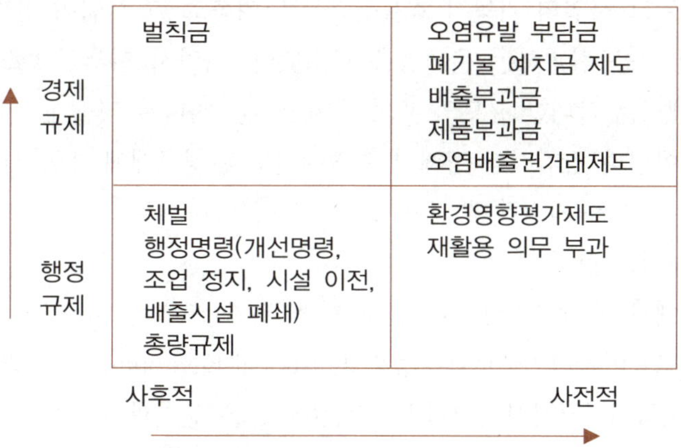

그림 17-3 **환경오염 규제 방식의 변화**

자료: 럭키금성경제연구소(1992: 79).

되는 추세에 있다. 이와 같은 현상을 간단히 정리하면 [그림 17-3]과 같다.[3)]

폐기물 매립지와 소각시설의 안정적인 확보가 도시환경 정책에서 중요한 부분을 차지하고 있는데, 지역 주민의 님비 현상과 기존 관리시설에 대한 공공 부문의 부실한 관리 등으로 인해 시설 입지 단계부터 난관에 봉착해 있는 경우가 적지 않다.[4)] 이와 같은 문제를 해결하기 위해서는 첫째, 관련 시설의 운영 및 관리를 적정하게 함으로써 시설관리 및 운영 상태에 대해 신뢰성을 회복해야 한다. 둘째, 지역 주민의 님비 증후군(NIMBY syndrome)은 자신들이 입게 되는 직·간접적인 피해에서 기인한다는 관련 연구가 적지 않으므로 그 피해를 적절한 수준까지 보상해 주는 방안을 모색해야 한다. 셋째, 사회구성원 모두가 이와 같은 문제를 공동 문제로 인식하게 되는 의식의 자각과 행태의 개선이 수반돼야 할 것이다.

4) 환경영향평가

우리는 이제까지 도시의 개발, 산업 입지 및 공업단지의 조성 등 각종 사업을 시행할 때 사업의 필요성, 경제적·기술적·상업적·행정적 측면의 실현 가능성, 그리고 효율성 등을 집중 검토한 후 그 사업을 추진하는 것이 관례처럼 돼 있었다. 그러나 이와 같은 형

3) 행정 규제를 광의로 정의하면, 간접적인 규제 형태인 경제 규제 역시 행정 규제에 포함될 수 있지만, 여기서는 협의로 한정해서 사용했음을 밝혀 둔다.
4) 폐기물을 처리하는 구체적 방안들, 예컨대 감량, 재활용, 소각, 매립 등의 특성에 대한 좀 더 상세한 논의는 이종열(1995: 56-58)을 참조할 수 있다.

태의 사업 추진은 그 사업의 기능적 효율성만을 고려하고 그 사업이 장기적으로 환경에 영향을 미치는 부분을 간과하는 문제점을 드러냈다. 따라서 사후적으로 환경을 제대로 복구해 가기 위해서는 막대한 규모의 추가 투자가 필요하다는 것을 인식하게 됐다. 따라서 삶의 질뿐만 아니라 장기적인 경제성 측면에서도 환경문제에 대한 사전적인 대처 노력이 필수적이라는 것을 자각하게 되고, 그 수단 중의 하나로 최근 강조되고 있는 것이 환경영향평가제도다.

국가적 차원에서 개발사업과 관련된 사회적 평가 방법을 처음으로 제도화한 예로 1969년 제정 공포된 미국의 「국가환경정책법(National Environmental Policy Act: NEPA)」을 들 수 있다. 미국의 「국가환경정책법」 전문(前文)은 인간과 자연의 조화를 다음과 같이 강조하고 있다.

> 자연환경의 제반 구성 요소 간의 상호 관계에 인간 활동이 미치는 영향이 아주 크다. 특히 인구 증가, 고밀도의 도시화, 산업의 발달, 자원의 개발 및 신기술의 발달 등은 그와 같은 상호 관계에 심각한 영향을 미치고 있다. 인류의 복지와 진보라는 측면에서 환경의 질을 회복시키고 유지하는 것이 대단히 중요하다는 것을 인식하지 않으면 안 된다.……

미국의 「국가환경정책법」은 환경과의 조화 속에서 인간이 건강하고 생산적인 삶을 영위할 수 있도록 국가가 환경을 악화시키는 제반 행위를 차단하는 정책적 역할에 초점을 두고 있다(황용주, 1985: 392-394). 이와 같은 정책의 구체적 실천 대책으로서 환경위원회(Council on Environmental Quality)의 설치와 연방정부를 포함한 모든 관련 기관의 의무 규정을 사안별로 규정하고 있다.

우리나라의 환경영향평가제도는 「환경영향평가법」 제1조에 잘 밝혀져 있듯이, 환경오염의 사전 예방 제도로서 각종 사업계획을 수립 · 시행할 경우 당해 사업의 경제성 · 기술성뿐만 아니라 환경적 요인도 종합적으로 비교 · 검토해 최적의 사업계획안을 모색하는 과정으로서 환경적으로 건전하고 지속 가능한 개발이 되도록 함으로써 쾌적한 환경을 유지 · 조성함을 그 목적으로 한다.

우리나라의 환경영향평가제도는 1977년 「환경보전법」에 최초로 도입된 후 1981년부터 시행돼 왔다. 그동안 몇 차례 제도 개정을 겪은 후 1993년 6월 단일법으로서 「환경영향평가법」이 제정 · 공포된 후 같은 해 12월부터 시행되고 있다. 환경영향평가 대상 사업은 계속적으로 확대되는 추세에 있으며, 그동안 꾸준한 제도 개선을 통해 주민 의견 수럼 제도를 절차상 크게 보완했다. 「환경영향평가법」에서는 평가서 초안의 공고·공람과 함께 설명회 또는 공청회 등의 개최를 의무화하고 있다.

환경영향평가 과정 중에 주민 의견이 사전 반영될 수 있는 절차를 마련함으로써 개발사업의 시행 등으로 발생할 수 있는 환경문제에 대해 사업자와 지역 주민 간의 이해관계를 사전 조정할 수 있는 기회가 조성됐다고 볼 수 있다(환경부, 2011: 378-386; 환경부, 1996: 372-376).

일본의 경우에도 사업계획의 입안 과정에서 환경영향평가를 법으로 제도화하고 있다. 그 평가 내용은 인간의 건강에 영향을 줄 수 있는 요소, 일반적 생활환경에 영향을 줄 수 있는 요소, 자연환경에 영향을 줄 수 있는 요소, 그리고 역사 및 문화에 영향을 줄 수 있는 요소 등이다. 사업계획안을 작성할 때는 이 같은 영향평가 조사를 반드시 실시해 복수안을 작성해야 하고, 이 같은 조사평가를 하기 위해 환경 기준을 설정해야 하며, 여기에 다른 환경지수에 의한 측정치를 도표로 제시하도록 돼 있다(牧野昇 編, 1976).

3 도시환경 정책의 문제점

환경정책상의 애로점 내지 문제점은 다음과 같이 정리할 수 있다.

첫째, 비용과 부담의 분리 현상으로 무임승차의 유인(誘因)이 높다. 환경오염에 대한 대책은 대개 소비에서의 비경쟁성과 비배제성이 작용하는 공공재 또는 공공서비스의 속성을 가지고 있다. 따라서 텔레비전 방송에서 시민들을 인터뷰하면 모든 시민이 환경오염에 대한 대책에는 찬성하지만 실제 비용 부담 과정에서는 자신을 배제하고 싶은 속성이 강하게 나타난다.

둘째, 문제의 발생과 대책이 효과를 발생할 때까지의 시차(時差, time-lag)가 대개 길다. 예를 들어 수질오염의 경우 그것이 문제 인지 단계를 거친 후 정책 결정·계획·집행·효과 발생까지의 기간은 상당한 시간을 요할 수 있으며, 그 비용 또한 엄청난 경우가 대부분이다. 최근 몇 차례 낙동강 오염 사태에서 교훈을 얻을 수 있듯이 어떤 촉매적인 사건으로 대중매체가 집중적인 관심을 보이면 정부·기업가·일반 시민들이 긴장을 하게 되고 수질오염이 개선되는 것같이 보이지만, 단기적인 대책이기 때문에 단기적인 효과뿐이고 유사한 문제가 되풀이되고 있다. 결국 복잡하고 어려운 문제를 시간을 두고 하나씩 풀어 가야 하는데, 무리하게 단시간에 해결하고자 하기 때문에 해결책이 표류하게 되고 사실상 해결이 안 되는 사태로까지 진행되고 있는 것이다.

셋째, 환경정책 내부의 상충 관계와 오염원 파악에 어려움이 있다. 폐기물 매립지 부족 문제를 타개하기 위해 소각을 확대할 경우 대기오염을 악화시킨다거나, 자원의 재활용을 촉진하기 위해 폐기물을 재처리하는 과정에서 수질오염 또는 토양오염을 악화시킨다는 사실은 전형적인 환경정책 내부의 상충 관계를 나타내고 있다. 그리고 수퍼마켓에 전시돼 있는 상품 중 저오염 제품이라고 크게 광고가 돼 있는 상품도 생산 과정을 자세히 추적해 보면 고오염 제품인 경우가 허다하다. 왜냐하면 최종 상품은 선전문구에 표시돼 있는 대로 사용한 후 폐기 과정에서 저오염 제품일지는 몰라도 그 상품이 오염 제품인가 아닌가는 소비 단계만이 아니라 생산 단계, 더 나아가서 원료 채취 단계까지도 포함해야 하기 때문이다. 결국 사실상의 오염원 파악은 복잡한 과정에 대한 총체적인 분석이 필요한 것을 알 수 있다. 다시 말하면, 오염원 파악이 쉽지 않고 결국 대책 마련이 어려워진다.

넷째, 환경오염의 최적 규제 수준을 모색하는 것이 어렵다. 환경오염이라고 이야기하면 영(零) 상태의 오염 수준이 최적이라고 생각할지 모르지만 반드시 그런 것은 아니다. 간단히 말해서, 어떤 기업가가 제품을 생산하는 과정에서 대기오염과 수질오염, 그리고 폐기물 등을 발생시키고 있다고 해서 우리가 그 기업가의 생산행위를 전면 중단시킬 것인가를 생각해 보면 답은 자명하다. 오염물질 배출행위의 사회적 편익과 비용을 함께 고려해서 규제 수준을 모색해야 할 텐데, 개별 오염 발생행위의 사회적 편익과 비용을 파악하는 것은 대단히 어렵다. 게다가 수많은 행위가 아주 복잡다양하게 연계돼 우리의 일상생활을 영위해 나간다는 것을 생각할 때 각각의 사회적 편익과 비용을 제대로 측정한다는 것이 얼마나 어려울 것인가를 상상하는 것은 어렵지 않다.

다섯째, 환경오염은 피해의 범위가 대개 광역적이고, 피해자가 건강상의 피해를 인지했을 때에도 가해자를 밝히기가 대단히 어렵다. 관련 자료의 부족은 물론이고, 오염물질이 인체에 나쁜 영향을 미치고 그것이 드러날 때는 이미 상당한 시간 전에 그 오염물질이 체내에 축적돼 있었던 경우가 대부분이다. 따라서 피해의 범위를 정량화하기가 대단히 어렵고 인과관계의 입증 또한 쉬운 일이 아니기 때문에 피해자가 구제를 받는 데 아주 어려운 문제가 있다.

제4절 새로운 선택과 과제

우리 헌법 제35조는 "모든 국민은 건강하고 쾌적한 환경에서 생활할 권리를 가지며 국가와 국민은 환경 보전을 위하여 노력하여야 한다."고 환경권과 환경 보전의 의무를 동시에 규정하고 있다. 급속한 산업화와 불균형적인 도시 성장 등으로 도시환경은 이제 더 이상 방치할 수 없을 정도로 악화돼 가고 있다. 지금 우리가 종합적이고 체계적인 대안을 마련하지 못하면 최소한도의 건강하고 쾌적한 삶의 질도 지키지 못할 것이고, 장기적으로는 지속적인 국가 발전도 실현 불가능할 것이 자명하다.

이미 환경정책의 문제점에서 논의했듯이 환경오염에 대한 대책은 인내심을 가지고 꾸준히 대처해야 한다. 그리고 헌법상의 환경에 대한 의무 규정처럼 정부 · 기업 · 시민들이 각자 자신의 역할을 성실하게 수행할 때 실효성이 있다. 각자의 역할이 중요하지만 자유방임 상태로 내버려 두자는 의미는 아니다. 필요한 경우에는 교육도 하고 적절한 방식의 규제도 시행해 나가야 할 것이다.

현재까지의 환경 보호는 주로 양적(量的) 규제를 근간으로 하는 법률에 의존하고, 환경오염에 관한 연구도 최소 비용으로 목표치를 달성하는 기술적인 방법에 관한 정적(靜的) 효율 문제가 주류를 이뤘다. 그러나 법적 규제는 환경 악화의 근본 원인에 대한 대처를 소홀히 함으로써 대증적인 치료에 국한됐고, 정적 효율 역시 그 사회가 미래에 필요한 환경오염 방지 기술이 실제로 개발되고 채택되느냐 하는 문제에 대해 해답을 제시하는 것은 아니었다. 환경문제는 사회경제적인 모든 문제에 긴밀히 연계돼 있고, 모든 생산활동과 소비활동에 직결돼 있다. 따라서 환경문제란 고속도로 건설계획처럼 일방적인 지시나 법적 규제만으로는 제대로 해결될 수 없는 속성을 지니고 있는 것이다. 오히려 경제적인 유인(誘因)이나 사회 제도, 관습 등의 변화를 통한 지속적인 노력이 주효할 것이다. 앞으로는 환경비용을 가시화해서 경제 유인적인 규제를 좀 더 광범위하게 활용해 가면 기업은 물론이고 시민들의 행동양식까지도 변화시킬 수 있을 것이다.

대기 중에 아황산가스의 농도가 증가하면 건강에 나쁜 것은 사실이지만 그렇다고 해서 아황산가스를 배출하는 어떤 공장이 배출 한계를 지키든지 아니면 폐쇄하든지 하는 식의 결정을 할 필요는 없다. 현실 세계의 많은 문제점은 연속적인 조절이 가능하고 바로 그와 같은 영역에 가격 메커니즘을 통한 경제 규제가 큰 역할을 할 수 있는 것이다.[5)]학령 아동은 물론이고 성인에게도 교육이 효과적인 환경정책의 실현 수단이 될 수 있다. 예를 들어 소비자가 재활용률이 높은 제품만을 선택해서 구입한다면 기업의 행동양식이 변하지 않을 수 없다. 기업이 환경오염도를 낮추는 것이 정부와의 싸움이 아니라 이익이

5) 물론 매우 독성이 강한 화학물질의 경우처럼 연속적 조절(continuous adjustment)이 적합하지 않고, 급격한 단절성(sharp discontinuities)이 존재하는 경우에는 가격 메커니즘을 이용한 경제 규제가 제대로 기능하지 못할 것이다(정용덕 옮김, 1986: 148).

된다는 인식을 가지도록 만들어야 할 것이다.

환경문제는 한 국가만의 문제가 아니라 전 세계의 공통적인 과제로 진전되고 있다. '그린 라운드(Green Round)'의 새로운 태풍으로 우리를 포함해 개발도상국의 기업들이 대외교역 관계에서 시련에 직면하고 있다.[6] 이미 세계적으로 오존층 보호를 위해 염화불화탄소(CFC)의 생산 및 사용을 규제하는 몬트리올 의정서(1987. 9), 유해폐기물의 국가 간 교역을 규제하기 위한 바젤협약(1989. 3), 이산화탄소 규제를 위한 세계기후변화협약(1992. 6), 2030 지속가능발전의제(2015. 9) 등 환경 관련 국제협약이 속속 체결되고 있다. 따라서 이와 같은 대내외적인 도전에 성공적으로 대처하지 못하면 세계 질서 재편 과정에서 우리는 환경도 지키지 못하고 국제경쟁력도 상실하게 되는 이중의 고통을 당할 수 있다.

환경문제에 대한 대책은 '구호'보다는 종합적이고 체계적인 실천 의지가 중요하다. 기본적으로 우리의 인구 분포 수준을 국가 전체, 지역별, 도시별로 적정 수준을 유지하도록 계속적인 노력을 기울여야 할 것이며, 폐기물의 발생량을 줄이고 자원의 재활용률을 높이기 위해 행정 규제와 경제 규제뿐만 아니라 시민 의식에 변화를 가져와야 할 것이다. 환경문제에 대한 전문인력의 양성, 선진 기술의 도입 등도 지체할 수 없는 과제들이다.

연습 문제

1. 도시환경 보전의 의의를 논하시오.
2. 도시환경 정책의 기본 방향을 논하시오.
3. 도시환경 정책의 문제점을 논하시오.
4. 다음 사항을 간략히 설명하시오.
   1) 경제규제의 특징
   2) 환경영향평가

6) 그린 라운드는 환경 보전을 주제로 한 다자간 국제 협상을 말한다. 여기서 그린(green)은 자연을 의미한다. 환경 피해를 초래하는 상품에는 높은 관세 등을 부과해 국제 교역에서 제한을 해 가자는 내용을 주목적으로 하고 있다. 1991년 미국 의회에서 우루과이 라운드(Uruguay Round) 협상 이후 환경과 국제 교역을 연계시키기 위해 새로운 다자간 협상으로 '그린 라운드'의 필요성을 제기하면서 본격적으로 거론되고 있다.

제18장

도시재난

제1절 재난의 개념 및 특징

1 재난의 개념

편리성과 다양성, 현대적인 직업과 사업의 기회, 또는 교육의 기회 등 다양한 이유로 현재 많은 나라에서 대부분의 국민이 도시라는 공간에 밀집해 살아가고 있다. 도시생활은 다양한 장점을 도시민들에게 제공해 주지만, 또 다른 한편으로는 좁은 공간에 많은 사람이 밀집해서 살아감으로써 각종 재난이 발생했을 경우에 피해의 정도가 과거에는 상상할 수 없을 정도의 규모로 나타나고 있다. 따라서 도시행정에서 대규모의 재난관리 문제가 차지하는 비중이 증대되고 있다.

고전적인 의미의 재난(災難, disaster)은 인간의 통제 범위를 넘어서는 자연으로부터의 해로운 영향을 의미했다. 그러나 오늘날은 대개 인위재난과 자연재난을 총칭해서 재난으로 간주하는 것이 대부분이다. 재난의 유사 용어로서 재해가 가장 널리 사용되고 있다. 따라서 여기서도 재난과 재해는 구분 없이 상호 교환적으로 사용할 것이다. 미국 연방재난관리청(Federal Emergency Management Agency: FEMA)은 재난을 다음과 같이 규정하고 있다.

> 정부의 통상적인 관리 절차나 자원으로써는 대처할 수 없는 인적 및 물적 손상을 초래하는 사건을 말한다. 재난은 대개 돌연히 발생하지만 대처 과정에서는 다수

의 정부기관과 민간 부문의 즉각적이며 조정된 노력을 필요로 한다(FEMA, 1984: 1-3).

유엔재해구호기구(UNDP)와 유엔지역개발센터(UNCRD) 역시 재난을 "사회의 기본 조직 및 정상 기능을 와해시키는 갑작스러운 사건이나 큰 재해로서 재해의 영향을 받는 사회가 외부의 도움 없이 극복할 수 없고, 정상적인 능력으로 처리할 수 있는 범위를 벗어나는 재산, 사회간접자본시설, 생활 수단의 피해를 일으키는 단일 또는 일련의 사건"으로 규정하고 있다(임송태, 1996: 10).

이와 같은 정의를 종합하면, 재난은 통상적인 방식과 인력으로는 대처하기 곤란한 경우를 말한다. 즉, 새로운 관리 시스템이 필요한 경우이며 인적 및 물적 손상이 초래되는 경우다. 인적 손상과 물적 손상은 대개 동시에 발생하지만 반드시 그런 것은 아니다. 예컨대 1979년에 일어난 미국 스리마일섬(Three Mile Island: TMI)에서의 원자로 사고는 인적 손상이 보고된 바는 없었지만, 재난으로서의 그 파급 효과는 정치·사회·경제적으로 엄청났기 때문이다. 그리고 재난에 대처하기 위해서는 사회 여러 부문의 즉각적이며 조정된 노력이 필요함을 알 수 있다.

2 재난의 특징

재난이 구체적으로 발생했을 경우의 특징을 정리하면 다음과 같다(Auf Der Heide, 1989: 54).

① 친숙하지 못한 사람들과 함께 일해야 한다.
② 친숙하지 못한 업무와 절차에 직면하게 된다.
③ 조직 내부는 물론이고 조직 간 조정이 필요하다.
④ 도로는 통행이 불가능하거나 지극히 혼잡하고, 전화도 제대로 작동하지 않으며, 기타 시설 역시 손상을 당해서 제대로 움직이지 않는다.
⑤ 무선통신 역시 과부하(overloaded)로 제대로 기능하지 못한다.
⑥ 조직 간 정보 공유의 필요성이 높아진다.
⑦ 국내외의 보도진이 몰리게 된다.
⑧ 현장에서는 흔히 각종 자원을 제대로 관리하기가 어렵다.

제2절 재난의 유형

재난의 유형은 발생 원인, 발생 규모, 발생 기간 등에 따라 나눠 볼 수 있다. 그런데 대개 발생 원인(예: 지진, 화재, 홍수, 화학물질 누출, 방사능 누출 등)에 따라 구분하며, 그중에서도 크게 자연재난(natural disasters)과 인위재난(man-made disasters or technological disasters)으로 구분해서 논의하는 경우가 대부분이다.

자연재난은 인간이 만든 재해가 아닌 경우이며, 인위재난은 인간이 고의나 실수로 만든 재해를 말한다. 자연재난은 소위 '신의 뜻(Acts of God)'이기 때문에 고대로부터 법적 책임이나 권리 관계에서 인위재난과 구분해 다뤄 왔다. 따라서 재난을 자연재난과 인위재난으로 크게 구분하고, 그 각각의 특징을 정리하면 〈표 18-1〉과 같다.

표 18-1 자연재난과 인위재난의 특징

특징	자연재난	인위재난
발생 과정	돌발적	돌발적
발생의 강도	강력	강력
피해의 가시성	대개 환경의 변화	가시적인 손상이 있는 경우와 그렇지 않은 경우(예: 원자로 사고)가 있음
예측성	과거의 경험을 통해 예측 가능	예측 불가능(대개 돌발적이고 시간상 대처 여유가 없음)
통제 가능성	통제 불가능	우연이나 실수를 제외하고는 대개 인간의 통제하에 있음
영향의 범위	대개 재난의 희생자에 한정	자신감의 상실과 불신의 증폭 등으로 직접적으로 희생되지 않은 사람들에게도 영향을 미침
영향의 지속성	영향은 비교적 단기간만 지속	아주 단기간 또는 만성적임(특히 유독물질 관련 재난은 대개 장기적인 영향을 미침)

자료: Baum, Fleming, & Davidson(1983: 347).

제3절 재난관리의 체계

도시 생활에서의 재난이 새로운 문제점으로 부각되고 있다. 도시에는 가스, 전기, 통신, 하수관 등이 지상과 지하에 거미줄처럼 얽혀 있고 사람들이 밀집해서 생활하고 있는 대형 건축물이 하루가 다르게 계속 들어서고 있다. 이와 같은 상황에서 자연재난이나 인위재난이 발생했을 경우에는 인명 및 재산상의 피해의 범역 및 정도가 엄청난 경우가 대부분이다. 따라서 재난이 발생했을 경우에 그 피해 범위와 정도를 최소화할 수 있는 제반 관리 능력이 중요시되고 있다. 지진이나 태풍 등의 자연재난의 경우에는 사전 예보 능력과 대비 태세가 무엇보다 중요하며, 인위재난의 경우에는 사전 예방적 관리 시스템과 함께 사후에 피해를 최소화할 수 있는 관리 능력이 핵심적인 사항이다. 결과적으로 재난관리를 효율화하기 위해서는 사후관리뿐만 아니라 사전 대비 노력이 수반돼야 한다. 이 양자는 상호 단절적인 것이 아니라 상호 순환적 성격을 갖고 있는 것이기 때문에 이 모든 과정을 하나의 관리 체계 속에서 통합적으로 운용하는 것이 바람직하다.

재난관리란 재난으로 인한 피해를 최소화하기 위한 제반 관리활동을 통칭한다. 구체적으로 재난 발생 가능성의 완화, 사전 대비 계획, 응급 대응, 복구 등에 관한 정책의 개발과 집행 과정을 일컫는다(임송태, 1996: 22). 우리나라 「재난 및 안전관리 기본법」 제3조 3항에서는 재난관리를 "재난의 예방 · 대비 · 대응 및 복구를 위하여 하는 모든 활동"으로 정의하고 있다.[1)]

재난관리를 효율화하기 위해서는 첨단장비와 신속한 대응 능력이 긴요한데, 신속한 대응을 위해서는 국가 전체적인 통합관리 시스템과 함께 지역적인 문제는 지역 스스로가 해결할 수 있도록 부분 분산관리 시스템을 함께 운용하는 것이 바람직하다. 그리고 재난관리는 공공 부문의 능력만으로는 미흡한 경우가 대부분이다. 따라서 재난관리 시스템의 구성 시 민간기업과 자원봉사자들의 역할을 장려할 수 있는 방안을 고려해야 한다. 우리나라의 경우에는 이제까지 재난관리에 소요되는 인력 및 기타 장비 및 자원을 재난이 발생하지 않을 경우에는 낭비로 생각하고 투자에 소홀했던 것이 사실이다. 더구나 정치적 메커니즘상 재난관리에 투자되는 제반 인원이나 경비는 재난이 발생하지 않았을 경우에는 대개 전시적(展示的)인 효과를 거의 발생하지 않기 때문에 더욱더 소홀히 취급해 왔던 것으로 보인다.

우리나라의 재난관리는 최근까지 민방위조직을 토대로 전시(戰時) 대비 훈련과 기타 천재지변에 대처해 왔다. 그 밖에 교통, 건설, 산업, 가스 등의 안전문제는 해당 행위나 시설 운용에 대한 사안별로 해당 관청에서 관장해 왔다. 그러나 최근 연이은 대형 참사와 그 대처 방안의 미숙함은 우리나라의 재난관리 시스템을 재정비 내지 개혁해야 할 필

1) 페탁(William J. Petak)은 재난관리 과정을 재난의 진행 과정과 대응활동에 따라서 시계열적으로 4단계로 구분하고 있다(Petak, 1985: 3): ① 재난 발생 가능성의 완화와 예방(mitigation or prevention), ② 재난에의 대비와 계획(preparedness and planning), ③ 재난에의 대응(response), 그리고 ④ 재난의 복구(recovery).

요성을 부각시켰다. 그와 같은 과정에서 2004년 6월 1일자로 소방방재청이 4국 17개 과로 출범했다. 소방방재청의 설립 목적은 재난 관련 업무 체제의 일원화, 재난 예방에 대한 인식 제고 및 예방 투자 강화, 구조·구급 및 현장 수습 등 현장 대응 체제 강화, 자치단체의 재난관리 기능 및 민관 협조 체제 강화, 안전의식 제고를 위한 대국민 홍보 등 예방활동 체제 확립 등이다.

그런데 시민을 위한 재난관리 체계의 정비를 위해서는 우리의 실정에 대한 비판과 함께 우리보다 앞서 산업화와 도시화 현상을 겪은 나라들의 경험을 참고해 우리 나름의 방재 시스템을 확립하는 것이 중요하다. 이와 같은 과정에서 중앙정부와 지방정부, 산업체, 시민단체, 그리고 학계의 일관된 협조와 참여가 필요하다.

선진 재난관리 시스템으로서 미국의 사례를 정리하면 다음과 같다. 미국의 경우 재난 수습의 제1차적 책임은 우리나라의 기초자치단체에 해당하는 지방정부에 있다. 그러나 지방정부의 역량으로 감당하기 어려운 재해는 주(州)정부가 책임을 지게 된다. 주지사가 '주 비상사태'의 선포로 수습하기 곤란한 규모의 재난은 대통령 직속의 연방재난관리청(FEMA)이 맡는다. 연방재난관리청은 지역사무국, 지역지원국, 비상물자국, 방재교육원, 연방보험국, 비상운영국, 그리고 집행 및 감찰국 등을 운영하며, 구조 과정에서 소방·경찰·병원·군대·민간단체에 이르기까지 모든 인력을 총괄 지휘한다. 특히 연방재난관리청은 자연재난뿐만 아니라 화재, 테러, 화학물질 누출 사고, 핵발전소 사고, 민방위 사태 등 모든 재난 관련 업무를 총괄한다.

「재난구조 및 긴급지원법(일명 Stafford법)」은 대통령이 '비상사태(emergency)'와 '대형 재난(major disaster)'의 두 가지 비상선언을 할 수 있도록 규정하고 있다. 이 중 비상사태는 연방 차원의 즉각적이고 단기적인 대응이 필요할 때 선포한다. 대형 재난은 인적 및 물적 피해가 광범위해서 장기적인 지원이 필요한 경우 선포된다. 일반적으로 비상사태 선포에도 불구하고 피해가 확산될 때에는 대형 재난을 선포하게 되지만, 비상사태 선포 없이 곧바로 대형 재난이 선포되는 수도 있다.

비상사태나 대형 재난이 선포되면 연방재난관리청은 지체 없이 연방재난대책 지원계획(Federal Disaster Assistance Program)에 따라 연방정부의 전문가로 구성된 재난지원반을 현지에 파견해 임시재난대책본부 및 재난접수센터를 설치하고 피해 신고 및 지원 요청을 접수한다. 그 과정에서 연방정부가 제공하는 지원은 이재민에 대한 개별 지원과 공공기관인 주정부나 지방자치단체에 대한 지원으로 구분돼 있다. 개별 지원은 주로 비상주거 대책, 재해로 인한 실업자에 대한 보조, 재해복구자금의 지원 및 세제 혜택 부여, 사업복구비 지원, 사상자에 대한 연금 지급 등 사회보장 지원, 긴급생활비 지원 등이 포함돼 있다. 그 밖에 실업 대책, 세금 경감, 사회보장 대책 등에 대한 각종 상담도 실시한다. 지원의 적시성(適時性)을 확보하기 위해 신속한 심사는 물론이고 장기 프로그램이 아닌 경우 대부분 60일 이내에 지원이 이뤄지도록 규정하고 있다(최상석, 1995: 10-12).

그리고 대통령의 비상사태 선포나 대형 재난 선포가 발령되면 즉시 연방정부 재해조사반은 연방재난관리청의 기준에 따라 재해 지역에 대한 조사보고서를 제출하고, 이를 기초로 해서 연방재난관리청 지역사무국장의 승인을 받아 주정부 및 지방자치단체에 대한 지원을 실시한다. 이와 같은 지원 신청은 특별한 사항이 없는 한 대형 재난 선포 후 90일 이내, 그리고 비상사태 선포 후 30일 이내에 연방재난관리청 지역사무국에 제출해야 한다. 구체적인 지원 내역은 다음과 같다(최상석, 1995: 13).

① 하천, 공공 부지, 사유지 및 공공시설의 정리 정돈
② 인명 보호를 위한 방재시설물의 구축
③ 도로 및 교량 등의 개보수
④ 제방, 둑 및 관개시설 등 수리시설물의 개보수
⑤ 공공시설물의 복구
⑥ 공원 및 유원지 등 위락시설의 복구
⑦ 의료 및 교육시설과 인디언 보호구역 등의 복구 및 재정비

제4절 재난관리의 방향

대형 재난 발생 시에는 초기에 현장을 장악하고 상황 파악과 동시에 인력과 장비를 투입해서 수습 및 구조작업을 벌임으로써 피해를 최소화해야 한다. 그런데 재난의 개념 및 특징에서 논의했듯이 재난은 대개 예기치 못한 상태에서 발생하는 것이며, 통상적인 운영 방식이나 인원 및 자원으로써는 해결할 수 없는 인적 또는 물적 손상을 초래한다. 또한 대처 방식에서는 정부만이 아니라 기업, 언론, 민간단체 등의 즉각적이며 조정된 노력을 필요로 한다. 그 과정에서 낯선 사람, 절차, 장비들을 접하게 되기가 쉽고 상호간의 정보의 공유와 일관된 조정이 요구됨에 따라 재난의 체계적인 관리가 요청되고 있다.

여기서 재난관리의 방향을 제시하면 다음과 같다.

1 재난관리의 체계화

재난관리 시스템은 크게 나눠 사전적 관리 과정과 사후적 관리 과정으로 구분할 수 있다. 그리고 사후적 관리 과정에서 발견된 문제점을 적절히 평가해 다음에 발생할 유사 재난에 대비해 사전적 관리 과정을 보완하는 환류 과정으로 나눌 수 있다.

사전적 관리 과정은 재난이 발생하기 이전의 단계이므로 지휘 체계의 정비, 사전 대비 시나리오의 작성, 필요한 장비와 인원의 준비, 그리고 신고 체계의 단순화·종합화 등이 중요하다. 재난이 발생하면 신고가 즉각적으로 접수될 수 있도록 재난 발생의 신고 및 보고 체계가 정비돼 있어야 하고, 신고가 접수되면 곧바로 재난의 유형에 따른 구조 및 응급 장비가 출동할 수 있어야 한다. 현장에서 군경(軍警)은 주로 질서 유지 업무를 수행하고, 119구급대는 구조 업무를 수행하며, 자원봉사자들을 사전에 파악된 그들의 직능별로 적절하게 투입할 수 있어야 한다. 최근 민간 부문이 자체적으로 재난관리대책본부를 창설해서 운영하고 있는 경우가 적지 않기 때문에 그와 같은 자원을 활용할 수 있는 채널 또는 메커니즘을 개발할 필요가 있다. 이와 같은 제반 과정이 전체적으로 체계화돼 있어야 한다.

사후적 관리 과정은 재난이 발생한 후의 관리 과정이다. 기본적으로 사전적 관리 과정에서 준비된 대로 철저하게 시행하는 것이 중요하다. 그러나 재난은 대개 예기치 못한 경우가 많기 때문에 사전 준비 과정이 완벽하기가 어렵다. 상황에 따른 신축성과 유연성, 그리고 가용자원의 최적 활용을 위한 제반 방안을 모색해야 한다.

그런데 사전적 관리 과정이든 사후적 관리 과정이든 가장 이상적인 방안은 인위재난의 경우 애초에 재난이 발생하지 않도록 하는 것이고, 자연재난의 경우 재난을 적절히 사전 예측해서 그 피해를 최소화하는 것이다. 전자의 경우 개별 도시 또는 국가의 안전의식 수준 또는 총체적으로 안전 능력에 관련된 문제이고, 후자의 경우에는 대개 국가적인 기술 수준의 문제로 귀착된다.

2 재난 연구의 활성화

금세기에 들어서서 산업화와 도시화가 동시에 아주 빠른 속도로 대부분의 나라에서 진전됨으로써 현대의 도시재난은 인위재난이든 자연재난이든 그 규모가 크고 인적·물적 피해가 엄청나기 때문에 사전 예방이 더욱 강조되고 있다. 또한 재난에 대한 대책이 수동적인 자세에서 적극적인 자세로 이행하고 있다. 인위재난이든 자연재난이든 재난은 어쩔 수 없는 것이 아니라 우리가 미리 연구하고 대비책을 세우면 그 피해를 경감 내지 최소화할 수 있다고 보는 것이다.

이와 같은 측면에서 국제연합(UN)은 1990년대를 '자연재해 경감의 시대(International Decade for Natural Disaster Reduction: IDNDR)'라고 규정하고 각국의 투자와 연구를 장려한 바 있다(심재현, 1995: 122). 따라서 국민의 건강과 안전을 보호해야 할 정부는 중앙정부이든 도시정부이든 재난 예방 대응에 대한 제반 연구활동을 지원하고, 필요하다면 전담기관 내지 연구원을 설립하는 것도 고려할 수 있다.

3 재난에 대한 의식 개혁 및 안전문화의 정착

재난관리의 체계화와 재난 연구의 활성화는 재난 대비를 위한 필요 조건에 불과하다. 재난을 실질적으로 줄여가기 위한 충분 조건으로서 우리는 우리 모두의 의식 개혁 및 안전문화를 정착시켜 가는 것이 필요하다. 관리 시스템 및 제도가 아무리 잘 정비돼 있다고 하더라도 관련자들이 이를 준수할 자세가 돼 있지 않거나 지킬 필요가 없다고 생각하는 경우에는 어떤 관리 시스템이나 규정도 효력을 발휘할 수 없기 때문이다.

지난 1995년 발생한 서울 삼풍백화점의 참사의 경우만 하더라도 상당 기간 전부터 건물에 이상 조짐이 있었고 붕괴 당일에도 아침부터 대책회의를 열었으면서도 '설마'하는 안일한 생각과 안전 의식의 부족으로 손님과 종업원을 대피시키지 않음으로써 엄청난 인적 및 물적 피해를 초래했던 것이다.

대형 참사가 연달아 발생하는데도 안전 의식을 갖지 못하는 불감증은 원천적으로는 기업의 부도덕성과 탐욕에서 연유하는 것이지만, 그 과정에서 당국의 허술한 관리 감독이 일조하고 있음은 틀림없다. 결국 대형 참사를 초래하는 제반 부실의 원인을 낱낱이 파헤쳐 해결해 가는 과정에서 재난에 대한 의식 개혁 및 안전문화를 정착시켜 나가야 한다. 그리고 직장 및 가정에 안전문화를 정착시키기 위한 홍보 및 교육을 체계화할 필요가 있다. '안전'을 삶의 으뜸 가치로 삼을 때만이 도시민의 삶의 질을 높일 수 있다는 인식이 필요하다.

연습 문제

1. 재난관리의 체계를 설명하시오.
2. 재난관리의 방향을 논하시오.
3. 다음 사항을 간략히 설명하시오.
   1) 인위재난의 특징
   2) 자연재난의 특징

제 19 장
도시빈곤

제1절 빈곤의 개념

도시빈곤은 그 나타나는 현상이 단순하지 않고 매우 다차원적이다. 도시빈곤층은 삶의 다양한 측면에서 어려움을 겪으며 살아간다. 도시빈곤은 처한 모습은 다를지라도 빈곤국가들뿐만 아니라 부유한 국가들에서도 볼 수 있는 현상이다. 우리가 이해하는 바는 도시빈곤층은 소득이 열악할 뿐만 아니라 생활환경 또한 열악하다. 전기나 상하수도 등 기본적 생활 서비스가 부족한 환경에서 생활한다. 그러나 우리는 도시빈곤을 이러한 특성들의 단순한 정적 집합체로 인식하는 것이 아니라, 도시빈곤층이 생활상에 노출된 취약성과 위험성이라는 동적 조건으로 이해해야 한다. 빈곤을 단순한 소득 불평등에서 인권으로까지 조명하는 다양한 스펙트럼이 존재한다.

빈곤에 대한 개념은 매우 다차원적이어서 한마디로 정의하는 것이 쉽지 않다. 빈곤에 대한 사전적 정의를 살펴보면 "기본적인 욕구가 충족되지 않은 상태"로 정의하고 있다. 도시빈곤에 대한 일치된 정의는 없지만 일반적으로 경제학적 · 사회학적 · 인류학적인 측면에서 정의를 내리고 있다. 우선 경제학적 측면에서는 소득과 일자리 및 기술 등의 차원에서 정의를 내리고 있고, 사회학적 측면에서는 기대 수명, 유아 사망률, 영양 상태, 식량 배분, 문맹 퇴치, 학교 등록 비율, 의료시설의 접근성 등의 다양한 사회적 지표를 활용해서 빈곤을 정의하고 있다. 인류학적 측면에서는 도시빈곤층이 삶의 과정에서 겪게 되는 다양한 불이익의 측면을 활용해서 정의하고 있다. 즉, 도시빈곤이란 일차적원 차원이 아닌 다차원적 시각에서 파악되는 현상이며, 도시빈곤층은 다양한 박탈감을 겪으며 살아간다.

일반적으로 빈곤 개념은 세 가지 범주로 구분해 볼 수 있다(Hagenaars & de Vos, 1988). 첫째, 객관적으로 규정된 최소한의 수준보다 낮은 수준을 가진 개인 또는 가족, 둘째, 사회 내 다른 사람에 비해 적게 가진 개인 또는 가족, 셋째, 살아가는 데 충분하게 가지고 있지 못하다고 느끼는 개인 또는 가족으로 구분한다. 한편 행정학적 관점에서 보면 정부의 복지정책의 편의를 위해 빈곤선(貧困線, peverty line)[1]을 설정해 놓고, 이의 도달 여부를 기준으로 절대적 빈곤과 상대적 빈곤으로 구분하고 있다.

1 절대적 빈곤

절대적 빈곤(absolute poverty)은 세계적으로 인정되는 보편적 기준의 빈곤을 뜻한다. 인간이 인간으로서 생활할 수 있는 최소한의 기준을 정해놓고, 이에 미달하면 빈곤으로 간주하는 것을 의미한다. 절대적 빈곤의 개념은 1990년 당시의 최빈국을 기준으로 최초로 소개됐다. 세계은행(World Bank)은 2008년 기준으로 하루에 1.25달러를 못 버는 것을 절대적 빈곤의 기준으로 삼았으며, 그 액수는 2015년 기준으로 하루에 1.90달러로 상향 조정했다. 여기서의 주된 관심은 경제적인 측면이었다.

그러나 최근에는 절대적 빈곤 개념에 경제적 소득뿐만 아니라 공공서비스에의 접근 가능성도 포함하고 있다. 이러한 관점에 따르면 절대적 빈곤은 인간의 삶에 필수적인 의식주의 기본적 욕구뿐만 아니라 안전, 위생, 건강, 교육, 정보 등의 기본적 욕구도 충족하지 못하는 상태를 의미한다. 전 세계은행 총재였던 맥나마라(Robert McNamara)는 절대적 빈곤을 가리켜 "영양실조, 문맹, 질병, 비위생적인 생활환경, 높은 유아 사망률, 낮은 기대수명 등으로 인해 인간 품위가 손상되는 삶의 상태"로 표현하기도 했다. 절대적 빈곤은 선진국에서도 없는 것은 아니나 보통 개발도상국가에서 나타나는 현상이며, 우리나라의 경우 '국민기초생활보장제도'에 따른 최저생활비를 기준으로 절대적 빈곤을 규정하고 있다.

1) 영국의 사회학자 라운트리(Benjamin S. Rowntree)가 제기한 빈곤선은 국가마다, 그리고 시대마다 동일하지는 않지만, 인간이 살아가는 데 필요한 최소한의 기본적 욕구를 충족하기 위해 필요한 최저 지출과 빈곤 탈출에 필요한 최저 소득을 의미한다.

2 상대적 빈곤

상대적 빈곤(relative poverty)의 개념은 사회적인 관점을 배제하고 기본적 욕구만을 최저생계 기준으로 삼는 절대적 빈곤의 정의를 비판하면서 등장했다. 타운센드(Peter Townsend)는 빈곤을 상대적 관점에서 "의식주 등의 삶에 필요한 것을 얻는 과정에서 사회 관습적인 활동에 참여하거나 적어도 자신이 속해 있는 사회에서 인정되는 삶의 환경을 유지하기가 힘든 상태"로 정의한 바 있다(Townsend, 1979). 즉, 의식주를 포함해 특히 문화적인 생활 면에서 다른 대상과 비교해 주관적으로 느끼는 심리적 빈곤을 상대적 빈곤이라고 할 수 있다. 상대적 빈곤층은 그 사회의 대다수 사람이 영위하는 삶에 비해 빈곤하므로 사회·경제적인 빈곤 징후를 보이게 되는 것을 의미한다. 따라서 상대적 빈곤은 절대적 빈곤과는 달리 세계적인 기준에서의 정의가 어려우며, 개별 국가와 사회에 따라 그 의미와 정도가 달라진다. 따라서 절대적 빈곤과 달리 선진국에서도 상대적 빈곤은 존재한다.

절대적 빈곤에 비해 상대적 빈곤은 문제 해결이 매우 어렵다. 상대적 빈곤은 인간의 기대 수준과 밀접한 관련이 있으며, 생활환경이 변화함에 따라 인간의 기대 수준도 상승하게 된다. 과거에 비해 자동차, 텔레비전(TV), 컴퓨터 등이 생활의 필수품이 됐다. 사회에서 기대되는 서비스의 수준도 시간에 따라 달라진다. 과거에는 고등학교만 졸업해도 충분하다고 생각했지만, 이제는 교육의 기대 수준이 높아졌다. 이처럼 기대 수준이 달라짐에 따라 빈곤에 대한 정의도 변하기 때문에 빈곤문제를 다루기가 더 어려워진다.

빈곤선과 가족 소득의 중위수 사이의 격차가 점점 더 벌어지면서 상대적 불평등도 심화되고 있다. 빈곤에서 이러한 상대적 불평등에 대한 인식이 가장 어려운 문제다. 왜냐하면 이러한 상대적 빈곤은 빈곤에서 피할 수 없이 수반되는 현상이기 때문이다. 사회에서 빈곤의 기준이 무엇이든 관계없이 더 부유하거나 더 가난한 자는 항상 존재하기 때문이다.

3 도시빈곤의 형성과 영향

도시빈곤의 형성은 여러 가지 요인과 결부돼 있지만, 중요한 요인은 도시화로 인한 빈곤이다. 우리나라의 경우 특히 1960년대부터 농촌에서의 경제적 기회의 부족으로 많은 사람이 도시로 이주하는 도시화 현상이 일어났다. 이들 중 상당수는 도시로 이주해 공식적인 직업과 주거가 마련되지 않은 상황에서 한계인(marginal man)으로 정착을 시작했다. 이들의 초기 정착 형태는 도시 변두리의 하천을 둘러싼 무허가 불량촌을 형성해 거주했다. 직업도 공식적이지 못하고, 행상이나 일용직 등의 비공식적 노동시장으로 편입됐다. 도시빈곤층 거주지역은 비위생적이고, 공원 · 상수도 · 교육 · 전기 등 공공서비스가 미흡한 상황이었다. 이들이 초기에 정착한 불량촌은 도시 변두리였지만 시간이 지나 도시가 확장됨에 따라 도심지로 편입되는 현상이 일어났으며, 이로 인해 이들은 다시 주변부로 밀려나는 재정착 현상이 일어났다. 이 과정에서 많은 사회적 갈등이 유발되기도 했다.

도시빈곤은 농촌빈곤과 달리 지역사회와 경제에 상당한 부(負)의 외부 효과를 초래한다. 도시빈곤층은 여성, 아동, 노인 등 사회적 취약 계층이 필요로 하는 특수한 욕구에 더해 주거, 상하수도, 위생, 보건, 교육, 사회보장 등의 도시문제를 야기한다. 도시빈곤층은 열악한 주거환경에서 거주하면서 자신들의 삶에서 필요로 하는 이러한 기본적 혜택을 누리지 못하거나 사회복지 안전망에 대한 접근성이 낮을 뿐만 아니라, 삶의 터전을 상실하거나 쫓겨날 위험성에 항상 노출돼 있어 범죄와 같은 사회적 문제 행위를 범할 기회에 빈번히 직면하게 된다.

나아가 도시빈곤은 주거환경의 열악한 조건으로 인해 지역사회에 경제적으로도 부정적 영향을 가져온다. 지가의 하락과 더불어 경제행위의 침체에 기여한다. 투자와 소비의 침체로 빈곤 지역이 영속성을 띠게 된다. 나아가 열악한 교육환경으로 인해 양질의 교육서비스에 대한 접근성이 제한되고, 이는 빈곤의 대물림으로 이어지기도 한다.

제2절 빈곤의 원인

일반적으로 도시빈곤의 원인은 개인적인 측면과 사회적 측면으로 구분할 수 있다. 개인적인 측면으로는 근로 능력의 상실 및 성취 동기 부족으로 인한 빈곤을 들 수 있고, 사회적 측면으로는 교육의 불평등, 사회보장제도의 미흡 등으로 인한 빈곤을 들 수 있다.

1 개인적 측면

1) 소득 불평등

빈곤의 가장 대표적인 원인은 소득으로 인한 불평등을 들 수 있다. 소득 불평등은 필수 재화와 서비스 구입의 부족으로 나타나는데, 이는 대개 고용의 불안정으로 인해 발생하게 된다. 특히 비숙련 저임금 노동, 비공식적 직장, 건강상의 이유로 인한 취업 불가, 취업 기회의 부족 등이 일반적 요인으로 지적된다. 한편 소득 불평등은 정책적 요인으로 인해 초래되기도 한다. 국가의 거시경제 체제하에서의 경제적 위기 발생이 빈곤층의 실수입을 감소시킬 수 있고, 빈곤층에 대한 공공서비스 공급의 실패로 인해 소득의 불평등이 커질 수 있다.

소득 불평등은 또한 다른 빈곤 측면에서 영향을 받기도 한다. 적절한 양과 질의 필수 공공서비스의 부족으로 인해 빈곤층의 생활환경이 악화될 수 있다. 예를 들면 물 공급의 부족으로 인한 비위생적인 환경이 사람을 병들게 할 수 있다. 빈곤층은 빈곤층 내의 가정폭력과 범죄 발생으로 인해 저평가된 사회적 자본을 가지고 있으며, 이 역시 빈곤층의 낮은 수입에 영향을 미친다. 또한 적절한 교육과 보건 서비스의 부족으로 인해 빈곤 근로자의 노동의 질이 떨어져 소득이 적어지고, 이로 인해 교육 수준이 낮아지는 악순환에 빠지기도 한다.

빈곤층은 일반적인 주거 지역 내의 주거비용이 그들에게는 상대적으로 매우 높기 때문에 이들 지역 내의 토지와 주택에 대한 접근성이 낮다. 따라서 그들은 일반 주거 지역 내에 거주하지 못하고 불량주거 지역에 거주하거나 홍수나 산사태와 같은 자연재해가 빈번하게 발생하는 위험지대에 거주하게 된다. 또한 빈곤층은 도시재개발 지역에 거주한다고 하더라도 대부분 소유권이 있는 것이 아니기 때문에 별다른 금전적 이득을 얻는 것이 힘들며, 심지어는 주거권(住居權)의 확보에 실패함으로써 자신의 주거지에서 쫓겨나기도 한다.

2) 건강

도시빈곤층이 거주하는 지역은 전통적으로 높은 인구 밀집으로 인해 비위생적인 생활환경이 조성됐다. 또한 빈곤층은 주거 지역이 아닌 공업 및 상업과 혼합된 형태의 주거지에 거주하는 경우가 많은데, 이들 지역은 대부분 환경오염이 심한 지역이다. 이로 인해 대기오염 및 수질오염이 빈곤층의 건강에 악영향을 미치는 경우가 많다. 예를 들면, 공업지역에서 흘러나온 폐수로 인한 납중독이나 공업지역의 특수한 환경으로 인한 대기오염 및 소음 등으로 인해 빈곤층은 건강에 위협을 받기도 한다.

2 사회적 측면

1) 교육 불평등

급격한 도시화로 인해 교육시설이 열악해지고, 이로 인해 제한된 교육의 기회가 제공된다. 이러한 상황에서 특히 도시빈곤층은 대안적 교육 기회를 갖지 못하므로 열악한 교육환경에 그대로 노출된다. 또한 빈곤층은 소득이 낮으므로 교육비 지출도 부족할 뿐만 아니라, 이로 인해 빈곤층 자녀는 교육보다는 취업 등으로 눈을 돌리게 되거나 학업에 열중하기보다는 청소년 비행(非行)으로 쉽게 빠지기도 한다.

도시빈곤층의 경우 통학 시의 학생 안전의 확보가 힘들어 학교로의 통학에 어려움을 겪는 경우가 있다. 통학 시 편리하고 안전한 교통 수단을 확보하기가 힘들기 때문에 일부 지역에서는 학생의 안전 확보가 불가능한 경우가 발생해 통학을 포기하는 경우가 발생할 수도 있다. 또한 개발도상국 빈곤층의 경우 지속된 남녀 불평등으로 인해 여성에 대한 교육의 기회가 부족한 경우가 많았다. 이는 여성들의 사회 진출을 어렵게 만들고, 나아가 성차별로 이어지기도 한다.

2) 권력 접근성의 배제

자원에 대한 통제(command over resources) 가능 정도가 부(富)에 대한 중요한 측정치가 되며, 이의 결핍이 빈곤으로 간주될 수 있다. 특정한 혜택을 사회 내 특정 범주의 사람들만이 누릴 수 있으며, 이에 따라 그렇지 못한 사람들은 상대적 빈곤감을 느끼게 된다. 또한 어떤 자격이나 지위가 사회 내부의 중요한 형태인데, 이에 대한 불평등은 부의 불평등으로 나타나게 된다.

일부 도시빈곤층은 국적이나 시민권 획득이 힘든 경우가 발생하므로 주거지와 직장을 구하는 것이 어려운 경우도 있다. 이로 인해 공공서비스 접근에서 단절될 뿐만 아니라 불충분한 정보로 인해 취업 기회나 법적 권리 등에 관해 무지한 경우가 발생한다. 또한 권력에의 접근성이 부족해 공공 인프라나 서비스가 부족함에도 불구하고, 이들 부족한 공공 인프라와 서비스 공급의 확대를 요구하지 못하는 경우도 발생한다.

도시빈곤층은 열악한 소득으로 인해 자신의 목소리를 조직적으로 내지 못하고, 조직한다 하더라도 조직의 응집력이 떨어진다. 열악한 재정력으로 인해 사회제도나 권력의 접근성도 떨어져 이들의 정치적 효능감도 동시에 떨어진다. 권력 접근성의 배제로 인해 이들은 자신의 정치적 자원을 충분히 발휘하지 못하게 된다.

3 빈곤문화 가설

빈곤문화(culture of poverty) 가설은 빈곤의 문화적 힘에 초점을 맞춰, 빈곤층이 특정한 심리적 · 행태적 특성을 지니고 있으며, 이것이 다음 세대에 세습된다는 것이다. 빈곤이 하나의 문화로서 세대 간 사회 이동을 통해 부유층은 더욱 부유해지고 빈곤층은 더욱 빈곤해진다는 것이다. 즉, 빈곤한 사람들은 사회의 지배문화와 질적으로 다른 문화 속에서 살기 때문에 그들의 가치 및 행태 등이 다르고, 이러한 가치와 행태는 사회화 과정을 통해 세대 간에 세습된다는 것이다. 빈곤문화 가설은 사회 이동 과정에서 부모 세대의 귀속적 특징과 업적 특징이 자녀 세대의 성과에 어느 정도 영향을 미친다는 사회이동론(social mobility theory)에 근거한 이론이다. 다시 말해 부모의 빈곤이 자녀의 빈곤으로 세습된다는 것인데, 이는 인적 자본, 인지 능력, 건강, 가치나 태도, 사회자본, 역할모델 등 다양한 변수로 설명해 왔다(Corcoran, 1995).

제3절 빈곤 대책

도시빈곤 문제를 해결하기 위해서 정부는 다양한 방안을 강구할 수 있다. 도시빈곤을 완전히 해결하는 것은 불가능할지 모르지만, 아래에서는 정부가 도시빈곤을 완화할 수 있는 다양한 대책에 대해 살펴보기로 한다(Dolgoff & Feldstein, 2009).

1 사회적 효용성

사회적 효용성(social utilities)이란 삶의 질을 높이는 데 기여하는 서비스를 의미하는데, 이러한 서비스에는 가족계획 방법, 건강 서비스 등을 포함한다. 도시빈곤을 완화하기 위해서는 먼저 도시빈곤층의 사회적 효용성을 높여 주기 위해 노력을 기울여야 한다. 즉, 도시정부는 빈곤층을 위해 사회 인프라를 지속적으로 지원하는 시스템을 갖춰야 하는데, 이들을 위해 상수도 공급, 위생 개선, 교육시설 확충, 헬스 케어, 주거 및 환경 개선을 위해 노력을 기울여야 한다. 그뿐만 아니라 사회적 효용성을 극대화하기 위해 정부는 도시빈곤층이 누릴 수 있는 사회적 안정망 확보에도 노력을 기울여야 한다. 빈곤층의 건강을 위한 건강보험이나 실직 시에 이를 대비할 수 있는 사회보장제도를 통해 빈곤층에게 좀 더 안정적인 삶을 누릴 수 있도록 돕는 것이 필요하다.

2 인적 자본에의 투자

인적 자본에의 투자라 함은 빈곤층에 대한 교육이나 보건 또는 직업훈련 등의 투자를 통해 그들의 역량을 강화하고자 하는 노력을 의미한다. 즉, 기계나 신규 공장 신축과 같은 자본재 투입과 마찬가지로 노동력의 질을 향상시키고자 하는 투자를 의미한다. 도시빈곤의 주된 요인 중의 하나는 교육훈련의 부족으로 인해 도시 내 빈곤층이 적절한 기술이나 지식을 갖고 있지 못하다는 것이다. 따라서 빈곤층의 취업 및 재취업을 위한 직업교육 및 훈련은 도시빈곤 문제 해결의 중요한 방안이 될 수 있다. 사실 사회적 환경이 계속 변화함으로 인해 신규 기술이나 지식이 요구되기도 하는데, 이를 위해 도시빈곤층에게 지속적인 교육훈련 서비스 기회를 제공할 필요가 있다.

3 소득이전

도시빈곤 문제의 핵심은 저소득에 있다. 따라서 소득이전을 통해 이를 해결할 수 있다. 여기서 소득이전은 수직적·수평적 양방향에서 일어날 수 있다. 정부는 무엇보다도 빈곤층의 수입 보장에 관해 고민할 필요가 있는데, 빈곤층이 겪는 대다수의 문제는 안정된 수입원이 없거나 정규직 노동이 불가능한 경우에서 비롯되는 것이기 때문에 정부는 무엇보다 노동시장의 안정화를 추구해야 한다. 도시정부는 지역의 경제 안정화와 발전을 위해 도시 내 중소기업의 육성을 도모할 필요가 있는데, 이를 위해서는 규제 완화를 통한 기업 활성화 또는 보조금 지급 등으로 기업을 안정화함으로써 안정된 고용 시장 조건을 만드는 것이다. 또한 도시빈곤층이 쉽게 얻을 수 있는 일자리를 더 많이 확대함으로써 안정적인 노동에 기여할 수 없는 빈곤층들이 수입을 얻을 수 있는 기회를 가지도록 할 수 있다. 최근에는 고용 확대를 목표로 하는 사회적 기업의 육성이나 공공근로사업의 확대도 소득이전을 통한 빈곤 대책으로 조명받고 있다.

4 재활 서비스

재활의 목적은 심리적 또는 사회심리적 방법을 통해 사람을 변화시켜 사회적 기능을 회복하거나 증진시키는 데 있다. 이의 전제는 빈곤의 문제가 사회적 맥락에서 연유하는 것이 아니라, 개인이나 가족에서 비롯된다는 것이다. 즉, 빈곤층은 돈 문제와 별개로 도움이 필요로 하는 다른 문제를 가지고 있다는 것이다. 재활 프로그램으로는 빈곤자의 정서적 · 심리적 문제를 치료하는 것이 대표적이다. 이러한 치료를 통해 빈곤자들이 적절한 직업을 찾아 경제적 생활을 영위하도록 돕는 것이다. 재활 프로그램이 빈곤문제 자체를 해결해 주지는 못하지만, 어떤 빈곤자에게는 빈곤을 벗어나게 하는 중요한 수단이 될 수 있다.

5 참여 및 조직

참여 및 조직화 프로그램은 빈곤층의 사회적 응집력과 영향력을 증진시켜 이들이 사회 내에서 목소리를 내게 함으로써 빈곤문제를 완화하고자 하는 것이다. 도시빈곤층이 조직화해 자신들의 목소리를 냄으로써 자존심과 명예를 드러내고, 나아가 정치세력화할 수 있는 계기가 마련된다. 도시빈곤층이 겪는 어려움 중 하나는 자신들의 이익을 대변할 수 있는 조직을 만들거나, 아니면 사회 내 권력기관에 접근할 수 있는 통로가 매우 제한적이라는 것이다. 특히 도시재개발 시에 도시빈곤층의 권력과 서비스에 대한 접근성이 필요한데, 이에 대한 개선책이 절실히 필요하다. 도시를 재정비할 때 일반적으로 나타나는 현상으로서 빈곤층의 주거가 불안정화되는 경우가 많다. 이는 도시재재발 등의 사업에서 빈곤층의 참여가 낮은 것이 하나의 원인인데(이종열 · 노지영, 2009), 이는 빈곤 지역 주민들을 위한 보상 및 이주 대책이 완비되지 않은 상태에서 폐쇄적이고 독단적인 의사결정으로 나타나기도 한다. 사실 정책 참여 과정에서 수평적이고 자율적인 복합체로서의 거버넌스 결정 시스템 구축이 필요한데, 현실에서는 그렇지 못해 정책 과정에서의 갈등이 증폭되기도 한다. 한 가지 대안으로 좀 더 중립적인 조정기구를 통해 주민과 도시정부 사이의 의견을 조율함으로써 갈등을 완화하고, 좀 더 바람직한 정책 형성이 가능할 수도 있다.

연습 문제

1. 절대적 빈곤과 상대적 빈곤의 개념을 비교해 설명하시오.
2. 빈곤의 사회적 원인에 대해 설명하시오.
3. 빈곤문화 가설에 대해 설명하시오.
4. 빈곤 대책으로서 사회적 효용 접근을 설명하시오.

제 20 장

도시범죄

제1절 도시범죄

범죄활동은 대도시에서 심각한 사회문제를 야기한다. 이는 시민의 신체적 안전을 위협할 뿐만 아니라 금전과 재산의 손실도 가져와 결국 시민의 복지를 위협하게 된다. 일상생활에서 언론 보도를 통해 빈번하게 접하게 되는 도시범죄 문제를 시민들은 이제 신문에서만 읽는 어떤 것으로 파악하고 있지 않다. 오히려 자신에게도 언젠가 닥칠 수 있는 잠재적인 문제점으로 인식하는 경향이 높다. 범죄는 이제 우리나라뿐만 아니라 전 세계적으로 매우 심각한 문제가 됐다. 도시에서 이제 사람들이 야간에 다니는 것이 두려워졌으며, 심지어 대낮에도 강도사건이 빈번해졌다. 집문을 선뜻 열어 주기가 두려워졌으며, 열쇠와 경보 장치가 집집마다 설치되고 있다. 분명한 것은 모든 종류의 범죄가 전반적으로 증가 추세에 있다는 것이다.

지금까지 범죄에 대해 도시행정에서 체계적으로 분석하지 못했는데, 이 문제가 더욱 중요시됨에 따라 도시범죄에 대한 분석의 의의가 점점 높아지고 있다.

1 도시범죄의 개념

일반적으로 경찰의 의무는 범법자를 체포하고 범죄를 예방하는 정도로 인식되지만, 실제 경찰 업무의 범위는 이보다 훨씬 더 넓다. 경찰의 활동 중에는 길을 안내하는 것에서부터 가정 불화를 중재하거나, 응급환자를 구호하는 일에 이르기까지 다양한 비범죄(非犯罪) 활동에도 참여한다. 하지만 경찰활동에서 가장 핵심적인 것은 역시 범죄 관련 활동이며, 경찰 행태도 이와 관련해서 가장 두드러지게 부각되고 있다.

범죄는 다양한 형태로 일어나지만 상당수 범죄는 일반 대중의 관심을 거의 받지 못한다. 미국의 경우를 예로 들면 소위 사무직 범죄로서 탈세, 횡령(embezzlement), 가격 담합, 주식 사기, 소비자 사기 및 기타 유형의 사기(swindling)가 금액상으로 연간 수십 조 달러를 넘는다.1) 하지만 이러한 사무직 범죄에 대해서는 심한 비난이 가해지고 있지 않으며, 그와 같은 범죄에 대한 처벌은 상대적으로 가벼운 경향이 있다.

일반 대중의 관심은 주로 발생 건수는 낮지만 고도의 공포 유발 범죄, 즉 살인·강간·폭행·강도·절도 등에 집중돼 있다. 사람들이 경보 장치를 설치하는 주된 이유는 주로 절도와 강도 때문이다. 그리고 시민들의 범죄에 대한 두려움도 절도와 강도가 대부분을 차지한다. 물론 시민들은 범죄와 폭력뿐만 아니라 청소년 비행(非行), 공공 장소에서의 비행 및 선정적 행위 등에 대해서도 우려를 나타낸다. 이제 도시범죄는 전통적인 도시문제인 주택·공해·교통문제만큼 중요한 공공 이슈가 되고 있다(Wilson, 1975: 25).

시민들은 흔히 범죄와 무질서에 대해 강한 우려를 나타내고 범죄 요주의 인물에 대해 더 강한 통제를 요구한다. 그런데 누가 범죄 요주의 인물인지가 불분명하다. 일반적으로 사람들이 믿고 있는 것과는 달리 범죄 연구자들은 명백한 범죄 계층이 있다는 것을 거부한다. 비록 비교적 소수의 사람만이 구속되지만 대부분의 사람은 아마 구속형이었을지도 모르는 범죄를 한 번 또는 그 이상 저질렀을지도 모른다. 그러나 다양한 범죄 유형에 따라 명백한 연령과 계층구조가 존재하는 것도 또한 사실이다. 예를 들면 자동차 절도는 10대에서 가장 많고 폭행죄는 저소득 계층과 낮은 사회 계층에서 많이 나타난다.

범죄행위는 모든 인구 계층에서 일어나지만 경찰은 모든 유형의 범죄활동에 동일한 관심을 기울이지는 않는다. 경찰은 주로 노상범죄(路上犯罪, street crime)에 주력하는데, 이는 고도의 공포심과 평화 파괴적 속성을 강하게 지니고 있기 때문이다. 따라서 경찰의 구속행위나 다른 경찰 권위의 행사가 모든 유형의 범죄에 동일한 비중이 주어지지는 않는다. 이들 활동은 주로 노상범죄를 범하는 사람들, 즉 젊고 빈곤한 남성에게 집중돼 있다.

무엇이 범죄인가라는 질문에 답하는 것은 쉽지 않다. 그러나 범죄를 체계적으로 분

1) 미국의 전직 검찰총장 클라크(Ramsey Clark)는 은행 횡령이 은행강도(robberies)보다 연간 10배나 더 많은 액수가 된다고 말했다. 그는 또한 한 대기업의 가격 담합 음모가 같은 해 미국 전역에 발생한 수백만 건의 절도나 도둑보다 액수가 더 많다고 했다(May, 1980: 27-35).

석하기 위해서는 이에 대한 명확한 개념 규정이 필요하다. 범죄활동을 구성하고 있는 개념은 분명치 않아 사람마다 다르게 인식될 수 있으나, 크게 부도덕성과 불법성 두 가지 개념을 포함한다(Leftwich & Sharp, 1984: 130-131).

우선 부도덕성(immorality)에 대해 살펴보자. 비도덕적 행위가 범죄인가? 이 질문에 답하는 것은 쉽지 않다. 우선 많은 행위가 도덕적인 행위 또는 비도덕적인 행위로 명확하게 구분하기가 어렵기 때문이다. 현대 사회에서 일부 행위는 일반적으로 비도덕적인 것으로 간주된다. 살인이나 대부분의 절도 등이 여기에 해당된다. 그러나 또 다른 많은 행위는 그의 도덕성이 사회 내 어느 집단이 그 행위를 평가하느냐에 따라 달라진다. 이러한 예로서는 마리화나 흡연, 음주, 경마, 동성애, 간통 등을 들 수 있다. 따라서 도덕과 부도덕의 분류는 어떤 행위가 범죄인가 아닌가를 구분하는 명확한 기준이 되지 못한다.

그다음으로 불법성(illegality)에 대해 고려해 보자. 범죄에 대해 의미 있고 분석적으로 유용한 정의는 범죄활동을 사회에서 그와 같은 행위가 존재하지 않았더라면 그 사회가 더 좋은 상태가 됐을 행위로서 법이나 규정 등에 따라 불법적인 행위로 보여지는 것이다. 이는 비도덕적일 수도 있고, 그렇지 않을 수도 있다. 예를 들면 한적한 시골길에 시간당 30km로 차량 속도를 규제하는 데 40km로 자동차를 운전한다든지 다른 자동차가 전혀 없는 교차로에서 일시정지 신호를 무시하는 행위는 비도덕적인가? 이러한 행위로 인해 적발이 되면 이는 속성상 범죄행위에 해당된다는 것을 깨닫게 된다. 다른 한편 도박이나 매춘 등이 비도덕적인 행위인데도 불구하고 불법적이 아니며, 따라서 범죄행위가 아닌 지역도 적지 않다.

따라서 불법적인 범죄행위는 입법부에 의해 일단 규정되는 절차를 밟는다. 어떤 행위를 불법적이라고 규정하는 데는 많은 이유가 있다. 어떤 행위는 다수 입법자나 그들 선거구민의 도덕적 표준을 침범하는 것일 수 있다. 살인, 강간, 절도 등이 이러한 경우다. 다른 경우는 행위자가 인식하지 못하는 그 행위의 (적어도 입법자가 불법적이라고 규정지으려 하는 해로운) 결과 때문이다. 음주, 마리화나, 코카인, 헤로인 등의 사용은 불법적이 되는데, 그 이유는 입법자가 이들 사용자가 중독되고 그 결과로 그들이나 다른 시민에게 해로운 결과를 초래하게 될 것이라고 두려움을 느끼기 때문이다. 또 다른 경우는 무질서를 방지하기 위해 또는 질서를 유지하기 위해 어떤 행위를 불법적인 것으로 규정한다. 교통 법규의 위반이 여기에 해당한다. 어떤 경우에는 비도덕적 흔적이 없는데도 불법적인 행위로 규정하는데, 그 이유는 그 행위가 사회의 일반적 복지에 반하는 것으로 간주되기 때문이다. 도시 내에서 쓰레기를 소각하는 오염 유발행위가 여기에 해당된다.

2 범죄행위의 유형

범죄행위는 일반적으로 ① 폭력적 범죄, ② 재산에 대한 범죄, ③ 불법적 재화나 서비스의 거래, ④ 기타 범죄 등으로 분류한다.

폭력적 범죄란 인간에 대한 범죄다. 여기에는 살인·강간·폭행·강도 등이 포함된다. 재산에 대한 범죄는 사기·절도·횡령·위조(forgery), 방화, 건물 파괴(vandalism) 등이 해당된다. 불법적 재화나 서비스의 거래는 도박·마약·고리대금·매춘과 같은 것이다. 기타 범죄에는 위자료나 부양비(alimony)의 미지불에서 속도 위반에 이르기까지 모든 사소한 범죄가 포함된다.

우리나라의 경우, 범죄는 크게 형법범과 특별법범으로 구분하고 형법범에는 살인·강도·강간·방화·절도·폭력·교통사범·지능범·풍속범·기타 형법범 등을 포함하며, 특별법범에는 도로교통법·향군법·부정수표단속법·민방위기본법·건축법·기타 법 위반 사범을 포함한다(경찰청, 1992: 118).

3 범죄의 원인

범죄활동은 여러 가지 원인에서 비롯되며 범죄 유형에 따라 그 원인도 다양하기 때문에 범죄의 원인을 명확히 나타낸다는 것은 매우 어려운 일이다. 범죄활동을 유발하는 경향이 있는 몇몇 광범한 요소를 살펴보면 그중 일부는 경제적인 이유이고 나머지는 다른 이유 때문에 발생한다. 범죄의 원인을 미시적 수준(개인적 수준)에서 바라보는 것은 개인의 도덕적 책임을 전제로 한다. 일부 학자는 범죄를 성격의 결함 기능이 아니라 정신적 혼란 기능으로 파악한다. 특히 사회생물학자들은 선천적인 유전적(genetic) 특성과 관련짓는다. 한편 거시적 수준(사회·경제적 수준)에서는 사회·경제적 빈곤, 아노미(anomie), 소외(alienation), 박탈감, 차별, 사회화 과정의 결함으로 파악한다. 이에 따라 미시적 수준의 법집행 정책은 개인에 초점을 맞춰 처벌, 개조 또는 교정 등을 적절한 대응책으로 사용하며 투옥(incarceration)에서 정신질환적 처치까지를 포함한다. 거시적 수준에서는 사회 그 자체가 책임이 있다고 판단된다.

1) 개인적 차원

밴필드(Edward C. Banfield)는 범죄의 원인으로서 개인에 초점을 둬 개인의 빈곤문화, 현재 지향성, 낮은 성취욕, 도덕적 무책임성 등을 지적한다(Banfield, 1974). 많은 폭력적 범죄에서 중요한 요소로서는 제어되지 않는 충동과 감정이 있다(Leftwich & Sharp, 1984: 132). 예를 들면 대부분의 살인은 살인자와 희생자 간에 깊이 자리 잡은 일종의 격한 감정에서 초래된다. 여기서 희생자는 부인, 남편, 여자 친구, 도박판에서 속이는 자 등이 될 수 있다. 살인자의 격앙된 감정 수준이 사회가 확립한 법과 양심의 제약을 무너뜨린다. 사실 살인자와 모르는 관계에 있는 사람이 희생되는 것은 거의 드문 경우다. 그리고 절도나 재화 및 서비스의 불법적 거래를 위한 출발로서 고도의 경제적·사회적 성취욕과 결합된 빈곤이 있다(Leftwich & Sharp, 1984: 132). 바람직한 사회적·경제적 목표를 합법적으로 달성하기가 어려운 사람들은 이를 불법적으로 달성하려고 추구한다. 더욱이 범죄행위로 기소되거나 구속됨으로써 초래되는 비용은 중·상류층보다 빈곤층이 훨씬 적다. 따라서 절도범 중에는 빈곤층이 많다.

2) 사회적 차원

한편 마르크스주의자인 카스텔스(Manuel Castells)는 횡령 등 사무직 범죄나 조직범죄를 제외한 대부분의 범죄는 가지지 못한 자가 자기 스스로 통제할 수 없는 광범위한 상황에 대해 반응하는 것으로 봤다(Castells, 1977). 그들에게는 체계적인 교육훈련의 기회가 결핍돼 있고 좋은 직업을 구하는 데 편견이 나타나고 복지적 혜택만으로는 생존할 수 없기 때문에 소득에 대한 보조 수단으로 범죄에 의존하게 된다. 자본주의는 이윤극대화가 지상명령이며 범죄가 주로 부유한 자의 이해를 보호하기 위한 측면에서 규정된다. 만약 누군가가 빈곤의 고통을 겪고 있다면 자본주의 체제가 이들에게 범죄를 범한 경우라고 볼 수 있지만, 이것은 범죄가 자행됐다고 인정되지 않는다. 그러나 만약 어떤 가난한 자가 다른 사람의 재산을 취했다면(특히 희생자가 사회적으로 중요한 사람일수록) 이는 범죄가 자행됐다고 믿게 된다. 따라서 단순히 범죄가 수행되는 방식만을 고려한다면, 부(富)와 권력이 대부분 소수의 수중에 있는 사회에서는 더 많은 박탈을 당한 계층에서 더 높은 범죄율이 예상된다.

그리고 사회의 가치 기준도 범죄 활동에 매우 결정적인데 소득세를 허위로 보고하거나, 고용주의 것을 훔치거나, 횡령, 도청(wiretapping), 사생활권 침해 등에 대한 사회적 태도는 범죄행위의 배경이 된다.

3) 공간적 차원

또한 뉴먼(Oscar Newman)은 공간적 관점에서 범죄의 원인을 규명했는데, 어떤 형태의 건물과 공간구조는 사회 참여를 고취함으로써 범죄를 저지하는 반면 어떤 건물과 공간구조는 반대의 효과를 나타낸다고 보고 있다(Newman, 1972). 고층 아파트 밀집 지역은 거주자들을 격리하고 익명성을 증가시키며 의사소통을 단절시키고 많은 비가시적 장소를 수반하기 때문에 범죄에 크게 노출된다. 한편 단독주택이나 소형 다세대 주택에서는 범죄가 감소될 수 있는데 적은 거주 단위에서는 밖이나 길에서의 만남의 기회가 증가하기 때문이다. 창문이나 문 등 주택의 설계도 중요한데 이는 사람들의 움직임과 활동 지역을 바라볼 수 있고 이는 자연적인 거리 감시의 역할을 한다. 따라서 주민들은 스스로 매일의 활동을 자연적으로 통제하는 역할을 수행하게 된다. 결국 주택의 설계는 '방어적 공간(defensive space)'이 되도록 하는 것이 바람직하다.

4 범죄 예방활동의 적정 수준

정부가 범죄 예방활동에 대해 지출할 수 있는 적정 수준은 무엇인가? 또한 각종 정부 활동과 지출의 범주에 대한 적정 수준은 무엇인가? 이러한 질문에 대한 답으로서 비용·편익분석(cost-benefit analysis)이 사용될 수 있다. 여기서 정부활동으로부터의 비용의 증가가 편익을 초과하기 시작하는 수준을 찾으면 된다. 이러한 문제에 대한 틀이 〈표 20-1〉에 제시돼 있다.

표 20-1 범죄 예방에 소요되는 비용과 추정된 편익 (단위: 10만 원)

(1) 매년 범죄 예방 단위	(2) 총 편익	(3) 한계 편익	(4) 총 비용	(5) 한계 비용	(6) 총 순편익
1	200	200	60	60	140
2	380	180	120	60	260
3	540	160	180	60	360
4	680	140	240	60	440
5	800	120	300	60	500
6	900	100	360	60	540
7	980	80	420	60	560
8	1,040	60	480	60	560
9	1,080	40	540	60	540
10	1,110	20	600	60	500

자료: Leftwich & Sharp(1984: 138).

가령 어느 한 도시의 연간 여러 수준에서의 범죄 예방의 비용과 편익이 완전히 조사돼 그 추정치가 앞의 〈표 20-1〉의 칼럼 (1), (2), (4)에 제시돼 있다고 가정하자. 여기서 범죄 예방의 한 '단위'란 모호한 개념인데, 경찰 인력 · 순찰차 · 법원 · 재판 · 교도소 등을 포함하고 있다.

이 도시의 범죄 예방에 소요되는 비용은 조세를 통해 마련된다고 가정한다. 경제적 비용이란 기회비용의 개념인데, 만약 범죄 예방활동에 사용된 자원이 다른 활동에 사용됐더라면 가져왔을 재화와 서비스의 가치다. 범죄 예방 편익은 범죄 예방이 시민에게 미치는 생활의 질을 향상시키는 최적 추정치인데, 이에는 강간 · 폭행 · 살인 등을 당하지 않은 결과로 일할 수 있는 추가 시간의 가치, 파괴되거나 도난당하지 않은 재산 가치, 개인의 심리적 안정감 증진 가치 등이 모두 포함된다. 분명한 것은 비용보다 편익을 추정하는 작업이 훨씬 더 어렵다는 사실이다. 사실 비용 · 편익분석에서 가장 어렵고 논쟁이 되는 문제의 부분은 여러 가지 범죄 예방활동에서 생겨나는 편익을 추정하는 것이다.

만약 비용과 편익이 알려져 〈표 20-1〉에서 제시된 것과 같다면 범죄 예방의 적절한 수준을 결정하는 일은 매우 간단하다. 제일 먼저 범죄 예방활동을 전혀 하지 않을 것인가, 아니면 한 단위의 활동이 바람직한가 하는 것을 고려해 볼 것이다. 〈표 20-1〉에 따르면, 한 단위의 범죄 예방을 할 경우 그 지역 시민에게 2천만 원의 편익을 가져오고 거기에 소요되는 비용은 6백만 원이 된다. 분명한 것은 범죄 예방활동을 전혀 하지 않는 것보다 한 단위 하는 것이 훨씬 더 유리하다는 점이다. 이 경우 순편익(총편익에서 총비용을 제함)은 1,400만 원이다. 이제 범죄 예방활동의 한 단위와 두 단위를 비교해 보자. 두 단위의 경우 총편익은 3,800만 원이다. 그러나 여기서 살펴볼 점은 한 단위에서 두 단위로 증가시킬 때 총편익의 증가는 1,800만 원인데, 이는 범죄 예방활동이 전혀 없는 상태에서 범죄 예방활동을 한 단위 증가시킴으로써 생겨나는 총편익의 증가보다 다소 적은 액수이다. 범죄 예방활동의 양적인 측면에서 한 단위 증가로부터 발생하는 편익의 증가는 범죄 예방의 한계편익(marginal benefit)이라고 불린다. 범죄 예방활동 단위의 수가 증가하면 할수록 한계편익은 감소하게 된다. 왜냐하면 활동 단위가 증가하게 될 때 개별 증가분은 가장 심각한 범죄를 예방하는 데 차례대로 사용될 것이기 때문이다. 즉, 더 많은 단위의 범죄 예방활동이 사용되면 될수록 점차 덜 심각한 범죄에 적용될 것이고, 그렇게 되면 각 한 단위 증가로 얻게 되는 편익의 증가도 점차 감소하게 될 것이기 때문이다.

사례 지역에서는 범죄 예방활동을 한 단위에서 두 단위로 증가시키게 되는데, 그 이유는 두 번째 단위에서 발생하는 한계편익이 한계비용(marginal cost)을 초과하기 때문이다. 범죄 예방활동의 한계비용은 한계편익이 정의된 것처럼 정의되는데, 이는 범죄 예방

활동 한 단위 증가에서 발생하는 총비용의 증가다. 〈표 20-1〉에서 범죄 예방활동의 한계비용은 일정한 것으로 가정했다.

동일한 논리에 따라 그 지역은 범죄 예방활동을 셋, 넷, 다섯, 여섯, 일곱 단위를 사용하는 것이 더 유리하다고 결정을 내릴 수 있다. 이러한 각 증가의 경우 한계편익은 한계비용보다 더 크다. 즉, 각각의 경우 총편익의 증가가 총비용의 증가보다 더 크다. 그러므로 각 경우 총순편익의 증가가 발생하게 된다. 총순편익은 일곱 단위 수준에서 5,600만 원으로 최고치에 달하게 된다. 만약 범죄 예방활동 수준을 여덟 단위로 증가시키면 나쁠 것은 없다. 한계편익이 한계비용과 동일하고 총순편익의 변화는 없다. 그러나 만약 수준을 아홉 단위까지 증가시키면 총 순편익은 5,400만 원으로 감소하게 된다.

도시정부의 시민으로서 정부의 범죄 예방이나 그 밖의 활동에서 적정 수준을 결정하는 것이 얼마나 중요한가 하는 논리를 이해해야 한다. 그것은 매우 단순하면서도 중요하며, 그렇지만 일반적으로 간과해 오고 있는 것이다. 만약 정부활동 수준의 적은 증가가 이에 수반하는 추가적 비용보다 추가적 편익이 더 큰 경우 그 활동은 확대돼야 한다. 한편 그 활동 증가의 한계편익이 한계비용보다 더 적다면 그 활동은 축소해야 한다. 요약하면 적정 수준은 한계편익이 한계비용과 일치하는 수준이다.

그러한 경제적 분석은 증가하는 범죄율을 다룰 때 무엇을 해야 하는가를 제시해 준다. 만약 범죄 예방활동이 추진돼 예방활동의 증가 비용이 그로 인해 실현된 편익보다 적다면 범죄 예방활동은 증진해야만 한다. 만약 그렇게 하지 않는다면 이는 비합리적이 된다. 그러나 범죄 예방 한 단위에 소요되는 비용이 편익보다 크다면 현 수준에서의 범죄 예방활동으로 범죄를 저지하려는 시도는 비합리적이다.

그런데 이와 같은 범죄 예방활동의 경제적 분석은 매우 중요하기는 하지만 범죄의 모든 부분을 설명해 주는 것은 아니다. 예를 들면 다음과 같은 질문에는 해답을 주지 못한다. 우선 무엇이 범죄를 유발하는가? 무엇이 어린이들로 하여금 비행 청소년이 되게 하고 이들이 자라서 범죄자가 되게 하는가? 무엇이 성인들로 하여금 범죄를 범하게 하는가? 범죄자들을 교정(rehabilitated)할 수 있는가? 아니면 단지 처벌만 해야 하는가? 이러한 질문들과, 그리고 많은 다른 질문은 그 속성상 심리적 · 사회적, 그리고 심지어 정치적인 것이다.

5 범죄 예방 예산의 배분

여러 종류의 범죄 예방활동 중 어느 것이 능률적인가를 판정하는 데 경제적 분석이 유용하다. 정부의 범죄 예방 예산 중에서 경찰에 어느 정도를 할당해야만 하는가? 법원, 판사, 검찰에는 어느 정도를 할당할 것인가? 교정, 재활, 처벌을 위해서는 어느 정도 할당할 것인가? 범죄 혐의자를 기소할 적절한 법원 시설이 없다면 그들을 수사하거나 구속하는 것은 거의 가치가 없을 것이다. 구속된 사람을 기소하거나 판결을 내리는 것은 적절한 교정 또는 처벌 체제를 전제로 한다. 범죄 예방의 어떤 단일의 측면도 다른 측면에서 지원해 주지 않는다면 효율적으로 기여할 수 없다.

여러 범죄 예방활동 간의 가장 능률적인 예산 배분 방법은 경제학자들이 흔히 언급하는 한계효용 균등의 원칙을 적용할 수 있다. 범죄 예방 예산은 경찰·법원·교도소 등에 배분해야 하는데, 이때 어느 한 유형에 소비된 마지막 화폐가치의 효용은 다른 유형의 한계효용과 동일하게 범죄 예방의 편익을 가져와야 한다. 다른 말로 표현하면 경찰활동에 사용된 화폐가치의 한계편익이 전반적인 범죄 저지에 사용된 교정활동의 화폐가치와 법원 활동의 화폐가치의 한계편익과 동일해야 한다.

하나의 예를 들어 범죄 예방 체제가 수사와 구속 분야에 비교적 과중하게 치중돼 있다고 가정해 보자. 법원은 구속되는 모든 사람을 처리할 수 없어 그들 중 상당수는 기소(trial) 없이 석방되거나 청원 협상(plea bargaining)의 경우 저질렀던 범죄보다 훨씬 더 적은 수의 범죄에만 처벌 판결이 내려진다. 단순한 구속 사실이 어느 정도 범죄 저지 효과가 있지만 구속된 사람들을 기소할 충분한 법원 시설이 있는 경우에 비해 훨씬 효과가 미흡하게 된다. 이러한 경우 경찰활동에 투입된 추가적 화폐가치가 범죄 예방에 기여하는 정도는 매우 낮다. 그리고 이 경우 법원 시설을 확장하게 되면 구속된 자들의 기소와 선고(conviction)의 가능성을 증가시킬 것이다. 그러한 확장에 투입된 화폐가치의 범죄 저지 효과는 수사, 구속, 구속된 자들의 결과적인 석방 등에 투입된 화폐가치의 효과보다 더 클 것이라고 기대할 수 있다.

가령 예를 들어 경찰활동에서 100원을 빼내게 되면 그 지역사회에 75원의 손실을 가져오는 범죄 증가가 발생한다고 하자. 또한 만약 법원 활동이 100원만큼 증진된다면 그 증가된 활동은 범죄를 저지해 그 지역사회에 300원만큼 더 나은 생활 상태를 가져온다고 하자. 이러한 조건하에서 그 지역사회는 경찰활동에서 100원을 빼내어 법원 활동에 투입한다면 225원의 순편익을 경험하게 될 것이다. 그러한 순편익은 경찰활동 간의 화폐 이전에서는 발생되지 않지만 어떤 한 활동에 사용된 화폐의 한계편익이 다른 종류의 활동 중 어느 하나에 사용된 화폐의 한계편익보다 적을 때 경찰활동, 법원 활동, 교정활동 간의 화폐 이전에서는 발생이 가능하다. 결국 범죄 예방 예산은 어느 한 종류의 활동 중 어느 것에 사용된 화폐의 한계편익과도 균등하게 배분되면 더 이상의 순편익은 발생하지 않게 된다.

제2절 도시경찰

1 도시범죄와 경찰

경찰에 대해 일반 국민은 매우 상반된 태도를 보이고 있다. 극단의 한쪽은 매우 우호적이며 심지어 영웅시하기도 하고, 다른 극단은 증오하며 두렵기조차 한 존재로 여기기도 한다. 일부 사람에게는 이들이 폭력적이며 무법적 요소로부터 시민을 보호해 주는 보호막이 되고, 일부 사람들에게는 성가시고 적대적으로 여겨지며 법집행보다는 자신들의 복지나 권력에 더 관심을 쏟고 있는 존재로 여겨진다. 물론 경찰의 행태(behavior) 그 자체도 매우 다양하다. 이들의 행태는 지역에 따라, 개인에 따라, 특히 상황에 따라 달라질 수 있다.

많은 시민이 경찰 행태에 대해 비판적이지만 그들의 존재 자체나 그 가치에 대해서는 의문을 품고 있지 않다. 때때로 시민은 경찰의 순찰활동 빈도가 적다거나 그들이 행사하는 권력이 너무 과다하다고 불평한다. 물론 경찰에 대한 시민의 감정은 복합적이고 가변적이지만 확실히 대부분의 시민은 경찰의 권력 남용에 대해 우려를 나타내고 있고, 경찰의 권력은 여전히 논쟁의 대상이 되고 있다. 더욱이 빈번하게 발생하는 경찰의 부패 스캔들은 경찰행위의 정직성(integrity)에 대한 의심을 불러일으키기에 충분하다. 모든 시민은 경찰에 대해 상반된 기대를 보이고 있다. 즉, 한편으로는 그들이 공정하고 편파적이 되지 않을 것을 원하면서도 다른 한편으로는 그들이 친절하고 엄하지 않기를 바라고 있다. 적당한 행위의 경계선이 분명하게 그려지지 않고 있다. 우리가 처하고 있는 도시사회는 말로는 법과 도덕성을 매우 강조하지만 실제로는 범법(犯法)이 널리 퍼져 있다. 경찰의 업무가 위선적이고 이중 기준을 보이며 기타 인간성 상실 등으로 인해 그들 자신도 냉소적인 경우가 적지 않다.

경찰의 행태가 공공의 관심사가 되면서 경찰 스스로도 이 문제에 민감한 반응을 보여 왔다. 그들은 주위에서 포위당해 공격받는 소수의 표적물로 인식되는 경우가 적지 않다. 경찰 행위가 시민들뿐만 아니라 경찰 자신에게도 미묘한 감정적 이슈가 됐기 때문에 경찰 업무와 경찰 행위에 대한 영향을 이해할 필요가 있다.

2 경찰 업무의 속성

범죄는 모든 계층에서 발생하지만 경찰활동은 저소득 계층의 범죄에 초점을 맞춘다. 따라서 경찰의 비행(非行)과 난폭성도 주로 이들과의 관계에서 많이 발생하게 된다. 경찰 업무의 속성, 즉 경찰이 자신들의 업무를 수행하는 방법과 내용을 살펴보기 위해 다음과 같은 세 가지 요소에 초점을 맞춘다. 즉, ① 개인적 재량권, ② 권위의 유지, ③ 관료제적 상황에서의 업무 활동 등이다(Stone, Whelan, & Murin, 1986: 294-296).[2]

1) 개인적 재량권

영화나 텔레비전에서의 경찰 생활의 역동성과는 달리 실제 경찰의 업무는 의례적이고 따분하며 많은 서류 업무와 보고서 작성 업무에 시달린다. 경찰 생활에서 도전이 되는 경우는 문제를 해결하는 방법에 대해 판단해야 할 때다. 경찰 업무는 보통 한가로운 것이기도 하지만 위험하기도 하다. 대상자의 행동에 따라 반응을 해야 하며, 개인적 안전을 항상 염두에 둬야 한다. 얼마나 많은 강제력을 언제 사용해야 하는가?

경찰의 법집행 그 자체가 끊임없는 판단의 연속이다. 술에 만취해 행패를 부리려는 사람을 감금할 것인가? 아니면 집으로 보낼 것인가? 거칠고 위협적인 10대 소년들을 구속할 것인가? 아니면 방관할 것인가? 심한 싸움을 벌이는 가족 또는 이웃에 대해 단순히 중재할 것인가? 아니면 구속할 것인가? 특히 법률 규정이 지역사회의 규범과 상이할 경우 그러한 규정을 엄격히 집행할 것인가? 대부분의 시민은 경찰이 법을 덜 엄하게 집행한다고 생각한다. 어떻든 경찰은 구속 외에도 질서 회복을 위한 중재나 단순한 경고를 할 수도 있고, 또한 완전히 무시할 수도 있다. 요약하면, 경찰 업무의 핵심은 재량이다. 언제, 어느 정도 법을 집행할 것인가? 즉, 언제, 어떻게, 어느 정도 권위를 행사할 것인가? 사실 경찰은 자신들이 대하게 되는 모든 범법자를 구속할 수는 없는 것이기 때문에 판단을 해야만 한다. 경찰조직은 사실 독특한 조직인데 재량이 조직 계층을 따라 아래로 내려갈수록 증가한다(Wilson, 1968: 7).

2) 권위의 유지

경찰의 업무에서 개인적 판단이 중요한 요소임에 틀림없지만 권위도 매우 중요한 요소다. 경찰이 행사하는 궁극적 권위는 강압적인 것이다. 경찰의 활동이 아무리 어린이나

---

2) 김병섭(1995: 453-455)은 경찰공무원의 심리적 탈진과 관련해서 경찰 업무의 특성으로 ① 다루기 어려운 업무, ② 과다한 업무, ③ 역할의 갈등, ④ 역할의 모호성 등을 지적했다.

노약자의 도로 횡단을 돕거나, 길 잃은 운전자에게 길을 가르쳐 주거나, 사고로 부상당한 환자를 병원으로 후송시켜 주는 것이 빈번하다 할지라도 역시 경찰 배지의 상징은 국가의 강압적 권위다. 명백한 현실은 경찰은 개인의 자유를 억압할 법적 권력을 가지고 있다는 점이다. 따라서 법 앞에서 완전히 무죄인 경우는 많지 않기 때문에 대부분의 시민은 경찰 권위의 존재 앞에서는 적어도 다소 불안을 느낀다.

경찰은 복종이라는 것이 불확실한 상황에서 자신들의 권위를 행사한다. 이의 극단적인 경우가 구속 거부다. 경찰이 직면하는 빈번한 문제는 확고하게 정립되지 않은 상태에서 통제를 가하는 것이다. 경찰은 개입할 정당한 권리를 반드시 확립해야만 한다. 경찰은 전화로 받은 요청에 따라 자문을 해야 할 때도 있다. 그들의 권위가 인정됐을지 모르지만 아직 저항에 직면할 수 있으며, 일부 사람들에게는 심지어 혐오의 대상이 되기도 한다. 그들은 강제력을 사용할 수 있지만 그 강제력의 사용이 갈등을 오히려 상승시킬지도 모른다. 종종 그들의 개입은 다른 대안적 방법이 없기 때문에 최종적인 방법이 될 수 있다. 그들은 제복과 배지, 곤봉과 권총으로 상징되는 강제력의 과시, 국가의 강압적 권위를 지니고 있다. 그러나 그들 활동의 성공을 위한 진정한 열쇠는 자신들의 능력을 권위적인 방법으로 사용하는 데 달려 있다.

경찰은 불확실하고 심지어 위험한 상황에서 활동을 수행하기 때문에 권위를 유지하는 것이 중요한 관건이 된다. 이해할 수 있듯이 경찰은 존경을 기대하지만 실제로는 위협을 느끼고 불신과 불경의 대상이 되기도 한다. 그리하여 그들은 여하한 경우라도 체면을 손상시키는 행위에 대해 단호하게 행동하려는 경향을 보인다.

경찰은 시민들이 불경스러운 태도를 나타낸다고 느낄 때에 과도한 강제력을 사용하기도 한다. 사실 경찰의 물리적 강제력이 불경스러운 시민에게 처벌을 줄 수 있는 유일한 방법은 아니다. 그 밖에도 경찰은 모욕적인 언사나 위협적인 말, 불편한 언행을 사용할 수 있다. 비록 경찰이 이러한 태도를 보이지 말라는 명령을 받아도 그들은 그러한 명령을 무시하거나, 아니면 그러한 상황 자체에서 벗어나 있으려는 경향이 있다. 경찰은 딜레마에 직면한다. 누군가에게 명령을 하면서 동시에 정중한 태도를 보이기 어려우며, 그러한 정중하지 않은 태도는 분명히 원성을 듣게 된다. 한편 거친 언행은 강제력을 사용하는 데 더 선호된다. 경찰은 자신의 관할구역에서 통제를 행하기 위해 다양한 종류의 권위를 행사하려 한다.

3) 관료제적 상황

경찰은 엄격한 계층제적 또는 명령지휘 구조에서 업무를 수행한다. 규율과 복종은 경찰조직의 오래된 관습이다. 심지어 순찰구역에서 순찰을 도는 경찰이 본부로부터 감시의 눈을 벗어나 많은 시간을 보내지만 그들은 여전히 명백한 명령 연쇄 체계 내에 있으며, 그들의 의무도 그러한 명령구조에 의해 규정이 된다. 그들에 대한 보상이나 승진은 상관에 의해 통제된다.

경찰은 자신들의 업무를 관료제적 상황 내에서 수행하지만 동시에 자신들을 관료제적 유형에 엄격히 일치시키지는 않는다. 전통적으로 경찰의 업무는 기술성을 지닌다. 경찰관은 자신들의 업무에 대해 공식적 편람이나 지시, 또는 훈련 과정보다는 다른 경찰관으로부터의 업무 경험에서 더 많은 것을 배운다. 더욱이 경찰관은 상황을 처리하기 위한 자신들의 판단과 능력에 자신감을 가질 것을 배운다. 따라서 그들은 부서의 규제를 매우 회의적으로 바라본다. 만약 그들이 안내 지침이 필요하다고 느낀다면 상관에 의해 확립된 규칙보다는 동료 경찰관에게 더 의존적일 것이다. 그들은 심지어 상관이 규칙과 절차를 상황에 맞추기를 기대한다.

그러나 최근 새로운 움직임이 나타나고 있다. 한편으로는 개인적 독립성과 동료에 대한 충성심의 기술적 전통(craft tradition)이 있지만, 또 다른 한편으로는 발달된 현대기술과 관료제적 추진력이 엄격한 계층제적 통제를 강화하고 있다. 순찰경찰은 배차계(dispatcher)로 계속 접촉이 이뤄진다. 그들은 정기적으로 통신을 보내야 하고 자신들의 정확한 위치를 알려야 한다. 그리고 뉴욕의 경우 경찰은 지점 점검(spot checks)을 받아야 하는데, 이는 경찰이 근무일지에 기입해야 하며, 그것을 현장 통솔자에게 입증해야 한다. 보고 기록은 경찰 의무 가운데 큰 비중을 차지한다. 경찰은 현대적 자료 처리 기법으로 계량적 수치에 입각한 성과 기준에 점차 자신들을 맞춰 가고 있다.

3 경찰의 특성

경찰관은 매우 다양한 배경을 지니고 있기 때문에 그들의 특성을 일률적으로 말하기란 쉽지 않다. 그러나 그들의 행위에는 다음과 같은 어떤 일관성이 발견되기도 한다.

1) 냉소주의

우선 경찰관은 인간 본성에 대해 비관적 견해를 가지고 있다. 그들이 다루는 업무는 범죄, 무질서, 폭력, 싸움, 사기, 절도, 적대감 등이다. 그들은 인간이 법을 지키는 것은 단순히 구속될 것이라는 두려움에서라고 생각한다.

또한 경찰은 법집행을 위한 공공의 지지(public support)에 대해 냉소적이다. 경찰이 업무를 수행하는 데 커다란 장애 요인 중 하나는 공공의 지지 결함이다. 따라서 경찰은 비우호적이고 비협조적인 환경에서 업무를 수행한다고 느끼고 있다.

또한 경찰은 자신들의 부서 운영에 대해서도 냉소적이다. 경찰행정에 정치적 간섭이 심하다고 지적받고 있으며, 승진이나 다른 보상이 공정한 실적에 기초하기보다는 주관적인 판단이나 이권에 입각하는 경우가 많다고 여긴다.

경찰관이 처음 임용될 때나 자신이 교육을 받을 때 강조받았던 민중의 지팡이, 친절한 봉사, 깨끗한 경찰 업무 등의 이상과 정의감은 업무를 수행해 감에 따라 이미 내려오는 많은 관행과 부딪치게 된다. 경찰은 여러 가지 형태의 부패 때문에 압박을 받게 되고, 부서 배치와 승진이 조직 내 영향력 있는 사람에 의해 좌우된다는 것을 알게 된다. 그들은 일종의 계약에 대해 배우게 되는데, 이는 은혜에 보답해 주는 필요성과 여러 가지 상호 의무감 또는 고려에 익숙해지는 것이다.

2) 강압성

경찰 업무는 그 속성상 권위를 과시하거나 유지하는 것과 밀접히 관련돼 있다. 그들은 자신의 상대가 그들에 대해 단지 강압성만을 인식하고 있다고 생각한다. 그들은 또한 여러 유형의 권위주의와도 밀접한 관련이 있다. 그들은 자신의 상대에게 거칠게 대하는 데 매우 익숙해져 있다.

3) 정치적 보수성

경찰은 또한 이념적으로 강한 보수적 성향을 보인다. 그들은 좌익단체에 대해 매우 적대적이며 우익단체에 대해서는 오히려 매우 우호적인 태도를 보인다. 이와 관련해 그들은 변화보다는 안정을 선호한다.

4) 편향적 태도

경찰은 상위 사회 계층에 있거나 부유층, 특권층에 대해서는 매우 우호적인 태도를 보이는 반면, 저소득층·빈곤층·저학력층에 대해서는 매우 사무적이거나 동정적이지 못한 경우가 많다.

5) 비밀주의

경찰관은 일반적으로 조직 내부 지향적이며 외부에 대해서는 비밀주의를 견지한다. 대부분의 경찰관은 자신들의 업무에 관해 외부인과 이야기하기를 꺼린다. 심지어 경찰 업무에 관해 외부인과 이야기하는 것을 제한하는 공식적인 정책을 가지기도 한다. 사회적 개체로서 경찰관은 시민과 접촉을 주저하는 반면 다른 경찰관들과는 친구가 되는 경향이 있다. 시민들은 비록 경찰관이 업무 수행 중이 아니더라도 그들이 주위에 있으면 불편한 느낌을 가진다.

6) 강한 응집력

경찰관은 종종 외부와 고립에 직면하게 되지만 이와 반대로 내부적 응집력은 매우 강한 것이 특징이다. 일반적으로 그들은 서로에 대해 비판을 하지 않으며, 특히 시민들 앞에서는 더욱 그러하다. 경찰관은 서로가 매우 두터운 동료애를 느끼며 서로 도움이 필요할 때 최선을 다해 도와준다. 이는 경찰 업무의 특성에서도 기인하는 것인데, 경찰 업무란 본질적으로 많은 위험성을 안고 있기 때문에 이러한 위험성이 그들을 단합하게 하기도 한다. 경찰관은 상호 보호와 단체행동이 특히 두드러진다. 경찰의 응집력은 수평적으로뿐만 아니라 수직적으로도 매우 강하기 때문에 외부에서 이들을 통제하기가 그만큼 어려워진다.

4 경찰 행태의 근원

만약 다른 조직과 구분되는 경찰의 독특한 행태가 존재한다면 이러한 행태가 어떻게, 왜 발생하는가? 경찰 업무가 주의를 끄는 특별한 성격 유형이 있는가, 또는 업무의 압력이 경찰 행위와 태도를 결정짓는 요소인가?

1) 내부적 성격

권위주의적 성격 유형은 다음과 같은 자질과 밀접한 관련이 있다. 즉, 권력에 대한 관심, 거칠음, 편견, 고정관념, 선과 악에 대한 단호함, 냉소주의, 공격성, 전통성, 극단정치의 지지 등이다. 이러한 자질은 일반적으로 경찰에 나타나는 것이므로 경찰 업무가 권위주의 유형을 조장한다고 주장돼 왔다. 한편 업무에 대한 압박은 매우 강력하고 이는 그들의 성격 유형에 영향을 미치기에 충분하다고 여겨졌다.

경찰 업무는 전통적으로 저소득 계층의 남성에게 매력적이었다. 의심할 바 없이 이러한 충원 배경이 경찰 행태에 나타난다. 따라서 경찰이 사용하는 언어는 대부분 거칠고 편견과 고정관념이 지배적이다. 경찰의 업무 유형도 경찰관 자신에 대한 존경심 유지와 과시를 요구하며 이는 경찰 행태에 그대로 나타난다. 물론 경찰은 충원 후 교육훈련을 통해 자신들의 행태 유형을 변화시킬 것을 강요받지만, 이미 심리적으로 깊이 자리 잡은 행태가 쉽게 변화하지는 않는다. 그리고 최근 대학 졸업자가 많이 충원돼 그러한 행태 변화의 분위기를 조성하지만 여전히 행태 변화가 단기간에 용이하게 이뤄지지는 않는다. 왜냐하면 조직이 오랫동안 유지해 온 조직문화가 하루아침에 바뀌지는 않기 때문이다.

그러나 실제 경찰 업무가 권위주의적 성격을 가져온다는 명백한 증거는 없다. 오히려 최근 경찰의 충원은 심리적으로 안정돼 있고 유능한 사람을 많이 포함하고 있다. 경찰은 권력에 대한 관심이나 전투적인 기회의 모색보다는 보수와 퇴직과 관련된 안정된 직업을 유지하는 데 주로 관심을 나타낸다.

2) 업무 상황

업무 상황으로부터 초래되는 외부적인 압력이 경찰 행태에 큰 영향을 미치는 또 다른 요인이다. 경찰의 업무는 위험성, 적절한 역할에 대한 높은 불확실성, 냉소주의 등으로 인해 자연히 권위주의적 색채를 보이게 만든다. 최근에는 사회 변화의 속도가 가속화함에 따라 경찰 업무는 전통적인 것에서 탈피해야 하는 것으로 커다란 압박을 받게 된다. 이러한 압박은 경찰에게 불안감을 가중시키고 새로운 불확실성의 증대를 가져와 그들로 하여금 더욱 방어적이 되게 한다.

요약해 보면, 경찰은 전통적인 특질인 불신, 의심, 최악의 상태 예상, 방어 등으로 인해 세상을 냉소적으로 보며 위선적이라고도 생각한다. 경찰 업무의 본질은 범죄 퇴치와 강제력 사용이며, 그들의 고객은 그들에게 만족의 대상이 아니라 좌절의 원천이다. 경찰이 범죄 관련 업무를 처리할 때 갈등을 겪게 되는데, 그 이유는 그들이 교과서식 훈련에서는 적법 절차, 높은 시민성, 강제력 사용 억제 등을 교육받지만 실제 업무 상황에서는 이와 다른 방향으로 나아가게 된다.[3] 그들은 실제 상황에서 업무의 효율성이 가장 중요시되며 그들에 대한 평가도 구속률과 같은 업적에 따라 이뤄진다. 그들에게는 또한 범죄 예방을 잘 못한다는 비난과 그들의 업무활동에 대한 사법적 제약의 증가가 동시에 가해져 이는 그들의 좌절감을 배가시킨다. 그들에 대한 요구가 어떠하든 그들은 적법 절차와 같은 추상적 원칙에 비중을 두기보다는 실제적 경험이나 개인적 판단에 더 의존하게 된다.

3) 이러한 현상을 사회학자 스콜니크(Jerome Skolnick)는 "개인적 정의에 대한 사회적 통제"라고 불렀다(Skolnick, 1966: 182).

5 경찰 업무와 역할

1) 경찰의 업무

경찰 기능의 수행 시에 나타나는 특징은 업무의 모호성과 재량의 정도인데, 이들은 상호 강화 관계(mutual reenforcing)에 있다. 경찰의 전문직업화는 대학 졸업자, 더 많은 공식적 교육훈련, 더 엄격한 행위 기준 등을 의미한다.

경찰 업무와 관련한 두 가지 경쟁적 가치로서 관료주의와 전문직업주의를 들 수 있다. 일부 문제는 경찰관이 규칙을 준수하지 않는 것으로 인식해 그들의 행동이 요구되는 때와 요구되지 않는 때, 근거 없는 구속 등에 의문을 제기한다. 이에 대한 처방책으로 경찰을 더 명백한 규칙에 복종시키는 관료주의화를 주장했다. 또한 이러한 규칙을 법원이나 다른 비경찰기관에 의해 검토하게 하고 가능한 한 재량을 감소시키는 것을 주장했다.

이는 정치적 개혁의 결과로서 강조되는데, 경찰관이 할 수 있는 재량의 크기를 축소함으로써 부패를 감소시키고, 효율성을 강조(가능한 한 적은 인원으로 가능한 한 많은 구속을 함)했다. 경찰의 능력을 그의 구속률로 평가하면서 법집행의 목적(활기찬 경찰활동, 높은 구속률, 집중적 순찰 등)을 강조했다.

최근 전통적 경찰상에 대한 비판으로 민주경찰상(民主警察像)에 대한 논의가 진전되고 있다. 이와 관련해 그들의 전문직업주의(professionalism)가 거론된다. 이는 고도의 공식적 훈련과 더욱 강력한 중앙집권적 관리통제를 의미한다. 더 많은 규칙, 더 많은 보고, 더 많은 내부통제, 업무 절차의 표준화, 개인적 재량의 축소, 중앙집중식 배치 등이 이들에게 요구되고 있다. 전문직업주의로서 경찰관은 구속률에 따라 객관적인 평가를 하지 않고 좋은 지역사회 관계를 유지하거나 창출해 내는 것을 강조한다. 역할에 대한 거시적 견해, 창안성, 독립성 강조, 평온한 순찰과 상황의 평온한 처리가 강조된다. 그러나 더 좋은 사람을 충원하기 위해 봉급 인상, 대대적인 충원 광고, 대학 졸업자에 호소하는 것의 제약점은 중산층, 고등교육 수혜자가 더 좋은 경찰관이 되리라는 것이 분명치 않다는 점과 이들이 경찰이라는 직업을 매력적인 것으로 계속 추구하려고 할 것인지도 의문이다.

순찰경관은 관료도 아니고 전문직업인도 아니다. 그들은 일종의 기술자에 해당한다. 대부분의 기술자처럼 그들은 일반화된 필기 지식을 가지고 있는 것도 아니고 구체적인 행동지침을 가지고 있는 것도 아니다. 요약하면, 이론도 없고 규칙도 없는 것이다. 기술을 배우는 것은 학문에서가 아니라 현장에서의 도제(徒弟) 방식을 통해서다. 도제들이 존경하는 주된 집단은 예의 주시하는 감독자나 동일 분야의 구성원이 아니라 현장에서의 동료들이다. 특수한 기술 또는 과업을 가졌다고 의식하는 기술자 구성원으로서 그들은 스스로를 사회와 분리돼 있고 경험을 통해서만 배울 수 있는 기술의 소유자로 생각하며 자신들의 직업으로의 진입에 제한을 가해야 할 필요성이 있다고 생각한다. 그러나 다른 종류의 기술자(목수나 신문기자)와는 달리 그들은 용이하게 판단되지 않는 가치의 서비스를 공급하기 위해 흔히 적대적인 환경 속에서 업무를 수행한다.

2) 경찰의 역할

경찰의 역할을 구체적으로 살펴보면 다음과 같다(Wilson, 1968: 18).[4)]

첫째, 법집행이다. 경찰은 행정부 소속기관으로서 입법부가 제정한 법을 집행하는 전형적인 법집행기관이다. 경찰의 법집행은 특히 사법부와도 관계가 밀접한데, 어떻게 보면 경찰은 입법부와 사법부를 연결짓는 고리 역할을 수행한다고 볼 수 있다.

둘째, 치안 유지다. 이는 질서 유지 또는 평화 유지라고도 불린다. 전통적으로 이에 대한 인식이 가장 낮았고, 이러한 역할에 대해 많은 논쟁이 있었다. 평화 유지를 요구하는 상황이 때로는 법의 한계를 넘어서기도 한다. 특히 법규정이 모호할 때 그러하다. 치안 유지에는 종종 공공 평온(serenity)의 파괴를 포함하며 대부분 두 당사자를 포함(다투는 배우자, 다투는 이웃, 유흥가 안팎의 사람들)한다. 경찰관은 법을 집행한다는 관점에서가 아니라 사건을 처리한다는 관점에서 질서를 위협하는 사건에 접근한다.

셋째, 서비스(지역사회 관계: 시민 또는 학교 일, 청소년 클럽 프로그램 등)의 제공이다. 미국의 경우 중산층 이상의 백인 교외 지역에서 특히 강조되다가 점차 미국의 모든 지방정부가 이러한 서비스 기능을 강조하고 있다. 그리고 이를 위해 경찰 인력의 고학력화, 고임금, 높은 도덕성이 요구된다.

6 경찰정책의 이슈

1) 효율성

이는 예산 지출과 관련이 있는 것인데, 일정 수준의 지출로 범죄 감소율을 극대화하

---

4) 마르크스(Gary T. Marx)는 경찰의 역할을 다음과 같이 여덟 가지로 구분했다(Marx, 1978: 16). 첫째, 범죄자의 범죄행위를 발견하고 저지한다. 둘째, 범죄의 발생 가능성을 줄인다. 셋째, 지역 주민의 안전을 유지하고 높인다. 넷째, 헌법이 보장한 시민의 자유와 권리를 보호한다. 다섯째, 원활한 교통 소통을 돕는다. 여섯째, 자립할 수 없는 의탁자를 도와준다. 일곱째, 위험 가능성을 줄인다. 여덟째, 긴급구호 서비스를 제공한다(정윤수, 1995: 398).

거나 일정 수준의 범죄 통제를 위해 지출을 극소화하는 것이다. 효율성과 관련해 함께 고려해야 될 요소로는 경찰 규모의 증가와 활동 수준 등이 포함된다.

2) 안전 유지의 유형

공공 안전의 일차적 책임은 시민에게 있다. 개인이나 기업에 의한 민간 치안비용이 증가하고 있다. 정부 프로그램은 시민의 범죄 대책을 보조하고, 용이한 이주, 주택 건설 때 적절한 안전 기준, 도로 조명, 경보 체계 등을 포함한다. 일차적으로 강조되는 것은 시민의 자기 방어인데, 시민은 범죄를 피하기 위해 특정 지역에서 이사를 가거나 범인이 범죄를 시도하려 할 경우 비용의 잠재적 가능성을 증가시킬 수 있다. 즉, 시민은 잠재적 범인이 훔치기 더 어렵게 만들거나 건물 침입을 더 어렵게 만들거나 경보 체계를 설치하거나 도로 조명을 확대하거나 호루라기나 총기를 소유하거나 방탄조끼를 입을 수 있으며, 또한 뉴먼(Oscar Newman)이 주장한 방어적 공간을 추구할 수 있다. 공공 방어는 이차적인 것으로서 여기에는 예방, 교정(교화), 학교 체제, 카운슬링 프로그램, 개인 및 집단 처치, 빈곤 퇴치, 주택 개량, 교육 기회 증진 등이 포함된다. 이 밖에도 무기 소지 방지, 인간에 대한 합리적 행위자 모형에 입각해 처벌의 가능성을 높이거나 범죄가 초래할 편익과 비용 면에서 비용 측면이 높게 나타나게 하는 방법, 자격 상실, 구금 등의 방법이 있다.

3) 배치전략

경찰의 배치전략은 오랫동안 논쟁의 대상이 돼 온 이슈다. 이와 관련해 유인(誘引, decoy) 순찰 기법, 선택적 수사 방법 등이 전통적 전략과 함께 고려될 수 있다. 몇 가지 대표적 이슈를 살펴보면 다음과 같다.

첫째, 파수(把守, watching) 방법이다. 이는 인류 사회가 범죄를 예방하기 위해 오래 전부터 사용한 기법이다.

둘째, 보안 장치(walling)를 설치하는 것이다. 여기에는 각종 최신 기계가 개발되고 있는데, 자물쇠나 담장 등이 주로 사용되고 있다.

셋째, 근신(wariness)하는 방법이다. 시민은 자신의 개인 행태를 상황에 맞게 적응한다. 즉, 밤거리 외출을 삼가거나 외출 때 불을 켜놓거나 하는 방법이 사용된다.

이 중에서 파수가 가장 중요하고 많은 논쟁의 대상이 돼 왔다. 파수이론의 전제는 잠재적 범인이 경찰을 보면 범죄행동을 억제한다는 것이다. 파수전략의 역사를 살펴보면, 자발적 파수꾼에서 유급직의 상근 경찰력의 고용으로 변천됐다. 19세기의 도보 순찰경찰관은 경관과 지역 민간의 여러 가지 상황적 지식(contextual knowledge)을 증진시켰다. 도보 순찰은 순찰에서 가장 큰 문제 중의 하나인 따분함을 해결해 준다. 그러나 20세기에는 자동차 순찰이 증가했으며, 거주지와 직장 간의 거리 확대, 여성 노동 인력 증가 등은 범죄 증가에 영향을 미쳤다.

순찰과 관련해 전화와 자동차의 증가가 가장 중요한 요인인데, 자동차의 증가는 이웃 간의 지역적 유대감과 의사소통을 단절시켰고, 사회적 연결망의 대규모적 확대를 가져왔다. 자동차는 도보 여행에 의존하는 이웃 관계를 해친다. 그리고 냉방 장치와 텔레비전도 사람들을 집안에 가둬 둠으로써 집 외부에서의 이웃과의 대화 기회를 박탈했다. 현대 주택의 설계에서 이웃이나 바깥을 바라볼 수 있는 현관 베란다를 없앤 것도 이에 크게 영향을 주었다.

자동차 순찰은 순찰 수준의 증가를 가져왔다. 그러나 그들이 보는 것은 주위의 사람들이 아니라 친근한 건물들이다. 그리고 시민이 보는 것은 친근하지 않은 경찰이 탄 친근한 경찰차다. 시민은 순찰경관과 이야기할 기회가 거의 없다. 동네에 무슨 일이 일어나며, 어떤 지역이, 어떤 집이, 어떤 청소년이 문제가 있는지 알 길이 없다. 즉, 상황적 지식의 결핍이 생긴다. 자동차 순찰로 적은 인력을 더 넓은 지역에 배치함으로써 그들의 대상 시민은 더 많아지며, 따라서 그들이 비록 상황적 지식을 얻는다고 해도 그 정보는 과잉이 된다.

순찰에 자동차만큼 큰 영향을 미친 것은 전화의 보급이다. 범죄를 예방하기 위해 파수하는 대신에 자동차 안에서 범죄에 대응하기 위해 단순히 기다리게 된다. 특히 사회는 예방보다는 사후 긴급 사태를 처리하는 사람에게 더 많은 보상을 주는 체제다. 즉, 정형외과는 많은 돈을 버는 대신에 공중보건의에게는 적은 보수만 지급된다. 유사하게 현대의 다이얼 경찰 체제는 긴급 상황에 대처하기 위해 예방활동은 소홀히 다루게 된다.

일반적으로 말해서 범죄 예방 파수 수준이 감소함에 따라 범죄 수준은 증가했고 경찰에 대한 시민의 불만은 증대했다. 효과성의 측면에서 살펴보면 경찰의 순찰전략은 기다려서 반응하는(다이얼 경찰) 전략에서 목표 지향적 파수전술로 전환해야만 한다. 경찰은 상당 시간을 무엇인가 일어나기를 기다리면서 그들의 시간을 보낸다. 경찰은 전화 요청이 없을 때는 적극적인 파수를 하지 않는다(Sherman, 1983: 145-164).

4) 개인의 권리와 자유

훌륭한 범죄 예방 체제는 단지 범죄 감소력에만 달려 있지 않다. 정의롭고 공정하며 개인적 권리를 조장하는가의 여부도 고려해야 된다. 특히 헌법이 보장하는 시민의 자유와 권리에 대한 고려로서 치안 서비스의 결과보다 과정을 중요시하는 것과 관련된다. 즉, 경찰이 업무 수행에서 어떤 수단을 사용하는가가 중요하다. 여기에는 구체적으로 경찰의 강제력 사용과 체포의 적절성 등의 요소가 포함된다(정윤수, 1995: 402-403).

5) 경찰 업무의 재조직화

경찰조직의 집권화와 분권화에 대한 논쟁이 지속적으로 있어 왔다. 분권론자들은 경찰 부서의 소규모화와 행정의 분권화를 강조하고 있다. 오스트롬(Elinor Ostrom) 등에 따르면, 경찰 서비스에 대한 시민의 만족도는 소규모 경찰조직에서 더 높았으며, 비용은 대규모 경찰조직에서 더 높았다(Ostrom & Whitaker, 1973; Ostrom & Parks, 1973). 이들에 따르면, 소규모 경찰조직은 대규모 경찰조직에 비해 경찰과 시민과의 의사소통과 친밀성을 더욱 증진시키며, 이로 말미암아 경찰에 대한 시민들의 접근성을 제고한다. 나아가 경찰의 업무에 대한 책임성 또한 증진시키게 된다(Ostrom & Smith, 1976).

경찰행정의 분권화 방식으로서는 지역사회 서비스모형, 팀 순찰, 이웃 주민과 경찰의 팀 구성 등을 들 수 있다. 이러한 분권화 접근이 범죄 해결에 더 효과적이라는 증거가 많다(Wilson, 1975: 100-160).

오늘날 많은 도시에서 경찰조직이 서비스를 제공하는 지역사회와 점점 더 멀어져 가고 있다는 우려가 많다. '자동차 순회 사고방식'이 이러한 오해의 원천인데, 이는 더 많은 강제력의 사용을 초래하며, 이에 따른 지역사회의 더 큰 원성을 가져온다.

한편 이에 대한 반대 주장도 만만찮은데, 이들은 더 큰 경찰조직, 획일성, 전문직업주의, 더 공식적이고 중앙집권적 관리통제를 주장한다(Browne, 1974; National Advisory Commission on Criminal Justice Standards and Goals, 1973). 집권론자들은 이를 위해 대도시 전 지역을 담당하는 단일 경찰기관을 창설할 것과 적어도 소규모 조직을 대규모 단위로 합병할 것을 제안한다.[5] 이러한 경찰조직의 대규모성에 대한 효과성이 많이 연구되지는 않았지만, 뉴욕 시의 경우처럼 명백히 나타난 단점은 경찰조직과 지역사회의 단절이다. 획일적이고 직접적인 통제보다 다양하고 간접적인 통제가 더 바람직하다.[6]

---

5) 하나의 중도론적 주장에 따르면, 주정부가 경찰 훈련과 인력 충원과 같은 일과 관련해 최소한의 기준을 설정하는 것이다. 그리고 의사 전달, 자료 유지, 실험실 운영, 훈련 등과 같은 특정 경찰 기능은 중앙집권화하는 것이다. 그 밖에 순찰이나 다른 범죄 예방 기능은 지방경찰 조직이 담당하는 것이다. 노동과 장비의 분업화를 요구하는 기술적 성격이 강한 기능은 대규모 경찰조직이 수행하는 것이 더 효율적이라는 주장이다. 이러한 책임성의 분업은 경찰 서비스의 효율성과 시민통제 간의 균형을 유지시켜 준다.

6) 이 밖에도 정책적 이슈로서 고려할 수 있는 사항으로서 구속 후 벌어지는 일련의 일의 규명, 선고

연습 문제

1. 범죄의 구성 요소로서 부도덕성과 불법성을 설명하시오.
2. 범죄의 원인에 대한 대립적 시각을 설명하시오.
3. 범죄 예방활동의 적정 수준에 대해 비용·편익이라는 경제학적 분석 논리를 적용해 보시오.
4. 경찰 업무의 속성에 대해 설명하시오.
5. 경찰의 특성을 설명하시오.
6. 경찰의 역할을 설명하시오.
7. 경찰 업무의 재조직화에 대한 집권론자와 분권론자의 시각을 비교하시오.

와 교정정책이 최고의 이득을 가져온다는 주장, 사회의 통제력 행사와 상관 없는 범죄율에서의 변화, 범죄 이슈에서 여론이 엘리트와 공식적 의견에 앞서 간다는 점 등이 있다.

도시행정론

제 6 부

도시행정의 미래

제21장 도시행정의 새로운 방향 모색

제 21 장

도시행정의 새로운 방향 모색

제1절 미래 사회와 도시 현상

미래 사회에 닥쳐올 새로운 변화는 기술혁신과 이에 따른 인간 정주(定住) 체계의 변화, 인구구조의 변화, 산업구조의 변화 등 실로 다양하다. 8·15 해방 이후 우리나라의 도시화 과정에서 겪었던 역사적 경험을 돌이켜보면 도시문제의 유형과 문제의 심각성이 시기별로 각기 다른 양상을 보여 왔다. 특히 최근에는 더욱 빠른 속도로 도시문제의 초점과 본질이 변해 온 것이 사실이고, 도시마다 각기 다른 유형의 도시문제에 직면해 온 것도 사실이다.

이와 같이 급격하게 변하는 도시행정 환경과 도시행정 수요의 변화에도 불구하고 우리의 도시행정은 이러한 변화에의 적응력이 미약한 것이 현실이다. 아래에서는 도시행정의 대상인 도시가 미래에 과연 어떠한 모습을 가질 것인지를 전망해 보고자 한다. 이를 위해 미래의 도시 변화에 영향을 미칠 것으로 예상되는 기술혁신과 사회 변화의 다양한 측면을 살펴보고자 한다. 미래의 도시에 대한 예측과 전망은 미래 도시행정의 방향을 설계하는 데 유용한 기초 자료가 될 것이다.

1 정보통신의 발달

컴퓨터의 대량 보급, 컴퓨터와 통신기술의 통합으로 나타나는 정보통신 분야에서의 기술혁신은 산업혁명 이래 인류 문명사에 새로운 획을 긋는 후기산업사회의 출현으로 이어지고 있다. 토플러(Alvin Toffler)는 그의 저서 『제3의 물결(*The Third Wave*)』에서 농업혁명을 제1의 물결로, 산업혁명에 따른 산업문명의 출현을 제2의 물결로 보면서, 제3의 물결은 고도 과학기술의 발달에 기인하는 탈산업사회의 출현으로 봤다. 토플러가 이야기하는 제3의 물결은 정보통신기술(ICT)의 급속한 발달을 근거로 한다.

정보통신기술의 발달은 산업구조와 생활양식의 급격한 변화를 가져올 것이다. 컴퓨터와 통신기술의 결합으로 나타나는 정보통신기술의 혁신은 정보 처리 비용을 계속 감소시키면서 공장과 사무실에서의 현장 작업을 대부분 자동화시키게 될 것이다. 이러한 자동화 기술의 발달은 산업고용 구조에 변화를 초래하며, 아울러 산업 입지에 영향을 미칠 것이다. 산업고용은 단순노동력의 대량 고용에서 자동화된 공정을 처리할 수 있는 소수 전문인력의 고용으로 변화할 것이다. 또한 발달한 정보통신을 이용해 금융·교역·정보 제공·고객 상담 등의 서비스 기능이 작은 규모의 도시들에서도 무리 없이 접근이 가능할 것이다. 이러한 여러 요인이 복합적으로 작용해 공간적으로 집중되지 않는 산업생산 체제가 등장할 것이며, 대도시의 집적이익이 점차 사라지기 시작할 것이다. 따라서 현재 대도시에 집중된 산업의 공간 분산 경향이 나타날 것이다.

아울러 정보통신기술의 혁신은 어느 장소에서 근무하더라도 사무 처리에 필요한 모든 정보 교환을 가능하게 한다. 이에 따라 장기 고용계약 조건에 따라서 고정된 근무 시간 동안 지정된 사무실에서 근무하는 대신 근무 시간 자율제와 재택(在宅) 근무가 새로운 경향으로 나타날 것이다. 이러한 근무 시간 자율제와 재택 근무는 주거 입지의 공간 분산 경향을 초래할 것이다.

정보통신기술의 발달이 가져올 또 다른 변화는 자유 시간의 증가다. 자유 시간의 증가는 사람들의 공간 이동을 증가시키고, 여가활동에 대한 관심과 수요를 증가시키게 될 것이다. 따라서 여가활동을 충족시켜 주기 위한 위락 및 문화시설의 확충과 이에 따른 도시토지 이용과 도시 경관의 변화도 나타날 것이다. 아울러 도시의 매력은 산업 생산에 따른 경제적 측면에서 더 나아가 다양한 도시문화를 향유할 수 있게 하는 문화의 생산과 소비에 따라 크게 영향을 받게 될 것이다.

2 교통 체계의 발달

교통 체계의 발달은 도시 인구의 자유 시간의 증가 추세와 더불어 직장과 주거지의 격리 현상을 가속화할 것이다. 최근까지 교통망의 확충과 자동차의 대량 보급이 도시의 외연적 확산을 부채질해 온 것이 사실이다. 이러한 추세는 계속되는 교통망의 확충과 정보통신의 발달이 초래할 재택 근무의 증가로 인해 주거지의 공간 분산을 더욱 심화시킬 것이다. 따라서 교통망을 따라서 다수의 도시가 포도송이처럼 응집하고, 도시 회랑지역(urban corridor 혹은 megalopolis)이 형성되기 시작할 것이다. 이러한 현상은 서울과 부산을 비롯한 대도시와 인접 도시들에서 벌써부터 나타나기 시작했다. 이러한 현상에 능동적으로 대처하기 위해 광역 교통계획, 광역 상하수도계획, 광역 도시개발, 광역 도시권 내 지방세의 효율적 배분과 조정 등의 다양한 방안을 검토해야 한다.

국토 공간구조를 더욱 획기적으로 변화시킬 것으로 보이는 사업은 고속철도 확충과 운행이다. 2004년 고속철도의 개통은 전국을 명실상부하게 1일 생활권으로 변화시켰다. 고속철도의 운행이 서울에의 경제력 집중을 반전시킬 수 있을 것으로 보기는 어렵다. 일본의 예를 보면, 신칸센(新幹線)의 개통이 오히려 기업 본사들의 도쿄(東京) 집중을 강화했다는 사실은 잘 알려져 있다. 이와 같은 사실에 비춰 볼 때 고속철도의 운행이 지방도시의 경제를 더욱 서울에 예속시키는 결과를 초래할 가능성이 크다. 다만 고속철도의 운행은 인구의 분산과 주거지의 분산을 유도할 것임은 충분히 예측할 수 있다. 아울러 교통 체계의 발달은 도시 간 생산 분업 체계의 확립을 가능케 한다. 이와 같은 가능성을 생각한다면 지방 도시들이 서울에 경제적으로 종속될 가능성은 더욱 커진다.

3 새로운 교통수단의 출현

최근에는 새로운 교통수단으로 자율주행차의 실용화가 전망되고 있다. 자율주행차는 "자동차 스스로 주변 환경을 인식하고 위험을 판단해 운전자의 차량 운전을 최소화하며, 출발지에서 목적지까지 주행 경로를 스스로 계획해 안전하게 주행이 가능한 자동차"다. 자율주행차의 실용화는 교통 운영과 교통안전에 획기적인 변화를 가져오고 영향을 미칠 것으로 전망되는 만큼, 이에 대비한 교통정책의 수립이 요청된다.

자율주행차의 실용화는 교통사고 감소와 도로교통 소통에 큰 기여를 할 것으로 기대된다. 아울러 자율주행차의 보급은 공유교통 활성화의 새로운 모멘텀이 될 것으로 예상된다. 공유교통 서비스를 제공하는 기업들은 운전자 없는 자율주행차의 활용으로 비용 절감을 이룰 수 있다.

자율주행차의 출현으로 나타날 사회적 편익은 기술의 발전 단계에 따라 다소 다를 수 있지만, 가장 크게 기대되는 편익은 교통사고 감소다. 자율주행은 운전자의 부주의나 졸음, 음주 등으로 발생할 수 있는 교통사고를 획기적으로 줄일 수 있다. 그리고 도로교통 혼잡을 해소하는 데도 도움을 줄 것이다. 자율주행차는 최소한 고속도로(자동차전용 도로)나 인프라가 잘 갖춰진 신도시에서 교통 혼잡에 대한 효율적인 대응이 가능할 것으로 판단되기 때문이다.

여기에다 자율주행차의 출현은 값싸고 편리한 교통 서비스의 혜택을 가능하게 함으로써 승용차(자가용) 수요의 감소와 함께 도로와 주차 수요의 감소도 함께 나타날 것이다. 이렇게 되면 도로와 주차장에 과도하게 많이 할애된 도시 공간의 재편이 가능할 것이다. 따라서 궁극적으로 자동차가 아닌 시민을 위한 도시 공간의 비중이 커지게 된다. 아울러 자율주행차의 출현은 교통 서비스 사각지대에 있는 교통 약자(고령자, 장애인 등)의 여러 가지 제약 요인도 크게 경감시킬 수 있을 것으로 판단된다.

한편 머지않아 플라잉 카(flying car)로 불리는 도심항공교통(Urban Air Mobility: UAM)의 상용화도 예상된다. UAM은 도로교통 혼잡이 심한 대도시에서 먼저 상용화될 것으로 전망된다.

UAM의 상용화를 위해서는 갖춰야 하는 인프라도 많다. 가장 중요한 인프라는 UAM의 이착륙을 위한 버티포트(verti-port)다. UAM은 다른 대중교통 수단과 마찬가지로 문전(door-to-door) 서비스가 불가능한 근본적인 한계를 가진다. 따라서 버티포트의 입지는 이용자들의 접근성이 좋고, 다른 교통수단과의 환승이 편리한 곳(예: 철도역, 도시철도역)이어야 활성화될 수 있다.

UAM의 상용화는 기체 개발을 위한 기술적 난관의 극복만으로 되는 것은 아니다. 따라서 도시의 여건에 맞는 요금 체계와 관련 인프라(예: 버티포트)의 적절한 확충이 무엇보다 중요하다. 따라서 UAM의 개발과 상용화를 위한 기술적 이슈뿐만 아니라 제도, 인프라, 운영 등에 대해서도 광범위한 검토와 대비가 필요하다.

4 도시산업 구조의 변화

정보통신기술의 발달로 나타날 정보산업사회의 가장 중요한 특징은 상품 생산 경제에서 서비스 경제로의 이행이다. 특히 도시의 중심적인 산업은 전통적인 제조업에서 생산자 서비스업, 소비자 서비스업, 다품종 소량생산 방식을 채택하는 첨단제조업, 각종 문화산업으로 변화할 것이다. 따라서 후기산업사회에서 대부분의 노동자는 더 이상 전통적인 제조업에 고용되는 것이 아니라 무역, 금융, 보험, 관광, 교육, 연구 및 개발, 정부기관 등과 같은 서비스 업종에 주로 고용됨으로써 서비스 경제가 도시산업의 주축을 이루게 될 것이다.

서비스 경제가 주축을 이루게 될 도시산업의 고용자들의 직업별 구성을 보면 전문가와 기술자 계층이 주종을 이루게 된다. 이것은 전통적인 산업사회에서의 상품 생산 과정이 인간과 기계와의 긴밀한 관계임에 반해, 후기산업사회에서는 인간과 인간의 관계로 변하고, 사회통제와 혁신, 그리고 변화를 주도하기 위해 지식·정보·기술을 중심으로 사회가 조직화된다는 것이다. 이와 같은 도시산업 구조 변화의 자연스러운 추세는 도시산업 행정이 전통적인 제조업 중심의 산업단지 조성과 같은 정책 수단만을 활용해서는 효과가 크지 않을 것임을 시사한다.

한편 주 5일 근무제의 시행으로 인한 여가 시간의 증가는 문화 및 관광산업의 성장을 가져오게 할 것이다. 이렇게 될 경우 도시산업에서 문화 및 관광산업의 비중이 증가할 것임을 쉽게 알 수 있다.

아울러 최근에는 제4차 산업혁명 시대의 도래로 다양한 기술 및 산업이 융합해서 새로운 가치 창출과 함께 새로운 산업 영역이 만들어지고 있다. 따라서 향후 도시행정에서도 제4차 산업혁명 시대에 부응하는 산업 생태계를 조성하는 것이 새로운 과제로 등장할 것이다.

5 국제화와 도시 체계의 변화

앞으로 예상되는 또 하나의 도시행정 환경의 변화는 정치·경제·행정의 국제화다. 자유무역협정(Free Trade Agreement: FTA)의 확대와 선진국의 개방화 압력을 통해 우리 경제는 외국과의 교류가 증대될 것이다. 특히 항공 교통망의 발달과 함께 국제 교역이 증대하고, 국가 간에 생산 분업 체계가 확대될 것이다. 또한 외국의 서비스산업이 우리나라에 진출하기 시작할 것이다. 이러한 경제의 개방화를 지원하기 위한 도시정부의 역할도 중요해지며, 따라서 도시행정의 국제화는 피할 수 없는 과제가 될 것이다.

외국과의 교통 및 통신망의 발달은 세계 도시 체계 속에서 어떤 도시가 가지는 입지적 우위성을 바탕으로 제조업 및 서비스산업의 국제적 공간 분업을 가능케 한다. 이러한 도시경제의 국제적 상호 의존 관계를 지원하기 위한 도시행정의 국제화와 전문화가 요구된다.

6 지방자치의 활성화

앞으로 예상되는 정치·행정적 변화는 지방자치의 활성화다. 지방자치의 정착으로 지역 단위의 각종 정책이 지역의 특수성을 감안해서 수립될 것이고, 정책의 집행도 지방재정의 자체 재원의 확보 없이는 불가능할 것이다. 따라서 지역 스스로의 자주적 산업기반을 마련하는 것이 지방자치라는 역사적 흐름 속에서 지역 스스로의 자주적 생존력을 확보하는 길이다.

지방자치의 활성화는 지방자치제의 제도적 정착에도 기인하겠지만, 합리적이고 건전한 시민 의식을 가진 다수의 시민에 의한 도시행정에의 참여 요구가 여러 가지 모습으로 나타날 것이라는 사실에서도 예견할 수 있다. 고학력 시대를 맞아 건전한 시민 의식이 자리 잡기 시작하고, 도시행정에서 불필요한 규제와 행정적 명령보다 합리적 설득과 시민의 자발적 참여의 중요성이 커질 것이다. 따라서 도시행정에서 시민의 요구를 시의적절하게 반영하는 노력이 더 많이 요구될 것이다.

7 인구의 고령화와 복지 수요의 증가

국가 전체적으로 출산율의 저하와 평균 수명의 연장은 인구의 고령화를 초래할 것이다. 아울러 전통적인 가족제도에도 새로운 변화가 나타날 것이며, 노인 인구에 대한 사회적 관심과 정책적 관심이 커질 것이다. 경제적인 풍요로 인해 시민들의 삶의 질에 대한 관심이 증가할 것이며, 사회적으로 소외당했던 신체장애자나 노약자에 대한 관심도 확대될 것이다. 최근에 실버산업이라는 이름으로 노인 인구를 겨냥한 민간 부문의 관심이 증가하고 있지만, 공공도 이들 인구에 대한 관심을 기울여야 할 것이다.

비단 심신 노약자뿐만 아니라 건강한 시민들도 도시생활의 쾌적성과 안전성을 강조하게 될 것이다. 따라서 도시의 안전·방재·환경 등에 대한 행정 수요가 증가하고, 나아가 사회보장제도에 대한 시민사회의 관심과 수요가 증대할 것이다. 직업 전환 훈련, 아동복지 등에 대한 행정 수요가 증가하고, 시민들의 여가활동을 지원하기 위한 공원, 문화체육시설, 공공도서관 등에 대한 수요가 확대될 것이다. 아울러 여가 시간의 증가와 함께 인간관계의 중심도 직장을 중심으로 한 인간관계에서 주거 커뮤니티 중심의 인간관계로 변화할 것으로 전망된다.

8 1인 가구의 증가와 주택 수요의 변화

2021년 우리나라의 1인 가구는 720만 가구로 역사상 최초로 700만 가구를 돌파했다. 이는 우리나라 전체 가구 중에서 33.4%의 비중(가장 큰 비중)을 차지하는 것으로, 5년

전인 2016년(27.9%) 대비 5.5% 증가한 수치다. 이러한 1인 가구의 증가 추세는 앞으로도 계속될 것으로 보인다. 통계청 장래 추계 자료에 따르면, 1인 가구는 2030년 830만 가구(35.6%)에 이를 것으로 전망된다. 1인 가구가 증가하는 이유는 다양하다. 학업이나 직장을 위해 부득이하게 가족과 떨어져 사는 경우부터 가족과의 사별이나 이혼, 심지어는 가족과의 불화로 혼자 사는 경우까지 다양하다.

엄밀하게 보면, 주택 수요의 기본 단위는 인구가 아니라 가구다. 그런 점에서 주택 수요의 흐름에는 인구보다 가구 구조의 변화가 상대적으로 더 큰 영향을 미치게 된다. 1인 가구의 비중 증가는 장래 주택 수요에 다각도의 영향을 미칠 것으로 전망된다. 먼저 중대형 주택에 대한 수요보다는 1인 가구에 적합한 소형 주택에 대한 수요가 상대적으로 더 늘어날 전망이다. 그리고 1인 가구의 경우 상대적으로 주택에 대한 사회적 인식이 '소유'에서 '거주'로 빠르게 전환하고 있는 점을 감안하면 임대주택에 대한 수요가 더 늘어날 전망이다. 아울러 젊은 연령층에 해당하는 1인 가구의 경우 직주(職住) 근접을 선호하고 문화시설에 대한 수요가 많아서 도심과 인근 지역의 주택 수요를 증가시킬 것으로 전망된다(권혁진, 2015: 8). 따라서 도시행정에서 1인 가구를 위한 질적으로 수준 높은 주택을 도시 내 적절한 공간적 위치에 공급하는 노력이 요구될 것이다.

9 도시 내 빈곤과 양극화

국가경제가 성장하면서 개인 소득이 증가하고, 실업과 빈곤이 감소하는 것을 목표로 하지만, 시장경제 원리가 작동하는 자본주의 경제 체제에서 실업과 빈곤, 경제적 양극화는 어쩔 수 없이 나타난다. 특히 빈곤과 양극화 문제는 도시 내에서 공간의 문제로 나타나서 부유층과 빈곤층의 주거지역 분리로 나타나기도 하고, 범죄가 많이 발생하는 우범지역과 그렇지 않은 지역으로 구분될 수도 있다. 일찍이 도시화를 경험한 서구 도시의 경우 범죄와 마약의 온상이 된 도시 내 슬럼지구와 고급 주택지구가 공간적으로 분리돼 이중적인 도시구조를 초래하기도 했다.

우리나라의 경우도 사회 전반에 걸친 경제적 양극화가 향후에도 꾸준히 진행될 것으로 전망된다. 특히 제4차 산업혁명으로 인해 글로벌 기업과 대기업을 중심으로 경제력의 집중이 심화되고, 노동시장의 양극화로 부자와 고급 지식 노동자는 더 많은 부(富)를 축적할 수 있는 기회를 얻게 되는 반면, 저숙련 노동자나 로봇 및 인공지능(AI)으로 대체될 수 있는 숙련 노동자는 일자리를 잃게 돼 빈곤층으로 전락할 가능성이 커진다(정창무, 2017: 13). 따라서 도시 내 빈곤과 양극화 문제가 도시행정의 중요한 정책 과제로 부각될 것이다.

제2절 도시행정의 방향

1 도시정부의 정책개발 기능 강화

지방자치제의 확대에 따라 도시행정에서 정책개발 기능의 강화는 필수적이다. 효과적인 지역개발 체제를 구축하고 지역개발을 원활하게 수행하기 위해서는 계획 권한의 지방 이양과 함께 지방정부의 집행 능력을 강화해야 한다. 각종 개발계획의 수립 권한을 각급 지방자치단체장에게 부여하고 지방의회의 의결을 거치도록 하며, 중앙정부나 상급 자치단체는 수립된 개발계획이 다른 계획과 상충되는가를 검토하기 위한 승인권만을 갖도록 하는 것이 바람직하다. 지방자치단체의 집행 능력 강화를 위해서는 우선 자치성이나 현지집행성 또는 지방적 특수성이 높은 중앙정부의 위임사무를 자치단체의 고유사무로 전환하고, 이와 같은 권한의 이양과 함께 재정의 이양도 함께 추진함으로써 지방자치단체에 대한 재정 압박을 줄이도록 해야 한다. 도시정부의 기획 및 집행 기능을 강화하기 위해서는 도시정부 차원에서 창의적인 정책을 개발하고 이를 집행할 수 있는 능력을 강화해야 한다. 중앙정부에 의해 만들어진 행정 규제 지침에 따라 일률적인 규제가 주종을 이뤘던 도시행정의 본질이 점차 창의적인 정책개발과 집행이 요구됨에 따라 규제행정이 아닌 조장행정이 필수적으로 요구된다. 지방자치의 확대와 함께 도시경제의 부흥이 도시의 생존과 절대 불가분의 관계에 있게 된다. 따라서 도시경제 개발 및 정책이 가장 중요한 도시행정의 한 부분이 될 것이며, 이를 위해 특히 도시경제 개발에 관련된 정책개발 기능을 강화해야 할 것이다. 또한 각종 계획 수립을 위한 기초 자료로 사용하기 위한 도시 통계의 수집과 정리를 위한 통계 수집 기능도 강화해야 한다. 미래에는 빅데이터(big data)의 수집과 활용을 통해 도시행정에서 더욱 과학적인 정책 분석과 대안 제시가 이뤄져야 한다.

2 광역행정 체제의 정비

교통과 통신의 급속한 발달로 인한 도시권의 공간 확산은 단순히 단위 행정구역 내에서 모든 행정 수요를 충족시킬 수 없으며, 광역행정에 대한 수요를 증가시킨다. 하나의 지방자치단체가 독자적으로 처리하기에는 적합하지 않거나 효율적으로 처리할 수 없는 행정 수요의 증대로 자치단체 간에 협력을 통해 공동으로 처리하거나 광역자치단체가 처리하는 것이 바람직한 행정 수요가 계속 증가하고 있다. 이러한 광역행정의 대상으로는 도시계획, 공공시설의 설치 및 운영, 주택의 공급, 대중교통 체계, 상하수도, 쓰레기 처리, 공해 및 환경오염 등 다양하다.

광역행정 수요의 증대는 바로 광역적 행정사무의 처리를 필요로 한다. 광역행정이란 대체로 신(新)중앙집권화(neo-centralism)의 그것과 유사하나 중앙집권화에까지는 이르지 않고, 지역 수준에서 행정이 처리된다는 점에 그 특징이 있다. 한편 지방자치제의 실시로 광역행정 수요가 상당 부분 지방화될 것이므로 하나의 지방자치단체의 능력만으로는 효율적으로 처리할 수 없는 사무가 증대함으로써 지방자치단체 간의 협력을 통한 광역행정이 과거보다 훨씬 많이 요청된다(김성일, 1991: 10).

이러한 광역행정의 필요성은 ① 행정의 광역화 요청, ② 경제성 내지 능률성의 요청, ③ 계획행정과 개발행정의 필요성 증대, ④ 행정의 상호 협조나 조정의 제고, ⑤ 중앙집권주의와 지방분권주의의 조화, ⑥ 지역 간 복지 수준의 평준화다. 결국 행정사무가 지방자치단체 간에 상호 연계됨으로써 단일 지방자치단체의 능력만으로는 효율적으로 처리할 수 없는 사무가 증가하고 있다는 데 광역행정의 필요성이 있다고 볼 수 있다.

광역행정 체제의 정비를 위해 도시권 행정협의회 운영의 내실화, 특별지방자치단체 제도(예: 상수도구, 교육구 등)의 활성화, 도(道)의 광역행정 기능 확대, 특별자치단체의 설치, 광역도시권 계획 수립 등의 방안을 강구할 수 있다.

3 민간자본의 도입과 활용

공공 부문에서 민간자본을 유치하고 활용하는 것은 공공의 재정 부담을 줄이고, 한편으로는 민간의 투자 의욕을 고취해 대중적 공공서비스의 질을 향상시킨다는 점에 그 의의가 있다. 공공 부문에서 민간자본의 도입과 활용은 일본에서 활발하게 시도해 왔다. 일본에서는 도시재개발, 도로 건설, 도시철도 건설, 국제공항 건설 등에 민간자본을 활용한 예가 많다. 민관(民官) 공동사업은 공공사업에 참여함으로써 이윤을 추구하려는 민간기업의 이윤 추구 행위와 도시재정의 한계를 극복하려는 도시정부의 의지가 함께 작용해 시도되고 활성화되고 있다.

전통적으로 도시행정의 대상이었던 일부 공공서비스는 민간 공급의 대상이 됨으로써 효율적인 공급이 가능하고, 수요자의 입장에서는 양질의 서비스를 제공받을 수 있다. 우리나라의 도시행정에서도 민간 부문의 참여가 요구되는 분야가 적지 않다. 실제로 우리나라에서도 서울역과 영등포 역사의 신축을 위해 민간자본을 활용한 사례가 있고, 도로 등 사회간접자본 건설을 위해 민간자본의 도입이 이뤄지고 있다. 도시개발은 물론 교통 · 청소 · 보건 등에 이르기까지 도시정부보다 민간 부문이 더욱 경제적이고 효율적으로 수행할 수 있는 기능이 많이 있다.

도시 공공서비스의 완전한 민간 공급이 어려운 부문은 시장경제 원리를 기초로 한 사용자 부담금 제도의 적극적 활용이 검토될 수 있다. 예컨대 도시에 차량의 고속 주행을 위한 유료 고속도로를 건설한 후 이용자로 하여금 요금을 받고 양질의 도로 서비스를 제공할 수 있을 것이다. 이처럼 유료 서비스 체제를 폭넓게 도입함으로써 수익자 부담의 시장경제 원리를 도시행정에 적용하는 도시 경영 기법을 적극적으로 활용해야 한다. 이 밖에도 도시 공공서비스의 완전한 민간 공급이 어려운 일부 분야에서는 제3 섹터 방식의 도입도 검토될 수 있다. 한편 민간 공급이 비효율적인 것으로 판단되는 공공서비스의 공급을 위한 도시정부의 재원 조달을 위해서는 지방채의 발행을 적극적으로 검토할 수 있을 것이다.

도시 공공서비스에 대한 민간 공급의 확대를 위해 도시정부는 가부장적 온정주의와 기득 이익에 관련된 관료주의적 팽창주의를 탈피해야 한다. 또한 제도적인 면에서 민간 참여를 위축시키는 행정 규제를 대폭 완화해야 한다.

4 도시개발의 합리화

앞으로 예상되는 통신 및 교통 체계의 발달은 산업 입지와 주거 입지에 큰 변화를 초래할 것이다. 시민들의 자유 시간의 증가로 주거 입지의 결정은 직장과의 접근성이 중요한 인자가 아니고, 쾌적성(amenity)이나 문화적 욕구의 충족 가능성이 중요한 인자로 작용할 것이다. 따라서 이러한 새로운 욕구들을 충분히 충족시킬 수 있는 도시는 인구와 도시의 성장을 경험할 것이고, 나쁜 생활환경을 가진 도시는 인구의 감소와 도시의 쇠퇴를 겪을 것으로 예상된다. 이러한 현상은 선진 외국의 도시들이 일찍이 경험한 사실이다. 예컨대 미국의 뉴욕시는 도시 기반시설의 상대적 낙후, 늘어나는 도시범죄, 악화된 주거환경 등의 이유 때문에 고급 전문인력의 도시 내 정착을 위한 매력이 줄어들면서 도시경제가 쇠퇴한 적이 있었다. 따라서 도시 기반시설의 적절한 확충과 쾌적한 도시환경의 조성은 도시가 생존과 성장을 하는 데 필수적이다.

앞으로 더욱 악화될 것으로 보이는 중요한 도시문제는 교통문제다. 도시교통 문제는 토지 이용과 불가분의 관계에 있는데, 도시교통 문제를 해결하기 위해서는 각기 다른 토지 이용의 지나친 분리보다는 토지 이용의 적절한 혼합이 바람직하다. 이를 위해 도시재개발 시에 혼합적 토지 이용(mixed land use)을 통해 교통 발생량을 가능한 한 줄이고 악화되는 교통문제를 완화할 수 있을 것이다.

향후 우리나라의 도시들은 재개발의 시대를 맞을 것이다. 현재 우리나라 대부분의 도시는 도심에 노후 건물들이 가득 차 있고, 일찍이 자동차의 대량 보급을 예견치 못한 채 시가지가 형성돼 신개발지가 아닌 도심지역은 상대적으로 낙후되어 화재 등 각종 재해에 대해 거의 무방비 상태에 있다. 도심의 슬럼화 현상은 우리나라보다 앞서 도시화를 경험했던 선진 외국의 도시에서 일찍이 경험한 사실이다. 도심의 주거환경 악화와 관련해 부유한 사람들은 주거지를 교외 지역으로 이전하는 현상이 발생하기도 한다. 도심이 적절한 시기에 체계적이고 장기적인 계획하에 재개발되지 않으면 도시들도 활력을 잃을 가능성이 크다. 따라서 도시 외곽의 새로운 개발에만 관심을 가질 것이 아니라, 노후화돼 가고 있는 도심의 재개발과 보수(재생)에 도시행정의 관심을 더욱 집중해야 한다.

앞으로의 도시개발은 정보통신의 중요성을 감안해서 정보통신 관련 도시 기반시설의 확충이 필수적으로 요구된다. 아울러 정보 및 통신 체계의 발달로 나타날 주거 및 산업입지의 변화에 능동적으로 대처할 수 있는 도시 기반시설의 공간 배분과 확충이 필요하다. 또한 앞으로 증가할 것으로 예상되는 도시 지하공간의 이용에 대한 규정을 정비해서 도시개발의 합리화를 유도해야 한다.

5 도시행정의 국제화

도시행정의 국제화는 정치 및 경제의 개방화 시대에 필수적으로 요구되는 도시행정의 목표 가치다. 지방화 시대에 중앙정부의 역할은 축소되기 마련이며, 국제화 시대에 국제 교류의 지원을 위한 행정 수요는 커지기 마련이다. 따라서 국제화 시대에 늘어나는 국제 교류의 지원을 위한 행정 수요는 마땅히 도시정부가 충족시켜야 한다.

지방자치제하의 도시정부는 국제사회에서 국가와는 별도로 독자적인 위상을 가지려 할 것이다. 또한 도시경제의 활성화를 위해 외국과의 교역 확대가 필수적으로 요구된다. 이를 위해 외국 시장의 개척은 필수적이며, 따라서 민관 합동 시장개척단의 해외 파견, 해외시장 정보센터의 운영, 해외자본의 유치 등 다양한 국제 교류 프로그램을 운영할 수 있다.

지방화 시대에 국제 교류는 도시경제의 활성화를 위한 해외 시장의 개척에만 한정되는 것은 아니다. 국제법에서 외교는 국가의 전권 사항이라고 돼 있지만, 실질적인 외교는 도시 간에 이뤄지는 경향이 나타나기 시작하고 있다. 최근에는 세계의 도시들이 공통적으로 안고 있는 주택·환경·교통문제 등을 해결하기 위해 도시 간 협력의 필요성을 요구하는 목소리가 높고, 이러한 움직임은 실질적으로 나타나고 있기도 하다.

국제화 시대에 도시의 국제화를 추진하기 위해서는 도시의 주체인 시민들이 국제적인 시민이 될 수 있도록 도시정부는 교육과 홍보를 게을리하지 말아야 한다. 시민들이 국제적인 감각을 가지면서 외국인에 대한 상호 이해의 폭을 넓히고, 외국인에 대해 각종 편의를 제공하려면 도시 차원에서 국제교류센터를 운영할 수도 있을 것이다.

6 복지행정의 강화

다가오는 시대는 경제적인 풍요로 인해 시민들의 삶의 질에 대한 관심이 증가할 것이다. 과거에는 시장 메커니즘에 맡겨진 채 공공의 책임으로 크게 인식되지 않았던 사회보장제도, 도시환경 문제, 도시빈곤 문제, 심신 장애자 및 노인문세, 청소년문제, 직업훈련, 보건문제, 도시 방재 문제 등의 분야가 도시행정의 주요 대상으로 부각되고 있다. 전반적으로 작은 정부가 바람직한 것으로 인식되고 있음에도 불구하고 복지행정에 대한 수요는 계속 증가하고 있는 만큼, 복지행정에 관한 한 도시정부의 역할을 강화해야 할 것이다.

이들 문제 외에도 시민들의 건전한 여가활동을 지원하기 위한 공원, 문화체육시설, 공공도서관, 어린이놀이터, 박물관, 커뮤니티센터 등 다양한 복지시설의 확충에도 관심을 가져야 한다. 아울러 노인문제, 장애인문제, 마약문제, 청소년문제 등에 대해 능동적으로 대처하고 건전한 도시문화를 형성하고 확산시키기 위한 각종 프로그램도 도시정부가 적극적으로 개발해야 할 것이다.

7 스마트 도시 인프라의 구축

최근 제4차 산업혁명의 대표적인 융복합 상품의 하나로 스마트 도시(smart city)에 대한 논의와 현실 적용이 활발하게 이뤄지고 있다. 제4차 산업혁명을 한마디로 말하면 사물인터넷(Internet of Things: IoT), 클라우드 컴퓨팅(cloud computing)과 빅데이터(big data), 인공지능(Artificial Intelligence: AI), 가상 물리 시스템(Cyber Physical System:

CPS) 등의 새로운 기술을 활용해 지능을 생산하고, 연결·융합하며, 소비하는 과정에서 새로운 사회·경제적 가치를 실현하고 부(富)가 창출된다는 것이다(최남희, 2016: 26).

제4차 산업혁명은 지금까지의 도시와는 차원이 다른 초연결, 초지능, 초융합이라는 기술적 정점을 지향하고 있다. 즉, 지금까지 인류가 생각으로만 꿈꾸던 세상의 모든 사람, 공간, 사물이 하나로 연결돼 소통하고, 인간이 아닌 인공지능이 인간보다 더 똑똑하게 상황을 판단하고, 실제 시스템과 가상 시스템이 실시간으로 연동돼 어떠한 상황에서도 최적의 결정이 이뤄지는 초연결, 초지능, 초융합의 문명이 새로운 도시혁명으로 전개되고 있다(최남희, 2016: 26). 제4차 산업혁명 시대의 스마트 도시는 도시의 반지능성(反知能性)을 제거하고, 도시에서의 사회경제적 활동을 최적화해서 도시민의 삶의 질을 최고 수준으로 높이는 길이라고 할 수 있다(최남희, 2016: 27). 국가별로 스마트 도시를 추진하는 목표는 조금씩 차이가 있지만, 일반적으로 기후 변화에 대응하기 위한 수단, 도시 인구의 급격한 증가에 따라 발생하는 도시문제의 해결, 신산업으로 육성을 통한 수출 및 내수 경제의 활성화 등으로 크게 분류할 수 있다(이재용, 2016: 31).

스마트 도시에서는 사물인터넷을 이용해 사람과 사람은 물론이고, 사람과 사물, 사물과 사물 사이에 정보를 주고받고, 그러한 정보를 각종 도시문제 해결에 활용하기 시작했다. 빠르게 지능화돼 가는 기계와 컴퓨터 시스템도 스마트 도시의 발전에 일조하고 있다. 센서와 통신 네트워크를 통해 확보한 방대한 데이터를 기계와 컴퓨터가 일정 부분 스스로 판단하고 결정해 시스템이 작동하는 '스마트한' 단계로 접어든 것이다. 예를 들어 최근 일부 도시가 시범적으로 도입하고 있는 스마트 가로등의 경우 CCTV로 찍힌 대상이 사람인지 혹은 차량인지를 시스템 스스로 판단해 밝기를 조절한다(이영성, 2017: 60).

스마트 도시 인프라는 '스마트한' 도시를 만드는 토대라고 할 수 있다. 도로, 철도, 전기, 가스, 상하수도 등과 같은 전통적인 도시 기반시설부터 개별적인 공간이나 사물에 이르기까지 스마트 도시를 구성하는 모든 물리적 요소가 초연결, 초지능, 초융합되기 위해서는 스마트 도시 인프라의 구축이 무엇보다 중요하다. 향후 도시의 경쟁력은 스마트 도시 인프라의 구축 여부에 달려 있다고 해도 과언이 아닌 만큼, 도시행정의 주요 관심사가 돼야 할 것이다.

8 포용도시 정책의 강화

지난 수십 년 동안 우리나라를 포함한 많은 국가가 높은 경제 성장을 이룩했으나, 그 과정에서 소득 격차와 기회의 불평등이 심화됐다. 산업화와 경제 성장, 그리고 도시화와 함께 증대된 부(富)는 소수계층에 집중됐고, 기회의 불평등도 확대돼 왔다. 산업화와 도시화 과정에서 생겨난 도시의 빈곤층뿐만 아니라, 최근에는 미취업 청년층, 장애인, 외국인 노동자, 이주 여성 등도 사회적 약자로 전락해 도시가 제공하는 여러 가지 기회와 편익을 누리지 못하고 있고, 나아가 각종 의사결정 과정에서 어쩔 수 없이 배제되는 '사회적 배제'를 겪고 있다(박인권, 2017: 20).

포용도시(inclusive city)는 '포용성'의 철학을 도시라는 지리적 스케일에서 실현하기 위해 제시된 개념으로, "모든 사람이 재산, 성별, 연령, 인종, 종교에 상관없이 도시가 제공해야 할 기회들에 생산적이고 긍정적으로 참여할 수 있는 권능을 가지고 있는 장소"(UN-Habitat 2002)로 정의된다(박인권, 2017: 21). 포용도시의 실현을 위해서는 일자리 공급, 기본 소득의 보장, 공교육의 확대 및 보육시설의 확충, 공공 임대주택의 공급, 사회적 기업의 확대 등 다양한 정책을 추진해야 한다. 향후 건강하고 지속 가능한 도시로 발전하기 위해서는 포용도시를 실현하기 위한 다양하고 구체적인 정책 수단들을 발굴하고 추진할 필요가 있다.

9 관민 파트너십과 협치의 강화

전통적인 도시행정은 주로 공공 부문에 의해 기획되고 집행돼 공공 부문의 전유물로 인식됐으나, 공공 부문이 효과적으로 대처하기 어려운 도시문제들이 많이 나타나면서 민간 부문의 역할이 필요해졌고, 관민 파트너십(public-private partnerships)의 중요성도 부각됐다. 관민 파트너십은 공공 부문이 효과적으로 대처하기에는 재원(財源), 기술력, 전문성, 효율성이 부족할 것으로 판단되는 분야를 중심으로 필요성이 제기됨에 따라 도입됐다.

관민 파트너십의 구체적 형태는 개별 국가나 도시의 사회경제적 여건에 따라 다르지만, 공공 부문에서 부족한 자본력, 기술력, 전문성, 효율성을 민간 부문으로부터 빌려 쓰거나 도움을 받을 수 있다는 점에서 관민 파트너십의 적극적 활용이 필요하다. 아울러 관민 파트너십에서 공공 부문과 민간 부문의 협력 관계가 무엇보다 중요하다는 점을 감안하면 공공 부문이 민간 부문에 일방적인 지시나 통제만을 하는 관계가 아니라, 협치(協治)의 틀 속에서 상호 협력 관계를 구축하는 것이 무엇보다 중요하다. 특히 향후에는 도시행정의 대상과 관심사가 지속적으로 확대돼 민간 부문의 협력이 더 많이 필요할 것으로 전망되는 만큼, 관민 파트너십과 협치의 강화는 시대적 과제가 될 것이다.

10 도시경영 전문가의 육성과 훈련

다가오는 시대는 전문가 시대다. 그리고 도시는 급격하게 변하고 있고, 도시행정의 대상도 복잡하고 다원화돼 가고 있다. 여기에다 지방자치 역시 실질적으로 확대돼 가고 있다. 따라서 도시행정은 급격하게 변하는 행정환경에 신속히 적응할 수 있도록 쇄신을 요구받고 있다. 이제 도시행정은 더 이상 규제 위주의 업무 수행만으로는 도시정부의 존재 가치마저 의심받게 됐고, 행정 편의 위주의 업무 수행으로는 시민사회의 지탄의 대상이 될 수밖에 없다. 이제 도시행정도 서비스로의 발상 전환을 요구받고 있고, 도시도 민간 기업처럼 경영의 개념을 도입해야 하고 또한 그런 추세에 있다.

규제 중심의 도시행정이 아닌 지원과 서비스 중심의 도시행정에서 효율적인 도시정부의 경영을 위해 필수적으로 요구되는 것은 도시경영 전문가의 육성과 훈련이다. 일반행정 중심의 현행 공무원 임용 및 승진 제도로는 급변하는 전문행정 수요에 대처할 수 없다. 지방자치단체의 부족한 전문인력을 확보하기 위해서는 우선 기존 공무원에 대한 현직전문훈련(On the Job Training: OJT)을 활성화해야 한다. 또한 지방공무원 임용 제도 역시 현재보다 더욱 세분화된 전문 영역별로 공무원 채용이 가능하도록 제도화해야 할 것이다. 지방자치단체의 부족한 전문인력을 보충하기 위한 방안으로 전문가를 대상으로 한 계약직 공무원 제도의 도입을 확대해야 하고, 아울러 도시경영의 취지에 맞게 도시행정 조직 역시 발전적으로 개편해야 할 것이다.

연습 문제

1. 정보통신과 교통 체계의 발달은 도시행정 수요의 변화를 수반할 것으로 예상된다. 정보통신과 교통 체계의 발달이 초래할 사회 변화를 전망해 보고, 이에 따른 도시행정의 발전 방향을 논의하시오.
2. 도시개발의 합리화를 위한 방안을 논의하시오.
3. 도시행정의 국제화를 위한 방안을 논의하시오.
4. 포용도시(inclusive city)를 실현하기 위한 정책 수단들에 대해 논의하시오.

참고 문헌

[국내 문헌]

강신일(1988). 『공기업의 민영화에 관한 연구』. 한국개발연구원.

강인재 외(1993). 『지방재정론』. 서울: 대영문화사.

건설부(1968). 『특정지역공고 일람』.

―――(1970). 『수도권 인구의 과밀집중 억제에 관한 기본지침』.

경제기획원(1992). 『경제백서』.

경찰청(1992). 『경찰통계연보』.

계기석(2010). 도시재생을 위한 문화전략모형의 적용방향 연구. 『도시행정학보』. 23(4). 한국도시행정학회.

고병우(1995). 세계화・지방화시대의 국토개발전략. 『국토정보』. 8월호. 국토개발연구원.

공보처(1996). 『국정신문』. 5. 20.

교통개발연구원(1992). 『교통혼잡비용 예측연구』.

구자건 외(1992). 『생태계 위기와 한국의 환경문제』. 서울: 따님.

국토개발연구원(1980). 『지역계획기법연구』.

―――(1981). 『지역지구제 합리화 방안에 관한 연구』.

―――(1984). 『도시계획편람』.

―――(1984). 『종합토지정책에 관한 연구』.

―――(1985). 『대도시권 관리를 위한 정책연구(I): 대도시권의 설정과 기능 정립 방향』.

―――(1986). 『제2차 국토종합개발계획의 추진실적 평가(III)』.

―――(1986). 도시산업시대 맞은 미국. 『국토정보다이제스트』. 4월호.

―――(1986). 『서울시 도심재개발 사업시행 주체별 현황』.

―――(1988). 『광역도시시설의 입지 및 관리에 관한 연구』.

―――(1988). 『지방자치제하에서의 도시계획을 위한 지방행정 기능』.

―――(1989). 『지방자치화에 대비한 도시계획 운영 방안 연구』.

―――(1990). 『2000년대를 향한 주택정책 방향』.

―――(1991). 『국토정보』. 5월호.

―――(1991). 제3차 국토종합개발계획시안. 『국토정보』. 3월호.

권영각(1992). 수도권 지역개발 정책 방향의 재조명. 『도시행정연구』. 제7집. 서울시립대학교.

권영섭(1993). 독일의 테크노폴리스 브레멘. 『국토정보』. 7월호. 국토개발연구원.

권원용・최태호(1988). 『도시공공서비스 공급합리화 방안』. 국토개발연구원.

권태준(1982). 도시계획의 대상과 범위: 도시계획학의 전문 영역의 설정을 위해서. 『환경논총』. 제11권. 서울대학교 환경대학원.

―――(1989). 주택정책의 불공평성 비판. 『환경논총』. 제23권. 서울대학교 환경대학원.

권혁진(2015). 중장기 주택정책 방향. 『국토』. 12월호. 국토연구원.

김경환・서승환(1994). 『도시경제론』. 서울: 홍문사.

김동건(1984). 『현대재정학: 공공경제의 이론과 정책』. 서울: 박영사.

김병섭(1995). 경찰공무원의 심리적 탈진 원인분석. 『한국행정학보』. 29(2). 한국행정학회.

김석준 외(2000). 『뉴거버넌스연구』, 서울: 대영문화사.

김성일(1991). 광역행정 체제의 발전 방안 모색. 『국토정보』. 5월호. 국토개발연구원.

김영봉・이진욱(1987). 구미(歐美)의 첨단산업지구 성장 사례. 『국토정보다이제스트』. 4월호. 국토개발연구원.

김영환(1994). ESSD와 신도시개발. 『국토정보』. 5월호. 국토개발연구원.
김영정(1993). 한국 도시지역 경제성장의 영향요인 분석, 1968-1985년. 『한국사회학』. 27(2). 한국사회학회.
김용웅(1985). 개발제한구역의 실태와 문제점. 『국토정보다이제스트』. 10월호. 국토개발연구원.
김원(1985). 도시공공서비스의 민간공급이론과 그 적용 가능성에 관한 연구. 『국토계획』. 20(1). 대한국토계획학회.
―――(1991). 『도시행정론』. 서울: 박영사.
김원 옮김(1983). 『도시관리론』. 서울: 법문사. 원저: Poole, Robert W. Jr. *Cutting Back City Hall*. Universe Publishing Books. 1981.
―――(1992). 『지방정부경영론』. 서울: 법문사. 원저: Poole, Robert W. Jr. *Cutting Back City Hall*. Universe Publishing Books. 1980.
김원・김홍기・권원용(1992). 지역 발전을 위한 첨단산업연구도시의 개발전략에 관한 연구. 『국토계획』. 27(3). 대한국토・도시계획학회.
김위정・김왕배(2007). 세대 간 빈곤이행과 영향요인에 관한 연구. 『한국사회학』. 41(6). 한국사회학회.
김윤상(1986). 『도시모형론』. 대구: 경북대학교출판부.
김익식(1990). 중앙과 지방정부 간의 권한 배분의 확정. 『한국행정학보』. 24(13). 한국행정학회.
김지현(2015). 빈곤의 정의: 다면성과 측정의 과제. 『국제개발협력』. 2015(1).
김정호(1983). 아파트 정책, 이대로 좋은가. 『정경문화』. 1월호.
김형국(1976). 도시취업구조의 분석모형 정립에 관한 연구: 수도권 인구소산정책의 전개를 위하여. 『환경논총』. 3(1). 서울대학교 환경대학원.
―――(1983). 『국토개발의 이론연구』. 서울: 박영사.
김홍래(1990). 광주첨단과학산업기지의 구상과 건설전략. 『국토계획』. 25(3). 대한국토・도시계획학회.
김홍수(1993). 사회간접자본 투자정책의 공간적 파급효과 평가. 『국토정보』. 8월호. 국토개발연구원.
나종일 외 옮김(1981). 『정치학・시학』. 서울: 삼성출판사. 원저: Aristotle, Kassel, Rudolf V. (ed.). *De Arte Poetica Liber*. New York: Oxford University Press. 1922.
노융희 옮김(1986). 『개발도상국의 도시화정책』. 서울: 법문사. 원저: Renaud, Bertrand. *National Urbanization Policies in Developing Countries*. New York: Oxford University Press. 1981.
노화준(1988). 『정책평가론』. 서울: 법문사.
―――(1989). 『정책분석론』. 서울: 박영사.
대구상공회의소(1991). 『전국기업체총람』.
대구직할시(1992). 『21세기를 향한 대구 대도시권의 성장과 관리 방안』.
―――(1992). 『대구경제의 발전 방향』. 경제세미나 내부 자료.
―――(1992). 『대구시 시정백서』.
―――(1992). 『제3차 대구발전 5개년계획, 1992-1996』.
대구직할시 주택기획과(1992). 『영구임대주택 선정 기준 및 관리지침』.
대한국토・도시계획학회 편(1991). 『도시계획론』. 서울: 형설출판사.
―――(1991). 『지역계획론』. 서울: 형설출판사.
대한민국정부(1971). 『국토종합개발계획』.
―――(1982). 『제2차 국토종합개발계획 1982-1991』.
―――(1992). 『제3차 국토종합개발계획 1992-2001』.

도철웅(1992). 『교통공학원론(하)』. 서울: 청문각.
럭키금성경제연구소(1992). 『환경과 기업』.
류지성 외(2001). 지방정부혁신의 역동성 요인에 관한 연구. 『한국행정연구』. 10(1). 한국행정연구원.
박병식(1991). 『공공주택 입주가구의 편익배분 상태 측정에 관한 연구』. 서울대학교 행정학 박사학위 논문.
박상우(1991). 수도권 문제를 보는 시각. 『국토정보』. 12월호. 국토개발연구원.
———(1992). 수도권정책 전환의 방향. 『국토정보』. 4월호. 국토개발연구원.
박성복 · 이종열(1993). 『정책학원론』. 서울: 대영문화사.
박수영(1990). 『도시행정론』. 서울: 박영사.
박양호(1992). 지방분산형 정주체계의 형성. 『국토정보』. 2월호. 국토개발연구원.
박우서(1984). 도시재개발의 경제성과 지방재정의 파급효과. 『주택금융』. 17(1).
박인권(2017). 포용도시를 향한 도전과 정책과제. 『국토』. 4월호. 국토연구원.
박종화(1992). 도시화 특징 및 문제점. 『대구 · 경북행정학회보』. 제4집. 대구 · 경북행정학회.
———(1993). 도시인구의 예측모형. 『대구 · 경북행정학회보』. 제5집. 대구 · 경북행정학회.
———(1993). 폐기물 매립지와 적정 보상. 『국토계획』. 28(4). 대한국토 · 도시계획학회.
———(1999). 『도시경영론』. 서울: 박영사.
박종화 옮김(1994). 『민영화의 길』. 서울: 한마음사. 원저: Savas, E. S. *Privatization*. N. J.: Chatham House Publishers, Inc. 1987.
박종화 · 윤대식 · 이종열(1995, 2004). 『지역개발론』. 서울: 박영사.
박헌주(1993). 우리나라 주택정책의 모형화 시론. 『국토연구』. 제14권. 국토개발연구원.
복득규 외(2003). 『한국 산업과 지역의 생존전략, 클러스터』. 서울: 삼성경제연구소.
서준교(2014). 도시재생전략(Urban Regeneration Strategy)에 대한 비판적 고찰: Baltimore와 Glasgow의 도시재생을 중심으로. 『한국지방자치학회보』. 26(4).
서창원(1983). 한국의 대도시 정책발전과 정책이론의 전개과정 변천에 관한 소론. 『국토연구』. 제2권. 국토개발연구원.
송기섭(1994). 수도권 정비시책의 개편. 『국토정보』. 2월호. 국토개발연구원.
송병락(1987). 『한국의 국토 · 도시 · 환경』. 한국개발연구원.
송영섭(1983). 서울시 도심재개발사업. 『건축사』. 7월호.
신동아 편집실 편(1988). 『가진 자와 못 가진 자: 고도 경제성장의 그늘』. 서울: 동아일보사.
신창호(1993). 서울형 산업의 육성. 서울 산업경제구조 변천과 발전 방향에 관한 국제세미나 발표 논문. 서울시정개발연구원. 6월 30일.
심재현(1995). 대형사고와 재난대책. 『자치행정』. 제89호. 지방행정연구소.
안건혁(1986). 산업장려지구(Enterprise Zone). 『국토정보다이제스트』. 12월호. 국토개발연구원.
안현실 · 임채윤(1995). 『영남 테크노파크사업의 타당성에 관한 연구』. 산업기술정책연구소.
염돈민(1993). 『임대주택 공급정책의 평가에 관한 연구』. 경희대학교 행정학 박사학위 논문.
오광석 · 박원재(1997) 공공행정의 리엔지니어링과 그 추진 방향. 『정보화동향분석』. 4(17).
원제무(1991). 『도시교통론』. 서울: 박영사.
원제무 · 박용훈(1993). 『정보화사회와 글로벌 도시』. 서울: 박영사.
유광수(1992). 지방화 시대와 도시교통 정책 방향. 노정현 · 박우서 · 박경원 공편. 『지방자치시대의 도시행정』. 서울: 나남.
유재천 옮김(1981). 『제3의 물결』. 서울: 문화서적. 원저: Toffler, Alvin. *The Third Wave*. Bantam Books. 1980.

유재현(1993). 환경적으로 건전하고 지속 가능한 도시개발. 『환경행정』. 1(1). 한국환경행정학회.
유훈(1990). 정책집행과 일선관료제. 『행정논총』. 28(2). 서울대학교 행정대학원.
윤대식(1984). 지역개발을 위한 Q.O.L.지표의 도입과 활용 방안에 관한 고찰. 『국토계획』. 19(1). 대한국토계획학회.
———(1991). Urban Spatial Structure and Transit Fare Policies. 『국토계획』. 26(3). 대한국토·도시계획학회.
———(1993). 대구의 교통문제: 문제의 본질과 정책과제. 『대구·경북 지역동향』. 8월호. 대구사회연구소.
———(1993). 대학과 지역경제 활성화. 대학과 지역 발전에 관한 토론회 발표 논문. 영남대학교 새마을·지역개발연구소. 2월 12일.
———(1993). 학원도시의 경제적 활로는 없는가. 『지방자치』. 3월호. 현대사회연구소.
———(1994). 국가경쟁력 강화와 지역 균형발전의 조화는 가능한가. 『지방자치』. 3월호. 현대사회연구소.
윤대식·윤성순(1995). 『도시모형론』. 서울: 홍문사.
윤영진·김태룡(2002). 『새행정이론』. 서울: 대영문화사.
이건영(1984). 대도시 교통문제의 본질과 정책과제: 도시 성장과 교통시설의 조화를 중심으로. 서울의 교통문제 토론회 발표 논문. 국토개발연구원. 8월 30일~31일.
이건영·원제무(1990). 『도시교통정책론』. 서울: 박영사.
이계식·문형표 편(1995). 『정부혁신: 선진국의 전략과 교훈』. 한국개발연구원.
이만우(1993). 『공공경제학』. 서울: 태진출판사.
이문영·윤성식(1993). 『재무행정』. 서울: 학현사.
이상철(1995). 『공기업에 대한 정부규제정책의 게임론적 연구』. 영남대학교 행정학 박사학위 논문.
이영성(2017). 스마트시티의 핵심 가치와 경쟁력 확보방안. 『지역연구』. 33(1). 한국지역학회.
이재용(2016). 국내외 스마트도시 진단지표 활용 및 시사점. 『국토』. 9월호. 국토연구원.
이정식(1986). Enterprise Zone. 『국토정보다이제스트』. 12월호. 국토개발연구원.
이정전(1991). 『토지경제론』. 서울: 박영사.
이종열(1990). 사회운동의 성공 요인과 정책 변화에 대한 영향분석: 도시철거민 저항운동의 사례분석. 『한국행정학보』. 24(3). 한국행정학회.
———(1990). 지방자치제하에서 지방행정의 안정성 확보에 관한 연구. 『지방자치연구』. 2(2). 한국지방자치학회.
———(1991). 도시행정의 조직화에 관한 대안적 시각. 『경북산업대학교 논문집』. 7(28).
———(1991). 도시 토지이용의 정치경제학: 도시재개발정책을 중심으로. 『한국행정학보』. 25(1). 한국행정학회.
———(1992). 사용자부담금의 이론과 실제. 『경북산업대학교 논문집』. 8(29).
———(1993). 『공공주택의 비교론적 고찰』. Working Paper. No. 1. 대구사회연구소.
———(1994). 도시빈민의 주거실태. 『대구지역 빈민의 생활 실태와 빈곤정책 연구』. 대구사회연구소.
———(1994). 도시빈민을 위한 주거정책. 『대구지역 빈민의 생활 실태와 빈곤정책 연구』. 대구사회연구소.
———(1994). 도시빈곤층 주거정책에 대한 실태분석. 『대구·경북행정학회보』. 6(2). 대구·경북행정학회.
———(1994). A Study of Crime Causes: Regression Analysis. 『경북산업대학교 논문집』. 제10집.
———(1995). 빈곤계층의 주거 보장 실태와 개선 방안. 『제3기 사회복지대학』. 우리복지시민연합.

———(1995). 지역경제개발과 정부의 역할. 지역산업의 국제화 추진전략에 관한 국제학술 심포지엄 발표 논문. 경북산업대학교 지역산업경영연구소. 5월 18일.
———(1995). 지방 중소소비형 도시와 도농통합형 지역의 환경 · 사회정책. 『환경과 사회』. 제6호. 한국환경 · 사회정책연구소.
———(1996). 공공주택정책의 비교론적 고찰: 한국과 영국을 중심으로. 『한국행정연구』. 5(1). 한국행정연구원.
———(1996). 한국과 싱가포르의 공공주택정책 비교분석. 『한국행정논집』. 8(4). 한국행정학회, 대구 · 경북행정학회.
———(1998). 도시 정치권력이론의 비교론적 고찰: 레짐이론을 중심으로. 『정치 · 정보연구』. 1(1).
이종열 · 노지영(2009). 인천광역시 도시재생정책의 집행과정 분석: ACF(Advocacy Coalition Framework)의 적용. 『행정논총』. 47(4). 서울대학교 한국행정연구소.
이종열 · 이창기 옮김(1991). 『행정이론: 행정학의 지적 위기』. 서울: 대왕사. 원저: Ostrom, Vincent. *Intellectual Crisis in American Public Adminstration*. University of Alabama Press. 1989.
이종호(1992). 한국의 첨단 경량전철 도입 방향. 첨단 경량전철 국제 심포지엄 발표 논문. 교통개발연구원. 12월 1일~2일.
이태일(1982). 서울 주변지역 간의 상호작용에 관한 분석연구. 『국토연구』. 제1권. 국토개발연구원.
———(1983). 토지투기의 문제점과 그 대책. 『도시문제』. 18(6).
———(1985). 용도지역지구제. 황명찬 편. 『토지정책론』. 서울: 경영문화원.
———(1994). 도시에 대한 또 하나의 시각: 4부류의 도시민. 『국토정보』. 3월호. 국토개발연구원.
임송택(1996). 『재난종합관리체제에 관한 연구』. 한국지방행정연구원.
정남조 옮김(1991). 『도시폐기물』. 서울: 동화기술. 원저: 田中勝 · 高月紘. 『都市廢棄物』.
정용덕 옮김(1986). 『사익의 공공활용』. 서울: 성균관대학교출판부. 원저: Schultze, Charles L. *The Public Use of Private Interest*. Brookings Institution Press. 1977.
정윤수(1995). 경찰관 성과평가척도의 발전 방향. 『한국행정학보』. 29(2). 한국행정학회.
정정길(1991). 『정책학원론』. 서울: 대명출판사.
정정길 · 성규탁 · 이장 · 이윤식(1989). 『정책평가: 이론과 적용』. 서울: 박영사.
정창무(2017). 제4차 산업혁명 시대의 도시구조 변화 전망과 정책과제. 『국토』. 2월호. 국토연구원.
조덕호(1995). Filtering Theory and Housing Policy Alternatives. 『국토계획』. 30(4). 대한국토 · 도시계획학회.
조정제(1990). 『도시경영』. 서울: 법문사.
조철주(1993). 청주테크노빌의 육성전략과 충북권 개발. 2000년대를 향한 충북권 개발과 지방도시 성장관리정책에 관한 학술세미나 발표 논문. 한국지역개발학회 · 충북경제연구소. 5월 21일~5월 22일.
최남희(2016). 스마트도시 첨단 인프라의 체계적 도입방안. 『국토』. 9월호. 국토연구원.
최병두(1991). 『한국의 공간과 환경』. 서울: 한길사.
최병선(1983). 도시계획의 기능. 『국토계획』. 18(1). 대한국토계획학회.
———(1986). 도시와 토지이용. 『도시정보』. 4월호.
———(1992). 그린벨트 제도의 개선 방향: 도시계획 측면. 『국토정보』. 12월호. 국토개발연구원.
최상석(1995). 도시의 안전관리 체계: 외국 사례. 『도시정보』. 14(8). 대한국토 · 도시계획학회.
최인현(1971). 인구통계: 경제기획원 조사통계국 자료. 인구 및 발전문제연구소. 『연구총서』. 제7호.
최재선(1990). 『지역경제론』. 서울: 법문사.
최태량 옮김(1992). 『주택정책: 주택과 사회정책』. 서울: 범론사. 원저: Chapham, David, Peter Kemp,

& Susan J. Smith. *Housing and Social Policy*. Macmillan. 1990.
토지공개념연구위원회(1989). 『토지공개념연구위원회 연구보고서』.
하동익(1994). IVHS 국내개발 추진전략에 관한 제언. 『대한교통학회지』. 12(1).
하성규(1995). 『주택정책론』. 서울: 박영사.
하성규 · 김연명(1991). 한국의 주택정책과 이데올로기. 『국토계획』. 26(1). 대한국토 · 도시계획학회.
하연섭(1992). 산업화 전략의 변화와 재정 · 금융정책의 정치경제. 한국행정학회 동계학술대회 발표 논문.
한국은행(1988). 『주요 경제사회지표, 1945-1988』.
한국지방행정연구원(1989). 『지방자치하의 도시계획 관리모델에 관한 연구』.
한영주(1993). 수도권 과밀억제부담금 제도의 도입 방안. 『국토정보』. 2월호. 국토개발연구원.
한표환(1992). 일본의 '비즈니스 인큐베이터' 제도를 알아본다. 『지방자치』. 9월호. 현대사회연구소.
현대사회연구소(1985). 『도시비공식 부문 연구』.
형기주(1993). 서울의 산업구조 변화와 입지정책. 서울산업경제구조 변천과 발전 방향에 관한 국제 세미나 발표 논문. 서울시정개발연구원. 6월 30일.
홍갑선 · 이용상(2001). 『교통정책의 경제학』. 서울: 명보문화사.
홍기용(1990). 『지역경제론』. 서울: 박영사.
환경부(1996, 2004, 2011, 2017). 『환경백서』.
황명찬(1989). 『한국의 토지와 주택』. 서울: 법문사.
———(1989). 『지역개발론』. 서울: 법문사.
황용주(1985). 『도시계획원론』. 서울: 녹원출판사.

[국외 문헌]

牧野昇 編(1976). 『環境アセスメントとその手法, 環境影響評價のCase Study』. 東京: 三菱研究所.
石水照雄(1974). 『都市空間構造理論』. 東京: 大明堂.
日本自治省(1992). 『地方財政の狀況』. 3月.
日本環境廳 編(1973). 『環境白書』. 大藏省印刷局. 昭和 48年.
總合研究開發機構 · 地方自治研究資料センタ - 共編(1980). 『都市化時代の行政哲學 - 公共サビスの內容と負擔』. 東京: 第一法規出版.

Aaron, Henry. J.(1972). *Shelter and Subsidies: Who Benefits from Federal Housing Policies?*. Washington, D. C.: Brookings Institution.
Abler, Ronald, John. S. Adams, & Peter Gould(1971). *Spatial Organization: The Geographer's View of the World*. Englewood Cliffs, N. J.: Prentice-Hall, Inc.
Adler, Hans A.(1971). *Economic Appraisal of Transport Projects: A Manual with Case Studies*. Bloomington: Indiana University Press.
Advisory Commission on Intergovernmental Relations(1966). *Metropolitan America: Challenge to Federalism. Washington* D. C: U. S. Government Printing Office.
———(1974). *Governmental Functions and Processes: Local and Areawide*. Washington D. C.: U. S. Government Printing Office.
———(1974). *The Challenge of Local Governmental Reorganization*. Vol. 3. Washington D. C.: U. S.

Government Printing Office.

———(1985). *Intergovernmental Service Arrangements for Delivering Local Public Services: Update 1983*. Report A-103. Washington D. C.: U. S. Government Printing Office.

Agnew, John A.(1981). Home Ownership and the Capitalist Order. In M. Dear & A. J. Scott(eds.). *Urbanization and Urban Planning in Capitalist Society*. London: Methuen.

Akin, John & Gerald E. Auten(1976). City Schools and Suburban Schools: A Fiscal Comparison. *Land Economics*. 52. Nov.

Allegheny Conference on Community Development. *Five Year Economic Development Report: 1984-1989*.

Alonso, William(1965). *Location and Land Use*. Cambridge, Mass.: Harvard University Press.

Altshuler, Alan A.(1970). *Community Control: The Black Demand for Participation in Large American Cities*. New York: Pegasus.

Anderson, James E.(1979). *Public Policy-Making*. New York: Holt, Rineharts and Winston.

Anderson, Joseph. V.(1994). Creativity and Play: A Systematic Approach to Managing Innovation. *Business Horizons*. 37(2).

Auf Der Heide, Erik(1989). *Disaster Response: Principles of Preparation and Coordination*. St. Louis: The C. V. Mosby Company.

Bachrach, Peter(1975). Interest Participation, and Democratic Theory. In J. Roland Pennock & John W. Chapman(eds.). *Participation in Politics*. New York: Lieber-Atherton, Inc.

Bachrach, Peter & Morton Baratz(1962). Two Faces of Power. *APSR*. 56.

———(1970). *Power and Poverty: Theory and Practice*. New York: Oxford University Press.

Baharoglu, Deniz & Christine Kessides(2001). Urban Poverty. *Poverty Reduction Strategy Paper (PRSP) Sourcebook*.

Ball, Michael(1983). *Housing Policy and Economic Power: The Political Economy of Owner Occupation*. London: Methuen.

Banfield, Edward C.(1973). Ends and Means in Planning. In A. Faludi(ed.). *A Reader in Planning Theory*. Oxford: Pergamon Press.

———(1974). *The Unheavenly City Revisited*. Boston: Little Brown.

Baratz, Joan C. & Jay M. Moskowitz(1978). Proposition 13: How and Why It Happened. *Phi Delta Kappa*. 60(September).

Barcelona Declaration(1986). *Report of the International Conference on Population and the Urban Future*. Barcelona. 19-22 May. United Nations Fund for Population Activities. New York.

Bardach, Eugene(1976). Policy Termination as a Political Process. *Policy Science*. 7.

Baum, Andrew, Raymond Fleming, & Laura Davidson(1983). Natural Disaster and Technological Catastrophe. *Environment and Behavior*. 15(2).

Baumol, William J.(1961). *Economic Theory and Operations Analysis*. New York: Prentice-Hall, Inc.

Baumol, William J., J. C. Panzar, & R. D. Willig(1982). *Contestable Markets and the Theory of Industrial Structure*. New York: Harcourt Brace and Javanovich.

Bendavid, Avrom(1974). *Regional Economic Analysis for Practitioners*. New York: Praeger Publishers.

Berman, Evan M. & Janathan P. West(1995). Municipal Commitment to Total Quality Management: A Survey of Recent Progress. *Public Administration Review*. 55(1).

Berne, Robert & Richard Schramm(1986). *The Financial Analysis of Governments*. Englewood Cliffs,

New Jersey: Prentice-Hall, Inc.

Bianchini, Franco, Jon Dawson, & Richard Evans(1992). Flagship Projects in Urban Regeneration. In P. Healey et al. (eds.) *Rebuilding the City: Property-led Urban Regeneration*. E & FN Spon: London.

Bingham, Richard D. et al.(1991). *Managing Local Government: Public Administration in Practice*. London: Sage Publications.

Bish, Robert L.(1971). *The Public Economy of Metropolitan Areas*. Chicago: Markham.

Bish, Robert L. & Robert Warren(1972). Scale and Monopoly Problems in Urban Government Services. *Urban Affairs Quarterly*. 8(September).

Bish, Robert L. & Vincent Ostrom(1973). *Understanding Urban Government: Metropolitan Reform Reconsidered*. Washington, D. C.: American Enterprise Institute for Public Policy Research.

Black, John(1981). *Urban Transport Planning: Theory and Practice*. Baltimore: Johns Hopkins University Press.

Boadway, Robin W.(1979). *Public Sector Economics*. Cambridge, Mass.: Winthrop.

Bothun, Douglas & John C. Comer(1979). The Politics of Termination: Concepts and Process. *Policy Studies Journal*. Spring.

Bourne, Larry S.(1981). *The Geography of Housing*. Canada: V. H. Winston & Sons.

———(1982). Urban Spatial Structure: An Introductory Essay on Concepts and Criteria. In L. S. Bourne(ed.). *Internal Structure of the City*. New York: Oxford University Press.

Bratt, Rachel G., Chester Hartman, & Ann Meyerson(eds.)(1986). *Critical Perspectives on Housing*. Philadelphia: Temple University Press.

Brewer, Garry B.(1978). Termination: Hard Choices-Harder Questions. *PAR*. 38 (July/August).

Brown, Lawrence A., Frank E. Horton, & Robert I. Wittick(1970). On Place Utility and the Normative Allocation of Intra-Urban Migrants. *Demography*. 7.

Browne, William(1974). Resource Needs and Attitudes toward Finance Allocations: A Study of Suburban Police Chiefs. *Public Administration Review*. 34(July/August).

Browning, Edgar K. & Jacquelene M. Browning(1979). *Public Finance and the Price System*. New York: Macmillan.

Burnside, R. M.(1995). The Soft Stuff Is the Hard Stuff: Encouraging Creativity in Times of Turbulence. *Compensation and Benefits Management*. 11(3).

Caiden, Gerald E.(1982). *Public Administration*. Paciffic Palisades, California: Palisades Publishers.

Castells, Manuel(1977). *The Urban Question*. Cambridge, Mass.: MIT Press.

———(1979). *The Urban Question*. London: Edward Arnold.

Catanese, Anthony J. & James C. Snyder(1979). *Introduction to Urban Planning*. New York: McGraw-Hill.

Chapin, F. Stuart, Jr. & Edward J. Kaiser(1979). *Urban Land Use Planning*. Urbana: University of Illinois Press.

Choe, Sang Chul & Byung Nag Song(1984). An Evaluation of Industrial Location Policies for Urban Deconcentration in Seoul Region. *Journal of Environmental Studies*. 14.

Choi, J. H. & T. I. Lee(1985). Attributes of Metropolitan Suburbanization in Seoul Capital Region and Their Policy Implications. Paper presented at Korea/United States Seminar on Urban/Regional/Transportation Development Planning and Environmental Management.

Christy, Francis T., Jr. & Anthony Scott(1965). *The Common Wealth of World Fisheries*. Baltimore, Maryland: The Johns Hopkins University Press.

Clark, Terry Nickels(2000). Old and New Paradigms for Urban Research. *Urban Affairs Review*. 36(1).

Cleveland, H.(1972). *The Future Executive: A Guide for Tomorrow's Managers*. New York: Harper Collins.

Coase, Ronald H.(1960). The Problem of Social Cost. *Journal of Law and Economics*. 3(October).

Cobb, Roger W. & Charles D. Elder(1983). *Participation in American Politics: The Dynamics of Agenda Building*. Baltimore: The Johns Hopkins University Press.

Cochrane, Allan(1993). *Whatever Happened to Local Government?*. Milton Keynes: Open University Press.

Colman, William G.(1989). *State and Local Government and Public-Private Partnerships*. Westport, Connecticut: Greenwood Press. 237-267.

Committee for Economic Development(1966). *Modernizing Local Government*. New York.

———(1970). *Reshaping Urban Government*. New York.

Conroy, Michael(1975). *The Challenge of Urban Economic Development*. Lexington, Mass.: Lexington Books.

Corcoran, Mary E.(1995). Rags to Rags: Poverty and Mobility in the United States. *Annual Review of Sociology*. 21(1).

Cyert, Richard M. & James G. March(1963). *A Behavioral Theory of the Firm*. Englewood Cliffs, New Jersey: Prentice-Hall, Inc.

Dahl, Robert A.(1961). *Who Governs?*. New Haven: Yale University Press.

———(1982). *Dilemmas of Pluralist Democracy: Autonomy vs. Control*. New Haven and London: Yale University Press.

Data User News(1980). *New Standards for Metropolitan Statistical Areas*. 15(6).

Davidoff, Paul & Thomas A. Reiner(1962). A Choice Theory of Planning. *Journal of the American Institute of Planners*. 28(2). May.

Davis, Kingsley(1965). The Urbanization of the Human Population. In A Scientific American Book(ed.). *Cities*. New York: Alfred A. Knopf.

———(1976). Urbanization. In Harold M. Hochman(ed.). *The Urban Economy*. New York: W. W. Norton and Company, Inc.

Davis, Otto A. & Andrew B. Whinston(1967). On the Distinction between Public and Private Goods. *American Economic Review*. 57(May).

Dear, Michael(1992). Understanding & Overcoming the NIMBY Syndrome. *Journal of American Planning Association*. 58(3).

Dear, Michael, S. Martin Taylor, & G. B. Hall(1980). External Effects of Mental Health Facilities. *Annals, Association of American Geographers*. 70(3).

Dolgoff, Ralph & Donald Feldstein(2009). *Understanding Social Welfare: A Search for Social Justice*. New York: Pearson.

deLeon, Peter(1978). A Theory of Policy Termination. In Judith U. May & Aaron B. Wildavsky(eds.). *The Policy Cycle*. Beverly Hills, California: Sage Publications.

deLeon, Peter & Garry Brewer(1983). *The Foundations of Policy Analysis*. Homewood, Illinois: Dorsey Press.

Downing, Paul B.(1977). *Local Service Pricing Policies and Their Effect on Urban Spatial Structure*. Vancouver: University of British Columbia Press.

———(1981). *User Charges and Service Fees*. U. S. Department of Housing and Urban Development Office of Policy Development and Research Financial Management Capacity Sharing Program. Washington, D. C.

Downs, Anthony(1957). *An Economic Theory of Democracy*. New York: Harper & Row Publishers, Inc.

Drennan, M. P.(1993). The Changing Industrial Structure of New York and Its Implication for Public Policy. 서울산업경제구조 변천과 발전 방향에 관한 국제세미나 발표 논문. 서울시정개발연구원. 6월 30일.

Dror, Yehezkel(1964). Muddling Through: Science or Inertia?. *PAR*. 24(3).

———(1968). *Public Policymaking Reexamined*. Scranton: Chandler Publishing Company.

———(1971). *Design for Policy Sciences*. New York: American Elsevier Publishing Company, Inc.

———(1971). *Ventures in Policy Sciences*. New York: American Elsevier Publishing Company, Inc.

———(1983). *Public Policymaking Reexamined*. New Jersey: Transaction, Inc.

Dye, Thomas R.(1981, 1984). *Understanding Public Policy*. Englewood Cliffs, N. J.: Prentice-Hall, Inc.

Easton, David(1953). *The Political System*. New York: Knopf.

———(1957). An Approach to the Analysis of Political Systems. *World Politics*. 9.

———(1965). *A Framework for Political Analysis*. Englewood Cliffs, New Jersey: Prentice-Hall, Inc.

———(1965). *A Systems Analysis of Political Life*. New York: John Wiley & Sons.

Edquist, Charles(ed.)(1977). *Systems of Innovation? Technologies, Institutions and Organizations*. London: Printer Publisher.

Elkin, Stephen L.(1987). *City and Regime in the American Republic*. Chicago, IL: University of Chicago Press.

Etzioni, Amitai(1964). *Modern Organization*. Englewood Cliffs, New Jersey: Prentice-Hall, Inc.

———(1967). Mixed Scanning, A Third Approach to Policy Making. *PAR*. 27(5) (December).

———(1968). *Active Society*. New York: Free Press.

Fainstein, Norman & Susan Fainstein(1982). New Debates in Urban Planning: The Impact of Marxist Theory within the United States. *IHURP*.

———(1986). Regime Strategies, Communal Resistance and Economic Forces. In S. Fainstein, R. C. Hill, D. Judd, & M. Smith(eds.). *Restructuring the City: The Political Economy of Urban Redevelopment*. New York: Longman.

Faludi, Andreas(1973). What is Planning Theory?: Introduction. In A. Faludi(ed.). *A Reader in Planning Theory*. Oxford: Pergamon Press.

Feagin, Joe R.(1983). *The Urban Real Estate Game: Playing Monopoly with Real Money*. Englewood Cliffs, New Jersey: Prentice-Hall, Inc.

Feldman, Maryann P.(1994). *The Geography of Innovation*. Dordrecht: Kluwer Academic Publishers.

FEMA(1984). Objectives for Local Emergency Management. CPG 1-5. Washington, D. C.

Florestano, Patricia S. & Stephen B. Gordon(1979). Private Provision of Public Services: Contracting by Large Local Governments. *International Journal of Public Administration*. 1(3).

———(1980). Public vs. Private: Small Government Contracting with the Private Sector. *Public Administration Review*. 40(Jan/Feb).

Florida, Richard(2017). *The New Urban Crisis*. Oneworld Publication.
Fredrickson, H. George(1997). *The Spirit of Public Administration*. San Francisco: Jossey-Bass.
Friedmann, John(1973). A Conceptual Model for the Analysis of Planning Behavior. In A. Faludi(ed.). *A Reader in Planning Theory*. Oxford: Pergamon Press.
———(1973). *Urbanization, Planning, and National Development*. Beverly Hills, California: Sage Publications.
Galambos, Eva & Arthur Schreiber(1978). *Making Sense out of Dollars: Economic Analysis for Local Governments*. Washington, D. C.: National League of Cities.
Gale, Stephen & Eric G. Moore(eds.)(1988). *The Manipulated City*. Chicago: Maaroufa Press.
Garvey, Gerald(1993). *Facing the Bureaucracy: Living and Dying in a Public Agency*. San Francisco: Jossey-Bass.
Gilbert, Alan(1976). The Arguments for Very Large Cities Reconsidered. *Urban Studies*. 13.
Gittinger, J. Price(1972). *Economic Analysis of Agricultural Projects*. Baltimore: The Johns Hopkins University Press.
Glasson, John(1978). *An Introduction to Regional Planning*. Englewood Cliffs: Prentice-Hall, Inc.
Goodall, Brian(1978). *The Economics of Urban Areas*. Oxford: Pergamon Press.
Gordon, David M.(1984). Capitalist Development and the History of American Cities. In William K. Tabb & Larry Sawers(eds.). *Marxism and the Metropolis*. New York: Oxford University Press.
Gordon, H. Scott(1954). The Economics of a Common Property Resources: the Fishery. *Journal of Political Economy*. 62(April).
Gore, Al(1993). *From Red Tape to Results: Creating A Government that Works Better & Costs Less*. Washington, D. C.: U.S. Government Printing Office.
Gore, Charles(1984). *Regions in Question*. London: Methuen.
Gottmann, Jean(1961). *Megapolis: The Urbanized Northeast Seaboard of the United States*. New York: Twentieth Century Fund.
Gramlich, Edward M.(1981). *Benefit-Cost Analysis of Government Programs*. Englewood Cliffs: Prentice-Hall, Inc.
Gulick, Luther H.(1962). *The Metropolitan Problem and American Ideas*. New York: Alfred Knopf.
Ha, Seong Kyu(1984). *State-Developed Housing in Korea: A Case Study from Seoul*. Ph. D. Dissertation. University of London.
Hagenaars, Aldi & Klaas de Vos(1988). The Definition and Measurement of Poverty. *Journal of Human Resources*. 23(2).
Hall, Peter(1979). Models of Development Strategy: A Critique. In Yung Hee Rho & Myung Chan Hwang(eds.). *Metropolitan Planning: Issues and Policies*. Seoul: Korea Research Institute for Human Settlements.
Ham, Christopher & Michael Hill(1984). *The Policy Process in the Modern Capitalist State*. New York: St. Martin's Press.
Hanke, Steve H.(1985). The Theory of Privatization. In S. M. Butler(ed.). *The Privatization Option*. Washington D. C.: Heritage Foundation.
Hansen, Niles M.(1978). *Human Settlement Systems*. Cambridge: Ballinger Publishing Company.
Hardin, Garrett(1968). The Tragedy of the Commons. *Science*. 162(13 December).
Harvey, David(1978). The Urban Process under Capitalism: A Framework for Analysis. *IJURR*. 2(1).

———(1982). *The Limit to Capital*. Oxford: Oxford University Press.

Hatry, H. P.(1985). Privatization Pros and Cons–And Ways to Make Government Agencies More Competitive. *Urban Resources*. 2(4).

Hauser, Phillip M.(1966). Urbanization: An Overview. In Phillip M. Hauser & Leo F. Schnore(eds.). *The Study of Urbanization*. New York: John Wiley & Sons, Inc.

Hay, Richard Jr.(1970). Patterns of Urbanization and Socio-Economic Development in the Third World: An Overview. *HABITAT*. Item 10 of the Provisional Agenda A/CONF, 70/A/1.

———(1977). Patterns of Urbanization and Socio-Economic Development in the Third World: An Overview. In Janet Abu-Lughod & Richard Hay, Jr.(eds.). *Third World Urbanization*. New York: Methuen.

Heilbrun, James(1981). *Urban Economics and Public Policy*. Second Edition. New York: St. Martin's Press.

Hill, Morris(1968). A Goals-Achievement Matrix for Evaluating Alternative Plans. *Journal of the American Institute of Planners*. 34.

———(1973). *Planning for Multiple Objectives*. Monograph Series. No. 5. Philadelphia: Regional Science Research Institute.

———(1977). On Goods and Services. *The Review of Income and Wealth*. 23(4).

Hirsch, Werner(1968). The Supply of Urban Government Services. In Harvey S. Perloff & Lowden Wingo, Jr.(eds.). *Issues in Urban Economics*. Baltimore: The Johns Hopkins University Press.

Hochman, Harold M.(ed.)(1976). *The Urban Economy*. New York: W. W. Norton & Company, Inc.

Hoover, Edgar M.(1975). *An Introduction to Regional Economics*. Second Edition. New York: Alfred A. Knopf, Inc.

Hoselitz, B. F.(1955). Centeractive Analysis of Over-Urbanization. *Economic Development and Cultural Change*. 3(3).

Howard, Ebenezer(1929). *Garden Cities of Tomorrow*. Chicago: Faber.

Hwang, Myung Chan(1979). A Search for a Development Strategy for the Capital Region of Korea. Paper prepared for the International Conference on Planning for the Capital Region: Strategy and Policy for Growth Management, 1982-1991. Seoul: Korea Research Institute for Human Settlements.

———(1982). *Growth and Management of Seoul Metropolitan Region*. Seoul: Korea Research Institute for Human Settlements.

ICMA(1987). *Management Policies in Local Government Finance*. Washington D. C.: ICMA.

Isserman, A.(1977). The Accuracy of Population Projections for Subcounty Areas. *Journal of the American Institute of Planners*. 43(July).

Jeong, Won-Sik(1995). *The Role of the State and Urban Development Politics in the Changing Face of Seoul, Korea*. Ph. D. Dissertation. The City University of New York.

John, DeWatt J., Donald F. Kettl, Barbara Dyer, & W. Robert Lovan(1994). What Will New Governance Mean for the Federal Government?. *Public Administration Review*. 54(2). March/April.

Johnson, William C.(1989). *The Politics of Urban Planning*. New York: Prentice-Hall, Inc.

Jones, Bryan D.(1983). *Governing Urban America: A Policy Focus*. Boston: Little, Brown and Company.

Jones, Victor(1942). *Metropolitan Government*. Chicago: University of Chicago Press.

———(1966). Local Government Organization in Metropolitan Areas. In Coleman Woodbury(ed.). *The Future of Cities and Urban Redevelopment*. Chicago: The University of Chicago Press.

Kaplan, Charles P., Thomas Van Valey, & Associates(1980). *Census'80: Continuing the Factfinder Tradition*. Washington, D. C.: U. S. Bureau of the Census.

Kettl, Donald F.(1993). *Sharing Power: Public Governance and Private Markets*. Washington D. C.: Brookings Institution.

Key, Valdimer O., Jr.(1961). *Public Opinion and American Democracy*. New York: Knopf.

Keyfitz, N.(1972). On Future Population. *Journal of the American Statistical Association*. 67(June).

Knight, Frank H.(1921). *Risk Uncertainty and Profit*. New York: Harper & Row Publishers, Inc.

Knight, Richard V. & Gary Gappert(eds.)(1989). *Cities in a Global Society*. Newbury Park, CA: Sage Publications.

Kotler, Milton(1969). *Neighborhood Government: The Local Foundations of Political Life*. Indianapolis: Bobbs-Merrill.

Krueckeberg, Donald A. & Arthur L. Silvers(1974). *Urban Planning Analysis: Methods and Models*. New York: John Wiley & Sons, Inc.

Kuhn, Thomas S.(1970). *The Structure of Scientific Revolution*. Chicago: The University of Chicago Press.

Kwon, Won Yong(1981). A Study of the Economic Impact of Industrial Relocation: the Case of Seoul. *Urban Studies*. 81.

Lamarche, F.(1976). Property Development and the Economic Foundations of the Urban Question. In C. G. Pickvance(ed.). *Urban Sociology: Critical Essays*. London: Tavistock Publications.

Lan, Zhiyong & David H. Rosenbloom(1992). Public Administration in Transition?. *Public Administration Review*. 52.

Lasswell, Harold D. & Abraham Kaplan(1970). *Power and Society*. New Haven: Yale University Press.

Lee, Colin(1973). *Models in Planning: An Introduction to the Use of Quantitative Models in Planning*. Oxford: Pergamon Press.

Lee, Jong-Youl(1990). *The Practice of Protest: Three Case Studies in Urban Renewal in Seoul, Korea*. Unpublished Doctoral Dissertation. The City University of New York.

Lee, Jong Youl, Jill L. Tao, & Chad D. Anderson(2012). *Urban Administration: Issues and Practices*. Seoul: Daeyoung Moonhwasa Publishing Company.

Leepson, Marc(1985). *Supercities: Problems of Urban Growth*. Editorial Research Roports. Nov. 15.

Leftwich, Richard H. & Ansel M. Sharp(1984). *Economics of Social Issues*. Plano, Texas: Business Publications, Inc.

Levine, Charles H.(1978). Organizational Decline and Cutback Management. *PAR*. 38(4) (July/August).

———(1979). More on Cutback Management: Hard Questions for Hard Times. *PAR*. 39(1) (March/April).

Levine, Charles H., et al.(1975). Organization Design: A Post Minnowbrook Perspective for the New Public Administration. *PAR*. 35. July/August.

Levine, Robert A.(1972). *Public Planning*. New York: Basic Books, Inc.

Lindblom, Charles E.(1959). The Science of 'Muddling Through'. *PAR*. 19(1).

———(1964). *The Intelligence of Democracy*. New York: Macmillan.

———(1968, 1980). *The Policy-Making Process*. Englewood Cliffs, New Jersey: Prentice-Hall, Inc.

———(1987). *Politics & Markets: The World's Political-Economic Systems*. New York: Basic Books.

Lineberry, Robert L. & Ira Sharkansky(1980). *Urban Politics & Public Policy*. New York: Harper & Row, Publishers.

Lipsky, Michael(1969). Toward a Theory of Street-Level Bureaucracy. Paper presented at the Annual Meeting of the American Political Science Association. September.

———(1980). *Street Level Bureaucracy: Dilemmas of the Individual in Public Services*. New York: Russell Sage.

Lojkine, Jean(1976). Contribution to a Marxist Theory of Capital Urbanization. In C. G. Pickvance(ed.). *Urban Sociology: Critical Essays*. London: Tavistock Publications.

Lowi, Theodore J.(1976, 1979). *The End of Liberalism*. New York: W. W. Norton and Company.

Lundvall, B. A.(ed.)(1992). *National Systems and Innovation: Towards Theory of Innovation and Interactive Learning*. London: Printer Publisher.

Lynch, Kevin(1960). *The Image of the City*. Cambridge: The MIT Press.

March, James G. & Herbert A. Simon(1958). *Organizations*. New York: John Wiley & Sons, Inc.

Marx, Gary T.(1978). Alternative Measures of Police Performance. In Richard Larson(ed.). *Police Accountability*. Lexington, M. A.: Lexington Books.

Marx, Karl & Friedrich Engels(1977). The City, the Division of Labor, and the Emergence of Capitalism. In Janet Abu-Lughod & Richard Hay, Jr.(eds.). *Third World Urbanization*. New York: Methuen.

Matilla, J. M. & Walter R. Thompson(1968). Toward an Econometric Model of Urban Economic Development. In H. S. Perloff & L. Wingo, Jr.(eds.). *Issues in Urban Economics*. Baltimore: Johns Hopkins University Press.

May, Edgar(1980). White Collar Crime. *Police Magazine*. March.

McConnell, Shean(1981). *Theories for Planning*. London: Heinemann.

McGuire, Chester C.(1981). *International Housing Policies*. Lexington, Masachusetts: D. C. Heath, Lexington Books.

McKenzie, Roderick D.(1933). *The Metropolitan Community*. New York: McGraw-Hill.

Merelman, Richard M.(1968). On the Neo-Elitist Critique of Community Power. *A.P.S.R.* 62.

Merriam, Charles, et al.(1933). *The Government of the Metropolitan Region of Chicago*. Chicago: University of Chicago Press.

Meyer, Michael D. & Eric J. Miller(1984). *Urban Transportation Planning: A Decision-Oriented Approach*. New York: McGraw-Hill Book Co.

Meyerson, Martin & E. C. Banfield(1955). Politics, Planning and the Public Political Participation. *Canadian Journal of Political Science*. 6.

Miliband, Ralph(1969). *The State in Capitalist Society*. London: Weidenfeld & Nicolson.

———(1977). *Marxism and Politics*. Oxford: Oxford University Press.

Mill, John S.(1975). *Principles of Political Economy*. New York: Kelley.

Mills, Edwin S.(1976). The Nature of Urban Areas. In Harold M. Hochman (ed.). *The Urban Economy*. New York: W. W. Norton & Co.

Mishan, Ezra(Edward) J.(1969). The Relationship between Joint Products, Collective Goods, and External Effects. *The Journal of Political Economy*. 77(3).

———(1976). *Cost-Benefit Analysis*. New York: Praeger Publishers.

Mitchell, J. Clyde(1956). Urbanization, Detribalization, and Stabilization in Southern Africa: A Problem of Definition and Measurement. Report of the International African Institute. London. Prepared under the Auspices of UNESCO. *Social Implications of Industrialization and Urbanization in Africa South of the Sahara*. Paris: UNESCO.

Moe, Ronald C.(1987). Exploring the Limits of Privatization. *Public Administration Review*. 47(6).

Mollenkopf, John H.(1983). *The Contested City*. Princeton, New Jersey: Princeton University Press.

Moran, Robert T. & John R. Riesenberger(1994). *The Global Challenge*. New York: McGraw-Hill.

Morrill, Richard L.(1970). *The Spatial Organization of Society*, Wadworth Publishing Company.

Mumford, Lewis(1961). *The City in History*. New York: Harcourt Brace and Jovanovich.

Mushkin, Selma(1981). *User Charges and Service Fees*. U. S. Department of Housing and Urban Development. Office of Policy Development and Research. Financial Management Capacity Sharing Program. Washington, D. C.

———(ed.)(1972). *Public Prices for Public Products*. Washington, D. C.: The Urban Institute.

Musolf, Lloyd D. & Harold Seidman(1980). The Blurred Boundaries of Public Administration. *Public Administration Review*. 40.

Muth, Richard(1969). *Cities and Housing*. Chicago: University of Chicago Press.

———(1973). *Public Housing: An Economic Evaluation*. Washington, D. C.: American Enterprise Institute for Public Policy Research.

Nachmias, David(1979). *Public Policy Evaluation*. New York: St. Martin's Press.

National Advisory Commission on Criminal Justice Standards and Goals(1973). *Police*. Washington, D. C.

Nelson, Barbara J.(1980). Client Perceptions of Officialdom: Assessing Citizen Encounters with Social Problems. Paper presented at the Conference on the Public Encounter. Virginia Politechnic Institute and State University. Blacksburg, VA., January, 9-11.

Nesslein, Thornas S.(1988). Housing: The Market Versus the Welfare State Model Revisited. *Urban Studies*. 25.

Newman, Oscar(1972). *Defensible Space*. New York: Macmillan.

Nordlinger, Eric A.(1981). *On the Autonomy of the Democratic State*. Cambridge, Mass.: Harvard University Press.

O'Connor, James(1973). *The Fiscal Crisis of the State*. New York: St. Martin's Press.

Olson, Mancur(1965, 1971). *The Logic of Collective Action: Public Goods and the Theory of Groups*. Massachusetts: Harvard University Press.

Oppenheim, Norbert(1980). *Applied Models in Urban and Regional Analysis*. Englewood Cliffs: Prentice-Hall, Inc.

Osborne, David & Ted Gaebler(1992). *Reinventing Government: How the Entrepreneurial Spirit is Transforming the Public Sector*. Reading: Addison-Wesley.

Ostrom, Elinor & Dennis Smith(1976). On the Fate of Lilliputs in Metropolitan Policing. *Public Administration Review*. 36(March/April).

Ostrom, Elinor & Gordon P. Whitaker(1973). Do We Really Want to Consolidate Urban Police Forces?. *Public Administration Review*. 33(September/October).

Ostrom, Elinor & Roger B. Parks(1973). Suburban Police Departments: Too Many and Too Small?. In L. H. Masotti & J. K. Hadden(eds.). *Urbanization of the Suburbs*. Beverly Hills, California:

Sage.
Ostrom, Vincent & Elinor Ostrom(1971). Public Choice: A Different Approach to the Study of Public Administration. *Public Administration Review.* 31(2)(March/April).
Palumbo, Dennis J.(1988). *Public Policy in America.* New York: Harcourt Brace Jovanovich, Publishers.
Park, Heon-Joo(1991). *Housing Land and Government Intervention.* Doctoral Dissertation. Department of Human Geography. University of Stockholm.
Pascal, Anthony H. & Aaron S. Gurwitz(1983). *Picking Winners: Industrial Strategies for Local Economic Development.* Santa Monica, Calif.: Rand Corporation.
Perloff, Harvey S.(1967). Metropolitan Planning: Comments on Papers. In Wentworth Eldredge(ed.). *Taming Megapolis.* New York: Doubleday.
Petak, Willian J.(1985). Emergency Management: A Challenge for Public Administration. *Public Administration Review.* 45. Special Issue.
Peters, B. Guy(1996). *The Future of Governing.* University of Kansas.
Peters, B. Guy & Donald J Savuie(1995). Reinventing Osborne and Gaebler: Lessons from the Gore Commission. *Canadian Public Administration,* 37.
Petersen, William(1975). *Population.* New York: Macmillan.
Peterson, Paul E.(1981). *City Limits.* Chicago: University of Chicago Press.
Pfouts, Ralph W.(ed.)(1960). *The Techniques of Urban Economic Analysis.* West Trenton: Chandler-Davis Publishing Co.
Pierre, Jon(1999). Models of Urban Governance: The Institutional Dimension of Urban Politics. *Urban Affairs Review.* 34(3).
Pittenger, Donald B.(1976). *Projecting State and Local Populations.* Cambridge, Mass.: Ballinger.
Piven, Frances Fox & Richaed A. Cloward(1975). *The Politics of Turmoil: Essays on Poverty, Race and the Urban Crisis.* New York: Vintage Books.
Poulantzas, Nicos(1973). *Political Power and Social Classes.* London: New Left Books.
President's Commission for a National Agenda for the Eighties, Panel on Policies and Prospects(1980). *Urban America in the Eighties: Perspectives and Prospects.* Washington, D. C.: U. S. Government Printing Office.
Pressman, Jeffrey L. & Aaron Wildavsky(1973, 1984). *Implementation.* Berkeley: University of California Press.
Primeaux, Walter J., Jr.(1979). Problems with Natural Monopoly. *Antitrust Bulletin.* 24(1).
Rabinovitz, Francine F.(1969). *City Politics and Planning.* New York: Atherton Press.
Radin, Beryl A. & Joseph N. Coffee(1993). A Critique of TQM: Problems of Implementation in the Public Sector. *Public Administration Quarterly.* 17.
Raiffa, Howard(1970). *Decision Analysis: Introductory Lectures on Choices under Uncertainty.* Reading: Addison-Wesley Publishing Co.
Ramnadham, V. V.(1989). *Privatization in Developing Countries.* London: Routledge.
Ratcliffe, John(1976). *Land Policy.* London: Hutchinson and Co.
Renaud, Bertrand(1979). Economic Structure, Growth and Urbanization in Korea. Paper prepared for Multi-Disciplinary Conference on South Korea Industrialization. Honolulu, Hawaii.
Rhodes, R. A. W.(1997). *Understanding Governance: Policy Networks, Governance, Reflexivity, and*

Accountability. Buckingham, Philadelphia: Open University Press.
Richardson, Harry W.(1972). Optimality in City Size, Systems of Cities, and Urban Policy: A Sceptic's View. *Urban Studies*. 9.
———(1973). *The Economics of Urban Size*. Lexington: Lexington Books, D. C. Heath & Co.
———(1977). *City Size and National Spatial Strategies in Developing Countries*. The World Bank Staff Working Paper. No. 252.
———(1977). *The New Urban Economics: And Alternatives*. London: Pion.
———(1979). Metropolitan Decentralization Strategies in Developing Countries. In Yung-Hee Rho & Myong-Chan Hwang(eds.). *Metropolitan Planning: Issues and Policies*. Seoul: Korea Research Institute for Human Settlements.
Ripley, Randall B. & Grace A. Franklin(1982, 1984). *Bureaucracy and Policy Implementation*. Homewood, Illinois: The Dorsey Press.
Roberts, Bryan(1978). *Cities of Peasants*. London: Edward Arnold.
Roberts, Peter, Hugh Sykes, & Rachel Granger(eds.)(2000). *Urban Regeneration*. Sage Publications.
Rosa, Jean-Jacques(1993). Nationalization, Privatization, and the Allocation of Financial Property Rights. *Public Choice*. 75.
Rosenau, James N. & Ernst-Otto Czempiel(1992). *Governance without Government: Order and Change in World Politics*. New York: Cambridge University Press.
Ruhil, Anirudh V. S. et al.(1999). Institutions and Reform: Reinventing Local Government. *Urban Affairs Review*. 34(3).
Salamon, Lester M.(1989). The Time Dimension of Policy Evaluation: The Case of the New Deal Land Relief Programs. *Public Policy*. 27.
Sampson, Robert J., Stephen W. Raudenbush, & Felton Earls(1997). Neighborhoods and Violent Crime: A Multilevel Study of Collective Efficacy. *Science*. 277.
Sassone, Peter G. & William A. Schaffer(1978). *Cost-Benefit Analysis: A Handbook*. New York: Academic Press.
Savas, Emanuel S.(1979). Public vs. Private Refuse Collection: A Critical Review of the Evidence. *Journal of Urban Analysis*. 6.
———(1982). *Privatizing the Public Sector*. New Jersey: Chatham House.
———(1987). *Privatization*. New Jersey: Chatham House.
Schattschneider, Elmer E.(1960). *The Semi-Sovereign People*. New York: Holt, Rinehart & Winston.
Schnore, Leo F.(1967). Community. In Neil J. Smelser(ed.). *Sociology*. New York: Wiley.
Schultze, Charles L.(1977). *The Public Use of Private Interest*. Washington, D. C.: The Brookings Institution.
Schumpeter, Joseph(1934). *The Theory of Economic Development*. Cambridge, Mass.: Harvard University Press.
———(1939). *Business Cycles*. Cambridge, Mass.: Harvard University Press.
Shackle, George L. S.(1961). *Decision, Order and Time in Human Affairs*. Cambridge, England: Cambridge University Press.
Sharkey, William W.(1982). *The Theory of Natural Monopoly*. Cambridge: Cambridge University Press.
Shaw, Clifford R. & Henry D. McKay(1969). *Juvenile Delinquency and Urban Areas*. Chicago: The University of Chicago Press.

Sherman, Lawrence W.(1983). Patrol Strategies for Police. In James Q. Wilson(ed.). *Crime and Public Policy*. San Francisco, California: ICS Press.

Siegan, Bernad H.(1976). *Other People's Property*. Lexington, MA: Lexington Books.

Silberman, Charles E.(1978). *Criminal Violence, Criminal Justice*. New York: Random House.

Simmons, James W. & Larry S. Bourne(1978). Defining Urban Places: Differing Concepts of the Urban System. In Larry S. Bourne & James W. Simmons(eds.). *Systems of Cities*. New York: Oxford University Press.

Simon, Herbert A.(1957). *Administrative Behavior*. New York: The Macmillan Co.

———(1959). Theories of Decision Making in Economics and Behavioral Science. *American Economic Review*. 49(June).

———(1963). Political Research: The Decision-Making Framework. Paper delivered at A.P.S.A. Meeting in New York.

Skolnick, Jerome(1966). *Justice without Trial*. New York: John Wiley & Sons.

Smith, Adam(1952). *An Inquiry into the Nature and Causes of the Wealth of Nations*. Chicago: Encyclopaedia Britannica.

Smolensky, E.(1968). Public Housing or Income Supplements: the Economics of Housing for the Poor. *Journal of the American Institute of Planners*. 34(2).

Sproule-Jones, Mark & Kenneth D. Hart(1973). A Public Choice Model of Political Participation. *Canadian Journal of Political Science*. 6.

Starr, Paul(1989). The Meaning of Privatization. In S. B. Kamerman & A. J. Kahn(eds.). *Privatization and the Welfare State*. Princeton: Princeton University Press.

Stipak, Brian(1979). Citizen Satisfaction with Urban Services. *Public Administration Review*. 39.

Stone, Clarence N.(1987). The Study of the Politics of Urban Develpment. In Clarence N. Stone and Heywood T. Standers(eds.). *The Politics of Urban Development*. Lawrence, Kansas: University of Kansas Press.

Stone, Clarence N., Robert K. Whelan, & William J. Murin(1986). *Urban Policy and Politics in a Bureaucratic Age*. Englewood Cliffs, New Jersey: Prentice-Hall, Inc.

Sundbo, Jon(1998). *The Theory of Innovation: Entrepreneurs, Technology and Strategy*. Cheltenham, UK: Edward Elgar.

Tabb, William K. & Larry Sawers(eds.)(1984). *Marxism and the Metropolis*. New York: Oxford University Press.

Tiebout, Charles M.(1956). A Pure Theory of Local Expenditures. *The Journal of Political Economy*. LXIV. 5(October).

Townsend, Peter(1979). *Poverty in the United Kingdom: A Survey of Household Resources and Living Standards*. London: Allen Lane and Penguin Books.

UN-Habitat(2002). *The Global Campaign on Urban Governance*. Nairobi: UN-Habitat.

United Nations Population Fund(UNFPA)(2007). State of World Population 2007: Unleashing the Potential of Urban Growth. Online at: http://unfpa.org/swp/2007/english/introduction.html Retrieved 10/6/2001.

Vanhove, Norbert & Leo H. Klassen(1980). *Regional Policy: A European Approach*. New York: Saxon House.

Van Meter, Donald S. & Carl E. Van Horn(1975). The Policy Implementation Process: A Conceptual

Framework. *Administration and Society*. February.
Wholey, Joseph S. et al.(1976). *Federal Evaluation Policy*. Washington D. C.: The Urban Institute.
Wilson, James Q.(1968). *Varieties of Police Behavior*. Cambridge, Mass.: Harvard University Press.
———(1975). *Thinking about Crime*. New York: Vintage Books.
Wilson, William J.(1987). *The Truly Disadvantaged: The Inner City, the Underclass, and Public Policy*. Chicago: University of Chicago Press.
Wilson, Woodrow(1885). *Congressional Government*. New York: Meridian Books.
Wirth, Louis(1938). Urbanism as a Way of Life. *American Journal of Sociology*. July.
Wolf Jr., Charles(1990). *Markets or Governments: Choosing between Imperfect Alternatives*. Cambridge: MIT Press.
World Bank http://www.worldbank.org/en/understanding-poverty.

찾아보기

사항 색인

ㄱ

가도시화 63, 371
감보(減步) 357
감보율 358
감축관리 215
강시장-시의회 형태 83
강제적 계획 245
개발권 이양제 355
개발부담금 364
개발이익 363
개발이익 환수 363-364
개발제한구역 252, 351
개인적 가치 138
거버넌스 119
건폐율 350, 353
결정규칙 139
경상적 경비 195
경제규제 414
경제기반모형 264-265, 267, 270
경제 기반 승수 267-269
경제분석 282
경찰 업무 456
경찰정책 458
경찰 행태 454
계획단위 개발(PUD) 353
계획예산 157
계획이론 346
고객정치 121
고도기술 집적도시 325
고령화 65
고용 동결 150
골격 기준 226
공공가격 108
공공문제 134
공공서비스 48, 51-53, 64, 97, 100, 104, 109, 118, 124, 181, 183, 200, 202, 206-207, 417
공공선택 91, 206
공공선택이론 96, 132
공공시설계획 241
공공 임대주택 정책 381
공공재 51, 104, 108, 200, 340, 417
공공 쟁점 106
공급 부문 277
공동이용재 203-204, 207
공식의제 136
공영개발사업 359-362
공유물(共有物)의 비극 204
공유재원 188
공정성 117
공중위생 개선운동 245
공중위생법 246
공중의제 136
공중의제화 단계 135
과학연구단지 329
관민 파트너십 215-216, 321, 478-479
광역도시권 개발 311, 312
광역행정 52, 220, 233, 472
광역행정사무 224
교부세 187
교육 불평등 435
교통계획 345, 388-389
교통공해 390, 392-393
교통사고 390-391, 393-394, 400
교통 소음 393
교통수요 관리(TDM) 397
교통안전 394, 467
교통 체계 388
교통 체계 관리(TSM) 397

구빈법(救貧法) 246
구입 부문 277
국가경제 성장 효과 271-272, 274-275
국고보조금 186
권력 접근성의 배제 435
규모의 경제 45, 27, 70, 107, 207, 222, 340
규제의 경제이론 207
균형의 조건 278-280
근린주거지역 정부 93
글로벌도시 33
기능연계형 223
기반 규모 의존형 224
기반 활동 264-270
기술적 투입-산출 계수 280
기술적 투입-산출 관계의 조건 279-280
기업집단형 산업발전 모델 333
기업형 행정 214

ㄴ

내부수익률(IRR) 287-288, 290
내부통제 117
내생 부문 278
뉴어바니즘(new urbanism) 250
능률성 53, 63, 114
님비(NIMBY) 44, 222, 409, 415

ㄷ

다원론 131
다품종 소량생산 방식 334, 468
다핵형 67
단일정부 231, 237
대기오염 405
대도시권의 외연적 확산 62
대도시지역 31
대량생산 체제 324
대응성 54, 116
대중교통 중심개발(TOD) 250-251, 396
도로교통 혼잡 391-392, 394, 397
도시개발 251, 297-299, 316, 474, 475
도시개발법 356, 361-363
도시개발사업 356, 361-363
도시경제 321-322, 324-325, 328, 333-336, 449, 469, 472, 475-476
도시경찰 449
도시계획 52, 241-242, 244-256, 297, 344-345, 473
도시계획법 251-252
도시계획 시행계획 254-255
도시 공간구조 395
도시 공공서비스 200
도시관리계획 253-255
도시교통 42, 385-390, 392-394, 396-398, 475
도시교통 소음 393
도시기본계획 252-255, 345
도시마을 250-251
도시문제 35-36
도시미화운동 247-248
도시범죄 44, 440, 449
도시 불량주택 재개발정책 376
도시빈곤 430, 432, 476
도시성 29
도시의 개념 25
도시의 계층 71, 73
도시의 공간구조 67
도시의 성장 76
도시의 적정 규모 74
도시 인구 예측모형 256-257
도시재개발 306-308, 331, 475
도시재난 43, 421
도시재생 309
도시재정 40, 474
도시재정계획 161
도시재정 조정제도 185

도시정부 40, 50, 52, 81, 104, 120, 127, 155-156, 160, 166, 167, 194, 472, 475-476, 479
도시정부의 혁신 117
도시정부 체계 91-92
도시정책 44, 52, 126, 128
도시정책의 순환 과정 128
도시주택 42, 366, 368, 372
도시주택 정책 376
도시 체계 66, 73, 75
도시토지 41, 338, 341-342, 344-345, 353, 356, 358, 363, 388-389, 466, 475
도시 형태 68
도시화 50, 59, 61, 386, 432, 475
도시환경 43, 403, 405, 476
도시환경 정책 409-410
도심항공교통 468
동심원형 67
동일 비율 감축 150
등록세 177

ㄹ

레종(région) 232
레짐(regime) 121

ㅁ

마르크스주의이론 133
만족모형 140
맨해튼 전략 300
면허세 177
모험자본 328
목표지향성 127
무의사결정론 130
무임승차자 문제 109, 202, 231, 417
문화기수론 311
문화생산모형 311
문화소비모형 311
문화적 도시재생 311
물리적 계획 241, 244, 248, 250, 255
민간자본 473-474
민감도분석 283, 285
민주성 54

ㅂ

배달 가격 70
배분적 계획 244
범위의 경제성 207-208
범죄 예방 활동 445
변화-할당모형 271-272, 274-276
변화-할당분석 271
보전재개발 309
보조금정책 375
보통교부세 189
복지모형론 373
복지행정 476
봉쇄전략 300
부채꼴형 67
분가적 창업 328-329
분배적 형평 207
불량주택 369-371
불완전 경쟁시장 338-339
비경쟁성 201
비공식적 합의 228
비기반 활동 264-267, 269-270
비배제성 201
비순환 과정 128
비요소 모형 257
비요소적 방법 257, 261-262
비용·편익분석 282, 285-288, 291, 445
비율 예측 261
비즈니스 인큐베이터 329-330
빅데이터(big data) 472, 477

빈곤문화 가설 436
빈곤선 431

ㅅ

사물인터넷(IoT) 477
사용자 부담금 108, 179, 184
사적 재(私的財) 204, 207
사회·경제적 계획 242, 244
사회유기체관 28
사회이동론 436
사회적 기업 437
사회적 비용 282
사회적 효용성 436
산업구조 효과 271-275
산업연관표(투입-산출표) 270
산업장려지구 331-332
산업 클러스터 332, 333
산업혁명 245-246, 322, 403
산출 부문 277-278, 281
산학협동 326-327
상대적 빈곤 39, 432
상여 용도지역·지구제 354
생산자 서비스업 335, 468
생태도시 411
선임권 150
선형모형 258
성과주의 예산 156-157
성과주의 용도지역제 354
성극화 63
성장기제론 121
세외수입 179
세입분석 168
세포 기준 227
소득 불평등 433-434
소득의 균등화 109
소득이전 437
소품종 대량 생산 방식 324
수복재개발 309
수익자 부담금 181
수정된 지수모형 260
수직적 형평성 54
수질오염 407
수출 활동 264
수평적 형평성 54
수확체증 207
순위규모 법칙 74
순위규모분포 73
순현재가치(NPV) 286-287, 289-291
스마트 도시 476
스마트 성장 250
승수이론 264
시계열분석 276
시계열 설계 146
시민 참여 111, 152
시세 172
시의회-지배인 형태 88
시장모형론 373
시장-시의회 형태 81
시장실패 206-208, 338, 340-341
시장의 불완전성 207
시정관리관 제도 85
시차적(時差的) 지역제 351
신공공관리(NPM) 119
신교통 수단 399
신도시 개발 302-304
신도시 위기 37
신제도주의 133
신흥형 도시 323

ㅇ

아디케스(Adickes)법 357
안전문화 428
암묵지(暗默知) 332
압축도시 250, 319
약시장-시의회 형태 82

엘리트론 131
여과정책 374
역행렬계수 281
연령 계층별 생존모형 262-263
연령·성별 피라미드 262
연방도시 95
연방재난관리청(FEMA) 425
연합제 232
영기준예산 150, 156
영업용 차량 운영(CVO) 400-401
예산 제도 156
예산집행 164
예산총계주의 158
예산편성 160
옴부즈만 제도 116
완전 경쟁시장 338-339
외부불경제 340
외부성 207
외부 효과 76, 109, 207, 340
요금재(料金財) 203-204, 207
요소모형 257, 261-262
요소적 방법 257
용도구역 351
용도지구 350-351
용도지역 348-350, 352-353
용도지역·지구제 343, 345-348, 352-355
용적률 350, 353, 355
운영계획 244
운영예산 155
위원회 형태 86
유도적 계획 245
유령도시 29
유연생산 체제 324
U자형의 비용곡선 76
유클리드 지역제 347, 352
의사결정론 129
의사결정분석 283, 285
이념적 가치 139
이슈화 단계 135
이익집단 152
이층제적 접근 95
인공지능(AI) 477
인구 이동 41, 47, 65, 257, 262-263
인위재난 43, 421, 423, 427
인종정치론 121
일몰법(日沒法) 150
일선관료제 142
임대료 규제 375
입지상(LQ) 266-267
입지제한형 224

ㅈ

자본예산 155, 248
자본적 경비 195
자본 회수 기간 290-291
자연독점 102, 204, 210
자연재난 43, 421, 423, 427
자율주행차 467-468
자치성 54
재난(災難) 43, 421
재난관리 43, 424, 427
재난구조 및 긴급지원법(일명 Stafford법) 425
재무분석 282, 287
재산가치이론 346
재산세 178
재생형 도시 323
재활 서비스 437
전면재개발 308
전원도시관 299
전통적 접근 92
절대적 빈곤 39, 431
점증모형 141
정부간 관계자문위원회(ACIR) 225
정부간 신축성 113
정부실패 207

정부의제 136
정책계획 244
정책순환 128
정책의 가치 138
정책의제 134-136
정책종결 149-150
정책집행 142
정책평가 143
정책하위정부 132
정치적 가치 138
정치적 책임성 110
정치 체제 130
제4차 산업혁명 471, 477
제도의제 136
제도의제화 단계 136
조선시가지계획령 251
조성법(組成法) 262
조직적 가치 138
종주도시화 63
주거환경 개선사업 380
주민세 178
주민 참여 301
주민참여예산제도 166
주변 요소 의존형 223
주차문제 391
주택법 356
중간 과정 부문 277-278, 281
중간형 도시 323
중심지이론 69, 121
중앙집권 222
지능형 교통 체계(ITS) 400
지리적 타당성 113
지목 변경 357
지방분권 222
지방자치단체조합 236
지방정부간 계약 230
지방채 189, 474
지방 활동 265
지불 부문 277
지속 가능한 도시 411
지속 가능한 도시개발 316
지수모형 259
지역사회위원회 93
지역연결형 223
지역통제 접근 93
지역투입-산출모형 276-277, 281
지역할당 효과 271-275
지역 합병 231
지출분석 195
집적의 불이익 76
집적이익 40
집적 효과 27
집합재(集合財) 203, 205, 207
집합적인 소비 201

ㅊ

차고지 증명제 394
첨단 교통관리 시스템(ATMS) 400
첨단 대중교통 시스템(APTS) 400-401
첨단산업도시 325
첨단산업 연구도시 325-326
첨단연구도시 325
첨단 여행자 정보 시스템(ATIS) 400-401
첨단 차량제어 시스템(AVCS) 400-401
체비지 358-359
체제의제 136
체제이론 130-131
총괄평가 144
최소요구량법 267
최소 자립 규모 70
최적모형 141
최종 수요 부문 278, 281
추가경정예산 162
추축전략 300
취득세 177

측정 효과 146

ㅋ

카운티(county) 31, 92, 103

ㅌ

택지개발촉진법 356
테크노파크 328-329
테크노폴리스 325, 328-329, 336
토지개발사업 356
토지구획 정리사업 356-359, 361-362
토지구획정리사업법 356, 361
토지시장 338-340
토지이용계획 241, 249, 343-345, 352, 388
토지 이용 규제 344, 353
통치구조 81
투입 계수 280
투입 부문 277-278
투입-산출 계수 280
투입-산출표 277-278, 280
투표 98
특별교부세 189
특별구 230
특별지방자치단체 473

ㅍ

파레토 최적 207, 338
파리 개조계획 246
편익/비용 비율 289-291
편익의 불가분성 201
폐기물 408
포드주의 324, 328
포스트 포드주의 324, 328
포용도시 477
표준 대도시 통계지역(SMSA) 32
표준통합 통계지역(SCSA) 33
품목별 예산 156

ㅎ

하위정부이론 132
한계비용 446
한계인 432
한계편익 446
한계효용 균등의 원칙 448
합동재개발사업 379
합리적 선택이론 121
합리적·종합적 계획 242
합리주의모형 137, 140
합법성 53, 112
합병 231
행동 노선 126
행정적 효과성 112
행정혁신 118, 119
행정협의회 229, 236
행정효과성 113
혁신적 계획 244
현직전문훈련(OJT) 479
협조 228
협치 478-479
형성평가 144
형식지(形式知) 332
형질 변경 357
형평성 40, 54, 63, 109, 117, 172, 227, 341-342, 344
혼합적 토지 이용 250-251, 355-356, 396, 475
혼합주사모형 141
환경영향평가 410-411, 414-416
환지(換地) 357-358, 362
효과성 53, 114
효율성 53, 170, 341, 343, 457
후기 산업도시 41

인명 색인

게데스(P. Geddes) 247
게블러(T. Gaebler) 119, 123
나크미아스(Nachmias) 143
나폴레옹(Napoléon, B.) 246, 347
뉴먼(O. Newman) 444, 458
다윈(C. Darwin) 210
드로(Y. Dror) 141
라운트리(B. S. Rowntree) 431
라이브진스키(W. Rybczynski) 34
레온티에프(W. Leontief) 276
뢰시(A. Lösch) 69
루트(John Root) 247
루힐(A. V. S. Ruhil) 123
리(C. Lee) 242-243
리플리(R. Ripley) 142
린드블롬(C. Lindblom) 141, 209
린치(K. Lynch) 67
립스키(M. Lipsky) 142
마르크스(G. T. Marx) 457
매켄지(R. D. McKenzie) 32, 67
맥나마라(R. McNamara) 431
머쉬킨(S. Mushkin) 181
멈포드(L. Mumford) 28, 248
메이슨(H. A. Mason) 88
모릴(R. L. Morrill) 66
밀스(E. S. Mills) 60
반 미터(D. S. Van Meter) 142
반 혼(C. E. Van Horn) 142
발로(M. Barlow) 303
밴필드(E. C. Banfield) 242, 443
버언(L. S. Bourne) 67-68
버제스(E. W. Burgess) 67
번햄(D. H. Burnham) 247
베버(M. Weber) 27
블랙(J. Black) 389
비앙키니(F. Bianchini) 311
사바스(E. S. Savas) 206, 210
사센(S. Sassen) 33-34
사이먼(H. A. Simon) 129, 140, 242
선드보(J. Sundbo) 118
쉬노어(L. F. Schnore) 28
슐츠(C. L. Schultze) 209
슘페터(J. A. Schumpeter) 118
스미스(A. Smith) 209, 338
스미스(R. G. Smith) 34
스콜니크(J. Skolnick) 455
스티글러(G. J. Stigler) 207
스펜서(H. Spencer) 29
실버스(A. L. Silvers) 242
아리스토텔레스(Aristoteles) 26
아이사드(W. Isard) 277
애덤스(T. Adams) 248
언윈(R. Unwin) 247
에드퀴스트(C. Edquist) 118
에치오니(A. W. Etzioni) 141
엘더(C. D. Elder) 136
오스망(B. G. E. Haussmann) 246
오스본(D. Osborne) 119, 123
오스트롬(E. Ostrom) 460
옴스테드(F. L. Olmstead) 247
와이머(A. M. Weimer) 264
왈라스(M. E. L. Walras) 276
울프(C. Wolf) 207
워스(L. Wirth) 29-30
윌다브스키(A. Wildavsky) 142
존스(V. Jones) 225
카스텔스(M. Castells) 444
케네(F. Quesnay) 276
케이든(G. E. Caiden) 137
케인스(J. M. Keynes) 248, 264

코브(R. W. Cobb) 136
코스(R. H. Coase) 207
콜맨(J. S. Coleman) 140
크뤼케버그(D. A. Krueckeberg) 242
크리머(D. B. Creamer) 271
크리스탈러(W. Christaller) 69
클라크(R. Clark) 441
클라크(T. N. Clark) 121
테일러(P. J. Taylor) 34
타운센드(P. Townsend) 432
토다로(M. P. Todaro) 77
토플러(A. Toffler) 466
티부(C. M. Tiebout) 108, 264
파크(R. E. Park) 28
팔루디(A. Faludi) 241
펄로프(H. S. Perloff) 226
페탁(W. J. Petak) 424
펠드먼(M. P. Feldman) 118
포터(M. E. Porter) 332
프랭클린(G. A. Franklin) 142
프레스맨(J. L. Pressman) 142
프리드만(J. Friedmann) 59, 244
플라톤(Platon) 245
플로리다(R. Florida) 34, 37
필브릭(A. K. Philbrick) 71
피터슨(P. E. Peterson) 298
하우저(P. M. Hauser) 60
하워드(E. Howard) 299, 302
호이트(H. Hoyt) 67, 264
홀(Peter Hall) 331
홀리(J. S. Wholey) 143
히포다무스(Hippodamus) 245
힐(M. Hill) 200
石水照雄 67

저자 소개

박종화(朴鍾和)

Rutgers University(Ph.D. in Urban Planning)
한국정부학회 회장
경북대 공공문제연구소 겸임연구원
경북대 행정학부 교수

윤대식(尹大植)

The Ohio State University(Ph.D. in City and Regional Planning)
대한교통학회 부회장, 고문
국토교통부 중앙도시계획위원회 위원
영남대 도시공학과 교수

이종열(李鍾烈)

The City University of New York(Ph.D. in Political Science)
서울행정학회, 한국문화정책학회 회장 역임
행정고등고시, 기술고등고시, 5급 승진시험 시험위원 역임
인천연구원 원장 역임
인천대 행정학과 명예교수

제6판
도시행정론
-이론과 정책-

펴낸날 제1판 제1쇄 1994년 6월 30일
제2판 제1쇄 1998년 2월 20일
제3판 제1쇄 2012년 3월 2일
제4판 제1쇄 2013년 6월 20일
제5판 제1쇄 2018년 2월 5일
제6판 제1쇄 2024년 1월 5일
지은이 박종화 · 윤대식 · 이종열
펴낸이 임춘환
펴낸곳 도서출판 **대영문화사**
주소 (본사) 사무실: 경기도 고양시 일산서구 주화로 70
우신프라자 307호 (우 10387)
(본사) 물류센터: 경기도 고양시 일산서구 덕산로
107번길 68-50 (우 10205)
등록 1975년 12월 26일 제3-16호
전화 (031) 913-3062, (031) 914-3884~5
팩스 (031) 913-3839
홈페이지 http://www.dymbook.co.kr

ⓒ 박종화 · 윤대식 · 이종열, 2024
ISBN 978-89-7644-921-4
값 35,000원

* 잘못된 책은 바꾸어 드립니다.
* 이 책의 내용은 저작권법의 보호를 받습니다.